本书系广西壮族自治区八桂学者岗成果

中国—东盟民族文化论丛

民族文化遗产与『一带一路』建设

——第二届中国—东盟民族文化论坛论文集

Ethnic Cultural Heritage and 『The Belt and Road』 Initiative

The Paper Collection of the Second China—ASEAN Ethnic Cultural Forum

李富强　徐　昕　等著

中国社会科学出版社

图书在版编目（CIP）数据

民族文化遗产与"一带一路"建设：第二届中国—东盟民族文化论坛论文集/李富强等著 . —北京：中国社会科学出版社，2020. 9

（中国—东盟民族文化论丛）

ISBN 978 – 7 – 5203 – 5642 – 8

Ⅰ. ①民… Ⅱ. ①李… Ⅲ. ①民族文化—文化遗产—中国、东南亚国家联盟—文集②"一带一路"—国际合作—中国、东南亚国家联盟—文集 Ⅳ. ①K28 – 53②K308 – 53③F125. 533 – 53

中国版本图书馆 CIP 数据核字（2019）第 248790 号

出 版 人	赵剑英	
责任编辑	刘晓红	
责任校对	周晓东	
责任印制	戴 宽	

出　　　版	中国社会科学出版社	
社　　　址	北京鼓楼西大街甲 158 号	
邮　　　编	100720	
网　　　址	http：//www. csspw. cn	
发 行 部	010 – 84083685	
门 市 部	010 – 84029450	
经　　　销	新华书店及其他书店	

印刷装订	北京君升印刷有限公司	
版　　　次	2020 年 9 月第 1 版	
印　　　次	2020 年 9 月第 1 次印刷	

开　　　本	710 × 1000 1/16	
印　　　张	41. 5	
字　　　数	639 千字	
定　　　价	238. 00 元	

崇左市委常委、宣传部部长，副市长，广西壮族自治区社会科学
联合会兼职副主席李振唐主持会议

开幕式会场全景

崇左市委书记、市人大常委会主任刘有明致辞

广西社会科学联合会党组书记、主席沈德海致辞

广西民族大学校长谢尚果致辞

缅甸联邦共和国驻南宁总领事杜丁艾凯女士致辞

分组讨论

闭幕式

《中国—东盟民族文化论丛》编辑委员会

编辑委员会主任：高　雄

编辑委员会副主任：沈德海、谢尚果、赵　克

编辑委员会成员：沈德海、谢尚果、赵　克、何　明、李锦芳、李富强、徐　昕、莫　嫦、罗　琨、冼文海、高雅宁（中国台湾）、Sum Chhum Bun（柬埔寨）、Somseng Xayavong（老挝）、Nang Lao Ngin（缅甸）、Ku Boon Dar（马来西亚）、Somrak Chaisingkananont（泰国）、Vuong Van Toan（越南）、Sikhamoni Gohain Boruah（印度）、Luo Yongxian（澳大利亚）、Su Mingxian（澳大利亚）

主　编：李富强、徐　昕

副主编：莫　嫦、罗　琨

目　　录

骆越文化研究

民族文化遗产保护利用与旅游开发

民族文化的交流共享与产业发展

骆越文化研究

骆越方国的政治中心探索

梁庭望

【摘　要】本文通过对商周墓葬群、考古文物、地名探索、民间文学作品的分析，指出骆越方国的政治中心，大致相当于现在的南宁市，它具有三重护卫及指挥开拓岭南和南海的战略优势。

【关键词】骆越方国；政治中心；探索

骆越方国的政治中心，指的是骆越方国都城和京畿。一个地方政权的建立，必须有一个比较稳固、相对稳定的都城。而都城的稳固与京畿的地理环境和资源丰富程度密切相关。因此，要研究一个地方政权的存在，必须首先研究它生长的根基——京畿和都城。但是，古代都城往往在烽火中焚毁，踪迹难存，这就使探索古代都城的具体方位难度很大。特别是像骆越方国这样的南方都城，其建城结构与北方为了对付寒冷必须挖掘较深地基的方式不同，早期连宫殿也是竹木结构，因而寻找起来就更加困难。好在世界各国经过长期的实践，总结出了三个方法：一是以残存城基为标志；二是以史籍记载为根据；三是以古墓群或祭坛为依据。骆越方国无明显的残存城基，也没有古籍记载，但有商周古墓群。

一　骆越方国的诞生及其方位

骆越方国的诞生，史无记载，汉代汇集先秦古籍的《逸周书·王会》，有"路人大竹"的记载，史家认为路人即骆人。和路人一起进贡的有瓯、桂国、损子、产里、百濮、九菌、仓吾等小侯国，它们与路侯国是平行的，说明商代初年骆越方国还没有形成。后来，骆越方国产生，损子、产里、百濮、九菌都并入，战国时的《吕氏春秋·本味》记载有骆越国，它们已经不存在。

但是，骆越方国究竟什么时候产生，史无记载，只知道它的大致方位。《史记·南越列传》载，汉使陆贾至南越，南越王赵佗惶恐，为书谢罪："且南方卑湿，蛮夷中间，其东闽越千人众号称王，其西瓯骆裸国亦称王。老臣妄窃帝号，聊以自慰，岂敢以闻天王哉。"说明西瓯骆越在南越国的西边。当时赵佗灭安阳王，在今越南境内建立了交趾、九真两郡，骆越国不可能在交趾，只能在广西境内。而广西北部为西瓯方国疆域，骆越方国只能在广西中部以南，而在这个区域内，唯一有武鸣马头镇的商周墓葬群，雄辩地说明骆越的都城在这里。

根据武鸣元龙坡商周骆越墓葬群，骆越方国方位可以大致推断："关于武鸣元龙坡墓葬年代，1992 年出版的《中国考古学碳 14 年代数据集（1965—1991）》公布元龙坡的 8 个数据，最早为 3230 ± 100 年，经树轮校正年代为公元前 1520—前 1310 年，最晚在春秋。[1] 对比元龙坡墓葬树轮核定的公元前 1520—前 1310 年，则骆越都城开始兴建约在商代第 6 王沃丁到 20 王盘庚。也就是说，从沃丁到第 20 王盘庚的 200 年里，是骆越方国聚合时期。我们断定，公元前 1520 年骆越人开始在元龙坡附近落脚，此时还不是建国之始，则到公元前 1300 年左右，骆越方国应当产生了。"[2]

二　大都市的标志——商周墓葬群

武鸣马头镇到陆斡镇一带，有一个大都市，其主要标志是马头镇附近的元龙坡和安等秧两个土坡的上千座商周墓葬群，这是迄今发现的岭南唯一的商周墓葬群。1985 年，在南宁市武鸣县（今武鸣区）离马头镇马头圩东北 500 米的元龙坡和安等秧（距元龙坡 300 米）两个土坡，

---

① 郑超雄：《壮族文明起源研究》，广西人民出版社 2005 年版，第 183 页。
② 梁庭望：《中国人最早开发岭南和南海》，广西社科联崇左市骆越文化高端论坛论文，2016 年 10 月 28 日。

发现商周墓葬群，总数在 700 座左右，是岭南迄今发现的唯一商周墓葬群。1985 年 10 月开始发掘，10 月 15 日到 10 月 28 日首先发掘安等秧，一共发掘 86 座墓葬，方形土坑 11 个。从这两个土坡 436 个墓葬可以大致推断当时的人口，马头都城西北全苏发现铜卣和铜戈，西南敢猪岩发现铜戈，显然是两个护卫城区的军事聚落，郑超雄推算各有 500 人左右。陆斡邕马山商代墓葬发现首领级玉戈，也是一个军事聚落点，人数比较多，达到 800 人左右。城区城郊范围相当于现在的三个乡镇，聚点有 2500 人左右。这一带人口估计上万。[①]"闽越千人众号称王"，骆越方国明显要比闽国大。

这说明，早在 2000—3000 年前，这一带有一个大都市，它有一个中心城区，周围还有若干护卫的聚落。按照全世界依据墓葬群寻找都市的通例，这个大都市应当在马头镇到陆斡镇、罗波镇这个三角形地带。一般而言，墓葬群离开城市不能太近，也不能太远，在 10—20 千米。但经过 2000 多年的风风雨雨，踪迹难寻。原因是这里的城市城基与北方不同，北方天气寒冷，要挖比较深的地基，容易留下城基。岭南天气炎热，唐代以前的宫室多为干栏式竹殿，南宁市就曾经被称为竹城，一旦拆散或焚毁，踪迹难寻。故而对这个城市的性质，只能依靠文物解答。

三　都城依据——王级文物

从出土的器物数量和档次来看，显然是一个地方政权的架势。器物主要有：

（1）青铜器。元龙坡 110 件，包括铜矛、铜钺、铜斧、铜匕首、铜镦、铜镞、铜卣、铜刀、铜盘、铜凿、铜针、铜铃、铜钟、铜链环等。安等秧出土 86 件，包括铜剑、铜矛、铜钺、铜镞、铜斧、铜刮刀和一件铁舀。

（2）陶器。元龙坡主要有敞口罐、深腹罐、双耳罐、钵、釜、瓮、

---

① 郑超雄：《广西武鸣马头骆越方国故地》，刊罗世敏主编的《大明山的记忆——骆越古国历史文化研究》一书，广西民族出版社 2006 年版，第 27—28 页。

碗、壶、杯、纺轮等；安等秧出土 54 件，主要有陶罐、钵、杯、釜、纺轮等。

（3）玉石器。元龙坡出土比较完好的玉器有 200 多件，有玉管、玉环、玉钏、玉镯、穿孔玉片、玉坠子、玉凿、扣形器、镂空雕饰等，另有上万片玉玦，形如钢币大小，中间有孔，因久埋地下，许多片粘连在一起，形成长串无法分开；环和钏的残片不计其数。完整的白玉环通体磨光，加工精细，显示出比较高的文明程度。安等秧出土比较完整的玉质或石质玦璜 57 件。

（4）其他。元龙坡出土石器范 6 套，砺石 48 件，河卵石 48 件，小石子 130 颗，共 200 多件。

（5）此外在元龙坡和安等秧附近比较重要的出土文物还有：①离元龙坡仅仅几公里的勉岭，出土一件精美的商代兽面青铜提梁卣，为商代顶级产品，今为广西壮族自治区博物馆镇馆之宝。伴随物还有铜戈。②芭马山贵族岩洞葬出土玉刻刀、玉戈、玉璋。③敢猪岩洞葬王级墓葬出土大量明器，其中重要的有玉环、玉玦、玉璜、玉镯、玉串饰、石锛、骨针、骨锥、海贝。④独山岩洞葬出土玉钏、铜剑、铜矛、铜钺、铜斧、铜戈、铜镞、铜刮刀。其中一件铜矛刻有变体"王"字。⑤在两江镇等地出土冷水冲型铜鼓四个。⑥宾阳韦坡两座战国墓出土铜钺、铜矛、铜斧、铜叉形器。

上述墓葬群及其出土文物说明，大明山西南麓有一个重镇，按照《世界民族志类型调查》，有 1 万人到 10 万人的为小国，10 万人以上的为国家。① 按元龙坡墓葬估计，骆越都城及京畿初时约 2500—10000 人，属于小国，也就是方国。到公元前 111 年瓯骆两个方国灭亡时，"瓯骆四十余万口降"汉，② 假定分半，骆越方国已经发展到 20 多万人口。但当时瓯骆实际不止 40 万人。那么，这个重镇是属于什么性质的城镇？从墓葬位置、结构和出土的文物来看，它必是骆越都城。

第一，从墓坑位置和结构来看。以元龙坡为例，墓坑由坡脚开始，

① 默多克：《世界民族志类型调查》，转引自王建华《人口考古学》，《中国文物报》2002 年 12 月 16 日。

② 《汉书》卷九十五《南越王传》。

逐级往上排列，直至坡顶，越往上墓坑越大，明器越多，明器档次越高。典型的是 M147 号墓，位于西坡顶，长、宽、深分别为 400 厘米、60 厘米、164 厘米。东西两端有二层平台，出土铜卣、铜矛、铜钺、陶罐、陶钵、3 件陶范和许多陶片，档次较高。和中原王级墓葬相比，很简陋，但在南方，和同坡墓葬比，是一个形制特别的船型墓坑，有出土铜卣，显然是一个王级首领墓葬。安等秧 M14 号墓位居坡顶，墓坑长、宽、深分别为 190 厘米、90 厘米、16—20 厘米，随葬物有铜矛、铜斧、刮刀、铜铃、玉镯、陶杯。其长度和宽度明显大于其他墓葬。

第二，从出土文物属性来看。出土的青铜器以兵器为主，元龙坡出土的 110 件青铜器中，兵器就有矛 21 件、钺 11 件、斧 23 件、短剑 3 件、簇 10 件、刀 12 件、镦 15 件，共计 95 件，比例达 86.4%，是名副其实的兵器墓葬群。安等秧古墓群出土的兵器有青铜剑 15 件、青铜矛 6 件、青铜钺 2 件、青铜箭镞 6 件、青铜斧 31 件、青铜器 86 件，占青铜器的 69.8%。这样的阵势只有国家政权才能拥有。在马头镇和两江镇之间的独山洞穴墓葬，出土锐利的铜剑、铜矛、铜钺、铜斧、铜戈、铜刮刀、铜镞、砺石，绝大部分是兵器。发掘者"认为独山岩洞葬死者的族属应是壮族的先民——骆越人"。[1] 从其随葬品规格来看，专家认为应是骆越王墓，起码是骆越大将军墓。

第三，从出土文物级别来看。铜鼓的大型号属于骆越首领级重器，是权力的象征；玉璋是王级的标志；铜卣也属于盛祭祀先王秬鬯酒的王级器皿，俗称"秬鬯一卣"，骆越方国连年给中央王朝进贡郁（金樱花果），朝廷用其加入秬鬯，再盛于提梁卣，斟酒以敬先王。故而特回赠兽面提梁卣。勉岭铜卣达到商代顶级卣，内部有一个符号，应为变形"王"字，是中央王朝特意为骆越王铸造的。安等秧 M14 号墓铜矛刻有"王"字，铜铃说明她同时享有神权，玉镯说明她是个女王，与民间传说的娅王吻合。武鸣独山岩洞中出土铜矛 2 件，其中 1 件铸有"王"字。[2] 这是王级政权标志。

第四，从特殊符号来看。安等秧出土的陶器上，刻有骆越的代码和

---

[1] 武鸣文物管理所：《武鸣独山岩洞葬调查简报》，《文物》1988 年第 12 期。

[2] 同上。

符号，一个展翅飞翔的飞鸟，一个大眼睛的雏鸟，充分说明元龙坡和安等秧墓葬一带大城市的性质。

从以上几个方面来看，马头镇、陆斡镇、罗波镇、夏黄村一带的大都市，其众多元素只有都城一级的都市才具备，故应是骆越都城。

四 王级地名

围绕大明山南麓马头镇、陆斡镇、罗波镇一带，遍存王级骆越地名：

（1）元龙坡。壮话叫作 nàoi yienz lungz，yienz 是脖颈，lungz 即龙，故 ndoi yienz lungz 意思是"龙颈坡"，龙是帝王的代码和象征。

（2）安等秧。壮话叫作 an daengj yangj，an 即马鞍，安等秧呈马鞍形而得名；daengj 是竖立；yangj 是宝剑，意思是"竖立宝剑的马鞍形土坡"，宝剑首领、将军或王的佩带武器。

（3）夏黄村。壮话叫作 mbanj yah vuengz，mbanj 即村庄；yah 即女子、祖母、婆婆；vuengz 即王，mbanj yah vuengz 意思是祖母王村、婆王村、女王村。

（4）起凤山。在夏黄村附近，壮话叫作 byavuengz，意思是"帝王山"。

（5）古鲁村。壮话叫作 mbanj go loz，go 是植物量词；loz 是葫芦。相传洪水淹没天下，大明山只剩下蒲扇那么一小块，兄妹俩躲到葫芦里幸免于难，后由他们繁衍人类，暗示这里是再生之地，暗含骆越方国的诞生，这里当是原骆越宫城的一部分所在。

（6）陆斡镇。壮话叫作 Roeg vat，Roeg 是鸟，vat 是挖（田），这正是"骆越"的本音，意思是"挖田的鸟人"。"骆越方国"是"挖田的鸟国"，应和了越人的鸟田神话。古越人以鸟为图腾。《越绝书》载："大越海滨之民，独以鸟田，大小有差，进退有行，莫将自使，其何故也。"[1] 后人回答，越人为夏禹之后，祭祀夏禹之俗曾经断绝，新君共

---

① 《越绝书》卷八《越绝外传记地传第十》。

立，祭祀恢复，于是"安集鸟田之瑞"。[①] 石钟健认为："《交州外域记》谓'雒田'者，《越绝书》则称为'鸟田'，当是同一传说的不同称法。"[②] 这是岭南唯一留下的骆越地名，很珍贵。

（7）小陆镇。即距离陆斡不远的陆斡小镇。

（8）大明山。壮话叫作 bya cwx，bya 是山峰，cwx 是祖根，故大明山真名是"祖根山"，暗含有骆越方国的最初创立。

（9）大明山周围还有好多地名取"超""朝""周""召"音，都是壮语 Gyaeuj 的汉语音译，意思是"头""脑袋""首"，引申为官人、首领、领袖，这一带这类骆越方国地名密集，当是骆越首领活动留下的遗韵。例如，两江镇有"越江""南朝庙"，陆斡镇凤林村有"南巢泉"，大明山庙有"召王庙"等。"召王庙"就是骆越王庙，"越江"就是骆越王江，"南朝庙"也是骆越王江庙，"南巢泉"就是骆越王水泉。在骆越故地中只有大明山地区才有这么多的骆越王地名分布。召王庙是骆越故地所有大王庙的祖庙，广西各地的大王庙都是大明山大王庙的子庙。召王庙毁于 20 世纪 30 年代广西的民国毁庙风潮，现在已是一片废墟。召王庙壮语叫"庙召骆"（miuhgyaeujroeg），意思就是骆（鸟）王庙。此庙也叫大明山庙，位于大明山主峰龙头峰正南面山脚下的全曾村庙口屯。清末民初编撰的《武鸣县志·图说·世志》中记载：大明山"高数百丈，延袤三百余里，上有风穴，下有神祠，古木连云障日"。神祠是供奉祖先神位的庙宇。能占据大明山这一祖山中心位置的神灵显然是骆越人的王。所供奉的主神是骆越王"召骆"和骆越老女王"佬卜"（罗波）。

（10）古鲁村南边濒临一条江，《武鸣县志》称为骆越水，这是岭南唯一的骆越水名。现在水头建有暮定水库，历史上是骆越方国主要对外通道，现在水库边仍有建筑遗址残迹，屡屡出土战国瓦片。

五 壮族文学中的"都城"

壮族民间文学和文人作品中，有许多与都城有关的诗文。

---

① 《吴越春秋》卷六《越王无余外传》。
② 石钟健：《民族研究文集》，民族出版社 1996 年版，第 78 页。

（1）童谣。在大明山西端山脚下的马山东部古零镇、加方乡、古寨乡，长期流传着两首童谣，其一是：Ronghrib gip haexgaeq, aemq daeh daeuj laeng gou, meiz mou hawj mwngz gaj, meiz max hawj mwngz gwih, gwih baedaengz Bincou, louz baedaengz dieg hak, ndaej Gwn bak cenj chaz, dauqma mwngz cix dai. 翻译成汉语是："萤（火）虫捡鸡粪，背袋到我家。有猪给你杀，有马给你骑。骑马到宾州，游玩到官地。得食百杯茶，回家你就死。"意思是见到官家地，心意满足，死而无憾。

其二是：Ronghrib gip haexgaeq, aemq daeh daeuj laeng gou, meiz mou hawj mwngz gaj, meiz max hawj mwngz gwih, gwih baedaengz Bincou, louz baedaengz dieg rangz, cix raen ranz vuengzdaeq, vuengzdaeq cab saingaenz. 翻译成汉语是："萤（火）虫捡鸡粪，背袋到我家，有猪给你杀，有马给你骑。骑马到宾州，游玩到王地。见到帝王宫，皇帝扎银（腰）带。"宾州即今宾阳县，属于骆越方国京畿，宾阳转过一个山口就到马头镇。宾阳离商周京城三千多千米，在这里不可能见到商周宫殿和商王周王，故在宾阳见到的宫殿只能是骆越王宫，并能够见到扎银腰带的骆越君王。

（2）民间传说。在大明山麓民间广泛流传着《龙母》传说，说的是秦始皇时代一位壮族寡妇在水边救助了一条受伤的海蛇，养大发现是南海龙子，寡妇催促它回南海时，关门夹断了尾巴，就叫它"Daeggud"，《搜神后记》称他为"特掘"，Daeggud音译。人们就把寡妇称为"龙母"，秦始皇闻讯召她入京，但她过不了五岭。龙母去世，特掘用一阵狂风将她的遗体运到干净岩洞安葬。以后每年农历三月初三都回来扫墓。蛇本是大明山一带蛇部落图腾，升格为龙表示部落升格为国家，龙是帝王的代码和象征。寡妇也跟着升格为"龙母"，也就是"王太后"，在她身上有女王的身影。

大明山周围还有娅王传说，娅王即女王、祖母王。整个壮族地区都流传着一段民谣，说娅王"cibcaet get, cibbet dai, cibgouj ra hanz gang, ngeihcib cangq yawuangz"，意思是"十七病，十八死，十九找抬杠，二十葬娅王"。传说她死那天，百鸟不鸣，表明她是鸟王，普天下黎民和动物也都来祭奠。所以民间长诗《娅王》说"天下由母王做头领，世上数庙神最尊贵""天下只有一个母王""我们的母亲是母王，我们的兵马一大帮，我们的王兵一大把，天下人都来为母王守灵"。她的死是为国殇，但二十一日她又复活。娅王还被奉承为娅禁（女巫）始祖神，说明娅王手中握有政权和神权。

金伦传说流传在大明山脚下离陆斡镇不远的马山杨圩金伦洞一带。说的是古代这一带出过一位奇人金伦，有一回用袖子挡住太阳，皇帝问国师这何意？国师说南方要出皇帝了。后来打听到这位将来要当皇帝的是金伦，便设计砍掉他的脑袋。但金伦没有倒下，捡起脑袋又安到脖子上，还给皇帝捧上一坛酸笋。皇帝打开酸笋坛，嗡地飞出好多马蜂，把皇帝蛰死了。金伦骑着神马飞上天空。

（3）文人诗词。夏黄村风景名胜帝王山又叫作起凤山，此山在夏黄村的香山河畔，距离村子仅两公里，从平地突兀而起，周围尽是平川。山由东西双峰并峙，两峰之间有一低缓山脊相连，树木葱茏，使起凤山犹如一只展翅欲腾飞的凤凰。因而得名。众所周知，凤凰向来是女王、皇后的代码和符号，这其中分明隐含着其名字曾经与一位女王有关。大约骆越女王曾经在此歇息和疗伤，山名遂称"起凤山"。在众多名人题咏中，往往透露出此山的非凡来历。清代文人耿昭需《起凤山》二首：

其一

凤去名犹存，双峰万古传。
岩深石窍冷，树老葛藤连。
牧笛浮云外，渔歌落日边。
登临情未已，明月送归鞭。

其二

拔地两峰青，昂藏作凤形。
晴天看鹄举，雾夕学鸿冥。
本自巢阿阁，终当仪帝廷。
览辉何日下，一笑问山灵。

耿昭需深谙武鸣掌故。一座玲珑小山，竟然是"凤去名犹存"之所在，名声"万古传"，且竟然与"帝廷"相关，分明暗示骆越方国和骆越女王的典故。

夏黄村人黄君钜，道光二十九年（1849年）举人，清代壮族著名

诗人,他在《何邻庙》一诗之四中写道:

> 六峒蛮王荷笠蓑,三年沿例举乡傩。
>
> 烹羊击鼓家家乐,山下儿童醉踏歌。

诗中的蛮王也隐含奥秘,每三年必家家烹羊击鼓举乡傩,祭祀神灵,这神灵即是古代蛮王,这也暗示对骆越古国神王的纪念。

六　富饶的京畿

围绕元龙坡一带这个骆越都城,形成了一个京畿,其范围大致包括现在的武鸣区、邕宁区、横县、宾阳县、上林县、马山县、平果县、隆安县,大致相当于现在的南宁市。这些县除了马山县东部和上林县的部分地区多山,大多是沃野连亘,稻田绵延,物产丰富。这些区县总面积23379平方千米,经过2000多年的发展,现有耕地扩大到9375000亩,年产粮1818.91万吨。广西西部、西北部为喀斯特地貌,石山绵延,苍山如海;东部、东南部为丘陵;南宁市为过渡地带,石山、丘陵错落。自古迄今,这些田地提供了丰富的稻米、豆类、薯类和蔬菜,水果门类丰富,除了大宗甘蔗,还盛产芭蕉、龙眼、柚子、柑橘、扁桃,现已经发展到8.8万公顷,产量77.33万吨。稻米转化物猪鸡鸭鹅鱼,应有尽有。西部山区则提供竹笋、壮药、淮山、黑山羊、桄榔粉、果子狸、穿山甲等山珍特产。历史上这一带极少发生饥馑,村寨不出乞丐。所以大明山东麓上林县城名为"大丰",壮话叫作 daihfwng,意思是大丰收之地。其中武鸣区、宾阳县、横县、隆安县,大片水田连亘,春来禾苗封峒,一眼望不到边的绿色,风来绿浪如海,花香千里,引得蝶乱蜂忙。正是这样的自然条件,使骆越方国统治中心稳稳地在这里长达千年之久。

七　三重护卫

作为政治中心,防卫十分重要。想当年骆越人选择都城,极有远见。都城在大明山西南麓,背靠150千米的大明山,山可防卫,可储物,可屯兵,还有用不尽的山珍。山顶草坪尚遗存骆越女王点兵平台,石砌，方形。

都城绵延在码头镇到陆斡镇一带，有三道防线，第一道防线是小明山弧形护卫低山，现今自西北绵延到东南，建成元霄水库、西甲水库、达马水库、忠党水库、暮定水库，当年这个弧形低山有 13 个山口，代代防卫，直到明代。

第二道防线是昆仑关到高峰，在近年伊岭岩 210 国道开通以前，武鸣到南宁的唯一通道是高峰公路。其狭窄之处只容一辆汽车通过，有"一夫当关万夫莫开"之险，新中国成立前高峰坳常常翻车。这带山梁将武鸣护卫得严严实实，以致陆荣廷从来不到南宁市区办公，而留成武鸣宁武山庄。过高峰公路是他出资建造的广西第一条公路，蔡锷、梁启超等倒袁名人都得通过这条狭窄的通道到武鸣宁武庄找他策划。可见这条防线的稳固程度。

第三道防线是邕江，今穿过南宁市区中南部，它西连左右江，东连郁江，马山西北是红水河，这样骆越都城就被红水河、右江、邕江、郁江环绕，成为天然的屏障。三江河道并不是很宽，但在古代却是难以逾越的防线。所以从《史记》《汉书》上看，西瓯方国曾经与几十万秦军抗衡，但骆越方国地域极少发生战争，故而延续很久。

八　指挥开拓岭南和南海

骆越方国都城建立，骆越便有一个指挥中心，从这里开拓岭南疆土和南海海疆。这得从《保洛陀》说起。《保洛陀》故事传说流传于武鸣和马山周鹿一带，说他开天辟地，创造万物。保洛陀即布洛陀，壮话叫作 Baeuqroegdaeuz，[①] 意思是"鸟（部落）酋长""鸟（部落）首领""鸟（部落）王"。保洛陀是骆越人的始祖，保洛陀开天辟地以后，他的后裔骆越人开辟岭南和南海其功至伟，这在骆越宗教麽教经文中用神话做了生动的反映。《摩兵布洛陀》开头唱道："我来将吉利，我来论洪荒。论千年往事，论万世微茫。三界三王造，四界四王张。"三王指

---

①　周天仕：《武鸣壮族民间故事·保洛陀》，广西民族出版社 2011 年版。Daeuz 有是大官、大首领、大领袖、大王之意。

天王雷王、地王布洛陀、海龙王蛟龙，加四王森林王老虎。他们首先开辟了岭南大地、江河湖海和高山森林。生产发展了，阶级产生，出现了十二王："螟蛉造人间，蠓麦奉雷王。划分十二国，……生出十二王。"他们互相兼并："各国不相同，一国蛟变（水）牛，一国马蜂纹，一国声如蛙，一国音似羊，一国鱼变蛟……"人们开始在各种干扰中开辟田畴："王造溪造河，秧奶造稻粮。仙奶造山谷，王母造被殃。父王去开塘，开塘见奇事。鱼逃去大江，结队去河湾。请王母被殃，请茫仙祛邪。鱼儿又归塘，成群如旧样。从前未被殃，父王去开田。碰见倒霉事，种谷不够养。王母来被殃，稻米又满仓。"有了实力，骆越人便开始开拓新土："父王去攻贼，听到不吉话。攻贼打不赢，冲城墙不跨。客贼赶不走，交贼打不散。粮绝打不胜，空手退回家。王母来祛邪，茫仙来被殃。攻客贼又赢，冲城墙又垮。"东边打到汉族地区，南边打到交趾，反映骆越进入奴隶社会，往北往南开拓领土。①

开辟水域成就巨大。《麽请布洛陀》中唱道："三界三王安置，四界四王创造。前世未造竹，前世无竹子。前世未造火，前世未造雷王。地上没有水，地下没有泉。上界仙保佑，才造出雷王。下方神保佑，才造出蛟龙。雷王造水在天，雷王造水造云。造出青云黑云，造出股股黑雾，造出雷鸣闪电。雷王造水于天，造出雨落阵阵。下方造的蛟龙，造出溪水谷流。蛟龙造码头河沟，九首龙造泉水。造弯曲河流，造成滩成潭。造红尾鲭鱼，造鲢鱼白鱼。造泉水深潭，十水合成溪，十溪合成河，十河合成江，十江汇成海，十海汇成洋。官烧香过渡，造船渡上下。水路通天下。"② 蛟龙造海洋，也就是造南海，造南海也就是开发南海，从中透露出蛟龙部对南海的开发和经营；蛟龙管理海洋，从侧面反映了骆越方国的组成部分蛟龙小方国或部落联盟管理南海的事实。蛟龙部造了码头，造了船，不仅摆渡上下，还使"水路通天下"，正好应合了骆越人开辟"海上丝绸之路"的伟大壮举。

从以上八个方面可以看出，南宁市武鸣区马头镇到陆斡镇、罗波镇

① 张元生、梁庭望、韦星朗：《古壮字文献选注·摩兵布洛陀》，天津古籍出版社1992年版。

② 张声震：《壮族麽经布洛陀影印译注》第一卷，广西民族出版社2004年版，第29—31页。

一带是骆越都城所在。至于具体部位,有待继续探索。有一个资料颇有启发,即越南河内西北有一个古螺城,不仅语音与码头镇附近的古鲁城相近,结构也曾相似,考古学家覃圣敏认为,越南在秦始皇统一岭南以后出现的古螺城,是骆越将军过去建造的瓯骆国遗址,但没有建成瓯骆国就被赵佗攻垮了。故马头镇附近的古鲁村应与骆越都城有关。

(作者系教授、博士生导师,中央民族大学原校长)

骆越遗梦：左江流域岩画新探索[*]

李富强

【摘　要】围绕左江岩画申报世界文化遗产需要，笔者曾主持完成了"左江岩画与左右江流域现代民族的关系""左江流域现代各族居民对左江岩画的认知"和"骆越的历史与文化习俗"3 个课题研究。在此基础上，对左江流域岩画作者、文化内涵和传承问题进行了新探索，形成了一些新认识。

【关键词】左江流域；岩画；新探索

在左江两岸的悬崖峭壁上，分布着一种用红色颜料绘制的画作，它分布在广西崇左的宁明、龙州、江州、扶绥、大新、天等、凭祥等县、市、区的沿江地区，绵延 200 多千米。经过多次调查统计，共发现有 80 多个岩画点，180 多处、约 300 组岩画。其中，宁明县 8 处，占岩画点总数的 10%；龙州县 21 处，占岩画点总数的 26.25%；江州区 28 处，占岩画点总数的 35%；扶绥县 22 处，占岩画点总数的 27.5%；大新县 1 处，占岩画点总数的 1.25%。岩画点（约 70 多个）多分布在左江及其支流明江、平而河及黑水河两岸的临江峭壁上，尤其是在河流的拐弯处，其对岸往往有一块较为宽屏的舌形台地，只有少数地点不在江边，距离河岸 2.5—12 千米不等。众多岩画中，规模最大的是宁明花山岩画，据说目前在世界上单幅规模中居第二位，这组岩画宽约 200 米，高 5.60 米，共有图像约 2000 个，其中一个最大的人像高 2.4 米，蔚为

---

* 广西壮族自治区八桂学者"中国—东南亚铜鼓文化研究"成果。

壮观。

古人不畏艰险在左江沿岸的悬崖峭壁上作画，肯定是要表达某种强烈的甚至是狂热的信仰和梦想，因而可以说，左江流域岩画必定是某种祈愿和梦想寄托。可是，这是谁之梦想？是哪个族群在左江流域崖壁上"筑梦"？或者说是哪个族群创作了这些岩画？岩画的文化意涵是什么？或者说，这些岩画要表达的信仰和梦想是什么？这些画是如何画到险峻的峭壁上的？即人们是如何表达自己的梦想的？为什么这些画能历经几千年风吹雨打而不褪色？太多太多的谜团笼罩在左江流域岩画上，就像一个千年幽梦，充满了神奇与神秘。

自左江流域岩画被发现以来，一直为人们所关注。探索左江流域岩画奥秘的过程，其实就是一个"解梦"的过程。为了解读遗留在左江流域崖壁上的古老梦想，一代又一代的学者行动了起来，奉献了汗水和青春。前辈们筚路蓝缕，披荆斩棘，开启山林，寻山问野，皓首穷经，历经几十年的研究，硕果累累，左江流域岩画的真实面目，越来越清晰地呈现在世人面前。

自 2006 年以来，左江流域岩画再次成为人们关注的热点和焦点之一，因为左江花山岩画文化景观申报世界文化遗产提上了议事日程。笔者承蒙各方同人厚爱，荣幸地被邀请参与了一些工作，从 2014 年起，围绕左江岩画申遗需要，主持完成了"左江岩画与左右江流域现代民族的关系""左江流域现代各族居民对左江岩画的认知"和"骆越的历史与文化习俗"3 个课题的研究，对左江流域岩画有了一些新的认识。2016 年 7 月 15 日，在土耳其伊斯坦布尔举行的第 40 届联合国教科文组织世界遗产委员会会议上，中国提交的"广西左江花山岩画文化景观"项目成功入选《世界遗产名录》，这不仅对于从事相关研究的学者来说是一件激动人心的事，也是一件值得广西各族人民乃至全国人民自豪和骄傲的大事。为了让更多的人了解左江花山岩画，本文以笔者的前期研究为基础，向大家报告对左江花山岩画的一些新认识。

一 对于左江流域岩画作者的新探索

概言之，在岩画研究史上，曾经出现过的关于左江流域岩画族属问题的观点，主要有以下 5 种：

（一）壮族

1956 年，中央民族学院杨成志教授在调查了宁明花山岩画之后，在广西省政协作了《宁明发现珍贵的壮族古代岩壁画调查报告》，指出岩画的主人是壮族。他认为，这些岩画大约有一千年到二千年的历史，为我们研究壮族古代的文化提供了很有价值的史料。[1] 同年，陈汉流发表《广西宁明花山岩壁上的壮族史迹》一文，明确将之归为"壮族史迹"，认为"明江沿岸壁画，也许是太平天国运动的时候，宁明、龙津地区天地会所绘制的"。[2] 此后，梁任葆认为："花山壁画是古代桂西的壮族为了纪念某一次大规模战争的胜利所制作的，对研究壮族的历史具有极大价值。"[3] 1962 年，周宗贤、李干芬指出，花山岩画是奴隶社会壮族镇水鬼的符法。[4] 1980 年出版的《壮族简史》认为："这些岩壁画的制作，在很大程度上与壮族先民所从事的生产活动有关"，"壁画反映了古代壮族人民从事渔猎生产的真实情况"，与祷告水神，以求保境安民的活动有密切联系。[5] 1983 年，黄现璠、陈业铨则认为"花山壁画是壮族岩洞葬的产物"，其目的是"统治者将首领的棺材置诸悬岩或高山岩洞之后于附近石壁上画以旧时卫队人物或出殡时的仪仗队伍，以此标尊示贵"。[6]

（二）唐朝西原蛮

最早提出这个观点的是黄增庆，他在 1957 年发表的《谈桂西壮族自治州古代壁画及其年代问题》一文中认为，岩画是唐代的作品，与唐代

---

① 杨成志：《宁明发现珍贵的壮族古代岩壁画调查报告》，《广西日报》1956 年 10 月 7 日。
② 陈汉流：《广西宁明花山岩壁上的壮族史迹》，《文物参考资料》1956 年第 12 期。
③ 梁任葆：《花山壁画的初步研究》，《广西日报》1957 年 2 月 10 日。
④ 周宗贤、李干芬：《壮族的古代画——花山壁画》，《红旗日报》1962 年 2 月 25 日。
⑤ 壮族简史编写组：《壮族简史》，广西人民出版社 1980 年版，第 22 页。
⑥ 黄现璠、陈业铨：《广西宁明花山壁画与岩洞葬》，载中国西南民族研究会《西南民族研究》第一辑，四川民族出版社 1983 年版。

"西原蛮"黄乾曜及其领导的起义有关。① 同年，刘介撰文附和黄增庆的观点，并进一步认定，这些岩画是"西原族在胜利后，举行大规模庆功纪念时画成的，所以全部画意，表现得特别奔放活跃，对激励群众的斗争，具有很大的教育意义"。② 陈汉流也改变过去的观点，先后撰文指称"花山岩壁画的语言符号，是唐代西原首领黄少卿的遗存"。③

（三）苗瑶先民

如著名学者黄惠焜认为，左江岩画画面上众多的犬图像是狗图腾崇拜的象征，而苗瑶民族是崇拜狗图腾的。因而，左江岩画的作者是苗瑶先民。④

（四）骆越

1978年，石钟健在《论广西岩壁画和福建岩石刻的关系》一文中，认为岩画的年代是在战国之后，西汉或汉武帝之前，为壮族先民骆越人所作。⑤ 1982年，邱中仑在《左江岩画的族属问题》中，明确提出作画民族为骆越。⑥ 此后，王克荣、邱中仑、陈远璋所著的《广西左江岩画》一书，继续坚持邱中仑的观点。⑦ 他们认为，岩壁画年代在战国，至东汉之间，这段时间活动于左江流域的正是百越民族之一支——骆越，因而左江岩画是壮族先民骆越人所绘制的无疑。

（五）瓯骆

如覃圣敏等所著的《广西左江流域崖壁画考察与研究》认为，西

---

① 黄增庆：《谈桂西壮族自治州古代壁画及其年代问题》，《广西日报》1957年3月9日。

② 刘介：《西原族的发展与宁明、崇左、龙津等处的壁画》，《广西日报》1957年7月26日。

③ 陈汉流：《略谈花山岩壁画的语言符号》，《广西日报》1957年8月21日；陈汉流：《花山岩壁画语言符号的意义》，《广西日报》1957年9月8日。

④ 黄惠焜：《花山崖画的民族学考察——也谈广西花山崖壁画的性质年代和族属》，《云南民族学院学报》1985年第1期。

⑤ 石钟健：《论广西岩壁画和福建岩石刻的关系》，《学术论坛》1978年第1期。

⑥ 邱中仑：《左江岩画的族属问题》，《学术论坛》1982年第3期。

⑦ 王克荣、邱中仑、陈远璋：《广西左江岩画》，文物出版社1988年版，第208—210页。

瓯即骆越,西瓯、骆越是同族异称,因此,将左江流域崖壁画的作者视为骆越人而排斥西瓯人是片面的,作画者应该是瓯骆人。

以上各种观点中,现在看来,第一种在表述上显然不妥,因为在这些学者所谓的"一千年到二千年前"或"奴隶社会"时期,尚无"壮"的称谓。壮族的称谓是宋代才出现的。至于有学者认为左江岩画可能是太平天国运动时期宁明、龙津地区天地会所绘制,而将之归为"壮族史迹",则因岩画年代的确定,自然无人再提。认为左江岩画的作者是唐代西原蛮的观点也是如此。一旦岩画的年代明确,认为岩画作者是苗瑶先民的论述,也不攻自破。因为苗瑶进入广西是宋代以后的事情。因此,现在学术界对左江岩画族属问题的认识基本上集中在"骆越说"和"瓯骆说"两种观点上。而"骆越说"和"瓯骆说"分歧的根本点在于,西瓯和骆越是不同的两支越人,还是同族异称?前者认为,今广西桂江流域和西江流域为西瓯聚居地,今广西左江流域和越南红河流域为骆越聚居地,粤西南和桂东南则为西瓯骆越之杂居地,所以,左江流域岩画的作者应是骆越。后者则认为,西瓯即骆越,所以,左江流域岩画的作者应是瓯骆人。在笔者看来,关于西瓯和骆越是同族异称还是不同的两支越人的问题,目前还没有足够的证据解决,争论还在继续,可这两种观点其实对于我们讨论左江岩画族属没有实质性影响,在证据不足的情形下,笔者更愿意认为,西瓯骆越是同族异称,但因为"骆越"贯穿始终,将左江岩画作者称为"骆越"也无不妥。

左江花山岩画族属骆越人的证据俯拾皆是:

(一) 战国至东汉时期活动于左江地区的族群是骆越人

左江流域岩画的作画年代现在基本上一致推定为战国至东汉时期。据古籍文献记载,在这段时间里,活动于广西地区的族群有西瓯、骆越、乌浒、俚人等。

西瓯,或作西呕,简称瓯。其实,瓯有东西之分。《战国策·赵策》说:"被发文身,错臂左衽,瓯越之民也。"这些指的是闽浙的瓯人。而《逸周书·王会解》说:"伊尹受命,于是为四方令曰:'臣请……正南:瓯、邓、桂国、损子、产里、百濮、九菌,请令以珠玑、玳瑁、象齿、文犀、翠羽、菌鹤、短狗为献。'"其中的"瓯",则是指今广西境内的瓯人。《淮南子·人间训》云：秦始皇"又以卒凿渠而通粮道，以与越人战，杀西呕君译吁宋。而越人皆入丛薄中，与禽兽处，莫肯为秦虏。相置桀骏以为将，而夜攻秦人，大破之。杀尉屠睢，伏尸流血数十万，乃发谪戍以备之"。其中的"西呕"，也就是西瓯。之所以称为"西瓯"，如颜师古所说"言西者以别东瓯也"。近人刘师培的《古代南方建国考》认为："瓯以区声。区，为崎岖藏匿之所。从区之字，均有曲义，故凡山林险阻之地，均谓之瓯。南方多林木，故古人谓之区，因名其人为瓯人。"

骆，或称"雒"。这个名称很早出现。在《逸周书·王会解》中提到"路人大竹"。朱佑曾的《逸周书集训校释》云："'路'音近'骆'，疑即骆越。"《吕氏春秋·孝行览·本味篇》提到："和之美者：阳朴之姜，招摇之桂，越骆之菌。"高诱注："越骆，国名。菌，竹笋。"晋人戴凯之《竹谱》引作"骆越"。"越骆"可能是直接记录的越语，而"骆越"则是经过翻译的汉语。关于"骆"的来历，《史记·南越列传》司马贞《索隐》注曰："《广州记》云：'交趾有骆田，仰潮水上下，人食其田，名为'骆人'。有骆王、骆侯。诸县自名为'骆将'，铜印青绶，即今之令长也。后蜀王子将兵讨骆侯，自称为安阳王，治封溪县。后南越王尉他攻破安阳王，令二使者典主交趾、九真二郡人。'寻此骆即瓯骆也。"可今人有的认为与"山麓"或"麓田"有关。《史记》"正义"有云"南方之人，多处山陆"，其中的"山陆"就是"山麓"的意思。

由于在史籍中，西瓯、骆越、瓯骆等名称有时单称，有时连称，所以，关于西瓯和骆越是同族异称，还是两支不同的越人的争论，自古至今，长期存在。

之所以长期争论不休，难以达成共识，是因为前期研究大多仅从文献考据来展开。而随着时代的发展，科学的进步，越来越多的学者意识到要用多学科综合性的研究来解决问题。

覃圣敏等在《广西左江流域崖壁画考察与研究》一书中，将考古资料与古籍文献资料结合起来进行综合研究。通过分析，他们认为，桂西南等地同属一个文化类型区，也就是说，西瓯与骆越同属一个文化类型区，将之分为不同的两支越人是没有根据的。①

近来则有学者通过对比研究，分出了西瓯和骆越的青铜文化②，支持了西瓯和骆越是两支不同越人的观点。

可是，仅有青铜文化的不同，显然不是文化类型区的分别。而且，族群内部也可能存在文化差异，多大的文化差异才反映族群的不同？问题远未解决。

在此背景下，笔者认为，将左江流域岩画的作者表述为瓯骆人或骆越人都是正确的。由于西瓯的称谓在汉武帝平定南越后，不再见于史书，而骆越的称谓自先秦到东汉一直存在，故笔者认为，将左江流域岩画的族属称为骆越人也无不妥。

至于乌浒和俚人，均为西瓯、骆越人的后裔。

关于乌浒的记载，初见于东汉后期。东汉中期以后，西瓯既已销声，骆越也匿迹。当时操笔的汉族文人、官员对于岭南越人以地名人，称为"苍梧、郁林、合浦蛮夷"。③ 东汉后期，汉灵帝建宁三年（公元170年），由于郁林太守谷永深入于越人之中，知悉内情，了解他们自称为"乌浒"，于是"以恩信招降乌浒人十余万内属，皆受冠带，开置七县"。④ 从此，"乌浒"之称便雀然而起，成了当时岭南越人的一个为人理解和公认的称谓，至唐宋仍未断称。其实，乌浒就是西汉"瓯骆"传人。不仅从活动区域和风俗习惯来看，乌浒与瓯骆大体一致，从族称来说，"乌浒"快读就是"瓯"；"瓯"慢读拉长就是"乌浒"，所以"乌浒"应是由"瓯"音转化而来。

至于"俚"，李贤注的《后汉书》说："里，蛮别号，今呼为俚人"，所谓的"蛮"，就是"骆越"。"骆越"又可称谓"蛮里"，说明"骆""里"同属来母，上古为同音字，可以通假，"俚"应由"骆"转音而来。而据《南州异物志》云："俚在广州之南，苍梧、郁林、合浦、宁浦、高梁五郡皆有之，地方数千里。"可知，俚人活动区正与乌

---

① 覃圣敏等：《广西左江流域崖壁画考察与研究》，广西民族出版社1987年版，第149页。
② 蒋廷瑜：《西瓯骆越青铜文化比较研究》，载《百越研究——中国百越民族史研究会第十三届年会论文集》，广西科学技术出版社2007年版。
③ 《后汉书》卷5《孝安帝纪》。
④ 《后汉书》卷86《南蛮传》。

洴人相合，也在瓯骆的活动范围之内。

由此可见，东汉后期出现的乌浒和俚其实都是西瓯、骆越的传人。他们登上历史舞台时，左江流域岩画的制作已进入尾声。

（二）左江流域岩画中许多图像反映了骆越人的文化特征

1. 岩画中的人像符合骆越人的形象

左江流域岩画是以人像为主体的岩画，据不完全统计，目前所发现的人像占全部图像的 95% 以上。① 这些人像与古籍记载的骆越人形象相符。

首先，岩画人像以裸体为特征②，符合骆越人裸体的习俗。《淮南子》载海外三十六国皆为裸国民，应包括了骆越。《吕氏春秋·求人》云："南至交趾……羽人裸国之处。"《史记·南越列传》载，南越"其东闽越千人，众号称王，其西，瓯骆裸国，亦称王"。《汉书·南粤传》又载："蛮夷中，西有西瓯，其众半嬴。"岩画裸体人像应是瓯骆越人裸体习俗的反映。

其次，人像中的发式有披发、短发、辫发、椎髻 4 种③，与瓯骆人的发式一致。

披发，是中国南方古代越人的一种共同习俗。文献中记作"剪发""断发"。《左传》哀公七年："越，方外之地，剪发文身之民也。"

《战国策》卷十九《赵二·武灵王平昼间居》载："被发文身，错臂左衽，瓯越之民也。"

《史记·赵世家》载："夫剪发文身，错臂左衽，瓯越之民也。"张守节《史记正义》在《赵世家》中引《舆地志》云："交趾，周时为骆越，秦时曰西瓯，断发文身避龙。"

《汉书·地理志》说："粤地，牵牛、婺女之分野也。今之苍梧、郁林、合浦、交趾、九真、南海、日南，皆粤地也。""其君禹后，帝少康之庶子云封于会稽，文身断发，以避蛟龙之害。"应劭注云："常

---

① 王克荣、邱中仑、陈远璋：《广西左江岩画》，文物出版社 1988 年版，第 189 页。
② 同上。
③ 同上书，第 190—191 页。

在水中，故断其发，文其身，以象龙子，故不见伤害也。"

在广西贵县罗泊湾一号西汉墓出土的铜鼓①、西林普驮西汉墓出土的Ⅰ式鼓②、越南黄下鼓③、约丘鼓④的纹饰上，也有披发者的形象。

短发是瓯骆人的常见发式。在越南绍阳发现的青铜钺和黄下鼓的纹饰中⑤，均有短发人像，与岩画的形象一致。

辫发的形象也是骆越人的发式之一。在越南鼎乡鼓⑥和东山出土的一把短剑⑦上，就有辫发者的形象。

椎髻则是受汉人影响而在汉代出现的一种发式。《史记》司马贞《索隐》说："谓夷人本被发左衽，今他同其俗，但魋其发而结之。"《史记·南越列传》曾说到南越王赵佗"结箕踞以见陆生"。王充在《论衡·率性》中说："南越王尉佗，本汉贤人也，化南夷之俗，背叛王制，椎髻箕坐，好之若性。"《后汉书·南蛮传》亦云："凡交趾所统，项髻徒跣。"唐李贤注曰："为髻于项上也。"1962 年广东清远三坑公社马头岗出土的东周铜立柱顶端所饰具有南方族群特征的人像⑧，广西贵县罗泊湾一号西汉墓出土的漆绘竹节铜筒和铜盘⑨、广东曲江马坝石峡遗址上层和香港大屿山石壁遗址出土的铜匕首人头像⑩、广州麻鹰岗西汉前期墓出土的鎏金铜跪俑，越南玉镂铜鼓、越南和平遗址出土的青铜戈⑪等，都有椎髻者的形象。

---

① 广西壮族自治区文物工作队：《广西贵县罗泊湾一号墓发掘简报》，《文物》1978 年第 9 期。

② 广西壮族自治区文物工作队：《广西西林县普驮铜鼓墓葬》，《文物》1978 年第 9 期。

③ 童恩正：《试论早期铜鼓的时代、分布、族属及功能》，《考古学报》1983 年第 3 期。

④ 同上。

⑤ ［越］黎文兰、范文耿、阮灵：《越南青铜时代的第一批遗迹》，河内科学出版社 1963 年版。

⑥ 童恩正：《试论早期铜鼓的时代、分布、族属及功能》，《考古学报》1983 年第 3 期。

⑦ ［越］黎文兰、范文耿、阮灵：《越南青铜时代的第一批遗迹》，河内科学出版社 1963 年版。

⑧ 广东省文物管理委员会：《广东清远发现周代青铜器》，《考古》1963 年第 2 期。

⑨ 广西壮族自治区文物工作队：《广西贵县罗泊湾一号墓发掘简报》，《文物》1978 年第 9 期。

⑩ 广东省博物馆、香港中文大学文物馆：《广东出土先秦文物》，香港，1984 年。

⑪ ［越］黎文兰、范文耿、阮灵：《越南青铜时代的第一批遗迹》，河内科学出版社 1963 年版。

最后，左江流域岩画人像常有羽饰①，与骆越"羽人"形象相符。《山海经·海外南经》曰："海外自西南陬又至东南者……羽民国在其东南，其为人长头身生。"同书《大荒南经》又云："南海之外，赤水之西，流沙之东……有羽民之国，其民皆生毛羽。"《淮南子》卷4亦言南方有"羽民"国。在广西和越南出土的铜鼓上常见有羽人图案。

2. 岩画中众多的铜鼓图像是骆越铜鼓文化的生动体现

左江流域岩画铜鼓图像众多，见于35个岩画地点，计有254面之多。② 这反映了骆越崇尚铜鼓的特点。《后汉书·马援传》云："（马援）于交趾得骆越铜鼓，乃铸为马式。"古籍对其后裔乌浒、俚、僚贵铜鼓的习俗记载更多。如《太平御览》卷七八五《俚》引裴渊所著的《广州记》曰："俚僚贵铜鼓，唯高大为贵，面阔丈余，方以为奇。初成，悬于庭，克辰置酒，招致同类，来者盈门……风俗好杀，怨欲相攻击，鸣此鼓集众，到者如云，有是鼓者极为豪雄。"《太平御览·俚》还引了万震的《南州异物志》中对东汉时期居住在广州以南，交州以北乌浒人喜好"击铜鼓、歌舞"的习俗记载。《广西通志》卷二七八《列传·诸蛮》亦曰："诸僚皆然，铸铜为大鼓，初成悬于庭中，置酒招致同类，来者有富豪子女，则以金银为大钗，执以叩鼓，竟，乃留遗主人，名为铜舞钗。俗好相攻杀，多构仇怨，欲相攻，则鸣此鼓，到者如云，有是鼓者号都老，群情推服。"《太平寰宇记》中也有广西贺州、高州、容州、欢州、钦州等僚人使用铜鼓的记载。广西和越南北部出土的大量铜鼓都表明，骆越人是一个崇尚铜鼓、大量使用铜鼓的民族。

3. 岩画中的龙舟竞渡图像反映了骆越人的文化习俗

左江流域岩画中，龙舟竞渡的图像不少。如龙峡第五处第二组，岩拱山第二组，宁明花山第三区第九组、第八区第九组，岩怀山（三洲尾）第二组，渡船山第四组，白龟红山第一组，岜赖山第二组，等等，都有龙舟竞渡的图像。③ 这是骆越人龙舟竞渡文化习俗的表现。关于龙舟竞渡的起源，虽然后人附会于楚人屈原因报国无门愤而投江的传说，

①　王克荣、邱中仑、陈远璋：《广西左江岩画》，文物出版社1988年版，第191页。
②　同上书，第193页。
③　同上书，第222页。

其实乃源于越人对水神的祭拜。越人临江河湖泊而居，水上活动频繁。《淮南子·原道训》云："九疑之南，陆事寡而水事众，于是人民被发文身，以象鳞虫。"《汉书·严助传》曰："越，方外之地，以发文身之民也。……处溪之间，草竹之中，习于水斗，便于同舟，地深昧而多水险。"频繁的水上生活为其文化习俗打上了深深的烙印，不仅使越人"习于水斗，便于同舟"，为避"蛟龙"之害，而"披发文身"，而且以龙舟竞渡的习俗祭祀水神。广西贵县罗泊湾一号墓出土的 10 号铜鼓[①]、西林普驮出土的石寨山型 208 号铜鼓[②]以及越南东山文化遗址出土的大量铜鼓上的龙舟竞渡纹饰均以实物的形式反映了骆越人的龙舟竞渡习俗。史籍中虽无关于越人龙舟竞渡的记载，但对于往后岭南地区龙舟竞渡的记载屡见不鲜。李商隐在《桂林即事》中吟道："殊乡近河祷，箫鼓不曾休。"柳宗元的《柳州峒氓》咏道："鹅毛御腊缝山，鸡骨占年拜永神。"温庭筠的《河渎神词》曰："铜鼓赛神来，满庭幡盖徘徊，水村江浦过风雷，楚山如画烟开。"孙光宪的《菩萨蛮》云："木棉花映丛祠小，越禽声里春光晓，铜鼓与蛮歌，南人祈赛多。"许浑的《送客南归》诗亦云："瓦样留海客，铜鼓赛江神。"竞渡之俗一直沿袭下来，到明代，为南方"十年一大会，五年一小会"[③]的盛典。明《峤南琐记》记录了广西横州龙舟竞渡活动的盛况："横州……遇端阳前一日，即为竞渡之戏，至初五日罢。舟有十五数只，甚狭长，可七八丈，头尾皆可龙形。每舟有五六十人，皆红衣绿短衫裳。鸣钲鼓数人，搴旗一人，余各以桨攫水，其行如飞，二舟相交胜负。迅疾者为胜，则以酒肉、红豆赏之；其负者披靡而去。远近老稚，毕集江浒，珠翠绯紫，横炫夺目，或就民居楼房，或买舟维缘阴间，各设酒歌欢饮而观，至暮方散。"

4. 左江流域岩画中犬的图像甚多，反映了骆越人犬祭和珍狗的文化特征

左江岩画中犬的图像甚多。据覃圣敏等在 20 世纪 80 年代的统计，

---

① 广西壮族自治区文物工作队：《广西贵县罗泊湾一号墓发掘简报》，《文物》1978 年第 9 期。

② 广西壮族自治区文物工作队：《广西西林县普驮铜鼓墓葬》，《文物》1978 年第 9 期。

③ （明）邝露：《赤雅》。

能辨认的 86 个兽类图像中，大部分是犬。这些图像均为侧身，多处于画面的中心位置，四周为众多的人物围绕。① 左江岩画中犬的图像之所以如此众多和突出，反映了骆越人行犬祭和珍狗的文化特征。

狗的驯养是骆越先民跨入驯化野生动物门槛之始。今操壮侗语族的壮傣、侗水以及黎三个语支的各个民族（或群体）都谓狗为 ma^1 或 ηwa^1，语同一源，说明壮、布依、临高、傣、侗、水、仫佬、毛南以及黎族尚未分化之前，已经认知并驯化、饲养了狗。壮族民间流传着这样的神话故事说，他们的祖先带着一只黄狗到天上的仙田里去打了一滚，沾上了一身稻种带回凡间，但沿途被草木刮掉了，只剩下尾巴上的稻种，所以现在的稻穗形如狗尾一般。此一壮族神话传说，道出了狗的驯养是在野生稻的驯化成为栽培稻之前。虽然甑皮岩遗址没有狗骨的遗存，但不能断定当时越人还没有驯化狗。因为狗不是拿来吃的，其骨头不与人吃食丢弃的猪骨、鹿骨等堆在一起是正常的。

骆越先人不仅在远古时代就驯化、饲养了狗，而且在历史的发展中不断优化其品种。《逸周书》卷 7《王会篇》说：商朝初年，成汤的大臣伊尹所著的《四方献令》就记载了"正南瓯、邓、桂国、损子、产里、百濮、九菌，请令以珠玑、玳瑁、象齿、文犀、翠羽、菌鹤、短狗为献"。岭南正在商朝的正南方，"短狗"很可能是骆越人最早进贡中原王朝的物品。

虽然史籍中没有关于骆越人崇狗和行犬祭的记载，但在广西贵县罗泊湾一号墓出土的竹节铜筒漆画和越南北部越池、国威出土的青铜钺的纹饰上，都有狗的图像。而且，其他支系的越人珍狗并行犬祭可见之于古籍记载。如《国语》卷 20《越语上》载：越国君王勾践为了鼓励生育，增强国力，曾下令："生丈夫，二壶酒一犬；生女子，二壶酒一猪。"《太平御览》卷 780《叙东夷》引《临海水土志》说，"安家之民""悉依深山，架立屋舍于栈格上，似楼状。……父母死亡，杀犬祭之"。《临海水土志》是三国时代沈莹所撰，安家之民就是当时居住于今闽、浙之界的越人。而骆越之后僚人亦有此俗。《魏书》卷 101《僚

---

① 覃圣敏等：《广西左江流域崖壁画考察与研究》，广西民族出版社 1987 年版，第 162—164 页。

传》载：儿子若错杀了父亲，"走避，求得一狗以谢其母。母得狗谢，不复嫌恨"。此一文化特质在骆越后裔身上一直延续至元明、清时代。比如，元朝陈孚《思明州》诗五首，其三即为："鹿酒香浓犬甚肥，黄茅冈上纸钱飞。一声鼓绝长鎗立，又是蛮巫祭鬼归。"[①] 这是以狗为祀鬼的祭品。又景泰《云南图经志书》卷3载：云南师宗州（今师宗县）"土僚"，"以犬为珍味，不得犬不敢祭"。王崧道光在《云南志钞》卷154也说：侬人"种植糯谷，好割犬祭祀"。因此，凌纯声先生认为，"犬祭为越人旧俗……这种以狗为牺牲，同时珍狗，亦为东南亚古文化特质之一，此一特质虽不多见，但分布甚广"[②]，"在整个的太平洋文化区中，当以古代中国海洋文化区域为犬祭文化的典型地区，……以犬祭的地理分布看来，这一文化的特质的区域，遍在太平洋区，而其源地不在古代中国即在东亚，向东陆行经白令海峡而至美洲，水行则乘柳筏或方舟散希于太平洋岛屿"。[③]

以上所述，可能挂一漏万，但左江流域岩画的作者为骆越人可谓证据确凿，不容置疑。

二 对于左江岩画文化内涵的新认识

回顾左江流域岩画研究的历史，对壁画内容的争论主要有以下几种观点：

第一，是古代桂西壮族纪念某一大规模战争胜利而制作的纪念图，其中包含着队伍集合图、点将图、操练誓师图、战争图、胜利庆功图。[④]

第二，是古代西原族举行大规模庆功纪念图。[⑤]

① 《粤西诗载》卷22。
② 凌纯声：《古代闽越人与台湾土著族》，转引自《南方民族史论文集》（一）。
③ 凌纯声：《中国边疆民族和环太平洋文化·古代国与太平洋区的犬祭》，台北经联书局1979年版。
④ 杨成志：《广西壮族的古代崖壁画》，《中央民族学院学报》1988年第4期；梁任葆：《花山壁画的初步研究》，《广西日报》1957年2月10日。
⑤ 刘介：《西原族的发展与宁明、崇左、龙津等处的壁画》，《广西日报》1957年7月26日。

第三，是从绘画向象形文字发展过渡时期的一种语言符号，其含义是表示西原族首领黄少卿攻克邕、钦、横、浔、贵五州的状况。①

第四，是祭拜水神的图像。周宗贤、李干芬认为是古代巫师用以赛江神的一种符法，与祷告水神有关，是拜水神的祭祀图；②宋兆麟认为是祭祀水神的生动画卷。③

第五，是一幅娱神图。④

第六，是神圣的巫术礼仪的重要组成部分，其内容不仅包括战争，还有祭祀日、鼓、河、田、鬼等。⑤

第七，是宗教祭祀的图景，而非战争或欢庆胜利的写实记录。⑥

第八，是祭祀蛙神的圣地。⑦

第九，是祖先崇拜遗迹。⑧

自 20 世纪 80 年代末期以来，随着研究的深入，岩画年代的明确，以上观点中的一些观点自然淘汰，几乎无人再提，焦点集中在"祭祀水神说""巫术文化说""祭祀蛙神说""祖先崇拜说"这几种观点上。

笔者认为，左江流域岩画的内容非常丰富，它的主题其实就是一种稻作文明的宗教信仰表达，其内容是骆越人围绕两种基本生产——稻作生产和人的生产而举行的宗教祭祀仪式场面的图画。因为骆越是最早驯化和栽培水稻即最早发明稻作农业的族群之一。我国古籍中，"稻"的底层语"禾毛""糇""膏""ŋa：i"皆是古越语的汉字记音，"禾兼""禾粪"是壮侗语族称籼型水稻和籼型旱稻的汉字记音，"禾而"源于

---

① 陈汉流：《略谈花山岩壁画的语言符号》，《广西日报》1957 年 8 月 21 日；陈汉流：《花山岩壁画语言符号的意义》，《广西日报》1957 年 9 月 8 日。

② 周宗贤、李干芬：《壮族的古代画——花山壁画》，《红旗日报》1962 年 2 月 25 日；李干芬、周宗贤：《广西壮族古代崖图研究》，《中央民族学院学报》1978 年第 4 期。

③ 宋兆麟：《水神祭祀与左江崖壁画》，《中国博物馆馆刊》1987 年第 10 期。

④ 覃国生、梁庭望、韦星朗合著：《壮族》，民族出版社 1984 年版。

⑤ 王克荣、邱钟世、陈远璋：《巫术文化的遗迹——广西左江岩画剖析》，《学术论坛》1984 年第 3 期。

⑥ 陈芳明：《广西花山崖壁画与四川珙县僰人崖画》，《民族艺术》1985 年 00 期。

⑦ 梁庭望：《花山崖壁画——祭祀蛙神的圣地》，《中南民族大学学报》（人文社会科学版）1986 年第 4 期。

⑧ 姜永兴：《壮族先民的祭祖胜地——花山崖画主题探索》，《广西民族研究》1985 年等 2 期；覃圣敏等：《广西左江流域崖壁画考察与研究》，广西民族出版社 1987 年版，第 174—179 页。

古越语。① 壮族民间流传的《布洛陀》经书里有专门叙述驯化野生稻过程的内容。2011 年，中国科学院韩斌研究员的科研团队采用先进的分子生物学技术，对 1000 多份栽培稻和 400 多份野生稻进行研究，通过全基因组遗传背景的比较分析，证明栽培稻起源于广西境内的珠江流域，起源祖先为广西普通野生稻。② 为了稻作丰收和种族繁衍，骆越人通过举行各种祭祀仪式，表达对于太阳、月亮、铜鼓、雷神、水神、田地、青蛙、生殖、鸟、犬、鬼神等的崇拜信仰，因为他们相信这些神灵具有神力，可对于他们的稻作生产和人的生产有决定性的影响。左江花山岩画即是这些祭祀仪式场面的图像③。骆越人将这些仪式场面画于左江两岸，是希望这些图像能像真正的祭祀仪式那样发挥作用。

三　对于左江岩画传承问题的新认识

由于现在左右江流域的民族有的是骆越后裔，有的虽非骆越后裔，但也长期受骆越文化影响，左江花山岩画文化的主题依然体现在左右江现代民俗文化中。

左江岩画文化围绕稻作生产和人的生产而举行的宗教祭祀仪式的主题，在左右江现代民俗文化中传承，典型的例子主要有龙州县金龙壮族布傣族群侬峒节④及东兰、天峨、南丹交接处的蚂拐节。⑤ 侬峒节和蚂拐节是左江岩画文化主题在左右江现代民俗中的整体性呈现。

除了整体性的呈现之外，左江岩画文化的一些文化特质，如太阳崇拜、月亮崇拜、铜鼓崇拜、雷神崇拜、水神崇拜、青蛙崇拜、犬崇拜、鸟崇拜、生殖崇拜、田（地）神崇拜、鬼神崇拜等依然在左右江流域

---

① 覃乃昌：《"禾毛"、"穤"、"膏"、"ŋaːi"考——兼论广西是栽培稻的起源地之一及壮侗语民族对稻作农业的贡献》，《广西民族研究》1996 年第 2 期。

② Bin Han, etc., "A Map of Rice Genome Variation Reveals the Origin of Cultivated Rice", *Nature*, 2012, 490：497 – 501.

③ 王克荣、邱中仑、陈远璋：《广西左江岩画》，文物出版社 1988 年版，第 219—230 页。

④ 农瑞群、何明智：《壮族布傣求务仪式文化符号解读》，《玉林师范学院学报》（哲学社会科学版）2012 年第 4 期。

⑤ 覃剑萍：《壮族蛙婆节初探》，《广西民族研究》1988 年第 1 期；周作秋：《壮族的蚂虫另节和〈蚂虫另歌〉》，《民间文学》1986 年第 6 期。

现代民族中流传①，体现了左江岩画文化的传承性。

然而，从现在左江流域各族居民对左江岩画的认知情况来看，据调查，现在左江流域各族居民都知道左江岩画是自己祖先留下来的宝贵文化遗产，保护和弘扬左江岩画对于传承本民族文化，推进经济社会发展有重要意义（这主要得益于长期以来专家学者对左江岩画及相关问题的研究，以及各级政府和社会各界对于左江岩画的宣传及科普教育工作，特别是自左江岩画申报世界文化遗产工作启动以来，各级政府和社会各界对于左江岩画的教育、宣传工作，全面开展，大大提高和深化了当地民众对于左江岩画的认知），另一方面，当前左江流域各族民众对于左江岩画的认知依然是笼统的、模糊的、空泛的。之所以如此，主要有以下原因：

（一）民族历史记忆链的断裂

作为骆越的后裔，当今壮侗语族群的广大民众，对于自己的祖先——骆越的悠久历史和灿烂文化知之甚少，对骆越人的创作——左江岩画的记忆也几乎消失殆尽，自然今天对之没有清晰、准确的认知。导致这种状况的因素很多，总而言之，主要是自从秦始皇统一岭南，直至民国时期，历代中央王朝都实行歧视少数民族的政策，积极推进对少数民族的"汉化"，使骆越族群后裔对本民族的历史、文化缺乏认同与自信，民族认同意识淡薄。因此，左江流域各族居民对左江岩画的认知模糊、空泛是必然的。

（二）民族历史、文化的教育断裂

首先是教育的断裂。本来，由原始教育向学校教育发展是人类社会历史的一般进程。但由于壮侗语各族社会历史的特殊性，没有形成统一的文字，因而不可能事实上也没有出现自己的学校教育。骆越后裔族群的学校教育是在秦始皇统一岭南后，从中原引入，由统治者强加而来的，其目的是要向"化外之民"灌输钦定的正统伦理纲常，"教化"他

---

① 王克荣、邱中仑、陈远璋：《广西左江岩画》，文物出版社1988年版，第219—230页；李富强等：《壮学初论》，民族出版社2009年版，第252—291页。

们，使之"开化"，这些学校教育使用汉语、汉字授课，根本上是汉文化的传播。所以，在骆越后裔族群社会中，作为最先进的教育途径的学校教育所传授的内容不同于其他途径（家庭教育、社会教育）所传授的内容——本族群传统文化。这便形成了骆越后裔族群——壮侗语民族文化传承的断裂性：传统文化不可能全面、系统地传承下来。

清末民国时期，广西学校教育的转型和发展，使少数民族接受学校教育的机会增加，壮侗语民族进一步增强对中华民族和中华文化的认同。但是，壮侗语民族教育的断裂性非但没有缩小，反而持续加强。因为清末和民国时期，统治者对包括壮侗语民族在内的少数民族更加强了"同化"的步伐和力度。此前，古代中央王朝对少数民族的统治实行羁縻制度和土司制度，虽然在此过程中也主张以中原汉文化"教化"少数民族，但毕竟有"以其故俗治"的理念，对少数民族文化有一定的包容度。但清末和民国时期，"改土归流"已如火如荼地开展，统治者更加强调对少数民族实行同化政策。长期担任广西省主席的黄旭初就曾明说："广西省政府从民国二十年起，根据民族平等的原则，对蛰居深山大谷中的苗、傜、侗、僮等民族，努力作政教的设施。目的在使种族的感情，由隔膜而趋于融洽，由误解而达到谅解，由乖离而进于和谐，祈求这些少数民族达到中华民族化。"① 于是，统治者常在改良社会风俗的过程中，对少数民族文化予以打压。在此背景下，壮侗语民族家庭教育和社会教育传递传统文化的功能大受限制和削弱。新桂系虽大力发展学校教育，但壮侗语民族传统文化绝不可能通过学校教育来传承。新桂系虽然将苗、瑶、侗、僮、伶、伢、倷、侬、山子、仡佬、俫俫、黑衣诸族视为广西的"特种部族"，针对这些"特种部族"推行"特种教育"，但"特种教育"的目的是"选取特族子弟入学，期以开化学子为先锋，推动整个特族社会之改进，达到同化合作之目的"②，"统一语言文字，革除陋俗习殊俗，各族互相婚媾，改良居室服饰，打破住域界限，消灭部落政治"。③ 即以教育为手段，利用教育的功能，同化"特

---

① 黄旭初：《广西的傜山》，《广西文献》2003年第101期。
② 刘介：《广西特种教育》，广西省政府编译委员会1940年版。
③ 同上书，第42页。

种部族"。正因如此，壮侗语民族教育的断裂性在清末和民国时期依然存在，并有强化的趋势。

尽管中华人民共和国成立后，由于中国共产党和人民政府实行民族平等的政策，体现在文化和教育上，尊重、维护和发展文化多样性，为了保护、传承和发展少数民族文化的需求，不仅采取了一系列特殊措施发展民族学校教育，以便利于现代知识的学习和民族文化通过学校教育而传承，而且使家庭教育和社会教育中传承民族文化的功能得以发挥，因而1949年之后，壮侗语民族教育自古以来的断裂性逐渐消弭，但教育断裂性依然在一定程度上存在，民族历史、文化的教育在教育体系中依然是缺失或薄弱的，教育断裂性的危害至今明显。

民族历史文化教育的断裂性，严重影响了人们对本民族历史、文化的了解、理解，是左江流域各族居民难以清晰、准确认识左江岩画的重要原因。

（三）学术研究与民众认知的断裂

经过长期研究，笼罩在左江岩画上的迷雾已经基本散去，学术界对左江岩画的认识已非常清晰。包括左江岩画的年代、族属、内容、功能、作画的颜料、作画工具、作画方法等问题，都有了科学的阐述。但这种学术的共识并没有形成社会性、民族性的认知。这就是学术研究与民众认知的断裂。

当地民众对左江岩画的科学认知，不仅对于左江岩画申报世界文化遗产、保护和弘扬左江岩画文化有重要作用，对于推进民族文化自觉，增强民族自信心、凝聚力，振奋民族精神，团结各族人民为实现中华民族伟大复兴的中国梦，都有重要意义。因而，我们一定要消除以上因素，推进当地民众对左江岩画的科学认知。

因此，我们要做好以下工作：

一是要继续推进对左江岩画及相关问题的研究。不仅要继续研究左江岩画本身，还要研究与之相关的族群的历史与文化；不仅要研究左江岩画在本民族历史、文化中的地位，还要研究其在人类历史、文化中的地位。

二是要让左江岩画等民族历史文化进入学校教育体系，使左江岩画等民族历史文化知识世代相传。

三是要通过各种途径，将左江岩画的学术研究成果向广大民众宣传，使之转变为广大民众对左江岩画的认知。

（作者系二级教授、博士生导师，广西民族大学民族研究中心主任）

近两年骆越文化研究概述[*]

黄　健　杨文定

【摘　要】近两年的骆越文化研究成果广涉骆越的历史、习俗信仰、花山、铜鼓、文学艺术、科学技术等领域，运用历史学、考古学、语言学、文学、宗教学、民族学、艺术学、传播学等多学科研究方法，开展有影响力的学术研讨，推出有分量的研究成果，壮大了骆越文化研究队伍，日益形成骆越文化研究学术共同体，加速了中国骆越文化研究成果在中外学界的传播。

【关键词】骆越文化；花山；铜鼓

骆越之名始于公元前 48 年至东汉初年，存在约 100 年。[①]大多数学者认同历史上的骆越分布相当于今广东、广西、贵州东南部、云南东南部、海南省中南半岛的东北部及相关国家。[②]及时了解骆越文化研究动态，把握骆越文化发展动态，有助于科学、全面、深入地进行学术探究，也有益于增进学者、民族、社会乃至国家之间对文化多样性演进的正确理解与可持续传承。覃彩銮、周智生等对近百年来的骆越文化研究历程作了很好的回顾与总结，厘清了中外学界争论的焦点及问题的根源，乃至今后有待深入探究的领域。覃彩銮、付广华、覃丽丹的《骆越文化研究一世纪》（上、下）（2015）系统回顾、反思、辩证了 20 世

---

　*　2016 年国家社科基金特别委托项目（16@ZH010）阶段性成果。
　①　范宏贵：《西瓯、骆越的出现、分布、存在时间及其他》，《广西民族研究》2016 年第 3 期。
　②　王文光、李艳峰：《骆越的源流与分布考释》，《云南社会科学》2015 年第 6 期。

纪 20 年代以来（至 2014 年）中外学者的骆越文化研究成果。① 黄桂秋
与单益强的《近年广西骆越文化研究的回顾与思考》回顾了广西骆越
古文化遗存、骆越物质文化、骆越宗教文化研究成果，分析现状，呼吁
加强研究基地建设、编撰综合性著作、翻译越南资料与研究成果等。②
陈敏的《骆越文化研究文献分析》选取中国知网收录的骆越文化研究
论文 723 篇，从年代分布、学术影响力、文献主题、科研基金资助等指
标对其进行文献计量分析。③ 杨健、周智生和熊世平的《中越两国骆越
文化研究的流变与分异》依骆越史料考辨梳理中越两国骆越文化同源
异流的研究流变进程，分析不同历史时期两国与骆越研究目的、方法、
观点的差异，以及导致分异的原因。④ 陈远璋与赵晋凯的《国内学者花
山岩画研究 60 年述略》系统回顾了 1950 年以来关于岩画年代、性质、
内容、族属、艺术、社会环境、保护等方面的研究成果。⑤ 此外，邱玉
红的《左江花山岩画与壮族文化研究综述》（2015）、⑥ 丘小维的《广
西宁明花山崖壁画研究文献综述》⑦ 也回顾了花山岩画历史源流、文化
内涵、环境保护等方面的研究成果。近两年，骆越文化研究有更多领域
的学者参与其中，研究成果广涉骆越的历史、习俗信仰、花山、铜鼓、
文学艺术、科学技术等领域，成果喜人。现将近两年的骆越文化研究成
果作一概述。

① 覃彩銮、付广华、覃丽丹：《骆越文化研究一世纪》（上），《广西民族研究》2015 年
第 4 期。覃彩銮、付广华、覃丽丹：《骆越文化研究一世纪》（下），《广西民族研究》2015 年
第 5 期。
② 黄桂秋、单益强：《近年广西骆越文化研究的回顾与思考》，《广西民族研究》2015
年第 5 期，文中回顾的研究成果从 1982 年（《铜鼓史话》）至 2013 年（《壮族鸡卜经影印译
注（1—8 卷）》、《大器铜鼓》），重在宏观回顾和思考广西骆越文化研究现状和出路。
③ 陈敏：《骆越文化研究文献分析》，《图书馆界》2015 年第 4 期。
④ 杨健、周智生、熊世平：《中越两国骆越文化研究的流变与分异》，《云南师范大学学
报》（哲学社会科学版）2016 年第 1 期。
⑤ 陈远璋、赵晋凯：《国内学者花山岩画研究 60 年述略》，《歌海》2015 年第 1 期。
⑥ 邱玉红：《左江花山岩画与壮族文化研究综述》，《百色学院学报》2015 年第 1 期。
⑦ 丘小维：《广西宁明花山崖壁画研究文献综述》，《广西教育学院学报》2016 年第 1
期。

一 骆越历史研究

中外学者研究古代民族的历史时常会步入误区，用现代人的立场、理念、概念去理解古代的人、物、事，用现代人的理念、概念去套古人的事物。[①] 甚至部分学者囿于国界与民族，因相关概念、立场、理念问题影响具体时空和事物的理解与判别。这些都成为学术分歧与争论，乃至国家和地区之间争夺文化主权的根源。例如，覃彩銮的《侬智高研究三题》站在中华民族多元一体、维护民族文化主权和文化安全的高度，剖析侬智高研究存在的诸多误区或怪圈，商榷和反省其研究方法。[②] 因此，充分利用存世文献和相关资料辨析骆越历史的源流与地域分布及相关问题，证见历史事实，是推进骆越文化研究的重要基础。这方面的成果涉及中国境内、越南境内的骆越历史以及骆越同周边及现代诸民族的关系。

中国学者对越南境内的骆越历史研究成果。谢崇安的《"雒王"与"雄王"问题考辨——与刘瑞先生商榷》考辨广州南越国宫署遗址出土文书，指出报告者是把其中的"雒"字误释为"雄"字，反而再次证明中越古籍中的"雄王"是"雒王"的讹变；而且，今人辑佚的5世纪的《南越志》也多经后人改写，称越南古代"雄王"得名是因越地"厥气惟雄"的观点也不成立。越南古史记载表明，把"雒"改为"雄"或"貉"，是越人为了强化父系君权崇拜和民族独立的意识。[③] 周智生与杨健的《国家认同视阈下越南骆越文化的研究流变——以对"安阳王建瓯骆国"史料解读为线索》以"安阳王建瓯骆国"史料解读为线索，分析中越两国学者史料解读存在差异的原因，并指出骆越民族后裔现跨居于中越两国，具有相同的民族起源与文化特征，在越南国家认同建构需求的催化下，过激的骆越民族认同意识由演变成为狭隘民族

---

① 范宏贵：《西瓯、骆越的出现、分布、存在时间及其他》，《广西民族研究》2016年第3期。

② 覃彩銮：《侬智高研究三题》，《百色学院学报》2016年第2期。

③ 谢崇安：《"雒王"与"雄王"问题考辨——与刘瑞先生商榷》，《广西民族师范学院学报》2016年第5期。

主义的趋势，甚至延展成为阻碍国家发展的潜在阻力。① 张慧丽的《越南后黎朝前期民族意识研究（1428—1527）》认为，后黎朝前期的民族意识较前代在层次、内涵、影响方面都有显著发展，在越南民族意识的发展过程中起到了承上启下的作用。② 左荣全的《越南史学界对文郎国与安阳王的认知悖论》、《越南古代的汉字认同及其变迁》、《越南古代史的分期问题新论》考察越南学术界处理民族主义与客观历史认知之间一直存在的矛盾、越南古代的汉字认同及其变迁、越南古代史的分期问题等。③ 梁志明与刘志强的《关于越南历史发展轨迹与特征的几点思考》总结《越南史纲》撰写心得和多年来的教学与研究体验，并吸纳国内外学术界，包括越南史学界和考古学界的研究成果，对越南社会历史发展演变的脉络和轨迹提出五个方面的思考与认知。④ 王柏中的《越南阮朝土司制度探析》据《大南实录》和《大南会典事例》等汉文文献，考察越南阮朝土司官长的选任、土职官品秩、改土归流施行等情况，认为阮朝土司制度既承袭前代，也取鉴明清，其可视为华夏制度文化延伸和外溢的产物。⑤ 梁允华的《从爵本位到官本位——十至十五世纪越南官制变迁史研究》（2015）论述越南官制从以重视血缘、相对凝固化、具有浓厚贵族统治色彩的爵本位体制逐渐转化为以功绩制、流动官僚制、具有近世特色的官本位体制的过程。成思佳的《越南古代的上皇现象研究（968—1759）》（2015）以越南历代的上皇现象为主要研究对象，从其历史的纵横发展探讨这种政治传统与历史现象。⑥ 张昆将

---

① 周智生、杨健：《国家认同视阈下越南骆越文化的研究流变——以对"安阳王建瓯骆国"史料解读为线索》，《云南民族大学学报》（哲学社会科学版）2016 年第 5 期。

② 张慧丽：《越南后黎朝前期民族意识研究（1428—1527）》，硕士学位论文，郑州大学，2016 年。

③ 左荣全：《越南史学界对文郎国与安阳王的认知悖论》，《东南亚南亚研究》2015 年第 3 期；左荣全：《越南古代的汉字认同及其变迁》，《东南亚南亚研究》2016 年第 3 期；左荣全：《越南古代史的分期问题新论》，《东南亚南亚研究》2016 年第 2 期；左荣全：《越南〈大越史记全书〉版本源流述略》，《东南亚研究》2016 年第 5 期。

④ 梁志明、刘志强：《关于越南历史发展轨迹与特征的几点思考》，《东南亚研究》2016 年第 5 期。

⑤ 王柏中：《越南阮朝土司制度探析》，《广西师范学院学报》（哲学社会科学版）2016 年第 1 期。

⑥ 成思佳：《越南古代的上皇现象研究（968—1759）》，硕士学位论文，郑州大学，2015 年。

的《越南"史臣"对"中国"意识的分歧比较》通过考察越南对内的"史臣"及对外的"使臣"两种"中国"意识，笔者认为越南使臣在对华夷意识的极高敏感下形成了"同华意识"与"竞华意识"，越南的中华意识实有"对内"与"对外"鲜明的多元现象。① 关于越南民族身份与国家意识的研究，还有黄静的《越南民族国家建构的历史基础与民族整合进程》、② 费英俊的《越南身份建构的双向路径：越南历史发展中的中国因素与"去"中国因素研究》。③ 叶少飞在研究越南古代史后，探讨了《中越典籍中的南越国与安南国关系》、《安南莫朝范子仪之乱与中越关系》、《越南古代"内帝外臣"政策与双重国号的演变》。④ 牛军凯的《〈大越史记全书〉"续编"初探》（2015）、左荣全的《越南〈大越史记全书〉版本源流述略》（2016）、叶少飞的《二十世纪初越南新史学对传统越中关系的解读与重构》、⑤ 韩周敬的《越南〈大南一统志〉编撰的相关问题》⑥ 等讨论越南的历史学传统及相关问题。于向东等翻译美国的越南研究学者 D. R. 萨德赛的专著《越南：过去与现在》，其以长时段和全球化分析越南古代历史中的民族主义情结，审视越南具有民族特色的历史与文化。⑦ 黄可兴与阮小妹翻译越南知名学者王全的《越南的岱、侬族研究现状及亟待解决的若干问题》，

① 张昆将：《越南"史臣"对"中国"意识的分歧比较》，《台湾东亚文明研究学刊》2015 年第 1 期。

② 黄静：《越南民族国家建构的历史基础与民族整合进程》，硕士学位论文，云南大学，2015 年。

③ 费英俊：《越南身份建构的双向路径：越南历史发展中的中国因素与"去"中国因素研究》，硕士学位论文，南京大学，2015 年。

④ 叶少飞：《中越典籍中的南越国与安南国关系》，《中国边疆史地研究》2016 年第 3 期；叶少飞：《安南莫朝范子仪之乱与中越关系》，《元史及民族与边疆研究集刊》2016 年第 31 辑；叶少飞：《越南古代"内帝外臣"政策与双重国号的演变》，《形象史研究》2016 年上半年刊。

⑤ 叶少飞：《二十世纪初越南新史学对传统越中关系的解读与重构》，载中国社会科学院中国边疆研究所、广西民族大学《第四届中国边疆研究青年学者论坛会议论文集》，2016 年，第 338—348 页。

⑥ 韩周敬：《越南〈大南一统志〉编撰的相关问题》，载中国社会科学院中国边疆研究所、广西民族大学《第四届中国边疆研究青年学者论坛会议论文集》，2016 年，第 349—361 页。

⑦ ［美］D. R. 萨德赛：《越南：过去与现在》，于向东、于臻、郝晓静等译，国家领土主权与海洋权益协同创新分中心、郑州大学越南研究所，2016 年。

介绍越南学术界非常重视岱、侬两个少数民族的研究，出现了许多岱、侬族的研究专家，他们围绕岱、侬族的历史、经济、伦理道德、风俗习惯、民间文学、传统戏剧、民族医药、文化交流和语言文字等方面的成果，并期望中越学者交流互动，共同探讨岱、侬族与中国壮族关系研究的一些空白。① 韦凡州的《越南民族源自神农传说之探析》将《鸿庞传》或保存着久远的民族记忆，结合其他材料如地上、地下物质遗存和信仰、祭祀崇拜等非物质遗产，探析越族先民的若干上古史影。② 彭长林、韦江的《现代越族形成的早期过程探研》表明，从旧石器时代到汉代，越南北部的人种特征经历了从澳大利亚人种到蒙古人种与澳大利亚人种的混种、最后出现与现代越人相似的蒙古人种特征的演进过程，因本地与外来文化及族群的长期融合与发展，最终形成了现代越族。③ 黄全胜、李延祥、郑超雄等的《广西战国汉代墓葬出土铁器的科学研究》表明，武鸣马头镇安等秧战国墓出土铁锸为生铁制品，其标志着中原地区的农耕技术最迟于战国时期传播到广西南部地区。④ 成思佳的《略论阮廌的生平及其著述》；于向东与成思佳师生著的《郑若曾与〈安南图说〉略论》，二人合撰的《越南知识阶层的中国认知述略——以 17 位越南学者为例》。⑤ 于向东讨论越南的古代海洋意识，并以中国与越南为例探讨古代海洋史与南海合作问题。⑥ 张惠鲜的《浅析越南阮攸的左江流域印象》考察越南古典诗人阮攸诗作中左江流域的自然景观、人文景观和社会状况的印象。⑦ 对越南诗人及诗作的研究还

---

① 王全：《越南的岱、侬族研究现状及亟待解决的若干问题》，黄可兴、阮小妹译，《广西民族大学学报》（哲学社会科学版）2016 年第 2 期。

② 韦凡州：《越南民族源自神农传说之探析》，《世界民族》2015 年第 5 期。

③ 彭长林、韦江：《现代越族形成的早期过程探研》，《广西民族研究》2015 年第 1 期。

④ 黄全胜、李延祥、郑超雄等：《广西战国汉代墓葬出土铁器的科学研究》，《南方文物》2016 年第 1 期。

⑤ 于向东、成思佳：《越南知识阶层的中国认知述略——以 17 位越南学者为例》，《国外社会科学》2016 年第 5 期；于向东、成思佳：《郑若曾与〈安南图说〉略论》，《中国边疆史地研究》2016 年第 3 期；此外，成思佳论文成果还有《略论阮廌的生平及其著述》，《黑龙江史志》2015 年第 7 期。

⑥ 于向东：《古代海洋史与南海合作——以中国与越南的比较为例》，《史学月刊》2016 年第 12 期；于向东：《试析越南阮朝明命帝的海洋意识》，《史学月刊》2015 年第 12 期。

⑦ 张惠鲜：《浅析越南阮攸的左江流域印象》，《东南亚纵横》2015 年第 5 期。

有牛军凯的《"越南苏武"黎光贲及其在华诗作〈思乡韵录〉》。①

学者们从多维度、多视角探究中国境内的骆越历史。范宏贵的《西瓯、骆越的出现、分布、存在时间及其他》依据史籍论证瓯与骆是两个不同的共同体；考定西瓯、骆越出现与存在时间、地域分布；总结中外学者研究古代民族时常会步入的误区。② 覃丽丹与覃彩銮著的《广西边疆开发史》系统全面地论述骆越先民的历史发展、开发历程以及中央王朝对广西的统治和开发。③ 蓝韶昱的《骆越国与南越国关系探析》认为，骆越国是南越国的国中之国，南越国推行"和辑百越"的民族政策，汉人入乡随俗，鼓励汉越通婚，对越俗革陋鼎新，吸收越人参政，允许越人自治，融洽了民族关系；骆越国在先秦时期呈现明显的骆越文化特征，但在南越国时期，由于汉越文化涵化，汉文化元素增多。④ 冯小莉的《后南越国时期两汉岭南与中原王朝关系论略》考察后南越国时期岭南与中原王朝的关系主要表现为汉武帝时期的征服和经营（封侯、设郡县）；西汉后期至东汉时期表现为改善交通、移民迁徙、委任官吏、镇压叛乱等开发与管理以及士燮家族时期的特殊形势。⑤ 王文光、李艳峰的《骆越的源流与分布考释》研究骆越族源，确知骆越是中国南方百越民族的一部分，是秦汉时期统一的多民族中国相关郡县辖境内的民族群体，是统一多民族中国辖境内的居民；研究骆越分布区域，证明所有的骆越在宋代以前一直都是分布在统一的多民族中国境内，宋代以后才开始有一部分骆越后裔分布在越南境内。⑥ 王文光与李艳峰还合撰了《魏晋南北朝时期僚人分布述论》、《唐代的僚人述论》，

① 牛军凯：《"越南苏武"黎光贲及其在华诗作〈思乡韵录〉》，《东南亚研究》2015 年第 4 期；牛军凯：《〈大越史记全书〉"续编"初探》，《南洋问题研究》2015 年第 3 期；牛军凯：《武景碑与东南亚古史研究》，《世界历史》2014 年第 6 期；牛军凯：《从占婆国家保护神到越南海神：占婆女神浦那格的形成和演变》，《东南亚南亚研究》2014 年第 3 期；牛军凯：《18 世纪越南的三教寺和三教思想》，《东南亚南亚研究》2013 年第 2 期。

② 范宏贵：《西瓯、骆越的出现、分布、存在时间及其他》，《广西民族研究》2016 年第 3 期。

③ 覃丽丹、覃彩銮著：《广西边疆开发史》，社会科学文献出版社 2015 年版。

④ 蓝韶昱：《骆越国与南越国关系探析》，《广西民族研究》2016 年第 5 期。

⑤ 冯小莉：《后南越国时期两汉岭南与中原王朝关系论略》，《唐都学刊》2016 年第 6 期。

⑥ 王文光、李艳峰：《骆越的源流与分布考释》，《云南社会科学》2015 年第 6 期。

讨论僚人的历史问题。① 王文光与曾亮的《〈安南志略〉与相关民族历史问题浅论》考察元代安南人黎崱的《安南志略》可见其中不仅体现了安南与统一的多民族中国的历史渊源关系、文化渊源关系、民族源流关系，还可见到黎崱力图要摆脱安南与统一多民族中国的历史渊源关系、文化渊源关系、民族源流关系的矛盾与纠结。② 梁庭望、厉声等合撰的《骆越方国研究》，论述了骆越方国的产生、民族、疆域、政治、经济、军事、文化、宗教、社会生活、医药、语言文字等。梁庭望、谢寿球主编的《古丝路上的骆越水都——贵港市历史文化研究》是《骆越方国研究》的姊妹篇，其从多方面论证古骆越人从稻作文明走向海洋文明的历史进程，探讨并论证了南海历史文化中所包含的骆越文化基因。③ 欧薇薇的《壮族先民创制文字的探索》认为，岭南古陶器上的划刻符号、广西平果出土的表意的古壮侗文——感桑石刻、滇西南至今仍有流传的"骨刻历算器"（占卦用具），或蕴含着壮族先民（古骆越民族）创制古文字。④ 韦福安的《汉象郡府治"临尘县"方位地址的文献法考辨——花山古都"临尘县"的人类学系列研究之一》据文献考察古骆越的分布地域范围和西汉时期"交趾剌史部图"反映的自然地理环境，考定临尘县位于龙州县上金乡政府所在地，而非崇善县。⑤ 赵秀文的《海南黎族文化的发展源流与文化特质研究》厘清黎族文化发展源流和文化特质，考察黎族文化的起源，其系骆越文化与海洋文化融合的结果。⑥

---

① 王文光、李艳峰：《魏晋南北朝时期僚人分布述论》，《学术探索》2015 年第 3 期；王文光、李艳峰：《唐代的僚人述论》，《云南民族大学学报》（哲学社会科学版）2015 年第 6 期。

② 王文光、曾亮：《〈安南志略〉与相关民族历史问题浅论》，《思想战线》2015 年第 6 期。

③ 梁庭望、厉声等：《骆越方国研究》，社会科学文献出版社 2016 年版；2016 年 11 月 5 日，《骆越方国研究》成果新闻发布会暨骆越文化研究学术研讨会在中央民族大学举行，但目前坊间尚未见著作发行。梁庭望、谢寿球主编：《古丝路上的骆越水都——贵港市历史文化研究》，广西教育出版社 2016 年版。

④ 欧薇薇：《壮族先民创制文字的探索》，《文史春秋》2015 年第 12 期。

⑤ 韦福安：《汉象郡府治"临尘县"方位地址的文献法考辨——花山古都"临尘县"的人类学系列研究之一》，《广西师范大学学报》（哲学社会科学版）2015 年第 3 期。

⑥ 赵秀文：《海南黎族文化的发展源流与文化特质研究》，《教育观察》（上半月）2015 年第 8 期。

关于中越两国之间骆越及其后裔同周边及现代诸民族同根互动的探究成果。范宏贵与刘志强合著的《中越跨境民族研究》（2015）充分挖掘史书文献，梳理骆越的名称、来源、历史、文学、信仰、民族、分布与演变等。赵明龙的《试论骆越族群及其在东南亚的后裔》认为，当今东南亚的壮泰族群是古骆越族群的后裔，他们并非西方学者所说是从中国北方迁徙而来，而是从中国古代骆越地区迁徙至东南亚各国，壮泰族群之间不仅有历史渊源关系，并有相同或相似的文化基因。[1] 李艳峰的《古代中国僚人和老挝泰佬族系的历史源流关系》考察中国、越南的历史记载以及老挝的历史传说等资料都表明，东汉以降至于唐宋，今天老挝境内的主要民族群体应该是僚人。[2] 古小松的《越汉关系研究》（2015）从中越交流历史，越南当地族群的形成与演变、文化传承与发展等方面深入阐述越南的历史、民族、文化及其与中国的关系；古小松的《越南：历史　国情　前瞻》（2016）论述从交趾到越南的历史以及古代中越关系。张惠鲜、王晓军和张冬梅的《浅论越南使臣与花山岩画》考察现存 32 份越南使臣留下的花山岩画文献，探讨越南使臣的花山观及其形成。[3]

二　习俗信仰研究

对比中越两国骆越后裔的民间祭祀、宗教信仰研究成果，探讨骆越后裔壮侗语族习俗信仰的文化遗存，发现中国、越南的骆越后裔和东南亚其他同根生民族在习俗信仰方面，既有深远的渊源，又在传播发展过程中结合当地民俗信仰，形成了自己的特色。

中越两国骆越后裔的民间祭祀与宗教信仰研究成果。胡锐翻译法国汉学家马伯乐（1883—1945）的《古代中国与近代老、越山地泰族土地神祭祀的比较研究》，对比中国先秦土地神"社"的崇拜，与近代老

---

① 赵明龙：《试论骆越族群及其在东南亚的后裔》，《百色学院学报》2016 年第 5 期。

② 李艳峰：《古代中国僚人和老挝泰佬族系的历史源流关系》，《云南农业大学学报》（社会科学版）2015 年第 5 期。

③ 张惠鲜、王晓军、张冬梅：《浅论越南使臣与花山岩画》，《广西民族研究》2016 年第 4 期。

挝、越南元受佛教影响的泰族土地神勐神的祭祀，以文本分析和田野考察、汉学与人类学交叉的视角，认为中国古代文明和泰、傈僳以及苗族文明之间有诸多的关联点和惊人的相似性及相关联系。① 这种相似性及相关联系实质上即皆为同根同源民族之产物。黄桂秋的《壮族布洛陀祭祀与越南雄王祭祀之比较》对比两者的来源，两地祭祀大典仪式的过程，并认为布洛陀信仰与雄王信仰之民族同源共祖，信仰渊源相似、祭祀时间相近、仪式大同小异，但两者的祭祀规模范围级别、文献资料与传承机制、祭祀大典祭文都存在明显差异。② 黄玲的《中越民族神话的历史景深与文化生态——以壮族与岱侬族为例》考察中国壮族与越南岱侬族活态传承的神话叙事及信仰仪式，不仅遗存在民众的口述与记忆中，还通过祭祀仪式、风俗习惯和传统节日活态形式传承实践，展现了岱侬族与中国古骆越文化的深远渊源。③ 覃丽芳的《中国壮族与越南岱族、侬族的传统丧葬礼仪》认为，中国壮族和越南侬、岱族是同根民族，随着历史迁移和不同文化影响，不同民族的传统民俗和文化虽然出现了一定分化，但同源性仍然使这些民族在传统丧葬礼仪等方面保留了许多相似的文化因素。④ 黎珏辰与刘绽霞的《中越边境地区壮、岱、侬三族的祭祀文化初探》认为，这同根生的三个民族如今仍保持相近的祭祀文化，在祭祀目的、神灵信仰和祭祀方式上基本一致，略有差异。⑤ 陆晓芹的《跨文化比较视野下的壮族"末伦"艺术》、《从说唱艺术、宗教仪式到族群历史——壮族与东南亚相关民族关系研究的新思路》探讨"末伦"作为中国德保、靖西、那坡等县壮族的一种民间曲艺，源于当地民间宗教传统"末"，以宗教信仰为原点考察其与越南侬族的"末伦"、壮族布傣人和越南岱族天琴艺术、泰国东北部和老挝佬

① 马伯乐著：《古代中国与近代老、越山地泰族土地神祭祀的比较研究》，胡锐译，《广西民族研究》2016 年第 5 期。

② 黄桂秋：《壮族布洛陀祭祀与越南雄王祭祀之比较》，《广西师范学院学报》（哲学社会科学版）2016 年第 1 期。

③ 黄玲：《中越民族神话的历史景深与文化生态——以壮族与岱侬族为例》，《广西社会科学》2015 年第 6 期。

④ 覃丽芳：《中国壮族与越南岱族、侬族的传统丧葬礼仪》，《广西民族师范学院学报》2015 年第 2 期。

⑤ 黎珏辰、刘绽霞：《中越边境地区壮、岱、侬三族的祭祀文化初探》，《学理论》2015 年第 5 期。

族的 Molam 艺术的关联，发现它们均源于壮泰族群原生的宗教传统，其名称相近，内涵和功能相似。① 蓝长龙的《越南黑泰人原始信仰及原生型民间宗教研究》将越南黑泰人的原生型民间宗教分为"末"（Mot）教和麽（Mo）教，通过多维度考察，了解到其与西瓯、骆越人有渊源关系。② 李彩云的《中国壮族与越南岱族、侬族清明节文化习俗探析》与《中国壮族与越南岱、侬族端午节习俗考究》从节日时间、节日活动、仪式过程等分析中国壮族与越南岱族、侬族的传统习俗及其节日功能和文化内涵。③

关于骆越与壮侗语族之间的习俗信仰研究，学者们运用考古学、人类学等方法研究骆越祭祀、龙母文化、图腾崇拜、丧葬礼俗、布洛陀与骆越等。谢崇安的《从南方上古青铜器纹饰看骆越族造物神祭礼的源流》研究表明，壮族布洛陀史诗中的造物神祭礼可以追溯到商周至秦汉时代，骆越地区青铜礼乐器的起源和传承中的"天（人）"字纹和人面纹装饰主题，就是壮泰民族先民祭祀造物主盘古和祖神布洛陀的神符。④ 郑超雄的《广西古代越人祭日仪式的考古学分析》表明，广西古代越人祭太阳习俗可追溯到约 8000 年前的新石器时代早期。根据出土的扶桑树灯年代推测，汤果村女子太阳节的发生年代当在西汉早期或更早。⑤ 覃彩銮的《骆越文化与布洛陀文化关系述论》认为，骆越文化与布洛陀文化是两个不同时空和两种不同质态的文化；但两者有密切的内在关联性，即布洛陀文化是骆越文化的源头，而骆越文化是对布洛陀文

---

① 陆晓芹：《跨文化比较视野下的壮族"末伦"艺术》，《贵州大学学报》（艺术版）2015 年第 6 期；陆晓芹：《从说唱艺术、宗教仪式到族群历史——壮族与东南亚相关民族关系研究的新思路》，《广西教育学院学报》2016 年第 3 期。

② 蓝长龙：《越南黑泰人原始信仰及原生型民间宗教研究》，《和谐发展的广西世居民族：首届广西世居民族会议论文集》，民族出版社 2018 年版，第 161—167 页。

③ 李彩云：《中国壮族与越南岱族、侬族清明节文化习俗探析》，《时代文学》2015 年第 9 期；李彩云：《中国壮族与越南岱、侬族端午节习俗考究》，《百色学院学报》2016 年第 3 期。

④ 谢崇安：《从南方上古青铜器纹饰看骆越族造物神祭礼的源流》，《民族艺术》2015 年第 3 期。

⑤ 郑超雄：《广西古代越人祭日仪式的考古学分析》，《文山学院学报》2015 年第 S1 期。

化的传承与发展。① 刘亚虎的《布洛陀文化的当代价值》讨论具有神圣特征的布洛陀文化曾在壮族社会中建立起多层次的秩序，包括国家秩序、社会秩序、家庭秩序。② 罗彩娟的《文化表达与族群认同：以武鸣壮族龙母文化为例》认为，武鸣县龙母庙、龙母屯、龙母岩洞等祭拜龙母遗址是龙母文化传承发扬的典型，龙母文化不仅通过口头传承，更通过日常生活中的吃鱼生食俗、岩洞葬葬俗、蛇图腾崇拜及其日常禁忌、三月三歌节与三月三扫墓习俗等方面实践来加以展演和传播，使壮族的龙母文化得到充分表达，族群认同感和凝聚力不断得到强化。③ 李桐的《图说壮族先民太阳及鸟崇拜》通过百越及其后裔的岩画和出土并使用的铜鼓纹样，认为太阳形态的圆形状、光芒状、符号化与鸟形象融合，几千年来的传承与发展，深入到了宗教信仰、生产生活和民族艺术的各个层面，展现百越及其后裔太阳、鸟崇拜的文化现象。④ 水族与壮族同为骆越后裔，水族祖先拱陆铎与壮族祖先布洛陀信仰有共性，其神话也遗存相似的内容。李斯颖的《水族拱陆铎和壮族布洛陀信仰及其神话比较》在分析水族拱陆铎与壮族布洛陀信仰及其神话的基础上，探索水族与壮族的共同文化表征与内涵，揭示早期骆越文化在后裔民族中的遗存。⑤ 黄明标的《试论布洛陀的神格——骆越始祖与至上王》考察布洛陀与骆越产生的时代背景以及相互关系，认为布洛陀是骆越和壮侗语族的共同人文始祖和至上王。⑥ 潘红交、韦景云的《壮族非遗"武鸣师公舞"的活态传承调研》探讨政府、民众、传承艺人及其他参与者的立场及在传承中发挥的作用。⑦ 许海萍与韦福安的《广西左右江流

---

① 覃彩銮：《骆越文化与布洛陀文化关系述论》，《广西民族大学学报》（哲学社会科学版）2015 年第 4 期。

② 刘亚虎：《布洛陀文化的当代价值》，《广西民族师范学院学报》2016 年第 6 期。

③ 罗彩娟：《文化表达与族群认同：以武鸣壮族龙母文化为例》，《广西民族研究》2015 年第 3 期。

④ 李桐：《图说壮族先民太阳及鸟崇拜》，《文山学院学报》2016 年第 1 期。

⑤ 李斯颖：《水族拱陆铎和壮族布洛陀信仰及其神话比较》，《贺州学院学报》2016 年第 1 期。

⑥ 黄明标：《试论布洛陀的神格——骆越始祖与至上王》，《贺州学院学报》2016 年第 2 期。

⑦ 潘红交、韦景云：《壮族非遗"武鸣师公舞"的活态传承调研》，《广西民族研究》2016 年第 1 期。

域壮族崖洞葬遗存的文化人类学解读——基于大新县东山屯崖洞葬遗存及演化为个案的考察》探究广西左右江流域石山区壮族崖洞葬遗存，认为其系山地壮民基于自然与人文和谐共生的精神文化和价值追求，反映了壮族由岩洞住人到岩洞安魂的崇宗敬祖情结，体现了深山溪峒壮民与自然和人文和谐共生中的生存智慧。① 谭金玲、韦福安的《浅谈左江花山岩画与左江区域壮族传统饮食习俗的关系》探讨壮族先人自古就有集众踏歌和集体祭祀必以酒助兴和以酒作为人神沟通的物质媒介的习俗，以糯米为主食和五色糯饭祭神的习俗与花山岩画反映的生产习俗相吻合等，认为壮族传统饮食习俗是花山岩画中反映的壮族先民生活在当今壮族民间延续的遗存。②

三 花山研究

20 世纪 80 年代以来，关于左江花山岩画是壮族先民骆越在大约两千年前后创作的观点，得到后续研究的不断充实、完善，获得学界的公认，③ 并推动其成为世界文化遗产项目。2006 年，左江花山岩画文化景观被列入中国世界文化遗产预备名单，2012 年再次被列入重新调整的世界文化遗产预备名单，2016 年申遗成功。近两年，花山研究取得多方面的成果。

关于花山岩画的历史文化与文学研究成果。现实的社会生活是花山岩画产生的基础，祈求功利的宗教意识是其创作的动力和目的。④ 陈远璋的《左江花山岩画与骆越缘由考》表明，花山岩画彰显出强烈的骆越文化因素，即崇蛙、裸体、崇鸟、祀河、信巫鬼以及青铜文化等，这些与文献有关描述及骆越文化遗物反映的骆越文化、习俗相一致；同时，花山岩画反映出的等级差异、稻作文化的特征，也与骆越的社会经

① 许海萍、韦福安：《广西左右江流域壮族崖洞葬遗存的文化人类学解读——基于大新县东山屯崖洞葬遗存及演化为个案的考察》，《传承》2016 年第 6 期。

② 谭金玲、韦福安：《浅谈左江花山岩画与左江区域壮族传统饮食习俗的关系》，《传承》2016 年第 9 期。

③ 陈远璋、赵晋凯：《国内学者花山岩画研究 60 年述略》，《歌海》2015 年第 1 期。

④ 覃丽丹、覃彩銮著：《广西边疆开发史》，社会科学文献出版社 2015 年版。

济发展相一致，这些表明岩画与骆越的紧密关系。① 张利群围绕“左江花山岩画研究”主题探讨花山岩画人像造型的骆越根祖原型分析、花山岩画的骆越文化渊源探溯、花山岩画图像符号之“文”缘起发生意义、花山岩画之“纹”与骆越“文身”关系等的系列论文四篇。② 蒋廷瑜的《左江“花山岩画”奇观》介绍了花山岩画的历史文化概况。③ 覃彩銮的《左江花山岩画的独特性》论述花山岩画与国内外岩画相比较，其无论是分布的地理环境、作画地点、绘画颜料、绘画方法，还是画面规模、图像种类与形态、文化内涵和艺术风格等方面，都具有其独特性、创造性以及鲜明的地方民族特色。④ 蒋廷瑜的《左江岩画区的铜鼓文化》从左江流域发现的铜鼓和铜鼓文献来看，这一带是冷水冲型铜鼓分布区，也是灵山型铜鼓分布区的西部边沿。⑤ 舒翠玲的《左江岩画区骆越民族祭祀仪式之铜鼓乐舞》通过骆越民族对铜鼓的使用，结合图像具体分析，归纳左江岩画原始祭祀仪式中铜鼓乐舞的特点。此外，作者还探讨先秦两汉至明清广西的铜鼓与铜鼓乐。⑥ 关于骆越舞蹈艺术的研究还有覃彩銮的《遗产视野骆越舞蹈艺术风采的展示——左江花山岩画人物图像舞蹈属性辨识》⑦ 与《左江花山岩画：骆越舞蹈艺

---

① 陈远璋：《左江花山岩画与骆越缘由考》，《中国文化遗产》2016 年第 4 期。

② 张利群：《花山岩画人像造型的骆越根祖原型分析——“左江花山岩画研究”系列论文之一》，《广西教育学院学报》2016 年第 2 期；张利群、张逸：《花山岩画的骆越文化渊源探溯——“左江花山岩画研究”系列论文之二》，《广西教育学院学报》2016 年第 3 期；张利群、张逸：《花山岩画图像符号之“文”缘起发生意义探讨——“左江花山岩画研究”系列论文之三》，《广西教育学院学报》2016 年第 4 期；张利群、张逸：《花山岩画之“纹”与骆越“文身”关系辨析——“左江花山岩画研究”系列论文之四》，《广西教育学院学报》2016 年第 5 期。

③ 蒋廷瑜：《左江“花山岩画”奇观》，《大众考古》2015 年第 7 期。

④ 覃彩銮：《左江花山岩画的独特性》，《广西日报》2016 年 7 月 18 日。

⑤ 蒋廷瑜：《左江岩画区的铜鼓文化》，《广西民族师范学院学报》2016 年第 5 期。

⑥ 舒翠玲：《左江岩画区骆越民族祭祀仪式之铜鼓乐舞》，《音乐创作》2016 年第 10 期；舒翠玲、李莉：《广西先秦两汉时期的铜鼓与铜鼓乐》，《歌海》2015 年第 3 期；舒翠玲、李莉：《魏晋—唐宋时期广西的铜鼓与铜鼓乐》，《歌海》2015 年第 4 期；舒翠玲、李莉：《明清时期广西的铜鼓与铜鼓乐》，《歌海》2015 年第 5 期。

⑦ 覃彩銮：《遗产视野骆越舞蹈艺术风采的展示——左江花山岩画人物图像舞蹈属性辨识》，《中国文化遗产》2016 年第 4 期。

术的绝响》。① 李富强的《对左江流域岩画的新认识》、②《"祭之不敢慢"——左江流域各族居民对左江岩画的祭拜习俗探析》结合左江流域各族居民对左江岩画的祭拜习俗，探讨左江流域岩画作者、文化内涵和传承问题。③ 肖波的《左江岩画中所见壮族先民之生死观》认为，左江岩画表现的生死观既含有对人类自身来源的思考、引导亡者灵魂升天的愿望，也包括祈求动植物的丰产，以及人类自身的延续，这些观念体现在岩画地点的选择、岩画内容的设计以及与岩画共存的遗址和墓葬等各个方面。④ 张淑云的《花山岩画的空间文化审视》从写意性的造型表述空间、二元论的原始思维空间、岩画场的文化生成空间三个方面审视花山岩画独特的文化意蕴。⑤ 龚丽娟的《论花山壁画的多维生态范式》探讨花山壁画作为原始生态艺术典范，蕴含的依生范式、竞生范式、整生范式等多维生态范式及其内涵。⑥ 罗瑞宁的《花山作为文学景观的价值探讨》认为，花山文化与广西当代文学客观上存在互动关系，其文学景观有待进一步挖掘和打造。⑦ 黄伟林的《花山岩画与广西文学——以花山岩画为中心的文学叙事》认为，花山岩画以其原始性、抽象性、神秘性成为现代人的心灵寄托，成为现代人安放自我内心的重要意象，是广西文学重要的灵感源泉和广西文学崛起的集结地，它激活了广西作家的文学想象，开启了广西作家的文化自觉。⑧

花山岩画的开发、保护与传承研究成果。王金华、严绍军、李黎的《广西宁明花山岩画保护研究》从花山岩画的破坏现状、破换机理、加固材料研究、设备实施等几个方面，为读者全方位解读岩画的保护性研

① 覃彩銮：《左江花山岩画：骆越舞蹈艺术的绝响》，《歌海》2016 年第 6 期。
② 李富强：《对左江流域岩画的新认识》，《广西民族研究》2015 年第 4 期。
③ 李富强：《"祭之不敢慢"——左江流域各族居民对左江岩画的祭拜习俗探析》，《中国文化遗产》2016 年第 4 期。
④ 肖波：《左江岩画中所见壮族先民之生死观》，《民族艺术》2016 年第 6 期。
⑤ 张淑云：《花山岩画的空间文化审视》，《歌海》2016 年第 6 期。
⑥ 龚丽娟：《论花山壁画的多维生态范式》，《歌海》2016 年第 6 期。
⑦ 罗瑞宁：《花山作为文学景观的价值探讨》，《广西民族师范学院学报》2015 年第 4 期。
⑧ 黄伟林：《花山岩画与广西文学——以花山岩画为中心的文学叙事》，《广西师范大学学报》（哲学社会科学版）2015 年第 1 期。

究工作，这也为花山岩画申请世界文化遗产奠定了坚实的基础。① 张亚莎的《岩画与江水：左江流域独特的岩画遗址类型》概括左江流域岩画的三个特点：一是岩画地点与水的关系，其所在位置以临江与临江拐弯处为主；二是岩画地点与一种特殊的山崖地貌相关，即与当地的喀斯特峰丛（石灰岩）崖壁相关；三是岩画所绘制的高度，其位置之高而不适宜近距离观看岩画的全貌。② 杨丽云的《文化景观与博物馆展示探索——左江花山岩画文化景观陈列的策划与解读》总结崇左市壮族博物馆策划推出大型岩画专题陈列"百里岩画　骆越神工——左江花山岩画文化景观陈列"的成功经验。③ 魏鸿飞的《民族岩画传承传播的动态模式研究——以壮族花山岩画为例》认为，民族地区岩画价值的动态表达中的人物、思想、情节、场景需基于民族文化来阐发。④ 董必凯与何卫东的《广西花山岩画蕴涵的壮族传统体育文化及其现代传承发展》认为，可通过景区建设、民族体育旅游等多种途径进行花山区域壮族传统体育文化的传承发展。⑤ 何卫东、董必凯和谢平峰的《广西花山岩画中壮族武舞的传承研究》认为，广西花山崖壁岩画中的原始武舞体现了壮族人民生产、劳动、战争、欢庆和娱乐等诸多历史文化，壮族武舞蕴含大量的原始舞蹈、运动元素、规律，战争、宗教等活动与内容，两者传承有连贯性、一致性和原生态的特点。⑥ 欧阳宜文的《构建花山文化品牌的价值认同与民族自信——花山文化迈向世界之十年回顾》回顾花山申报世界文化遗产以来的十年，先后经历了打造节庆文化、促进经贸合作，借力整合骆越根祖文化，主动建构花山文化体系三

① 王金华、严绍军、李黎著：《广西宁明花山岩画保护研究》，中国地质大学出版社2015年版。

② 张亚莎：《岩画与江水：左江流域独特的岩画遗址类型》，《歌海》2016年第6期。

③ 杨丽云：《文化景观与博物馆展示探索——左江花山岩画文化景观陈列的策划与解读》，《中国博物馆》2016年第3期。

④ 魏鸿飞：《民族岩画传承传播的动态模式研究——以壮族花山岩画为例》，《贵州民族研究》2016年第10期。

⑤ 董必凯、何卫东：《广西花山岩画蕴涵的壮族传统体育文化及其现代传承发展》，《广西社会科学》2015年第4期。

⑥ 何卫东、董必凯、谢平峰：《广西花山岩画中壮族武舞的传承研究》，《兰台世界》2016年第2期。

个发展阶段。① 廖扬平与黄美娟的《花山文化的教育价值及其实现路径》认为，要充分发挥花山文化教育价值，必须坚持以政府为主导，学校为主阵地，整合社会各界的力量，利用互联网，在实践中传承与发展花山文化。② 陈学璞的《中国世界遗产的申报与保护利用——花山岩画文化申遗和后申遗时期的机遇和挑战》分析花山岩画文化申遗和后申遗时期的机遇和挑战。③ 韦华玲的《广西左江花山岩画旅游纪念品设计研究》提出，花山岩画纪念品的设计要素、设计原则和方法、案例设计及其理论体系。④ 任旭彬的《广西左江文化旅游产业集聚发展的思考》提出，构建以花山符号为核心的左江文化旅游产业集群。⑤ 张欣与蒋慧的《广西花山崖画遗产的艺术价值与可延伸性研究》从绘画和设计产业开发角度对其可延伸性进行研究。⑥ 吴明的《左江花山岩画在桂西南地区城市景观中的应用初探》提出，将左江花山岩画的形式和内容融入城市景观的营造中，构建自己的城市文脉；在《左江花山岩画在桂西南旅游景观营造中的应用》中提出，对花山岩画为代表的民间美术资源进行合理开发和应用研究。⑦ 梁喜献、唐世斌、莫青凤等的《壮族花山文化在南宁市景观小品中的应用》阐述壮族花山文化的基本概况、具体内涵及继承宣扬的意义，并建议将其应用于南宁市景观小品设计。⑧

———————————

①　欧阳宜文：《构建花山文化品牌的价值认同与民族自信——花山文化迈向世界之十年回顾》，《沿海企业与科技》2016 年第 3 期。

②　廖扬平、黄美娟：《花山文化的教育价值及其实现路径》，《广西教育学院学报》2016 年第 6 期。

③　陈学璞：《中国世界遗产的申报与保护利用——花山岩画文化申遗和后申遗时期的机遇和挑战》，《广西师范学院学报》（哲学社会科学版）2016 年第 4 期。

④　韦华玲：《广西左江花山岩画旅游纪念品设计研究》，硕士学位论文，湖北工业大学，2016 年。

⑤　任旭彬：《广西左江文化旅游产业集聚发展的思考》，《沿海企业与科技》2016 年第 3 期。

⑥　张欣、蒋慧：《广西花山崖画遗产的艺术价值与可延伸性研究》，《桂林师范高等专科学校学报》2016 年第 3 期。

⑦　吴明：《左江花山岩画在桂西南地区城市景观中的应用初探》，《美与时代》（城市版）2016 年第 2 期。

⑧　梁喜献、唐世斌、莫青凤等：《壮族花山文化在南宁市景观小品中的应用》，《中国园艺文摘》2016 年第 12 期。

此外，2016 年时值左江花山岩画文化景观申遗成功之际，《中国文化遗产》组稿 16 篇论文，《遗产与保护研究》刊发李飞、佟珊、韩博雅、张林四篇有关"左江花山岩画文化景观的遗产价值解读"专题论文。

四　铜鼓研究

铜鼓是骆越文化的重要载体之一，研究铜鼓也无异于研究中国南方及东南亚地区的民族历史和文化。[1] 近两年的铜鼓研究在团队建设、考古发掘、资料整理与共享、造型、断代、铸造工艺、文化艺术等方面都取得突出成果。

中国古代铜鼓研究会是国家文物局主管、民政部登记的一级学会，业已恢复正常学术活动，近两年编辑出版《中国古代铜鼓研究通讯（第二十期）》（2015）、《广西铜鼓精华》（上、下册）、《古代铜鼓装饰艺术》和《广西铜鼓》，并在逐步推进"世界铜鼓数据库"建设。《中国古代铜鼓研究通讯》（第二十期）（2015）刊发铜鼓研究论文、田野报告、著作推介等 20 多篇文章，即蒋廷瑜的《胡耀邦同志关于中国古代铜鼓研究会的批示》、罗坤馨的《我和〈中国古代铜鼓研究通讯〉结缘》、李昆声和黄德荣的《中国古代铜鼓研究会在铜鼓研究中的主导地位》、丁一的《广东阳江出土巨型铜鼓》、万辅彬的《〈周亨铜鼓赞〉——2009 年 6 月 26 日参加周亨铜鼓论证会有感》、农俊海的《广西武鸣县出土一面冷水冲型铜鼓》、梁富林的《环江民间工匠用传统工艺铸出铜鼓》、蒋廷瑜的《黑格尔〈东南亚古代金属鼓〉原著尚在国家图书馆》、万辅彬和韦丹芳的《试论铜鼓文化圈》、李欣妍的《三十年来我国学者对古代铜鼓铸造工艺之研究和试验》、韦加军的《揭开"铜鼓王"重量之谜》、庞玲的《罗平布依族铜鼓的调查和研究》、张金萍的《布努瑶铜鼓考察——以都安、大化布努瑶为例》、梁燕理和素甘雅·包娜等的《泰国乌汶府披汶曼沙寒县端织区通那扎伦诺寺铜鼓出土调查报告》、陆秋燕的《2014 铜鼓调查见闻录》、江瑜与孙章峰的

---

[1]　蒋廷瑜：《铜鼓研究一世纪》，《民族研究》2000 年第 1 期。

《〈东南亚铜鼓：青铜世界及其余波〉评介》、石慧的《时空中的传世铜鼓——评〈老挝克木鼓与相邻地区同类型铜鼓研究〉》、刘文毅的《〈中国与东南亚的古代铜鼓〉出版》、郭岚的《蒋廷瑜著〈广西社会科学专家文集·蒋廷瑜集——岭南铜鼓论集〉出版》和《"大器铜鼓：铜鼓文化的发展、传承与保护研究"出版》、覃椿筱的《我会〈中国古代铜鼓实测·记录资料汇编〉出版》、陆秋燕的《〈田林瑶族铜鼓舞〉出版》、刘文毅的《蒋廷瑜〈广西铜鼓文献汇编及铜鼓闻见记〉出版》等。

1988 年，中国古代铜鼓研究会出版《中国古代铜鼓》的铜鼓八分法中，黑格尔Ⅰ型铜鼓基本等同于石寨山型铜鼓，同时涵盖冷水冲型和遵义型铜鼓。越南是黑格尔Ⅰ型铜鼓发现最多的国家，越南学者将越南境内发现的黑格尔Ⅰ型铜鼓称作东山铜鼓。[1] 李昆声与黄德荣的《论黑格尔Ⅰ型铜鼓》讨论黑格尔Ⅰ型铜鼓的发现和分布地、黑格尔Ⅰ型铜鼓的三亚型及分式、黑格尔Ⅰ型铜鼓的年代与来源以及铅同位素检测情况。[2] 谢崇安的《论几件越南东山文化青铜提桶的年代及相关问题》比较研究越南东山文化几件典型青铜提桶，证明这些东山提桶与滇系提桶及石寨山型铜鼓有平行关系，其时代处于战国中晚期至西汉早中期（公元前 3 世纪至前 1 世纪）。滇文化提桶和其他青铜器的造型纹饰，都与东山文化的同类器及其纹饰存在极大共性，表明先秦两汉的滇、越青铜文化一直有着持续的交流互动和民族融合关系。[3] 谢崇安的《上古滇系铜鼓对骆越铜鼓造型与纹饰的影响》通过考古类型学和地层学的比较研究，认为骆越铜鼓的造型及船纹、牛纹、蛙饰雕像等主要的装饰主题，都可在滇系铜鼓中找到其先例，这表明上古骆越铜鼓起源于滇系铜鼓，滇系铜鼓对骆越铜鼓的造型纹饰曾具有持续的影响力。[4] 农俊海的《近四十年新发现铜鼓选鉴》针对 1980 年《中国古代铜鼓实测资料·记录资料汇编》前后至今新发现的滇桂系统和粤桂系统铜鼓，比

---

[1] 李昆声、黄德荣：《论黑格尔Ⅰ型铜鼓》，《考古学报》2016 年第 2 期。

[2] 同上。

[3] 谢崇安：《论几件越南东山文化青铜提桶的年代及相关问题》，《四川文物》2016 年第 5 期。

[4] 谢崇安：《上古滇系铜鼓对骆越铜鼓造型与纹饰的影响》，《民族艺术》2017 年第 1 期。

对鉴定这两大系统铜鼓的器形、纹饰、使用年代、分布范围、流变、矿料来源、冶铸工艺、族属、雌雄、用途等,并分析和总结二者的关系及相关问题。① 万辅彬与韦丹芳合撰的《试论铜鼓文化圈》认为,春秋时期的铜鼓从云南发展成熟,继而传至越南和川、渝、黔、桂、粤、琼等地乃至东南亚诸国,20世纪以来这些地区先后出土了大量铜鼓,且至今还不同程度存在活态铜鼓文化,从文化圈的概念研判,上述地区可看作铜鼓文化圈,这也说明中国南方与东南亚自古以来便有着密切的文化与技术交流。② 彭长林的《铜鼓文化圈的演变过程》认为,铜鼓文化圈是南中国与东南亚特有的文化现象,但不等同于铜鼓的分布区域,而是一个不断发展变化的时空概念,其中心与边缘的分布区域随时代变迁而变化,各时期铜鼓文化的内涵也不断变化,经历了形成、发展、兴盛、散播与传承的演变过程。③ 曹量与王育龙的《海南岛发现古代铜鼓述略》将方志记载的铜鼓纹饰、器形与出土实物相结合,推断历史上海南出现的铜鼓以北流型为主,其族属为古骆越民族(海南黎族的先民)无疑。④ 海南岛铜鼓也是古代骆越的民族文化遗存。曹量的《海南岛古代铜鼓初论》考察了海南岛铜鼓的类型与年代、族属、石寨山铜鼓,质疑"铜鼓起源独木皮鼓说"。⑤

五　文学艺术研究

骆越文学艺术研究成果。黄可兴与宋百灵的《〈越甸幽灵集〉神话角色功能的文化阐释》研究了《越甸幽灵集》中所叙述的神话,认为其既不同于开天辟地的创世神话,也不同于氏族社会的英雄神话,更不同于民间流传的自然神话,《越甸幽灵集》是将越南当地特有的神话元

---

① 农俊海:《近四十年新发现铜鼓选鉴》,硕士学位论文,南京大学,2016年。

② 万辅彬、韦丹芳:《试论铜鼓文化圈》,《广西民族研究》2015年第1期;此文亦见《中国古代铜鼓研究通讯(第二十期)》(内刊2015年)。

③ 彭长林:《铜鼓文化圈的演变过程》,《广西民族研究》2016年第1期。

④ 曹量、王育龙:《海南岛发现古代铜鼓述略》,《海南师范大学学报》(社会科学版)2015年第4期。

⑤ 曹量:《海南岛古代铜鼓初论》,《海南大学学报》(人文社会科学版)2016年第4期。

素融合进儒家思想价值观中，为巩固和稳定王朝统治服务的产物。① 别志安与李莉的《商周时期岭南礼乐文明之乐的滥觞——从越族大铙南渐、中原甬钟传入言起》一文通过对音乐文物"甬钟"的研究，指出商周时期古代岭南，正步入古代方国文明时期，在北方礼乐文明的影响下，开始构建自己的礼乐体系。② 覃乃军的《骆越古乐文化对壮族山歌的历史影响探究》从壮族山歌的演奏乐器以及山歌的表达形式上，阐明骆越古乐文化在壮族山歌发展过程中深刻的历史影响，壮族山歌文化与骆越古乐文化具有深刻的历史渊源。③ 蒙元耀的《壮族古籍的分类与特点》认为，用方块壮字抄写的歌本是壮族古籍的主要部分，其可分为情歌、劳动歌、苦歌、酒歌、传扬歌、风俗歌、历史故事歌、汉族故事歌、神话传说歌、宗教仪式歌等类，认为其具有民族性、地域性、口语性、变异性等特点。④ 郭园园的《金龙布傣婚礼仪式"官郎歌"的文化内涵与传承价值》认为，广西金龙壮族布傣婚礼仪式中所唱的"官郎歌"是古骆越文明发展的产物，其文化内涵丰富。⑤ 天琴是古骆越人从事民间宗教活动使用的弹拨乐器，据今已有两千多年历史，如今仍盛行于中越边境一带。黄美新的《从天琴琴师称谓论中越边境布傣人的宗教信仰》从天琴琴师称谓窥得布傣人的宗教信仰是多重信仰糅合的结果，其既有原始宗教信仰，也有巫教、道教和佛教信仰的成分。⑥ 黎珏辰等的《比较艺术学研究方法在中越天琴比较研究中的运用》以广西龙州与越南高平的天琴为例，探讨中越天琴之间的内在联系和区别。⑦ 关于天琴的研究还有黄尚茂的《天琴艺术的区域传承与跨国传播

---

① 黄可兴、宋百灵：《〈越甸幽灵集〉神话角色功能的文化阐释》，《广西民族大学学报》（哲学社会科学版）2015 年第 4 期。

② 别志安、李莉：《商周时期岭南礼乐文明之乐的滥觞——从越族大铙南渐、中原甬钟传入言起》，《音乐创作》2016 年第 10 期。

③ 覃乃军：《骆越古乐文化对壮族山歌的历史影响探究》，《湖南科技学院学报》2015 年第 7 期。

④ 蒙元耀：《壮族古籍的分类与特点》，《百色学院学报》2015 年第 6 期。

⑤ 郭园园：《金龙布傣婚礼仪式"官郎歌"的文化内涵与传承价值》，《歌海》2016 年第 1 期。

⑥ 黄美新：《从天琴琴师称谓论中越边境布傣人的宗教信仰》，《广西师范大学学报》（哲学社会科学版）2016 年第 1 期。

⑦ 黎珏辰等：《比较艺术学研究方法在中越天琴比较研究中的运用》，《山东广播电视大学学报》2015 年第 3 期。

研究》（2016 骆越文化研究高端论坛）、黄新宇的《中越边境布傣族群天琴文化传播研究》（2015）、吕挺中的《探寻天琴艺术在地方民族院校的传承与发展》、潘冬南与易春燕的《保护与传承视阈下广西龙州天琴文化保护性旅游开发探讨》（2016）、王武的《壮族"天琴文化"初探》（2015）、崔凡的《艺术人类学中的神圣空间建构——以中越边境布傣天琴仪式为例》（2015）、黄健毅的《中越边境壮族天琴的文化内涵与价值：喻天与育人》（2015）等。

黄桂秋的《中越边境壮族歌圩文化的恢复与重建》主张运用文化恢复、文化重建理论方法，实现壮族传统歌圩的恢复和重建。① 李锦芳、黄舒娜、林远高的《壮族八宝歌书及其图符构造、表意方式》讨论云南广南县壮族八宝歌书有图符共 1070 个，去除重复、异体后有 802 个；歌书图符部件的组配方式有空间位置组合、主次组合、并列组合 3 种，其表意方式有象形、指事、会意，其中以象形和会意为主。② 蒋明伟的《从传统到现代：壮族民歌文化可持续发展的三重转型——以广西靖西市为例》提出，可通过内容、场域、主体三重转型来促进壮族民歌文化可持续发展，即融合现代文化元素提升壮族民歌社会适应力，以现代文化生活为依托重构壮族民歌新型支撑环境，以多元主体取代单纯壮族拓展壮族民歌传承空间。③ 高卫华与潘璐的《电影〈刘三姐〉对壮族山歌的文化传播影响研究》认为，《刘三姐》通过影视媒介与民间"传播领袖"的联系，完成从传说到银幕、从幻象到现实的形象转换，但就整体而言，少数民族文化资源的现代传播亟待加强和引起高度重视。④ 肖璇的《壮族夜间对歌的音乐与仪式性脚本》以广西南部壮族民间的夜间聚会对歌为例探讨对歌仪式作为个人与集体间的中介物，有着结构和系统化的行为特点，包括对歌音乐与程序的传统规定

---

① 黄桂秋：《中越边境壮族歌圩文化的恢复与重建》，《广西民族研究》2016 年第 5 期。
② 李锦芳、黄舒娜、林远高：《壮族八宝歌书及其图符构造、表意方式》，《中央民族大学学报》（哲学社会科学版）2016 年第 6 期。
③ 蒋明伟：《从传统到现代：壮族民歌文化可持续发展的三重转型——以广西靖西市为例》，《广西社会科学》2016 年第 2 期。
④ 高卫华、潘璐：《电影〈刘三姐〉对壮族山歌的文化传播影响研究》，《广西社会科学》2016 年第 9 期。

性、对歌内容的世代承袭。① 何平与覃晓红的《论壮族山歌的生态意蕴
与民族经济发展》认为，壮族山歌反映了壮族自然至上和人与自然和
谐平等关系的自然生态意识，它在客观上致力于追求经济、社会、环境
的协调发展，这与发展民族经济有相通之处。② 黎卫的《论骆越装饰纹
样的审美价值》、《骆越文化中美术图形的应用价值研究》探究骆越文
化背景下的图案内容、表现形式与应用价值。③ 黄欢的《骆越文化元素
在广西本土包装设计中的应用研究》讨论了铜鼓、崖壁画、壮锦等骆
越文化元素在包装设计中的艺术价值。④

六　科学技术研究

骆越传统科技研究成果涉及建筑、稻作农业、医药等领域。潘春见
与邓璇的《竹楼·竹城·竹宫与瓯骆王宫构想——中国—东南亚壮泰
族群干栏建筑研究之一》综合文献典籍、民俗学资料、文物古迹等推
演中国南方竹木城郭形制——竹楼、竹城、竹宫，构想瓯骆古国"城"
和皇宫类大型建筑。⑤ 施由明的《论花山岩画在中国上古农业文明史中
的意义》表明，花山岩画反映了骆越族人上古时代的生产和社会生活，
是广西地域独具特色的上古农业文明的标志。⑥ 陈嘉的《广西左江岩画
与稻作文化》认为，桂南以石铲为主体的稻作文化遗存与左江岩画在
分布地域、时间、族性、文化渊源等诸方面都有密切的关系，左江岩画
中包含很多稻作文化元素，稻作祭祀文化是左江岩画的主题内容之

---

① 肖璇：《壮族夜间对歌的音乐与仪式性脚本》，《中央民族大学学报》（哲学社会科学
版）2016 年第 1 期。

② 何平、覃晓红：《论壮族山歌的生态意蕴与民族经济发展》，《人民论坛》2016 年第
11 期。

③ 黎卫：《论骆越装饰纹样的审美价值》，《家具与室内装饰》2016 年第 3 期；黎卫：
《骆越文化中美术图形的应用价值研究》，《南宁职业技术学院学报》2016 年第 2 期。

④ 黄欢：《骆越文化元素在广西本土包装设计中的应用研究》，《美术教育研究》2016
年第 23 期。

⑤ 潘春见、邓璇：《竹楼·竹城·竹宫与瓯骆王宫构想——中国—东南亚壮泰族群干栏
建筑研究之一》，《广西民族研究》2015 年第 6 期。

⑥ 施由明：《论花山岩画在中国上古农业文明史中的意义》，《农业考古》2016 年第 3
期。

一。① 关于骆越农业文明的研究还有赵明龙的《论骆越水稻向东南亚传播》（2016 骆越文化研究高端论坛）、黄艺平的《侬峒节：骆越稻作文化的现代传承》（2016 骆越文化研究高端论坛）等。黎同柏的《浅析黎族医药的起源和早期发展》研究认为，汉以前的黎族作为岭南百越族群的一部分，其医药起源和同属骆越的壮族、侗族等有着较近的渊源关系。② 此外，骆越医药传统科技的研究还有韦英才的《针灸文化的骆越文化"基因"》（2016 骆越文化研究高端论坛）、蓝日春的《骆越古药是中华传统医药的重要源头》（2016 骆越文化研究高端论坛）、滕红丽的《骆越壮医养生的基础理论与临床应用研究》（2016 骆越文化研究高端论坛）等。

此外，部分青年学者从传播媒介切入骆越文化的传播路径、民族认同等问题，如黄艳与易奇志的《"互联网＋"视阈下骆越文化传播路径研究——骆越文化研究系列论文之一》，③ 王海迪的《新媒体背景下广西对东盟的跨文化传播策略研究》与《新媒体背景下中越边境少数族群的民族认同研究》。④

近两年的骆越文化研究成果不仅广涉历史学、考古学、语言学、文学、宗教学、民族学、艺术学、传播学等多学科、多领域，而且研究团队和人员日益壮大，形成学术共同体，开展有影响力的学术研讨，已推出部分有影响力的研究成果。与此同时，我们怀着无比沉痛的心情追悼刚失去的德高望重的范宏贵老师。这对骆越文化研究乃至中外学界来说，都是一个巨大的损失。范老在世时的回顾性文章《跨境民族研究经验之谈》，⑤ 以及黄新宇与黄尚茂访谈范宏贵的《正视历史与现实　和谐传播中国文化——广西民族大学范宏贵教授访谈

---

① 陈嘉：《广西左江岩画与稻作文化》，《农业考古》2016 年第 3 期。

② 黎同柏：《浅析黎族医药的起源和早期发展》，《西藏民族大学学报》（哲学社会科学版）2015 年第 6 期。

③ 黄艳、易奇志：《"互联网＋"视阈下骆越文化传播路径研究——骆越文化研究系列论文之一》，《广西师范学院学报》（哲学社会科学版）2017 年第 1 期。

④ 王海迪：《新媒体背景下广西对东盟的跨文化传播策略研究》，《新闻研究导刊》2015 年第 13 期；王海迪：《新媒体背景下中越边境少数族群的民族认同研究》，《新闻研究导刊》2016 年。

⑤ 范宏贵：《跨境民族研究经验之谈》，《百色学院学报》2016 年第 3 期。

录》（2015），① 连同范老留下厚重的道德文章与学术精神是推进后继研究的重要基石。

（作者黄健系教授，广西壮族自治区新闻出版广电局编审；杨文定系中共崇左市委党校中国—东盟研究中心教师）

---

① 范宏贵、黄新宇、黄尚茂：《正视历史与现实 和谐传播中国文化——广西民族大学范宏贵教授访谈录》，《广西民族研究》2015 年第 3 期。

关于"雒越"与当今越中跨境
民族之间关系的思考

陈智睿

【摘　要】据史籍记载,"雒"是司马迁(公元前145年至公元前86年)在《史记》中谈及"百越"族群中的"西瓯雒"和"瓯雒"时首次出现的,而"雒越"则首次出现在《汉书》中。根据这些史籍的年代,运用历史比较语言学的方法可以找到中国古籍里出现的"雒"和"雒越"的词源。在分析"雒"与"雒越"词源的基础上,本文将谈谈关于"雒"的语义变化的一些看法。有这样一种可能,"雒"在"雒越"一词中的语义与其最初的意义已经发生了变化。我们将通过这种可能来谈谈当今越中跨境民族之间的联系的一些看法。

【关键词】雒;雒越;跨境民族;越南;中国

一　"雒越"的词源

(一)史料中"雒越"出现的时间

从目前对史料考证的情况来看,学术界已经可以比较准确地确定史籍中"雒越"出现的时间。其首次出现于中国史籍中,后来才按照越南人的理解而出现于越南人所著的史籍中。法国学者 M. Ferlus 曾经提道,"雒越"出现在东汉时期班固所著《汉书》中(Ferlus,

2011：1）。① 通过对"雒越"出现时间的重新梳理，我们得知其首次出现是在《汉书·贾捐之传》中，原文是"骆越之人，父子同川而浴"。这样，据其首次出现于《汉书》中的用法来看，可以看出"雒越"这一概念指的是"某个区域、某个地方"。后来，"雒越"一词也出现在范晔所著《后汉书》中，该书成书时间是在南朝刘宋时期，即大约公元 5 世纪（范晔，1965）。②

但是，在此之前，史学家司马迁在《史记》中关于南越王的叙述中也出现了"雒"一词（司马迁，1988：743 – 753）。书中描述南越王的部分，"雒"与"瓯"组合表示"瓯雒"这一概念，"雒"与"西瓯"组合表示"西瓯雒"这一概念，它们也指位于扬子江以南的那些"地理区域"，《史记》中统称为"百越之地"。自汉代以后，这些"地理区域"的名称才被使用或理解为"国"的名称。这样一来，根据上述介绍，只能说"雒越"首次出现于中国史籍中的时间应为公元 1 世纪，而并非司马迁所处的公元前 2 世纪至公元前 1 世纪。由此可以看出，《史记》中的"雒"，及包含"雒"的词，似乎只是一种用来记录非汉语词的"汉字记音符号"。

也许，根据其见于史籍的时间，人们有理由认为"雒越"这个概念是由在其之前已经见于史籍中的"雒"和"越"组合而成后的用法。并且，司马迁所著《史记》中"百越"的意思也难以通过"百"和"越"的组合来理解。法国学者 M. Ferlus 认为了"这些字是用来记录非汉语名称的记音文字，因此'百越'的含义不能理解为其构成要素意义的相加，即通过'百'（意为'一百'）和'越'（意为'戈'）意义的相加来解释"（M. Ferlus，2011：1）。③ 鉴于此，M. Ferlus 建议"因此，必须重新考察它们的语音，并将古代语音与相关民族语言目前

① 其法文原文是："Le terme yuè 越 est également consigné par plusieurs expressions dans le *Livre des Han*（hànshū 漢書/汉书）qui couvre l'histoire des Han antérieurs（– 206/– 25）：Yúyuè/於越/于越 'Yue principaux'，Luòyuè 雒越（sino – viet：Lạc việt）'Yue des Lạc' …"

② 在此，我们谨感谢广西民族大学的梁茂华博士和广东外语外贸大学的陈继华博士，他们重新梳理并提供给我们与中国古籍记载相关的资料。

③ 此摘引的法文原文是："Les caractères utilisés sont des phonogrammes qui transcrivent des vocables non chinois；la signification de l'expression Bǎiyuè ne peut s'expliquer par le sens propre des caractères composants"，ici *bǎi* 百 "cent" et *yuè* 越 "hache de guerre"。

的语音进行比较（M. Ferlus，2011：1）"。①

由此，类似于对司马迁《史记》中"百越"意思的理解，我们不能单纯地以"雒"和"越"的语义相加来理解"雒越"，例如有的就把"雒越"理解为"越人雒鸟"（M. Ferlus，2011：1）。根据史籍记载的时间及记录方式，我们赞同这位法国学者认为"这些字是用来记录非汉语名称的记音文字"的观点。因此，为了准确理解这些"记音文字"的语义，很显然，我们必须找出它们的词源。

（二）"雒越"的词源研究结果

根据前面提到的"雒越"出现的时间和语境，即从语用学的角度来看，它有可能应被看作由两个"记音文字"构成的用来记录非汉语名称的复合词。目前，运用历史比较语言学的方法已经可以构拟它们在上古汉语时期（Old Chinese）的语音形式。同时，根据已经构拟的上古汉语，人们也已经知道了"雒越"的构成要素"雒"和"越"的词源意义。

1. "雒"的词源研究结果

目前，语言学界关于"雒"的词源研究可能已经得出许多不同的结论，但是，鉴于自身的原因，我们仅了解到两种从纯语言学角度进行的研究。一种是越南语言学家阮金坦（Nguyen Kim Than）和王录（Vuong Loc）在 20 世纪 70 年代所做的解释［阮金坦、王录（Nguyễn Kim Thản & Vuʼoʼng Lộc），1974］，另一种是法国语言学家 M. Ferlus 近些年来所做的解释（M. Ferlus，2011）。接下来，我们将逐个介绍他们的解释，并对他们的分析提出我们自己的看法。

（1）阮金坦和王录的假设。关于第一种解释，我们都知道，在越南，社会科学界在 20 世纪六七十年代围绕有关雄王的问题展开了一系列讨论。在这些讨论中，阮金坦和王录两位学者曾经提出可以根据《交州外域记》中记载的"雒田""雒民""雒王""雒侯""雒将"和"雒越"等概念来分析解释"雒"的词源（阮金坦、王录，1974：

---

① 此摘引的法文原文是："Il faut donc procéder à une restitution de leur prononciation et la comparer aux désignations ethniques anciennes et actuelles"。

134）。然而，在阮金坦和王录所列举的包含"雒"的这些词里，经考证，在郦道元所著《水经注》中转摘自《交州外域记》的记载部分好像并没有"雒越"一词的记录。①

在对所列举词进行语法分析后，这两位越南学者提出了《交州外域记》中记载的"雒"的词源的三种假设。他们根据《水经注》中"雒"的"语义"和《汉书》中"骆"的"语义"提出了第一种假设。关于第一种假设，他们认为与实际不相符，因为，如果根据《交州外域记》中"雒"的"意义"或者《汉书》中"骆"的"意义"，那么从语法结构来看，这些词的"语义"有悖于包括汉语在内的语言中复合词的构词原理，因为复合词都是"有理由"（法语：motivé，英语：motivated）的词。从这样的结论出发，他们提出了在我们看来很值得注意的看法："我们相信'雒'是越南语语素，用来记录这个语素的汉字仅仅是些记音文字。"（阮金坦、王录，1974：136）

第二种假设：阮金坦和王录假设，"雒"字只是一种类似于专有名词的自称或泛称，如果是这样的话，那么它们"也可以从语义来源来解释"。但随后他们又写道："让我们回到语素'雒'的问题上。如果认为这个语素能够当作一个'无理由'（immotivé）的专有名词，那么我们担心如果这样认为的话，对它的理解会发生偏差，同时会以目前的理解去解释'雒田''雒民'等词的词义，我们认为，'雒'是一个可以从语义上进行解释的词素"（阮金坦、王录，1974：136）。

经过上述第二种假设的论证，阮金坦和王录提出第三种假设，认为语素"雒"的词源的意思是"水"。他们之所以提出这样的假设首先是根据"雒田"一词出现的环境；其次是在现代越南语方言里有与"雒"在语音和语义上相似的词。因而他们做出这样的结论："我们的假设是：'雒田'是包含两个语素的复合词，一个是越南语语素'rác'（水），一个是汉语语素'田'，该词用以表示当时我们先民的'水田'（ruộng rặc，ruộng rộc hoặc ruộng nu'ó'c）"（阮金坦、王录，1974：139）。因此，在阮金坦和王录两位学者看来，"雒"在"雒田""雒民""雒王""雒侯""雒将"（对于他们来说似乎还包括"雒越"）等词中，其

---

① 《交州外域记》已亡佚，其内容现见于其他书籍的记载，如《水经注》。

词源最初的意义是"水"。

通过分析阮金坦和王录从语言学角度进行的论证,我们发现有些问题是值得注意的。首先,阮金坦和王录关于"雒"的词源意义是"水"的结论,正如他们所意识到的,只满足了复合词"雒田"的语法组合,而难以用它来解释"雒民""雒王""雒侯""雒将"的词义(阮金坦、王录,1974:140)。显然,这两位学者也已意识到,如果脱离了"雒田"这一概念,他们提出的"雒"的词源意义是"水"的词源假说是毫无说服力的。其次,虽然已经意识到从包含"雒"的那些词可以确定"雒"只是"用来记音的字",但他们所提结论的主要依据却是语法组合和语音形式,或是目前汉语或者越南语中"雒"的共时意义。按理说,如果已经确定《交州外域记》中的"雒"只是"用来记音的字",那么语言学的首要任务应该是构拟它当时的语音。虽然阮金坦和王录已经意识到这个必要的步骤但他们却未能更进一步。虽然认为应该从语言学的层面来探讨词源问题,但他们提出的关于"雒田""雒民""雒王""雒侯""雒将"中汉字"雒"的词源意义的假设是片面的,因而是缺乏说服力的。这种片面性最明显之处在于未能构拟汉字"雒"在当时的语音形式。

(2)M. Ferlus 的假设。法国学者 M. Ferlus 赞同阮金坦和王录认为《史记》或《汉书》中的"雒/骆/络"与其他语素构成的词只是用来记录某个非汉语词的"汉字记音符号"的观点。根据已经构拟的上古汉语语音形式,我们可以看出"雒"在《史记》或《汉书》时期(上古汉语时期)的语音形式:

luò 雒 SV lạc < MC lak < OC ∗ C – rak ［(C). rak］[1]

在构拟的上古汉语中,一个半音节词 ∗ p. rak 和 ∗ b. rak 包含主要音节 ∗ rak。这样,由主要音节 ∗ rak 演变而来的汉越词"lạc"经历了 r > l 三个演变形式,用元音 a 表示上古汉语的 a(古越语存在长短元音的对立),并通过简化辅音组合的形式来实现一个半音节 ∗ p. rak/ ∗ b. rak 的单音节化。汉越词"lạc"有时候也写作"骆"或者"络"

---

① OC 表示上古汉语(Old Chinese),MC 表示中古汉语(Middle Chinese),SV 表示汉越语(Hán – Việt,Sino – Viet)。

（A. Schuessler，2007：371 – 372）。

根据 M. Ferlus 的研究，上古汉语﹡rak 的痕迹还保留在侗水语族（属台一卡岱语系）语言表示"人"的词里。例如，毛难语：la:k⁸ bi:k⁷（妇女），la:k⁸ ce³（儿童）；拉珈语：lak⁸ kjei¹（人），lak⁸ kjā:u³（妇女），lak⁸ lou⁴（老人）……他还补充说，台一卡岱语系侗水语族的 la:k⁸/lak⁸ 和汉越词 lạc 是从晚期上古汉语借入的（M. Ferlus，2011：7）。

除了侗水语族部分语言和汉越词里保留的痕迹，这位法国学者指出，现在，上古汉语的﹡p. rak 与佤族的自称的古音构拟﹡prɔ:k（在不同的佤语方言里分别有 pəʒaək、par auk、pʰ alok 等自称的读法）和克木人某支系的自称 rɔ:k 存在对应关系。在徕语（Bolyu language）中也发现了元音 a：＞ɔ 的演变（Edmondson，1995），而徕语是一种与越芒语支（Vietic）语言有类似的语音演变的南亚语系语言（M. Ferlus，2011：8）。由此可见，佤族自称的构拟﹡prɔ:k 或克木人的自称 rɔ:k 很好地保留了词源意义。

通过 M. Ferlus 的论证可以发现，这个上古汉语的语音形式保留在包括中国南部及越南北部的广阔的地理空间里。M. Ferlus 所列举的语言中，与上古汉语的﹡p. rak 存在语音对应的词都带有表示"人"的意义，而且最初的意义正是"佤族或克木人的自称"。也就是说，上古汉语﹡p. rak（汉字书写为"雒""骆"或者"络"）是用来对源自南亚语的"指人"的词进行记音的。显然，运用合乎历史比较语言学理论的逻辑方法和操作方法，把"lạc"（雒）的词源意义确定为"指人"的观点是可以接受的。

2. "越"的词源研究结果

现代汉语中"越"有"越过""超越"（franchir "les limites"，transgresser）的意思，有意见认为可以用"越"的这个义项来指"中国南方的居民"，但是在许多语言学家对"越"的古音构拟中，这种说法并不能得到证实。根据 William Baxter 确定的语音规律（W. Baxter，1992），M. Ferlus 构拟出"越"的上古汉语：

Yuè 越 SV：Việt ＜ MC hjwot ＜ OC﹡wjat［﹡wat］

事实上，已经有不少语言学家构拟了"越"的上古汉语。如

W. Baxter 和 L. Sagart 所构拟的上古汉语为＊Gʷat（W. Baxter – L. Sagart，2011）；在他们之前，A. Schuessler 认为，如果单独对"越"进行构拟的话，它的构拟形式是＊wat，而"於越"的构拟形式是一个双音节，即＊ʔa – wat（A. Schuessler，2007：596）。在此基础上，这位法国学者提出了这样的问题："那么，哪种语言中存在＊wat 的形式？"对于这个问题，他认为"这正是南亚语系的语言，特别是高棉语（Khmer）和巴那语（Bahnar），可以从这些语言中找到回答这个问题的要素。"通过分析古代高棉语和现代高棉语的语义，他认为，（它最初的）语音形式是＊wat，表示"某个范围，某个区域"（M. Ferlus，2011：4 – 5）。

通过这样对词源的确定，M. Ferlus 认为，"＊wat 最初系南亚系语言中的词，是以表示'领土区域'的意思进入汉语的，但后来在汉人的用法中丢失了（字面上已经看不出其原意），而在外部（南部地区）还保留着"。＊wat 被用汉字"钺"来记音，后来又先后（从汉语）被借用到高棉语和泰语中①（M. Ferlus，2011：5）。

这样，根据"雒越"的首次出现是在《汉书》中，可以构拟出它的两个构成语素"雒"和"越"的上古汉语分别是＊rak 和＊wat。结合每个语素的词源意义，即"雒"指"人"，"越"指"某个范围、某个区域"，则"雒越"最初的含义是"自称为＊rak（人）的居民的属地"。因此《汉书·贾捐之传》中的"骆越之人，父子同川而浴"一句也可以理解为"雒人之地，父子同川而浴"。

二 "雒越"的词源与越中跨境民族

通过构拟"雒越"的上古汉语并确定其词源意义，我们可以这么认为，《汉书》中的"雒越"似乎指的应该是属于自称为＊rak（"人"）的位于今中国南部和越南北部的属地。根据语言系属的划分，居住在该地区的各民族的语言被划分为南亚语系（Austroasiatic）、南岛语系

---

① 法文原文是："＊wat avec le sens de 'territoire délimité' serait une notion dela langue chinoise，sorti de l'usage proprement chinois（il n'a pas de caractère en propre et n'est pas dans GSR），mais maintenu pour l'usage extérieur（les pays méridionaux），écrit avec le phonogramme yuè 'hache de combat'，puis finalement introduit en khmer ancien et de ce dernier en thaï"。

(Austronesian)、台—卡岱语系（Tai – Kadai）、苗瑶语系（Mông – Dao/
Miao – Yao/Hmong – Mien）和汉藏语系（Sino – Tibetan）五个语系［陈
智睿（Trần Trí Dõi），2016：167 – 222]。

看来，《汉书》中的"雒越"有可能表示"自称为 ＊ rak（'人'）
的居民的属地"之意。人们也可以认为，现在本地区的五个语系中，
以汉字"铖"作为记音文字所记录的主要应属于南亚语系语言的古音。
后来，许多台—卡岱语系语言借入该汉字的汉语古音，并保留了其最初
的词义。

然而，对于越南语而言，正是从"雒越"的汉越音我们得知它是
在古越芒语晚期（Archaic Vietmuong）从汉语借入的［Trần Trí Dõi（陈
智睿），2011：139 – 145]。因此，很可能是因为借入时间的原因，《汉
书》中的"雒越"一词已经不像它在台—卡岱语言中那样保留其最初
的意义了。由此可见，与其最初的意义相比，共同越芒语时期越语中的
"雒越"（Lạc Việt）的语义已经缩小。

参考文献

［1］ W. H. Baxter & L. Sagart（2011），*Baxter – Sagart Old Chinese Recon-
struction*，Version of 20，February 2011.

［2］ 范晔：《后汉书》，中华书局 1965 年版。

［3］ 陈智睿：《越南语历史教程》，越南教育出版社 2011 年版，第
271 页。

［4］ 陈智睿：《越中跨境民族语言文化概况》，红河流域民族文化交流
与旅游可持续发展国际学术研讨会，《越南老街市》2012 年 11 月。

［5］ 陈智睿：《越南少数民族语言》，国家大学出版社 2016 年版，第
294 页。

［6］ 陈智睿，"An Explanation of Names for Vietnam – China's Cross –
Border Ethnic Groups"，*Journal of Baise University*，No. 1，Vol. 29，
Nvo. 2016，pp. 68 – 72.

［7］ J. A. Edmondson，*English – Bolyu Glossary*，MKS 24，1995.

［8］ M. Ferlus，*A Layer of Dongsonian Vocabulary in Vietnamese*，The 17th
Annual Meeting of the SALS，University of Maryland，USA，August

31 – Septembre 2，2007.

［9］ M. Ferlus，*Les Băiyuè*（百越）*ou les "pays des（horticulteurs/mangeurs de）tubercules"*，24ème Journ ées de Linguistiquedel' Asie Orientale，30 juin – 1er juillet 2011，Paris.

［10］ H. Maspero，*Etudes d' histoire d' Annam*，*IV La Royaume de Văn – Lang*，BEFEO 18（3 – 1），1918.

［11］ Lịch Đạo Nguyên，*Thủy kinh chú só*（Nguyễn Bá Māo *d ịch*），Nxb Thuận hóa – Trung tâm Ngôn ngũ Đông Tây，2005.

［12］ 郑张尚芳:《上古音系》（*Old Chinese Phonology*），上海教育出版社 2003 年版。

［13］ A. Schuessler，*ABC Etymological Dictionary of Old Chinese*，Honolulu：University of Hawai 'i Press，2007.

［14］ 阮金坦、王录:《“雒”的语义来源探究·雄王建国·第四集》，社会科学出版社（河内）1974 年版，第 134—141 页。

［15］ 司马迁:《史记》，文学出版社（河内）1988 年版。

（作者系博士，越南河内国立大学所属社会与人文科学大学教授）

试论骆越族群鳄—鸟—蛙图腾崇拜的演变*

赵明龙

【摘　要】壮族先民骆越族群文化丰富，而多样的图腾崇拜则是其文化中的重要组成部分。本文拟从众多的骆越族群图腾崇拜中，选择鳄—鸟—蛙图腾崇拜为个案，对骆越图腾崇拜演变进行一些分析，试图揭示骆越原始崇拜信仰变迁及其规律。

【关键词】青蛙崇拜；骆越文化；花山岩画；蛙婆节

与我国各兄弟民族一样，壮族也是多图腾崇拜。壮族图腾崇拜可归纳为至少13种，包括青蛙、鳄鱼、鹭鸟、水牛、鹅、虎、马鹿、大象、金鸡、羊、狗、猴、蛇等。研究表明，壮族先民骆越族群的图腾崇拜呈多元和动态，不是一成不变的，而是随着时空的变化而发展演变。鳄—鸟—蛙图腾崇拜是骆越族群图腾崇拜具有代表性的文化特征之一，它流传广、影响大。有些图腾崇拜如蛙图腾崇拜，仍然以其独特的方式、魅力和生命力自古传承延续至今。研究这一文化现象，有助于我们深化花山岩画、铜鼓文化和红水河流域的蛙图腾崇拜文化的研究，弘扬传统优秀非物质文化遗产，重塑民间宗教信仰，满足人民对精神文化生活的需求，推进壮族图腾崇拜旅游文化健康发展。

＊　国家社科基金特别委托项目"骆越文化研究"（15@ZH002）阶段性成果。

一 骆越族群渔猎与鳄鱼图腾崇拜

骆越族群生活在岭南西江至南海之间,那里江海湖沼广布,热带雨林,鱼虾肥美,是骆越人栖息和开展原始生产渔猎的好地方。壮族先民为了渔猎,不仅在河海行舟打鱼,而且还常潜入江河中捕鱼。由于江河中潜有鳄鱼(壮语叫"图额",北方叫"蛟龙"),渔民一旦遇上鳄鱼,常被攻击伤害,故受壮族先民敬畏,寻求鳄鱼为保护神,并盛行断发文身,身上黥上龙纹,装扮成龙子模样,以求得到"蛟龙"的认同和保护。这在我国古籍有记载。《汉书·地理志下》记载:粤地"其君禹后,帝少康之庶子云,封于会稽,文身断发,以避蛟龙之害"。应劭注曰:"常在水中,故断其发,文其身,以象龙子,故不见害也。"[1] 会稽,即古代南越地,今两广至越南北方。蛟龙,不是龙,而是鳄鱼,壮语称之"图额"[2],这已被学者普遍认同,此不赘述。西汉的《淮南子·原道训》曰:"蛟龙水居""九疑之南,陆事寡而水事众,于是民人被发文身,以像鳞虫"。高诱注曰:"文身,刻画其体,内墨其中,为蛟龙之状,以入水,蛇龙不害也,故曰以像鳞虫也。"[3] 刘向在《说苑·奉使》也说:"翦发文身,烂然成章,以像龙子者,将避水神也。"上述史料表明,"粤地""九疑之南",说的是岭南西瓯、骆越故地:"陆事寡而水事众""常在水中",表明骆越人的主要生产方式为渔猎,陆上活儿少,水中活儿多;"蛟龙水居",表明岭南江湖河海常有蛟龙出没,对骆越人水上作业带来威胁;"翦发文身""以像龙子",既是骆越人模仿水神(蛟龙),以保护自己,又是骆越人的传统风俗,对鳄鱼产生崇拜,奉鳄为水神,视为图腾崇拜,这就是骆越族群在渔猎时代背景下产生的鳄鱼图腾崇拜的最初缘由。

骆越族群鳄鱼图腾崇拜,还存在骆越地区的史诗和神话中。如流传在巴马一带的壮族神话史诗,将创世分为三片,由布洛陀、雷王和

---

[1] 班固:《汉书》卷二十八下,中华书局 2000 年版,第 1329 页。

[2] 蓝鸿恩:《蛟龙·鸟·雷神·青蛙——论壮族先民文化观念的变迁》,《民族艺术》1991 年第 3 期。

[3] 陈广忠译注:《淮南子》(上),中华书局 2012 年版,第 16、18—19 页。

"图额"（俗称龙王，即鳄鱼）三王分别来管理，"图额"是三王之一，实为龙王，掌管水界。① 文山壮族地区曾流行这样的传说，从前有2个"迪厄"（壮语称"图额"，水神，即鳄鱼）留恋人间，从水中出来变成美丽的壮族姑娘（壮语叫"稍厄"），专找小伙子对歌。② 这里，人们把鳄赋予人格化。红水河流域和右江流域流传的壮族经诗《么叭科仪》，经诗中雷王和"图额"地位相等，分别掌管地上和水下，故备受壮族先民的崇敬。③《九狼口人》描绘布洛陀有六兄弟，老大上界做雷神，老二下界做水神（图额）。④ 这里，壮族先民将图额神灵化，使图腾崇拜逐步转化为神灵。鳄是大力神，力大无穷，可造江造河，河田造地。《壮族麽经布洛陀影印译注》第一卷载，"九头鳄造沟，九头龙造河，抬头造得坡连坡，伸颈造成山连山，甩尾造成溪，用脚刨成河，造成天下宽，造成田垌广……"⑤ 可见，鳄作为壮族先民图腾崇拜具有神的功能，图腾崇拜和神灵崇拜合二为一。

此外，在广西、云南和越南北部收藏和出土的铜鼓中，也发现有骆越人将鳄鱼塑像铸在铜鼓面上，表明骆越人通过铜鼓展示其鳄鱼图腾崇拜。在广西左江岩画，也发现岩画上有鳄鱼的图像。铜鼓和岩画上的鳄鱼塑像，进一步表明了骆越人的鳄鱼图腾崇拜观念和仪式。

二 骆越族群农耕文化与鸟图腾崇拜

早期，骆越人的鳄图腾崇拜，与渔猎生产有关。然而，随着生产力的发展，骆越进入了农耕时代，人们的食物逐步由稻米取代渔猎、狩猎获得的鱼虾蚌螺、野鸡猪鸭等，而稻作的出现，需要先民们寻找新的图腾崇拜作为保护神来取代鳄崇拜，于是鸟图腾崇拜进入了骆越人的观念和信仰体系。这可从骆越后裔侗台语族群一些神话传说或民间经书中得

① 农冠品：《壮族神话集成》，广西民族出版社2007年版，第39页。
② 同上书，第217页。
③ 张声震：《壮族麽经布洛陀影印译注》（第二卷），广西民族出版社2004年版，第335页。
④ 同上书，第436页。
⑤ 同上书，第308—309页。

到认证。远古时期,人们没有稻米吃,布洛陀知道稻谷在神农那里,于是派出老鼠、鸟儿跨山过海去取谷种,可是老鼠、鸟儿把稻谷吃掉了,布洛陀又教大家用网和夹,从老鼠和鸟儿的口中和嗉囊中夺回谷种,开始培育稻谷,并取得成功,人们过上幸福生活。① 这个神话传说道出鸟对骆越先民创造稻作农业的历程和贡献,并催生人们对鸟图腾崇拜观念。与壮族同源的傣族等少数民族也有类似的神话传说。傣族也有一个谷物起源的神话《麻雀救谷种》,说的是因洪水泛滥,把万物都冲走了,麻雀热心地为灾民在洪水中衔来稻穗给灾民做谷种,从此先民又有了稻谷。② 从这两则神话,说明骆越后裔各族群都有鸟图腾崇拜。壮族的鸟图腾崇拜,源于一些民间故事,如《百鸟衣》原型是一个鸟图腾神话,说的是人鸟婚媾的故事,是人鸟婚媾的图腾。③

骆越的鸟图腾崇拜,不仅在神话中有流传和记载,而且在考古上也有所反映。考古资料显示,古越人的鸟图腾崇拜,大约在早期的农耕时代就产生了,河姆渡文化遗址就出现了鸟的形象,在土石质、木质和象牙质蝶形器中,有木质的立鸟形和飞鸟形两种。木质立鸟形蝶形器中,立鸟的头、眼、身、尾俱全,形如站立树枝的立鸟,形象比较直观、写实。研究者认为,这是古代南方民族在干栏建筑屋顶、屋旁置放的鸟图腾标志(装饰物)。④ 笔者认为,这是南方越人在屋顶树立鸟图腾标志的习俗,为骆越族群的鸟图腾崇拜提供了佐证。此外,河姆渡文化遗址还有一件正面刻"双鸟朝阳"纹的实物:中间是一组由 5 个大小不等的同心圆构成太阳纹,外圆上半部刻画烈焰太阳光芒,两侧各伸出一圆眼、钩喙、伸脖昂首相望之态的鸟纹,器边缘衬托以羽状纹,形同夸张双鸟长尾,扛着太阳奋力在天空飞翔。⑤ 这与《山海经·大荒东经》《山海经·海外东经》《淮南子·天文篇》中"汤谷上有扶木,一日方

① 覃乃昌:《〈麽经布洛陀〉与华南珠江流域的稻作农业》,《百色学院学报》2008 年第 4 期。
② 《中国各民族宗教与神话大词典》编审委员会编:《中国各民族宗教神话大词典》,学苑出版社 1990 年版,第 84 页。
③ 丘振声:《壮族图腾考》,广西民族出版社 2006 年版,第 163 页。
④ 黄渭金:《河姆渡文化形器再研究》,《南方文物》1998 年第 2 期。
⑤ 河姆渡遗址考古队:《浙江河姆渡遗址第二期发掘的主要收获》,《文物》1980 年第 5 期。

出，皆载于鸟"等记载可能有一定的联系，或与我国古代"金乌负日"神话有关，说明太阳与鸟图腾崇拜与早期农耕社会的产生几乎同时出现。

而这种活态文化，在云南西畴壮族村落上果村仍然延续传承。每年农历二月初一，该村女人们到太阳鸟母神沐浴的河中沐浴净身，后穿着漂漂亮亮的传统盛装"师侬"（鸟衣），聚集到村头的太阳神树下唱歌、祭拜鸟儿，中午太阳当顶时，女人们在族长带领下，先在太阳树下献贡品、祭拜，然后上山在太阳神位前摆设供品，唱诵《祭太阳古歌》。笔者于 2015 年和 2017 年两次参加西畴太阳女子节，通过田野考察发现，西畴县西洒水镇瓦厂村八嘎河畔的上果村，自古以来壮民"一直以太阳、鸟作为图腾，崇拜太阳，崇拜鸟的祭祀文化沿袭至今，演化成了汤谷村（原上果村）独具特色的祭祀太阳神的'女子太阳节'风俗"。① 当地学者称这是活太的"糯"（日—鸟图腾崇拜部落）族群崇拜。

考古发现，在壮族地区古代岩画上，有鸟图腾崇拜的岩画图案。如左江岩画扶绥岜赖山、后底山、龙州沉香角发现有 4 只飞禽类图像②；云南卡子岩画上有男性的"鸟人图"、丘北狮子山岩画有"人形飞鸟"图形。③ 云南广南县牡宜句町贵族墓出土的西汉鸠杖头为壮族先民鸟崇拜标志。④ 广西出土的冷水冲型铜鼓面上和灵山铜鼓型鼓足上均有鸟塑像⑤；云南石山寨型铜鼓上有翔鹭图像，一般为四鹭环飞，也有六鹭、七鹭，个别达 20 只鹭。⑥ 张世铨先生在《铜鼓人像的族属试析》一文中列举了我国广西、云南和老挝铜鼓上的羽人像有 19 组⑦，这与《山海经·大荒南经》所述的"有羽民之国，其民皆生毛羽"⑧、《吕氏春

---

① 杨仁磊：《西畴县举行都梦骆越鸟部落族群文化遗产保护交流会》，文山新闻网，2017 年 3 月 1 日。
② 广西民族研究所：《广西左江流域崖壁画考察与研究》，广西民族出版社 1987 年版，第 164 页。
③ 王明富、金洪：《云南壮族"莱瓦"艺术图像集成》，云南人民出版社 2013 年版，第 50—51、136 页。
④ 同上书，第 52 页。
⑤ 蒋廷瑜：《壮族铜鼓研究》，广西人民出版社 2005 年版，封内六插图照片。
⑥ 张世铨：《论铜鼓艺术》，《民族艺术》1986 年第 3 期。
⑦ 丘振声：《壮族图腾考》，广西人民出版社 2006 年版，第 165—166 页。
⑧ 方韬译注：《山海经·大荒南经》，中华书局 2011 年版，第 301 页。

秋·慎行论·求人》的禹"南至交趾，孙朴续樠之国，丹栗、漆树、沸水、漂漂、九阳之山，羽人、裸民之处"① 的记载甚为吻合。"羽民之国"在交趾，正是骆越族群居住的聚居地，是鸟类栖息繁多的地方，而这些"羽民""羽人""毛羽"便是鸟图腾氏族扮成鸟的形象。这种活态文化在前面提到的西畴县马达河流域壮族侬支系还在传承。

近年，笔者在云南文山州考察壮族侬支系传统服饰时发现，西畴县一带壮族妇女穿着的传统服饰中，有鸟崇拜着尾服饰，服饰佩戴有银鸟扣饰②等，说明壮族先民不仅把鸟图腾铸到铜鼓上，还用于日常生活中的服饰。在西江流域的广西横县、贵港、桂平一带壮族，有"六乌圣母"③ 鸟神崇拜信仰习俗，六乌即乌鸟，是骆越族群原始鸟图腾崇拜之一。

人们对鸟的崇拜，也许出于生产生活方式的"亲缘"。一是鸟儿为骆越先民找到谷种，从此人们进入人工种植水稻，不愁食粮。二是鸟儿助人耘田。史料显示，岭南越人有"鸟田"。《越绝书·越绝外传记地传》④ 载："大越海滨之民，独以鸟田，大小有差、进退有行，莫将自使。其故何也？……尚以为居之者乐，为之者苦，无以报民功，教民鸟田，一盛一衰。当禹之时，舜死苍梧，象为民田也。禹至此者，亦有因也，亦覆釜也。"这段话，王充在《论衡·书虚》中注曰："鸟田象耕，报祐舜禹，非其实也。实者，苍梧多象之地，会稽众鸟所居。《禹贡》曰：彭蠡既潴，阳鸟攸居。天地之情，鸟兽之行也。象自蹈土，鸟自食苹，土蹶草尽，若耕田状，壤靡泥易，人随种之。"⑤ 这里的"鸟耕"，表明越人农耕社会有鸟助耘田，从而人们对鸟有崇敬之意。《吴越春秋·越王无余外传》也载："禹崩之后，众瑞并去，天美禹德，而劳其功，使百鸟还为民田，大小有差、进退有行，一盛一衰，往来有常。"⑥

① 陆玖译注：《吕氏春秋》（下），中华书局 2011 年版，第 841 页。

② 王明富、金洪：《云南壮族"莱瓦"艺术图像集成》，云南人民出版社 2013 年版，第 50、53 页。

③ 覃小航：《"六乌圣母"：壮族鸟神崇拜的原型》，《广西民族研究》1993 年第 3 期。

④ 袁康等辑录，俞纪东译注：《越绝书·越绝外传记地传》卷八，贵州人民出版社 1996 年版，第 161 页。

⑤ 同上。

⑥ 《吴越春秋·越王无余外传》，江苏古籍出版社 1999 年版。

三是敬仰鸟的灵性。越南红河三角洲先民也有鸟崇拜,他们认为鸟可在树上盯食果实,可下河在水面钩啄鱼虾,因而十分羡慕与敬仰鸟,从而产生对鸟的崇拜。[①] 由此可见,鸟类对骆越人的贡献,自然使人们对鸟类产生图腾崇拜,从而使骆越人原先对渔猎时代的鳄图腾崇拜逐渐淡化,并被鸟类图腾崇拜所取代了,但鳄神位并没有退出骆越信仰系统的舞台。

三 骆越农耕文化与青蛙图腾崇拜

研究发现,骆越族群对青蛙图腾崇拜主要源于农耕文化,即生产方式决定骆越族群的青蛙图腾崇拜观念。骆越族群进入农耕时代初期,主要在沼泽地、河谷、山谷(山洛)等种植人工水稻。随着人口的增加,生产力和生产技术的提高,人们种植水稻逐步由沼泽、河谷、山谷向台地发展,因而需要水源。在当时的条件下,除了有自然灌溉的农田外,大多是望天田,全靠雨水灌溉。而当时骆越人的智商和思维中,人们经常看到青蛙一叫,老天下雨这样一种现象,认为青蛙是雷神的女儿,与雷神相通,能呼风唤雨,灌溉农田,五谷丰登,青蛙就是沟通雷神降雨的天使,从而对青蛙产生崇拜。其图腾崇拜的表征主要有:

(一) 在岩画绘上青蛙图案

对于左江岩画中是否有青蛙图腾崇拜,学者们看法不一。对于蛙人图像,1987 年由广西民族研究所编纂出版的《广西左江流域崖壁画考察与研究》一书,受当时研究的局限,作者对岩画人物图像均认定为人像,没有认定为蛙人。张亚莎教授也认为,花山岩画中的"蹲式人形"符号可能与"蛙形人"有些相似,但在画面里看不到"蛙神崇拜"的任何信息。[②]

而蓝鸿恩先生则对此持不同的看法。他认为,在花山岩画中,"每

---

① 宦玉娟、吕士靖:《越南鸟图腾崇拜的起源问题》,《东南亚南亚研究》2012 年第 2 期。

② 张亚莎:《花山岩画——左江流域古代民族图像志》,《中国文化遗产》2016 年第 4 期。

个人的形象都叉开双脚，两手拱起，手指和脚趾叉开，形同青蛙，而来宾师公的舞蹈也是这个形状，分明是青蛙的造型。红水河中游的蚂拐舞，是用竹子扎成青蛙形状，如同人们舞狮一样拿来舞弄，步法全按青蛙跳跃形态，这是青蛙表演"。① 梁庭望先生在《花山崖壁画——祭祀蛙神的圣地》一文中认为，花山崖壁画人物图像是神不是人，照人画神，神是蛙神，蛙与铜鼓紧密结合，壮族祖先以蛙为守护神。② 覃乃昌等认为，"一些学者认为，左江流域崖壁画所绘的是剪影式模仿立蛙动作的群体舞蹈场面，是壮族先民蛙图腾崇拜的再现，其源于稻作农业，是'那'（稻作）文化的一种表现形式"。③ 张利群先生认为，"花山岩画'踞蹲式'人物画像造型与青蛙姿势非常相似，可谓人与蛙结合的蛙状人形的人物画像造型，与原始部落的图腾崇拜密切相关"。据此，他还从"踞蹲式"蛙状人形的人物画像造型类型化、模式化与重复性特点，正身与侧身两种姿势等视角，分析论证花山岩画具有蛙图腾崇拜的文化内涵，指出"踞蹲式"蛙状人形的人物画像造型作为图腾崇拜对象被对象化到人物画像身上，既赋予了两栖水陆的蛙图腾具有人格化、人性化及其人的本质力量对象化特征，又赋予人具有蛙神灵性、祖先神灵、超自然力的神圣力量。④

笔者赞同上述的观点，认为花山岩画中的人物画像大多为蛙人图像，是典型的蛙图腾崇拜。其依据有：

一是蛙人图像众多，雷同重复。据初步统计，左江两岸的岩画图像中，笔者初步认定至少有 58 组为蛙人图像，占岩画总数 280 组的 20%。

二是蛙人图像有蛙的姿势。无论是在左江岩画，还是在云南文山看到的岩画，蛙人姿势基本相似。其特点是，蛙人双臂向上伸开呈"山"字状，双脚向两侧叉开，呈半蹲式；有的"蛙人手掌大拇指与其他四

① 蓝鸿恩：《壮族青蛙神话剖析》，《广西民间文学丛刊》1985 年第 12 期。
② 梁庭望：《花山崖壁画——祭祀蛙神的圣地》，《中南民族学院学报》1986 年第 4 期。
③ 覃乃昌等：《左江流域文化考察与研究》，《南宁师范高等专科学校学报》2007 年第 1 期。
④ 张利群：《花山岩画人像造型的骆越根祖原型分析——"左江花山岩画研究系列论文之一"》，《广西教育学院学报》2016 年第 2 期。

指分开，左小臂向外撇开，开全掌见五指"。① 无独有偶，在云南麻栗坡大王岩画，也有蛙形人物图像，齐脖、短发、三角形嘴唇，颜色搭配均为红、黑、白三色，多是"蛙形，或言生育之姿势"。② 在云南广南县平山岩画上，也有若干蛙人形象，也呈双手弯曲上举，双腿马步的形态，头上还插着一根羽毛，似乎在司祭祀之职。③

三是从神话学来看，壮族有许多青蛙神话，反映了古代壮族先民崇拜青蛙。如蓝鸿恩的《壮族青蛙神话》、丘振声的《壮族蛙图腾神话》及《玛拐歌》等。

四是从民族民间宗教看，壮族先民骆越族群很早进入农耕社会，种田需要充足的水源，而民间相信青蛙原是雷王的儿女，是雷王派到人间的使者，当人间需要雨水时，人们只要告诉青蛙一声，青蛙便对天空鸣叫，并通过铜鼓敲打，雷王听到青蛙的鸣叫，就知道人间需要雨水，便把雨水洒下大地，使人间能种上庄稼。

五是考古发现，铜鼓上刻有蛙纹图像。这种现象比较普遍，不必赘述。

六是文身。东兰一带有这种现象。

七是文山壮族有银质蛙围腰牌和银质蛙福寿结桃围腰牌。④

八是壮族一些地区仍然传承青蛙图腾崇拜。如红水河流域蛙婆节经久不衰。

基于上述的依据，笔者认为，花山岩画上的蛙人图像为青蛙图腾崇拜，说明骆越地区先民早在先秦时期就有青蛙图腾崇拜习俗，从而把青蛙人格化、神灵化为"蛙人"、蛙神，蛙舞，并将其画上岩画，以表示对其崇拜。这种岩画"蛙人"、蛙神现象，不仅在我国的云南省文山州多处岩画、云南抚仙湖水下遗址月亮神、太阳神发现，而且在甘肃马厂

① 王克荣、邱钟仑、陈远璋等：《广西左江岩画》，文物出版社 1988 年版，第 10 页。

② 陆明：《大王岩与女娲"神人"之像及其蛙形崇拜来源内涵揭秘》，载李昆声、黄懿陆《中国盘古文化暨大王岩画研究》，云南人民出版社 2016 年版，第 317 页。

③ 李斯颖：《云南文山麻栗坡大王岩画及周边岩画上的"蛙人"像解读》，载李昆声、黄懿陆《中国盘古文化暨大王岩画研究》，云南人民出版社 2016 年版，第 325 页。

④ 王明富、金洪：《云南壮族"莱瓦"艺术图像集成》，云南人民出版社 2013 年版，第 63 页。

类型神人纹类型像和欧洲蛙形人体上找到佐证。① 可以说，多年来学者们对花山岩画蛙形人物的不懈的探索，将花山岩画的研究推进了一大步，初步破解和回答了多年来对花山岩画人物图像究竟是何物的问题。

（二）在铜鼓上塑铸蛙纹图像

广西铜鼓很早就进入了史册。《后汉书·马援列传》记载：马援"于交趾得骆越铜鼓，乃铸为马式，还上之。"裴氏广州记曰："俚僚铸铜为鼓，鼓唯高大为贵，面阔丈余。初成，悬于庭，克晨置酒，招致同类，来者盈门。富豪子女以金银为大钗，执以叩鼓，叩竟，留遗主人也。"② 这是官书第一次记载中国铜鼓。据分析，俚僚居住的地方就是当今壮族先民骆越聚居地，由此可断定这些骆越铜鼓来自今广西一带。自汉以后，我国古籍记载两广、云南等地的铜鼓比较多，出土的铜鼓也层出不穷，至今全国收藏的铜鼓有 1400 多面。

在众多的铜鼓中，塑铸有青蛙图像装饰的有不少，广泛见于我国两广、云南、贵州和东南亚国家的铜鼓。蒋廷瑜先生认为，"有青蛙塑像装饰的铜鼓，从中国广东、广西、贵州、云南，到越南北部、泰国、缅甸东北，覆盖了最主要的铜鼓分布区。但最多的最典型的青蛙塑像铜鼓则集中在广西境内"。③ 据蒋廷瑜先生不完全统计，我国现藏铜鼓中，435 面有青蛙塑像。其中，冷水冲式铜鼓有青蛙塑像的有 141 面，一般有 4 只蛙，逆时针向，有蹲蛙和累蹲蛙两种；北流式铜鼓有青蛙塑像的有 194 面，多为 4 只蛙，逆时针向，偶有 6 只蛙；灵山式铜鼓有青蛙塑像 95 面，多为 6 只蛙，逆时针向；西盟式铜鼓有青蛙塑像的有 2 面，4 蛙，逆时针向。④ 上述三式铜鼓，大部分出土于广西中部、南部、东南部以及广东西部，只有少部分流散在越南北部等地。而上述地区，正是古代、西瓯、骆越族群及其后裔俚僚人的聚居地。

在云南，也有不少"蛙鼓"（塑铸有青蛙图像的铜鼓，下同）在

① 陆明：《大王岩与女娲"神人"之像及其蛙形崇拜来源内涵揭秘》，载李昆声、黄懿陆《中国盘古文化暨大王岩画研究》，云南人民出版社 2016 年版，第 32 页。
② 范晔：《后汉书·马援列传》卷二十四，中华书局 2000 年版，第 562 页。
③ 蒋廷瑜：《铜鼓艺术研究》，广西人民出版社 1988 年版，第 82 页。
④ 丘振声：《壮族图腾考》，广西人民出版社 2006 年版，第 124—147 页。

"文化大革命"中被当废品收购拿去炼铜。偶有文物工作者收藏一些完整、典型的蛙鼓入馆，并采集 23 件约 60 器作标本分析。据李伟卿在《论铜鼓中的滇西"蛙鼓"》介绍，这些蛙鼓 60 器中，有 3 件蛙被锯去，无法判知数量，余 57 器中，单蛙有 36 例，双蛙有 12 例，三蛙有 9 例。双蛙即所谓的"背负其子"者，三蛙是累蹲而三。通过分析，作者推论认为，滇西"蛙鼓"来源不是像西方学者 H. 巴门特认定为缅甸掸族一带对"此类铜鼓拥有制造者"和 H. 巴歇尔提出的蛙鼓"很可能发生在位于半岛南端的柬埔寨北部"的那样，通过"新 1"蛙鼓和龙州响水鼓对比看，应该是滇桂地区于公元七八世纪生产制造的晚期铜鼓，并通过傣族地区传入缅甸、老挝克木地区和中南半岛其他国家。[1]

在越南，目前收藏的铜鼓约有 300 面，其中东山铜鼓约 190 面。越南铜鼓也发现有"蛙鼓"，主要是晚期的铜鼓——C 组的右钟鼓、农贡鼓、多笔鼓，鼓面边沿多素晕，一般青蛙塑像 4 只。1993 年，越南在老街发现 19 面东山铜鼓中，有 3 面铜鼓有蹲蛙塑像，有 4 只蹲蛙的 2 面，有 8 只蹲蛙的 1 面。出土的伴出物都是外来的，年代上限为公元 4 世纪，下限为公元 1 世纪。[2] 对于越南铜鼓，中国云南学者研究认为，越南东山铜鼓的流行年代与中国石寨山型铜鼓相同，为战国晚期至东汉初期，在时间上可以和流行年代为春秋早中期至战国晚期的万家坝型铜鼓相衔接；越南东山铜鼓形制和纹饰与中国石寨山型铜鼓基本相同；越南东山铜鼓与石寨山型铜鼓在造型上也有不同，东山铜鼓鼓身为圆筒形腰，而石寨山型铜鼓为喇叭形截头圆锥形腰，东山铜鼓的体型普遍大于石寨山型铜鼓，说明东山铜鼓并非直接继承中国万家坝型铜鼓，而是在万家坝型铜鼓影响下在其本土铸造生产，并已加入一些具有本土地方特色的花纹；对越南东山铜鼓和中国石寨山型铜鼓所作的铅同位素分析结果是两类铜鼓之矿料产地不同，证明了两者是各自独立而又平行发展的同一类型铜鼓，但其祖形均为中国万家坝型铜鼓。[3] 在老挝、泰国、缅

---

[1] 李伟卿：《论铜鼓中的滇西"蛙鼓"》，《考古》1986 年第 7 期。

[2] ［越］范明玄著：《云南文物》，黄德荣译，《中国古代铜鼓研究通讯》2001 年第 17 期。

[3] 徐祖祥：《越南东山铜鼓的类型学、年代及来源研究》，云南哲学社会科学规划网，2014 年 5 月 7 日。

甸收藏的铜鼓中，均发现有"蛙鼓"，尤其是缅甸北部"蛙鼓"较多。不少学者认为，老挝、泰国和缅甸收藏有"蛙鼓"，说明中国与中南半岛国家铜鼓交流交融历史悠久，这些"蛙鼓"主要从中国广西和云南传入。

对于"蛙鼓"，奥地利学者弗朗茨·黑格尔（Franz Heger）曾做过研究，他对 165 面来自东南亚、印度和我国的铜鼓进行分析发现：①Ⅰ型铜鼓鼓面大多有蛙饰，在 37 面Ⅰ型铜鼓中，除 1 面没有鼓面外，余下的 36 面鼓中，有 25 面鼓鼓面各有 4 只单体青蛙，有 3 面鼓鼓面上只有蛙足，还有 7 面鼓鼓面则一只青蛙也没有（来自东京[①]的茂利鼓、盖列特Ⅰ号、迪延、桑马朗、德萨·梅尔西、德累期顿 9534 号和广东 33 号），还有 1 面巴厘鼓鼓面是否有青蛙尚不清楚。②过渡ⅠN型鼓少有青蛙塑像，现存的 10 面过渡ⅠN型鼓中，有 3 面有蛙塑，有 1 面有蛙足，其余没有蛙塑。③在Ⅱ型或ⅠⅡ型鼓中，鼓面却有 4 只或 6 只青蛙，且多为 6 只青蛙，所有青蛙的背上，又都蹲有一只小青蛙。④Ⅲ型铜鼓每个鼓面都有青蛙，但出现单蛙的情况不多（20 面只有 7 面），一般是一只大青蛙驮着一只较小的青蛙，另有 11 面鼓蛙塑相反，是较大的一只青蛙塑在上。⑤Ⅳ型铜鼓，则只有 1 面鼓上有单体的青蛙。[②]

黑格尔的这些研究表明，东南亚、印度收藏的铜鼓中，也有蛙鼓。然而，这些蛙鼓来自哪里呢？黑格尔对此作了深入的研究探讨。他先引述了一些专家学者的观点：①奥地利人安东·巴耶尔，是第一个在曼谷发现东南亚和中国的铜鼓。他认为："这些鼓已经很古老，而且不是在曼谷生产的，它们可能出自后印度北部的掸邦或老挝。"[③] ②旅游家卡尔·博克（Carl Bock）在老挝见过类似的鼓，在南奔的卢昂庙（皇庙）中也有所发现。他认为欧洲收藏的铜鼓是从尼奥兰德（掸邦）或从缅

---

① 越南古代的东京，是指越南北部大部分地区。越南人称为北圻，意为"北部边境"。"东京"在越南语中写作 ocirc；ng Kinh，是越南首都河内的旧名。法国人控制越南北方以后，便用这个名字称呼整个越南北方地区。

② ［奥］弗朗茨·黑格尔著，中国古代铜鼓研究会编：《东南亚古代金属鼓》，石钟健、黎广秀、杨才秀译，上海古籍出版社 2004 年版，第 253 页。

③ 同上书，第 375 页。详见原著迈尔《古代文物》第 18 页 f 和《铜鼓》第 14 页 f。

甸弄来的，"它们中的许多是过去从中国（特别是云南）的钟演变来的"。① ③加尔各答印第安博物馆馆长约翰·安德森（John Anderson）对陈列于该馆的一面铜鼓，认为"是一面克伦鼓，是克伦山区的某些部族制造的"。这些部族分布在缅甸的山区中，世代相传地制造这种有纹饰图案的鼓，并一直沿袭至今。这种器物还是克伦族女孩的嫁妆之一。② ④A. B. 迈尔 1897 年出版的第二部著作《铜鼓》认为，"最古老的铜鼓：Ⅰ型铜鼓的第 1—10 号鼓，它们也许是公元初期或更早一些时候，在古老的柬埔寨（原注：即当今的柬埔寨和下交趾支那）在前印度人的影响下产生的，由此再转到印度"；"那些出自东京（指Ⅰ型铜鼓的 11—13 号鼓）、云南或广西（指属于Ⅲ型或Ⅴ型的 17—30 号鼓）的晚期鼓，都从（古老的柬埔寨产生的那些鼓）演化而来的。出自广西、云南和克伦地区的那些鼓产生的时代就更晚一些了"。③ ⑤莱顿汉学家狄葛乐的《东印度群岛及东南亚古代之铜鼓》认为，"这些似桶的鼓是在公元初其由居住在广东、广西、湖南和贵州等省的所谓蛮子制造的"。因此，"应当承认马来群岛上的那些鼓，也是过去蛮人居住过的由海岸线的广东等省来的"。④

在引述上述学者的观点后，黑格尔提出了自己的见解。他认为，①迈尔他根本不知道有比萨拉亚鼓更古老的另外两面东京鼓。因此，他才把出自马来群岛的鼓定为最古老的鼓。直到 1897 年，迈尔对此仍确信不疑。实际上，现实情况早已超出这个范围。②基本赞同莱顿汉学家狄葛乐的观点。"狄葛乐已用极充分的事实证明了这些鼓自古以来就是中国南方各省蛮人的特产，所有Ⅰ型的鼓（H）都可能发源于此地。"③"那两面十分重要的东京鼓，可能也是出自与广西、云南遥遥相对的上东京山区（笔者注：即越南北部山区）。那里才是这些鼓的故乡。"Ⅱ型鼓也许在中国南方，在那至今还不为人知的某地独立发展起来的。

① ［奥］弗朗茨·黑格尔著，中国古代铜鼓研究会编：《东南亚古代金属鼓》，石钟健、黎广秀、杨才秀译，上海古籍出版社 2004 年版，第 375 页。详见原著迈尔《铜鼓》第 14 页 B 中的有关条目：第 46。

② 同上书，第 375—376 页。

③ 同上书，第 384 页。

④ 同上书，第 385 页。

Ⅲ型鼓可能是后来掸邦和克伦人地方化以后才产生的。Ⅳ型鼓是在中国汉人的影响下，在那些半征服或完全征服的蛮人部落中发展的。①

笔者认为，黑格尔是在100多年前对东南亚古代铜鼓进行研究的，由于缺乏对中国铜鼓的了解，他所提出的一些观点存在历史的局限性。他不知道如今比东京2面古老的铜鼓年代稍早的是云南万家坝型铜鼓，不知道中国和广西现在是世界上拥有古代铜鼓特别是蛙鼓最多的国家和地区，不知道制造铜鼓较早且最多的民族是西瓯骆越族群，更不知道东南亚国家收藏的铜鼓大多是从中国输入的（包括铜鼓成品和工艺技术等）。尽管如此，黑格尔的学术观点对当今研究蛙鼓仍然有着重要的意义。

中国与中南半岛国家在铜鼓上注入青蛙的塑像，其主要原因是什么呢？笔者认为，主要原因有三：

一是骆越族群信奉青蛙图腾。"蛙鼓"不仅是青蛙图腾崇拜的标志，也是骆越举行图腾崇拜祭祀的重要礼器。当人们在祭祀时，心理要与蛙"图腾同样化"，即装束上、行动上模仿图腾的样子。这样，人才能与图腾崇拜物心灵相通，产生心物感应，获得图腾的庇护。② 骆越人蛙图腾崇拜，往往与日月浑然一体。灵山式铜鼓上发现有三足蛙塑像，有学者认为，这当是太阳的三足鸟，与《淮南子·精神训》所说的"日中有踆乌，而月中有蟾蜍"（踆乌日中有三足，蟾蜍月中也有三足）相对应，铜鼓边上的蛙是月的象征，与鼓面中心的日相对应，日为阳，月为阴，阴阳交合生万物，日月又成了万物始祖，从而从自然崇拜演化为图腾崇拜。③

二是骆越人把女娲当作始祖神。骆越与伏羲、女娲的历史渊源在浙江河姆渡文化遗址就有日神崇拜——"双鸟异日"。有关壮族与伏羲和女娲的神话很多，仅农冠品编注的《壮族神话集成》收录了有关《伏羲兄妹》《兄妹再造天地》等神话故事有13篇，此不再赘述。

三是青蛙图腾崇拜与骆越族群生产方式转型过渡有关。即骆越人崇

---

① ［奥］弗朗茨·黑格尔著，中国古代铜鼓研究会编：《东南亚古代金属鼓》，石钟健、黎广秀、杨才秀译，上海古籍出版社2004年版，第386页。
② 丘振声：《壮族图腾考》，广西人民出版社2006年版，第124页。
③ 同上书，第148—149页。

蛇的渔猎时代向崇蛙的农耕时代抉择和过渡，通俗地说就是崇拜青蛙是为求雨、求五谷丰登、求国泰民安。从图腾崇拜神话来看，壮族地区流传《蚂拐歌》《七妹和青蛙郎》《青蛙姑娘》① 等神话。《蚂拐歌》唱的是青蛙下凡人间充当救世主，造雨救庄稼，能文能武，可带兵打仗，也可下地务农，还结婚成驸马；《七妹和青蛙郎》叙述了壮乡黄老汉遇到连年天旱、颗粒无收，家中断粮，疾呼："如谁能降雨，我愿送七女！"结果青蛙郎前来求婚，并下雨救灾，禾苗回青。《青蛙姑娘》则叙述了青蛙姑娘下凡为民守护稻田，并嫁给一个英俊小伙子的故事，这三个故事均对青蛙崇拜赋予了人格化，相信青蛙能呼风唤雨，造福人间。黑格尔认为，对于鼓上的青蛙，"可以作这样的猜测，即这些鼓也是用来求雨的。实际上不只在印度，就是在中国，也是把青蛙当作雷神的象征，特别是春雷的代表"。② 而在出土的文物中，也发现蛇斗蛙塑像。1971年11月，广西恭城出土的铜尊，有一件有 4 组蛇斗蛙组合的图案装饰，每组都是两蛇一蛙，相互咬斗，具有岭南越文化特色，文物其年代为春秋战国时期。③ 对于铜尊蛇斗蛙纹图案蕴意，学术界说法不一，大体有图腾族群斗争说、男女合欢说、图腾过渡说三种。④ 笔者赞同第三种说法，即象征着崇蛇的渔猎时代向崇蛙的农耕时代抉择和过渡，可以从另一侧面印证蛇崇拜向蛙崇拜转换。

（三）节庆活动再现蛙图腾

通过节庆活动来展示青蛙图腾崇拜，也是骆越人原始宗教的一种方式。在广西，这种活态文化最有代表性的就是红水河流域盛行的"蛙婆节"。

有关蛙婆节，目前能看到最早记载这个青蛙图腾崇拜的节庆活动情景的，就是作家田曙岚先生所著的《广西旅行记》一书。该书在第 91

---

① 农冠品编注：《壮族神话集成》，广西民族出版社 2007 年版，第 351—355 页。
② ［奥］弗朗茨·黑格尔著，中国古代铜鼓研究会编：《东南亚古代金属鼓》，石钟健、黎广秀、杨才秀译，上海古籍出版社 2004 年版，第 386 页。
③ 广西博物馆：《广西恭城出土的青铜器》，《考古》1973 年第 1 期。
④ 陈丁山：《蛇斗蛙纹图饰蕴意探源》，载广西文物考古研究所《广西考古文集》（第三辑），文物出版社 2007 年版，第 535 页。

条目"东兰的埋蛙婆与瑶人的风俗"对蛙婆节作了介绍：埋蛙婆盛行于县属旧东院、都彝、长江、隘洞四区之各乡村。其法每十数村作一组，或二三大村作一组，凡少年男女于元旦日都靓装艳服，群出田垌，遍搜小蟆蛙，穷揆穴孔，到处翻寻，谁捕获者即为"蛙婆郎"，是年百事旺顺。然后，将捕获的青蛙送到后稷亭给鬼师临场祝祷，祝祷结束即扑蛙致死，纳于竹筒。每三五朝，即有群童举之巡游各村，向各户齐声唱祷丰年词。唱讫，主人即将白馍一对，或米一筒赠之，群童欢呼而去次家。依次挨户唱毕，将所得之米、馍等陈祀蛙婆后，大家共噉一餐，有余即均分以去。及至月杪，或二月初一、初二等夜，为葬蛙之期，男女共集于一定场合，轮班击铜鼓，唱歌作乐，仍请鬼师临场祝祷，将去年所埋之蛙挖出，难其骨色，黄者为丰稔之兆，黑者则歉，然不甚验。同时，将今年之蛙埋入旧穴，村童各插绘花旗于其上，并携酒肉供之，谓之"埋蛙婆"，各区总数不下数十处。埋葬之时，人多者一千、八百，少则一二百，近亲远戚，络绎而至。是夜男女杂沓，若醉若狂，谑舞百出，歌声四起，谓之"蛙婆歌"。兴尽回村，数日始散，以后凡在正月唱歌者，概称"蟆蛙歌"。①

此后，有三位学者也曾对此写过文章。如1935年4月13日，南宁《民国日报》发表署名为延亭的文章《东兰虾蟆歌》，所述"埋蛙婆"过程与田氏《广西旅行记》所记载的基本相同。对于起源，作者说："传说谓宋时侬智高窃居岭南时所倡。"又说创自土官，意欲猎艳。1949年2月17日，《广西日报》（桂林版）刊发了大力写的《蚂拐歌》的文章，记述了东兰"埋蛙婆"的风俗，认为青蛙为蛮烟瘴气之地的宝物，引起当地人的崇拜。后来，有位叫陈志良的学者，写了《僮俗札记》一文，介绍了他考察蛙婆节后的认识："按蛙之崇拜，即为图腾主义之遗迹。东兰瑶人（实为壮人）之埋蛙婆，即为祭祀图腾仪式之一。"

中华人民共和国成立以后，一些学者开始关注东兰等地蛙婆节。比较系统研究的有覃彩銮先生的专著《壮族蚂拐节》。该书从蚂拐节崇拜

① 田曙岚：《广西旅行记》，广西壮族自治区文史馆翻印2008年版，第143—144页。原著为1935年9月由中华书局出版，1938年再版。

渊源、起源与分布、蚂拐节活动仪式、祭器、蚂拐节演变、文化功能、价值及传承等多方面进行了研究。作者认为，东兰的蚂拐节蕴含着古老的自然崇拜、动物崇拜、图腾崇拜等原始宗教，蕴含着丰富深厚的稻作文化，蕴含着对生命礼赞和生产丰收的祈祷，蕴含着古老的气象学、水文学知识，体现了壮族人类与自然生态和谐发展的生态观，折射出壮族对自然灾害的历史回忆等。①

丘振声先生在其专著《壮族图腾考》第三章第三点用 1.6 万字的篇幅就"蛙图腾祭祀仪式——蛙婆节"进行了阐述，认为蛙婆节历史悠久，民间传说在布洛陀时代就有了蛙婆节，并一代一代传承下来。蛙婆节与铜鼓密不可分，铜鼓是春秋中期的产物，蛙婆节祭祀要使用铜鼓，两者从不分离。蛙婆节是壮族图腾柱的遗俗，举办蛙婆节时总是有树立一根挺直高数丈的竹竿，这就是图腾柱。蛙婆节还具有娱神和娱人的文化功能。②

蒋廷瑜先生在其专著《壮族铜鼓研究》一书中，在第十章"铜鼓与青蛙祭祀"论述了壮族青蛙节（蛙婆节）。他从青蛙节的来历、青蛙节与铜鼓、铜鼓上有青蛙节的记录三大方面进行了论述，③ 此外，还有一批研究论文，也涉及红水河流域蛙婆节研究。

2006 年，蚂拐节列入了我国第一批非物质文化遗产，标志着国家开始重视保护这一文化遗产。近年来，东兰县、天峨县一些壮族村民间自发举行蛙婆节，地方政府也顺势倾力打造民族文化。笔者认为，红水河流域现存的东兰、天峨、南丹等县部分壮族村落传承的蛙婆节活动，虽然名称各有差异，但主题是相同的，都是祭祀青蛙图腾崇拜的重要仪式活动，是名副其实的骆越族群蛙图腾崇拜的活态传承；蛙婆节还是一年一度壮族歌圩活动，融祭祀、喜庆、歌舞、商贸于一体的旅游文化活动，深受各族人民的喜爱。

通过节庆活动展示蛙图腾崇拜，在国外也有类似的活动。印度阿萨姆邦阿洪姆人，和许多侗台语民族一样信仰精灵崇拜，也奉行青蛙崇

---

① 覃彩銮：《壮族蚂拐节》，北京科学技术出版社 2013 年版，第 134—149 页。
② 丘振声：《壮族图腾考》，广西人民出版社 2006 年版，第 100—120 页。
③ 蒋廷瑜：《壮族铜鼓研究》，广西人民出版社 2005 年版，第 263—285 页。

拜，其表现方式为"蛙亲"，阿洪人称为"贝库里碧雅"（BhekuliBe-
aya）。每当天旱少雨时，人们就给青蛙举办结亲活动。年轻人四处寻找
青蛙，找到以后村民们聚集在一片空旷地上，敲锣打鼓吹号唱歌，祈求
雷神带来云朵。这时两只青蛙已经准备好，先找到青蛙的人被认为走好
运之人。他们将已分出雌雄的两只青蛙放进两个不同的经过精心装饰的
笼子里，分别代表着新郎和新娘的房间，然后年轻人边唱边打鼓，又一
边给青蛙沐浴，再将青蛙放进轿子里，将雄蛙抬到放置雌蛙的人家里，
整个过程人们不停地给青蛙浇水，随着人们唱着婚礼仪式上的传统民
歌，再把这对青蛙抬到河边或者水塘边放生，就像真的给人办婚礼那
样。之后，人们大摆宴席，享用糯米饭和鸭肉，用槟榔和槟榔酒、谷子
来祭拜水神，以唱山歌的方式来祈求雷神和雨神尽快播雨。这种节庆祭
蛙方式与东兰的蛙婆节非常相似，只是一个是埋蛙，另一个是蛙亲。

　　在缅甸景栋，也有类似东兰蛙婆节那样的活动，名称叫祭蛙鼓仪
式，已有595年的历史，后来被吸纳为景栋泼水节的重要祭典。1962
年掸邦的土司制度被废除以前，由土司来组织举行仪式。而今，景栋市
泰艮文委会成为仪式的召集者。景栋蛙鼓仪式虽不像东兰的蛙婆节，是
一个独立的仪式，但它是泰艮人泼水节庆典的主要部分，随泼水节的传
承而传承。据介绍，景栋蛙鼓仪式的起源是：缅历765年（公元1403
年）的时候，景栋邦巧玛都王（Praya Kiaomatu，又名因陀摩利）从北
暹罗把佛教介绍到景栋。缅历772年，景栋邦遭遇旱灾。于是，摄政王
召集星相家们来预测形势，寻找解决的办法。一位星相家说景栋邦的属
相为星期一，因而必须在城区西北郊的艮河边祭奉一个青蛙含月的塑像
和沙塔。巧玛都王照办了，结果祭拜仪式一结束，顷刻电闪雷鸣，景栋
城下起了大雨。由此，一年一度的祭蛙鼓仪式得以流传下来。缅历
1260年，景栋王昭坤巧·因陀楞（Sao Kawn – Kiao Intraleng）对仪式作
了一些改进，委任他的属下赞王子（Paya Zar）为仪式的组织者。每年
4月第二个星期的某日下午1时，从清赞村的村庙里取出皮鼓，勐养镇
的泰娄人（拉佤人的一支）被指定为专门的鼓手，24小时不间歇地敲
鼓。次日下午1时，游行队伍要在一位骑在马上的赞王公家族男子的带
领下，前往蛙谷供奉青蛙塑像和沙塔。路上人们一起欢度节日，互相泼
水，表达对新年的祝福。仪式结束后，队伍返回到景栋市中心的菩提树

前，接受左东寺（Zom Tong）4 名僧人的圣水祝福，再把鼓放回原处①。

现存的我国东兰蛙婆节、景栋的祭蛙鼓仪式和印度阿萨姆邦的"蛙亲"活动，虽然形式不同，但核心的内容却是相同的，即都是通过青蛙祭拜来求雨，以保丰收。这是蛙图腾崇拜向自然崇拜转变或合二为一的表现。值得注意的是，红水河流域也好，景栋也好，印度阿萨姆邦也好，其祭祀蛙图腾崇拜的均是侗台语族族群，说明他们有历史文化渊源。

结　语

骆越族群图腾崇拜是一个古老而又鲜活的话题。说它古老是因为它离我们很遥远，几千年历史，史料不多、记忆比较模糊。说它鲜活，是因为离我们生活很贴近，尤其是一些活态文化，还时常缭绕在我们身边，唤起我们对骆越文化的历史记忆。在论文的结尾，笔者试归纳几点认识。①骆越族群图腾崇拜是多样的。据了解，骆越图腾崇拜种类在 10 种以上，主要包括青蛙、鸟（鹭鸟、乌鸦、麻雀）、鸡、蛇、鳄、狗牛、犀牛、熊、虎、鹿、猴等。但主要的是青蛙、鳄鱼、蛇等。②骆越图腾崇拜不是固定的，而是随着时间的变化而改变。这是因为骆越族群的认知和生产技术的发展，使其不断地扬弃不适应人们祈祷需求的旧图腾崇拜观念和仪式，并不断注入新的文化元素。③骆越图腾崇拜往往与古代节庆融合举行。如蛙婆节、蛙亲节等活动便是。④骆越图腾崇拜文化具有国际性。这是因为骆越族群的聚居地因国家版图的变迁划界，使原来同一族群跨境而居，而相同的文化则跨境传承与共享。此外，历史上骆越图腾崇拜载体如铜鼓等，也随着中国与中南半岛国家文化交流而相互流动与交融。⑤骆越图腾崇拜活态文化可在传承中发扬光大。任何文化都需要与时俱进，骆越图腾崇拜文化也一样，需要在当今传承中创新，注入中外新的文化基因，并打造成"一带一路"中国—中南半岛走廊的文化品牌。

---

① 由景栋泰艮文化与文学委员会提供。

参考文献

［1］蓝鸿恩：《蛟龙·鸟·雷神·青蛙——论壮族先民文化观念的变迁》，《民族艺术》1991 年第 3 期。

［2］［奥］弗朗茨·黑格尔著，中国古代铜鼓研究会编：《东南亚古代金属鼓》，石钟健、黎广秀、杨才秀译，上海古籍出版社 2004 年版。

［3］覃彩銮：《壮族蚂拐节》，北京科学技术出版社 2013 年版。

［4］丘振声：《壮族图腾考》，广西人民出版社 2006 年版。

［5］蒋廷瑜：《壮族铜鼓研究》，广西人民出版社 2005 年版。

［6］农冠品：《壮族神话集成》，广西民族出版社 2007 年版。

（作者系广西社会科学院研究员）

左江花山岩画分布区域内新石器时代晚期至战国考古发现与研究

杨清平

【摘　要】文章介绍了从新石器时代至战国时期左江花山岩画分布区域内的考古遗存，从文献记载及考古学文化面貌分析其族属，探讨这些考古遗存与左江花山岩画的关联。

【关键词】左江花山岩画；考古发现；新石器时代；战国

一　近年来左江花山岩画分布区域内新石器时代晚期至战国考古调查情况

为配合花山岩画文化景观申报世界文化遗产工作，在自治区文化厅、文物局的统一组织下，广西文物保护与考古研究所联合南宁市博物馆等有关单位组成左江流域考古调查与试掘课题组于 2010—2016 年在龙州、宁明、江州、扶绥等地开展了较长时间的左江流域考古调查与试掘，取得了重要的成果。

考古调查以整个左江两岸为调查范围，尤其是对沿江岩画点周边半径为 5—10 公里的区域及周边的洞穴、台地等进行重点实地调查。调查组以左江龙州段为起点，顺江而下，途经宁明、江州、扶绥，沿江复查岩壁画点 70 多处，踏查洞穴、谷地、台地以及河流交汇处阶地 400 多处，复核和新发现遗址 30 多处，这些遗址的发现对全面了解左江流域古代文化发展状况，尤其是岩画周边古代文化的分布情况具有重要意义，为寻找岩画发展的历史脉络提供了真实宝贵的资料。试掘工作以调查为基础，选取了龙州沉香角岩厦遗址、宝剑山 A 洞洞穴遗址、无名山遗址、根村遗址、大湾遗址、坡叫环遗址、庭城遗址、舍巴遗址进行考古试掘。遗址的试掘收获颇丰，尤其是龙州宝剑山 A 洞洞穴遗址文化层堆积很厚，发现了古代墓葬，出土了大量的文化遗物和水陆生动物遗骸，对研究左江地区古代文化发展序列、文化内涵以及与岩画的关系等意义重大。

在观察左江流域调查与试掘的材料时，笔者发现与前期相比，新石器时代晚期至战国时期的考古遗存文化面貌发生了很大变化，不仅遗址的数量增多，分布范围扩大，而且出现了社会复杂化的现象，应当引起大家的特别关注。

二　左江花山岩画分布区域内新石器时代晚期至战国考古遗存概况及文化特征

（一）新石器时代晚期遗存

左江流域新石器时代遗址以晚期遗址居多，自上游至下游，洞穴、岩厦、台地、坡地均有分布。文化类型有贝丘、岩洞葬和大石铲等。从文化内涵上看，呈现出多种不同的文化面貌。第一种是受到顶蛳山文化的影响，但又有自己独特面貌的宝剑山 A 洞洞穴遗址一期类型；第二种是属于顶蛳山文化的敢造二期至江西岸三期类型，文化面貌与顶蛳山文化基本一致；第三种是以冲塘遗址、何村遗址、江边遗址为代表的冲塘至何村类型；第四种是以歌寿岩为代表的歌寿岩类型；第五种是以那淋遗址、同正遗址为代表的那淋类型。

1. 宝剑山 A 洞洞穴遗址一期类型①

以龙州宝剑山 A 洞洞穴遗址一期遗存为代表。该类型遗物以石器、蚌器为主，陶器使用较少。石器是打制石器、磨制石器共存，砾石材

---

① 广西文物保护与考古研究所资料，由杨清平提供。

质，以打制石器为主，磨制石斧、石锛做工不是很精细。蚌器数量多，比重大，种类丰富，制作精美，为广西古代贝丘遗址罕见，有鱼头形穿孔蚌器、双肩蚌铲、束颈蚌铲、锯齿刃蚌器等。遗址陶片数量少或者没有，无完整器，均为残碎的夹砂陶片，火候较高。从残片分析，主要为敞口的釜罐类器物。纹饰主要为绳纹，也有刻画纹。有的陶片有穿孔现象。宝剑山 A 洞洞穴遗址一期文化是一种带有显著地方特色的文化类型，其年代距今 4000—6000 年。

图 1　宝剑山 A 洞洞穴遗址一期遗物

2. 敢造二期至江西岸三期类型

以敢造遗址二期遗存和江西岸三期遗存为代表。该类型文化特征表现为遗址主要堆积为螺壳，并含大量水陆生动物遗骸。陶器数量较多，以敞口、束颈、深腹、圜底的罐及敛口深腹圜底釜为主，盛行绳纹。骨蚌器占较大比例，存在形态各异的鱼头形蚌器，石器中出现了一定数量多种形态的研磨器。墓葬以各类屈肢葬为主。年代距今有 5000 年左右。

3. 冲塘至何村类型

以崇左冲塘遗址和何村遗址为代表。该类型总体上陶器不流行，但出现折肩的陶器；蚌器流行双肩的铲；石器流行打制，打制的砍砸器和锛形器并存，磨制石器制作粗糙，出现研磨器和贝类装饰品。双肩蚌器、打制石器、研磨器为该文化类型典型器物。墓葬习俗方面流行屈肢葬，存在少量肢解葬，陪葬品有海贝等装饰品。该类型除受顶蛳山文化影响外，还受到来自右江流域文化影响，并与沿海地区存在一定的远程文化交流。年代距今有5000年左右。

图2　敢造二期至江西岸三期类型器物

图3　冲塘至何村类型器物

4. 那淋类型

以那淋大石铲遗址和同正大石铲遗址为代表。该类型遗址文化遗物单纯，以形制特殊的磨光石铲为主要特征，其他类型的石器及其他质地的遗物较少。石铲形体硕大，器身扁薄，棱角分明，制作规整，许多器物无使用痕迹，特征极明显。石铲多以一定的形式排列，其中又以刃部朝上的直立或斜立排列组合为主。年代距今有3000年左右。

图4　那淋类型器物

5. 歌寿岩类型

以大新歌寿岩岩洞葬和舍巴遗址三期遗存为代表。该类型特征表现为基本不见打制石器，磨制石器精美，流行双肩石器。陶器以圜底的罐、釜为主，少量三足器，均为夹细砂陶，颜色多不均匀，流行饰细绳纹，有的在绳纹上再刻画多线曲线纹，多为反"〰"形。年代距今有3000—4000 年。

图 5　歌寿岩类型器物

总体来看，与前期相比，左江流域新石器时代晚期文化面貌出现了一定的变化，比如，开始出现双肩石器和各种不同形态的研磨器，尤其是出现了大石铲这种具有特殊意义的器物。陶器数量有所增加，除了圜底的釜罐类外，还出现了少量三足器，流行饰细绳纹，有的在绳纹上再刻画多线曲线纹。蚌器常见，尤其是双肩蚌器占比较多。葬俗上除了屈肢葬、蹲踞葬、肢解葬外，还出现了岩洞葬。

（二）左江流域先秦考古遗存

左江流域发现的先秦考古遗存数量不多，以墓葬（岩洞葬、土坑墓）为主。

1. 宝剑山 A 洞洞穴二期遗存

宝剑山 A 洞洞穴二期遗存①位于龙州县上金乡两岸村小岸屯左江右岸宝剑山岩画南面约 15 米的崖壁下岩洞内，为岩洞葬。遗物以陶器和蚌器为主，也有少量石器和骨器。石器全为磨制石器，磨制精美。器型有凤字形石斧、梯形石锛、双肩石锛等。蚌器主要有鱼头形蚌器、双肩

---

① 广西文物保护与考古研究所资料，由杨清平提供。

（a）宝剑山A洞洞穴遗址远景

（b）宝剑山A洞洞穴遗址二期遗物

图6 宝剑山 A 洞洞穴遗址

蚌铲、锯齿刃蚌器等。鱼头形蚌器与一期文化的鱼头形蚌器相比更加精美，修边更细腻，形象也更加生动；双肩蚌铲的形制较前期更加规整、紧凑，种类更丰富，刃部有凹刃、斜刃等；锯齿形蚌器的形制跟前期没什么差别，加工部位也仅是在蚌壳口沿薄边。陶器器型有釜、罐、碗、钵等，主要以夹砂釜罐类为主，大部分为圜底器，少量有平底器，圈足器偶有发现。大多数为夹细砂、螺蚌壳粉陶，不见泥质陶。陶质较前期较硬，陶色不均匀，多为黑色和红褐色。纹饰主要为粗、细绳纹，尤其是以细绳纹为主，见少量刻画的曲折纹、"S"形纹。装饰方式一般为通体饰绳纹不及颈，也有部分陶器颈部施纹后被抹平并磨光。"S"形纹多用于肩部，曲折纹多用于肩部、圈足等。少量陶器表面施薄陶衣，部分陶器底部、腹部有烟熏的使用痕迹，个别陶器内壁有疑似残留物的痕迹。骨器目前仅发现一件，为复式倒钩骨质剑形器，器型规整，造型精美，工艺细致。以动物肢骨磨制而成，短柄、束腰方格，长方形剑身，剑身侧伸两组倒钩。复式倒钩可以增加杀伤力，增强效果，是先秦时期骨器制造水平提高的一个体现。此类骨器在广西先秦岩洞葬考古中也极为罕见。宝剑山 A 洞洞穴遗址二期主要器物年代与更洒岩商代前期遗址相当，但从出土的骨质剑形器来看，部分墓葬可能延续到商周时期甚至略晚于商周。

2. 更洒岩洞葬①

更洒岩洞葬位于龙州县逐卜乡三叉村谷更屯东约 200 米的更洒山上。2007 年 3 月，广西文物考古研究所会同龙州县博物馆进行实地调查并对该洞进行了清理。采集到一大批玉石器、陶器、人牙、人骨残片。玉石器 9 件，绝大部分是硅质岩，部分为玉，计有斧、锛、凿、玦，器形较小，磨制精致。陶器 28 件，均为夹细砂、夹碳陶，不见泥质陶。陶色以灰黑、红褐色为主，也见有少量灰褐、灰陶。火候普遍较低，器壁较薄。纹饰绝大多数为细绳纹，仅见一片为刻画纹。绳纹装饰风格一般为竖向、斜向，以竖向为主，腹部纹饰比较规整细密，底部错乱，施纹方法为竖向、斜向滚压而成。陶器制作方法均为泥片贴塑，口和领部有轮制痕迹，绝大多数陶器器内和器表领部和肩上部抹有一层细泥浆，有的抹平且抛光。陶器有圜底器、圈足器，以圜底器为主，另见

① 广西文物考古研究所、龙州县博物馆：《龙州县更洒岩洞葬调查清理报告》，《广西考古文集》第三辑，文物出版社 2007 年版。

有一件平底器。器形有罐、圈足壶、碗、杯等。圈足壶和鱼篓形罐比较有特色。墓葬形式与武鸣先秦岩洞葬相同，陶器部分与大新歌寿岩、武鸣岜旺岩洞葬的相似，绝对年代距今有 3000—3500 年。

图 7　更洒岩洞葬出土器物

3. 八角岩岩洞葬

1958 年，龙州县八角乡村民在乡政府北约 300 米的一处洞穴内发现一件较完整的陶壶，为夹粗砂黑陶，敞口、平沿、高领近直、溜肩、深圆腹、圜底、底附小圈足。足与器身分制然后粘接而成，现足已脱落不存，只在罐底部残留一圆形的圈足痕迹。器表从口至底通体滚压中绳纹，底部绳纹错乱，领至肩上部，涂抹一层薄薄的细泥浆，将原有的绳纹覆盖。残高 13.6 厘米、口径 10.2 厘米。该洞已遭严重的破坏，而且陶器出土的详细情况不清，原一直将此洞作为居住遗址，从此件陶罐的形态来看，它与更洒岩洞葬中所出的陶罐相同，因此，此处也很可能是一处岩洞葬。其年代当与更洒相近。

4. 交岭战国墓[①]

交岭战国墓位于广西崇左市大新县昌明乡昌明村。该遗址于 1991 年 5 月由昌明乡钦中屯群众在大新至古潭公路施工过程中发现。在墓中共出土双耳青铜矛 1 件、网格纹陶罐 1 件、青铜鼓残片数片等，经鉴定为战国文物。

总体来看，左江流域先秦时期考古学文化面貌的主要特征表现为：随葬品有陶器、石器、蚌器、骨器等，以陶器为主，磨制石器次之。陶器有圜底器、圈足器、三足器、平底器等，流行圜底器，器形多样，以罐、釜、钵为主。以夹细砂陶为主，少量泥质陶或近泥质陶。陶色不

---

① 由大新博物馆何农林提供资料。

均，以红褐、灰褐、灰黑、黑为主，纹饰以细绳纹和素面为主，少量刻画纹、戳印纹等。有相当部分在罐类器的口至肩上部涂抹一层很薄的细泥浆，将原有的细绳纹覆盖。石器多为磨制精美的斧锛类石器，流行双肩石器。存在一定的蚌器，蚌器中双肩蚌器最具特色。有少量骨器，骨器中的骨质剑形器罕见。铜器很少，只在战国时期遗存中才有出现。

图8　交岭战国墓出土遗物

三　左江花山岩画分布区域内新石器时代晚期至战国考古遗存的族属

（一）从文献记载来看

骆越是先秦时期活动在我国南部地区越人的一支。关于其活动区域文献有较多的记载。《旧唐书·地理志》说：邕州宣化县（今南宁）"骠水在县北，本牂牁河，俗呼郁林江，即骆越水也，亦名温水，古骆越地也"。"骠水在县北"，就是指在宣化县即南宁北，当是今之右江，也就是说，骠水就是右江，即骆越水。明人欧大任《百越先贤志》自序中说："牂牁西下，邕雍绥建，故骆越地也。"也就是说，邕雍绥建各地都是骆越地。清人顾炎武《天下郡国利病书》说："今邕州与思明府凭祥县接界入交趾海，皆骆越也。"《后汉书·马援列传》说，马援"于交趾得骆越铜鼓"，东汉交趾管辖范围相当于今越南北部红河三角洲一带。《后汉书·任延传》提到东汉建武初年任延做九真郡太守时，"骆越之民无婚嫁礼法"。东汉九真郡，相当于今越南清化、河静两省及义安省东部地区。从上述文献来看，骆越人活动中心在中国广西左江至邕江流域至越南的红河三角洲一带，大体相当于左右江流域、邕江至郁江流域、海南、越南北部红河流域。在广西境内，相当于骆越活动范围的应是邕江至左江、右江流域。骆越活动的时代大致是从战国至东汉时期。我们可以认为，汉代及以前左右江流域内出现的具有地方特色的古代遗存当为骆越或者其先民所创造。

（二）从考古学文化面貌方面来看

考古发现和研究表明，左江流域新石器时代晚期文化以贝丘文化和大石铲文化为主要特征。存在一定数量的夹砂绳纹陶，陶器以圜底器和圈足器为主，生产工具中有肩石器和研磨器很有特点，有各种类型的蚌器存在，墓葬盛行单人一次葬，葬式为各种类型的屈肢葬，并有部分具有地方特色的肢解葬等，出现了岩洞葬。

左江流域先秦时期的文化面貌特征明显，流行岩洞葬，陶器主要以圜底器为主，存在一定数量的圈足器和三足器、平底器，器形有罐、釜、碗、钵等，大部分为夹砂陶，陶色不均，以红褐、灰褐、灰黑、黑为主，纹饰以绳纹为主，各种形态的刻画纹发达，如"S"形纹、水波纹等，流行陶器颈部施纹后再抹平的做法。石器多为磨制精美的斧锛类器物，流行有肩石器。这些特征与该区域新石器时代晚期文化有着十分密切的关系，如均流行圜底、圈足的夹砂绳纹陶器和有肩石器，在陶器纹样、装饰手法和陶石器的形状上几乎一致，说明它们属于同一文化类型中的不同发展阶段。总的来看，左江先秦考古学文化与广西南、西南部地区的新石器时代晚期文化有着深厚的文化渊源，它们是一脉相承的，应属于同一文化系统的不同发展阶段。

左江流域新石器时代晚期至战国时期考古遗存特征的地域特色，表明它们当是特殊族群所遗留下来的遗存。结合文献分析，左江流域属于骆越生活区域，且在汉代以前没有大规模的其他族群的迁入。因此我们认为，左江流域新石器时代晚期和先秦时期的遗存为骆越及其先民所创造。

四　左江花山岩画分布区域内新石器时代晚期至战国考古遗存与岩画的关联

首先，从目前学者们研究的情况来看，左江流域新石器时代晚期至战国考古遗存与花山岩画均具有强烈的本地特色，它们的发展应该是一脉相承的。同时，从目前的文献来看，两种遗存创造时期没有大规模外地人员迁入左江流域。我们可以推测，左江流域新石器时代晚期至战国考古遗存与花山岩画应是同一族群所创造即骆越及其先民所创造的。

其次，左江流域新石器时代晚期至战国部分考古遗存和岩画在内涵上具有一定的相同或相似性。

目前，大部分学者认为岩画是与壮族先民祭祀活动有关的遗迹，尽管在有关祭祀的内容方面各家看法不尽相同。我们知道岩画"不仅具有祭祀的性质，记录了原始初民的宗教祭祀仪式，而且本身就具有祭祀法器和巫术的功能"。[1] 无论从壁画中单个图像的造型来观察，还是从每幅图像的整体结构以及壁画绘制地点选择等方面来看，左江流域崖壁画都不同于普通的绘画艺术，具有浓厚的神秘性和神圣性，是一种特殊的文化现象。从文化人类学的视角来看，它是当时壮族先民精神生活的一种重要载体，它包含了多重的内容，具有多种功能。广泛存在于左江流域的大石铲遗存也被认为是一种祭祀的遗存，具有多种功能。我们觉得左江流域岩画尽管与左江流域大石铲是不同的文化遗存，但作为一种精神生活的载体，它们所包含的多重内容和功能具有一定的相同或相似性，而且时间上基本衔接，表明生活在左江流域的壮族先民精神世界中，某些基本的信仰长时间没有改变，只是表现的形式有了变化而已。从内容和表现形式来看，左江流域岩画对大石铲遗存是有所继承和发展的。

据张亚莎教授的研究，岩洞葬等洞穴的选择与某些岩画地点的选择

---

[1]　宋耀良：《中国史前神格人面岩画》，生活·读书·新知三联书店 1992 年版，第 289 页。

也具有某种相似性。①

在左江流域发现大量新石器时代晚期至战国时期岩洞葬。这些岩洞葬的文化面貌具有鲜明的地域特征，属于典型的土著文化。史前洞穴遗址中的墓葬是岩洞葬的原始形态，用岩洞作为埋葬死者的葬所，是早期人类穴居生活的反映，是早期鬼魂崇拜、祖先崇拜观念的产物。左江流域的岩洞葬应该也揭示了自然环境与神灵世界之间的某种神秘关系，其背后的思想根源与部分骆越人崇尚洞穴、追念始祖诞生地观念相关。因为岩洞与壮族在精神文化上的关系非常密切，岩洞与壮族的关系，不仅只是"岩洞葬"，还与该民族创世纪神话传说有关，甚至在壮族的民族称谓，都与岩洞有密切关系。壮族先民在传统上不仅将本民族的起源点归结于山里的岩洞，他们还将自己的归宿指向山洞或岩洞。

左江流域相当数量的岩画点附近都有岩洞或者岩洞葬，应该是一个非常值得注意的现象，是否靠近岩洞很可能是某些区域选择岩画点的重要因素，应该反映出当时骆越人对这类山崖特有的岩溶洞穴保持着某种特殊的情感记忆。

从世界范围内看，岩画的选择地点多与墓葬所在地有关，岩画经常出现在墓葬周围或者作为墓葬的标记符号，这种现象是具有一定普遍性的。由此看来，也不排除左江岩画最早可能起源于广西早期岩洞葬符号记录习俗的原因，当然，中后期左江流域岩画的制作目的应该有重大改变，但因袭当地早期传统——用岩画记录重大事件的习俗既然已经存在，采用这一传统方法为新的目的服务，便成为一种自然而然的作为或者成为一种习俗了。

最后，许多左江流域新石器晚期至战国考古遗存与岩画一样都是当时骆越地区社会复杂化进程的产物。

经过梳理研究可知，左江流域到了新石器晚期，社会复杂化趋势开始明显，出现了以大石铲为代表的高度发达的文化。大石铲器物形体硕大，器身扁薄，棱角分明，制作规整，许多器物无使用痕迹，特征极明显。石铲多以一定的形式排列，其中又以刃部朝上的直立或斜立排列组合为主，与之共存的其他质地的遗物较少。学者们普遍认为，大石铲是

---

① 张亚莎：《广西左江岩画的文化内涵与独特性研究》，内部资料，待刊。

一种祭祀遗址。从大石铲遗址的规模、器物及其摆放形态、器物组合、大石铲的生产等方面考察，我们就会发现当时已经出现了礼制和明显的社会分化，出现了比较严密的社会组织结构，表明新石器晚期在左江区域已经出现了社会复杂化现象。先秦时期岩洞葬的主人也被认为属于某类特殊人群或者特权阶层。精美青铜器的发现说明当地技术进步、社会分工更加明显。这些都表明先秦时期的左江流域社会复杂化程度达到了一个新的高度。由此可见，左江流域从新石器时代晚期开始，社会复杂化程度越来越高，从简单复杂迈向高度复杂，相关考古遗存都是社会复杂化的产物。岩画独特地貌环境的选择、画面的布置、制作的方法，以及内容的表达都是在高度复杂化社会才有可能实现。由此可见，相关考古遗存与岩画以不同的形态表现了相同的社会背景，即当时社会已经高度复杂化。

（作者系广西壮族自治区考古所研究馆馆员）

左江岩画中所见壮族先民之生死观

肖 波

【摘 要】左江岩画作为壮族先民重要的宗教艺术遗存，包含着众多的生死观念。这些生死观既含有对人类自身来源的思考、引导亡者灵魂升天的愿望，也包含祈求动植物的丰产，以及人类自身的延续。这些观念体现在岩画作画地点的选择、岩画内容的设计以及与岩画共存的遗址和墓葬等各个方面。总体而言，左江岩画是壮族先民生死观的一次集中体现。

【关键词】左江岩画；石生祖先；引魂升天；死亡与再生

生死观是宗教的基本观念之一，核心内容是对死后生命的关怀。一般而言，人们对死后生命的信仰起源很早，在旧石器时代的北京山顶洞人尸体上就撒有红色赭石粉末，红色代表血液，是生命的象征，蕴含着希望死者重生之意。左江岩画作为壮族先民的宗教仪式场景，同样也包含着这种生死观念。而宗教观念的外在化需要通过一定的场域来实现，具体来说，包括岩画所在的山体，周围的遗址、墓葬以及岩画本身。总体而言，遗址、墓葬和岩画是三位一体的关系。其中，墓葬是死者的埋藏之地，是另一个世界的居所，反映的是"死"的一面；至于岩画所在的山体，则犹如巨大的通天神柱，通过制作在其上的岩画，引导死者灵魂升天。此外，岩画中还包含有大量的死亡与再生主题，这种死亡与再生既是宗教仪式中"断身"仪轨的具体表现，同时也包含促进动植物丰产以及人类自身繁衍等多重观念。

一 石生祖先

在壮族地区普遍流传着关于石生祖先的传说。壮族创世史诗《麽经布洛陀》记载："最初无天无地也无人，后来由黑、黄、白三色气体凝固成一个石蛋，里面有三个蛋黄，经过千百年的孵化，三个蛋黄分别孵化为雷王、龙王和布洛陀。后来，在拱屎虫的帮助下，石蛋爆裂，于是，不但生成了天地，而且还诞生了壮人始祖布洛陀和姆六甲。"[1] 广西东兰《姝洛甲断案》的传说中写道："古代，天地是一块巨石，紧紧粘连在一起。后来，壮人始祖布洛陀把巨石分开，天地才分离。姝洛甲就在巨石分开时，随着一团浓烟迷雾，从石洞里飞出来，她是世间第一个女人。"[2] 可见，壮族的两大始祖布洛陀和姝洛甲均生自石中，石头是其生命之源。而广西大化《姝洛甲出世》的传说中记载："雨下来了，鸟兽和人都没有地方躲雨。姝洛甲张开双脚坐下来，变成一个岩洞。从此，人和鸟兽就到岩洞里躲避风雨。"[3] "相传姆六甲（姝洛甲——笔者注）是一位造天地、人类和万物的女神。……她的生殖器很大，像个大岩洞，当风雨一来，各种动物就躲到里面去。"[4] 同样的故事在广西河池和云南文山也有流传。[5] 而这些地区同样是壮族聚居区。在另一则《姝洛甲造三批人》的传说中，姝洛甲先后用泥巴捏人和用生芭蕉刻人，然后用稻草包起来拿到洞穴去壅。[6] 在这里，祖先神和洞穴的关系昭然若揭，而张开双脚本身就是为了突出女阴和洞穴之间的关系。姝洛甲成为生育之神，并且拥有强大的生育能力，与其作为石生祖先的地位密切相关。在桂西地区《送红花白花》故事中则有如下记载："姝洛甲管花山，栽培许多花。壮人称她为'花婆''花王圣

---

① 梁庭望、廖明君：《布洛陀：百越僚人的始祖图腾》，外文出版社 2005 年版，第 34—35 页。
② 农冠品编：《壮族神话集成》，广西民族出版社 2007 年版，第 26 页。
③ 同上书，第 20—21 页。
④ 蓝鸿恩：《广西民间文学散论》，广西人民出版社 1982 年版，第 24—25 页。
⑤ 同上书，第 47—48 页。
⑥ 农冠品编：《壮族神话集成》，广西民族出版社 2007 年版，第 22 页。

母'。她送花给谁家，谁家就生孩子。"① 壮族创世史诗《布洛陀》则记载到，姆六甲是九十九朵鲜花聚拢变成的。后来，姆六甲演变成壮族普遍崇拜的生育女神——花婆。姆洛甲被称为花婆神，为生育神，而左江流域岩画所在的山体普遍被称为花山，山体与生育神的关系不言而喻。另外，弗洛伊德在《释梦》一书中根据其象征意义，将梦中的空隙、山谷、洞穴、凹地、花朵、门户等形象都解释为女性的性器官。②可见，花山—岩洞—女阴—姆洛甲（生育神）具有共同的象征意义，即均是对生殖能力的象征。

此外，这种石生祖先以及把自己居住的洞穴类比为女性子宫的观念，在古代神话和民族学、人类学材料中还有大量发现。《淮南子·修务篇》云："禹生于石。"③《艺文类聚》卷六引《随巢子》云："禹产于崐石，启生于石。"④《汉书·武帝纪》载："朕用事华山，至于中岳，获驳鹿，见夏后启母石。"唐颜师古引应劭曰："启生而母化为石。"颜师古引《淮南子》："启，夏禹子也。其母涂山氏女也。禹治鸿水，通轩辕山，化为熊，谓涂山氏曰：欲饷，闻鼓声乃来。禹跳石，误中鼓。涂山氏往，见禹方作熊，惭而去，至嵩高山下化为石，方生启。禹曰：归我子。石破北方而启生。"⑤ 在淮阳地区的洪水神话中，伏羲、女娲两兄妹成为洪水过后仅存的人类，俩人通婚生下一块魔石，后来成为人类的祖先。⑥ 除了石生祖先之外，在我国古代文献中还有大量关于"石生人"的传说。谢丽芳在《试论"石生人"母题对明清小说的影响》一文中对我国"石生人"母题的起源和发生发展进行过详细的论述。⑦ 另外，在中亚流传的民间史诗中，英雄人物常常降生于许多岩石裂缝中，"这些岩石裂缝在西藏、内蒙古和巴尔迪斯坦被看作是子宫。

---

① 农冠品编：《壮族神话集成》，广西民族出版社 2007 年版，第 21 页。
② ［奥］弗洛伊德：《释梦》，商务印书馆 2002 年版。
③ 顾迁译注：《淮南子》，中华书局 2009 年版，第 274 页。
④ （唐）欧阳询撰，汪绍楹注：《艺文类聚》（上），中华书局 1965 年版，第 107 页。
⑤ （汉）班固撰，（唐）颜师古注：《汉书》，中华书局 1962 年版，第 190 页。
⑥ 宋兆麟：《人祖神话与生育信仰》，《中国历史博物馆馆刊》1989 年第 00 期。
⑦ 谢丽芳：《试论"石生人"母题对明清小说的影响》，《乐山师范学院学报》2012 年第 2 期。

霍尔木斯塔的儿子格斯尔可汗，就是由这个子宫里降生的"。① 宋兆麟则对西南少数民族这种以石洞为子宫象征而求子的习俗进行过详细的讨论。②

在左江岩画中，绝大多数的图像是人像。人像均呈蹲踞状，类似蛙形。关于这种蛙形人像与生殖崇拜之间的关系，学界多有论述，笔者不予赘述，而欲就这种图像与岩石生人之间的关系进行探讨。很多学者都注意到青蛙和女娲的关系，杨堃说道："女娲为孕，岂不是女娲抟土造人神话在文字上的落脚吗？有趣的是中医界仍把女性阴口叫作蛤蟆口，或蛙口（娃口）。"③ 赵国华认为："蛙纹（蟾蜍纹）是中国母系氏族社会文化遗存中的第二种基本纹样。它比鱼纹出现稍晚，分布更为广泛。……蛙被原始先民用以象征女性的生殖器官——怀孕的子宫（肚子）。"④ 换言之，蛙纹（包括蛙形人像）与岩洞、女阴、子宫具有同样的象征意义，都象征着女性的生殖能力。而在靖西岩怀山的岩壁上，还雕刻有十几幅女阴图像，至今仍被当地壮族视为神圣之地（见图1）。这些女阴图像位于岩阴下一块独立岩石的台面上，岩石后面为一岩洞，洞内有人活动痕迹。除了女阴图像外，还有凹穴岩画、米字纹、十字纹、梅花纹等图案。在这里，女阴、岩洞两种主题同时出现，进一步表明二者均是对生殖能力的一种肯定。

除女性始祖外，男性始祖与石头之间的关系在考古出土文物中也有所发现。据专家介绍："（在）邕宁县坛楼遗址中发现过石祖，这和父系氏族公社的形成有关。"⑤ 另外，需要注意的是，与其共存的还有大石铲。大石铲是广西南部地区的一种新石器时代晚期文化遗存，年代距今有4000—6000年。石铲一般刃部向上，呈圆形或椭圆形排列，仪式特征明显。学者们早就注意到了石祖与大石铲文化的关系。覃义生、覃

① 萧兵、叶舒宪：《老子的文化解读》，湖北人民出版社1994年版，第563—570页。
② 宋兆麟：《原始的生育信仰——兼论图腾和石祖崇拜》，《史前研究》1983年第1期，转引自户晓辉《地母之歌：中国彩陶与岩画的生死母题》，上海文化出版社2001年版，第115页。
③ 杨堃：《论中国古代的母性崇拜与图腾》，《民间文学论坛》1986年第6期。
④ 赵国华：《生殖崇拜文化论》，中国社会科学出版社1990年版，第182页。
⑤ 广西壮族自治区文物考古训练班：《广西南部地区的新石器时代晚期文化遗存》，《文物》1978年第9期。

图1 百色靖西岩怀山岩画（笔者摄）

彩銮认为："大石铲中的某些类型刃部呈半圆弧形，腰间内弧，其间有一棱，倒置时腰部至刃部的形态极像生殖器，应是男根崇拜的表现"；[1] 廖明君指出："石铲与石斧一样，都是人类男根的象征，或者可以说石铲正是石祖的演变物。它们的文化基础同样都是壮族先民对石生殖力的崇拜。"[2] 持此种观点的学者还有很多，在此不再一一赘述。事实上，除了大石铲之外，岩画所在的山体也是男根的一种象征。海力波注意到，左江岩画与山体之间存在一组二元对立的关系：山—洞穴＝男根—女阴＝环首刀—铜鼓。[3] 笔者认为，这种评价是十分恰当的。

另外，经过历次文物普查和调查，在左江流域岩画点附近发现了新时期时代以来的贝丘遗址和岩洞葬近20处。这些遗址和墓葬分布在各岩画点旁近的岩洞、岩厦内和江岸台地上，年代为新石器时代晚期或商周时期。这不仅可以断定岩画点附近从新石器时代开始一直都有人居

---

① 覃义生、覃彩銮：《大石铲遗存的发现及其有关问题的探讨》，《广西民族研究》2001年第4期。

② 廖明君：《壮族石崇拜文化——壮族自然崇拜文化系列研究之二》，《广西民族研究》1997年第2期。

③ 海力波：《左江崖壁画与骆越人之生殖崇拜》，《民族论坛》1995年第3期。

住，而且有理由推测那些生活在岩画点旁近的人们，很有可能就是岩画的绘制者。其中，下白雪山遗址和图战岩遗址与岩画同处在一个洞穴内，岩画与遗址之间的关系不言而喻。左江沿岸的人们生于洞穴，死后葬于洞穴，洞穴及其附着的山体构成了壮族先民生死观的基础。

此外，作画地点的选择还有着更深的内涵。伊利亚德指出，在宗教徒的观念中，存在某种神圣的空间，这些空间是宗教徒心目中的世界中心，而每个神圣的空间都意味着一个显圣物，其内的一切都具有神圣性质。① 对左江岩画而言，这些岩画点所处的位置，毫无疑问都是先民们精心选择的结果。换言之，岩画所在的山体均为世界中心，具有神圣性质。这与人类学家斯宾塞所说的"神场"意义相当。他说："（在澳大利亚）一个当地居民会告诉你，一幅特制的图画，画在某个地方什么意义也没有，但如果它是画在其他地方，他又会完全确切地告诉你，这图画应当表示什么意思。这第二种图画，永远是在那个我们可以把它叫作神场的地方出现。"② 在左江流域的 82 个岩画点中，有 74 个分布在临江的峭壁上，约占岩画地点总数的 90%；此外，有 8 个地点不在江边，距离河岸 2.5 公里至 12 公里不等。而据徐海鹏考证，广西左江流域非临江崖壁画点与临江崖壁画点，作画时的地理环境基本上是一致的，其后由于气候变化而导致水文、地貌等条件发生了改变。③ 作画地点中"山与水"的组合出现，与岩画作者的思维观念是分不开的。山阳水阴，山水之间有阴阳交合、化生万物之意。选择这里作画，正是古人生殖崇拜的一个具体反映。在上林地区壮族的招魂仪式中，于小孩的跌倒处捡三块约鸡蛋大的石头，放到锅里煮，其水量以够小孩洗澡为宜，后待水温渐暖，就用其水给跌倒的小孩洗身，认为这样做可以达到魂还身的目的。④ 在这里，石头和水的组合出现与前者意义相当，之所以能够还魂正是由于山水阴阳和合，化生万物的作用。另外，在岩画图

---

① ［罗］米尔恰·伊利亚德著：《神圣与世俗》，王建光译，华夏出版社 2002 年版，第 4—5 页。

② 列维·布留尔：《原始思维》，商务印书馆 1987 年版，转引自孙新周《中国原始艺术符号的文化破译》，中央民族大学出版社 1998 年版，第 18 页。

③ 徐海鹏：《广西左江流域非临江崖壁画点的地理环境研究》，《广西民族研究》1988 年第 1 期。

④ 廖明君：《壮族自然崇拜文化》，广西人民出版社 2006 年版，第 103 页。

像中还发现了部分带有生殖器的男性图像（见图2）和怀孕的女性图像（见图3），进一步证明了岩画所处的整个场域具有神圣性，是帮助人们繁衍的一个重要场所。

图2　宁明花山岩画中带有生殖器的男性形象（笔者摄）

图3　宁明花山岩画中的孕妇形象（笔者摄）

二　引魂升天

　　左江岩画中描绘有大量圆形图像。其形态不一，具体来说，包括单环形、双环形、三环形等。单纯的圆环不多，环内外一般带有射线状线条。关于这类图像的含义，学术界认识比较一致，大多将其归入铜鼓或者天体图像。① 关于其详细的类型学划分及含义的阐释并非本文关注的重点，因此暂且不表，而着重探讨该种图像出现的原因和机制，以及在整个画面中所起的作用问题。

在贵州惠水仙人桥岩洞葬棺材盖板上发现了不少白色颜料涂绘的图画，学者称为"棺画"，其年代从明代一直延续到清末，而主体部分在明代。其中一些图画表现为圆形图像（见表1，图1—图10）。关于其含义，部分学者将其与铜鼓和太阳图案进行比较，并认为芒外有圈者为铜鼓纹，芒外无圈者为太阳纹。② 事实上，这种类型的图画在贵州岩画以及广西左江岩画和四川"僰人"岩画中均有发现（见表1，图11—图31）。因此，可以通过探讨"棺画"中该类型图画的含义及功用来管窥类似图像在岩画中的作用。从图像本身来看，不管是单圆圈、双圆圈，抑或带射线的圆圈，均与天或天体有关。即便学者将部分图像称为铜鼓纹，实际上仍然是太阳纹的象征，也就是天的象征。而左江岩画中图像更为复杂，除了单圆圈、双圆圈之外，还有三重圆圈，而这正是三重天的象征（见表1，图13）。成友宝认为："'三'是一个非常幸运的数字，它几乎在东西方所有国家都受到尊重，被视为神性、尊贵和吉祥的象征"。③《老子·论道篇》曰："道生一，一生二，二生三，三生万物。"④《说文解字》释"三"为："天、地、人之道也"⑤，即"三"代表了天、地、人三界，这与古人的三界宇宙观是一致的。实际上，"三"也有"多"的意思，"三重天"也是"多重天"的象征。由此可见，出现在棺材盖板上的这种圆形图像，均是天和天体的象征，其含义指向也相当明确，即用于协助死者的灵魂升天。

---

① 关于这一点，关于岩画中的铜鼓符号的释读，请参阅王克荣、邱仲伦、陈远璋《广西左江岩画》，文物出版社1988年版，第193页；覃圣敏、覃彩銮等《广西左江流域崖壁画考察与研究》，广西民族出版社1987年版，第164—169页。

② 李飞：《魂兮归去：从贵州惠水仙人桥岩洞棺画论中国西南系统岩画》，《南方民族考古》2012年第8辑。

③ 成友宝：《神秘数字"三"新探》，《中南民族大学学报》（人文社会科学版）2003年第S2期。

④ 饶尚宽译注：《老子》，中华书局2007年版，第105页。

⑤ （汉）许慎：《说文解字》，九州出版社2001年版，第8页。

　　另外，需要注意的是，四川珙县的"僰人"岩画中也出现了众多类似的圆形图像，而这些图像一般与悬棺葬并出。据描述："（其）图案多以剪影式平涂而成，少数以线条勾画，部分二者相结合。多以红色颜料涂绘，少数先涂白地再勾填红色，极少数为纯白色勾绘。经鉴定，红色者系水合碱式硫酸铁，而非赤铁矿或朱砂，白色者是以石灰为主的石灰和石膏的混合物。"① 虽然作画颜料上左江岩画与之并非完全相同，并且左江岩画也并非完全与岩洞葬分布区重合，但类似的结构以及与岩洞葬的组合关系，证明二者之间的确存在密切的联系，应该是在同一宗教观念下的作品，即引导死者的灵魂升天。

表1　　　　　　　　　棺画和岩画中的圆形图像

圆形图像	类型	年代
贵州惠水仙人桥岩洞葬棺画		明代至清末
左江岩画		战国至东汉

① 李飞：《魂兮归去：从贵州惠水仙人桥岩洞棺画论中国西南系统岩画》，《南方民族考古》2012年第8辑。

续表

圆形图像	类型	年代
四川珙县"僰人"悬棺岩画		宋至明

资料来源：图1—图10引自李飞《魂兮归去：从贵州惠水仙人桥岩洞棺画论中国西南系统岩画》；图11—图23引自广西少数民族社会历史调查组《花山崖壁画资料集》；图24—图31引自四川省博物馆、珙县文化馆《四川珙县"僰人"悬棺及岩画调查记》。

此外，在左江岩画中，人形图像主要分为正身人像和侧身人像两种。正身人像呈"蛙形"，而侧身人像为屈肢蹲状（图2、图3）。事实上，两者的形状应该一样，只是正、侧两种身姿的不同而造成视觉上的差异。萧成全在《蟾蜍与中国古代民间习俗》一文中对我国神话传说中关于蟾蜍的形象进行了回顾，并结合墓葬壁画中蟾蜍的形象考证后指出："秦汉时期，神仙思想盛行，蟾蜍的宗教功能——'引魂升天'入仙籍的信念已在民众心目中占有崇高的地位，这可以从众多的汉代墓葬中崇尚蟾蜍的习俗中找到例证。"① 而蟾蜍为蛙的一种，我们完全有理由相信左江岩画中的蛙舞同样具有类似的功能。而南宁新石器时代墓葬中流行一种屈肢蹲葬葬俗，葬式如同人的蹲坐姿势，与岩画中蹲踞式人形非常相像。部分学者则进一步指出："屈肢蹲葬是世界性的，而且出现并流行于生产工具非常简陋的石器时代，一直延续到青铜文化时代早期，才随着生产力的进步，为伸葬所代替。"② 另有部分学者指出："（曲肢）姿势像胎儿在胎包内的样子，象征着人死后又回到他们所生的胎里边去。"③ 这种认识是非常到位的。事实上，整个蛙形人像本身

① 萧成全：《蟾蜍与中国古代民间习俗》，《四川文物》1992年第5期。
② 廖国一、卢伟、杨勇：《论广西先秦两汉墓葬反映的几种特殊风俗》，《社会科学家》1997年第3期。
③ 覃芳：《广西邕宁顶蛳山史前屈肢葬与肢解葬的考察》，《南方文物》2010年第2期。

就是对婴儿睡姿的一种模仿，是灵魂在人死亡后，重新进入母体轮回的一种隐喻，而岩画中的蛙舞就是沟通二者的一种仪式。另外，红色颜料的使用也是精心选择的结果。红色象征着血和生命，是生命轮回的基础。在广西南宁地区的新石器时代晚期贝丘遗址墓葬中经常发现在人骨周围撒赤铁矿粉的情况。其中一例为 1964 年发掘的邕宁县伶俐公社的长塘遗址，其中两具人骨周围撒有赤铁矿粉。同样，在横县西津遗址的许多遗骨上也发现撒有赤铁矿粉。[①] 其葬俗均为屈肢蹲葬。事实上，这种在墓葬中的人骨上涂赤铁矿粉末的习俗可以追溯到新石器时代早期的甑皮岩遗址，其年代为公元前 5500—前 7000 年。在 BT2 之 M2 的头骨和 DT2 之 M3 的骨盆上，均发现赤铁矿红色粉末痕迹，其葬俗同样为屈肢蹲葬。[②] 在这里，蛙形舞与屈肢蹲葬相对应，并同时与红色颜料相结合，分别出现在岩画和墓葬两种载体上。左江流域同时分布的类似现象表明，引魂升天的观念的确存在壮族先民的观念中。左江岩画就其主要作用而言，就是为了引导亡者灵魂回到祖灵之地。

此外，在广西南丹县里湖岩洞葬的木棺上也发现了几组图画，上面描绘有人像或蹲踞式人像。其葬具主要分为架棺和栓棺两种，图像均位于架棺上。其年代大致属于明代至清末，学者认为，这些墓葬可能和当地的白裤瑶族祖先有关。[③] 在其中的白台山 2 号洞 6 号棺和 9 号棺的侧板上用黑色和土红色颜料绘制了戴剑的人骑马、行人、蛙形人像、山体等图像，类似的图像还出现在 9 号棺的挡板上（见图 4，1—2；图 5，1）；而部分木棺高架棺的方形立柱顶部则被加工成人头形（见图 5，2）。根据当地的传说，柱顶加工成人头形的是表示死者为独子或绝嗣的。[④] 不管其具体的用途如何，在棺材柱顶上加工人头的做法本身就具有浓厚的引魂升天意味，引导的对象正是木棺中的死者，而棺材侧板上的各种图案进一步证明了这一点。虽然棺画年代较晚，并且与岩画图像

---

① 吕大吉、何耀华编：《中国各民族原始宗教资料集成：考古卷》，中国社会科学出版社 1996 年版，第 484—485 页。

② 同上书，第 489 页。

③ 广西壮族自治区博物馆：《广西南丹县里湖岩洞葬调查报告》，《文物》1986 年第 11 期。

④ 同上。

的差异还较大，但二者的相似点似乎表明岩画中的图像和棺画中的一样，均是引魂升天仪式的一部分。

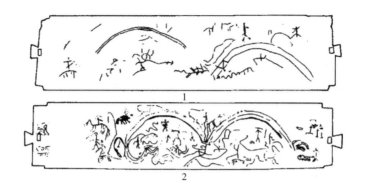

图4　广西南丹县里湖岩洞葬棺画

注：1. 白台山2号洞6号棺侧板　2. 白台山2号洞9号棺侧板

资料来源：转引自广西壮族自治区博物馆《广西南丹县里湖岩洞葬调查报告》。

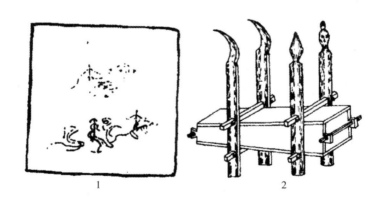

图5　广西南丹县里湖岩洞葬棺画和架棺

注：1. 白台山2号洞9号棺挡板　2. 岩洞葬木棺高架棺示意图

资料来源：转引自广西壮族自治区博物馆《广西南丹县里湖岩洞葬调查报告》。

此外，左江岩画中有大量的"人划船"图像（见图6，2）。出土文物告诉我们，越人有死后用船形棺安葬的习俗。如贵县罗泊湾一号汉墓的7名殉葬者的棺木，均是将圆木一分为二，剖空以葬尸骨，其形如独木舟；桂西地区的田阳、田东、平果等地岩洞葬，也都是用圆木制成独木舟形状的棺木。另外，在武鸣马头墓葬中，有的将墓圹两端二层台切割成船形，使整个墓圹呈船形。① 而船棺葬在四川地区也曾普遍流行，其时间约为春秋战国之际至西汉初年。② 另据宋人周辉《清波杂志》引《南海录》云："南人送死者，无棺椁之具，稻熟时理米，凿大木若小舟以为臼，土人名曰春塘，死者多敛于春塘中以葬。"③ 此外，大量的羽人划船纹还出现在广西各地出土的铜鼓上（见图 6，1）。法国学者戈鹭波认为，这类羽人划船纹的作用与东南亚婆罗洲达雅克人超度死者亡灵到云湖中央的"天堂之岛"所用的"金船"相类似④，其本质就是运送灵魂升天的"灵魂之舟"。达雅克人"引魂"用的"黄金船"，船头、船尾也是用犀鸟的头和尾作为饰物，以便将"亡魂"送到云海中的"天国"⑤，而船上的羽人则为这一仪式的参加者。从左江岩画人形图像可见，其头上也大多戴有羽翎，这些图像也可以被称为羽人，而且很多羽人是站在船上的，和铜鼓船纹上的羽人图案具有同样的文化功能。由于铜鼓在古代西南少数民族中被视为神物，具有沟通人、神的功能，因此，用船"送魂"图案出现在铜鼓上是不难理解的。故左江岩画中的"人划船"图像同样表示的是"送魂"。事实上，"用舟船载送灵魂升天的观念和习俗曾经普遍地存在于古代中古南方以及东南亚和太平洋岛屿地区"⑥，其中当然也包含壮族先民所居住的左江流域。总之，画面内容反映了壮族先民希望将死去亲人的灵魂送去天堂的强烈愿望。

再者，我们发现，许多人像在脸上似乎都戴有面具（见图 7，a、b）。面具的形态不一，总体而言，更接近动物图像，而非鸟类。部分可以辨识的图像似乎为狗，也进一步证明了岩画中的狗图像可能与祖先有关。

---

① 马头发掘组：《武鸣马头墓葬与古代骆越》，《文物》1998 年第 12 期。

② 孙华：《四川盆地的青铜时代》，科学出版社 2000 年版，第 225 页。

③ （宋）周辉等：《四部丛刊续编子部［56］：清波杂志 挥史 括异志 续幽怪录》，上海书店出版社 1934 年版，第 157 页。

④ ［法］V. 戈鹭波：《东京和安南北部的青铜时代》，载《民族考古译文集》，云南民族博物馆·中国古代铜鼓研究会 1985 年版，第 254 页。

⑤ ［法］鲍克兰著：《读〈东南亚铜鼓考〉》，汪宁生译，《民族考古译丛》第 1 辑，1979 年，第 58 页。

⑥ 刘小兵：《滇文化史》，云南人民出版社 1991 年版，第 55 页。

图 6　铜鼓和岩画中的划船纹

注：1. 铜鼓中的羽人划船纹　　2. 宁明花山岩画中的"人划船"图像

资料来源：图 1 转引自蒋廷瑜《壮族铜鼓研究》，广西人民出版社 2005 年版，第 127 页；图 2 笔者摄。

图 7　宁明高山岩画

资料来源：转引自王克荣、邱仲伦、陈远璋《广西左江岩画》。

其余辨认不清的图像本身可能也戴有面具，但岩画由单色平涂而成，在二维空间下，正面人像的脸部很难刻画，故仅有部分侧身人像的面部可以看见面具轮廓。关于面具的功用，陈德安就指出："中国古代称面具为'魌头'……巫祝或祭师戴上代表上神或祖先亡灵的面具，就能获得超自然的神力。"① 据《周礼·夏官·方相氏》载，"方相氏掌蒙熊

---

① 陈德安：《三星堆：古蜀王国的圣地》，四川人民出版社 2000 年版，第 8 页。

皮，黄金四目，玄衣朱裳，执戈扬盾，帅百隶而时难，以索室驱疫"。[1]
郑玄注："冒熊皮者，以惊驱疫之鬼，如今魌头也。"[2] 即中国古代的面
具——魌头，是由早期的动物皮（熊皮）简化而来的，关于方相氏蒙
动物皮的形象，在岩画中经常可见。而方相氏即后世的巫师，主要职能
是在"颛顼绝地天通"后通过一定的仪式实现天地沟通。什罗科格罗
夫也曾提到通古斯萨满使用面具"来表明（祖先）malu 的灵魂进入了
他的身体"[3]；而另外一些学者则认为："在世界许多地方，面具代表祖
先，而它们的佩戴者则被认为是祖先的化身。"[4] 戴上面具，取得超凡
的力量，可以自由地进入另一个世界。"面具、文身、识别符号、装
饰，能把一个演员送到一种神秘的世界中去，或赋予他以一种临时性的
特殊精神状态。"[5] 总之，戴上表示祖先的面具，是为了更好地引导祖
先灵魂升天。

三　死亡与再生

左江岩画的正身人像均呈蹲踞状，表现为蛙舞，而蛙具有冬眠的特
性，一到冬天就会苏醒过来，蛙的冬眠与苏醒象征着人的死亡与再生。
萧兵说道："我们以为，蛙是大地、水和繁殖力和女性的象征，进入
'蛙口'虽然是进入大地的深处（有如中国的黄泉），进入'死亡'
（第二世界），然而同时也是为了得到'再生'，就好像两栖动物的蛙从
冻土里苏醒、'复活'一样。"[6] 洞穴像女阴，人死回归母体，进一步获
得重生。同时，洞穴还被借用作再生仪式的处所，萧兵认为，这是向子
宫的复归。[7] 美国著名女考古学家金芭塔丝也认为："蛙和蟾蜍在每年

---

① 杨天宇：《周礼译注》，上海古籍出版社 2004 年版，第 451 页。

② 十三经注疏整理委员会：《周礼注疏（十三经注疏）》卷第三十一，北京大学出版社
2000 年版，第 971 页。

③ M. Eliade, *Shamanism: Archaic Techniques of Ecstasy*, Princeton University Press, 1972,
p. 165.

④ Ibid. , p. 166.

⑤ 马林诺夫斯基：《自由与文明》，世界图书出版公司北京公司 2009 年版。

⑥ 萧兵：《中庸的文化省察——一个字的思想史》，湖北人民出版社 1997 年版，第 644
页。

⑦ 萧兵、叶舒宪：《老子的文化解读》，湖北人民出版社 1994 年版，第 563—570 页。

春天的定期出现，以及它们与人类胎儿的极度相似都进一步强化了它们与再生的联系。"①

此外，左江岩画中有不少图像表现的都是与杀人祭祀有关的场面。其中几幅图像均表现为正身人像手握一矮小侧身人像，侧身人像均无头（见图8，1、4、5）；另有一幅图像似乎手握人首之类的物体，人首下有一矮小侧身人像（见图8，2）；还有一幅图像则更为明显，为一正身人像一手持刀，一手抓住一侧身人像发辫，作砍杀状（见图8，6）。除了上述图像外，还有一些图像同样描绘的是杀人祭祀场景。其中一幅图像在正身人像腰间挎刀的末端挑着一个小人（见图8，3）；而另一幅图像描绘的则是在上下正身人像之间，并列躺着3个小人像，并从中间被截成数段（见图8，7）。除此之外，在左江岩画中，还有不少人像无头部。这些人像中，除了部分是由于岩面剥落之外，尚有部分不排除原本作画时就无头部，这些岩画同样描绘的是杀人祭祀场面。关于其祭祀对象，王克荣等认为，大致包括祭祀天帝、神灵、祖先等。② 实际上，这一岩画主题还蕴含着更为深刻的文化内涵。

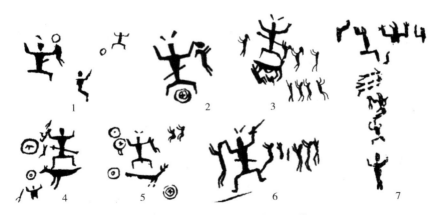

图8 左江岩画中的杀人祭祀图像

注：1、6. 宁明高山岩画　　2—5. 宁明花山岩画　　7. 龙州沉香角岩画

资料来源：采自王克荣、邱仲伦、陈远璋《广西左江岩画》。

---

① ［美］马丽加·金芭塔丝著：《活着的女神》，叶舒宪等译，广西师范大学出版社2008年版，第28页。

② 王克荣、邱仲伦、陈远璋：《广西左江岩画》，文物出版社1988年版，第229页。

　　云南青铜时代的墓葬中出土过几件器物，为我们进一步探讨上述岩画的文化内涵提供了支持。其中一件为出土于李家山墓葬的青铜短剑，编号为采：158，茎实心，茎部两面各铸一人像，形象相同，皆阔口利齿，持短剑，提人头。刃部后锋两面也各铸出一人像，[①] 皆作举手，下蹲状。发掘者认为，其年代应在武帝以前，其上限或可早到战国末（见图9，1—2）。另外一件编号为 M57：35 的青铜短剑同样出自李家山墓葬，有格，空心圆柱茎，首作鼓形，较宽，曲锷。茎部铸浮雕人面，一蛇绕其间。腊末铸一浮雕人物，双手持短棒物，似在舞蹈。其年代在西汉中期武帝以前至东汉前期（见图9，3）。[②] 这种类型的青铜短剑在岩画中也有数例，学者们一般将其作为左江岩画断代的一个标志性器物（见图9，6）。此外，上述两件青铜短剑均刻画有蹲踞式人像，与左江岩画中的正身人像非常类似；而我们提到，左江岩画中还有部分人像手握人头，与青铜短剑上的主题比较契合，可见，二者之间的确包含着一些类似的文化观念。

　　我们注意到，其中一把青铜短剑上人头表现为骷颅，并且置于巫师人像的两腿之间（见图9，1—2）。在古代宗教观念中，骷颅具有特别重要的意义。17 世纪的西藏古格王国的藏族僧侣，在祈祷时必须"戴上用死人颅骨做的帽子，并用颅骨做成的盛具喝水，因为死者的思想总是寄托他们的颅骨之内，这样就能使自己很好地活着；使用颅骨杯是驱赶世俗邪恶特别有效的方法，它是驱除所有恶习和肉欲的精神灵丹，而不意味着吃食人类自身"。[③] 这种使用人的颅骨作为饮器的习俗，在古代文献以及民族志材料中比比皆是。而在西藏那曲比如县境内，还有用人的颅骨堆砌成的围墙。围墙位于一个天葬台上，人颅骨像砖块一样一层一层地垒砌起来，总数约有 200 个。墙前是几块大平石，是用来做肢解尸体的"砧板"。天葬台正是萨满教通天思想的反映，将尸体肢解并保存颅骨，是萨满教死亡与再生仪式的体现，均与萨满教的灵魂观有

---

　　① 　云南省博物馆：《云南江川李家山古墓群发掘简报》，《考古学报》1975 年第 2 期。

　　② 　云南省文物考古研究所等：《云南江川县李家山古墓群第二次发掘》，《考古》2001 年第 12 期。

　　③ 　［意］托斯卡诺著：《魂牵雪域——西藏最早的天主教传教会》，伍昆明、区易炳译，中国藏学出版社 1997 年版，第 159 页。

关。孟慧英指出："在萨满经验中，由于魂骨被视作生命的再生之源，'归魂于骨'成为萨满法术中追求的主要目标。"① 拉法格也指出："灵魂可以自由离开躯体，但是必须依附在某物之上，它同尸体联系在一起，而当皮肉腐烂和消解时，它就进入到骨头里，主要是头盖骨。"②因此，我们可以认为，上述青铜器上的人头骨或者人头像均是归魂于骨的象征，并与死亡与再生的观念有关。

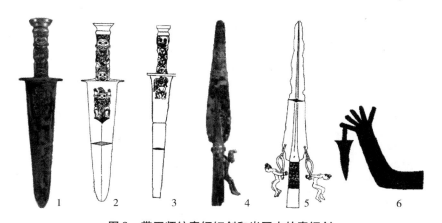

图 9　带巫师纹青铜短剑和岩画中的青铜剑

注：1—3. 李家山墓葬出土青铜短剑　　4. 晋宁石寨山墓葬出土青铜矛头

5. 李家山墓葬出土青铜矛头　　6. 左江岩画中的青铜短剑

资料来源：图 1 引自李昆声编《云南古代艺术珍品》，第 40 页；图 2 引自云南省博物馆《云南江川李家山古墓群发掘简报》，第 149 页；图 3、图 5 引自《云南江川县李家山古墓群第二次发掘》，第 31 页；图 4 引自云南省考古研究所等《云南晋宁石寨山第五次抢救性清理发掘简报》；图 6 引自覃圣敏等《广西左江流域崖壁画考察与研究》，第 131 页。

　　除了人头像之外，还有两件青铜矛头上悬挂了双手反缚的人像。其中一件出自晋宁石寨山，编号为 M71：195⑧，銎上饰人面和吊人。年代在西汉中期偏晚（见图 9，4）。③ 另一件出自李家山，编号为 M57：194，刃长，两侧悬吊二人。环骹饰数道双旋纹、雷纹、三角齿纹等组

---

① 孟慧英：《中国通古斯语族民族的萨满教特点》，《满语研究》2001 年第 1 期。

② ［法］拉法格著：《思想起源论》，王子野译，生活·读书·新知三联书店 1963 年版。

③ 云南省考古研究所等：《云南晋宁石寨山第五次抢救性清理发掘简报》，《文物》1998年第 6 期。

合图案。属礼仪器（见图9，5）。① 我们注意到，其中一件矛头上面刻
有人面像，而另一件没有，但是两者之间的共性表明其属于同一文化观
念下的作品，因而具有同样的内涵。另外，在四川成都金沙遗址中出土
了12件石人像，这些石人像形制基本相同，均为裸体，双手被反缚，
呈跪坐状（见图10，6）。除金沙遗址外，此类石像在三星堆遗址和方
池街遗址中也有发现。② 关于这批石人像，学者们大多数将其解释为奴

图10 出土文物中的断身仪轨

注：1—2. 晋宁石寨山铜器纹饰　　3. 土耳其柴特尔·休于遗址壁画

4—5. 秘鲁彩陶　6. 金沙遗址　7. 江川李家山铜浮雕扣饰

资料来源：图1—2引自易学钟《晋宁石寨山1号墓储贝器上人物雕像考释》；图3引自
汤惠生《藏族天葬和断身仪轨源流考》；图4—5引自李森、刘方编绘《秘鲁彩陶资料图集》；
图6引自施劲松《金沙遗址祭祀区出土遗物研究》；图7引自云南省博物馆《云南江川李家山
古墓群发掘简报》。

─────────────

①　云南省文物考古研究所等：《云南江川县李家山古墓群第二次发掘》，《考古》2001
年第12期。

②　施劲松：《金沙遗址出土石人像身份辨析》，《文物》2010年第9期。

隶或战俘，并且作为人牲使用，但施劲松认为，这些人像的身份可能是巫师。① 笔者深以为然。

事实上，类似的人像在云南晋宁石寨山 1 号墓中也有发现。在编号为 M1：57A 的铜储贝器器盖上铸造了一组立体群雕，有 2 件雕像表现的是人在受刑（见图 10，1—2）。其中一件为站立的裸体男性，双手反缚，绑于立碑前，头发缚于碑端（见图 10，1）；另一件同样为一裸体男性，伏卧于两段木板之上，双手及双足被缚，分别被前后两人牵曳（见图 10，2）。部分研究者认为，这些被绑缚的裸体人像描绘的是"刑于市"和"戮于社"的场景。② 笔者认为，这种观点还值得商榷。就该件储贝器而言，其属于典型的非实用器，宗教意味明显。另外，图像中还有一件立柱，与缚裸体人像之立碑对称于广场中部前方，端部有一立虎，柱身缠绕着两条向上攀缘的长蛇。由于二者对称成组出现，因此，有必要将其放在一起进行解读。金芭塔丝认为："在再生的象征中，阳具代表着男性的力量。它的能量与蛇、生命树、生命柱，或者洞穴中的石笋相关联。"③ 可见，这里的立柱与长蛇均象征着男性的生殖器，并与生殖密切相关。而蛇由于具有水陆两栖、冬眠，并且周期性蜕皮等特点，被人们视为再生的象征。故上述两幅受刑人像与其内涵相同，也包含着死亡与再生的观念。而在李家山墓葬中还出土过一件浮雕扣饰，编号为 24：90。按发掘者描述："似为祭祀场面。铜柱上缚一立牛，牛角上倒扣一人。铜柱右侧有一人紧拉牛绳；牛头前有一人似被践倒；牛旁立一人，一手按牛背，一手拉住捆牛颈的绳索；牛后有一人双手紧拉牛尾。器身下缘为二蛇盘绕，左侧蛇头上蹲一蛙，蛇张口噬蛙足。"④（图10，7）在这里，笔者有两点意见与之不甚相同。第一，从画面上看，牛角上悬挂一人，并已死亡，表明很可能是与牛搏斗的结果；第二，画面中的人至少有两人被蛇缠绕，似与蛇做搏斗。这样，该浮雕扣饰上人与蛇的组合与前述李家山 M57：35 青铜短剑上人头与蛇的组合类似，

---

① 施劲松：《金沙遗址出土石人像身份辨析》，《文物》2010 年第 9 期。

② 易学钟：《晋宁石寨山 1 号墓储贝器上人物雕像考释》，《考古学报》1988 年第 1 期。

③ ［美］马丽加·金芭塔丝著：《活着的女神》，叶舒宪等译，广西师范大学出版社 2008 年版，第 39 页。

④ 云南省博物馆：《云南江川李家山古墓群发掘简报》，《考古学报》1975 年第 2 期。

进而表明后者器柄上铸造的人头像是人与蛇搏斗后死亡的象征。另外，蛇、蛙分别是男性和女性的象征，蛇蛙互搏的形象也蕴含着男女交合，繁衍后代的意味。更进一步说，也是阴阳交合，万物化生的象征。即牛与人、蛇与人、蛇与蛙的互搏中同时包含着死亡与再生两重含义。

另外，这种蛇吃人或者动物吃人的题材在秘鲁公元前 200 年至公元 700 年的莫奇卡文化彩陶中经常可见。[①] 其中一件彩陶上描绘的是宗教仪式场景，底端是一蛇形怪兽张嘴露牙作捕食状，前方置一人头；上方似一祭祀台，顶端坐着巫师，中间为一组人像抬着人头沿阶梯走向巫师，尤其值得注意的是，在右上角站着一个带翅膀的鹰面人像，具有明显的神格特征（见图 10，4）。另一件彩陶上描绘的是一个被缚于柱子上的人正被一群鹰啄食，人像戴有面具，表明其很可能是巫师（见图 10，5）。而这种鹰食人的图像在土耳其柴特尔·休于遗址中也有发现（见图 10，3）。该遗址年代为公元前 6000 年，是一处非常重要的新石器时代早中期遗址。在其第八层的第 8 亚层和第 21 亚层的壁画中均发现鹰食人的图像。而鹰被绘以人腿，与前述秘鲁彩陶中的人身鹰面像比较类似，具有强烈的神格特征。鹰通常是死亡的象征，但同时也包含着再生之意。金芭塔丝就指出，猛禽——食肉的鸟类——在古欧洲的意象谱系中最常体现的是死亡，比较典型的是秃鹫和猫头鹰。但同时，这两种猛禽又经常同女神联系在一起。[②] 言其象征着死亡，主要是因为这些禽类通常与人的尸体图像共存，而猫头鹰夜视能力极强，这也是将其与黑夜和死亡联系起来的重要原因。但同时，二者的形象又经常与人结合，或者与表示女性的生殖器共存。另外，鹰在白天具有非常敏锐的视力，而猫头鹰则具有极强的夜视能力，均被认为具有通神的能力，因而成为再生的象征。例如，莱茵河上游地区恩塞斯海姆的一座公元前 5000 年的墓葬中就曾出土过一根母牛骨头，其顶部被用贝壳做成猫头鹰之眼的图案，眼睛和再生之间的关系非常明确。[③] 至于鹰食人的象征

---

① 李淼、刘方编绘：《秘鲁彩陶资料图集》，中国工人出版社 1992 年版。

② ［美］马丽加·金芭塔丝著：《活着的女神》，叶舒宪等译，广西师范大学出版社 2008 年版，第 20—21 页。

③ ［美］马丽加·金芭塔丝著：《活着的女神》，叶舒宪等译，广西师范大学出版社 2008 年版，第 21 页。

意义，遗址的发掘者英国考古学家梅拉尔特认为，这是一种剔尸二次葬的仪式表现，即人死后将各关节卸开，并将肉剔下来喂食秃鹫或者其他昆虫野兽等，或直接让秃鹫啄食尸体；① 金芭塔丝则认为，这种剔尸二次葬和二次葬是一种"再生"仪轨。② 而这种抛尸喂鹰的习俗在西藏的天葬习俗中也广泛存在，天葬是一种典型的二次葬，前文已述及，其目的就是为了死亡与再生。鹰在二次葬中经常扮演吞食尸体的作用，从而成为死亡的象征；而在此之后，才能埋葬尸骨，从而成为再生的象征。这是鹰成为死亡与再生统一体的另一个重要原因。而广西地区自古以来就流行二次葬的习俗，并且左江岩画附近山体上的先秦岩洞葬，大部分学者也认为是没有葬具的二次葬。③ 可见，死亡与再生的观念在左江流域曾广泛流行，左江岩画中的杀人场景正是死亡与再生的象征。

总之，岩画中的杀人场景与考古出土文物中的类似画面一样，均是断身仪轨的体现，也是死亡与再生的象征。在研究萨满教的死亡和再生性入会式时，伊利亚德说道："布里亚特萨满的选择如同其他地方的萨满一样，包含着一个非常复杂的迷狂体验，在这一过程中，萨满候选人据信受到拷打、切成碎片、处死，而后又复活。只有这一入会的死亡和再生才使得萨满显得神圣。"④ 随后，他进一步指出："'断身'仪式用于'再生'的各种场合，诸如入社式、成丁礼、入教式、受职仪式等，举凡人生中富有宗教意义的重大转折时，均需'断身仪式'。"⑤ 实际上，这种巫师仪式性地死亡与再生曾经普遍流行于世界各地，并至今在部分原始民族中留有孑遗。关于这一点，伊利亚德在其名著《萨满教——古代迷狂术》（Shamanism：Archaic Techniques of Ecstasy）一书中进行过非常详尽的论述。此外，弗雷泽在《金枝》中列举了大量关于

---

① James Mellaart, Catal - Huyuk, *A Neolithic Town in Anatolia*, Thames and Hudson, 1967, p. 89.

② Marija Gimbutas, *The Civilization of the Goddess*, Harper San Francisco, 1991, p. 294.

③ 黄云忠：《武鸣岩洞葬的发现与研究——兼论广西岩洞葬的起源及其族属》，《广西民族研究》1988 年第 2 期。

④ M. Eliade, *Shamanism：Archaic Techniques of Ecstasy*, Princeton University Press, 1972, p. 76.

⑤ M. Eliade, *Shamanism：Archaic Techniques of Ecstasy*, Princeton University Press, 转引自汤惠生《藏族天葬和断身仪轨源流考》，《中国藏学》2001 年第 1 期。

死亡与再生的例子，并论证了许多宗教仪式本身就包含着死亡与再生的主题。在对世界各地处死巫王的习俗考察后，弗雷泽提出："正像为了使植物茂盛而在田地里举行交偶仪式一样，在巫王死而复生的巫术仪式中，常常要串演植物死而复生的场面，因为巫王就是植物神的化身，最初必须杀死这个巫王，后来便用'替身'去替巫王受死，这个替身可以是巫王的儿子，也常常是奴隶、囚犯或地位低下的人。"[①] 可以说，这种死亡属于"神圣的死亡"，是整个宗教仪式中最核心的部分。死亡是为了再生，除了希望死者再生之外，还含有促进农作物和家畜的丰产以及人类自身的繁衍等方面的内容。

结　语

左江岩画研究至今，已走过半个多世纪的历程。学者们从不同角度参与到岩画的讨论中，取得了丰硕的成果。但是必须注意到，左江岩画作为壮族先民的古代文化遗存并非孤立存在的，它与周边的遗址、墓葬以及依附的自然环境共同组成一个有机整体。岩画包含的观念应当能在这个系统的各个分布要素中得到检验。事实上，也的确如此。就本文的考察而言，左江岩画包含着众多的生死观念，这与当时生产力极端低下，人们的生存繁衍高度依赖于自然环境的客观条件是相符的。希冀亡灵升天，祈求动植物和人类自身的顺利繁衍，是众多古代民族共同的心理愿景，左江岩画从根本上来说正是这种诉求的一次集中体现。

（作者系博士，广西民族博物馆馆员）

---

① 户晓辉：《地母之歌：中国彩陶与岩画的生死母题》，上海文化出版社 2001 年版，第 208 页。

壮锦纹饰的文化考析*

徐　昕

【摘　要】壮族织锦的文化内涵通过纹饰得到了丰富的表达。本文通过具体的例证，认为壮锦纹饰不仅体现了壮族人民对自我文化的坚守，也体现了民族文化与外来文化的多重交流与融合。各种纹饰既反映了壮族人民对生命之源的崇拜，对生命存在状态的关注和超越当下、止于至善的信念。同时壮锦上的纹饰通过采借和创新，发生了内涵的丰富和形式的增加。

【关键词】壮锦；纹饰；内涵

壮族织锦不仅根植于技术的沃土，而且生存在一个文化个性鲜明的民族群体之中。壮族织锦的文化内涵主要通过其纹饰来表达，纹饰的运用是从功利要求向精神需求的转化过程，将需要的意念标记转化为欣赏的审美形式。它的旨趣和价值与民俗活动背景息息相关，体现着丰富的社会生活要求。

一　民族信仰的展现

信仰是民间文化的核心部分和精神层面，它是观念确立的状态，呈现了特定群体普遍的向往和情感体验。它在本质上是人寻找生命意义，探求存在真谛的特有方式。它沟通起人与自然，协调于本能与文化，在

---

*　广西壮族自治区第五批八桂学者岗成果。

人的精神需要中起自主作用。①

　　壮族人民创造了自己的文化，形成了自己的信仰民俗。对于壮族人民来说，生存下去的顽强信念是生命存在的精神支点。这种生存下去的信念包含了对生命之源的崇拜，对生命存在状态的关注和超越当下、止于至善的信念。这是壮族民众在现实生活中的需要，是族群认同的标志。壮族织锦作为一种传统民间工艺，直接映射着具有广阔社会文化背景的信仰。信仰是壮锦纹样的来源和依据，纹样是信仰的阐释和具象。

（一）生命之源

　　珍视生命首先是对生命之根、生命本源的看法和理解。② 壮族对于自我的社会学解释可以从壮族起源的神话中去追索。比如壮锦中的鸟纹样就反映了壮族人民的生命崇拜。

　　壮族先民因鸟得名"骆人"，即"鸟人"之意。在壮族神话中，壮族始祖母"姆六甲"、始祖公"布罗陀"即是"六甲鸟之母"和"鸟首领"之意。在广西贵港、横县、桂平一带的壮族有祭祀六乌圣母的活动。据考证，此六乌圣母的生物原型就是乌鸟。③ 鸟被视为壮族的先祖，在壮族文化中鸟也与氏族的诞生和繁衍有很大的联系，成为壮族始源的建构与认同。晋人张华《博物志》卷九载"越地深山有鸟，如鸠，青色，名曰冶鸟……越人谓此鸟为越祝之祖"。由此可见，对鸟类的崇拜体现了壮族人民对生命的敬畏，并且由来已久。如《吴越备史》卷一载"有罗平鸟，主越人祸福，敬则福，慢则祸，于是民间悉图其形而祷之"。就连壮族崇拜的布洛陀的兄弟雷王，也按鸟的形象来塑造。④ 在历史上，壮族先人把鸟的羽毛当作神物，视为珍宝。据《逸周书·王会篇》记载，早在商代，"正南瓯、邓、桂国、损子、产里、百濮、

---

　　① 荆学民：《论信仰价值的发生》，《哲学研究》1994 年第 5 期。

　　② 黄秉生：《壮族文化根系与壮族文化生态美》，《广西民族学院学报》（哲学社会科学版）2003 年第 3 期。

　　③ 覃晓航：《"六乌圣母"：壮族鸟神崇拜的原型》，《广西民族研究》1993 年第 3 期。

　　④ 梁庭望：《壮族铜鼓与东南亚铜鼓造型及纹饰之比较研究》，《中央民族学院学报》1989 年第 5 期。

九菌请以珠玑、玳瑁、象齿、文犀、翠羽、菌鹤、短狗为献",生活在岭西地区的一些百越支系,即以"翠羽"作为贡品,献给中原王朝。壮族先民插羽毛着羽衣,做鸟人打扮,这是对鸟图腾的认同。《山海经》等对"羽民国"和"羽民"的记述清晰勾勒出鸟信仰文化的轮廓,是人们对远古先民原始信仰的一种追忆。

壮锦中百鸟纹样形象直观地反映了壮族对鸟图腾的一种敬仰和尊重,是鲜活的文化承传,记录下了那些未被时光冲刷的信仰记忆。鸟崇拜信仰体现了壮族人民对生命的理解,对人从何方而来的体悟,反映了壮族生生不息的生命精神和对生命永恒的追求。

(二) 生存之续

人的生物性存在包含活动中的生命和时间中的生命。"人类一要生存,二要繁衍,生命意识与繁衍意识是人类的基本文化内涵,也是民间工艺的基本文化内涵。"[①] 壮锦纹饰作为观念形态的反映,清晰地再现了这一历史面貌。

在壮族的花婆信仰中,作为核心范畴及根本象征的"花",体现了壮族百姓对自我生成、生存范式的形象总结。《布洛陀》中记载壮族始祖姆六甲是九十九朵鲜花聚拢而成,具有巨大的生殖功能,是壮家供奉的专司生育、保护儿童健康的女神。花成了壮族生命与灵魂的栖居,表达生存与繁衍的期望。

生命繁衍是民族生存的前提,生产丰收是生存的物质基础。壮族人民对活动中生命的关注,其落脚点在于关注"生活情式"的语境,即人在生存的每时每刻都会审视自我的生存状况。任何一个民族都要在一定的自然环境中生存,每个文化群体都在特定的自然环境下形成相应的生活方式。"自然环境是重要的基础和前提,人文环境与之相适而生,并构成创造和滋养本地域民族艺术的生态环境。"[②]

壮族人民生活的地区自然条件优厚,为人们的生活和发展农业生产

---

① 靳之林:《中国民间美术》,五洲传播出版社 2004 年版,第 26 页。
② 宋生贵:《民族艺术与文化生态——经济全球化背景下发展民族艺术的美学思考》,《内蒙古社会科学》2002 年第 1 期。

提供了有利的条件，从而形成了相应的文化模式和特质。对于骆越的农耕多有记载，《越绝书》说骆越之民，有"象耕鸟田，民食其利"。《淮南子》说骆越之地，"江水肥仁，其谷宜稻"。《水经注·叶榆河》引《交州外域记》说："交趾昔未有郡县之时，土地有雒田，民垦其田，因名为雒民。"距今4000—5000年前的广西资源县新石器时代晓锦文化遗址，"通过水洗法共选出炭化稻米12000多粒，这些炭化稻米形状各异，品种较多，经初步鉴定是原始的栽培粳稻，有少量为籼稻。这是岭南地区发现最早的一批标本"。[1]

农耕文化是壮族文化的形态和特征。壮锦上的纹饰即充分反映了这一特点。百姓渴望风调雨顺生产丰收，因此希望通过纹饰得到神灵庇护帮助实现愿望。这些带有祈祷作用的纹饰，传递着他们的情感，沟通着天地人的交流，是凭借信仰力量对现实状况的一种自我超越。如水纹、雷纹、太阳纹表达了壮族先民们对阳光的渴望，对雨水的期盼。鸟纹也与人在寻找自我生存的道路上息息相关。《布洛陀诗经》中就有壮民从鸟嘴取谷种的传说，鸟是壮族先民进入农耕社会的引路人。[2] 传说中，为了天降甘霖，让骆越先民能种上水稻，不惜受罚献出生命的娅王，也是一只鸟王。

二 文化流动的印痕

纹样具备阅读的功能，折射出社会环境及人们观念的改变。纹样的形成是一个文化积淀的过程，它潜藏着不同文化光彩的交织。

壮族源于百越族群中的西瓯、骆越，自古以来一直繁衍生息在以广西为中心的中国西南地区。早在秦汉之前，中原文化就已浸润至此，如汉族神祇伏羲出现于壮族的神话序列中：姆六甲→布洛陀→布伯→伏羲（依）兄妹→人类。[3] 不仅《诗经·大雅》"王命召虎，式辟四方，于疆于理，至于南海"明确指出周的疆域势力已抵达广西，还有"在广

---

① 蒋廷瑜：《资源县小锦遗址发现炭化稻米》，《中国文物报》2000年3月5日。
② 邵志忠：《壮族文化重组与再生》，广西人民出版社1994年版，第38页。
③ 黄秉生：《广纳文化根系与壮族的文化生态美》，《广西民族学院学报》（哲学社会科学版）2003年第4期。

西灌阳、兴安、荔浦等地出土的卣、尊、戈等商周时期形制的青铜器"① 及"全州零陵故城里发现有相当于周代时期的中原汉文化陶鬲"② 等实证。宋代设置的广南西路,大体与今广西壮族自治区相当,也是从宋代开始,广西成为壮族聚居的地方。而自羁縻制度、土司制度的先后建立,则使汉文化更加迅猛地向西南少数民族扩展传播。

文化传播,"指的是一个文化发明创造出来的文化要素乃至文化的结构、体系向本文化外的地域扩散或转移,引起其他文化的互动、采借以及整合的过程"。③ 在漫长的历史进程中,壮族吸收整合中原文化,丰富和发展了自我个性鲜明的文化传统,同时也对汉文化产生影响。这既显示了壮族文化的包容性,又显示了壮族文化的创造性。

壮锦纹样就是在这样的文化背景下产生和深化的。这些纹饰受当地的工艺基础和文化传统的影响,同时通过文化采借和创新,得以保存和发展。随着历史而演化,纹样的内涵逐渐丰富,底蕴愈加深厚,形式日益增多,审美功能越来越突出。

(一) 内涵的丰富

文化传播是引发文化变迁的外在机制,而创新是文化变迁的根本动力。"任何在实质上不同于固有形式的新思想"皆可被界定为创新。而"重新解释"则是创新的路径之一,即"接受的一方对新引进的文化特质和文化丛体在形式、功能和意义上的改变,以适应自己的需要"。④ 纹饰作为一种文化原型负载着特定的文化观念,但经过有意识地被新的体悟所激活,当地的少数民族使其形象更加丰满生动和深刻,内涵有了更进一步的引申。它摆脱了固定的象征模式,富有新的文化要义,具有鲜明的民族特色和浓郁的地方风格,下以壮锦中的云雷纹和八角星纹为例进行阐释。

---

① 覃彩銮:《骆越青铜文化初探》,《广西民族研究》1986 年第 2 期。
② 黄增庆:《从考古资料来探讨壮族古代社会经济文化与汉族的关系》,《学术论坛》1978 年第 1 期。
③ 孙秋云:《文化人类学教程》,民族出版社 2004 年版,第 43 页。
④ 黄淑娉、龚佩华:《文化人类学理论方法研究》,广东高等教育出版社 1998 年版,第 211 页。

1. 云雷纹

云雷纹源于百越之地，如江苏金坛三星村墓 M248（距今 5500—6500 年）陶豆上的纹样是目前年代最早的云雷纹（见图 1）。[①] 此后云雷纹向南和向西传播至今浙江北部和两湖地区，有方折、圆角等形式。通过形态学分析，云雷纹的原型是自然界的蛇，是蛇的抽象化和图案化。[②] 百越族群因气候闷热潮湿，草木茂盛，蛇虫滋生，无力防治蛇患，转而奉祀其形象以期避害祛灾。《说文》曰"蛮，南蛮，蛇种"间接说明了长江流域及以南地区土著居民的崇蛇现象。

图 1　上海青浦福泉山 M65 良渚文化陶壶残片

资料来源：黄宣佩：《福泉山——新石器时代遗址发掘报告》，文物出版社 2000 年版，第 112 页。

进入商周时期，云雷纹在中原地区的传播更加广泛。因为中原与上古时期南方的文化、地域背景差异，云雷纹在输入中原后的内涵发生变异，其原有的象征意义逐渐模糊甚至消失。此时纹样由直线涡卷形构成，形如云卷。而方正的结构又像篆书的"雷"字。《说文》中还将云雷解释为古云字，像云气之形，又作雷字，为"雷象回转形"。基于云雨对农业生产的现实体验，云雷纹成为重要的装饰，大量应用于青铜器中。如商代青玉曲内戈上保留的云雷纹绮印痕，组织上采取 45°斜向条花连续排列，在每条云雷纹之间还以三条斜线间隔，构成富有节奏变化。[③]

---

① 江苏省三星村联合考古队：《江苏金坛三星村新石器时代遗址》，《文物》2004 年第 2 期。

② 杨建芳：《云雷纹的起源、演变与传播——兼论中国古代南方的蛇崇拜》，《文物》2012 年第 2 期。

③ 回顾著：《中国图案史》，人民美术出版社 2007 年版，第 96 页。

壮锦中也大量采用云雷纹作为装饰。首先是因为同取自"润泽之意"。壮族神话故事中的雷王主宰着人间风雨,生死祸福,既可使人间风调雨顺,又可使天旱地裂或洪水滔天。依据"雷取其奋豫,云取其濡泽"的记载[1],云雷纹与风云雷雨有关。如天峨县流传的《蚂拐歌》中有这样的歌词:

盘古开了天和地,/不曾知道年月时。/是谁造雨救庄稼?/是谁明把四季分?

是谁除灾保禾壮?/是谁驱赶邪和瘟?/春种夏埋秋收割,/冬天复把土地耕。

它是管季节天子,/它是造雨的雷神;/它是社稷的真主,/驱除灾害灭邪瘟。[2]

同时,雷神在壮族文化中兼具有生殖神的职能。在壮族地区,始祖姆六甲因风而孕。因此妇女们听到雷声会以裤挡风,因为"风"在神话中象征男女性交。雷是造雨之神,雨水被壮族先民认为是影响人类生存与繁殖的信水与精液的象征。"雷公禁婚"的习俗也反映了雷神与人类生殖的联系。"相传,每年农历八月至第二年农历二月,天上雷公关门睡大觉,天下太平,是吉利的季节,人们便选择在这一期间办婚事。而每年农历三月至七月,雷公出门行事,不时雷声隆隆,禁止人间办婚事。若有违反,就要受到雷公的干预,婚事置办不顺当,家庭不会美满幸福。因此,出于忌讳,这一期间一般不订婚,不结婚。"[3] 在壮族民间传说中,雷神的形象多具有鸟与蛇的特征。而鸟与蛇在壮族文化中蕴含着壮族先民对男根崇拜的生殖象征文化。

雷王的生殖崇拜意味,还体现在"求花"这一南方壮侗语民族祭祀生育神"花婆"以求人丁兴旺的祭祀活动中。在进行"求花"活动时,求花者跪在桥下,伸出衣襟接住雷王和花林仙婆撒下的花。雷王和花林仙婆边撒花边唱:"我是花神来撒花,哪人接得子孙发。花朵沾身娘欢笑,明年生个胖儿郎。我是雷王来护花,如今护花到你家。明年得

① 光绪《平南县志》孔庙祭器云雷尊条。

② 丘振声:《壮族图腾考》,广西教育出版社 1996 年版,第 138 页。

③ 胡仲实:《试论雷神形象的历史演变》,载《岭南文化与百越民风》,广西教育出版社 1992 年版,第 69 页。

子把愿还，还了花愿花才发。"①

由此可见，云雷纹在漫长的历史过程中，其内涵发生了变化同时其寓意变得更为丰富。它最初是蛇的象征，随后寓意云雨。壮锦上的云雷纹不仅是求雨，还通过对雷王的崇拜以求生殖繁衍的期望。

2. 八角星纹

与之类似，八角星纹在时代更迭中，其意义逐渐丰富。首先，八角星纹包含了对繁衍的渴求。如壮族"戳太阳"的传说：古时太阳多，足足十二个。晒得塘干涸，烤得地冒火。惊动众乡亲，乡亲来劝说："夜晚需照亮，白日要光热，留个作太阳，留个作明月。"太阳十二个，米各戳十个。两个轮流转，日夜照山河。米各戳太阳，人心皆欢乐。花婆也感动，送来花两朵。红花出贵子，白花生娇娥。人类得繁衍，当记此传说。② 在这首传说里，人类与太阳的斗争，涉及生命的生存与繁衍，壮族生育女神花婆出现，并给人类带来了新的生命，蕴含着生殖崇拜文化内涵。有学者认为，壮族地区的"日向葬"习俗，如广西武鸣县马头乡元龙坡数百座西周时期和安灯养岭坡数十座战国时期坐东向西的墓葬，即包含着壮族先民祈求借助太阳的生殖力量使亡者顺利再生的愿望。③ 因此，以八角星纹象征太阳也寄托着繁衍的意义。

其次，在日常生活中，八角星纹还代表着兴旺、平安、吉祥的意思。妇女的头巾和小孩的帽顶，都有八角星图案。妇女祈求太阳神保佑自己的孩子平平安安，无灾无病地长大成人。

最后，八角星纹的流传，也折射出当地的地理条件。文化是一个开放系统，会根据地理环境进行调试。纹样的产生，不仅跟传统有关，也深受当地植物资源的启发。在生产生活中，人们逐步了解、认识和利用植物，从中得到很多创作的灵感，使其成为艺术创作的素材。

广西是八角的原产地，同时又是主产区。八角是一种矮小的常绿植物，又称茴香、八角茴香等，属于八角茴香科八角属。其同名的干燥果

---

① 廖明君：《壮族自然崇拜文化》，广西人民出版社 2002 年版，第 52 页。

② 中国歌谣集成广西卷编辑委员会：《中国歌谣集成》，中国社会科学出版社 1992 年版，第 21—22 页。

③ 廖明君：《壮族自然崇拜文化》，广西人民出版社 2002 年版，第 26 页。

实，像一只八角星，可作药材及烹饪料。八角早在两汉时期就有种植。① 它原产于广西左江和右江流域的海拔 200—500 米的热带雨林中，是中国南亚热带地区一个生态幅度较窄的南亚热带树种。②《岭外代答》卷八《花木门》载："八角茴香，出左、右江蛮峒中，质类翘尖，角八出。"自古以来，八角即为广西当地妇女所熟悉，自然成为创作题材。笔者在广西龙胜和平乡大寨村田野调查的时候，很多当地妇女对八角星纹的解释都是因为其形状类似八角，即而得名。而在其他的地方，对于八角星纹，当地妇女又会将其解读为其他本地常见的植物。如在广西龙州金龙镇的双蒙村，当地群众把壮锦上的八角星纹泛指为花，将象征性的符号语言演绎得更为抽象。不管名称如何，在当地人的心中，八角星纹是对她们所熟悉植物的描画。八角星纹作为植物纹饰出现，强调了人们对自我依赖且熟悉的自然资源的审美选择。它的出现，没有义理化范式的制约，开阔了纹饰造型的视野，更加亲和于世俗生活。

如今壮锦纹饰呈现一种稳定化的趋势，保持已实现的适合的结构，同时拥有丰富的指称与文化意义，代表了一种形式层面上的文化生成。即以简洁的形式象征着多样化的内容，将特定具体的表现形式和多彩的生活经验结合起来，形成一种变化中的永恒。"符号结构和丰富性一旦实现了结合，其往往就具有美学的形式。"③ 壮锦中的这些纹饰，不仅具有历史继承性，其传播的同时，也是其地方化的过程，体现了文化的共时性传播及自我历时性的发展和创新。

（二）形式的增加

壮锦的发展丰富了唐以前中原地区早期织锦的几何纹样，并选择吸收了唐以后的华丽造型，并按照本民族的审美趣味，加以发展和变化，从而形成了自己的鲜明风格。壮锦除了在原有纹样形式上增加内涵，还采纳了新的造型方式，如吉祥图案。"吉祥"始见于《庄子》文中"虚室生白，吉祥止止"一词。《周易·系辞上》曰："吉，无不利"，在商

① 谢崇安：《论岭南地区汉代的园圃农业》，《广西民族师范学院学报》2012 年第 6 期。
② 刘永华：《八角种植与加工》，金盾出版社 2003 年版，第 29 页。
③ 万资姿：《符号与文化创造》，中国社会科学出版社 2011 年版，第 85 页。

代的甲骨文中亦有"大吉""弘吉"等词句，作为卜的结果。吉祥纹样在汉代基本定型，并广为流传。东汉以来，民众把对佛教菩萨和道教神灵的崇拜与汉民族传统的民俗信仰、民间崇拜合为一体，通过各种主题，表达人们辟邪趋吉、纳福招财、吉祥平安、求子祈寿的各种世俗愿望。壮族人民吸收了汉族这种以抽象的造型、具体的形象或是语音的联系方式，来表达祥瑞的意义，以扩展自我文化的表达。

壮族的吉祥纹样分为两类：一类是汉字纹样。早在汉代，就有在织锦中织汉字的先例。如长乐明光，延年益寿大宜子孙锦等，多用文字来表达长寿多子、王权永固、修身成仙等思想。[①] 壮锦也借用汉字来表达相同的期许，常见的如"囍""福""寿""禄"，"卍"，因其字义具有得天独厚的吉祥意义而广泛使用。另一类就是用象征、比拟、谐音方法的吉祥图案纹样。常见的有"五福捧寿""蝶恋花"等。以五只蝙蝠围绕一个"寿"构成团纹，借五蝠喻"寿、富、贵、安乐、子孙众多"五种福运（见图2）。"八宝吉祥"以宝瓶、宝盖、双鱼、莲花、右旋螺、吉祥结、尊胜幢、法轮八种吉祥物构成图案，每件物体上均缠有风带，寓意为吉祥如意、富贵长命（见图3）。"灯笼锦"作为蜀锦代表题材，以主体灯笼和上面挂着的谷穗，四周飞舞的蜜蜂，寓意五谷丰登。在壮锦中也有类似的结构，五谷丰登、生活安乐是农业社会对风调

图2　壮锦五福捧寿

图3　壮族八宝花卍字锦

---

① 刘安定、李斌、邱夷平：《铭文锦中的文字与现代织造技术研究》，《丝绸》2012年第2期。

雨顺、天下太平共同的期许（见图4、图5）。吉祥的寓意必须让人能够理解，否则就失去意义，若不懂其音、不知其形自然不解其意。在壮锦中很多吉祥纹样的选用，表明壮族了解这种形式造型和文化寓意，并深受这种吉祥文化的影响，从而广泛地使用。

 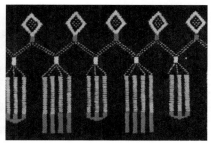

图4　清道光蓝地灯笼纹锦　　　　　图5　壮族灯笼锦

资料来源：高春明：《中华元素图典·吉祥寓意》，上海世纪出版股份有限公司发行中心（上海锦绣文章）2009年版，第181页。

<h2 align="center">三　结论</h2>

纹样是一个形式与内容不断积淀与演化的产物，体现着不同时代、地区文化的交流与继承。壮锦纹样经受住了岁月的流逝和外来文化的冲击，至今仍承传于壮族民间社会里，抒发着他们对生命的感知和对美好的向往。

本文即以壮锦纹样作为文化范例，从民族信仰的展现及文化流动的印痕两方面来阐述壮族织锦的文化内涵，充满着生机和细节。它不仅反映了壮族人民对自我文化的坚守，也体现了文化的交流和发展。壮族文化汇聚和吸收了汉族文化和其他周边文化，也反过来对华夏传统有烛照之功。这种文化交流是民族文化与外来文化在相对平等条件下的文化反应，是在经过反复的双向、多向交流与融合后的"自觉"建构和"吐故纳新"。在这样的过程中，壮族文化通过冲破风格的边界以获得新的生命，不断地变化和成长、传播与扩展、传承与创新，从而在文化交流的历史长河中传承文明、独树一帜。

（作者系广西民族博物馆副研究馆员）

清雍乾时期西南边疆交通开发述议[*]

马亚辉

【摘　要】雍乾两朝是清代西南边疆交通开发的鼎盛时期。雍正朝对西南边疆的治策是改土归流的动因，而改土归流又为西南边疆交通的进一步开发创造了条件。雍乾两朝为尽西南之地利，通商旅，裕兵民，拟开发西南边疆的交通线路，因受土司阻隔，故不得不缓待。改土归流后清政府进行了一系列的交通开发事宜，可谓水陆并举，但着重于水路，以昆明为中心，先后拓修了云南至广西、贵州、四川以及云南内部滇西、滇南等方向的道路。在开修滇粤河道、金沙江通川河道等交通线的过程中，边疆大吏因或邀功请赏，或勘查失误等原因，多有欺上瞒下，糜费帑金之事。但总体来看，雍乾两朝的交通开发基本达到了清政府经略西南边疆的目的。

【关键词】雍正；乾隆；西南边疆；交通开发；改土归流

据文献记载，古代王朝对西南边疆交通的主动开发在秦便已有之，当时常頞在西南略通五尺道，及汉兴，汉朝又将五尺道进一步拓伸，并在自然形成的交通线路上，凿山架桥，进一步开发了零关道、南夷道、蜀身毒道等交通路线，奠定了西南交通的最初格局。从历史长时段来看，古代政府对西南边疆交通的开发大致分为三个时期：汉晋南北朝时期、唐宋时期、元明清时期。^①西南边疆经过古代不同时期层层深入的

---

　　* 2014 年度教育部人文社会科学研究规划基金项目"清代西南边疆民族政策研究"（项目编号：14YJA850007）。

　　① 杨永福：《中国西南边疆古代交通格局变迁研究》，云南教育出版社 2014 年版。

开发，时至清代基本形成了以昆明为中心，辐射川黔桂以及中南半岛的全方位交通格局。

有关古代西南边疆交通开发研究的论著已有出版，主要特点是研究视角较为宏观，多为历史长时段研究，经过梳理发现清代西南边疆交通开发的具体研究尚显薄弱，有些论著仅描写以下某条交通路线的大致方向，关于交通路线的开修背景、原因、负责人、具体过程等基本缺失，因此本文试从雍正朝的改土归流切入来较为详细地探讨雍乾两朝在西南边疆的交通开发事宜，兼论其中的官场百态以及交通开发给西南边疆带来的影响。

一　改土归流为西南边疆交通的进一步开发创造条件

自元朝创设土司制度起，西南地区的改土归流便不绝于史。时至清季，顺治、康熙两朝同样有过改土归流，因规模较小，对西南边疆交通开发的影响并不显著。雍正朝改土归流的地域和力度可谓空前，给西南边疆带来政治、经济、文化、交通等领域的变革也超越前朝。但在西南边疆未大规模改土归流之前，交通状况相对落后许多，清代史书记载云南可谓是"关隘雄深，山海盘郁，树屏藩于边徼，实蛮荒之要区"。①

雍正时期西南边疆的交通依然大为不便，处处崇山峻岭。雍正四年十一月十五日，云南巡抚兼管云贵总督之责的鄂尔泰在奏折中如是描述西南交通状况："云贵远居天末，必须商贾流通，庶地方渐有生色。今水路不通，陆路甚险，往来贸易者非肩挑即马载，费本既多，获息甚微，以致裹足不前，诸物艰贵。"② 于是提出开修从贵州镇远经施秉到黄平州的道路和从贵阳向南的道路，以及开修云南金沙江水路。清世宗闻之，自是极力支持。但言易行难，雍正朝在西南边疆的改土归流正在

---

① （清）刘慰三：《滇南志略》；参见方国瑜主编《云南史料丛刊》第 13 卷，云南大学出版社 2001 年版，第 37 页。

② 《云南巡抚管云贵总督事鄂尔泰奏：为恭谢圣恩，敬陈愚悃事》（雍正四年十一月十五日），张书才主编：《雍正朝汉文朱批奏折汇编》第 8 辑，江苏古籍出版社 1989 年版，第 445 页。

紧张进行，对开修交通心余力亏，无暇顾及，至雍正七年时仍是"滇黔两省崇山复岭，鸟道羊肠，旁逼夷巢，中通一线，因舟车之难至，致商贾之不前，是以开辟近百年而犹无殊草昧"。① 但封疆大吏始终不忘开修西南边疆交通之事，雍正九年十一月十二日，云南巡抚张允随又提及西南边疆的交通状况，并强调开修水路的重要性："窃照舟楫之利，以济不通，所关最大。滇省僻处天末，山高路远，行旅货物，驼运维艰，物价腾贵，偶遇歉收，外省米粮不能挽运接济，皆不通舟楫所致。"② 不难看出，自秦汉至清雍正时期，西南交通虽经历代前朝开发千余年之久，依然十分落后，边疆与内地联系不畅，势必影响到中央王朝对边疆地区政治、经济、文化等领域的治理。

雍正朝开修西南交通，出于对西南现状之考虑。一是夷情之无制。边疆土司目无官府，烧杀劫掳，滥施苛派，若独立王国与清朝抗衡。二是军伍之不振。西南边疆将少兵弱，军备短缺，不足以对西南社会给予军事弹压。三是地利之未尽。云贵两省虽地少山多，然水旱均平，荒年甚少，且矿厂、盐井出产颇多，急需开发运至内地。③ 这些决定了雍正时期西南边疆交通建设的必要性，而清朝政府对西南地利的追求更是增加了交通开发的紧迫性。

清初西南边疆土司遍地，严重阻碍了中央王朝对该区域的有效管辖，也阻碍了清朝政府对西南边疆交通的开发。鄂尔泰在雍正四年就奏请开修"滇粤河道"，但拖至雍正七年还未动工，主要原因便是受西南边疆土司影响，鄂尔泰云："虽已遍访熟筹，思欲开修，而苗疆未靖，凶顽未除，虑有阻挠，故不得不缓待。"④ 所以欲开发西南边疆的交通，必先清除土司，从政治领域推进边疆与内地一体化。

---

① 《云贵广西总督鄂尔泰奏：为新开水道并兴修陆路事》（雍正七年六月十八日），《朱批谕旨》第 27 册，上海点石斋，光绪丁亥年（1887 年），第 114 页。

② 《云南巡抚臣张允随谨奏：为奏明开浚通川河道事》（雍正九年十一月十二日），《张允随奏稿》（上），参见方国瑜主编《云南史料丛刊》第 8 卷，云南大学出版社 2001 年版，第530 页。

③ 《云南巡抚管云贵总督事鄂尔泰奏：为恭谢圣恩，敬陈愚悃事》（雍正四年十一月十五日），张书才主编：《雍正朝汉文朱批奏折汇编》第 8 辑，江苏古籍出版社 1989 年版，第445 页。

④ 《云贵广西总督鄂尔泰奏：为新开水道并兴修陆路事》（雍正七年六月十八日），《朱批谕旨》第 27 册，上海点石斋，光绪丁亥年（1887 年），第 114 页。

　　边疆与内地一体化不但是改土归流的主要动因，① 还是西南边疆交通开发的主要动因。边疆与内地一体化即边疆与内地的政治制度、经济制度、管理方式、文化教育等没有明显差异，中央王朝对内地的治理模式与对边疆的治理模式是等同的，而要实现中央王朝对边疆与内地等同的治理模式，改土归流为第一要务，随后则是对交通的开发。交通对中央王朝的重要性是不言而喻的，交通线延伸到哪里，中央王朝的政令便畅通到哪里，欲使边疆与内地等同，开发交通不可或缺，即使现在中华人民共和国时期，交通开发在边疆地区同样非常重要。雍正六年三月二十八日，云南总督鄂尔泰再次指出西南边疆交通落后带来的弊端："窃滇黔两省疆域辽阔不让中邦，而萧索疲蔽难言乐土者，则以水陆不通，货财不殖，城郭不完，盗贼不载，而调剂之术未讲也。臣前请垦荒一疏，原欲俟捐项充足，将两省要务，如疏濬水利，凿通河道，建造城垣，开修官路等件，皆可次第举行，并非仅为垦荒计。今自蒙恩允准，部咨通行已经数月，而合计两省捐项，各不过三四万两，揆厥情由，总因道路辽远，跋涉维艰，捐纳人员多系富家子弟，既不肯亲行，欲转托人，又恐多有遗误，甚至有伪造实收者，不独功名、赀财两无着落，或反被光棍索诈者有之，以故畏难观望，率皆裹足不前也。"② 可见交通落后使边疆与内地联系不便，清朝无法实施有效管辖，这也是西南边疆土司大量存在的一个原因，中央王朝对西南边疆地区只能羁縻以治。鄂尔泰说："边境之大防莫重于苗倮，而穷荒之大利莫急于舟车。"③ 前一句暗指改土归流，后一句是则指交通开发。清世宗深谙交通之重要，当看到鄂尔泰提议开发西南边疆交通的奏折时，朱批："有何可谕？可谓超群拔类之办理，为从来封疆大臣未举之善政也。朕为滇南赤子曷腾庆幸！凡此等有利于地方民生之事，若有应动正项者，只管奏请，不可瞻顾，

　　① 详见马亚辉《雍正朝云南改土归流再探》，《兴义民族师范学院学报》2012 年第 5 期。

　　② 《云南总督臣鄂尔泰又谨奏：为调剂捐例，以裕帑课，以筹边务事》（雍正六年三月二十八日），张书才主编：《雍正朝汉文朱批奏折汇编》第 12 辑，江苏古籍出版社 1989 年版，第 85 页。

　　③ 《云贵广西总督鄂尔泰奏：为新开水道并兴修陆路事》（雍正七年六月十八日），《朱批谕旨》第 27 册，上海点石斋，光绪丁亥年（1887 年），第 114 页。

竭蹶从事。"① 雍正朝至此君臣齐心,着力于西南边疆的交通开发事宜。

清世宗自始至终都非常支持西南边疆交通的开发建设,其鼓励开发交通的朱批很是令人振奋,如"及便动数十万帑金何妨?朕不惜此等之费也!"②"庆快事也。向闻此路甚属险峻,未料如此轻易就绪,可见未有实心办事者之所致。"③"此举可嘉之至!"④ 等。因此,凡是在西南边疆的"濬水、通河、建城、开路"等事,清世宗无不赞成。

经过顺康两朝的前期经营,改土归流的时机日益成熟,雍正朝为把内地的治理模式施行于西南边地,采用和平或武力方式开始了清除土司的行动,西南边疆的交通开发也随后迅速兴举。雍正朝的改土归流遍及西南,基本是不同时期分地域进行的,因而西南边疆交通的开发进程同改土归流的进程是基本一致的,只是在时间上要先改流后开发交通,即改一处土司,开一处交通,并在若干年后将改土归流推进到交通线的最远端,这是一个漫长的过程。雍正朝改土归流后对西南边疆交通的开发,开启了西南边疆史上的盛世时期,政治、经济、文化等领域得以空前发展,政治上官员改为流官,经济上矿业、农业、盐业等大兴,文化上儒家思想的广泛传播,可以说皆归功于改土归流后交通的大力开发,内地的治理模式与文化通过开修的交通线输送到边疆地区,边疆的矿石等物产也通过交通线运至内地。

二 雍正朝开修西南边疆交通的尝试

雍正元年(1723 年),高其倬将丽江土府和平改流,但开发西南交通之事尚未提上日程。雍正四年,鄂尔泰拟开发西南交通,却因改流事

---

① 《云贵广西总督臣鄂尔泰谨奏:为奏明事》(雍正七年二月二十四日),张书才主编:《雍正朝汉文朱批奏折汇编》第 14 辑,江苏古籍出版社 1989 年版,第 675 页。

② 《云南巡抚管云贵总督事鄂尔泰奏:为恭谢圣恩,敬陈愚悃事》(雍正四年十一月十五日),张书才主编:《雍正朝汉文朱批奏折汇编》第 8 辑,江苏古籍出版社 1989 年版,第 445 页。

③ 《云贵广西总督臣鄂尔泰谨奏:为敬陈水利并改河道事》(雍正八年正月十三日),张书才主编:《雍正朝汉文朱批奏折汇编》第 17 辑,江苏古籍出版社 1989 年版,第 694 页。

④ 《云贵广西总督尹继善谨奏:为滇粤全河告成事》(雍正十二年七月二十三日),张书才主编:《雍正朝汉文朱批奏折汇编》第 26 辑,江苏古籍出版社 1989 年版,第 721—722 页。

宜而被暂缓。雍正七年，改流已初见成效，"强梁者就擒，懦者归化，业已粗定，只须抚绥，若不及时兴举以计久长，恐日后不无懈驰，又将观望"。① 其中"兴举"便是指开修水陆交通，雍正朝在西南边疆先后尝试开修了云南至广西、贵州、四川的道路以及其他交通线路。

清代西南边疆交通线路的开修顺序不但与改流地域的先后有密切关系，还受西南地利的影响。鄂尔泰在奏折中说："临安属之个旧、金钗坡等铜厂离燕磁硐不过百里余，自省城水路抵晋宁起岸至彼，亦不过三百里余，既与厂地相近，运发铜斤甚易，又离铸局不远，盘运钱文复可省，脚价似此便宜，水道所应急为开修者也。"② 因此，雍正朝为把西南的铜、铅、钱文等尽快运至内地，重点开修了水路，即劳而无功的"滇粤河道"，③ 而乾隆朝则重点开修金沙江水路。清朝虽然对陆路交通也进行了开修，但主要是对旧路进行疏通或扩建。

雍正朝尝试开修了云南至广西的水路交通"滇粤河道"。④ 雍正六年（1728年）冬，鄂尔泰就已开始勘测滇池、海口及金汁等六河并自阿迷州直达粤西大河的水道。雍正七年五月，云南广南府贾秉臣等称自阿迷州八达河的水道"不数月而工已告竣"，鄂尔泰于是"饬发滇、黔、粤三省地方官遍行晓谕，使各商贾知往来贸易之便"。⑤ 从此处看，"滇粤河道"已经轻松完工，实则不然。从鄂尔泰后来在奏折中的推诿辩解可知："原任广南府知府贾秉臣草率粉饰，并未彻底开通，故虽勉强行舟，河路尚属危险。"⑥ "滇粤河道"所经之处，山高水险，粤西属员多称难以开修，委勘数年毫无进展，云南贵广西总督鄂尔泰以及继任

---

① 《云贵广西总督鄂尔泰奏：为新开水道并兴修陆路事》（雍正七年六月十八日），《朱批谕旨》第27册，上海点石斋，光绪丁亥年（1887年），第114页。

② 《云贵广西总督臣鄂尔泰谨奏：为奏明事》（雍正七年二月二十四日），张书才主编：《雍正朝汉文朱批奏折汇编》第14辑，江苏古籍出版社1989年版，第673页。

③ 滇粤河道是指雍正朝开修的从云南阿迷州（今开远）境内的南盘江至广西左江这一段路程。滇粤河道并非全是水路，其中还包括一小段旱路。

④ 详见马亚辉《雍正朝开修滇粤河道始末》，《西南边疆民族研究》2013年第1期。

⑤ 《云贵广西总督鄂尔泰奏：为新开水道并兴修陆路事》（雍正七年六月十八日），《朱批谕旨》第27册，上海点石斋，光绪丁亥年（1887年），第114页。

⑥ 《少保、兵部尚书兼都察院右副督御史、总督云南、贵州、广西三省等处地方军务兼理粮饷、世袭三等阿思哈尼哈番加十二级、纪录二次臣鄂尔泰谨奏：为全滇水利已未兴修，汇叙陈明，仰祈睿鉴事》，《皇清奏议》"汇叙全滇水利情形疏"，日期不详；《雍正云南通志》以"兴修水利疏"名。

的云贵广西总督尹继善等甚为官僚，对此条河道不详加考察，不但不听从粤西属员的建议，还批骂"粤西属员怠顽因循"，而尹继善到任后，又信誓旦旦地说："备考图籍，密访情形，稔知此河水源长远，易于施工，据实估修，所费有限。"并云："计自雍正十一年十二月起，至本年五月，已将全河七百四十余里一律开通。随照贵州、湖广滩河驾驶之麻阳船、鳅船式样成造试行，往返无阻，现在广东之三板船已有载货前来沿河交易，嗣后四方商贾闻风奔凑，财货可以流通，且运铅运钱可省数百里之旱路，滇粤两省受益实多。"① 鄂尔泰与尹继善所言所行，明显是欺上瞒下，只是天高帝远，清世宗难以明察，还不断对此举大为嘉奖，一年后清世宗谢世，更是无人追究。"滇粤河道"的开修是一项规模宏大的工程，"上穷碧落，下及黄泉，人人以为禹、益之功可以立就"。然而数年过去了，无甚进展，"开修时所费甚巨，而夫役之死于压者，死于瘴者，死于病者，殆以万计而不止，而死于溺者亦时有之"。② 雍乾两朝也试图通过此条河道运送铜斤与钱文，结果多是船毁人亡钱失，无奈之下，乾隆四年（1739 年）三月清朝只好将云南省广西府钱局关闭，③ 滇粤河道自阿迷州到剥隘这一段也因此彻底废弃，而从剥隘至广西左江这一段水路却一直在使用，乾隆五十四年时清朝仍然将京铜"运抵宝宁县属剥隘地方扫帮出境"。④ 雍正朝开修"滇粤河道"的尝试最终沦落为一场劳民伤财的历史闹剧。

雍正朝开修了贵州境内和贵州至广西、云南的交通。贵州一些水路由于土司阻截，水路也多不通，改土归流后，有些水路无须修凿，可直接行舟，"如镇远府属苗界之清水江，上达平越府之重安江，下通湖南属之黔阳县，现可行舟，无须修凿，实黔省之大利"。据镇远府禀报："由柳罗行营装米试船，已直到施秉，又用船四十只，令弁役前往黔阳

---

① 《云贵广西总督尹继善奏：为滇粤全河告成事》（雍正十二年七月二十三日），张书才主编：《雍正朝汉文朱批奏折汇编》第 26 册，江苏古籍出版社 1989 年版，第 722—723 页。

② 李春龙、刘景毛主编：《正续云南备征志精选点校》，云南民族出版社 2000 年版，第152 页。

③ 《署理云南总督云南巡抚臣张允随谨奏：为京钱初运已竣，据实奏明，仰请圣恩敕停鼓铸事》（乾隆三年二月十二日），《宫中档乾隆朝奏折》，台湾故宫博物院藏。

④ 《云贵总督臣富纲、云南巡抚臣谭尚忠跪奏，为广西委员办运滇铜扫帮出境日期，循例奏闻事》（乾隆五十四年八月二十六日），《宫中档乾隆朝奏折》，台湾故宫博物院藏。

县买杂粮试运，俱可通达无阻，是此河道计日可以常行矣。"有些河道，稍加疏凿，即可行舟，如"由重安江至都匀府"的河道。鄂尔泰还拟开修都匀府通至粤西的河道，但得先剿灭此处之生苗，"又府属独山州之土司地方亦有河道可通粤西，闻计程七日便可抵柳州，因路经来牛寨生苗地界，向不能通，臣已密行黔粤各官确查路径，先示化导，如或敢拒命，应即剿灭此寨，以通声援"。贵州的陆路交通也得到了一定程度的开修，如"由都匀府至省，现据知府王钟珣勘报，可开宽平大路，堪以行车，既避旧路之险，又近止三站，是急宜兴修者"。雍正朝还拟开修贵州至云南的交通，"至黔省通滇大路，如关岭、盘江等处，实系险途，臣拟由安顺府之安庄另开新路直出，亦资孔宽平，可以行车，且可裁减三驿"。①

雍正十二年（1734 年）还开修了自云南省城至四川高县的陆路交通。雍正四年三月，清世宗就已有对昭通地区土司改土归流的想法，为避免引起该地区动荡而不敢妄动。② 随着事态发展，雍正朝发现对乌蒙、镇雄土司只能动用武力，鄂尔泰遂于十二月命刘起元率军赴昭通地区改流，于雍正八年底基本结束，雍正九年改乌蒙府为昭通府。③ 昭通地区改流三年之后，因生齿日繁，兵马众多，云南巡抚张允随认为"通商裕食实为要图，臣日切筹思，必道路便捷，水利通畅，始足以招商贾而兴农功"，于是开修了自云南省城至四川高县安宁桥之间的道路。当时四川高县安宁桥一带，"商贾辐辏，米价平减，盐布货物贸易颇多"，可缓解昭通物价昂贵之急。据史料载，这条路线从云南省城出发，经沾益、宣威、威宁至昭通，再从昭通至镇雄州属之牛街，进而到达四川高县之安宁桥。开修此路之前，"自省至沾益路皆平坦，牛马车行无阻，惟沾益州属之松林驿起，历宣威、威宁以至昭通，道途险窄，商贾难行……而自安宁桥至昭通计程二十站，脚价甚重，是以百物至昭

---

① 《云贵广西总督鄂尔泰奏：为新开水道并兴修陆路事》（雍正七年六月十八日），《朱批谕旨》第 27 册，上海点石斋，光绪丁亥年（1887 年），第 114 页。

② 《云南巡抚管云贵总督事臣鄂尔泰谨奏：为敬陈东川事宜，仰祈圣裁事》（雍正四年三月二十日），张书才主编：《雍正朝汉文朱批奏折汇编》第 7 辑，江苏古籍出版社 1989 年版，第 13 页。

③ 详见马亚辉《雍正时期昭通地区的改土归流及其归滇事宜》，《昭通学院学报》2013 年第 1 期。

腾贵",而且据昭通府属之镇雄州知州李至详称:"自安宁桥至镇雄州属之牛街小路六站,自牛街到昭通小路七站,仅共一十三站,因年远废塞不通,若开修此路,较大路捷近七站。"张允随闻之,当即拨银兴修,"并于沿途设立塘汛、店房,拨兵招民住坐,以保行旅。现今商贾贩运各物络绎赴昭,一切物价较之往年已减十分之二,而该州采办兵米亦即由此挽运,脚价亦较前节省"。①

此前,鄂尔泰拟开修从"嵩明州之河口,经寻甸、东川由牛栏江达金沙江,周环川江,复抵昭通"的水道,鄂尔泰说"虽工程不易,亦人力所能。现委试用知县以下赵世纶等备细估勘,绘图覆夺,若得川粤江河舟通滇会,则片帆可达吴楚,又不止寻常水利事矣"。② 鄂尔泰的雄心壮志是值得嘉许的,且受到了清世宗的高度赞扬,但其忽略现实而过于乐观的臆想行为注定了"川粤江河舟通滇会"的想法成为泡影。后鄂尔泰调离云贵,张允随任云南巡抚,又奏请开修自嵩明杨林经河口、牛栏江、东川抵金沙江,最后至昭通的通川河道,并云:"如此开浚,庶将来商旅得免跋涉之劳,货物省驼运之费,米粮通行,安澜致庆,实万世永赖之利。"清世宗阅之,远不如支持鄂尔泰那般态度,朱批曰:"好。但此等事,若非深知灼见,不可草率举行,恐徒浪费,复恐为地方年年开浚之累,勉强遮掩粉饰,则无益也。若鄂尔泰之慎重才识,朕实信得。及至于汝等,朕实不敢言其必可行之举也,详慎为之。"③ 清世宗对鄂尔泰之宠信可见一斑。据《张允随奏稿》记载,通川河道有两条,系鄂尔泰与张允随陆续兴修,并投入使用,"一自昭通府北境大关之盐井渡以抵川江;一自永善县之黄草坪以抵副官村,与川

---

① 《云南巡抚张允随奏:为恭奏开修昭郡道路工竣,再请疏开水利,以便商农,以益兵民事》(雍正十二年五月二十七日),张书才主编:《雍正朝汉文朱批奏折汇编》第26册,江苏古籍出版社1989年版,第440—441页。

② 《少保、兵部尚书兼都察院右副督御史、总督云南、贵州、广西三省等处地方军务兼理粮饷、世袭三等阿思哈尼哈番加十二级、纪录二次臣鄂尔泰谨奏:为全滇水利已未兴修,汇叙陈明,仰祈睿鉴事》,《皇清奏议》"汇叙全滇水利情形疏",日期不详;《雍正云南通志》以"兴修水利疏"名。

③ 《云南巡抚臣张允随谨奏:为奏明开浚通川河道事》(雍正九年十一月十二日),《张允随奏稿》(上),参见方国瑜主编《云南史料丛刊》第8卷,云南大学出版社2001年版,第531页。

省之马湖府川江会合"。①

雍正朝存在约 13 年，时间虽短，却开启了一个承上启下的时代，其在西南地区的主要精力用于改土归流，然后才是开发交通、兴办矿业等事，不难看出，开发交通同样是一项承上启下的治边大业，既以改土归流为前提，又为以后西南边疆与内地在政治、经济、文化等领域的交流提供了便利。雍正朝是一个魄力十足，勇于改革的王朝，不但在改土归流中表现非常明显，在西南边疆交通的开发过程中也多有反映，这一点使雍正朝在开发西南边疆的交通中成功与失败并存。

三　乾隆朝开修西南边疆交通的承续

西南边疆交通的开发促进了云南矿业的迅速发展，云南的各种矿产通过新开发的交通线路运至全国各地。② 比如云南至四川的交通线使东川鼓铸业迅速兴起，所铸运陕钱文，可沿云南至四川交通线运送，节省不少工本和运费。③ 鉴于"滇粤河道"的"开通"，云南督抚又"于广西府城建局，设炉九十四座，每年鼓铸钱三十四万四千余串，由广南一带新开河道，经历粤西、湖南、湖北等省转运至京"。④ 类似的记载在清朝奏折中是很多的，限于篇幅不再列举。雍正朝存在时间虽短，影响却很深远，不只限于矿业，还表现在政治、文化、农业、移民等多个领域。⑤ 目前历史学者的研究多是从交通与经济互动的角度进行的研究，而未考虑到西南边疆改土归流这个最重要的前提，没有雍正朝的改土归

　　① 《署理云南总督云南巡抚臣张允随谨奏：为备陈滇省水利情形，请定官民疏浚之例，以重岁修事》（乾隆二年闰九月十九日），《张允随奏稿》（上），参见方国瑜主编《云南史料丛刊》第 8 卷，云南大学出版社 2001 年版，第 563 页。

　　② 高宏：《清代中前期云南铜矿的开发及对交通的影响》，《边疆经济与文化》2007 年第 8 期。

　　③ 《云南巡抚臣张允随谨奏：为奏闻事》（雍正十二年七月二十四日），《张允随奏稿》上册，《雍正朝汉文朱批奏折汇编》第 26 册，江苏古籍出版社 1989 年版，第 730—731 页。

　　④ 《署理云南总督云南巡抚臣张允随谨奏：为京钱初运已竣，据实奏明，仰请圣恩敕停鼓铸事》（乾隆三年二月十二日），《张允随奏稿》（上），参见方国瑜主编《云南史料丛刊》第 8 卷，云南大学出版社 2001 年版，第 569 页。

　　⑤ 章青琴：《清代云南交通的发展及其对商品经济的影响》，《大庆师范学院学报》2006年第 6 期。

流，开发西南边疆的行动或将成为空谈。由于西南边疆给清朝政府带来的巨大利益，清高宗继位后，很大程度上沿袭了雍正朝治理西南边疆的思想和政策，其中之一就是继续大力开发西南边疆的交通线路，当然也有在西南边疆的改土归流。

乾隆朝同样注重西南边疆的交通建设，着重开修了自云南东川府至四川泸州的滇川河道，这条河道其实也包括一部分旱路。乾隆二年四月，清高宗令云南总督尹继善"悉心筹划通粤、通川水利，及时兴修，要须因地制宜，事可谋成，断不应惜费。如难奏效，亦不必强作"。云南督抚也考虑将四川盐米运至云南，将云南铜铅等物运至四川，实现滇川两省舟楫相通，食货转运，于是派昭通镇标游击韩杰招募谙练水手，打造小船，并编木筏，雇带石匠、画工，选领弁目，酌给盘费，查勘通川河道。韩杰自乾隆四年八月二十日起程前往，十一月十八日自重庆逆流查勘，于乾隆五年三月二十六日回滇，得情报如下："自汤丹小江口起，至新开滩止，计水路一千三百二十三里，大小八十五滩；又自小江口至汤丹厂相近之卑冲塞，水路一百五十里，开明应修滩形、里数、丈尺，绘图造册呈缴。"这段水路"有巨石亘于水中，应凿去者，有石壁横挡水势，难于开凿；应修纤路者，有纤路难修，应就石壁凿眼，穿以铁链拖挽作牵者；有现拉旱坝，应凿水嶆方可行舟者，虽崎岖险阻，要皆人力可施，堪以化险为平，以资利济。惟沿江一带人烟稀少，募匠设厂，远运米粮，工费浩繁，约需数十万金等情"。乾隆五年闰六月云南督抚将查勘情况详细上报。[①] 大学士、鄂尔泰等遵旨议奏，清高宗阅后朱批："依议。"[②]

滇川河道的其中一段便是金沙江水路。关于金沙江水路的开修，已有学者做过研究，但对具体的开修过程依然多有叙述不详之处。[③] 云南

① 《奏为详陈酌筹开修通川河道水利情形事》，档号 30 - 0341 - 002，缩微号 30 - 021 - 2713，中国第一历史档案馆藏。

② 《奏为遵旨会议云督庆复等奏开凿东川府以上通川河道事宜，耗费虽繁，悉民久远，请动帑兴办事》，档号 05 - 0083 - 015，微缩号 05 - 006 - 2067，中国第一历史档案馆藏。

③ 羊枣：《清初金沙江航道的开凿工程与航运效益》，《曲靖师专学报》1992 年第 1 期；羊枣：《清初金沙江航道开凿的背景与争论》，《曲靖师专学报》1992 年第 3 期；任均尚、万世芬：《张允随对乾隆年间金沙江航道整治工程的管理》，《曲靖师范学院学报》2003 年第 2 期；蓝勇、金兰中：《清乾隆〈金沙江全图〉考》，《历史研究》2010 年第 5 期。

督抚自乾隆五年十一月起，先将金沙厂以上至小江口一带水势滩形一面查勘，一面试修。因上游各滩查勘需时，而各处夫匠亦难克期调集，始于本年二月兴工，计陆续试修蜈蚣岭、安吉等十滩，旋因水长瘴发，于是停工。张允随悉心筹酌，将开修金沙江水路分上、下两游办理，以节省时日。自小江口至金沙厂 673 里为上游，自金沙厂至新开滩 646 里为下游。上游一带工程饬交原委查勘之道府宋寿图、陈克复总理承修，曲靖府知府董廷扬，同原勘之游击韩杰总理下游承修事务。清高宗对此还是比较支持的，朱批："虽费帑金，将来必收其利。"① 乾隆六年十月十九日，水路上游图册已经绘制完成，张允随已派专员前往上游一带按图逐加核对，俟下游勘毕，再将全江滩形、工费一并造册，恭呈清高宗。② 至乾隆七年二月，金沙水路"惟大关所属之黄角槽、龙门石、大石、新滩、离梯埂、打扒沱新滩、碛石、灶孔、大白龙及川省之九龙滩、马三挡、串龙门等十一滩，水势陡险"外，其余河段已基本修通。③ 然而金沙江滩险水急，开修一事远非云南督抚所想象之容易，清高宗于是"著川陕督臣尹继善与臣（线允随）会同都统臣新柱"三人觌面会商。④ 会商结果是"上游蜈蚣岭等各险滩非人力所能开凿"，只得"改修旱路"。⑤ 据署云南总督云南巡抚张允随的奏疏记载，乾隆七

---

① 《署云南总督云南巡抚臣张允随谨奏：为奏明筹办开凿金沙江上、下两游工程事宜，仰祈睿鉴事》（乾隆六年八月初六日），《张允随奏稿》（上），参见方国瑜主编《云南史料丛刊》第 8 卷，云南大学出版社 2001 年版，第 609 页。

② 《署云南总督云南巡抚臣张允随谨奏：为奏明事》（乾隆六年十月十九日），《张允随奏稿》（上），参见方国瑜主编《云南史料丛刊》第 8 卷，云南大学出版社 2001 年版，第 617页。

③ 《署云南总督云南巡抚臣张允随谨奏：为奏明增修新疆河道、陆路，以通商旅，以裕兵民事》（乾隆七年二月十七日），《张允随奏稿》（上），参见方国瑜主编《云南史料丛刊》第 8 卷，云南大学出版社 2001 年版，第 621 页。

④ 《署云南总督云南巡抚张允随谨奏：为恭报微臣遵旨起程前赴金江，会同相度机宜事》（乾隆七年七月十五日），《张允随奏稿》（上），参见方国瑜主编《云南史料丛刊》第 8卷，云南大学出版社 2001 年版，第 637 页。

⑤ 《署云南总督云南巡抚张允随谨奏：为奏明遵旨会勘，酌议具奏事》（乾隆七年十月初二日），《张允随奏稿》（上），参见方国瑜主编《云南史料丛刊》第 8 卷，云南大学出版社 2001 年版，第 640 页。

年十一月十七日"试运京铜既已全数运抵泸州，则是河道通顺著有成效"。① 但这并不能说明金沙江通川河道已然完成，"乾隆八年三月止，上游各滩业已疏凿完竣，试运京铜安稳无虞，今冬即应开修下游"。至乾隆九年正月，下游六十四滩两岸高低纤路及各险滩盘路才开修完竣，"买运川米船只及客商贩运盐米货船沂流上运者源源不断，舟人牵挽得力，并无损失疏虞，莫不欢呼踊跃，感诵皇仁"。金沙江上游开修完成后，铜运"自上年冬季由汤丹厂小江口开运起，至本年正月底，水运至绿草滩者共六十六万一千余斤，又自横木滩开运起，水运至河口滩者共十万斤有零"。② 乾隆十年五月，张允随才正式奏报金沙江下游工程完竣。③ 当然，金沙江水路开修工程到此远未结束，后续还有一系列的"滩身船路及纤路、盘路均需修浚开凿"。④ 为保铜运畅通，乾隆朝还在金沙江沿线安设水站。⑤

金沙江水路的开修，貌似起到了显著效果，据记载，"疏凿以来，川省商船可抵上游之滥田坝等处，是以昭、东两府米、盐价值渐平，铜运亦多节省"。⑥ 事实上，这段水路下游用于航运尚可，而上游却难以行舟，"自新开滩以上至黄草坪，尚属有益，其余上游四十余滩，实系难行"。张允随将"停开之十五滩冒昧奏请开修，以致糜费帑项，咎实难辞"，受到了其他大臣的弹劾与清高宗的惩戒。⑦

---

① 《署云南总督云南巡抚张允随谨奏：为奏明试修大关河道，京铜运行无阻，请借项兴修，以利新疆事》（乾隆七年十一月十七日），《张允随奏稿》（上），参见方国瑜主编《云南史料丛刊》第 8 卷，云南大学出版社 2001 年版，第 643 页。

② 《奏为恭报开修金江下游工程情形并上游运铜数目事》，档号 01 - 0114 - 040，缩微号 01 - 018 - 0689，中国第一历史档案馆藏。

③ 《云南总督兼管巡抚事臣张允随谨奏：为恭报金江下游工程完竣，仰祈睿鉴事》（乾隆十年五月二十七日），《张允随奏稿》（下），参见方国瑜主编《云南史料丛刊》第 8 卷，云南大学出版社 2001 年版，第 670—671 页。

④ 《奏为接修金江下游滩工事》，档号 01 - 0114 - 038，缩微号 01 - 018 - 0674，中国第一历史档案馆藏。

⑤ 《云南总督兼管巡抚事臣张允随谨奏：为陈明金江铜运安设水站缘由事》（乾隆十四年四月初三日），《张允随奏稿》（下），参见方国瑜主编《云南史料丛刊》第 8 卷，云南大学出版社 2001 年版，第 750—751 页。

⑥ 同上书，第 750 页。

⑦ 《云贵总督臣张允随谨奏：为臣咎难宽，天恩罔极，恭折奏谢，俯沥愚忱事》（乾隆十四年八月十二日），《张允随奏稿》（下），参见方国瑜主编《云南史料丛刊》第 8 卷，云南大学出版社 2001 年版，第 758 页。

其他云南通川道路的开修也在同时进行。从乾隆六年至乾隆九年，乾隆朝还开修了自滇省昭通府境内由盐井渡以达四川叙州府安边塘的河道。① 西南边疆的交通虽然经过了大力开发，依然不能满足滇铜、黔铅等物产往内地输送之需，乾隆朝又拟开修其他道路。张允随听闻威宁转运京铜之鲁甸通判金文宗称："查得四川叙州府珙县所属地方，有罗星渡河一道，直通叙州府之南广洞，计水程五站，与镇雄州接壤，居民常以小舟逐段盘运货物，因水急滩高，重载难于上下，若将滩石加工修凿，自威宁至水次，可省陆路三站。请查勘开修，将一半铜一百五十八万二千八百六十斤由此路运抵罗星渡，雇船运至南广，盘上大船，转运泸州，其余一半仍由威宁运抵永宁，则马匹往返迅速，脚价亦可少省等情。"② 于是立即委派粮储道宫尔劝办理威宁分雇驮脚事竣，前往罗星渡，将水陆道路逐一查勘。之后张允随认为此事可行，遂奏请开修。乾隆十年五月奏报开修完毕。③

交通开发是一项非常长久的工程，即使同一个方向的交通也是在不断开辟新的线路，同时维护和拓宽旧有的线路。如从东川至昭通的水陆交通早已开修使用，但至乾隆十六年闰五月时，云南巡抚爱必达又奏请"于东川至昭通一路开路修桥，设立牛站，以速铜运，以收实效"。④ 另外，在清朝奏折中也常有对西南边疆的桥梁、陆路、水路等进行维修的记载。

乾隆三十三年六月，正是清缅战争期间，云南督抚阿里衮和明德奏请开修了自省城至永昌（今云南保山）的道路。云南省城至永昌，路途遥远，多系崇山峻岭，坡坎陡险，向来因非通衢大道，并未动项修

---

① 《云南总督兼管巡抚事臣张允随谨奏：为恭报开修盐井渡通川河道工程完竣，铜运坦行，商货骈集，克收成效事》（乾隆九年十一月十六日），《张允随奏稿》（下），参见方国瑜主编《云南史料丛刊》第 8 卷，云南大学出版社 2001 年版，第 665—666 页。

② 《云南总督兼管巡抚事臣张允随谨奏：为请开修川省接壤滇境河道，分运威宁铜斤事》（乾隆九年十一月十六日），《张允随奏稿》（下），参见方国瑜主编《云南史料丛刊》第 8 卷，云南大学出版社 2001 年版，第 664 页。

③ 《云南总督兼管巡抚事臣张允随谨奏：为恭报开修罗星渡通川河道工程完竣，分运京铜事》（乾隆十年五月二十七日），《张允随奏稿》（下），参见方国瑜主编《云南史料丛刊》第 8 卷，云南大学出版社 2001 年版，第 671—672 页。

④ 《奏请于东川至昭通开路建桥、设立牛站，以速铜运事》，档号 04 - 01 - 35 - 1248 - 006，微缩号 04 - 01 - 35 - 060 - 3138，中国第一历史档案馆藏。

理，年复一年，残缺甚多。乾隆十一年虽经云南前督抚明瑞、鄂宁先后饬令地方官随时修整，但这些小粘补，旋修旋坏，后因兵事由此路运粮，至永昌时粮草已耗费近半。有鉴于此，阿里衮、明德奏请修缮，"于本省及邻省派赴滇省办差官员内，择其干练者，分段派委趱修，务期一两月内修治完竣，庶粮运不致迟误，而文报、差务亦多省马力矣"。清高宗朱批："甚属应办之事，即速行妥办。"① 十一月时，又奏请开修了永昌至腾越路段以及建造了腾越州的龙江铁索桥。② 乾隆三十四年十月，明德又奏请增扩潞江渡口，此处系永昌通腾越、龙陵及各土司地方之要津。③

雍正朝改土归流后，于雍正八年（1730 年）在云南设置了迤东、迤西两道，④ 因而交通开发的主要区域也是云南的东西方向。云南南部相对而言土司众多，乾隆朝前期，南部地区改流依然继续，有许多土司尚未改流，所以清朝对该地区交通的开发要较其他地区晚些。由于改土归后滇省直辖版图南扩，乾隆三十一年（1766 年）八月初十，大学士管云贵总督杨应琚与云南巡抚汤聘疏请在云南添设迤南道，⑤ 清朝才开始了对滇南地区的大规模开发，滇南方向后来出现一条迤南大道。

四　余论

综上所述，雍乾两朝对西南边疆交通的进一步开发有以下特点：首先，开发交通必先改土归流，否则交通沿线多为土司、生夷阻隔，无法进一步开修；其次，雍乾两朝开发交通的主要目的是尽西南之"地

---

① 《臣阿里衮、臣明德谨奏：为运粮道路倾颓难行，仰恳圣恩动项修理，以免贻误事》（乾隆三十三年六月十九日），《宫中档乾隆朝奏折》，台湾故宫博物院藏。
② 《臣阿里衮、臣明德谨奏：为请修最要之桥道，以利兵行，以资粮运，仰祈圣鉴事》（乾隆三十三年十一月初一日），《宫中档乾隆朝奏折》，台湾故宫博物院藏。
③ 《奏请将闲款置买田地取租，以为潞江渡岁修及工食之用事》（乾隆三十四年十月十三日），档号 36－0025－030，微缩号 36－001－2664，中国第一历史档案馆藏。
④ 迤东、迤西、迤南道并非行政区划，在此纠正。详见杨永福、马亚辉《清代云南"三迤"设置考述》，《文山学院学报》2014 年第 1 期。
⑤ 《滇省版图愈扩，奏请添设迤南道，裁改永北府事》（乾隆三十一年八月初十日），《宫中档乾隆朝奏折》，档号 01－0263－015，缩微号 01－036－2619，中国第一历史档案馆藏。

利"，以通商旅，以裕兵民，① 缓解交通沿线的物价，节省铜、铅、盐等运送内地的费用，但滇缅道路的开修主要是因为乾隆朝的征缅之役，而迤南大道的形成则是由于清朝直辖地域向南部的拓展；最后，雍乾两朝的交通开发是水陆并举，但重点是水路，主要是滇粤河道和金沙江通川河道。雍乾两朝通过交通开发加强了西南边疆与内地的联系，不但把滇铜等矿产运至内地，还把内地的治理模式输送到西南边疆，使其政治、军事、经济、文化各个领域日益等同于内地。雍正朝的改土归流是西南边疆发展史上的一个"分水岭"，此后随着交通线的进一步开发和延伸，西南边疆进入了快速发展时期。

（作者系历史学博士、民族学博士后，百色学院历史人类学研究所副研究员、硕士生导师，文山学院人文学院客座教授）

---

① 《署云南总督云南巡抚臣张允随谨奏：为奏明增修新疆河道、陆路，以通商旅，以裕兵民事》（乾隆七年二月十七日），《张允随奏稿》（上），参见方国瑜主编《云南史料丛刊》第 8 卷，云南大学出版社 2001 年版，第 620—622 页。

民间信仰与乡村和谐社会的构建

——以广西左江流域为例*

黄新宇

【摘　要】广西左江流域民间信仰丰富多彩，文化内涵深刻，祭祀仪式繁复虔诚，具有浓厚的农耕文明特征，主要有土地神信仰、官板信仰、花婆神信仰、祖宗信仰等，其对乡村和谐社会的构建所起到的濡化、涵化作用世代传承，对乡村社会具有激发、维持和塑造群体心灵、宗教信仰以及形成族众力量的凝聚力、向心力。其信仰成为族众人生价值的导向，道德伦理的范式，为人处世的禁忌与操守等，共同构建和谐、友好、可持续的乡村社会对祖国西南边陲的和平、稳定具有文化心理、民族心理等方面的基础性促进作用。

【关键词】左江流域；民间信仰；乡村社会

一　左江流域及其民间信仰

左江流域指的是广西左江及其支流所遍布的区域，从地理涵括的位置上来看，主要包括源头所在的越南北部高平省以及我国的凭祥市平而河一带，其后包括流经的凭祥市、龙州县、宁明县、江州区、扶绥县等，之后汇入南宁市的邕江，最后进入西江、珠江而入南海。因此，从

＊　本文系广西壮族自治区民族教育发展专项课题"左江流域壮傣族群民间信仰传播研究"（项目编号：2016MSXXK07）阶段性成果。

地理上来看，左江流域即包含越南北部及中国广西西南部的接壤部分，其中大部分在中国境内，也即在中国西南边陲通往陆路东盟的交通枢纽地带上，为中国进入东盟各国的陆路大通道。

自中国—东盟自贸区建设以来，左江流域再次成为一片热土，境内有凭祥保税区，在龙州、凭祥、宁明建有水口、浦寨、爱店等一级口岸3个，二级口岸4个，另有边贸互市点13处，中越乃至东盟各国往来其间，经贸发展频繁，人员互访日趋常态化，文化交流合作司空见惯。正是因为自古以来跨境跨国的地理特性，使左江流域的民间信仰、民间习俗、神灵祭祀、民俗文化、族群文化心理、民族思维等具有西南边疆特性和异域风情等特点。同时，左江流域在千百年的历史演变延传中，在内陆性农耕文化及文明中，其民间信仰既具有从中原传入的汉文化色彩，又具有当地壮傣世居族群自身的特征，还存在中越跨境跨国同根生民族的复杂性。左江流域绝大部分为内陆山地，多高山少平地，历史上以农耕、狩猎为主，因此其民间信仰、族群文化带上深刻的农业文明印迹，宗族观念浓厚，宗教仪式繁杂，文化内涵丰富，有各式各样的神灵祭祀活动和仪式，其民间信仰深入人心，各种禁忌和伦理道德含有特定的族群要义和作用，规范着乡村社会进程的顺利延续、发展，约束村民的言行举止，对其人生观、价值观、世界观的规约，起到启蒙、习得、延传的作用，对其伦理道德以及人生信仰、宗族维系、神灵观念、家族意识等都产生化育、教化、规约的作用，并相应地产生与之相适应的民间信仰，并延传到信息化、国际化、区域化的当今时代，如土地神信仰、官板信仰、花婆神信仰、祖宗信仰等，共同构建了乡村社会的和谐，具有增强族众个体的安全感以及凝聚社会群体的功能。①

左江流域民间信仰丰富厚实，绚烂多姿，内涵深刻，在漫长的历史发展演变进程中，既有中原汉文化的元素存在，如土地神信仰、花婆神信仰、祖宗信仰等，具有中原文化以及周边汉文化的色彩与痕迹，同时部分信仰又具有左江流域以当地壮族为主体的少数民族文化特征，如官板信仰，即村寨守护神信仰。这些民间信仰在长期的延传过程中，在历时性与共时性的传播化育过程中，形成独具西南边陲的民间文化、民族

---

① ［英］马凌诺夫斯基：《文化论》，费孝通译，华夏出版社 2002 年版，第 53 页。

文化、族群文化，并塑造乡村民间族众的习俗规约，指导其日常行为举止、思维向度、价值观念、伦理道德、人生信条、宗族观念、族群心理等，为构建乡村和谐社会打下文化习得的基础，作为孩童启蒙教育铺垫并化育了村民朴素的人生观、价值观、世界观，使其遵守千百年来在民间信仰中形成的俗信、不成文教义、教典和禁忌。有助于维护乡村社会的和谐、稳定、友好局面，形成重人伦、重伦理道德，重家族、宗族观念的乡村习俗文化；同时也强化了边民的族群意识、民族意识、家国意识、国民认同等，共同维护西南边疆的和谐与稳定。

至今，左江流域民众族、宗、亲的观念依然浓厚、强烈，正如本尼迪克特所说的，"在中国，甚至目前，一个人还必须对其庞大的宗族尽忠。……中国幅员辽阔，各地的情况有所不同，但在大部分地区，任何一个村庄里的人都同属一个宗族。……拥有同一姓氏的人在某种程度上都认为彼此同属一个宗族"。① 在乡村社会里，每个宗族都有代代相传的规约，并用以指导其子孙后代的思维及言行，同时作为其人生启蒙自小习得。正因如此，左江流域至今还存在大量的如此现象：一个屯几十户人家同为一个姓（小宗），甚至同一个村十几个屯数百户人家数千人口全为同一个姓（大宗），因此形成了不以个人而是以团体（宗族）为重心的"团体文化"现象，致使村民对于他人的存在格外敏感。② 同样，乡村社会形成由血缘和熟人关系组成的内陆乡村文化，这种农耕国民生态环境使其产生"熟人经济"，形成牢固的利益团体，在熟识的圈子中互助互爱，并维护乡村的和谐与稳定。因此，在丧葬、婚嫁、起屋、祝寿、祭庙等个人、家族大事中所展现的习俗及民间信仰，村民生怕在同村同屯人面前失面子，担心违祖训，犯禁忌，触众怒，担心成为众矢之的，从而难以在乡村立足并自觉维护规约。在漫长的历史进程中，左江流域土地神信仰、官板信仰、花婆神信仰、祖宗信仰等成为族众的主要信仰，得到大众的积极认可、接纳、祭拜，成为共同规约、俗信、禁忌乃至道德戒律，并在日积月累的活动仪式及信条化育下，共同

① ［英］鲁斯·本尼迪克特：《菊与刀》，黄学益译，中国社会科学出版社2008年版，第40页。
② 李亦园：《人类的视野》，上海文艺出版社1996年版，第203页。

构建了和谐的乡村社会，并展示出顽强的生命力和传播张力，成为当地乡村民间信仰文化的载体，成为村民在生产、生活和心理活动中的重要角色，并在日常习得中起到了凝聚群体力量，进而自觉维护边疆的和谐与安宁。

二　左江流域四种主要民间信仰

左江流域在秦汉前后称骆越、西瓯、乌浒等，秦始皇统一岭南后设置桂林、南海、象郡三郡，其中桂林、象郡府治即为现今的广西辖地。据专家考证，象郡郡府所在地即为今日的江州区，如属实则说明左江流域崇左市范围内为象郡故地。东汉建武十七年（公元41年），马援将军南征，其从中原地区带来的军队曾驻扎龙州、凭祥等地。据《龙州纪略》记载，马将军"师至粮绝，（班）夫人倾储以助，遂获济凯旋"。① 班夫人为左江流域壮族女子（史载为凭祥人氏），正因为得到她的大力帮助，马援将军才打败了交趾征侧、征贰的叛乱。至今，在左江流域的龙州、凭祥、宁明、大新等地还留有多座伏波庙（纪念马援将军）和班夫人庙，民间有大量的有关伏波将军和班夫人征战西南、平叛安南的故事传说。在与越南北部接壤的龙州县金龙镇的民间道公巫师经书中还有关于刘邦、项羽、张良、陈平、萧何、韩信等帝王将相事迹的大段详细叙述，如楚汉相争、张良献计、刘邦建国、韩信被诛等，但经文中却无一丁点的三国两晋南北朝及其往后历史的描述，相当于秦汉断代史。可见，左江流域在秦汉时代已有中原汉文化的传入，因而其民间信仰也带有部分中原文化及周边汉文化的色彩及元素，同时也具有其自身的边地少数民族特别是壮民族文化特征，如古王开山垦荒，先民弃巢下地，巫婆求雨救灾以及官板信仰等，具有较浓厚的本土特色。左江流域土地神信仰、官板信仰、花婆神信仰、祖宗信仰四种主要的民间信仰，千百年来在边民的群体道德规约、族群观念、宗族心理、禁忌文化、群体凝聚，在增强认同感、归属感等方面维持延续，起到了维护边境安宁与乡村和谐的作用。

---

① （清）《黄誉龙州纪略》（卷下），嘉庆八年刻本。

（一）土地神信仰

土地神是古代农业社会神灵崇拜意识的产物，也是我国及东南亚部分国家民间信仰中的一个重要神祇，其影响广泛，遍及城市乡野，有人烟之处皆敬土地。[①] 土地神信仰则主要是村民自发对村落周围土地神灵的一种敬畏、崇拜及信仰，村民认为，每个屯都有一个土地神在保佑村民的安康，守护本村寨人畜，守护田地、山林、水塘等一切跟土地及土地产出的植物。在左江流域，几乎每个屯都有一座土地庙，寺庙里有神像、牌位、供桌、香火炉等，平日里较少有香火和祭品供奉，多数是正月初一、初二在部分村寨举办祭祀庙会，届时举行隆重的祭拜活动；农历每月的初一和十五也有部分村民自发到寺庙里去烧香供奉糖果、酒菜等祭品。

左江流域自古以来都是农耕经济，主要以农耕、渔猎、养殖为主，在日常劳作中，村民高度依赖土地，与土地的联系极为密切，土地产出关系到民众的生死存亡、血脉延传、代际传播，由此而产生对土地的崇拜、信仰及感恩。在部分岁时年月，如正月初一、初二，农历每月的初一、十五，以及少数特殊年景，如连续大旱或暴雨成灾时节，村屯里主持土地神祭祀的道公、巫师就要召集村民商议举办祭神活动，并分配各家各户如何出钱出力等事宜，并决定日期、时辰、流程、游行路线等具体事务。届时全屯民众将出资购买一头大肥猪，将其宰杀，并把猪头供到土地神牌位前，在猪鼻孔中插入香火。期间道公、巫师带领众徒弟在庙前席地而坐，一字排开，齐口念诵经文，祈祷上苍恩赐保佑，降福生灵以求物阜年丰、人畜平安、四季兴旺。在某些年份遇到屯里人频繁非正常死亡或大量身故，也要举办土地庙会祭祀。如 2013 年 10 月，在 LZ 县 SK 镇 HP 村 BH 屯有三个青壮年意外离奇死亡，另有青年车祸身故，一个两岁婴儿落水夭折，引起族众极大恐慌，认为多年不举办大祭，致使土地神怪罪责罚，通过灾异降下灾难警告民众，于是村民商议请道公作法镇邪。村民认为，通过道公、巫师等神职人员的法事祭拜，能够与神灵沟通，能够把人间疾苦传达给村屯的守护神，通过虔诚的祭

[①]　潘国英：《南方民间的土地神信仰》，《东南文化》1998 年第 4 期。

拜以及丰厚的祭品供奉感化土地神灵，令其在玉皇大帝面前多为老百姓说好话，赐福降安，停止灾难，并惩治恶鬼、厉鬼等妖魔鬼怪，使村民生活安康顺意。

左江流域土地庙多数坐落在村庄边上，距离村民住宅不远，但又不能离民居太近，否则就会打扰其清净。多数土地庙都较小，大多在一百平方米以下。在左江流域，村民对于土地庙有较多不成文的禁忌和规约，如不能在寺庙及其周边大小便、吐口水、说脏话、扔垃圾、焚烧山林等，不得有不雅的行为，不得随意移动、翻修其固定物体，也不能砍伐其周边大树、老树等。至今，在庙里的糖果、酒肉等祭品从未有人敢私自偷拿。在日常生活以及举办各种集体活动的过程中，村民都能自觉维持秩序，主动参与，敬畏有加。2005 年春节，在龙州县 JL 镇 BC 村 BM 屯，有外地客商来参加侬峒节期间，看中村头一棵三人合抱的老岘木，愿意出资高价采购，被屯长严词拒绝，并指出无人可以私自对其进行处置和破坏，任何破坏者及其家族、宗族都会遭受天降灾祸，并在土地神的审视下接受全体村民的道德谴责和监督，其日后将难以在村中立足。

在乡村社会，一个人、一个家族能够和周边的村民和谐相处，世代为邻，靠的就是日常良好的道德品质和诚实守信的为人处世原则，并通过口口相传而确立，"人的存在是通过自我感知的直觉和与他人的传播得来的"。[1] 在村里，交际圈狭窄，大家彼此熟识，因而极为看重他人对自身的评价与议论，一个人在社会化的过程中，自己在他人心目中的品质地位与其信守风俗习惯、宗教禁忌呈正相关关系。因此，为了能长久立足于村寨，为了宗族安康，为了群体和谐，不能随意萌动私心邪念，不能破坏祖祖辈辈流传下来的俗信。"一切社会制度或习俗、信仰等的存在，都由于它们对整个社会有其独特的功能，也就是说，对外起着适应环境、抵抗能力，对内起着调试个人与个人、个人与集体之间关系的作用。"[2] 虽然这些禁忌未有明文规约，也未能成为官方律法，不

---

① 陈卫星：《传播的观念》，人民出版社 2004 年版，第 72 页。

② ［英］拉德克利夫—布朗著：《社会人类学方法·译者中文版初版前言》，华夏出版社 2002 年版，第 121 页。

具有法律的严肃性和强制惩治手段，但村民生活其中，自小从祖辈、父辈身上习得禁忌俗信，族众都自觉信守，成为其灵魂深处的"习惯法"。同时，这些民间习得流传上千年，部分内容看似无理，为"封建迷信""愚昧意识"，但在实践中却存在较多的合理、科学、和谐的成分和逻辑。如不砍大树、不乱扔垃圾、不随地大小便、不乱吐口水等行为，在客观上起到保护环境、教人向善、文明有礼、保护植被、减少疾病等作用，促进了人与自然的和谐，致使自我与他人友好相处，促进乡村社会的和平安宁，自动构建起乡邻和谐关系，使其在道德也即精神规约的坚守中延续传播中华优良文化与文明，注重心灵的"契约"束缚，甚至在部分时段比官方的律法律令更具有约束力和震慑作用，从而将其背后隐藏的族群文化内涵、族群思维、民众文化心理、宗脉传承、族群心理、团体协作以及精神信仰、道德习得等，作为一种内心的精神操守延绵一代又一代。或许，从另外的角度来思考，中华文明能够延传至今不断绝，应得益于中国人自古以来注重对道德、精神、灵魂、信仰等更为久远深刻的心灵模塑进行教化、传习、规约及默契化育，并非像古代西方只注重物质创造而忽视精神延传，从而如同其他三大文明古国一样导致文化断裂、失传、消亡。

左江流域历来是农耕渔猎社会，土地与民众的生活息息相关，相互联系紧密，其在族众的生产、生活乃至生存中占有极为重要的地位。从当地的民间信仰看到，乡村居民与自然、生态和谐共处，其观念系统、行为模式、风俗习惯，乃至群体信仰、风俗禁忌、伦理道德、民间文化、精神特质等一系列的文化习得与思维观念对族众灵魂的模塑价值，对于当代学人追溯当地居民如何在千百年的历史进程中进行社会整合、控制、力量凝聚、社会认同和交往，探究土地神信仰背后起到了怎样的文化共识、国民认同、爱国固边、精神慰藉、心理调适功能以及道德规范功能，都值得我们在急剧变化的信息化、全球化、区域化时代思考。

（二）官板信仰

"官板"是左江流域壮族民众对村寨守护神、保护神壮语的音译，"官"含有管理、官员、官职等含义，"板"就是连片、成片村屯、村寨的意思，官板就是管理、保护村寨平安幸福的神职官员，相当于民间信仰中阴间的村官。官板信仰则是左江流域壮族民众对村落守护神、保护神的信仰、崇拜。在左江流域乡村大众的信仰意识里，官板栖息在村寨周围的大树、老树上，日夜照看、审视村民的生活起居，保佑人畜平安，防范族众遭受孤魂野鬼、妖魔鬼怪以及各种意外灾难的侵扰。在左江流域，绝大多数村寨周边树木成荫，花草繁盛，环境优雅，房舍有序。至今，村民依然不砍村边大树、老树等信仰观念，也不得在这些大树、老树下丢垃圾、倒脏水、说脏话、大小便、吐口水、动土垦荒以及出现被认为有伤风败俗的不雅言行，否则就会引发人神共愤、天怨人怒，甚至造成家族灾难，同时也会激起整个村庄民众的愤怒乃至矛盾冲突。

左江流域乡村民众对村寨周边大树、老树，甚至是对老藤都存在一种敬畏、敬仰、崇拜等心理，认为其能够生长数百年上千年，必定是神灵附身，并被赋予灵性，已经由普通的植物修炼成仙成精，官板也就自然选择其作为栖息处所，如同上了高寿的老人一样理应得到特别关照。20 世纪 80 年代末，在 DX 县 SK 镇 BM 屯就发生一起民间闹剧，村民 NJB 上山烧林垦荒期间，误把一根有上百年历史，俗名叫"鸡血藤"的古藤砍断，而这根老藤正好东西两头横跨在村头的"龙脉"泉眼边上，荫蔽全村甘泉。据老人说，这根古藤已超过五百年，其在被砍断后滴下红色汁液，染红了泉水，七天七夜方才停止。村民知息后，谣言四起，引发了群体恐慌、震怒，全屯人对 NJB 一家进行集体孤立、轻视，老人们更是将屯里最近发生的怪异事件归咎于 NJB 的恶行上，将人畜所有不顺事故联系到 NJB 头上，甚至把灵异、怪异事件当成神藤怪罪的征兆。最终迫使 NJB 一家公开在全屯族众面前道歉、谢罪，并出资请道公举办隆重的祭拜仪式，跪求谢恩，将断藤伤口包扎，方才逐渐平息众怒，但在其后较长时间内，村民对 NJB 一家都存有戒备和敌视心理，致使其全家在村里成为另类，长时间抬不起头。从科学、客观的逻辑上分析，该事件并无太多实证依据，鸡血藤为多汁植物，其汁液本是淡红色，也正因此才有"鸡血"的俗名。但从另一个侧面来看，村民的行为及民间信仰也表明其尊崇老人，敬畏自然生态，守护神灵居所，自觉保护水源，心中存在清规戒律和信仰，并深植到灵魂之中，在客观现实的实践上，也存在美化人居处所，净化空气，涵养水源，养护植被，保护环境等作用，进而尊敬老人，善待长者，维护和睦共处的人居环境。

村民一代又一代以民间信仰的风俗进行教育，从而使下一代自小习得人伦规约及道德习俗，并在灵魂深处坚守祖辈延传的宗教信仰和禁忌习俗，净化族众产生违法乱纪的私心杂念，维系族众的宗族观念、群体利益、价值认同、道德约束、心灵需求和精神生活等，阻止其发生歪门邪道、犯上作乱、作奸犯科，使其在千百年来村寨共有法则的约束下对公共生存的社会生态环境和既存生活秩序进行保护、延续。表面上看，不砍村落大树、老藤等仅仅是一种普通的日常生活世相，在其背后却隐含了壮族乡村民众的生存法则和文化意识，也展示了其地域居民一代代延传的宗教信仰和心灵追求。事实上，民众在对神灵、俗信的虔诚崇拜过程中，已在心灵深处把个体与宇宙、个体与神圣以及个体与他人的存在相互联结起来、内化起来，进而从中得到心灵安慰与精神寄托，感受到在虔诚信仰之中的人文终极关怀，找到人与自然、他人与自我共生共荣的习俗戒律，以及由此呈现出来的和谐社会生态的构建方式，并随之创造了族众文化、民俗禁忌、精神信仰的延传、赓延和生生不息的精神支撑、集体信任、代际传承、血脉延续和根植于人性法则当中的共同精神家园，在俗信与禁忌中弃置那种只顾索取自身和眼前利益的零和博弈，更多的是追求共赢、互惠、和谐的人与自然、自我与他者的平衡、守恒原则，并在客观上自觉构建、践行乡村社会自我协调的和谐生态系统。

（三）花婆神信仰

花婆神信仰在左江流域极为兴盛，为当地民间信仰的重要组成部分。村民认为，花婆神就是在天上专门负责给人间"送花"——也就是配送人间生命种子的神仙，每个人都是花婆神花园里的一朵花，红花即为男孩，黄花代表女孩，花婆神赐给你何种颜色的花你就生下对应的婴儿。已婚夫妇能怀孕生子，并使其子女能在人间繁衍生息，都是因为得到了花婆神的恩赐并配发了"花种"和护佑，人的降生以及是否能够健康成长，其命运完全掌握在花婆神手里。因此，久婚不孕不育的夫妇要请道公、仙婆、巫师等民间宗教师到家里来举行求花仪式，未成年孩童如成长不顺乃至出现夭折等怪异现象的，也要请宗教师布道诵经，设坛祭祀，代向花婆神祈求祷告，转告家中灾异情况，希求通过虔诚的祭拜活动以及丰盛的祭品供奉，求得花婆神赐花生育或提醒其勤于浇灌护理花苗，以便早生贵子、儿孙健康发达。因此，在村民的意识观念中，花婆神自始至终都在审视、监督人的一举一动，一言一行，即使民众已成年，花婆神也会跟着审视其子孙后代。因此，对花婆神不能有不敬，更不能做出伤天害理之事，平生要安分守己，内心洁净，与人良善友好，不犯上作乱，不乱砍滥伐、放火烧山等，否则本人及家族会遭受报应和灾难。在左江流域的乡村里，每对新婚夫妇房门上都要设一座花婆神祭台，逢年过节以及日常烹煮好饭菜都要盛出一小碗进行单独祭祀，在婴幼儿床头还要插上一朵用塑料或布匹扎成的花苞，并精心守护，任何人不得随意触碰、损毁。

在左江流域，族众对花婆神的信仰及禁忌较多，甚至部分内容还带有唯心、愚昧等迷信色彩，但在千百年的历史进程中，其信仰却能强劲地传播和延续，表明村民对花婆神的感恩和敬仰，对人口繁衍生息、对宗族平安幸福的渴望。在年复一年的血脉种群延传中，以及民间信仰的文化传播和心灵习得中，民众希望通过日常的祭祀、祈祷、朝拜，奉献自己的虔诚，也就能从神灵那里得到相应的护佑、帮助和关照，实现心中愿景，特别是实现种族的繁衍生息、血脉延续、基因传承，这就是花婆神信仰亦即生殖信仰存在乡村民间的最大根基所在。时至今日，左江流域乡村花婆神信仰从举行集体宗教仪式的"神圣化""神秘化"，再到个体家庭祭祀的"俗众化""平民化"，无不彰显、展演村民俗众的精神信仰、神灵敬畏及心理追求，在乡村家庭的婴幼儿花婆神信仰教育中自小养成和日常习得，致使民众本分守己，为人正直，友善平和，民风淳朴，人际和谐，社区安宁。在靠近中越边境仅数公里的凭祥市友谊镇平而村，四十多年来从未出现过一例刑事案件，整个村庄容貌整洁有序，民众文明有礼，待人和善，到处呈现出一派勃勃生机的和谐友好景象。

（四）祖先信仰

祖宗信仰即族众对已逝先人的敬仰、追思、怀念，将其当作神灵来供奉崇拜。在左江流域，每年农历三月初三都要全族举行拜山仪式，也就是上山到先人祖灵聚居地祭拜，给祖坟锄草、添土、砌墙，使其修葺一新，为先人营建一个干净整洁的栖息环境，之后还要点香火、插幡旗、烧冥币、放鞭炮，将酒菜果品陈列墓前，一切安顿完毕后，全族子孙围在坟茔四周鞠躬、磕头、祷告、祈求，行礼如仪。

在重大的岁时节令期间，村民家家户户烹饪好鸡鸭猪鱼等美味佳肴，并将其供奉到先人神龛牌位前，焚香邀请祖宗先行享用，其后家人方可取食。无论是在拜山，还是在日常节庆期间，族中长辈都要现场对儿孙晚辈进行根祖教育，温习祖训，讲述家族历史及先人开基创业、为人道德品质等生平事迹，共同感念先祖功绩恩德，勉励后人奋发有为，培养其良好的道德礼仪。在左江流域，村民认为先祖已经由人转化为神，其身上具有神格的力量和法力，已成为一种符号化的价值存在，从而得到后辈的祭祀和供奉。因此，先祖要具备良好的道德品质和崇高的人格，才能起到模范规约作用，才能日夜庇佑和恩泽子孙后代。在农历三月初三祭祖期间，家族子孙后代即使远在他乡也要请假回乡参加祭祀活动，否则就有老人厉声告诫：不回来扫墓，将来你就入不了祖坟地！你就不是家族成员！村民认为，夭折、死时未满三十六岁（也有以四十岁为准的）以及在外非正常死亡者，死后不能埋入祖坟地，只能单独找个偏僻荒凉处草草埋葬，从此与宗族成员分居各地，只能成为孤魂野鬼、厉鬼、恶鬼、可怜鬼、讨厌鬼，只能在外游荡无居，无人为其祭扫坟茔，任其杂草丛生变成荒冢，也得不到子孙后代的祭祀和供奉，更无法与列祖列宗共居世代坟山，得不到后代的认可、承认，也无法恩泽子孙晚辈，永远被排除在宗族、家族之外，其宗族后代也以之为耻，更羞于提起。可见，祖先信仰作为一种内化了的道德楷模对后世进行约束，同时也积聚着家族、宗族内部的共同价值和行为方式，通过代代延传和日常潜移默化，成为族众的集体意识和潜意识，对族众成员的思维及行为起着最基本的控制作用，形成宗族、家族内部的行为导向和约束机制，维系、协调着乡村社会的和谐发展。① 正是因为根深蒂固的祖先信仰及其宗脉传承教育与精神习得，使左江流域村民极为看重家族、宗族观念，使其遵守当地道德人伦，恪守风俗习惯，尊敬长者，并以德高望重的先祖为榜样，以求真向善、为人忠恳、不违祖训为规约。正如本尼迪克特所说，"个人生活的主轴是对社会所遗留下来的传统模式和准则的顺应。每一个人，从他诞生的那刻起，他所面临的那些风俗便塑造了他的经验和行为。……孩子长大成人，能参与各种活动时，该社会的习惯就成了他的习惯，该社会的信仰就成了他的信仰，该社会的禁忌就成了他的禁忌"。② 长期以来，祖先信仰渗透到乡民生活当中，在一代又一代的传播、教化过程里，逐渐演变成民间的风俗习惯以及祭祀禁忌，其根基深植于普通民众的意识思维或下意识之中。

基于祖先信仰的强烈意识及感恩回馈、仰慕、敬畏等心理，左江流域乡村社会极力维护宗族声誉，特别是已逝先人的声誉，坚守名节，珍惜人伦，注重香火血脉传承，在宗脉延续的繁衍生息观念中担心上愧对列祖列宗，下又负子孙后代，因而自觉担当起"修身齐家"的主体责任，在日常习得中产生罪感、耻感等心理，这样的文化传承具有一定的乡村社区自然调节、力量凝聚、自我修正、道德维护、宗族认同等功能以及构建和谐乡村社会的集体意识。在习得过程中，推动边疆少数民族族众信守规约、礼俗、禁忌、道德范式乃至宗教信仰，以致在文化、道德教化上起到了某种程度的约束作用，成为乡村民间一代又一代的不成文"习惯法"，成为集体"心灵契约"，而且在部分时段更具有持久性和约束力，对乡村和谐社会的构建具有模塑、教化、调控、修正、习得乃至强制、强化、约束等作用，即便在现当代的文明社会里，仍具有强盛的生命活力及巨大的存在空间。

---

① 冯永泰：《民间信仰与和谐社会的构建——基于非物质遗产视角》，《东岳论丛》2014年第4期。

② ［英］鲁斯·本尼迪克特：《菊与刀》，黄学益译，中国社会科学出版社2008年版，第2页。

结　语

　　左江流域民族、民俗文化丰富多彩，内涵深刻，特色鲜明，其民间信仰有的以灵魂观念为核心，如以自然崇拜、图腾崇拜、祖先崇拜为特征的原始信仰；有的以神灵观念为核心，如以主神崇拜为特征的官板信仰、花婆神信仰等宗教信仰。[①] 其中以灵魂、神灵观念为核心的民间信仰，在左江流域乡村里表现最为突出明显，属于超自然信仰，属于社会神信仰，具有一定的虚幻色彩，其影响力最大，群众基础最广泛，对普通民众的信仰约束力最强。在传统的左江流域乡村社会，民间信仰发挥着强大的调节、教化、戒律、劝勉等功能，为生活在穷乡僻壤的乡村社会底层民众提供精神寄托与心灵抚慰，化解、缓和乃至消除郁积其心中的困苦、怨恨、忧虑、恐惧、无助，使其在艰难困苦、迷茫挫折、天灾人祸面前得到精神心灵上的皈依和慰藉，积极勇敢面对各种困难，使其对建立和维持乡村社会组织结构与人际和谐关系中发挥重要的积极作用。在当下社会快速变动的生态环境下，物质极大丰富，交通发达，但各种突发事件变化无穷，负面甚至邪恶的现象也时隐时现，致使民众在部分时段对社会现实、人生前途命运、灾祸灵异降临等产生迷惑、失望、愤怒、绝望，加之个体村民在生老病死、社会保障、公平正义、人身安全、道德伦理、种族延续等方面的诉求也屡受挫折，人生难料，世事无常，谁都不能完全掌控自己的人生进程，面对贫富差距的刺激，命运前途的乖张多舛，邻里利益的纠葛争斗，非正常致富途径的诱惑，飞速变化发展生活的冲击，城乡二元对立的加剧，疑难杂症的感染蔓延，共同生活样式分化的影响，各种消极、负面信息的传播，经济发展与社会伦理失范并存，物质生活丰富与精神生活匮乏同在。部分村民行为的失范，社会秩序的混乱，权力与金钱的宰制，对公共资源的争夺破坏等，导致在传统社会中共同支撑民众信仰的精神理念受到消解、冲击，整个社会在传统道德文化与价值系统方面的裂变，全球化时代西方思潮的碰撞颠覆，给乡村社会的生存与发展带来了新的疑虑和困境，导致民

---

① 冯天策：《信仰简论》，《光明日报》2005 年第 8 期。

众心理失衡动荡，并对神灵产生祈求、寄托，寻求心灵的宁静与安慰，对原有道德伦理秩序与古圣先贤楷模的依恋及向往，诸多原因致使民间信仰成为左江流域乡村常态化的一种文化世相，从而未在科技发达进步的现当代消亡，这是值得认真审视和深思的。

土地神、官板、花婆神、祖先等民间信仰，对左江流域乡村社会的和谐构建具有独特的作用和意义。历史上，中越两国边民频繁互动，文化交流交往成为常态化，在这些日常习俗的表象背后隐含着丰富繁杂的边疆地区跨国跨境所体现的国家认同、民族认同、族群认同、文化认同等，揭示了左江流域民间族众宗教仪式、祭祀活动、禁忌规约等表象下映射出来的民族文化内涵、族群文化心理、宗教信仰禁忌、宗规民约、道德习得、人伦观念、宗脉传承、生命传递等，并由此引申出左江流域乃至西南地区少数民族群体千百年来为守护边疆，爱国固边，跨境合作交流，特别在全球化、信息化、区域化的时代背景下构建乡村和谐社会，完善乡村治理，以及对基层社区的自我修复，自我协调乡村社会的信仰与人际和谐，增强村民之间、村落之间的凝聚力、向心力，从而建立起一个社会秩序良好、村民安居乐业、社会安宁团结、充满生机活力的新农村，为当前的精准扶贫、共同致富，减少违法犯罪案件，凝聚人力人心提供一条探索的路径。以此延伸到与之相类似的边疆地区、少数民族地区的文化、经济、政治、社会等建设当中，为构建乡村和谐社会提供政策参考和实例借鉴，强化村民精神信仰教化引导，为净化乡村和谐生态环境及友好型社会构建献计献策，为政府乡村建设治理决策提供智力支持与理论参考。

（作者系广西民族师范学院文学与传媒学院副教授）

广西壮瑶民族的历史关系

孙彩霞

【摘　要】壮族和瑶族是广西人口最多的两个少数民族，从古至今，这两个少数民族之间始终存在或紧或疏的交往。在当今中华民族多元一体的背景下研究少数民族，理应把视野拓宽到非汉群体之间的互动上来。本文将从广西壮瑶民族研究入手，厘清这两个少数民族之间的历史关系，得出历史上两个民族之间一直存在互动且友好关系的结论，旨在为研究现今的民族互动提供历史依据。

【关键词】壮瑶；民族；关系

一　广西壮族和瑶族的来源

壮族是产生于古代百越各族的广西本地土著民族。根据考古资料和文献记载，由柳江人、麒麟山人、宝积山人等古人类进化开始，至新石器时代晚期产生了百越文化，其共同的特征是"印纹陶文化"。商周时期，甲骨文中已有"越"字出现。《吕氏春秋·恃君》中道，"扬汉之南，百越之际，敝凯诸大夫风余靡之地，缚娄、阳禺、欢头之国，多无君"，"百"字形容支系众多。《后汉书》卷八十六《蛮书传》道，"吴起相悼王，南并蛮越，遂有洞庭、苍梧"。可见，当时对于南方民族统称为"越"。至于秦汉，壮族先民见于历史文献之名为西瓯、骆越。西瓯这一族称最早见于《淮南子·人简训》，据载，秦始皇征岭南时，西瓯奋起反抗，杀死主将屠睢，致使秦军三年而不得胜。赵佗所建南越国近百年，屡次提及西瓯人的活动，如《汉书》卷九五《西南夷两粤朝鲜传》中载，"且南方卑热，蛮夷中西有西瓯，其众半赢，南面称王。东有闽粤，其众数千人，亦称王"。骆越这一族称，始见于《汉书》，"元帝初元元年（公元前48年），珠崖又反，发兵击之，诸县更叛，连年不定……（贾）捐之对曰：……骆越之人，父子铜川而浴，相习以鼻饮"。但在汉代之后，骆越便从史籍中消失。到了东汉，岭南地区的土著又有了新的称呼，即俚、僚和乌浒。乌浒最早见于《后汉书·南蛮西南夷传》，"灵帝建宁三年（170年），郁林太守谷永以恩信降招乌浒人十余万内属，皆受冠带，开置七县"。三国以后，乌浒的称谓已经少用。俚人最早见于《后汉书·南蛮西南夷列传》，"建武十二年（36年），九真缴外蛮里张游，率种人慕化内属，封归化里君"。这里的"蛮里"后改为"蛮俚"。隋朝时"时俚帅王仲宣逼广州"。[1] 从东汉到南宋，都有俚人活动的痕迹。僚人分布极广，《隋书·地理志》载，"俚僚贵铜鼓，岭南二十五郡，处处有之"。两宋时，居住边远山区的则被称为山僚。这三种族称，应为岭南土著居民在史籍中的不同称呼。如史书时将"俚僚"并称，宋人乐史著的《太平寰宇记·贵州风俗》道，"郡连山数百里，有俚人，皆为乌浒之夷，率同一姓"。这些都说明了，这三个称呼当指同一族人。僮人的称呼始于宋朝，《续资治通鉴》卷一一〇载，时岳飞与杨再兴的反宋军队激战失利，"飞怒，尽诛亲随兵，责其副将擒再兴以赎罪。会张宪与撞君统制王经皆至，再兴屡战，又杀飞之第翻"。另外，这一时期还有"土人""沙人""侬人""俍人"等称呼。后又把"僮"改为"獞"，这是对壮族的一种侮辱。中华人民共和国成立后，实行民族平等政策，把"獞"改回"僮"，后改为"壮"，成为今天的壮族。

瑶族最初与苗族同源，聚居在湘西、黔东连接带。后逐渐分化为两个民族，苗族在北，瑶族在南。北边的苗族向西移入云、贵、川，而南边的瑶族则向南和西南移动，入广东、广西、贵州和云南。[2] 此后，随着时间的推移和迁移的持续，在以后的发展，瑶族一跃成为广西第二大

---

① 《隋书》卷六七《裴矩传》。
② 王文光：《中国南方民族史》，民族出版社1999年版，第315—316页。

少数民族。瑶族最早进入广西的时间约在隋代，这时的瑶族被称为"莫瑶"，是瑶族的雏形，一个在逐渐形成、逐渐稳定的民族群体。有关隋代莫瑶的记载较少，《隋书·地理志下》中有所提及，也把莫瑶称为"夷蜒"。隋代莫瑶的分布，除了湖南境内，也有一些少量分布在粤北部分地区和广西东部地区。① 到了唐代，莫瑶群体开始稳定，除湖南和江西、粤北外，广西始安（治今桂林）也有瑶人居住。据《旧唐书·良吏裴怀古传》载，武后时"始安（治今桂林）贼欧阳倩拥徒数十万，剽陷州县，授怀古桂州都督，仍充招慰讨击使……怀古知其诚恳，乃轻骑以赴之。左右曰：'夷僚难亲，未可信也'……"这里的俚僚，其中有部分即为瑶人。一是桂州与零凌郡相邻，而零凌郡一直是莫瑶重要居所。二是宋以后，桂州也成为瑶人重要居所，因而桂州的俚僚和莫瑶必有些渊源所在。② 可见，这时的广西境内已有瑶族祖先的踪迹，但这种分布毕竟是少数的。宋代开始，进入广西的瑶人越来越多。如《宋史·蛮夷列传三》卷四九五载："广西所部二十五郡，三方邻溪峒，与蛮瑶黎蛋杂处。"宋范成大的《桂海虞衡志·志器》载："南州风俗，糅杂蛮瑶。"此类记载见于册。元代，瑶族在广西境内的人数不断增多，地位不断增强，出现在史书典籍上的关于广西瑶族的记载很多，如《元史·世祖本纪七》卷十载，至元十五年（1278 年），"全州西廷溪峒瑶蛮二十所内附"。《元史·仁宗本纪二》载，延祐三年（1316 年），"融、宾、柳州瑶蛮叛"，《粤西丛载》记，延祐元年（1314 年），"八寨瑶寇横州"，这些记载都说明，到了元代，广西境内多处都有瑶族的踪迹。明清时代，广西已经成为瑶族的主要居所。如《明史·广西土司列传一》卷三一七称："广西瑶、僮居多，盘万岭之中，当三江之险，六十三山倚为巢穴，三十六源距其腹心，其散布于桂林、柳州、庆远、平乐渚县，所在蔓衍……蛮势之重，与滇为埒。"这里提到，广西境内的壮族和瑶族人数众多，其情势几乎与云南的少数民族一样严重。清代道光《龙胜厅志·风俗》载，"粤西（蛮类）……合其类而十分之，则僮居四，瑶居三，俍居二，余仅得一焉"。此类记载

---

① 王昳生、王施力：《瑶族历史览要》，民族出版社 2005 年版，第 37—39 页。
② 吴永章：《瑶族史》，四川民族出版社 1993 年版，第 99—100 页。

颇多，可以看出，明清时广西已成为瑶族的主要聚居地。

二　壮族和瑶族的历史关系

那么，历史上的壮族和瑶族之间存在怎样的关联呢？因从宋元时期，瑶族才开始不断移入广西境内，至于明清，瑶族在广西境内才取得举足轻重的地位，所以，这一部分的研究主要从宋元开始，集中在明清时期。

（一）杂居通婚

明代时期，由于广西境内瑶族和壮族人数众多，且都被中原王朝当作"化外之民"一并施以政策交化，很多史书典籍在描述某一地的情况时，常把两者放在一起。如雍正《广东通志》卷四十记载，王翱为两广总督时"剿抚得宜，瑶僮帖服，民获安堵"。《广东通志》卷二四九载，"范镖为封川知县，地与瑶僮杂居，桴鼓数警，编户单子"。到了清代，这种记载更多，如《清世宗实录》卷二六中载，"广西地方瑶、僮杂处"。《清高宗实录》卷四七九载，"粤西境处极边……兼各州邑类皆瑶、僮杂居，种类繁多"。由此可见，此时的壮瑶两族的杂居情况已十分普遍，形成相对的稳定交往的局面。正如竹村卓二所说：由于瑶族和壮族有历史的深远关系，在各地的县志等文献中，常有记载同一村落内瑶族和壮族互相杂居的情况。①

另外，明代开始，壮族的一些骁勇善战的士兵被朝廷招募为俍兵，根据朝廷旨意南征北战，平息叛乱。因为瑶地多乱，所以很多时候，为防止瑶民作乱，朝廷招募俍人在瑶地屯种，如《广东新语·人语》卷七载："瑶、俍以语言相别，瑶主而俍客，俍稍驯。初，大征罗旁，调广西俍兵为前哨，今居山以西者有二百余丁，其后裔也。"（当然，很多时候瑶族和俍兵反而会一起联合反抗中央的横征暴敛，其后说明）由此可以看出，因为发展的需要或者战争关系，壮族和瑶族的杂居情况颇为普遍。在这种大背景下，两族难免会产生互动。

---

① 竹村卓二：《瑶族的历史与文化》，民族出版社 2003 年版，第 8 页。

至于通婚，一开始可能还有所顾忌，但随着民族间交往的不断增加，杂居局面的形成，瑶族与壮族之间的通婚不可避免，如道光民国《凤山县志·社会·风俗》第三编中载："本县（凤山县）客人、土、苗、瑶杂处，以言语习惯风俗不同，界限划若鸿沟，往来交际甚少。适杂居已久，朝夕见面，变为相亲相爱。"乾隆《马平县市·瑶僮》卷二载："熟瑶与州民犬牙，或通婚姻。"

（二）商贸和语言

很多史书典籍都把壮瑶两族放在一起，《明史》卷三一七《广西土司传一》载，"桂林与平乐、浔州、梧州，未设土官（实际上也有土巡检司），而无地无瑶僮"。而在明清时期，桂林、梧州等地，都是广西境内商业发达的地方。尤其是梧州，位于珠江中游的两广交界，为浔江、桂江和西江的汇合处，是广西"水上门户"。上达滇黔，下通港粤，往来货物，都由此进出。① 所以，在商业发达而壮瑶两族杂居的地方，壮族和瑶族之间的商贸往来必不可少。而为了获取生活必需品和某些生产工具，位于较为偏僻之地的瑶族，一般都会和山外的民族发生交换关系，瑶族自身的生产技术并不是那么发达，在种作过程中，他们有时会以自己的手工业产品与汉、壮等民族交换所需之食盐和铁制工具，通过交流来提高自己的生产技术。②

这种交换有时进行得较为间接，如清代，大瑶山盛产香草，因而香草较大量地往外运销。在这种商业往来中，小商贩多是汉族或者壮族人，他们从外面带来瑶族所需要的商品，又把瑶族的土特产带到山外，转卖到广西其他地区（包括壮族地区）。

明瞿九思《万历武功录》卷三载：府江（指平乐属的一段桂江）"东岸属平乐，西岸三洞属荔浦，延袤千有余里，中间巢洞，为瑶僮渊蔽"。③ 由于和壮瑶两族长期的杂居关系，出于种种需要，在语言方面，两者难免相互影响，在这种语言交流中，常出现的情况是"借词"。且

---

① 黄现璠、黄增庆、张一民：《壮族通史》，广西民族出版社1988年版，第399页。
② 杨学琛：《清代民族史》，四川民族出版社1996年版，第508页。
③ 杨绍猷、莫俊卿：《明代民族史》，四川民族出版社1996年版，第348页。

借用的往往都不是基本词，而是较不常有的词汇。瑶族语言中不仅吸收了不少壮语词汇，而且很多瑶族同胞都能使用壮语作为日常交流工具。①

（三）起义活动

历史上壮族和瑶族共同参与的起义，大多发生在元明时代，通常是由统治者的暴虐压迫所导致。有记载言，仅仅元朝一代，广西壮瑶的起义就超过了三十起。史书记载不绝如缕，如《续资治通鉴》卷一八八载，至元二十五年（1288 年），贺州 700 人起而反抗；卷一九三载，延祐三年（1316 年），横州"瑶蛮为寇"，融州、宾州、柳州"瑶蛮"亦叛。泰定帝统治期间，更是年年都有起义。然而，这些大大小小的起义只是序幕，终至元朝，广西以壮瑶两族混合其他少数民族的反抗队伍一直在与腐败的封建王朝进行斗争。②

明代的起义斗争比元代更为浩大持久，明王朝统治的二百七十多年间，广西先后爆发的农民起义高达数百次。桂萼在《论广西峒蛮事宜疏》中说："洪武、永乐间，总兵官山云、韩观，相继为治，诚信既孚，地方以宁；正统以来，蛮贼纷起，或数十人，或百余人，窃伏道路，拦截江船，掩劫村堡，杀多掳掠，以为常事。"汪森的《粤西文载》卷六四载，"岭贼蜂起，大肆剽掠，烧劫县治"。其中出名的起义有古田起义、八寨起义、大藤峡起义、府江起义、马平起义等。而且多数起义长达数百年，几乎与整个明朝相始终。如轰轰烈烈的古田起义持续了一百多年，《广西通志》卷一九九载古田起义，"煽动图邻，招摇八寨，杀大吏、劫会城"，古田后被农民军所控制，成为农民起义的主要根据地。这些起义的发动者，多为壮族和瑶族人民。

实际上，朝廷对少数民族采取的是压迫、歧视、同化的政策，这才致使以壮瑶为主的少数民族奋起反抗。因而，广西境内的起义是少数民族联合的大起义，烽火旺盛时，遍及大半个广西。③

---

① 徐祖祥：《瑶族文化史》，云南民族出版社 2001 年版，第 64 页。
② 钟文典主编：《广西通史》（第一卷），广西民族出版社 1999 年版，第 294—296 页。
③ 张益桂、徐硕如：《明代广西农民起义史稿》，广西人民出版社 1988 年版，第 1—2页。

但其实，古文献记载中的壮族是否就全是今日之壮族，瑶族是否就全是今日之瑶族？这是很难说清楚的一件事。如关于古田起义之记载，《读史方舆纪要》卷一〇七载，"古田县，宏治初没于徭蛮"。但却有另外的许多文献表明，进行反抗的是"僮"而非徭。① 由此可见，在大背景之下，作为国家机器控制者的中原汉族对于周围少数民族的记载时常是混淆不清的。这其中有几个原因，其一是对少数民族长期存在的歧视，在他们眼中，南方少数民族群体即称为蛮夷，而这些群体之间的差异，他们并不是那么关心。其二是未对非汉群体进行深入的了解，只知其俗异于中原。

但这并不妨碍我们探讨古代壮族和瑶族之间的历史关系，在国家背景之下，一同被称为"南方蛮夷"的少数民族很多时候不得不紧密地结为一体，形成一股更为坚韧的力量去抵抗外部的入侵和沉重的赋役。

三 结论

壮族是广西的土著民族，瑶族是隋唐形成后，不断南迁至广西境内的少数民族。在以后的历史发展中，壮族和瑶族不断地进行交往，即杂居、通婚、贸易、共同的征战等，奠定了两族友好的关系，并逐渐融入中华民族多元一体的大家庭中来，成为既有自己的民族特色，又能与其他民族友好相处的民族。

如今，这两个民族是广西境内，甚至可以说，是中国南方人数最多的两个少数民族。本文对广西历史上，壮族和瑶族两者之间产生的互动加以大致梳理，既有助于梳理广西壮瑶两族的民族关系，也旨在为南方非汉群体之间的互动研究提供历史依据，深化中华民族多元一体发展。

参考文献

[1] 王文光：《中国南方民族史》，民族出版社 1999 年版。

[2] 王明生、王施力：《瑶族历史览要》，民族出版社 2005 年版。

[3] 吴永章：《瑶族史》，四川民族出版社 1993 年版。

---

① 苏建灵：《明清时期壮族历史研究》，广西民族出版社 1993 年版，第 181—182 页。

［4］竹村卓二:《瑶族的历史与文化》，民族出版社 2003 年版。

［5］黄现璠、黄增庆、张一民:《壮族通史》，广西民族出版社 1988 年版。

［6］杨学琛:《清代民族史》，四川民族出版社 1996 年版。

［7］杨绍猷、莫俊卿:《明代民族史》，四川民族出版社 1996 年版。

［8］徐祖祥:《瑶族文化史》，云南民族出版社 2001 年版。

［9］钟文典主编:《广西通史》（第一卷），广西民族出版社 1999 年版。

［10］张益桂、徐硕如:《明代广西农民起义史稿》，广西人民出版社 1988 年版。

［11］苏建灵:《明清时期壮族历史研究》，广西民族出版社 1993 年版。

（作者系广西民族大学民族学与社会学学院硕士研究生）

清末民初县治与圩市的融合

——上林土县的城市变迁研究

毋利军

【摘　要】在中国古代赋役经济背景下，士绅与商人间联系较少，县治与圩市也存在功能差异，因此县治与圩市常常是分建的。清末民初，随着市场经济的发展，两者的功能开始重叠，士绅与商人间的联系也变得紧密，县治和圩市渐渐融合。通过论述上林土县城与市的融合历史，认为县治与圩市的融合，是清末民初赋役经济向市场经济过渡的一个重要表征。

【关键词】县治；圩市；清末民初；赋役经济；市场经济

对于清末城与市的组合模式，施坚雅做过精辟的论述，认为"这一模式的特点有两个核心：一个是商业活动中心，一个是官僚士大夫活动中心"。① 那时很多城镇的行政中心与商业中心是分开的。民国以后，伴随着现代城市建设，这种情况逐渐得到改观，行政中心与商业中心慢慢走向融合，但融合过程并非一蹴而就。作为土司统治的地区，清末的上林土县（大致在今田东县思林镇）也符合这一特点。随着改土归流与民国新政府的建立，上林土县的行政中心与商业中心逐步融合在一起。通过论述上林土县的县治和圩市融合的过程，阐释清末民初城与市融合的根源及其历史意义。

---

① ［美］施坚雅主编：《中华帝国晚期的城市》，叶光庭等译，中华书局2000年版，第634页。

一 县治与圩市的分建

首先来看当时上林土县圩市的情况。驮用圩（今思林街）处于右江东岸，是清末上林土县的核心圩镇，具体何时形成，现在很难把握，但可以肯定的是驮用圩在清末的右江中游是一座比较繁华的圩镇。从驮用圩不遗祠中的《不遗祠碑记》可以看出这一点：

> 上林驮用圩不遗义祠稽其旧籍，首创自南海则亮陈公，厥后接踵附祀者不一而是。兹阖圩众议将前义祠置下瓦屋一间添价与招泰荣住屋一间兑换，附建祠宇于二帝古庙左侧，列主而祀焉。爰将置下各铺屋祖业勒石以昭永久云。
>
> 南祸瓦铺一间一进，前至街边，后至塘边，左邻本祠铺地，右邻本祠铺地，深六丈，阔一丈三尺，立石为界。
>
> ……
>
> 以上各铺并地租银，公议每年按清明前半月，中元前半月，上期收足银两，以备拜扫烧衣支用。如现租住者到期无银交收，当即请出另租。倘有霸住，许本年值事，传齐圩众，公议驱逐。子非一家之事，各自谅焉。
>
> 道光十五年岁次乙未季夏谷旦。

碑文提到如果有人租住了碑上所立房屋，却不交租金，可由当年值事，传齐圩众，公议驱逐。这说明驮用圩在清末已经具备相当规模，已经形成了类似商会的组织。

再来看上林土县县治的迁建过程。嘉庆《广西通志》载，"上林土县知县署，旧在枯街村。康熙三十八年，知县黄爵泰迁建那莪村"。① 这里的枯街村，即今右江支流古榕江岸边的英竹村那料屯，那莪村即今右江西岸与古榕江交汇处的坛乐村远街屯，也是清末的土司县治。光绪

---

① （清）谢启昆修、（清）胡虔纂：《广西通志》，广西人民出版社 1988 年版，第 3750 页。

《百色厅志》也载，"县治初设那料村，迁建那莪村，今在大河西岸，东西距二里，南北距半里，街名署前凡一，另墟一驮用"。[1] 在远街屯黄本田老人收藏的 2007 年编写的《黄氏族谱》中也进行了相应记述：

> 顺治七到八年间，因县治城池被沈文通尽毁，国安公将县署迁至那料村的东桑（土名）（亦称上林洞），并修筑有土墙高 6 尺，周长 250 丈，设有东、南二门，有濠沟，宽 4 丈，深 3 尺。
>
> ……
>
> 康熙三十八年，年达承袭规定的爵泰始承袭县事。
>
> 康熙三十八年，爵泰将县署迁到那莪村。
>
> 康熙四十八年八月，在县署左边修建上林黄氏宗祠，称为"黄氏一堂"。
>
> 雍正元年，在县署旁边又修建北帝庙和城隍庙。

由上述记载可知，康熙年间，上林土县县治从那料村迁到那莪村后，已经基本成形，周围既有圩场，又有宗祠、北帝庙和城隍庙，但为什么不直接将县治迁建至圩场呢？

从地域上看，县治那莪村与驮用圩仅有一江之隔，若为了赶圩方便，应该将县治迁建至驮用圩，但土官黄爵泰没有那么做。虽然将县治从那料村迁到离驮用圩相对较近的那莪村，已经方便赶圩了，但较之于直迁驮用圩还是要付出更多的赶圩成本。首当其冲的就是过河问题。现在思林镇右江西岸有两个古码头，位于远街屯（旧土司县治）的远街码头和位于渡口屯的渡口码头。渡口码头的始建时间难以确知，据渡口屯老人口述，渡口码头较之于远街码头要晚，在渡口码头建立之前，主要走的是远街码头。远街码头旁尚存光绪六年的重修码头碑刻：

> 我邑署前街河岸自嘉庆年间造有石码头一所。数十年来，水冲崩塌，不堪行走，街民无办修整。近幸官妻从氏慨将私囊鸿工修造完好，居民方便载道，欢呼特为助石以志云。

---

① （清）华本松：《百色厅志》，成文出版社 1967 年版，第 39 页。

合共支用钱陆拾千文

光绪六年三月　吉月立

这表明，嘉庆年间县署前就有码头了，主要是为了过河赶圩。从碑文可以推断，县治与圩市的分离至少增加了两个成本：土司家族的过河成本和建设维护重修码头的成本。六十千文不是一个小数目，为何土官的妻子愿意自掏腰包？这一方面是为了布施"恩德"，以增加民众对土官的信服；另一方面，更重要的是，县治在这里，土司家族自身也需要过河赶圩。那么土官不以成本计，将县治与圩市分建的原因是什么？

一方面是县治与圩市的功能不同。所谓城市，是城与市的结合。城意味着有城墙相围，主要起的是保卫的作用。而市意味着商品与交易，主要起的是市场交换的作用。若城建在交通便利的开阔平原地带，就不利于保护县署的安全。事实上，纵使建在那莪村这样的高地，县署也是饱受贼乱之苦，这从同治九年的《上林县宗枝族谱》（被收录在1995年编写的《上林黄氏族谱》）中的记载可见一斑：

道光二十七年五月初十日酉时，适金绶下乡催粮，公出不在衙署。有波山船广匪百余人，乘虚蜂涌入署，却印搜掠一空。当即禀请承审宪吴楷，并思恩府宪彭舒葶，会同思恩府游击蓁绍谦，督带兵差，按临办理拿贼。半月蒙本府彭怜恤，属员被劫苦况，先函恩免应，一概不准备办……道光三十年一月初九日，有大帮巨匪袁晚，纠合白山司属之感圩土匪凌亚东、张卜赞股党二千余人入境，劫掠竟将县署大堂烧毁。惟奈邑小练单，众寡不敌，金绶曾倾囊募勇，南征北剿，东挡西除，地方稍安……

族谱中关于县署被贼匪攻破抢劫损毁的记载还有多次。试想，若县治建在地势平坦的沿江要道驮用圩，被抢掠的次数必然会更多、更频繁。因此，县治选在那莪村，原因之一就是为了保卫县署的安全。

那么反过来，有没有可能把圩市迁到右江西岸的县治附近呢？施坚雅关于商业中心的位置，是这样论述的，"商业核心的位置，看来主要是由商人运费决定，而不是由消费者往来方便的"。① 包括驮用圩在内的整个右江中游的圩镇基本都符合这一特点。开阔平坦且处于右江岸边的驮用圩更利于商人节省运费，上货和下货。

另一方面是士绅与商人联系较少。清末，右江西岸有土司县治，黄氏宗祠、北帝庙、城隍庙等，这些文化场所及其集体活动凝聚了土司家族及依附于他们的士绅。在右江东岸的驮用圩则有粤东会馆，又有关岳庙和不遗祠，这些集会场同样凝聚了圩内的商人群体。从不遗祠碑记还可知，围绕这些场所圩内商人已经形成了一定的自治组织。土司家族及其依附势力主要是士绅，而驮用圩主要是商人，两个群体间有较大的区别。

士绅受儒家文化传统影响，与商人群体有较大的文化隔阂，尽管他们也需要到市场上买卖。杨联陞在论文中曾说道，"在帝国晚期时代，在对商店地址所作的限制中，有一条就是商店不可'太近衙门，有损尊严'"。② 这种界分深受儒家文化传统的影响。

由上可知，清末以前，县治与圩市难以融合主要有两个方面原因：一方面是两者的功能不同，前者侧重于安全保卫，后者侧重于交易往来便利；另一方面是士绅与商人的分离，两者有较大的文化差异，也没有太多的必然联系。更深一步讲，这两个原因又可以归结为一个原因，即赋役经济的需要。无论是县治还是圩市，都是为县域整体经济所服务的。县治是赋役经济的中心，圩市则是市场经济的中心。县治不将圩市纳进来一起保护，士绅不与商人频繁联系，这都源于市场经济在整体经济中的比重还不够大，赋役经济仍然在主导着县域经济。

二　县治与圩市的融合

士绅与商人在居住地的分离，并不意味着两者间没有联系与互动，圩市是两个群体维持生计都需要的，因此土司家族与圩市商人也有一定

---

① ［美］施坚雅主编：《中华帝国晚期的城市》，叶光庭等译，中华书局 2000 年版，第636 页。

② 杨联陞：《传统中国政府对城市商人之统治》，《清华学报》1970 年第 8 卷第 1—2 期。

的互动，两者关系也随之在互动中不断加深。

首先是士绅与商人在咸同贼乱中的互动。例如，同治九年《上林县宗枝族谱》中记载的一次贼乱。

> 至咸丰五年九月间，又有大股贼匪谢八雷、蔡胜晚等突至，盘踞驮用圩，筑闸坚守，如虎眉隅，三载全退。屡经集练对敌，难以胜。曾禀请镇宪发县札，拔望之不到。然该匪肆毒，擅挖官目坟茔，勒索银钱，杀人放火，惨不堪言。金绶气忿，见我练单，倾家雇募镇远州团练二百人，会合我练，在于良街村扎营，与贼对垒惟很久。踞果化州圩之长发逆恶谢八常运粮草火药与蔡胜晚，相通不许贼退。谢八又分苏木一股潜入梅午陇兰村盘踞，以分我壮练之势。金绶见内地有贼，腹背受敌，只得带练到那造村山上起砦。于咸丰六年正月二十二日进砦起造行署，修筑石墙，暂图栖止。与苏大战十一昼夜，擒斩甚多，该匪纷败往果化州而去。蔡胜晚深恨官民，就将县衙二堂二楼焚烧，百姓逃亡，田地丢荒。至咸丰八年，该匪见剥尽地方膏脂，自行退散。

咸同之乱期间，右江中游的很多圩镇都受到了沉重打击。这次贼匪盘踞驮用圩达三年之久，土官集合僮练，雇募团练，都难以取胜。族谱中未记载商人群体在贼匪盘踞驮用圩期间的处境，但料想不好过。在这种情况下，商人需要士绅为其提供安宁的商业环境，而士绅需要商人为其带来利益，两个群体彼此越来越需要。因此，经过贼乱之后，两个群体间的联系与互动变得更加紧密。

其次是士绅与商人在码头建设上的互动。这从光绪十九年《重建上林驮用墟西街码头碑记》中有所体现：

> 重建上林驮用墟西街码头碑记
> 钦加同知衔蓝翎世袭上林县正堂黄捐钱壹拾……
> 右江思恩营驻防上林汛右部总司金捐银壹两……
> 候选巡政厅宜俣黄永嘉捐钱壹千文
> 会荣店捐钱壹拾五千文　李同福捐钱壹拾壹千文　欧记店捐钱

壹拾壹千文

万发店捐钱壹拾千文　凌总目捐钱陆千文　梁顺发捐钱五千文

吴祥记捐钱五千文　合栈店捐钱四千五百文　黄仁兴捐钱叁千五百文

潘源记捐钱贰千五百文　谦益店捐钱叁千文　益昌店捐钱叁千文

吴正茂捐钱贰千文　硝磺局捐钱贰千文　贝记店捐钱壹千文

黄茂星捐钱壹千文　保太和捐钱壹千文　周德昌捐钱壹千文

……

光绪十九年岁次癸巳……

西街码头是驮用圩最重要的码头，在重建捐款名单中，士绅群体有上林土官黄氏（土官黄永祯），思恩营驻防上林汛右部总司金氏，候选巡政厅宦侄黄永嘉（黄永祯的长兄），总目凌氏，而商人群体有会荣店、李同福、欧记店、万发店等。咸同之乱后，士绅群体与商人群体联系更加密切，共同重修码头，说明两者对圩市各有自身的需求，因此，有必要共同维持好圩市的稳定与繁荣。

士绅群体与商人群体的频繁互动，为县治与圩市的融合奠定了基础。在共同经历了贼乱，也共同重修了码头后，士绅群体与商人群体已经认识到，相互间保持紧密联系的重要价值。长期受赋役经济影响的士绅，在蓬勃发展的商品经济面前，慢慢转变了观念，士绅与商人开始走到了一起。

但县治与圩市的融合还需要排除最后一道障碍，那就是土司制度。1905年，土官黄永祯被废除，开启了上林土县改土归流的进程。"清朝末年土官制度被废除后，清朝统治者派弹压委员于骏来代替土官，弹压这一带的人民。弹压委员是在土官废除后暂时委派的官，到了民国改元撤销后，改设县知事。"[1] 民国七年，上林土县改土归流，以上林土县全境及恩隆县属之下恩里之一、二部，上田里之养半图及下旺土司全

---

① 广西壮族自治区编辑组编：《广西壮族社会历史调查（五）》，民族出版社2009年版，第92页。

境，并置思林县。县治设于驮用圩（今思林街）。①

　　土官废除后，不管是弹压委员，还是县知事，都驻在驮用圩。这是有用意的：一方面体现了驮用圩的重要性，县治与圩市的融合已变得不可阻挡；另一方面要看到，尽管土官被废除，但根基还在，将县治移驻在土司势力较弱的驮用圩，更利于统治。到了民国七年，县治被正式迁到了驮用圩，完成了行政中心与商业中心的融合。但融合并不那么容易，首要就是在驮用圩新建县府。《广西壮族社会历史调查（五）》中这样记述这段历史：

　　　　国民党还掠夺人民群众的公共财产，如远街屯过去由群众捐建的白帝庙、三界庙、文昌阁、城隍庙等都被拆除，强迫农民把料运送到思林街建设县府。就连码头上的石头台阶也要搬走。②

　　曾经文昌阁、城隍庙等被作为传统县衙的象征，士绅观念的凝聚场所，但在圩市所建的新县府并不需要这些，于是使用了旧县衙的材料来建设新县府。甚至搬走了土官妻子捐款重建的码头上的台阶，因为县治迁移了，这个码头已经不重要了。也可看出，建设新县府并不容易，缺乏财力支持，故而才需要拆除旧县衙，这从一份远街屯林千提供的卖地契约中也可看出：

　　　　立契永远割卖公田书。思林县地方财政局长黄本中，保卫总团局董梁，国祯，国□，阮宏策，杨□人，凌云贵，莫玉廷，黄金龙，雷盛麒，赖志忠，罗家□，凌广升，甘顺，黄天情，黄立校，黄文瑞，潘国，黄永济，黄仕昌，凌德尚等情因县治新立，公费不敷，是以公同议决，准约公田变卖作为补助之费。兹查有公田附近那葛处，土名那人、江葛，田五拾，地大小共壹拾壹坵出卖。现当众公决将此田发卖以资公用。合有凌云贵引到□街林福祐处。见田

────────────

① 田东县志编纂委员会编：《田东县志》，广西人民出版社1998年版，第3页。
② 广西壮族自治区编辑组编：《广西壮族社会历史调查（五）》，民族出版社2009年版，第93页。

合意允从承买，□出□银贰拾元整，即日当众言明，银契两交清楚，该田即买主世代管□，年中照缴粮项，永为已业。此乃当众公卖，并无别议，倘有来历不明，现契内有名人等一力员担，与买主无涉。今恐人心不古，口说无凭，故立□买公田契乙纸，交与买主，收执为据是实。

　　□笔　　黄华甫

　　通引　　凌云贵

　　民国八年四月廿八日立

　　民国七年，县治被正式迁到了驮用圩，但公费不够，因此民国八年，县府尚需要割卖公田以为补助，这意味着新县府财力缺乏。割卖公田的头号人物就是思林县地方财政局长黄本中，而黄本中正是土官黄永祯的嗣子，若不改流，原本应当由他来承袭土官。让土官的后代做财政局长，显然是有用意的。虽然已经改土归流，但思林县的土地主要还是掌握在土官后代手里。这样做既可以安抚土官，同时又利用其财权与影响，使其为新县府效力，以稳定新政权。

　　但到了民国九年，黄本中就反了。"土官后代黄本忠（黄本中）因失去官位而对国民党深感不满，到民国九年，有田东平马雷显初、滕四两人联络他共同反抗当时的统治者。由黄本忠召集老百姓攻打各个县城，接着由果德县黄忠诚、韩天然、李德三、梁怀星四人召集700多人，会同黄本忠起事。但本忠召不起人，着由韩、李、黄、梁四人攻打果德、思林等县。当时思林县府围棘很坚固，里面又有6个棚的敌军，无从攻克。于是另打主意——用火油偷偷放进围棘，随即用火攻，迫使敌军全部交枪计30多支，县长毛纯迫越墙而出。后来该队伍继续活动于右江一带，当局出花红千多元通缉黄本忠，黄逃到龙州亲戚家躲住，民国十年被他表兄赵育南领红而杀。"①

　　黄本中曾经参与改流后新县府的建设，但民国九年就反了，当时他带兵攻打思林县城，但县府很坚固无法攻克，后采用火攻方才攻下县

---

　　①　广西壮族自治区编辑组：《广西壮族社会历史调查（五）》，民族出版社2009年版，第93—94页。

城。反映出此时驮用圩的新县城已经建设得较为完好了，在一定程度上已经可以起到拱卫县府与圩市的目的。

上林土县的城与市的融合，表面上看是士绅与商人联系加强的结果，但根源是市场经济的兴盛。市场经济在县域整体经济中已经举足轻重，传统赋役经济越来越不重要。士绅官员需要向商人收税，商人则需要士绅官员来维持一个稳定的社会与市场，自然而然两者就会走到一起。

三　结论

清中期，土司县治的功能在于保卫土司衙门、土司宗族和重要庙宇，必须选在易守难攻的地势险要之地，而圩市的功能在于方便商人往来贸易，必须选在水陆要津的地势平坦之地。因此，尽管县治与圩市的联系成本增加，但所承担的不同功能还是促使它们被分建。此外还要看到，士绅群体与商人群体在文化上存在隔阂，相互间又缺乏交流与互动，因此在居住区域上也必然会有界分。清末，随着赋役经济的逐渐衰落，市场经济的蓬勃发展，士绅对商人的观念开始转变，士绅与商人的互动变得越来越多。而驮用圩在上林土县的地位越来越重要，客观上需要县府的资源向圩市倾斜，要求县府不仅要为征收赋役服务，还要为商品市场服务；不仅要保护土司衙门，还要保护商人市场。清末民初，上林土县的改土归流，最终促成了县治与圩市的融合，但整个融合过程，并不容易，对土司家族的安抚成了比较棘手的问题。清中期县治圩市分建源自两者功能不同，以及士绅与商人的分离，而随着市场经济的发展，两者的功能开始重叠，士绅与商人两个群体也渐渐变得密不可分。清末民初上林土县行政中心与商业中心从分建到融合的过程，实质就是从赋役经济向市场经济逐渐过渡的过程。

（作者系广西民族大学民族学与社会学学院硕士研究生）

方苏雅笔下的龙州社会生活

马君红

【摘　要】19 世纪 90 年代，方苏雅先生在法国驻广西龙州领事馆担任领事期间，游览山水，拜访社会名流，观看戏曲表演，走街串巷，留下了日记和照片，方苏雅先生笔下的龙州地区的衣、食、住、行，以及日常活动体现出了封建社会森严的等级制度，贫富差距大的社会处境，以及愚昧文化的盛行，还体现出在我国被迫打开国门后，西方文化冲击所带来的利与弊，同时，方苏雅先生的日记中鲜明地体现出了作为一个法国人根深蒂固的西方中心主义思想。

【关键词】方苏雅；龙州；衣食住行；西方中心主义

引　言

在笔者进行先行研究时发现，对于方苏雅先生的研究绝大多数都是关于殷晓俊先生从法国带回来的老照片，以及关于方苏雅先生照片中的云南社会风俗，其日记笔下所反映的社会生活不应被忽视，而龙州虽早在 1935 年就成为广西旅游五大名城之一，但并没有得到应有的关注，龙州是方苏雅先生来到中国后的第一个任职地，他的笔下不仅反映了当地的衣食住行以及社会生活，还从他的笔墨中感受到了浓重的西方中心主义，使这个话题具备了双重的研究价值。

一　方苏雅与龙州

　　龙州，地处广西壮族自治区西南部，是崇左市下辖县城，壮族人口占95%，在具有"天下山水第一"之称的广西壮族自治区并不那么起眼，然而这座西南边陲的小小县城却早在1935年，广西官方出版的一本书《广西一览》里，向国内外推介的广西五大旅游城市中除桂林、南宁、柳州、梧州外，龙州也赫然在列①，它与越南文化一脉相承又曾受到法国文化的浸染，风俗节庆、古老建筑，都充满了独特的文化特质。而这些特征的形成，与其历史密切相关。因为龙州地处与越南毗连的边境之地，与越南山水相连，越南成为法国殖民地之后，龙州又成为法国殖民者渗透和蚕食中国的窗口和门户。

　　在龙州成为法国殖民者渗透和蚕食中国的窗口和门户的早期，方苏雅作为法国殖民者的代表来到了龙州，由此结下了他与龙州的缘分。方苏雅，原名奥古斯特·费朗索瓦，1857年出生于法国洛林的一个商人家庭中，15岁沦为孤儿，从军参与政变，失败之后转而自学法律，1880年被省长比胡收为义子，曾在法国内务部和外交部任职，后担任法国外交部长私人秘书。1895年12月，方苏雅来华担任法国驻中国广西龙州领事，1899年12月调离龙州，任职云南省名誉总领事兼法国驻云南铁路委员会代表，之后又曾几次更换职务，1904年任期满后回到法国，在中国的这九年时间里，方苏雅先生将自己融入社会的各个阶层中，他的足迹遍布广西、川藏边界以及云南，他用他的眼睛、相机去感受和记录当时的社会风貌。

二　19世纪末龙州社会生活风貌

　　19世纪末，中国正处于半殖民地半封建社会，1895年6月中法签订了"中法界约与商约"，法国因此获得了合法在云南、广西、广东三省通商修路、传教开矿等权利，在这样的大背景下，方苏雅被派往中国

---

①　梁黎、严造新：《龙州这个地方》，《中国民族》2015年第6期。

进行划定中越边界谈判。在 1895—1899 年这四年的时间里，方苏雅先生在龙州担任领事，他游历山川景色，拜访富豪乡绅，观看刑场执行，欣赏戏曲表演，了解群众生活。虽然不可避免地带有西方的思维视角，且由于其自身角色，与政府和官员的接触较多，但其走进基层的主观愿望使他的日记为我们研究这一时期的龙州的社会生活提供了很大的帮助。

（一）方苏雅笔下龙州人的衣、食、住、行

1. 衣

20 世纪末在清朝统治下，衣冠穿戴也有很强的等级制度，不容许轻易变化，这是封建等级制度在社会生活中最为直接的反映，而在龙州地区，汉人已形成了"士子冠裳简而文"，而当地的壮族人们的服饰风格被描述为"男女多跣足，俱用布巾缠头，衣尚青黑，短衫长裙"①，在 19 世纪末的民间，普通群众穿的衣物的布料大多是自己产的土布，大多是蓝黑色衣裙、衣裤短装，方苏雅先生也曾在传教士巴伊神父的居所看到这样的布料，"在这简朴的居室内，唯一的醒目的色调是一种当地手工生产的蓝粗布。它起着门帘的作用"。（第 120 页）官员在遵守服饰规范的同时，在衣着上要比平民百姓优越和精致，比如方苏雅先生在他的日记当中写道："这时，有几位军官走过。他们头戴花翎帽，身穿一件马褂，深紫红色的丝绸上面绣有麒麟。他们骑着容貌浓密的鞑靼小马，两名士卒在前执缰牵马。士卒们头顶戴着红底黑绒帽。"（第 90 页）而在方苏雅先生对百姓衣着的描述中，我们可以看出与上文提到的军官的鲜明对比，"他们堆放起自己的娄筐，漆箱，以及褴褛的惊人的破衣和破被"。（第 84 页）这种贫苦在当时的社会环境并不是偶然，从 1842 年签订的第一个不平等条约《南京条约》之后，《天津条约》《北京条约》《马关条约》《辛丑条约》等一系列不平等条约接踵而至，不断地割地、赔款、扩大通商口岸，少时赔款几百万两白银，多至近数亿两白银，对于一个长期闭关自守自给自足的社会而言，这些款项无疑大大加重了人民的生活负担，人民贫困的生活也是难以避免的。

① 龙州纪略（清嘉庆七年）。

2. 食

在方苏雅先生的日记中，有关于酒的记载，"我谨慎地询问酿造方法，从而得知我刚才灌进去的是陈米酒。酒内长期浸泡着蜥蜴尾！多么可怕啊！"（第 149 页）中国的酒文化博大精深，不仅仅在 19 世纪 90 年代末的龙州，当下龙州也有一种被誉为中国名酒的酒，名字叫作乌猿酒，制作方式也是将乌猿骨与米酒一同浸泡，和方苏雅先生在苏元春将军宴席上喝的蜥蜴尾酒类似。同时酒桌上，还有一些玩骰子等游戏活动，"他总是让人拿来骰子赌具以及一小把四季豆，这是我害怕的。那摇骰子的皮杯轮流传递下去，每人依序将筹码扔到桌上，苏元春揭开点数"。（第 149 页）

龙州地区有稻田"当稻田里无水，干裂收成无望时，苏元春……"（第 154 页）广西地区是野生稻的故乡之一，壮族先民应是最早栽培水稻的一个民族。[①] 壮族是以大米为主食的民族，至迟在汉代，壮族先民就确立了水稻的主粮地位。[②] 此外还有甘蔗、玉米等，长期以来，龙州民众的饮食模式是传统的中式饮食，即以五谷为主食，以各种蔬菜、肉菜为菜肴。[③] 方苏雅先生的日记中有一段极为详细的关于一场龙州奢侈宴席的记载，让笔者惊讶于 19 世纪 90 年代末上流社会生活的奢侈以及龙州地区食物种类的丰富，这发生在苏元春宴请宾客的宴席上，"有一天，我注意到不下六十多盘菜。我停下来没再数那几十道餐前小碟，甜食，以及满桌都是的精美食品，有些装在银碟中，有些在瓷器内。同席的官员们时不时从中戳起一些褪皮的菱肉、葡萄、花生仁、烤南瓜籽、干荔枝、黑桃仁、蛋烘饼，其中有些老得就像陈年佳酿，或者硬得就像法国的羊乳干酪，当然还有醋汁李子、西瓜、甜点，等等。每上一道有特点的大菜，都有不同的上菜法，并伴有各种不同的菜肴为佐，上菜过程井井有序。上鱼翅，或者上燕窝，以及其他内容，就在餐桌前分菜，舀上这些胶质状的菜肴：牛筋，章鱼须，熊掌，甲鱼……"（第 151 页）在方苏雅笔下，我们发现广西地区当时的饮食已经非常丰富，天

---

① 方素梅：《壮族饮食文化的历史探析》，《广西民族研究》1998 年第 1 期。
② 同上。
③ 徐海荣：《中国饮食史》（卷六），华夏出版社 1999 年版。

上飞的，地上跑的，土里钻的，水里游的，树上长的，应有尽有，在制作方式上，烧、煮、蒸、炖、腌、炒、炸、生拌也是种类繁多，再后来，市面上还有了罐头、火腿等食物，这在方苏雅的日记中同样得到体现，"在中国烹制的这些佳肴中，苏元春还让厨师添加些我们法国产的罐头肉"。（第152页）"我数过有九盘猪肉，还不包括品名各异的火腿"。（第151页）同时，在这样奢华的宴席上，入席者可以不必离席休息，接受侍从的按摩，接着使用筷子。在宴席的结尾要上传统四汤来招待侍者，而对入席者而言，四汤则意味着离席的信号。

惊异于食物的丰富之外，餐桌礼仪，也值得我们深入了解，方苏雅先生的这段宴席即将结束的描述极具参考价值："开始进餐的茶杯，当时并没人喝，现在又被端上来。每一位入席者双手拿着茶杯，将它端到齐眉处，以极度恭维的动作朝着东道主举起来，他们用两个手指翻转茶杯盖，将之从左到右地在地上倾倒成一线，这种共同的礼仪就像受到指挥一般。入席者人人都这么做，而且很快就做完，好像为了释去主人的负担一样，当然没有人讲话。因为从此时起一切礼节都结束了，相互开始热情的话别，三度打恭作揖，抱拳行礼。职务较低者在苏元春面前要行跪礼，这是上司的尊严，好像是四人一对。随后是客气的谦让，主人将那些想告辞又不敢告辞的客人送到对面的座位上，但是礼节要求他目送客人前往就座即可。客人在愉快的推辞后，最终依了主人。那些'不送，不送'与'不敢当，不敢当'的客套话在屋子里回响。末了，大家落座，虽然坐开了些，但客人之中抱拳于胸，低眉垂目以友好的态度向主人致意，主人也用相同的礼节应答着每一位客人。"（第152页）这段完整地描述了宴请结束后的全套礼仪，其中渗透着鲜明的封建等级制度，也展示了原汁原味的龙州宴会礼仪。

3. 住

人们居住的形式往往与气候和劳作方式息息相关，熟悉广西的人都知道，在这个亚热带季风气候下，气候苦热，空气湿度大，蛇虫多，民"所居皆茅竹壁，架木为巢，上则住人，下牧牛畜"① 也就是壮族的"干栏"式建筑，底层用来养家禽、家畜，堆放柴火、谷物和农具，一

---

① 王晓军：《近代龙州风俗演变浅论》，《南宁师范高等专科学校学报》2002年第1期。

般均为木质结构，"渐渐地远去了，看得见居民区中房基的柱子，以及恶心的破屋"。（第 95 页）自古至今，干栏式建筑形态在我国广泛分布，在亚洲一些受到我国传统文化影响的地区，如东亚、东南亚等，也都可以寻找到干栏式建筑的踪迹①，且以往我们对干栏式建筑存在误解，它并不仅仅存在于南方，它的存在是受气候影响，而非地理位置影响。刘致平先生认为："'巢居'与'穴居'并非因地域而分开的，正如《易·系辞》中所说的'上古穴居而野处'。《礼记》上记载：'昔者现网未有宫室，冬则居营窟，夏则居巢'，大体是寒冷干燥地带适于穴居。温热潮湿地带宜巢居，适中地带则随气候条件而采取穴居或巢居。"②然而在方苏雅先生的笔记中，我们还发现了这样的记载："苏元春将自己的住所修在那儿，修在一座石壁陡峭的山洞中。这地方很惬意，尤其是在夏天，凉爽宜人。别的一些山洞用作商店，还有一座山洞被建为寺庙，据说相当不错。"（第 154 页）"我在洞中还能看到居住过的痕迹：灰烬。有些流浪汉和沦落之人时长来此居住。"（第 137 页）说明在龙州，不管是上流社会还是穷苦百姓都将山洞作为居住的选择之一。

4. 行

在 19 世纪末，龙州没有公路，自行车、汽车甚至航空运输都是在后来的五十年内出现的，因此牛车、马车、帆船、竹筏在当时的社会生活中占了主流，而这些交通工具的主要动力应当源于人力，方苏雅在描述广州的港口时曾写道"船只的动力来自于一些人灵巧，辛苦的劳作，变成了脚力'蒸汽机'"。（第 93 页）官员出行，大多乘轿，比如在方苏雅先生的日记中"我从那儿乘着帆船去看望苏元春。岩石下，有些士卒正等着我，他们抬着一乘没边栏的轿子"。（第 154 页）以及"几个月来，他们（道台大人和几名特别代表）不是坐在轿子中让人抬来抬去，便乘船沿河而行"。对于轿子这种交通工具，方苏雅的日记中也有描述："轿子的形状似方盒子，拱顶，轻盈的竹架上绷上布，两根赋

---

① 李长虹、舒平、张敏：《浅谈干栏式建筑在居民中的传承与发展》，《天津城市建设学院学报》2007 年第 2 期。

② 刘致平：《中国居住建筑简史——城市·住宅·园林》，中国建筑工业出版社 1998 年版，第 1—2 页。

有弹性的轿柄抬起了轿身。"（第 87 页）百姓出行则有的乘坐舢板："房主外出时也只能乘坐舢板，或者像泥泞的水牛一般，徒步涉水而行。"（第 95 页）

（二）方苏雅笔下龙州的风俗习惯

观看戏剧表演，在方苏雅先生日记中关于龙州的部分，描述龙州日常活动的占有相当篇幅，在招待活动开始时有时会有戏剧演出，"剧情理所当然的是中国历史上的魏蜀吴三国故事……"（第 150 页）在这份日记中，多次提到他观看戏剧表演，看戏者可以根据好几尺长的大红戏单点自己想看的戏目，比如一些滑稽剧和真正的喜剧，还描述了戏班精湛的演戏技巧，能够表演出惊险的现实场面，将滑稽戏演得细腻又自然。

祈求神明和祖先保佑。祭祀在我国传统文化中始终扮演着重要的角色，《左传》云"国之大事，在祀与戎"①，在方苏雅先生在龙州的四年中，苏元春无疑是一个重要人物，诸多的文化活动和陋习都在他的身上有所体现，"在干旱的夏天，当稻田里无水，干裂，收成无望时，苏元春便将自己关在一座神庙里祈神，直到雨神决心降雨为止"。（第 154 页）除此之外，方苏雅在日记中提到，苏元春像所有人一样，信奉祖先，就算其父遗体已经找不到了，依旧让人雕刻了木雕像，利用罗盘修建了豪华的坟茔，还修建了一座码头，让人写了一首诗来歌颂父亲的生与死。说明在当时的龙州，信奉祖先是一种盛行的文化。另外，在方苏雅先生的日记中，有一段对神像开光仪式的描述："在这播种的季节期间，一队游行的队伍敲着铜锣走在田间，咣，咣，咣的锣声与哔哩啪啦的鞭炮响彻田野。身着盛装的百姓走在田间小道，他们抬着一副类似担架的搬运工具，上面放着粉刷一新的神像"。（第 104 页）从这样的仪式中我们可以看出祭拜神仙是一件重要的文化活动，除此之外还有处罚神仙的文化活动，比如金鸡滩激流附近的居民祭拜马援将军，人们磕头跪拜，年年祭祀上祭品，却由于地势险要，仍然不断发生种种灾难，航船仍然会在激流中撞碎，这会导致禁止马将军的香火供奉数十年，还有

① 《左传·成公十四年》。

一位巡抚大张旗鼓跑到庙中，在塑像前讽刺批评马将军。

吸食鸦片。清朝时期，英国为了改变对华贸易逆差的现状，开始向中国倾销鸦片，赚取暴利，清政府派林则徐前往禁烟，由此发生了著名的历史性事件：虎门硝烟，从而也引发了第一次中英战争，从此，中国沦为半殖民地半封建社会，鸦片贸易更加猖獗，吸食鸦片之风盛行，鸦片毒害了大量的中国人，导致很多人倾家荡产，瘦骨嶙峋，降低了国民的身体素质，作为早在秦朝就是通往越南水路航道的龙州，也不例外，在一场宴席上，方苏雅先生描述道，入席者"有些人暂时离开饭桌，躺在床上抽鸦片。这些床围放在四周，排列成行。空气中弥漫着污浊的毒品气味"。（第 152 页）在描述苏元春时，也提到"毒品在这人身上产生出神奇的效果，他再也不萎靡不振。他平时几乎不会起床，只有在晚上五点之后，他才一边抽着大烟，一边在毒素的作用下，与幕僚们工作到深夜"。（第 150 页）说明，在当时，吸食鸦片在龙州蔚然成风。然而鸦片对人们身心具有很大的危害，"初则提神避瘴，继则气弱中干。对时瘾发，如病疟疾"。[1] 同时，鸦片与粮食争土地和劳力，以贵州为例，19 世纪 30 年代上半期贵州鸦片种植面积约 250 万亩，以每亩产粮 2 石计算，减少粮食产量约 500 万石[2]，鸦片成瘾者，一旦没有鸦片以供吸食就会无力劳作，因此戒鸦片也是艰难且削弱社会劳动力的。

三　方苏雅笔下龙州社会生活特点

（一）封建等级制度森严

在以皇权为主的封建统治下，等级制度森严，这不仅体现在官位、皇帝的后宫上，也体现在百姓的生活中，在方苏雅先生笔下的龙州社会面貌中，我们可以感受到森严的等级制度，比如在不同阶级的服饰上，都有相应的规定，不能够轻易更改，清朝也存在对商人不能穿丝绸的限制，除服饰之外再比如"职务较低者在苏元春面前要行跪礼，这是上

[1] 《桐梓县志·食货志》，1936 年。
[2] 周松柏：《清末民国贵州鸦片百年危害反思》，《贵州社会科学》2005 年第 2 期。

司的尊严，好像是四人一对"。即便是寻常宴会，也奉行着森严的官场等级文化。平民对官员、下级对上级都要行跪拜礼，在称呼上也要称呼为"老爷""大人"。

（二）贫富差距大

杜甫的《自京赴奉先咏怀五百字》曾批判"朱门酒肉臭，路有冻死骨"。同为封建王朝末期的清政府也面临着贫富差距大、腐败严重的问题，方苏雅先生在日记中描述豪门聚餐，"我注意到不下六十多盘菜。我停下来没再数那几十道餐前小碟、甜食，以及满桌都是的精美食品"，"整个晚上菜肴一盘接一盘，没完没了"。（第151页）也曾在方苏雅先生笔下体会到穷人无家可归，被迫居住山洞，破衣破被的窘迫，方苏雅先生在"光豹"号船上所见到的、遇到的其他船只的景象，更是凸显了当时贫富差距的悬殊，"妇女们浓妆艳抹，擦脂抹粉，耳坠耀眼。那些肥头大耳的'神仙'，穿着绫罗绸缎，脖子和胳膊裸露在外，戴着玉镯及宽大的玳瑁眼镜，手摇扇子。他们躺在木椅上，挠挠痒，磕磕西瓜子。有些姑娘陪侍在四周，弹着丝弦，嗲声嗲气地朗诵着诗歌。这些醉生梦死的人，一动不动，面无表情，就像蜡像馆的群雕。与他们形成奇特对照的是那些苦力。他们忙碌着，魔鬼附身般的扭曲着躯体，大声吆喝着，撑着竹竿。那吆喝声同样也能让人想起地狱"。这段"神仙"与"地狱"的描述让人直观感受到贫富悬殊所带来的景象，富者过着安逸奢侈，甚至醉生梦死的生活，而穷苦之人要不停歇地劳作，付出自己所有的体力来获得生存的机会，而贫富差距在任何社会环境下都是激发社会矛盾的痛点。

（三）迷信文化盛行

在我国古代，小农经济发达，科学技术发展落后，在没有科学知识的指引下，人们把诸多的自然现象归结为神的旨意等迷信思想，祭祀神仙、祖先，算命等活动盛行，在方苏雅先生笔下描述的过金鸡滩激流的驱魔法事"剩下的事便是将魔鬼从船上驱逐出去了。船老板用一只母鸡血祭船上的各个角落，随后在船上捆上一束鲜血淋淋的羽毛，在船体边上与隔板上贴上些符咒。"（第106页）就是不折不扣的封建迷信。

不仅是平民百姓，苏元春作为高官也同样如此，"苏元春在这方面极有天赋，他借助罗盘，便能发现了某处可以获得幸福。于是有人向他问名利，或者问钱财"。

（四）受到西方文化的冲击

在清朝末年，清政府被迫打开国门，使我们的国家性质变成半殖民地半封建社会，法国因此获得了合法在云南、广西、广东三省通商修路、传教开矿等权利，也是因此，方苏雅先生才能担任龙州领事的职务，在西方文明的冲击下，人们的社会生活存在好的改变，比如在餐桌上出现了西方的食物，如火腿、罐头、咖啡，还出现了更为干净实用的法式洋楼住房，并且方苏雅先生对苏伊神父的居所进行描述时还有这样一段话："我在撩起它时，在这出乎意料的地方，惊讶地发现了一台'辛格'缝纫机，而且标志清晰。""他告诉我这是前一任地方官听说过如此神奇的机器，求他为自己的妻妾买一台。但当机器运到时，该官员已经调离本省了"，（第120页）我们不难看出，西方先进的生产方式已经开始影响这块落后贫瘠的土地。其实从19世纪60年代开始，洋务运动的兴起使国外越来越多的先进技术开始流入中国。还有龙州地区的传教活动的出现确实给贫苦或残疾之人送去福音，比如日记中"主教大人让23名入室弟子留在辖区内，因为他们不是太小，就是瘸子，双腿残瘸腿者有，麻风患者也有"。但众所周知，19世纪末，西方的传教活动更多的是为了配合资本主义国家的侵略活动，除此之外，吸食鸦片的风潮，也损害了国民的身体素质，遭西方人歧视，被人称作"东亚病夫"。这些好与不好的受西方文化冲击所带来的改变都在龙州有所体现。

四　方苏雅先生日记体现出的西方中心主义

方苏雅先生的日记中，着实记载了大量的有助于我们还原19世纪90年代末期社会生活的信息和描述，但出于其自身的角色和背景，也非常鲜明地体现出了一种思想，即西方中心主义，主要是指赋予西方的思想观念、历史发展模式以世界普遍性。西方中心主义是通过对于世界与东方的认识和评价中体现出来的，其中存在明显的欧洲优越的价值取向，把西方的价值观念看成是世界共同的观念，西方的取向即世界民族共同的前进方向①，而其他民族则是野蛮的、动物性的。

这种西方中心主义在方苏雅的笔下也有明显的显露，"眼睛所见，没有任何熟悉之物，到处都是奇异的怪物，意想不到的，形状怪诞的线条。目光要么被古怪的檐角所吸引，要么被小店或寺庙的装饰所惊愕，那纯属是谵妄般想象的结果。"（第89页）他以西方的价值观念来审视我国的风土人情，评论在我国所见到的文化产物是荒诞怪异的，这无疑是一种肤浅的理解，这种肤浅理解中还流露出对其欧洲文化的优越感，其自身所接触的欧洲文化及文化产物都是合理且有价值的，而我国的文化则是无意义的"想象的结果"。

在方苏雅先生奔赴龙州的水路上，有这样一些对中国人的描述，"穷人们前桑后涌地挤进中舱，并成堆地挤在一起，甚至比底仓的鱼还挤"。（第84页）以及"栅栏出口处涌出的人群就像吐出的呕吐物一般，那泥路则成为排污的下水道"。（第86页）"绅士们均穿着宽大的长袍。仅在色彩上有一点细微的区别的长袍裹住滑稽可笑的身形。"（第89页）从这三句对船上穷人、岸边人群和中国绅士的描述中都可以明显地感受到方苏雅对中国人的蔑视，把中国人的形象描述为野蛮的、可笑的、令人作呕的，这种对东方人的偏见在方苏雅的措辞中体现得十分明显。西方中心论以文明—野蛮、科学—愚昧、先进—落后等二元对立构建西方与非西方的等级图示。② 以这样先入为主的等级观念去理解和阐释中国文化，是一种文化暴力行为。

"哦，是三次啦！可悲的烦躁！中国人全将我们的意思弄歪了。不信教的中国人比比皆是，他们根本什么都不懂。"（第126页）在这样的措辞中我们可以感受到，在方苏雅心目当中，信教应该是一种普遍现象，而不信教则是"什么都不懂"的象征，所以毫无疑问，方苏雅赋予欧洲文化以普遍性，而其他文化则是无意义的，其实与方苏雅同时代

① 高美苏:《西方史学思想中的"西方中心主义"——试论其表现形式及产生原因》，《前沿》2013年第11期。
② 王平:《西方中心论的后现代解构》，《辽东学院学报》（社会科学版）2010年第6期。

的史学流派的兰克流派代表人物兰克也曾直露地表现出在文化方面的西方中心主义，他曾说"历史教导我们说，有些民族完全没有能力谈文化……我相信从全人类的观点看来，人类的思想……只是在伟大的民族中历史地形成的①"。孔德在《实证哲学教程》中也说，"我们的历史研究几乎只应该以人类的精华或先锋队（包括白色种族的大部分，即欧洲诸民族）为对象，而为了研究得更精确，特别是近代部分，甚至只应该以西欧各国人民为限"。② 我们似乎在兰克和孔德的观点中看到了方苏雅先生如此表述的理由和根源。从 19 世纪，中国打开国门开始，西方世界对中国的审视很大程度上带有西方中心主义色彩，而西方发达国家对世界媒体话语权的掌控，使想要在世界面前还原中国本来的面貌成了一件需要我们持之以恒去努力的事情，这是中国传媒产业和每一个传媒人的责任和使命。

参考文献

本文所引用的方苏雅日记的中文译文全部引自罗顺江、胡宗荣译本《晚清纪事——一个法国外交官的手记》（云南美术出版社 2000 年版）。将不再单独注明出处，仅标出页码。

（作者系广西艺术学院硕士研究生）

---

① 文斯：《世界史之谜：兰克关于历史科学和艺术论著选》，转引自张广智《史学：文化中的文化》，上海社会科学出版社 2003 年版。

② ［英］柯林武德：《历史的观念》，北京大学出版社 2010 年版，第 164—165 页。

毛南族花竹帽文化及其变迁与民族认同[*]

吕　洁

【摘　要】手工艺品是一种活的文化，既是民间文化直接的反应，也是民族文化、民族特色的体验。花竹帽是毛南族的族宝，作为毛南族文化最直接的呈现者，社会的变迁使毛南族花竹帽文化在一定程度上发生了嬗变。对于外面的人来说，花竹帽是毛南族的"名片"；对于毛南族自身来说，花竹帽是这片乡土的文化象征和标志。

【关键词】毛南族；花竹帽；花竹帽文化；变迁民族认同

在中国几千年历史中，民族文化通过不同的场域在行进和变迁中不断传承，对于我国相对闭塞的民族村落而言，各种风俗仪式的举行和传承过程，成功地濡化了其民族成员间的认同。手工艺品便是其中的重要传承和濡化场域。具有民族特色的毛南族花竹帽在中华民族的文化盛宴中，扮演着极为重要的角色，对其民族认同的濡化发挥着良性作用。毛南族是中国人口较少的民族之一。在长期的社会进程中，毛南族人民以自己的勤劳勇敢与智慧，不仅创造了日益充裕的物质财富，而且创造了丰富独特的文化，为丰富和发展中华民族多元一体的灿烂文化做出了积极贡献。

一　毛南族概况

毛南族主要分布在广西壮族自治区西北部的环江县的上南、中南、

＊　广西民族大学民族研究中心项目"中国扶持人口较少民族发展政策与实践研究：以广西为例"（项目编号：2014NS03）。本文是该项目的阶段性研究成果。

下南山区，及河池、南丹、宜山、都安等地。环江县是全国唯一的毛南族自治县，面积 4560 平方公里，境内聚居着毛南、壮、汉、瑶、苗、仫佬等民族，其中，居住在环江的毛南族，数量约占毛南族总人口的 80% 以上，环江县素有"毛南之乡"的称号。而上南、中南、下南（以下简称"三南"）是毛南族聚居地。据第五次人口普查，环江毛南族人口为 56398 人。

毛南族人自称为"阿南"（ai53 na：n11），众称是"Kjoŋ33 na：n11"，其意为"这个地方的人"，称谓表明他们是岭西的土著民族。

毛南族有自己的语言，但没有本民族的文字，他们历来学习和使用汉语。毛南语属于汉藏语系壮侗语族侗水语支，在语音、语调、语序以及基本词汇方面与同一语族的壮族、侗族、佬语和水语有许多共同点和相似之处，尤其与水族更为接近。由于毛南人民长期与壮族、汉族人民密切交往，所以许多人都能操壮语和汉语（柳州官语），毛南族还借用汉字的音义记录毛南语，形成"土俗字"，用来记录本民族的民歌。

毛南族的民族源流，由于毛南族没有民族文字或民族典籍，我们在调查时，很难找到那些能懂得毛南族的历史的长者，只能从考古材料与汉文典籍中钩沉、发掘。但是，毛南族先民，他们毕竟生活在祖国南部地区，而汉族历史学家不乏对民族问题深切关心的学者，因此，记下了一鳞半爪。在浩如烟海的典籍中，还可以梳理出柳江人——百越群里骆越中的一支；又发展为僚人中的一支；为伶人中的苦荬伶；抚水州蛮、镇宁州蛮的一支；再发展为茅滩蛮、茆滩蛮、冒南人、毛难人、毛难族、毛南族的历史发展痕迹。

毛南族主要从事农业生产，兼营各种副业。他们编织的竹器，工艺精湛，著名的花竹帽，精致美观而又实用，既是毛南族的手工艺品，又是姑娘们珍爱的装饰品。

二　精巧的花竹帽

花竹帽，毛南语称为"顶卡花"，即在帽底编织花纹的意思。花竹帽是毛南族青年的定情之物，是毛南族的象征。在毛南族人心目中，花竹帽象征着吉祥和幸福。由它衍生的花竹帽文化（如花竹帽歌、舞）是毛南族文化的精髓，花竹帽被誉为毛南族的"族宝"。

　　花竹帽形似斗笠，分里外两层，直径 60 厘米左右。花竹帽的工艺特点是：用薄如纸的竹片和细如发的篾丝编制而成的，而且弯拱剖丝时不用刀而是用手连折带拖。工艺的特别精彩之处有两个：一是使用的竹篾薄如纸绢，细如发丝。用作经线的主篾每片宽约 2 毫米、厚约 1 毫米，更难以相信的是每片的两端要利用手的挤压之力分成 20—25 根分篾，精细如此，叹为观止。这个剖丝工艺可是花竹帽的惊人之处。二是金竹和墨竹的本色搭配，自然统一，朴素醒目，金竹金光闪闪，墨竹漆黑油亮，以这两种色调织出的种种象征着吉祥美好的图案更是锦上添花。尤其是帽底，图案纷呈，花纹繁复，这也是毛南语"顶卡花"名字的来历。

　　手工编织一顶花竹帽需要 7 天时间。花竹帽分里外两层，以当地特产的金竹和墨竹为编织材料。墨竹漆黑油亮，金竹金光闪闪。秋后砍竹破篾，篾片薄如纸，篾丝细如线。先将篾片篾丝在水中浸泡一昼夜，然后捞出晾干备用。编帽时，先将帽架摆在编者膝前。帽架直径与竹帽直径一致，行如雨伞，可以转动。先编表层，后编里层。表层主篾 15 片，每片两端均分成 24 片分篾，共 720 片分篾，分篾细如发丝。加上 60—80 片横栅，上下交叉编织，密不透雨。编里层时，用主篾 12 片，每片两端各分出 15 片分篾，共计 360 片，再加上下 20—30 片横栅，交叉编织而成。表里两层编好后，里层上面盖一层薄沙纸，纸上覆一块花布，花布上再盖一块深蓝布，然后将表层扣在上面，使里表两层合一，帽边沿用细篾缝合串紧。表层的顶部呈略尖状，则用鹅雨毛管破开，顺着主篾编织的脉络覆上。这样，一方面使主篾不受磨损，另一方面让其与覆盖着的深蓝布相衬，显得更加显眼美观。花竹帽最初是用作遮阳挡雨的劳作工具，没有太多的附加装饰，后来演变成了爱情信物、赠品、装饰品，则在帽顶端处加上红或黄绒球，帽檐处则缠上红或黄流苏，特别是在花竹帽歌舞表演中，会更耀眼、美观、大方。

　　在毛南族，花竹帽由男性工匠编织而成，曾是阿哥送给阿妹的定情信物，成百上千根篾丝里那份特殊的温柔和细腻传达着阿哥的款款浓情。旧时，花竹帽在毛南族妇女的社会交际生活中显得十分重要，出门赶圩，走亲访友，身上都不能少顶"顶卡花"，尤其是出嫁的新娘更是讲究。因此，早有这样一首《叮嘱歌》："哪个姑娘要出嫁，有花竹帽最要紧，被帐鞋盆放其次，先看帽子新不新？新娘少顶花竹帽，伴娘也觉得丑三分，满身绫罗缺这个，莫想跨进婆家门。"生动地描绘了花竹帽在毛南族婚俗中的重要地位：青年女子婚嫁时，花竹帽是必不可少的首选嫁妆，更是荣誉和幸福的象征。但随着民族地区生活水平的提高及生活观念的改变，花竹帽在民间婚俗传统中的圣洁地位正渐受挑战，花竹帽的象征意义和文化内涵亦渐趋淡化，以及传承面的狭小，后继乏人等，这门特有的技艺便随即黯然失传，甚至消失。曾经辉煌的花竹帽，如今却几乎成了绝技，因此对毛南族花竹帽的保护已经迫在眉睫。

三　花竹帽——毛南族文化的象征和标志

对于外面的人来说，花竹帽是毛南族的"名片"，对于毛南族自身来说，花竹帽是这片乡土的文化象征和标志。在毛南族人心目中，花竹帽象征着吉祥和幸福。由它衍生出的花竹帽编织手工技艺、花竹帽歌、花竹帽舞、花竹帽故事形成了花竹帽文化，是毛南族花竹帽的文化精髓，集中地反映了毛南族地区民间文化丰富多彩的生存发展状况。

作为毛南族的重要文化特征——花竹帽（顶卡花），曾有着丰富的社会功能：

（1）劳作工具。花竹帽作为竹帽的一种，首先具有帽子最基本的实用功能即遮阳挡雨。心灵手巧的毛南族人就地取材用当地特色的金竹和墨竹编出了独特而精美的花竹帽：篾片薄如绢，篾丝细如发，这样既可达到轻巧，又可作细密编织而更好地遮阳挡雨。

（2）定情信物：花竹帽作为毛南族青年的定情信物，象征着幸福美好。花竹帽本身蕴含着美丽动人的古代爱情故事：毛南女子爱上一位朴实能干的青年，青年也愿与毛南女子永结同心，遂亲手精心编织一顶浪漫别致的花竹帽赠给毛南女子作定情信物，以表情意已定，愿结白头之好。花竹帽也就被作为毛南族青年男女之间定情的信物，发挥着特有的作用，这种风俗习惯便一代一代地传承了下来。特别是毛南族青年女子婚嫁时，"顶卡花"是必不可少的首选之物，它既是荣誉和幸福的象征，更是勤劳和爱情的激励。在毛南族人心目中，花竹帽——"顶卡花"象征着吉祥和幸福。

（3）民俗礼物：成本低廉的花竹帽能够成为村屯和邻近的壮族等被人们认可和接受的一种礼物，在很大程度上也是因其与乡村经济生活的特征和由此产生的生产消费理念吻合之故。在更多的时候，这种特殊的礼品侧重的是一种吉祥与幸福的情感寄托和对于他人的美好祝愿。人们通过毛南族花竹帽来传达和善友好的情谊。逢年过节，亲朋好友互赠花竹帽以期和谐关系、修睦邻里。

四　变迁与民族认同

毛南族有自己的语言，但没有文字，耳濡目染式的家庭、社区教育对文化的传承作用极为重要，毛南族民们都会依据从祖辈、父辈那里习得的生活生产方式。随着对仪式、禁忌等的逐渐熟悉，毛南族民们对于其祖源、民族记忆、历史等有了深刻的认同。这也是民族认同中最为牢固的情感联系。可以说，文化的濡化对于民族认同有着积极的意义。然而，随着与外族通婚增多，其相对封闭的生存环境被打破，此时仅仅依靠代代相传，无法抵御外来文化的渗透，文化的涵化便必然产生。"涵化"可界定为文化变迁的过程，在这个过程中，有两种或两种以上的文化或多或少地进行持续接触，因而只是一种文化接收其他文化的元素。在文化涵化的概念中，外来文化的价值与规范是强调的重点，对一个民族的涵化深度取决于两个民族间的文化差异性。从广西环江毛南族山乡来看，由于其地理位置偏远，尽管中华人民共和国成立后也经历过土改、"大跃进"、"文化大革命"等社会变革，但其风俗习惯保留得较为完整，影响不大。但随着现代化设备的不断涌入，村村通公路的建设，以及恩黔高速公路的横贯，完全打破了村寨原有的生存环境，毛南族人主动抑或被动地与各种外来文化接触，本民族文化传承经受着巨大压力。花竹帽从劳作工具到定情信物，再到被民俗礼物取代。尽管在社会的演进中，花竹帽充当毛南族青年定情信物的功能基本无法保存而渐渐地消失，但花竹帽象征幸福美好作为吉祥物却延续下来。如今，花竹帽美好的传说被移植到歌舞上使毛南族花竹帽获得了最为丰富和更具有毛南族本土特色的表现题材，在表演中，花竹帽的饰物和歌舞功能是结合统一起来的。

每个民族的文化模式与其民族的文化濡化方式有着非常密切的关系。从相对闭塞的农村环境来看，广西环江之所以保持着完整毛南族文化并实现了代代相传，其主要通过禁忌、仪式等家庭教育和社区教育习得。从这个角度来分析，一个人在其所生活的社会群体濡化的过程获得了对其群体文化的传承，并最终成为个人完成其身份与角色的定位并适应其族群的文化，也就是我们常说的身份认同和民族认同。作为毛南族族群来说，他们通过生活生产方式、婚俗、仪式、禁忌等方式，实现了其民族认同的濡化。

花竹帽文化变迁过程实际上也是一个民间文化功能的变异过程，尽管这种变化是花竹帽的生产者和消费者都无意识的，它较为直观地展示了文化演化过程中文化要素在不同的社会环境和条件中所造成的文化功能的多样性。

五　结语

近年来，在学者的呼吁和当地精英人士的努力下，当地政府拟订了毛南族花竹帽的建设方案，意图保护这一"活"的文化遗产，在2010年，毛南族花竹帽成功获得国家非物质文化遗产第三批保护名录。此外，由于民俗旅游的繁荣，其毛南族的文化资源也受到了重视。在这一时期，广西毛南族聚居地获得了很多便民政策，如房屋改造翻新，水泥公路的修建，电视、电话、自来水的接通，以及为了突出毛南族文化特色而筹建毛南族歌舞队等。对于在现代中迁移的乡土，总有一些乡俗古韵在悄然地改变或者逝去，于是节日便常常成了他们对于古老的过去最隆重的纪念和回忆，就像他们在节日庆典里欢歌载舞那样。毛南族历史上的分龙节和歌圩热闹而隆重，村村屯屯都有群众自发的集会和表演。表演中，他们在畅快而尽兴的表演中描摹着毛南族旧日的风俗，就像是他们对于祖辈所奉行的一次正式而隆重的祭典。这种在现代所进行的仪式尤其撩拨起人们对于这片乡土所有过去印象最为丰富和真切的联想，也会很自然地生发出保留下这些乡情民风的念头。对于一个人口较少的弱势族群而言,在全球同化的时代能始终保持其特有的民族文化实属不易。尽管花竹帽文化如今也在悄无声息地变迁,但在毛南族的民族认同中,仍然起着不可替代的作用。

参考文献

[1] 张建世、杨正文:《西南少数民族传统工艺文化保护》,《西南民族大学学报》2004 年第 3 期。

[2] 钟敬文:《中国礼仪全书》,安徽科学技术出版社 1997 版。

[3] [美] 克莱德伍兹:《文化变迁》,云南教育出版社 1989 年版。

[4] 索端志:《文化涵化与族群认同——青海河南蒙古族文化涵化问题研究》,《青海民族研究》2008 年第 1 期。

[5] 向贤海:《民族认同与移民族群传统文化的传承与变迁》,硕士学位论文,湖北民族学院,2010 年。

（作者系广西民族大学图书馆馆员）

论壮族"三月三"歌圩节的历史
由来及文化意涵

胡顺成

【摘　要】壮族"三月三"是壮族最盛大影响最广的歌圩节。其最早可追溯到中原地区的上巳节，随着岭南地区与中原文化交流的日益增多，"三月三"上巳节这一传统节庆传入壮族地区并在此落地生根。之后"三月三"与壮族人民赶歌圩的习俗结合后便逐渐发展成了如今的"三月三"歌圩节。剖析"三月三"传入壮族后发生的流变，无论是从时间、风俗还是饮食等各个方面，都会发现其背后蕴藏着农事节的特征，蕴藏着壮族"稻作文化"的深刻内涵及壮族人民对于农业、土地的崇拜与依赖。

【关键词】壮族；三月三；意涵；稻作文化

中华民族自古就有"二月二，龙抬头，三月三，生轩辕"的说法。轩辕氏就是中华民族的始祖之一的黄帝，这正说明，"三月三"最初便可追溯到远古时期。实际上除了轩辕黄帝，"三月三"还与伏羲、女娲娘娘乃至西王母等神话传说有关。在历史的洪流中，"三月三"渐渐地发展成为中原地区的"上巳节"，然而之后虽然与清明节、寒食节融合在一起，但这一节日的庆祝传统却在广大的南部少数民族地区落地生根，尤其是壮族地区。

一　"三月三"的源流传说

关于"三月三"最广为人知的起源传说便是轩辕黄帝的生辰了。

黄帝据传诞生于公元前 2717 年的农历三月初三，是中国远古时期部落联盟首领，据大量的历史记载和文物佐证，黄帝统一天下，奠定中华，肇造文明，惜物爱民，于是被后人尊为中华人文始祖。《史记·五帝本纪》载："生而神灵，弱而能言，幼而徇齐，长而敦敏，成而聪明。轩辕之时，神农氏世衰。诸侯相侵伐，暴虐百姓，而神农氏弗能征。于是轩辕乃习用干戈，以征不享，诸侯咸来宾从。而蚩尤最为暴，莫能伐。炎帝欲侵陵诸侯，诸侯咸归轩辕。轩辕乃修德振兵，治五气，蓺五种，抚万民，度四方，教熊罴貔貅貙虎，以与炎帝战於阪泉之野。三战，然后得其志。"除了统一天下，更为重要的是黄帝为中华民族创造了灿烂的文明。黄帝在位期间国势强盛，政治安定，文化进步。于是，黄帝被尊奉为"华夏始祖"。自春秋时代的历史典籍中就有了关于三月三黄帝故里轩辕之丘祭拜黄帝的记载，《史记·封禅书》载：秦灵公"作吴阳上〔田寺〕，祭黄帝"。唐代以后渐成规制，盛世时由官方主拜，乱世时由民间自办，一直绵延至今。

　　另一种关于"三月三"起源的说法是为了追念伏羲、女娲。《后汉书人表考》卷二引《春秋世普》曰："华胥生男子为伏羲，生女子为女娲。"《文选·王延寿》曰："伏羲鳞身，女娲蛇躯。"伏羲，是华夏民族人文先始、三皇之一，同时也是我国文献记载最早的创世神。女娲，传说为伏羲的妹妹，是中国上古神话中的创世女神，华夏民族人文先始。《说文解字》中载："娲，古之神圣女，化万物者也。"关于女娲的传说，最熟知的就是其抟土造人。《太平御览》卷七八引《风俗通》："俗说天地开辟，未有人民，女娲抟黄土作人，剧务力不暇供，乃引绳于泥中，举以为人。"又《绎史》卷三引《风俗通》："女娲祷神祠祈而为女媒，因置婚姻。"按照天干地支计算，三月初三那天是巳日，正是女娲造人的日子。因此很多地方会举办大型庙会和祭祀活动来纪念女娲娘娘。后续时代渐渐提出另一种传说，即女娲是与伏羲共同繁衍了人类。于是伏羲和女娲就被视为中华民族的祖先并受到崇祀。例如在伏羲建都地淮阳，建有太昊陵古庙，由农历二月初二到三月初三为太昊陵庙会，善男信女从四面八方赶来陵区，朝拜人祖。这种对于伏羲和女娲的崇拜，是古人生殖崇拜的重要体现，这一习俗也流传至今。

　　除此之外，传说王母娘娘的蟠桃宴也是在三月初三那天举办。王母娘娘是《西游记》里的称谓，现在一般跟上古神话中的西王母等同为一人。"王母"一词，最早见于《山海经》的《大荒西经》："西有王母之山，壑山、海山。"因所居昆仑丘（昆仑山），于汉中原为西，故称西王母。《西游记》称王母娘娘是"瑶池金母""金母元君""西灵王母""九灵太妙龟山金母"等，她有两个法宝：一是吃了可以长生不老的仙丹，二是吃了能延年益寿的仙桃——蟠桃。神话传说中的嫦娥，就是偷吃了丈夫后羿弄来的西王母仙丹后飞上月宫的。其蟠桃，三千年一成熟，每逢蟠桃成熟，西王母大开寿宴，诸仙前来为她祈福祝寿。《西游记》中说"西王母种的蟠桃乃仙树仙根，小桃树三千年一熟，人吃了体健身轻，成仙得道；一般的桃树六千年一熟，人吃了白日飞升，长生不老；最好的九千年一熟，人吃了与天地齐寿，日月同庚"。而这蟠桃宴开设的时间正是三月初三。于是农历三月初三便成了王母娘娘大宴众仙的吉日。

二　中原"三月三"的兴盛与壮族"三月三"的传入

"三月三"兴盛于古代中原地区的"上巳节"。"上巳"这一称呼首见于汉初的文献中。《周礼》郑玄注："岁时被除，如今三月上巳，如水上之类；衅浴谓以香薰草药沐浴。"自殷周时期开始，人们在春天会结伴去水边沐浴，政府还专门设置女巫之职进行主持。《周礼·春官·女巫》中载："女巫掌岁时被除衅浴。"《后汉书·礼仪上》："是月上巳，官民皆絜（洁）于东流水上，曰洗濯被除去宿垢疢为大絜。"因为春天是季节交换之时，阴阳未调和而人容易患病，所以需要在水边香薰沐浴一番。后来，沐浴的日子逐渐就固定在每年以干支纪日的历法中的夏历三月的第一个巳日。可知在先秦时，这个日子就已成为大规模的民俗节日，主要活动就是人们结伴去水边沐浴，称为"被禊"，此后又增加了祭祀、宴饮、曲水流觞以及祈求生育等内容。《论语》中："暮春者，春服既成，冠者五六人，童子六七人，浴乎沂，风乎舞雩，咏而归"，记载的正是"上巳节"时的情形。

到魏晋时期，三月初三"上巳节"开始被明确地更改为"三月三"，《晋书·礼志》中载："汉仪季春上巳，官及百姓皆禊于东流之上，……自魏但用三日，不以上巳也。"并逐渐演化为皇室贵族、公卿大臣、文人雅士们临水宴饮（又称曲水宴）的节日，并由此而形成了上巳节的另外一项重要习俗——流觞曲水。"流觞曲水"出自王羲之的《兰亭集序》："又有清流激湍，映带左右，引以为流觞曲水。列坐其次，虽无丝竹管弦之盛，一觞一咏，亦足以畅叙幽情。""流觞曲水"的大致方式是众人围坐在回环弯曲的水渠边，将特制的酒杯（多是质地很轻的漆器）置于上游任其随水流缓缓漂浮，酒杯漂到谁的跟前，谁就取杯饮酒。文人则将此俗进一步雅化——酒杯停在谁的面前，除了饮酒外还得赋诗一首，其乐趣略同今人的"击鼓传花"。历史上最有名的一次流觞曲水是东晋穆帝永和九年（公元353年）农历三月初三上巳之日，王羲之偕同当时的天下名士如谢安、殷融、孙绰、阮裕等42人，在江南水乡绍兴的会稽山之阴、兰亭曲水之滨所举行的盛会。吴自牧《梦粱录》卷三《三月》云："三月三日上巳之辰，曲水流觞故事，起于晋时。（就是指王羲之写《兰亭集序》的事）唐朝赐宴曲江，倾都禊饮踏青。"据《嘉泰会稽志》引《天章寺碑记》记载，当时共得诗37首，王羲之酒酣意畅、神采飞扬，当即用蚕茧纸、鼠须笔为这37首诗合成的诗集作序，写就了我国书法史上具有里程碑意义的书法经典之作——《兰亭集序》。《兰亭集序》被称作天下第一行书，其书法可谓洋洋洒洒、下笔遒劲，婉若游龙般跃然于纸上。《兰亭集序》一举奠定了王羲之在中国书法史上"书圣"的崇高地位，为中国的书法史增添了浓重而辉煌的一笔。

至隋唐时代，三月三"上巳节"又逐渐回归到民间百姓中，从贵族上层到民间百姓，"上巳节"成为一个人们纷纷参与其中的节日，并增添了许多新的习俗。宫廷里，君王会在那一天大宴群臣，场面极其恢宏、奢侈，"锦缆方舟渡，琼筵大乐张。风摇垂柳色，花发弄林香"。陈希烈的《奉和圣制三月三日》就是描述了这样的宴饮场景。白居易的《上巳日恩赐曲江宴会即事》一诗中也详细记载了盛会的情况："赐欢仍许醉，此会兴如何。翰苑主恩重，曲江春意多。花低羞艳妓，莺散让清歌。共道升平乐，元和胜永和。"而在民间，上巳节时老百姓纷纷选择外出，去风景秀美、花草繁茂的郊野游玩、踏青，或者在曲水泛舟登船赏春。"三月三日天气新，长安水边多丽人。态浓意远淑且真，肌理细腻骨肉匀。"（杜甫《丽人行》）也有文人墨客在这天组织诗会、以诗会友。孟浩然的《上巳日涧南园期王山人陈七诸公不至》中就写道："摇艇候明发，花源弄晚春。在山怀绮季，临汉忆荀陈。上巳期三月，浮杯兴十旬。坐歌空有待，行乐恨无邻。日晚兰亭北，烟开曲水滨。浴蚕逢姹女，采艾值幽人。石壁堪题序，沙场好解绅。群公望不至，虚掷此芳晨。"除此之外还有赏花、竞渡等，这些各种各样的活动都体现了上巳节在隋唐时期成为百姓共同欢庆的节日，处于发展最为兴盛的时期。

自秦以来，地处岭南的广西地区与中原地区逐渐展开了交往，尤其是在文化上的交流与习俗上的影响最为深远，南、北民族也在历史的进程中渐渐融合。秦汉以后，汉族人民不断从中原大批南迁至广西地区，三月三"上巳节"便在这时传入现今的壮族地区。壮族地区自古就以发展稻作农业为主，"三月三"正是播种的时令，祈求丰收和人丁兴旺便成为这一时期节日的主题。同时，祭祀、祓禊、求子等这样的上巳节习俗也传入了壮族地区并与壮族的风俗习惯等结合形成了一些新的节日民俗。如壮族地区三月三祭拜"花婆神"求子。唐代以后，壮族地区开始有了歌仙刘三姐的民间传说，这一人物形象最早见于南宋王象之《舆地纪胜》卷九十八《三妹山》："刘三妹，春州人，坐于岩石之上，因名。"这条文献被清代《蕉轩随录》做了放大："广东阳春县北八十里思良都铜石岩东之半峰，相传为李唐时刘三仙女祖父坟，今尚存，春夏不生草。刘三仙女者，刘三妹也。《寰宇记》《舆地纪胜》均载阳春有三妹山，以三妹坐岩上得名，今不知何在。"刘三姐聪慧机敏，歌如泉涌，美丽动人，深受壮族百姓的喜爱。该传说与"三月三"上巳节相融合，使"三月三"发展成为纪念刘三姐而形成的民间纪念性节日——"歌仙节"。

三　中原"三月三"的消失与　壮族"三月三"的发展

唐朝以后，由于上巳节与清明节、寒食节的时间几乎重合，因此，宋朝开始中原地区上巳节、寒食节渐渐与清明节三节合一了。节日习俗也相互融合，有些习俗渐渐消失了，而有些习俗则渐渐残留了下来。例如祭祀、踏青等最初都是上巳节的习俗。再如清明插柳、戴柳圈等最初也源自上巳节。据唐代段成式的《酉阳杂俎》记载："唐中宗三月三日，赐侍臣细柳圈，带之可免虿毒"。富察敦崇《燕京岁时记·清明》中也载："至清明戴柳青乃唐高宗三月三日被褉于渭水之隅，赐群臣柳圈各一，谓戴之可免虿毒。"至此可以看出，在中原地区"三月三"上巳节与清明节、寒食节逐渐合而为一，在时间上和风俗上也都渐渐地融合了。

而在壮族地区，"歌仙"刘三姐的形象出现后，标志着壮族歌圩的形成。所谓"歌圩"，是壮族民众在特定的时间和地点举行的周期性、集体性、传统性的聚会对歌活动形式。到了宋代，歌圩开始渐渐流行起来，宋人著的《太平寰宇记》中就有记载："壮人于谷熟之际，择日祭神，男女盛会作歌。"这说明当时壮族地区的歌圩已经很兴盛了。南宋周去非的《岭外代答》中载："交趾俗，上巳日，男女聚会，各为行列，以五色结为球，歌而抛之，谓之飞驰（绣球）。男女目成，则女受驰而男婚已定。""三月三"正是春耕农忙的时令，在这个时候人们除了需要祭祀神灵以求得风调雨顺、五谷丰登之外，男女们也在田间地头对歌，既能消除疲劳，又能通过对歌来择偶，他们认为三月既是万物生长的好时节，也是人类繁殖的好时辰。

明代壮族歌圩得到进一步发展，有了固定的举办时间和举办地点。"三月三"成为每年赶歌圩的时间之一。除此之外，歌圩的形式和内容也有了丰富的发展。明代邝露的《赤雅》中关于"浪花歌"的描述也常常为后人引用："峒女于春秋时，布花果笙箫于名山。五丝刺同心结，百纽鸳鸯囊。选峒中之少好者，伴峒官之女，名曰天姬队。余则三三五五，采芳拾翠于山椒水湄，歌唱为乐。男亦三五成群，歌而赴之。相得，则唱和竟日，解衣结带相赠以去。春歌正月初一，三月初三；秋歌中秋节。三月之歌曰浪花歌。"浪花歌，便是壮族青年男女春秋佳节聚会唱歌和进行活动的一种形式。

清代是壮族民歌最繁盛的时期，"三月三歌圩节"也在这一时期得到了很好的发展。清代武鸣诗人韦华丰曾有诗篇《廖江竹枝词》抒写清代壮族"三月三"歌圩的盛况，其中写道："昨颁真武喜分将，食罢青精糯米香。忽漫歌声风外起,家家儿女靓新妆。""无因倾吐爱花情,挹颈联肩巧比声。唱到风流欢喜曲,娇娃春意一齐生。""人逢故旧注青眸,不觉流连小渡头。绮语飞来心更醉,情通袅袅短长讴。"

到今天,壮族"三月三"歌圩自形成开始已有了一千多年的历史。壮族的"三月三"也成为壮族地区最为隆重的"歌圩节"之一。它既发展了赶歌圩的节日民俗,又继承了祭祀、扫墓等多种多样的节日传统,成为壮族儿女一年一度娱乐休闲的盛会。但是细观其节日特征,除了对于祭祀、山歌等民俗文化的传承外,不难发现其背后蕴藏着壮族作为"稻作民族"所具备的文化特点和独特意涵。

四 壮族"三月三"的意涵

壮族"三月三"歌圩节,是壮族的传统节日,其历史源远流长,有清晰的发展脉络。壮族"三月三"的缘起与壮族稻作农耕的生产周期和生活方式有直接的关系,人们在这一天祈求一年的风调雨顺、五谷丰登,也将之作为农忙前的行乐尽兴、互相鼓劲的活动。壮族先民中有着将农作物的播种、成熟与人的择偶、出生相结合的传统思维,因此在那一天壮族人们还会祈求家族的人丁兴旺,青年男女也会趁着这三月好春光赶歌圩的时候来"倚歌择配"。这些处处都体现出了壮族"三月三"歌圩节是一个"农事性"的节日,具备了农耕文化的特点。

从时间上看,壮族"三月三"歌圩节的举办时间是每年的农历三月初三,正处于春耕的前夕,壮族是一个稻作民族,壮家自古以来就有在耕作前祭祀祈神的传统。比如流传于广南地区的壮族"三月三"祭拜"地母"与"官撒种"活动,"官撒种"源于我国周代官方为春耕播种所举行的传统农耕祭祀仪式,其意在彰显为官者重视农耕生产,敬畏自然,并告知社稷百姓播种节令已经到来,同时祈求当年风调雨顺、五谷丰登、国泰民安。春秋时,孔子将这一活动称为"籍田礼"。明清时期,"官撒种"作为中原文化随流官传到边疆广南地区。古百越人认为"大地"是产生万物最至高无上的神灵。地母即乘象仙女,由她统管大地,生养万物,《地母经》中讲:"东西南北四部州,春夏秋冬母造成;江河湖海不离母,万国九州母长成……天下五岳仙山境,山林树木母造成；庶民百姓不离母，五谷六米母长成……绫罗绸缎从母出，四季禾苗母长成。"在壮民族的传统观念中，地母又是稻作文明之母，教人耕田种地，因此在"三月三"那天对于地母的祭拜也等同于稻作文化的具体体现。所以壮族"三月三"的祭祀活动，也包括家祭中的扫墓祭祖，都是为求得风调雨顺、五谷丰登，这是其作为农事性节日的重要体现之一。

在原始社会时期，就有不同氏族的青年男女在农闲时节集中到一个地方唱歌求偶的传统。并由此衍生出了抛绣球、碰蛋等民俗活动，这些皆是为男女择配服务的。之所以壮族儿女在那一天赶歌圩、择偶，则是因为"三月三"期间是万物生长的好时机，因此人们也认为是人类繁殖的好时机。《白虎通·德论四》中曾说："嫁娶必以春者，春天地交通，万物始生，阴阳交接之时。"故在先人的观念里，春天最适宜男娶女嫁，以求多子多孙。他们将自己与自然界等量齐观，认为万物的生长与人类的生长是一样的。人类的交媾与稻谷的播种于他们而言是同一概念。因此，在这即将播种的时期，人类也需要通过择偶来为自己"播种"。壮族的绣球中最初包裹的都是农作物的种子，通过互赠农作物种子来求偶一方面暗含希望人类像农作物一样，能够人丁兴旺；另一方面也有让种子模仿人类，增强自身的繁殖能力以得到当年的丰收意思。因此，"三月三"男女求偶的习俗正反映了壮族农耕文化的重要特点。

在壮族"三月三"饮食中，无论是祭祀用食，还是壮民自己享用的美食，糯米都占据了很大的比例，比如最有名的五色糯米饭，还有糍粑、粽粑等，从这可以看出糯米在壮族饮食中有非常重要的地位。壮族地区的糯稻是栽培稻的最初品种，所以，壮族的祖先们都是以糯米为主食，这种"以糯米为贵"的思想也是壮族人民在出现栽培稻以后慢慢养成的习惯，壮族是有深厚的稻作文化基础的民族，"以糯米为贵"也是稻作文化对壮族人民生活产生影响的一个重要表现。而在壮族"三月三"中，大量地使用和食用贵重的"糯米"，同样也体现出了"三月三"歌圩节的农事性特征。

无论是从壮族"三月三"的起源来看，还是从风俗、饮食等方面来看，都不难发现其作为农事节的本质。壮族是一个农耕民族，因此农耕文化体现在壮族文化的方方面面中，而"三月三"歌圩节的意涵就

是反映出了壮族人民对于当年风调雨顺、农业丰收、五谷丰登以及人丁
兴旺的渴望。

结　语

　　壮族"三月三"既是中原文化与岭南文化交流的产物,也是壮族
自身文化沉淀下来的宝贵遗产。从"上巳节"到"歌圩节",不仅体现
了汉族地区与壮族地区日趋频繁的文化交流,背后的含义也体现出了
"稻作文化"在壮族文化的发展中产生的深刻影响。

参考文献

[1] 李富强、白耀天:《壮族社会生活史》,广西人民出版社 2013
　　年版。

[2] 潘其旭:《壮族歌圩研究》,广西人民出版社 1991 年版。

[3] 黄桂秋:《壮族仪式歌谣概论》,天马图书有限公司 1996 年版。

[4] 范宏贵等:《壮族历史与文化》,广西民族出版社 1997 年版。

[5] 黄现璠、黄增庆、张一民:《壮族通史》,广西民族出版社 1988
　　年版。

[6] 唐祈:《中华民族传统节日辞典》,四川辞书出版社 1990 年版。

[7] 李富强:《抛绣球:反映壮族农耕文化特点的风俗》,《农业考古》
　　1997 年第 3 期。

[8] 覃妩周:《汉族上巳节对南方少数民族"三月三"的影响研究》,
　　《黄冈师范学院学报》2009 年第 2 期。

[9] 刘朴兵:《壮族饮食文化习俗初探》,《南宁技术学院学报》2007
　　年第 1 期。

[10] 韦润物:《南方少数民族"三月三"与古代中原上巳节习俗关系
　　　探讨》,《广西民族学院学报》1987 年第 2 期。

（作者系广西民族大学民族学与社会学学院硕士研究生）

民族文化遗产保护
利用与旅游开发

"一带一路"倡议视角下闽西客家文化旅游资源的开发与保护

杨满妹

【摘　要】"一带一路"是我国全方位对外开放的重大战略决策，为国内外各个相关地区带来了深远的影响。福建作为"21世纪海上丝绸之路"的核心区，为闽西客家文化旅游的开发与保护带来了新的机遇。本文在"一带一路"倡议视角下，阐述了闽西发展客家文化旅游的优势，指出了开发过程中存在的文化旅游资源的保护问题，并提出积极融入"一带一路"倡议部署，在开发与保护并举中实现闽西客家文化旅游的可持续发展。

【关键词】"一带一路"；客家文化；旅游

一　前言

2013年9月和10月，习近平总书记先后出访哈萨克斯坦和印度尼西亚，分别首次提出了共建"丝绸之路经济带"和"21世纪海上丝绸之路"，引起了中国各个地区乃至全球的轰动。2015年，党中央进一步提出了"一带一路"的全新发展倡议，实施了一系列的行动和部署，积极推进"一带一路"建设，目的是推动我国的政治、经济和文化等的建设和区域经济的协调发展。福建作为"21世纪海上丝绸之路"的核心区，为闽西这一重要区域的客家文化旅游开发与保护带来了新的机遇与挑战。位于福建西部的闽西地区，客家文化旅游资源丰富独特，在

"一带一路"的新形势下，闽西应该发挥客家文化资源优势，抓住发展机遇，寻求闽西客家文化的快速发展。同时，注重旅游与文化的结合，大力发展旅游文化以及文化旅游，从而在合理开发和保护闽西客家文化的同时，带动闽西区域经济的发展。

二　闽西客家文化旅游资源的分类及开发保护的现状

（一）闽西客家文化旅游资源的分类

客家是一个具有显著特征的汉族分支族群，是汉族在世界上分布范围广阔、影响深远的民系之一。① 由于历史原因，客家先民从中原向外迁徙，在漫长的迁移岁月里，不断与南方当地原住居民融合，演变、形成和发展成为一个拥有数千万人口的大民系。在客家人的迁徙和开拓过程中，为适应和改造生存环境，不断积累、沉淀而形成了独具特色的地域文化。② 这一特定的地域文化就称为客家文化，闽西地区的客家文化旅游资源主要有五种：

（1）闽西客家山水文化。闽西连城冠豸山是闽西客家特有的丹霞地貌风景区，是国家级重点风景名胜区、国家 4A 级旅游区、国家地质公园，风景区在距县城仅一点五公里处，拥有冠豸山、石门湖、竹安寨、旗石寨、九龙湖五景区，拥有山奇、水秀、谷幽、岩穴迷离之神秀。

（2）闽西客家节日习俗文化。由于战争，客家祖先从中原一路南迁至闽西，并与沿途文化得到一定的交融与会合，最终形成了独具特色的客家节日习俗文化。定居闽西后的客家人，因深处内陆而较少与外界有过多的交流，所以当地传统的节日习俗文化保存较好。闽西客家节日民俗活动浩浩荡荡，热闹非凡，有号称"天下第一龙"之称的姑田游大龙、被媒体誉为"山区的狂欢节"的连城走古事、"天上人间般"的

---

① 雷聪：《福建连城民俗"走古事"的客家文化内涵分析》，《闽西职业技术学院学报》2011 年第 4 期。

② 胡昇平、曾慧娟：《闽西客家文化旅游及其发展策略》，《龙岩学院学报》2012 年第 3 期。

芷溪游花灯、"老少皆欢般"的新泉犁春牛、"盛世轰动般"的朋口入公太等数十种客家民俗文化，被专家誉为中原古文化的"活化石"。

（3）闽西客家建筑文化。闽西作为客家文化的始源地，历史存留下来的遗迹有很多，其中主要有"民间故宫"之称的国家历史文化名村——培田古民居，中国唯一活着的古代雕版印刷的见证者——连城四堡古镇，国家 5A 级旅游区、世界文化遗产——永定土楼民俗文化村，"客家第一宗祠"——上杭李氏大宗祠等。

（4）闽西客家美食文化。闽西客家的美食风味独特，种类齐全，可谓饕餮盛宴。这场盛宴主要包括全国地道美食天团——闽西八大干；中国五大名鸡之一的汀江美食——白斩河田鸡；全国唯一药用鸭——连城白鹜鸭；人间美味——涮九品；百年美食——永定芋子包；休闲美食——永定泡鸭爪；客家名菜——四堡漾豆腐等。

（5）闽西客家艺术文化。闽西客家民间艺术丰富多彩，特色鲜明，有精彩的戏曲和提线木偶表演。在闽西的各个村落，大部分的喜庆节日都会有相应的表演活动。在闽西的芷溪村每逢"进出公太"节庆活动，村里的戏台上就会上演特色戏曲片段和提线木偶；此外，盛行于闽西地区的客家艺术文化还有客家山歌、客家剪纸、客家竹编等。其中客家剪纸是闽西客家女性擅长的技能，逢年过节都会剪窗花。而客家竹编则是闽西客家男性生活中的必备技能，每逢春耕来临之际，客家男性都会提前用竹子编好当年需要使用的簸箕、米粹和盘篮等用品。

（二）闽西客家文化旅游资源的开发现状

随着旅游业的发展，自 2000 年开始，客家文化旅游逐渐受到了旅游界的青睐，许多有志之士掀起了研究客家文化的热潮。在这股热潮中，丰富又珍贵的客家文化资源与落后又简单的客家经济形成了鲜明的对比，于是就应运而生了"如何利用丰富的客家文化资源来改善落后的客家地区经济"一系列相关的研究课题。经过近 20 年的开发，闽西客家文化旅游为当地经济带来发展。其中，最典型的是永定的土楼和连城的冠豸山，这两个客家文化旅游资源都为闽西经济的发展做出了贡献。但是，总的来说，由于起步较晚，客家文化旅游仍然处于初期阶段，存在许多问题亟待解决。

第一，文化旅游产品问题。闽西客家文化旅游线路单一，产品固化，缺乏系统性和创新性。由于缺乏专业系统的规划，闽西客家文化旅游主要局限在简单的观景旅游，如参观世界上独一无二的永定土楼，观赏美丽的喀斯特地貌连城冠豸山美景。从 21 世纪开始，客家文化旅游逐步得到相应的开发，一系列客家相关的旅游线路出现在游客的视线中，其中"客家特色美食节"和"客家神秘民俗游"成为客家文化旅游新的吸引物之一。[①] 但是，客家旅游产品固化严重，缺乏创新，除了闽西八大干作为客家美食特产外，几乎找不到其他能够代表和诠释客家文化内涵的商品。[②]

第二，文化旅游开发问题。闽西客家文化旅游资源开发整体处于初步阶段，以物质文化资源为主，非物质文化资源为辅，向深度挖掘趋势发展。闽西客家的山水文化和建筑文化资源，由于开发难度较低而优先开发，典型的客家物质文化如冠豸山、石门湖、永定土楼、培田古名居等观光旅游产品已经处于开发中期，并为当地经济发展带来了一定的影响。[③] 近几年，随着海内外客家人的寻根谒祖意识的不断加强，客家地区已经连续举办了多届"全球客属恳亲大会"，并为客家文化旅游资源的开发提供了经济保障和精神支持。为响应中央对传统文化的保护与开发的相关政策，客家地区积极挖掘与保护当地历史民俗文化，在政府的大力支持下，永定客家土楼民俗文化村已经建成，而福建客家民俗博物馆也正在筹建。[④] 在旅游业日益丰富而发展的背景下，闽西地区将更加重视客家文化旅游资源的深度挖掘，并将努力把客家文化开发成为新时代的蕴含客家文化底蕴的特色旅游资源。

第三，文化旅游规模问题。闽西客家文化旅游的宣传力度不够，导致客源市场小，规模效应弱。一方面，游客游览地点规模小，由于缺乏

[①] 钟紫、俞万源、曾志军：《基于动漫开发的客家文化旅游开发研究》，《国土与自然资源研究》2014 年第 1 期。

[②] 俞万源、李海山：《客家文化旅游：回顾、现状与展望》，《嘉应学院学报》2006 年第 4 期。

[③] 梁锦梅：《客家民居旅游资源开发探讨》，《广州师院学报》（社会科学版）2000 年第 6 期。

[④] 周建新：《客家民俗旅游资源的开发》，《嘉应大学学报》（哲学社会科学版）2003 年第 1 期。

适当的广告宣传，面对丰富的闽西客家文化旅游资源，游客耳熟能详的只是土楼和冠豸山，而对客家特有的美食文化、节日民俗文化和艺术文化几乎完全不知道，所以导致游览地点局限于土楼和冠豸山。另一方面，旅游客源规模较小，客家文化作为维系客家亲缘关系的重要载体，主要吸引了大批的海内外客属华侨华人群体回乡祭祖游览，至于非客家的游客则主要集中于闽西附近的江西、广东和浙江。① 除此之外，由于闽西地处山区，交通没有沿海旅游城市发达，宣传没有旅游胜地到位，文化没有历史古都深厚，所以无法吸引大规模的客流，从而限制了现有客家文化旅游规模效应的发展。

三 "一带一路"倡议与闽西客家文化旅游的关系

（一）"一带一路"倡议与闽西客家的历史渊源

闽西与海上丝绸之路历史渊源深厚，处于福建山海之间的闽西客家祖地在历史上扮演了重要角色，明清时期成为"海上丝绸之路"的潜在出发点。古时运输主力是水运，当时的闽西在纸浆业、书籍业、木材行和茶叶界都具有举足轻重的作用，所以通过闽西母亲河汀江和武夷山的九龙江向外输送了大量的商品。闽西如火如荼地展开海上贸易，不仅促进了当地的经济和文化发展，也培养了一大批航海家和企业家，最为著名的航海家当属闽西籍的王景弘，他曾经前后八次与郑和下西洋，共同为海上丝绸之路的开拓作出贡献。总之，闽西与海上丝绸之路的深厚历史渊源对闽西客家的发展带来重要的影响。②

（二）"一带一路"倡议对闽西客家文化旅游的影响

"一带一路"倡议对闽西客家文化旅游具有一定的促进作用；同时，闽西客家文化旅游又将为更好地践行"一带一路"倡议提供一定

① 达沃斯巅峰旅游景观设计中心：《广东省梅州市旅游业发展总体规划》，2002 年。
② 王香群：《"一带一路"倡议视角下闽西发展客家文化产业的思考》，《区域经济》2016 年第 10 期。

的途径。福建省于 2015 年 3 月 28 日被定位为"21 世纪海上丝绸之路核心区",这意味着福建省在实施"21 世纪海上丝绸之路核心区方案"的过程中,处于闽西地区的龙岩则成为"海上丝绸之路"的重要腹地和客家文化国际交流的重要舞台。因此,"一带一路"倡议实施过程对闽西客家文化旅游的促进作用主要体现在两个方面。一方面,"四堡雕版印刷制品"作为"海丝"的重要物质载体保存完好,这一中国乃至世界性的非物质文化瑰宝将吸引大批游客前来观摩、研究和学习。另一方面,"一带一路"倡议使闽西客家文化的世界影响力加大。闽西籍的台胞有 70 多万人,华人华侨、港澳同胞有 120 多万人,东盟国家成为海外客家人最集中的聚居地区。这些群体将成为闽西客家文化旅游的潜在客源之一,同时也是客家文化再次传播的先锋力量,这也将进一步提高客家文化的世界知名度。

四 如何在"一带一路"倡议视角下对闽西客家文化旅游资源进行开发和保护

文化与经济是相互促进的关系,闽西地区的经济和客家文化的相互配合发展已经成为当地全面发展的一种新的趋势。但是面对丰富的客家文化旅游资源,如何将资源优势转化为经济优势,如何把握"一带一路"倡议带来的机遇,对客家文化资源进行合理保护和有效开发将是闽西地区的工作重点和难点。

(一) 立足传统,努力创新,打造闽西客家文化内涵游

文化不仅是旅游的重要载体,也是旅游本身活的灵魂,旅游景观之所以美丽动人,很大的原因归结于文化内涵。目前,闽西客家旅游文化内涵不足,文化生命力不够旺盛,旅游形象不够鲜明,加上对地区传统文化内涵的认识不足,所以整体开发层次较低,不够精细。因此,闽西地区应该立足客家优秀传统文化,努力挖掘文化内涵,并创造性地将客家文化融合在各类景观中,争取打造闽西客家文化内涵游。对于闽西客家地区的观光旅游产品,如冠豸山,既要满足人们视野上的需求,还要通过深入挖掘文化内涵,在景区中融入连城当地历史人文,从而使游客

感受到更深刻的旅游文化内涵，进而提高文化旅游的品位。①

（二）坚持协同发展，打造客家特色文化旅游

旅游业作为服务性极强的第三产业，需要相应的服务团队和技术水平支持才能顺利发展。因此在旅游资源开发的过程中，应该加强与"一带一路"沿线地区的合作，尤其要强化与客家旅游资源同样丰富且发展较早的广东和江西的交流，实现区域间的协同发展。对内，则针对闽西地区的国家4A级风景名胜区——"连城冠豸山""世界文化遗产——永定土楼"等旅游资源，打造出"奇山秀水之旅""土楼之旅"等地方文化名片。② 在此基础上，积极开展客家民俗表演，如"芷溪花灯秀""新泉犁春牛"和"姑田游大龙"等；制作客家特色旅游商品，如"客家风情小挂件""客家冠豸山水纪念册""客家土楼模型"等；精心打造"客家美食一条街""客家民俗文化互动体验区"和"客家特色风情街"等特色街道供游客游览、观赏和消费。

（三）加强宣传推广，充分凝聚侨胞力量，共同提升知名度

在"一带一路"建设背景下，充分利用网络媒体，比如利用微信公众号推送、博客推文和相关旅游网站的游记分享等经济实惠、操作简便又有一定的效果推广方式，努力打响"走海丝之路、寻客家土楼、游冠豸山水、享客家美味"的口号。同时，要积极响应政府号召，举办论坛、研讨会，正面呼应国家"一带一路"发展倡议，搭建闽西与海外客家文化产业合作平台，深入挖掘客家祖地、两岸客家与海上丝绸之路的渊源，传承客家文化，弘扬客家精神，并倡导"一带一路"沿线的客家游子把客家文化旅游的名片撒向世界各地。

（四）遵循资源客观发展规律，开发与保护并重

文化旅游经济效益日趋明显，越来越多的地区在大力开发旅游文化

---

① 杨冉冉：《"一带一路"背景下我国旅游资源开发问题初探》，《旅游纵览》2016年第4期。

② 王香群：《"一带一路"倡议视角下闽西发展客家文化产业的思考》，《区域经济》2016年第10期。

资源的同时忽略了对文化的有效保护，从而导致文化的缺失与变质。在文化旅游资源的开发中，出现了许多违背资源客观发展规律的现象，闽西地区存在一个典型的文化完整性受到破坏的例子。冠豸山在开发的过程中破坏了蔚为壮观的峡谷瓷瓮人文景观，它是客家地区用以盛装尸骨的特有习俗，承载了客家先民一段沉甸甸的历史和对中华民族的慎终追远的执着继承文化内涵，但不仅没有得到保护，反而被清除了。① 由此可见，文化旅游资源的开发既要遵循可持续发展的原则，也要遵循地区资源客观发展规律。② 对于闽西地区的客家文化，应该以科学的方式展示，以严肃的态度对待，以严格的标准保护。

五　小结

文化旅游兴起和发展的根源在于文化的生命力，特色民族文化是促进我国文化旅游全面发展的一股重要力量。闽西地区丰富的客家文化旅游资源是民族文化的一朵奇葩，也是"一带一路"倡议下文化复兴的重要内容之一。在国家政策的引导下，国家级客家文化（闽西）生态保护实验区于 2017 年 2 月 6 日顺利获得文化部批准，这一政策将成为闽西客家文化旅游开发和保护的新起点。因此，闽西应该充分把握机会，坚持可持续发展，努力挖掘客家特色文化，在文化旅游开发过程中融入优秀的客家传统文化，提高创新意识，努力打造更高水准的旅游文化产品，并争取在"一带一路"倡议背景下实现闽西客家旅游文化资源新一轮的跨越式保护与发展。

（作者系桂林理工大学旅游学院硕士生）

---

① 吴炳玉：《闽西客家文化旅游资源及其开发》，《闽江学院学报》2003 年第 1 期。
② 林美珍、吴建华：《文化生态：民俗风情旅游的开发》，《福建地理》2004 年第 1 期。

"一带一路"背景下广西桂林古桂柳运河边政丝路旅游文化价值重构

梁福兴

【摘　要】广西桂林古桂柳运河——相思埭，是唐长寿元年（692年）在桂林漓江与柳州柳江之间广袤的岩溶湿地里，通过疏浚河道、人工开凿而成的古老运河。其首先作为"粮饷戈甲征南"的军事通道出现，随后成为"边藩使臣交通""惠贾通商漕运""泄洪排灌兴农"的粤西内河丝路而存在。它与桂林北面的秦凿兴安灵渠相互连通，并与南海江山岛唐凿潭蓬运河遥相呼应，成为管控西南、兴边稳边、沟通蕃外不可或缺的关键通道，直至民国初年随着陆路交通的发达，逐渐淤堵断航而退出历史舞台，前后延续时间长达 1300 余年。在"一带一路"倡议背景下，深入研究、科学认识、系统发掘和创新利用古桂柳运河及会仙湿地这一南方古代丝绸之路节点上的历史文化遗产和岩溶湿地人类共有生态家园自然遗产，已经显得非常必要而且急迫。目前在桂林国际旅游胜地建设过程中，对古桂柳运河及其周边会仙湿地的历史人文价值、自然生态价值和旅游文化价值的认识，多数学者已考虑到船游观光、湿地保护、风情展示、古迹游览、泄洪排灌等综合经济资源开发利用的益处，但尚未从国家战略、西南边政、地区稳定、民族团结、南海和平与人类共有精神家园的角度阐释其意义和内涵。本文通过对古桂柳古运河及会仙湿地从秦汉时代到民国初年的重大事件和王朝国家战略等历史文献信息资源进行梳理，结合田野调查，阐释其作为"国家边政要道"和"岭南丝路咽喉"，在"中国—东盟"时空背景大格局下的文化符号象征意涵，重构古桂柳运河及会仙湿地的旅游文化价值，试图为将其纳入"一带一路"倡议重大项目建设，提供学理依据和决策参考。

【关键词】桂柳运河；会仙湿地；"一带一路"；边政丝路；旅游文化；价值重构

一 盛唐开凿相思埭沟通西南与两宋时期边地动荡

（一）李靖收复岭南与唐朝开启南方丝绸之路

酋首羁縻与边地开拓。唐朝是中国历史上豪迈大气且富有进取精神的辉煌朝代。唐开国大将李靖不费一兵一卒收复岭南 96 州后，吸取隋代冼氏夫人随诏岭南诸酋首的经验，设帐主政桂州总管，遵唐高祖之命派人四出招抚岭南各路大首领，桂州李承志、高州冯盎、贵州李光度、钦州宁长真等纷纷前来桂州纳土献印归附，李靖分别委以相应官职。[①]当年李靖即着手在独秀峰南侧修筑桂州"子城"，随后增修"外城"和"夹城"，均得力于被招抚为桂州刺史的李袭志及其所部能工巧匠的鼎力效命。武德五年（622 年）五月，李靖在桂州置监铸钱，所铸"开元通宝"迅速通行于岭南和东南亚地区。武德六年（623 年），钦州总管宁长真向朝廷进献合浦大珠，昆州刺史沈逊、融州刺史欧阳世普、象州刺史秦元览进献筒布。贞观四年（630 年），唐朝西南民族地区推行土酋羁縻制度，粤西（今广西）壮侗民族聚居区共设置羁縻州 50 个，羁縻县 51 个，羁縻县下设峒，由地方首领自治自理，激发了地方酋首效命唐王朝的积极性和主动性。贞观十二年（638 年），桂州都督李宏节遣军整修从上思、思明州通往安南的道路；贞观十三年（公元 639 年）六月，渝州（今重庆）侯弘仁开辟由牂柯（今红水河），经西赵，出邕州，沟通安南和桂州的道路。但是关山阻隔，陆路艰难，唐使臣、官吏过灵渠从桂州（今桂林）经漓江，过桂水，下梧州，再溯黔江、柳江

---

① 广西地情网：《历史事件》，广西地情网，http://www.gxdqw.com/dsj/（注：文中未注明出处者均源于此）。

辗转500公里水路才能到达西南边地。寻找并开辟去往西南边疆近便通道，成为大唐王朝国策的急迫任务。

（二）唐武周开凿桂州相思埭与西南边政战略

（1）经济发展与运河开凿。随着"大唐盛世"时代的到来，桂州快速兴盛发展成为粤西重镇，四方八面的珍宝、贡物、钱粮、盐米等物资汇聚而来、集散而去。唐武周长寿元年（692年），"相思埭"工程在桂州（今桂林）西南侧20公里处的岩溶湿地上开凿。据估测，当时的会仙湿地总面积约65平方公里，渺无人烟、湖泽遍布、水草丰盛、树木参差。[①] "相思埭"按照距唐朝900年前秦军开凿的兴安灵渠为基本模型，通过引水、分水、筑坝、蓄水、凿渠、建陡、提水、通航的办法，以今狮子山暗河出水口为源头，引水至泮塘筑坝蓄水，并设东西二陡门成分水塘，向东凿渠引水汇入良丰河，经良丰河过柘木入漓江；向西疏通广袤湿地的相思水（今相思江），经铜鼓水（今洛清江）入榴江（今柳江）。运河全长15公里，共设陡门18处，渠宽10—100米不等，丰水期可通行中型木船或铜船。渠置陡夫、铺役，官府定期发给饷银，负责看管堤坝，清淤防堵，蓄水开闸，绞纤拉船，护船过陡等，维护运河正常运行使用。会仙湿地，从此开始屯驻外来移民并垦殖。从语言学考证，"陡"即"门"；"埭"即"堰坝"，分别与壮族词汇"门"（tou^{24}）、"堵坝"（tab^{31}）读音语义相同，说明秦凿灵渠、唐修相思埭，当时当地壮族先民曾参与设计或开凿这两项伟大的水利工程。

（2）航运便道与西南交通。因"相思埭"在今临桂县境内，连通了桂水（漓江）和榴江（柳江），近现代广西人习惯称为"桂柳运河""临桂陡河""古桂柳运河"或"桂柳古运河"。[②] 以桂州（今桂林）城为中心，兴安灵渠在东北，沟通漓水和湘水，去往中原长安；相思埭在西南，沟通桂江（今漓江）和榴江（今柳江）。一个"相离"（湘漓）一个"相思"，同在漓水、桂水、榴江（相挽相留）上，南北贯通，东西往来，相依相挽相连，缩短航程509公里。从漓江西岸的柘木，经良

---

① 中共会仙镇委员会、会仙镇人民政府：《美丽的会仙》，2009年。
② 彭少华：《桂柳运河诸名考》，《广西地方志》2009年第3期。

丰河，过相思埭，出相思江，入洛清江，去往柳州，全部航程仅 150 公里，且避开了"桂江大峡谷"和"黔江大峡谷"下行上溯布满礁滩骇浪的数百里险滩河段。路近、时短、水畅、船稳，经相思埭往来桂西、桂西北、黔南、滇南和交趾、南海的船数、货量、人流自然就大。相思埭兼具分洪、排灌、养殖、捕捞等多种功能。它与兴安灵渠，共同构筑了连通长江—湘江—桂江—柳江—都柳江—红水河—郁江—邕江—南流江—南海—左江—右江等水运的岭南内陆水上丝绸之路，对于西南边疆管理和土地资源开发，起到了非常重要的作用。

（3）桂柳运河与三大丝路。据史学家钟文典考证，唐代桂州通过漓江水系通往各地的"丝路"交通线主要有三条：①桂州—长安线。此线自秦汉以来一直是粤西沟通中原的交通干线。主要经过桂州—永州—衡州—潭州—岳州—鄂州—襄州—邓州—商州—长安（或邓州—鲁阳—汝州—洛阳），沿路设有驿站，方便各地向中央王朝进贡珍宝、粮税、特产、货物和商人往来贩运财货。②桂州—廉州线。此线从桂州出发，沿漓江及桂江水路过昭州（今广西平乐）、富州（今广西昭平）到梧州，再溯浔江经藤州（今广西藤县）入绣江，换乘车马经玉林平原，下南流江，到达北部湾畔的廉州，然后向交趾、天竺（今印度）、大食（今伊朗）等东南亚、南亚、西亚国家往来交易；也可从梧州顺西江水路到达广州，与交趾、天竺、大食等外藩国家商人交换香药、珍宝、奇货运回桂州，再向京城长安、洛阳输送。③桂州—渝州线。贞观十三年（639 年）夏，渝州（今重庆）人侯弘仁开辟牂牁道，经西赵（今贵州遵义或都匀），出邕州（今广西南宁）以通交趾、桂州。除以上三条主要干线，以桂州为中心，唐代桂州境内各州县均已形成有路可通的水陆交通网络。①

（4）开拓边疆与经济繁荣。唐凿相思埭后所能发挥的作用和受重视程度，可从以下紧密相关事件及其暗含史实加以证明。建中四年（783 年），桂州各关奉旨开征关税，陆地关验货值征收，沿海廉州关开征舶脚税；贞元二年（786 年），李去思任容州刺史，招募兵丁 4000 余人，开垦屯田 500 余顷；贞元四年（788 年），朝廷下令岭南开采银矿，

---

① 钟文典：《桂林通史》，广西师范大学出版社 2008 年版，第 57—58 页。

并禁止钱币流出岭南；元和十年（815 年），柳宗元任柳州刺史，释放债奴、凿井取水、开荒植树、造船修城、革陋兴学等，四年后死于任所；元和八年（813 年），李吉甫著《元和郡县图志》，成书标述有粤西（今广西）各地银、丹砂、水银、锡、铁等稀有金属矿场、坑冶等；唐宪宗至唐文宗时，棉织品桂布、桂管布饮誉长安，被列为贡品，布价大张，麻织品贵州（今贵港）纻布，容州、郁林葛布，贺州、宾州蕉布等皆列为贡品，大量销往中原和海外；咸通八年（867 年）三月，安南都护、静海军节度使高骈凿除海路暗礁，钦廉沿海航道通畅；咸通九年（868 年）三月，高骈募工领军开凿钦州江山半岛潭蓬运河"天威遥"；咸通九年（868 年）九月，桂州刺史鱼孟威募集民工 5 万人大修灵渠，40 里长堤与 18 处陡门，可通百斛之舟；咸通十五年（874 年），高骈派海门防御使杨俊疏浚整治南流江上游马门滩，以便浔江、郁江、柳江入海；唐昭宗时（889—904 年），刘恂《岭表录异》成书并大量记载岭南、粤西、域外各种奇货、珍宝、逸闻，大大地激发了中原移民南下开拓岭南的梦想和热情。

（5）极度拓殖与唐朝覆灭。唐朝中期，王朝鼓励粤西各地自由采银、采金、采珠、采铁、采锡、铸钱，但不能自由流出岭南，官府统征；严禁各羁縻酋首蓄奴、掠口、攻伐；组织军民屯垦、拓荒、修路、筑坝、开渠、引水发展农业，征收粮税，岭南粤西发展迅速。唐朝后期，强烈的好奇心、贪占欲、征服感导致政治腐败，将帅文臣寒心，羁縻酋首离心，军民土著恐慌，商旅役夫抱怨，全国各地暴动起事不断，而朝廷动辄数万、数十万兴兵镇压，其中桂西西源黄峒反复暴动并持续百余年。长安三年（703 年）十一月，桂州始安（今临桂）郡首领欧阳倩聚众数万起事；天宝十二年（753 年）五月，唐玄宗命岭南五府军队攻击南诏，试图打通岭南、四川、贵州等地前往云南、缅甸、泰国、印度等东南亚地区国家的通路，引起南诏恐慌并联合西源蛮峒首领黄少卿等大举兴兵反唐；咸通九年（868 年）七月，桂州徐泗籍戍军对超期留戍不满，推举庞勋为首，劫夺武库兵器，武装结队北还，引发 10 万桂林戍卒起事反唐，最终导致黄巢起义大军攻入京城长安、洛阳，史称"唐王覆灭，祸起桂州"。

（三）宋元时期运河驿路与广西社会经济发展

（1）宋代征南与水运驿路。宋代是一个内忧外患、战乱频仍的朝代，北方有金国骚扰，南方有交趾入侵，内地不断发生暴动起事事件。广西腹地、边境始终不能稳定，连续发生了危及政权稳定和国家安全的重大动乱和战争。每次边地动荡，南下官军几乎都要通过古桂柳运河运送军兵粮饷，以便近道驰援或远途奔袭。咸平二年（999年）抚水州（今环江）饥民多次起事，宋真宗镇压并与酋首蒙顶等和解；景德三年（1006年）左右江36峒酋首进攻邕州，曹克明招抚和解；景祐三年（1036年）交趾入侵边地思陵州（今龙州等）诸峒，大肆劫掠烧抢而去；宝元元年（1038年）二月，安化州酋首蒙月光率众攻击宜州和融州，冯伸己说降平息；庆历四年（1044年）环州区希范、蒙赶起事反宋，杜杞毒酒诱杀平定；皇祐元年（1049年）侬智高归宋无路，建立"南天国"并挥师横扫两广各地，狄青率军南下偷渡昆仑关大败侬军举族西迁；熙宁八年（1075年）交趾10万大军劫掠边海，边民死者5万余人；熙宁九年（1076年）交趾进攻邕州并屠城，居民死者58000余人。宋王朝修整水路，开辟驿路，镇边通商，至南宋时（1127—1279年），以静江府（今桂林）为中心的驿路总长1万多里。

（2）运河船货与丝路发展。两宋王朝重视广南西路农、工、商、贸的兴盛发展。绍兴三年（1133年）二月，升桂州为静江府，时称"西南会府"。桂柳运河与兴安灵渠一样，得到了持续不断修善。熙宁四年至九年（1071—1076年）广西各地兴修水利897处，灌溉农田2738顷，桂柳运河应包括在内。每年广西有苎麻17490匹、商税岁额近10万贯、金锭值钱25万缗、朱砂3386斤、岁贡钱物91984贯（匹、两）、官卖官运海盐33万石、赋布77万匹、官买战马1500匹等国家重要物资，半数需要从桂西经桂柳运河和兴安灵渠，运往京城和北方各地。西南产缭布、柳布、象布、古县布、融州榷茶、宜州铅粉、古县铁器等，都源源不断经过桂柳运河行销中原。元丰三年（1080年），知南丹州莫世忍过桂柳运河和兴安灵渠进京向宋王朝纳贡银块、香料、狮子和马匹，宋神宗赐其"西南诸道武盛军德政官家明天国主印"及南丹州刺史印。绍兴二十四年（1154年）七月，南丹州酋首莫公晟通过古桂柳运河进京献马 30 匹，并派部族 700 余人随行，至静江府与经略司属官歃血为盟，示愿归附朝廷，宋高宗诏封莫公晟以南丹州防御使致仕，封其子莫延沈为银青光禄大夫、使持节南丹州诸军事、南丹州刺史、武骑尉，其余各首领一并推恩授职。南丹莫氏土司前后执政 900 余年。

二　蒙元明清时期的古桂柳运河及其湿地发展变迁

（一）蒙元时期的古桂柳运河与岭南边政形势

（1）蒙元站赤交通与海上丝路。元朝称"驿路"为"站赤"，全国各地遍设站赤传递运送物资，凡是军政大事，要求做到"朝令夕至"。元朝政府非常重视海盐采办运销。至元十三年（1276 年）六月，刚刚占领广西沿海地区的元朝政府，马上设立广海盐课提举司，办盐 24000 引（盐引，即贩运食盐许可证）。在唐宋时期钦廉海岸盐场的基础上，发展官商合作形式的海盐贩运业务。至元三十年（1293 年）九月，元朝政府在廉州设立海北市舶提举司，取代沿海巡检司；次年，裁撤海北市舶提举司，复设立沿海巡检司，加强海陆贸易运输管理。元朝时期，从海路前来钦廉港口贸易的阿拉伯商人数量众多，阿拉伯商货及海盐，多数经过古桂柳运河和兴安灵渠向北输送，中国北方的丝绸、瓷器和广西珍珠等向海外船运销售。

（2）桂柳运河的水站线路与旱路。《元经世大典·站赤》载："至元三十年（1293 年）十月，湖广省咨本省签省高正议咨，议拟广南西道站赤便益事，内一项：静江在城旱路，至理定县（今鹿寨境内）横塘站，元设四站，为系经八十里山，地面险恶，马匹难以走递。因此，有苏桥、大石、三里至横塘又设水站四处。使臣顺水乘坐站船至横塘，却行骑，坐铺马，旱路前去巡南。若自静江为头设立水站，至江口分路，西抵庆远，南至邕州。"[①] 记载说明，元朝以桂林为水路航运的头站，至苏桥入洛清江大石、三里、横塘水站，下至雒容江口入柳江，去往广西西部各地。这条水路正是唐宋时期一直沿用的"桂柳运河"航

---

① 韩光辉：《广西桂林地区城镇体系的形成与发展》，《中国历史地理论丛》1995 年第 1 期。

道。至正十一年（1351年）七月，广西大水，静江路南北二陡渠决堤。至正十五年（1355年）肃政廉访使也儿吉尼主持修理灵渠，古桂柳运河也可能得到了修整和启用，否则漓江至洛清江水站就得废止。

（二）明代靖江王城与古桂柳运河周边的堡寨

（1）明代扩建靖江城与宣德大修相思埭。据唐凌教授考证，明代广西靖江城，已发展成为"西南都会"。元末桂林城池得到加固，明初朱棣构筑靖江藩王府时，同时增筑了南城至宁远桥（今南门桥）方圆12里多的外城，明代诗人包裕描绘城内"如流车马门前度，似梓人家水一围"街巷纵横，居民辐辏。围绕靖江城，周边县城也有了较大发展。如宋代昭州治所平乐县城，宋治平初年城周仅一里，明洪武中期作为平乐府治，因"旧城狭隘，不足容军"，拓广为方圆3.6里，成府江要塞。其他县治城镇在元明筑城时，方圆2—3里不等。① 桂林漓江和平乐桂江的水运压力很大，桂柳运河需承担来自桂中、桂西和桂西北的水运压力，其中军兵、粮饷、盐铁、铜锡等运输是其重点。洪武二十六年（1393年），朝廷在靖江鼓铸，桂林铜铁原料需求很大，需要从柳庆、宜州运来。洪武二十九年（1396年）二月，朝廷行盐地方，规定钦廉盐在湖广出售，需经桂柳运河北运。洪武二十九年（1396年）监察御史严震大修灵渠，相当部分货物来自桂柳运河。宣德八年（1433年）七月记载，因动乱、镇边和盐、铁、铜等运输需要，明朝政府征调桂林中、右二卫军及临桂县民众，修理临桂东西七星等陡门15所，另3处陡门可能还完好使用。

（2）府江古田之乱与运河周边堡寨。明朝（1368—1644年）276年，广西仅有27年未见动乱征伐事件。明朝政府在全国推行"卫所屯田""驿铺立堡"和"边藩土司"制度，北方各地藩将大肆圈地建造田庄，造成流民纷纷南迁，大量涌入大瑶山周边夺地垦荒，引发"府江之乱""大藤峡之乱""古田之乱""八寨之乱"和"田州之乱"，危及内地和边境安全。桂江、黔江水运要道长期受阻遭劫。明万历、成化、

---

① 唐凌：《论广西桂柳运河沿岸地区商业系统的空间结构》，《广西民族研究》2010年第2期。

嘉靖年间，朝廷先后多次调用数万、数十万官军、土兵、俍兵大征，试图打通桂江水路、黔江水路、钦廉海路和左右江通道。据杨芳撰《殿粤要纂》记载，明万历年间临桂县境有：烂桥堡、八字堡、碧崖堡、白竹堡、大木堡、塘头堡、牛岗堡、茶店堡、羊角堡、寒净堡、洪山堡、石门堡、笔架堡、思庄堡、冷峒堡、太平堡、神峒堡、苏桥堡等20处以上，堡寨半数分布在桂柳运河沿岸区域，并在"桂柳古道"设两江哨和两江巡司控扼桂林—临桂—永福要冲。① 据笔者考察，桂柳运河南侧漓江—大埠—罗锦—寿城一线，现存五尺石板铺设的"桂柳秘道"1条，沿线现存"明村""大埠""大岗埠""七十二寨门""武龙筑路碑"等地名及堡寨村落遗存，与《殿粤要纂》图描的"民村""大木堡""武隆（土司）"等惊人一致。"桂柳秘道"可控平乐"府江之乱"北上靖江城；而成化十三年（1477 年）官军大修永宁州石城（今寿城），又可控桂柳水陆东进靖江城。但是，正德十五年（1520年），古田韦朝威等还是进逼靖江近郊，短时切断桂柳通道；嘉靖四十三年（1564 年）十二月，古田韦银豹等突袭靖江王城，夺走库银 4 万余两。隆庆五年（1571 年），朝廷调集 10 万土俍官军大征古田，并屯戍桂柳运河、会仙湿地和古田一带。

（3）捕象、贡象象阵与海番商货钦运。自秦汉时代象郡捕象、驯象、贡象惯制确立后，历代皇朝、地方酋首、土司官吏、外藩使臣、海陆商人等都曾通过灵渠或桂柳运河北运大象、象牙、犀角、翠羽、珍木、奇香、金银、器物等朝觐贡物前往京城献纳。北宋侬智高为求归附，曾倾尽所有将黄金、大象、珍宝和信函送至邕州请求南下重臣代为递送朝廷，终被压制不递。洪武十八年（1385 年），太平府十万大山地区象群损毁庄稼，官军 2 万人前往驱捕，并专设驯象卫指挥使司。洪武十九年（1386 年）十一月，朝廷专使到思明府察访大象活动范围，并绘成地图呈报朝廷。明末清初，清顺治九年（1652 年），南明大西军以象阵在兴安严关突击清军，死伤遍野，浮尸蔽江。② 洪武二十七年

① （明）杨芳：《殿粤要纂·卷一·桂林府图说》，书目文献出版社根据明嘉靖刻本印制，七三一至七三二。

② 钟文典：《桂林通史》，广西师范大学出版社 2008 年版，第 131 页。

（1394 年）、三十一年（1398 年），安南海寇与倭寇侵扰钦廉，朝廷实施"海禁"，禁止民间使用番香、番货，并规定广西自产香木不准越岭买卖。永乐十四年（1416 年），廉州番使商贾甚多，朝廷下诏增设廉属驿站，向北经南流江可通桂柳运河。成化二十年（1484 年）十一月，驻靖江布政使司珍宝囤积过多，朝廷敕令除银两、钱钞、硝黄等外，金器、珍珠、珊瑚、鹤顶、玳瑁、象牙、香药、珍木等悉数运送京城。

（4）水陆混合交通与水驿递运衰落。在正常安稳年月，明代漓江、桂江、桂柳运河和灵渠主要过往运送官员、商旅、使臣、海盐、钱粮、财税、铁锭、铜锭、锡锭、药材、香料等，具有稳定西南，保护海防，增强中原与广西、南海、东南亚等地区交往联系的作用。崇祯年间，桂柳运河与桂柳陆路并行。崇祯十年（1637 年）徐霞客周游桂林 63 天后，离开桂林，经桂柳驿路到苏桥，然后乘船经永福、鹿寨水路到雒容，在雒容换马到柳州，行程比全走水路近一半。崇祯年间（1628—1644 年），邝露著《赤雅》记载："由漓（今漓江）通铜鼓水（今洛清江），自东徂西入永福，六陡，冬月涸绝不行。予过陡时，水长月明，如层台叠壁从天而下。"当时桂柳运河依旧通航。邝露所见 6 陡，比唐宋时 18 陡、明宣德八年 15 陡，少记 12 陡和 9 陡，此时运河可能荒废过半。洪武二十三年（1390 年）正月，朝廷赈济广西水驿、递运所伕共 57089 户，钞 10.8 万锭。到崇祯年间，水驿、递夫已难有此待遇。

（三）康乾盛世的桂柳运河整修与城乡社会发展

（1）七修桂柳运河与西南稳边战略。据唐凌教授考证，清代是桂柳运河运输最繁忙的时期，修筑次数最多，见于史籍记载的有 7 次，且全部集中于"康乾盛世"阶段：雍正七年（1729 年）、雍正八年（1730 年）、乾隆四年（1739 年）、乾隆十一年（1746 年）、乾隆十九年（1754 年）、乾隆二十九年（1764 年）、乾隆三十年（1765 年），包括疏通河道、加高堤岸、新建修复陡门、铺设陆路纤道、派设陡夫渠目等。[①] 桂柳运河强化了清代粮饷戈甲运输、惠贾通商往来、调洪排灌兴农、行政外交管控四大作用。清初粤西腹地设置了四十个土司，桂柳运

---

① 唐凌：《论清朝大修桂柳运河的功与过》，《广西地方志》2010 年第 3 期。

河成为经营西南民族地区的政治枢纽，也是沟通钦廉安南及南海诸国的外交节点。清朝以国家政权的力量，补充完善了桂柳运河及其沿岸的交通网络体系，不断神话推进移民垦边运动。但是清代七次修桂柳运河，都是因为西南民族地区出现多种反清势力，多次发生苗民暴动，加上安南侵边，倭寇劫掠，"安南内乱"等稳边急需而匆忙修筑完成。清雍正十三年（1735 年），"王师赴黔征苗，粮饷戈甲，飞轮挽运，起桂林经柳州者，胥是河承焉"。因另有漓江桂江水路可走，桂柳运河修筑缺乏兴安灵渠那样的长远战略眼光，陡、堤、渠、塘、路、桥等设施修筑的质量都不高，维护系统也不够完善，用时负荷过重，闲时衰落过快。

（2）调洪排灌兴农与运河维护管理。雍正七年（1729 年）金𨰥《广西通志》载："（临桂陡河）水既归流，因时蓄泄，农民灌溉之余，又设鱼梁，令获汗池之利，民咸便之。"雍正八年（1730 年），鄂尔泰《重修桂林府东西二陡河记》载："若乃舟楫之便利，惠贾通商，则自灵渠而北，曲赴湖南；自鲢鱼陡而西，直际黔省之古州（榕江）。"雍正八年（1730 年），两广总督杨应琚《奏陈陡河工程善后条款事》载："惟是北陡（兴安灵渠）为三楚两粤之咽喉，南陡（桂柳运河）实桂林、柳庆（今柳州、宜州）之脉络，通商集谷，洵属要津；蓄水溉田，更资利赖；今自经修复以来，舟行无阻，田亩滋膏，商旅耕农，（往来无虞）。"并奏议"应将南陡即令临桂县苏桥镇巡检……督承陡军、渠目实力防护，以期工程坚固"。① 雍正九年（1731 年）张钺《重修兴安临桂二陡河记》载："乃若临桂陡河，激流上下，咫尺悬殊，石梁石埂，比栉触碍，治固与灵渠无异也。然昔时所建鲢鱼陡，不过陂岸碎石，仅存故迹，此外一无泄蓄水具，工巨费倍，殆有甚焉。今自鲢鱼陡而外，太平、黄泥诸陡，共建以闸水者二十；碍船之石，凿去者百四十四处；又为开广河路，如石槽中贯，需其出而养其源，不溃不竭，而自临入永之江，脉络始贯矣。沿江一带，复修建桥梁十余座。又自临桂至雒容，驿路嶔崎，并皆修凿。"② 此次修整和新建的 22 个陡门，自分水塘以东，有泥糊陡、磨盘陡、鸦鹊陡、老虎陡、马溜陡、社公陡、新河

---

① （清）杨应琚：《奏陈陡河工程善后条款事》，见中国第一历史档案馆藏·录副奏折。
② （清雍正）金𨰥：《广西通志·卷一一六·艺文》，第 457 页。

陡、窑门陡、门坎陡、牛尾陡、七星陡、庙门陡、太平陡、太平脚陡共
14 陡；自分水塘以西，有鲨鳅陡、门山陡、鲢鱼陡、鲢鱼脚陡、高桥
陡、磨盘陡、黄泥陡、黄泥脚陡共 8 陡。这是自唐凿相思埭以来最完善
的一次大修。今分水塘石柱镌有"乾隆廿年春月建东分水闸"字样。
西渠尚有插花屏岔河 1 条，可宣泄汛期洪水，形似灵渠泄水天平。东西
二渠各陡专设陡军、渠目、陡夫、铺役等负责维护管理，官府专拨饷银
费用支持。今存光绪十五年（1889 年）六月立《临桂县告示碑》尚有
"禁睦洞陡河拦筑堤坝，如有故违，严加惩究"等内容。

（3）惠贾通商丝路与南海稳边通道。"康乾盛世"共 134 年，桂柳
运河沟通"五省一海多国"。柳庆矿产，钦廉珠盐，滇黔香药，安南珍
木，海外奇货等，悉数经运河、驿道、桂林北上散销。广西转运使张钺
曾感慨道："灌溉有资，利济有赖，宁为吾粤之民，与接壤之滇、黔、
衡、楚，永蒙泽润也。"乾隆十四年（1749 年），桂林有炉 20 座，年铸
钱 9.6 万串，所需铜、铅、白蜡等 46 万多斤，多数从西南民族地区运
来；乾隆三十五年（1770 年）三月，从柳庆等地运至桂林的存铅达
170.5 万多斤。同年，清廷命广西拨银 120 万两，护送四川用于军务。
除边境入侵、倭寇扰乱、难民冲击、走私猖獗等特殊情况禁海、闭关
外，清政府始终保持南海丝路和边关商贸畅通。康熙五年（1666 年），
清廷敕令镇南关进出货物免税；乾隆二十年（1755 年），安南米云集廉
州；乾隆五十五年（1790 年）四月十五日，安南国王阮光平及随行大
臣吴文楚等入镇南关赴北京觐贺乾隆帝八旬寿诞，两广总督福康安陪
同，广西按察使汤雄业护送，广西巡抚陈用敷设宴钱别，往返皆经桂柳
运河；乾隆五十七年（1792 年）十月十六日，清廷准借库银 12 万两接
济李念德承办临（桂）全（州）各埠盐运，盐船常年往来于桂柳运河
与钦廉盐场之间，李成为桂林最大的盐商。

（四）清中后期的桂柳运河圩镇及湿地垦殖变迁

（1）广西人口与会仙移民。清《广西通志》记载：乾隆十四年
（1749 年），广西共有 368.78 万人，比顺治十七年（1660 年）11.57 万
人，多 357.21 万人，105 年增长 31.87 倍；比康熙二十四年（1685 年）
17.95 万人，多 350.83 万人，64 年增长 20.54 倍；道光十年（1830

年）751.50万人，比乾隆十四年（1749年）多382.72万人，81年间增长了2.04倍。乾隆四十一年（1776年），广西耕地恢复到10.17万顷，比顺治十七年（1660年）5.4万顷增加近1倍。乾隆五十年（1785年）广西粮食大获丰收，广东、湖南商人络绎前来贩卖米谷。嘉庆五年（1800年）广西财政收入65.49万两，盐引、田赋、矿产、关税是其主要来源，其中海关税银12.33万两，占全年财税总收入的18.93%，贡献率相当高。移民屯垦繁衍和丝路通商往来，是广西耕地恢复、人口增加和财税增长的主要原因。如今会仙镇5.23万人口，如按清代人口增长率估算，清代会仙镇约有1.61万人。除明代及之前迁居繁衍的李、刘、白、唐、秦等姓氏村民人口外，清代会仙各村圩可能已超过1万人。这些因凿修运河、守陡服役、征调屯垦或手工商业而来的移民，多数与湘赣粤籍有关，少数与桂西及本土壮瑶融合有关。道光七年（1827年）十二月，清廷就曾令广西各府、州、县及土司，妥为安抚湖广、江南等省水灾难民及外来山民。

（2）康乾遗韵与运河圩镇。唐凌教授认为，漕运、农桑、屯垦和商业移民，是桂柳运河沿岸地区社会经济繁荣的根本。他考察研究并系统复现了古桂柳运河沿岸的圩镇与码头、泊湾与货坪、商道与桥梁、会馆与仓库、庙宇与社坛等分布情况。认为运河西北侧的两江、苏桥、庙头、四塘，及运河南侧的良丰、会仙、六塘、窑头等，均为较繁荣的圩镇。明代谢晋诗"大好江上芦田寺，百日清潭万竹围；柳店积薪晨爨后，僮人苓叶裹盐归"形象描述了明清时期相似圩镇盐米、布匹、山货、特产交易和民族风情的生动场景。据笔者调查发现，已崩塌的良丰古石桥上下河段大小码头遗址遗迹多达6处，附近靠河村庄几乎每村都有用于泊船装卸、挑水洗衣和行舟捕鱼的古码头遗址。据唐凌教授考察发现，清代遗存22个陡门下方，都有过船停船的泊湾和装货卸货的货坪，小者十几、二十平方米，大者上千平方米。龙头山村河段泊湾依河汊水网布列，高山村附近鲢鱼陡泊湾不但多而且大，竹园村泊湾更是随处可见。分水塘和会仙桥的货坪石堤河坝非常坚实。码头与圩镇间的商道宽4—5米或1—2米不等，或铺石板，或踩踏而成。现存会仙新桥、乾隆桥、官塘桥、高桥和铜桥及其他村际小石桥，沟通了四通八达的水网和星罗棋布的村落。会馆是商业的驿站和商人的使馆，会馆及其商铺、货坪主要集中在拓木、铜鼓、良丰、雁山、会仙、罗锦、六塘、苏桥等圩镇。商人、船夫、农民属高风险职业人群，神灵护佑和心灵慰藉需要形成了随处可见的寺庙和社坛。良丰街沿河两岸四条街，原是木结构瓦房，火灾是最大威胁，火神庙就建在码头街口；圩市码头常见关帝庙，彰显商业忠义与诚信；分水塘货船水手最集中，设有龙船庙；社公、土地、龙神，原来几乎每个村庄、码头都可见到。

（3）守陡村落与运河村碑。据彭少华等考察发现，竹园村碑和社门岭村碑分别记载着"清嘉庆二十一年（1816 年）"和"民国十三年（1924 年）"两村刘姓两次因山场争讼等历史事实。据了解，社门岭村从竹园村分支而来，其先祖刘梦侯父子四人于明代从江西吉安来到运河以守陡为业，建村时竹林茂密，故称"竹园村"。向东陡门分化形成"社门岭村""刘家村"，向西陡门分化形成"新村""旧村"等 5 个刘姓村庄。[①] 两块碑的记载，涉及"东陡门""西陡门""社门岭""都司岭""渠首""陡夫""铺役""陡大""铺后""守陡""牧牛""割草""完税"等众多信息，基本还原了自明代至民国时期，古桂柳运河移民屯垦、守陡管护、繁衍发展、人多地少、争讼求存的历史演变过程。争讼事实说明，到清代中后期，古桂柳运河和会仙湿地区域的人地关系容量已到极限。据相关文献记载，类似现存高桥村《陡河收费约定碑》、蓝家村《和安寨碑》等涉及村镇、泊湾、货坪、官人、商旅、船夫、军队、农民、流民、渔夫、挑夫等劳作生活、生产交易及流民、垦殖、封禁、防匪、护商、革弊、封船、豁免、交易、诚信、土地、职责、寺庙、公地等方面的规约碑刻较多，现多已散失或破坏而不存在。

（4）战乱频仍与运河烽烟。道光十一年（1831 年）前后，两广各地鸦片泛滥，清廷严令浔州、梧州、平乐等与广东毗连的各知府严查并销毁，相似情形同样蔓延到了桂柳运河和会仙湿地；道光二十六年（1846 年）秋，北海商人开辟北海至澳门、香港的定期帆船运输航线，洋货经桂柳运河等水路进入沿河各圩镇，传统手工商业受冲击；道光三十年（1850 年）六月二十一日，天地会陈亚贵等率 3000 多人直逼桂

---

① 彭少华：《礼法化民与权法治民——从广西桂柳运河畔的两块碑刻看清、民国的法律差异》，《传承》2009 年第 2 期。

林，黔、滇、湘三省 6000 军兵经灵渠、桂柳运河赶来镇压；咸丰二年（1852 年）二月十九日，洪秀全、杨秀清等率太平军绕道六塘圩横过会仙湿地和桂柳运河，在城南将军桥炮伤乌兰泰致死，并围攻桂林城一个月不下北上南京；咸丰七年（1857 年）二月初七，大成国陈开、柳州李文茂率部会合与清军激战于临桂、阳朔交界处的桂鱼塘；咸丰九年（1859 年）七月二十九日，石达开率部 10 万余人经灵渠围攻桂林，九月十日撤围经桂柳运河和会仙湿地开往庆远方向；光绪三十年（1904 年）六月初七，岑春煊从广州督军经桂江抵桂林，调桂军陆荣廷、滇军龙济光、粤军王瑚各营经桂柳运河云集柳州、庆远围剿会党。同治七年（1868 年）十月三十日，清廷接越南国王进表，广西巡抚苏凤文、提督冯子材督军分道并进越南，合兵夹击刘永福黑旗军吴亚终部，黑旗军退入越南境内；光绪九年（1883 年）二月二十六日，越南国王请求清廷派兵援助抗法，接受改编的黑旗军在越南河内纸桥设伏大败法军。现存会仙七里坪堡寨和沿河古村石墙石门等防御建筑遗存不少。"鸦片战争"和"咸丰之乱"将会仙湿地和桂柳运河笼罩在一片战火硝烟当中，昙花一现的种桑养蚕、缫丝出口兴盛，并不能挽救大清王朝的危局。

三　民国古桂柳运河衰危与当下会仙湿地乡村旅游

（一）桂柳运河人文浸染与会仙湿地豪族军风

（1）蛮荒湿地与人文浸染。"粤西蛮气之直""衡湘楚气之实""八桂军气之锐""临桂文气之盛""湿地农气之清""运河商气之重"……在会仙湿地和桂柳运河沿岸，处处都能强烈地感受到。远古蛮荒时代，会仙湿地周边出现了城南甑皮岩人、李家村庙岩人、临桂大岩人，他们所面对的，是一个雾霭箐深、猛兽出没、渺无人迹的原始蛮荒湿地；秦汉三国至隋，西瓯军把会仙湿地林莽当作抗秦保命的庇护所，而大秦帝国则将其看成开疆拓土的处女地；隋唐把漫天水网开辟成为挺进边藩开拓进取的桥头堡；明清则将其真正建设成了岭南粤西通往南海诸国的内陆水上丝绸之路……当唐朝在会仙湿地凿出相思埭 203 年后，唐乾宁二年（895 年），会仙湿地北面原本同样是湿地的桃花江边山脚下，突然出现一个殿试状元赵观文；赵观文殿试状元12年后的唐哀帝天祐三年（906年），裴谐中榜眼进士第；时隔643年后的明嘉靖二十九年（1550年）吕调阳廷试中榜眼；又时隔173年后的清雍正元年（1723年），会仙湿地边上的四塘横山村冒出一个“三甲进士”陈宏谋；再时隔97年后的嘉庆二十五年（1820年），陈宏谋玄孙陈继昌再次“三元及第”；21年后的道光二十一年（1841年）四月，龙启瑞状元及第；再隔24年的同治四年（1865年），于建章榜眼及第；又是24年后的光绪十五年（1889年）三月，张建勋状元及第；3年后的光绪十八年（1892年）三月，刘福姚状元及第。[①] 清末桂柳运河衰落，北面的临桂反而榜眼状元辈出，耿直文风濡染着运河湿地乡村。

（2）乱世豪族与湿地军风。柳宗元、黄庭坚、苏东坡、周敦颐、范成大、秦观等中原文人过往灵渠漓江，塑造了临桂桂林人“修身齐家治国平天下”的儒家精神人格；浩荡军旅、垦殖移民、冒险船商经由桂柳运河，激发了会仙湿地多元族群的乱世豪族梦想。原居于会仙湿地南端南边山村的唐氏，因尚武中举发达而移居良丰河上游大岗埠，轰轰烈烈兴建起庞大家族村落唐氏庄园，并在村前村后雇人垦殖湿地田园、修筑石渠水坝、建造石桥寨墙、培植果园古树，成为漓江明村—虾岽—武龙—大岗埠—大埠—雁山—罗锦—寿城洛清江“桂柳秘道”咽喉要地上的团练豪族。清同治八年（1869年），这个拥有数千团丁的豪族头领唐仁及其儿子唐岳，更加轰轰烈烈地大兴土木建起了“岭南第一园林”——雁山园。据说唐仁因“错杀同僚”而“神秘消失”。唐岳死后，家族不振，后人只好将雁山园卖给两广总督岑春煊。岑春煊出身右江土司岑氏豪族，是“一门三总督”的老小，历任广东布政使、甘肃布政使、山西巡抚、四川总督、云贵总督、两广总督等职，在西林县那劳村建有“宫保府”，其大哥岑毓英是云南巡抚、云贵总督，二哥岑毓宝是云贵总督、云南布政使，坐镇雁山园，控扼桂柳运河，桂粤滇黔川湘越南尽括囊中，进可攻退可守闲可隐。岑春煊购得雁山园后，桂军陆荣廷、滇军龙济光、粤军王瑚、国父孙中山等大批军界政要都曾出入

---

① 汤松波：《“桂学”文脉在临桂——剖析“桂学”与临桂县科举》，《广西日报》2010年6月18日。

于此共商军国大事。雁山园由此催生了湿地运河新桂系巨头李宗仁、白崇禧和中共开国将军李天佑等后起八桂军风。

（二）陆路发展与桂柳运河水运交通作用废弛

（1）水运驿路并行与公路铁路冲击。随着桂林—临桂—永福驿路交通不断改善，运河行船速度慢、路途远、时间长、效率低，还充满种种不确定性危险，缺陷不断暴露出来。明代崇祯年间，徐霞客前往柳州之所以绕过运河湿地，就是出于这样的考虑。早在光绪三十二年（1906 年）七月十八日，广西官绅陆嘉晋等 68 人就曾呈请商务部，要求广西铁路由广西筹款自办，设立广西全省铁路有限公司，公推广东提学使于式枚为总理，拟集资 1000 万银元，修筑桂（桂林）全（全州）线、桂（桂林）梧（梧州）线、桂（桂林）邕（南宁）线、邕（南宁）龙（龙州）线。这一计划虽然没能实现，但它预示着延续 1300 年的古桂柳运河即将终结。1915—1919 年随着旧桂系陆荣廷修筑邕（南宁）武（武鸣）路 52 公里、龙（龙州）水（水口关）路 33 公里、龙（龙州）南（镇南关）路 55 公里公路通车后，1921—1922 年由马君武主持的邕（南宁）柳（柳州）路和孙中山亲莅的桂（桂林）全（全州）路也在启动当中。[①] 1926 年新桂系主政黄绍竑责令广西建设厅筹划五大公路线路：北横干线西林至怀集；南横干线龙州至梧州；西纵干线南丹至钦州、北海；中纵干线三江至陆川；东纵干线黄沙河至梧州；特别线路百色至思恩、凌云，并于 1929 年建成 28 段总长 2025 公里公路，包括南宁—柳州—桂林—黄沙河纵线和富川—贺州—钟山线。到 1937年上半年，广西全省拥有公路干、支线 77 段，里程总长 4409 公里，初步贯通全省主要城市，沟通与粤、湘、黔、滇等省及法属安南（越南）联系，还深入到省内许多县乡，仅桂西、桂西北地区路网稀疏。1935年广西境内来（来宾）合（合山）铁路、湘桂（衡来段）铁路，黔桂铁路（大湾支线）开通。公路、铁路很快取代江河水路交通，桂柳运

---

① 莫崇严：《论民国时期广西的公路建设》，《广西社会科学》1993 年第 4 期。

河逐渐淡出人们关注的视野。①

（2）最后的会仙湿地与桂柳运河终结。据毛村老人们回忆：民国初年，桂柳运河分水塘边小山上的龙船庙香火依然很旺，行船走水的老板和船家，都喜欢上去拜拜龙王爷。木排、官船、商船来来往往，各个陡门下面的泊湾都有停船透困（歇息）的人。从苏桥圩过来的，从柘木圩过来的木船、铜船、竹排都要在分水塘一带停留，有的还要过夜。闲得没得事做，就吹吹唱唱……寻花问柳的、吹大烟的、耍子赌钱的……都有，还蛮热闹。四塘、良丰、会仙、六塘、苏桥，都是圩场，有的几条街，赶街人多热闹，都跟陡河有关系。这边八九十岁的老人家，年轻时候都在陡河上拉过船，拿谷围当板子挡水、放水。贩盐的、运糖的、装油箩的、送米粮的、搭苏杭杂货的船都有。船重水浅，要人拉才走得动。一天拉下来，屋里就有了柴米油盐钱。"一天不过船，一屋望穿眼"，讲的就是这个道理。据刘方玉研究员调查：抗日战争时期，军需物资运输繁忙，湘桂、桂柳、黔桂铁路运输能力有限，广西省政府曾经考虑过继续启用桂柳水路联运的办法改善交通运输，派出工程测量人员实地勘察设计。后因战事急变，桂柳水路联运方案成为泡影，疏浚运河的计划未能实施。②"相思埭最后一次通航漓江是 1958 年，大批民工乘坐 20 多艘木船前去支援甘棠江青狮潭水库建设。此后，只有区间的农艇和小船行驶了。"③ 据说 1962 年前后，当地村民还在运河东段行船运货来往桂林城，后来公路网络通了，逐级递运的运河逐渐淤堵破败，失去了对外通航的能力。

（三）桂柳运河沧桑遗存与会仙湿地乡村旅游

（1）桂柳运河村镇现状与沧桑遗存。据笔者考察，古桂柳运河目前基本处于残破遗址状态，各陡均已废弛，虽然几个陡门尚能排灌，但残存河渠杂草丛生，水葫芦泛滥蔓延，掩堵河湖水域。尚存的寺背桥、官塘桥、乾隆桥、铜桥和其他河汊小桥、石板路，都已岌岌可危。泮塘

---

① 韦善仕：《清末和民国时期广西铁路的酝酿和建筑》，《广西社会科学》1992 年第 2 期。

② 刘方玉：《珠江流域第二条古运河相思埭考察记》，《珠江水运》1995 年第 2 期。

③ 刘方玉：《话说相思埭古运河》，《中国水运》1995 年第 6 期。

村水源严重不足，枯水期铁壳船小艇往来于湿地湖汊运河遗址之间，触手可及船底淤泥，伸手刮捞即可抓起河蚌或福寿螺。毛村附近河堤，到处坍塌切断，灌木丛里随处可见村民掏挖诱捕野生鱼类的"窝塘"。东渠至良丰河沿岸的安龙、新陡门、社门岭（东陡门）、竹园、良丰、大埠头、良丰农场、奇峰镇、于家、湖子岩、柘木等村镇，都失去了运河古村特色。只有一些残存的瓦房、码头和坍塌的古桥，还在昭示运河原生态的风景，筒子楼运河边上整村拔起。大学城在良丰河上下河段夹河而建，水印长廊度假村在漓江口对岸大圩一溜摆开。西渠沿线的王家、江头、江岸、老汴塘、汴塘、新汴塘、全村、凤凰岭、福定桥、枫木塘等湿地村庄，同样失去了运河古村韵味，残存瓦房、石板路、石街巷夹杂在高耸的水泥楼房之间苟延残喘，村边湖塘淤堵污染严重。每到雨季，湖泽水网一片汪洋。苏桥工业园区在西渠出口拔地而起，临桂新区在运河北侧二塘已成规模。湿地集雨范围内污染威胁严重。

　　（2）会仙湿地的水天泽国生态家园。据《美丽的会仙》介绍，集山景、水景、古运河、湿地生物和湿地文化于一体的会仙湿地，是目前全世界面积最大的岩溶湿地生态家园。拥有大大小小 1000 多个由沟渠、湖汊、汴塘、水网连接构成的会仙湿地，是一个依然生机勃勃的水生动植物种群系统。[①] 据生态学专家调查统计，会仙湿地已发现的原生态野生和逃逸野生的维管束植物有 105 科 220 属 293 种，浮游植物有 6 科 79 属 24 种，陆生脊椎动物有 4 纲 23 目 67 科 234 种，鱼类有 6 目 16 科 39 属 46 种，底栖动物 30 种，浮游动物 95 种。历史上原生会仙湿地，最大面积约 65 平方公里，经过 1300 余年不断伐木开荒排水垦殖，目前天然湿地已缩减到不足 6 平方公里。尤其是近 50 年来，更大面积的天然湿地被当地政府鼓励开荒垦种、围塘养殖、填埋造地、建村铺路、围垦蚕食，天然湿地越来越少，原生物种大量衰减，福寿螺、小龙虾、凤眼莲（水葫芦）等外来物种疯长成灾，湿地生态环境及其物种多样性受到严重扰乱。"漓江水域之肾"原有保持水源、净化水质、维护生物种群多样性的生态功能急剧下降。2012 年 2 月 20 日"广西桂林会仙喀斯特国家湿地公园"成立，已划定保护面积为 2500 公顷，范围涉及临桂

---

① 中共会仙镇委员会、会仙镇人民政府：《美丽的会仙》，2009 年。

县会仙镇的睦洞、四益、新民、山尾、文全、马面 6 个村委以及该县四塘乡的大湾村委、雁山区的竹园村委，共 47 个自然村，2.2 万人。公园保护核心区面积 586.75 公顷，包括以睦洞湖 133.3 公顷湖泊水面为中心的龙头山、分水塘、狮子山、冯家鱼塘、分水塘至相思江之间的古桂柳运河等沼泽湿地河湖范围。保护区将通过新建或修复堤围，重建睦洞湖节制水闸，修复相思埭 22 陡门（有说 24 陡门）等措施，拦蓄洪水，引入溪水，抬高恢复湿地水面，确保会仙湿地永久滋润，自然修复生态功能。禁止在湿地范围新挖鱼塘、毁林毁草、破坏生态，保持岩溶湿地生态及文化环境独特性、多样性景观不被破坏。[①]

（3）会仙湿地与古桂柳运河乡村旅游。会仙湿地运河美景，史称"会仙百里芙蓉长壁"，自今仍刻写在分水塘边石头上。辽阔的水田、湿地周边，是形如仙境壁画的峰林山体。"会仙"是传说中天仙汇聚流连之所。沿河两侧以睦洞湖 133.3 公顷宽阔水域为中心，河渠、湖汊、水网纵横交错，无边无际长满野生古莲和培植莲藕。春天湖水茫茫，嫩叶飘浮；夏天荷叶弥天、荷花遍野；秋冬残荷败叶，苍凉震撼。湿地、水网、村主、河渠、古桥、湖泊、稻田、奇峰、荷海、鹭群、雨燕、鱼蛙……构成了与漓江百里长廊和阳朔十里画廊别样的风光。残存的寺背桥、官塘桥、乾隆桥、铜桥等古桥及古道长满薜荔青苔，沧桑之美动人心魄。除东渠竹园村一带地势稍高的草坡、田园、村落，会仙湿地水天泽国里的每家每户都有船，红漆铁壳小艇经久耐用，是当地最主要的交通工具。村民们在孩提的时候就要掌握划船的本领，能够悠然自在地往来于湖汊水网之间。人们出门干活，划着小船去种莲、挖藕、犁田、耕耘、锄地、摘菜，甚至耕牛出行，也要随主人乘着小船一同来去。近年来桂林市将会仙湿地列为"桂林十大精品自然景观""桂林最美日落日出观赏地"，引发了会仙湿地乡村旅游热潮。原先零星冷僻的驴友徒步旅游线，变成了自驾徒步甚至团队旅游线路。毛家村和下甲村是位于古桂柳运河西渠附近的两个湿地村庄，因为靠近湿地保护核心区睦洞湖区域，游客连年纷至沓来。村民家家户户参与到湿地乡村旅游经营活动中，农家红漆铁壳小艇游船数量急剧增加，湖、河、渠、陡、村、田，

---

① 张定亨：《中国最大的岩溶湿地"会仙"》，《广西林业》2012 年第 7 期。

常常人满船满，游客过度集中，危及原生态湿地和古运河遗址的存续安全。桂林市、临桂新区政府和湿地公园保护机构正在规划指导将会仙镇建设成为湿地旅游集散管理中心，计划通过建设"湿地观光""水上小屋""田园游乐""景观农业""烧烤场地""农家客栈""旅游商品""车站码头""徒步栈道""旅游厕所""旅游街区"和"自驾营地"等景区景点设施，引导游客文明旅游，管控村民有序经营。

四　新国家战略与桂柳运河湿地的边政丝路旅游文化价值重构

（一）"中国—东盟"旅游交往与桂柳运河及湿地失语症

（1）"中国—东盟"区域合作与桂林旅游国际影响力提升。近年来，随着中国—东盟自贸区建成及其经济一体化推进，中国与东盟旅游业交往加深，中国与东盟互为重要旅游客源地。广西作为中国唯一与东盟陆海相连的地区，地理位置得天独厚，是中国面向东盟开放合作的前沿窗口。2014 年广西共接待东盟旅游者 111 万人次，占广西接待入境旅游者的 50%，东盟已成为广西最重要的旅游客源地和旅游目的地。南宁是"中国—东盟"区域合作桥头堡，桂林是"中国—东盟"旅游交往中心。2014 年第 11 届中国—东盟博览会组委会决定从 2015 年起将中国—东盟博览会旅游专题展永久落户桂林，东盟 10 国旅游主管部门共同参展参会，并轮流出任主宾国。2015 年 5 月 29 日至 31 日，第 12 届中国—东盟博览会旅游展·桂林首展以"21 世纪'海上丝绸之路'旅游发展与合作"为主题，共有东盟 10 国、欧美亚大等 50 个国家和地区、国内 29 个省 52 个城市、广西区内 14 个市团，专业参展商近 600 家，专业观众达 6000 名，700 多家企业，300 名高质量海外买家参展参会，参观公众达 15 万人次。"规格高、规模大、专业强、时效快"旅游交往合作平台，快速提升桂林旅游国际性影响力。

（2）古桂柳运河历史文化及会仙湿地生态旅游失语症。由于多年来学界缺乏对桂柳运河和会仙湿地历史人文问题的关注和研究，目前相关成果仅有寥寥可数的几篇论文和一本《美丽的会仙》旅游宣传册。国内旅游文化产业界，尚未有人能够拿出真正有分量的关于古桂柳运河和会仙湿地旅游文化价值重构方面的研究成果，对于"运河历史脉络""景观环境保持""湿地生态保护""湿地乡村重塑""旅游项目创设"和"投资开发营运"等重要问题也未得到很好解决。尽管常常有人强调桂柳运河与会仙湿地旅游保护性开发利用的重要性、紧迫性、敏感性、影响力和效益性，大型综合旅游投资开发商始终在跃跃欲试但是又不敢贸然决策。在日甚一日的所谓"下甲乡村旅游"和"毛村湿地旅游"等糟蹋性村民农家乐经营活动面前，政府、投资商、开发商、学术界和会仙湿地公园都得了严重的"失语症"。

（二）"一带一路"倡议与古桂柳运河湿地旅游定位

（1）历史学家的深邃眼光与边政丝路的精辟阐述。正如唐凌教授所指出的："谈论运河的价值，不是光（盯着）看这条河，它只是一个体系和文明系统的支撑。桂柳古运河的可贵之处，就是在于它所支撑起的这个体系和文明系现在都还存在，甚至比灵渠更加完整。那么保护与开发桂柳古运河，就是非常值得去做的一件事情。""桂柳古运河是我国封建社会中后期中央和地方联系的一个非常重要的纽带。运河的开通，让人流、物流、资金流等开始畅通，中原地区开始出现人才的流入，他们带来的先进制度和先进理念，在非常大的层面上改革了西南地区的社会结构。""从当时的桂林来看，能够拥有灵渠和相思埭两条关乎国家统一繁荣的政治性运河，足以证明桂林在历史上的重要地位。"①这一精辟论述，暗合了"内地—边疆""中国—东盟""一带一路"倡议构想的精神核心，古桂柳运河的出现与存在过程以及在它身上所发生过的种种历史事件和事实，才是表现和阐释其内涵的形式和基础，看这条湿地运河，应摆脱就运河谈运河、就桂林谈运河、就广西谈运河、就中国谈运河的局限视角，而要站在"中国—东盟""一带一路"乃至多种民族、多种文化、多种文明、多种生态和共有精神家园的悠远历史记

---

① 唐凌：《清朝大修桂柳运河原因探析》，《广西师范大学学报》（哲学社会科学版）2010 年第 5 期。

忆与宏阔现实时空角度看待它、掌控它，才足以见风采。

（2）文字学家的语境重构与桂柳运河的意涵体悟。陈晓洁等从历史地名学和语言文字学的角度看兴安灵渠和相思埭的"湘""漓""陡""相思"等词义得出些新解。[①] 从秦汉时代开始，古人就已经在开凿兴安灵渠、临桂相思埭和南海天威遥时，为后人构筑了一个时空渺远、意涵深邃的"运河水路词汇系统"。正如上文所提到的"埭（坝）、陡（门）—蛮（僮）、汉（客）"词汇语义对应关系原理一样，"湘水、湘江（相依）—漓水、漓江（相离）—榴江、柳江（相恋）—南流江、钦廉州（相连）—海北、天威遥（相望）"或将其排列为"北渠、北陡（衡楚相依）—南渠、南陡（临桂相思）—牂牁、都柳（西南相守）—左江、右江（边地相望）"结构，都可见古人开凿灵渠、相思埭及其关联水路，都是暗含着看似无情却有深意的定名取义哲思情理当中，而且历经1300余年不断丰富其语境和意涵。古桂柳运河和会仙湿地的现代旅游文化价值重构，必须首先深刻体悟并把准这个语境和意涵。

（三）"胜地建设"与古桂柳运河丝路边政文化价值重构

（1）胜地目标与运河湿地神魂飞扬。国家发改委给桂林国际旅游胜地建设的目标宗旨定位，大致可以概括为："世界水准、国际一流、国内领先"。桂林市政府及相关部门却习惯将其简述为"高大上"。据《2015年桂林市政府工作报告》称：2014年桂林市政府总共推出"胜地建设"重大项目883项，完成投资793.8亿元，其中顺利推进20个重中之重项目和38个重大项目，包括地中海俱乐部、玉珪园·全球名胜等一批大型高端精品旅游综合实体项目建成试营、空中游漓江和空中游阳朔试飞成功、桂阳旅游景观大道项目建设进展顺利、桂林喀斯特地貌列入世界自然遗产名录、51国外国人72小时过境免签、东盟10国旅游团6天入境免签等。按照《广西桂林会仙喀斯特国家湿地公园保护建设规划》要求，桂柳运河和会仙湿地将朝着"世界自然文化遗产名录"项目申报目标推进。但是笔者认为，古桂柳运河才是岩溶湿地

---

① 陈晓洁：《广西三大古运河的概况及历史意义》，《传承》2012年第11期。

血脉所在，也是桂林城市的文脉所在，广西全区文化之精华，更是西南边疆的神魂所在，将其提升到"西南历史长廊""丝路边政纽带""一带一路节点""中国东盟过道"和"人类共有家园"等宏观高度看桂柳运河和会仙湿地，才是真正其所归。

（2）景观节点与旅游功能空间架构。地理空间原态、历史脉络重现和旅游创意创新，是运河湿地景观分析与时空架构的基础。仅凭观察和感觉，古桂柳运河和会仙湿地的景观环境系统要素有河渠、陡门、乡村、圩镇、古桥、古道、村道、公路、水渠、堤岸、田基、阡陌、树木、水景、山景、河汊、湖塘、水源、稻田、湿地、飞鹭、游鱼、耕牛、小艇、荷海、芦荡、寺庙、社坛、古碑、古树、码头、货坪、水车、戽斗、井亭、石础、祠堂、老屋、枯木、水草、河蚌、蛙鳝、大学、高楼、农场、河道、游船、小艇、车辆、人群……可无限制延伸。归纳概括起来，大致由"地理时空要素系统""自然生态要素系统""历史遗存要素系统""社会现实要素系统"和"未来新作要素系统"五大部分构成的整体。在总体景观节点和空间架构上看，湿地稻田是个躯体，运河陡桥是条筋骨，村镇山体是套关节，动物、植物是其毛发，湖汊水网是其血脉，历史文化是其灵魂。从景观串接与功能架构上看，应以"三十里运河水路船游景观"为轴线，按照"漓江河口码头节点""东渠圩镇古街节点""分水渠陡古桥节点""西渠湖塘古村节点""苏桥老街码头节点"，实施景点划分，再将周边山体作为环状立面景观视域，将广阔田园作为延展平面景观视域，作为俯仰视角对象加以点化，利用现有公路乡道将会仙镇、四塘镇作为阴阳两极的天眼加以营造，即可得出令人心动的活态化旅游景观空间架构体系。轴线、节点与天眼，围绕湿地运河核心区，山水时空循环周流，整个景观系统在保持、保护、修整、修复、创新、创造基础上，实施运河疏通、遗迹修补、湿地修复、乡村重塑、圩镇重构和文化激活处理，然后进行旅游服务接待设施修建完善。

（3）运河湿地项目创意与呈现方法。前文大量史料文献信息资源的灵活处理和创意利用，是关键支撑。湿地田园、运河渠陡、景区景点、村镇路网、劳作生活、设施场所分别是生态场域、历史场域、景观场域、社会场域、风情场域与旅游场域的综合体。它们共同构成一个展现运河文化、湿地环境、社会风情、大国风范、文化底气和人情交合的大环境、大背景、大舞台。所有旅游项目创意，都将在这个大环境、大背景、大舞台中展开。"大唐王朝""康乾盛世"作为桂柳运河的气度背景，在河渠、堤岸、堰坝、陡门、古桥、码头、驿路、泊湾、货坪、古村、古镇等上面铺展延伸，运河三千年历史画卷、丝路三千里文化记忆、湿地三千种生态表征、乡村三千样家园梦幻、旅游三千种体验内容，共同构成桂林历史文化名城、桂林国际旅游胜地和广西多民族文化产业最为广阔舒展、最有震撼力度、最具深度广度和最具生命活力的旅游去处。在这里，所有人都能够真切真实地观览到、触摸到、体验到、感受到、体悟到"瓯骆桂国文化本底""会仙湿地文化生态""运河古村传统民俗""运河军旅稳边场景""运河屯守移民风情""运河商船珍宝盐米""中原粤西边政大事""地方土司纳贡朝觐""番国使者万里往来""峰林湿地景观乡村""运河湿地名人风采""中国—东盟丝路情谊"等方面的历史原真、艺术真实和内涵魅力。各种历史遗存项目、湿地生态项目、旅游体验项目、美食娱乐项目、商品购物项目、观光游览项目等，将可采用"历史遗址遗迹遗物遗存复原法""历史场景事件人物故事复现法""现存口头与非遗文化实体转换法""现存特色文化资源提升法""时尚与传统文化巧妙混搭法""动漫影视书画演艺雕刻创新法"等创新创意手段，通过具体可操作的古碑、古渠、古物、古迹、古船、古村、古镇、古树、古井、建筑、雕塑、壁画、镌刻、书画、器物、奇石、码头、景点、演艺、影视、装饰、行为等可视、可游、可居、可触、可用、可购、可感、可想的形式一一再现出来，构筑一幅全球为之动容的"桂柳运河与会仙湿地活态清明上河图"。

（作者系桂林理工大学旅游学院副教授）

"一带一路"背景下漓江水运
文化旅游创新发展研究

梁淑媚　梁福兴

【摘　要】漓江旅游目前主要是以观光游、民俗风情游等横向旅游产品为主，缺乏纵向的历史文化旅游产品。在"一带一路"倡议背景下，应深度挖掘海陆丝绸之路与漓江水运文化渊源，体现漓江水运在"一带一路"倡议中的地位与作用，采取东盟—漓江亲缘文化融合策略创新发展相关项目，强化中原—本土—东盟旅游文化交往合作，彰显漓江水运文化的国际旅游合作。

【关键词】"一带一路"；陆海丝绸之路；漓江水运文化；旅游创新发展；国际旅游合作

2011 年出台的《国务院关于加快长江等内河水运发展的意见》提出形成有特色的水运经济和文化产业来吸引资本，构建具有较强风险防范能力的投融资体制，促进本地水运经济的发展。① 2012 年批复的《桂林国际旅游胜地建设发展规划纲要》中，明确桂林国际旅游胜地四大战略定位之一是建设区域性文化旅游中心和国际交流的重要平台。2013 年，习近平主席先后提出了建设"丝绸之路经济带"和"21 世纪海上丝绸之路"的倡议，推动了不同国家和地区的人民在经济、文化等方面的交流。2017 年 3 月初交通运输部、国家旅游局等六个部门发布《关于促进交通运输与旅游融合发展的若干意见》提到的"挖掘交通文

---

① 国务院：《关于加快长江等内河水运发展的意见》，2011 年 1 月 31 日。

化旅游产品"明确指出："加强对具有历史文化、精神价值等意义的铁路、公路交通遗产资源的保护开发研究，鼓励挖掘'丝绸之路''茶马古道''蜀道''川盐入黔线路''京杭大运河'等具有重要历史文化价值的交通遗迹遗存，做好资源保护与开发，完善旅游线路与展示平台。"① 这一系列的政策为漓江水运文化的发展提供了良好的政策环境。

水运文化是水运持续发展的驱动力，是水运发展的核心和灵魂，漓江水运文化的振兴崛起，将给漓江赋予新的内涵和特征，使漓江旅游的发展焕发新的活力，全方位提升桂林市国际旅游的世界影响力和发展水平，有利于将桂林建设成为广西乃至国内有影响力和竞争力的水运文化旅游核心区。

一 广西古代陆海丝绸之路与漓江
水运文化的历史脉承关系

（一）广西古代陆海丝绸之路及其历史积淀

历史上的海陆丝绸之路作为连接中外的交通线，为中外的经济、贸易、人文的联系做出贡献之时，内河与内陆道路形成的水路联运也在为南北、国内外的经济、政治、文化的交流而忙碌。例如《汉书·地理志》写道：汉武帝派黄门军译长开创海上丝绸之路，就是从水陆联运的潇水至贺江古道到广信，然后沿南江、北流江、南流江到达徐州而出海。② 这就是海陆丝绸之路对接通道之一。被定位为"一带一路"有机衔接的重要门户在古代就已经发挥其海陆优势，在历史的海陆丝绸之路、中原与岭南、中国与海外的连通上起到关键的作用。例如海上丝绸之路第一站的广西合浦、海陆丝绸之路对接通道之一的贺州古道、海陆丝绸之路最早对接点的梧州、水陆运输的集散地及经济上重要港埠的桂林等，都是广西在"丝绸之路"中发挥重要作用的历史见证。古代，

---

① 交通运输部、国家旅游局、国家铁路局、中国民航局、中国铁路总公司、国家开发银行：《关于促进交通运输与旅游融合发展的若干意见》，2017 年 3 月 1 日。

② 王元林：《海陆古道——海陆丝绸之路对接通道》，广东经济出版社 2015 年版。

岭南的阻隔，陆路交通极为艰难，水运就变得极为重要。漓江水运在这海陆丝绸之路对接又处于怎么样的位置？其实早在上古尧舜时代，漓江就已经出现了水运功能，当时舜帝登基后，将耄耋之君尧帝放逐到南方苗地（今全州、桂林尧山一带），尧帝不满舜帝的苛酷刑政，与南方三苗联合反抗舜帝。舜帝在"舜征三苗"之战中将逊帝尧与三苗的联军打败，尧帝带领小儿子象沿桂江（漓江）南逃至古仓吾国（汉代苍梧郡，今梧州），再沿西江溯流西上至左江之崇山（在今崇左江州区与扶绥县之间），建立了临水城池"象邑"①；到秦朝时期灵渠和宋代相思埭的开通，漓江已经是中原、长江流域通往岭南的重要交通要道之一。以下是秦朝至清朝广西陆海丝绸之路与漓江水运关系路线节点的梳理。

表1　秦朝至清朝广西陆海丝绸之路与漓江水运关系路线关键节点一览

朝代	丝路交通主要路线与关键节点	主要流通内容
秦朝	珠江—西江—桂江—灵渠—湘江—洞庭湖—长江—大运河—淮河—黄河—京城（咸阳）	运兵运粮
汉朝	纵线：合浦—南流江—玉林平原—入绣江—出浔江—梧州—桂江（漓江）—灵渠—湘江—长江水系；中国货物经灵渠、桂江、浔江、绣江、南流江一线，由合浦出海，历缅甸、马来半岛而达印度	犀象、玳瑁、珠玑、银、铜、果、布之类
	横线：番禺（广州）—西江—梧州—桂江—灵渠—长江水系；或番禺（广州）—西江—梧州—溯浔江—黔江—柳江—融江—贵州	
东汉	湘江—灵渠—桂江—西江—玉林、南宁、龙州—西江南部—广东—南流江—合浦—越南（交趾）。这路线，是以合浦港为起点，"就缘海而进，随山刊道千余里"。然后经过钦州、防城港一带，渡过北仑河进入越南境内	运兵运粮
隋唐	辟相思埭，沟通云贵航线，使黔东南之土特产水运经融江、柳江相思埭，越灵渠埭到达中原；中原—灵渠—漓江—相思埭—柳江—融江—黔东南（云南、贵州）	中原、湖广、云贵的物产，始安（今桂林市）的蕉布、葛布、翡翠等物品

① 岑沫：《广西历史上的三大丝绸之路研究》，《文史春秋》2016年第1期。

续表

朝代	丝路交通主要路线与关键节点	主要流通内容
宋代	桂江—灵渠—湘江—洞庭湖—长江—大运河—关中（陕西省中部）	食盐、铜器、一些贡品、滑石等
	桂江—灵渠—湘江—渌水—袁水—赣水江—信江—衢江—桐江—富川江—杭州	
	灵渠—桂江—绣江—南流江—合浦—出海	
	中原—都庞岭—龙虎关—桂林县。即由湖南—零陵—潇水—道县—江永—都庞岭—龙虎关—恭城的茶江（恭城河）—平乐—桂江，上可通桂州，下可通梧州、广州	
	由相思埭至柳州，经融江、三江入贵州都柳江，沟通黔东南各线	
明代	广州—梧州—府江（桂江）—灵渠—湘江—湖南横州、永州	运军饷、食盐
清代	云南—剥隘—百色—右江—郁江—浔江—梧州—桂江—长江水系（运铜），或云南—剥隘—百色—右江—郁江—浔江—梧州—桂江—漓江—灵渠—长江水系	大米、食盐、铜皿、钞币、陶瓷等

资料来源：《桂林漓江志》。

　　从表1可以看出，漓江水运历史悠久，在秦开通灵渠之后，长江水系和珠江水系连接，秦军的各种军需用品就源源不断地从北方通过长江、湘江、灵渠运到岭南；汉代时期发展到一个高峰时期，在这一时期已经连通中原和海外，当时有两条从西江到中原的主要货运航线都经过桂江；隋唐时期开辟相思埭，开通桂林至柳州的水路捷径，缩短了从桂林顺流至梧州再溯江上柳江的航程509千米，大大地缩短了中原到云南、贵州的航程。宋代时期，由于漓江水运的繁忙，桂林不仅成了广西地区政治的中心，在经济上也是一个重要的港埠。两广食盐行销湖南要经过桂林，广西稻谷北运临安，桂林是最后一站集散地。① 明清时期，由于两朝统治者实行严厉的禁海令，使广西的航运格局发生变化，虽然这一时期海上运输走向衰落，但是内河还是一片繁荣。明代时期中原各

① 桂林漓江志编纂委员会：《桂林漓江志》，广西人民出版社2006年版。

省的货物源源不断地沿着湘江入灵渠运到桂林转销；到了清代时期，食盐、大米、陶瓷、器皿等依然是桂林的转输物质。总体上讲，漓江是岭南地区的交通枢纽之一，是各种货物交换的中转站，漓江作为广西陆海丝路的咽喉节点，为中国海陆丝绸之路的沟通起到了重要的作用。

（二）漓江水运文化及其南北陆海之路历史遗存情况

目前，从笔者所查阅到的各种文献资料来看，国内尚未有对水运文化进行定义，这也证明了国内关于水运文化旅游的研究较少。根据文化在《辞海》中的定义及其相关资料进行总结，认为漓江水运文化是人们在一定的时间内，在漓江流域进行水运及其相关实践活动过程中所获得的物质、精神的生产能力和创造的物质、精神财富的总和。

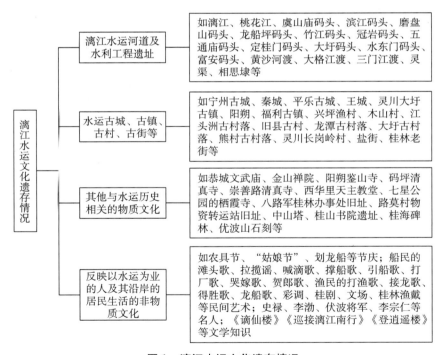

图1 漓江水运文化遗存情况

本文所研究的漓江流域范围主要是兴安灵渠至平乐（包括相思埭）段流域。漓江水运文化在一定的时间、空间中产生并且在百年甚至上千年的历史变革中，不断积累、演化、传播，在这一过程中，其相关文化元素和文化景观不断演化，有的存留、有的变质，有的相互融合、有的再生或甚至消亡。漓江水运文化属带状形，是沿线各具有地方特色和民族特色相互吸纳、融汇的结晶。在数千年的历史变迁中，漓江以自己的方式记录着中国古代在社会、政治、经济、文化、科技等方面的发展变迁，形成了丰富和底蕴深厚的水运文化。在漓江的沿岸形成了丰富多彩的水运文化遗存，主要由几个部分组成：漓江水运河道及水利工程遗址，如水运古城、古镇、古村、古街等；其他与水运历史相关的物质文化，包括古建筑、古寺庙、石碑石刻等；反映以水运为业的人及其沿岸的居民生活的非物质文化，包括民间艺术、传统表演艺术、传统手工业技能、文学知识等。具体遗存情况见图1。

二 "一带一路" 倡议与漓江水运文化旅游产业发展问题

（一）"一带一路"倡议与东盟国际旅游交往合作问题

"一带一路"的构建，将东盟、南亚、北非、欧洲等各大经济板块沟通，也形成面向南海、太平洋和印度洋的战略合作经济带，东盟是21世纪海上丝绸之路的必须经过的地区，是沟通南亚、印度洋不可缺少的一环，是21世纪海上丝绸之路建设的重要组成部分。旅游业是中国和东盟重点合作的项目之一，近年来，中国和东盟旅游的合作迅速发展，中国和东盟已成为彼此重要的客源地。在"一带一路"建设的互联互通中，旅游业有先联先通优势。桂林作为知名度较高的旅游城市，每年不断吸引大量的境外游客，东盟十国是中国重要的海外客源国。据统计，2003年至2014年的11月，桂林接待东盟十国的游客从3.6万人次增加到39.9万人次，11年增长了近11倍。2014年，东盟十国游客量占桂林市入境游客的34%。桂林机场口岸从2015年5月28日起，对东盟十国旅游团持普通护照的游客实行6天的入境免签政策，为东盟国家的游客提供了便利。中国—东盟博览会旅游展于2015年起永久落户桂林，不仅为桂林国际旅游胜地建设搭建了一个良好的平台，也使桂林融入"一带一路"的建设中，更为桂林漓江水运文化的发展提供了机遇。

（二）"一带一路"倡议与广西陆海旅游产业发展关系

广西合浦是历史上海上丝绸之路的始发港之一，今天广西的北海港也依然是海上丝绸之路的必经之地，广西作为中国唯一的沿海、沿江、沿边省份，意味着广西在"一带一路"倡议中有着比别的省份更独特的位置和机遇。是"一带一路"倡议中不可或缺的一环。此外，中国—东盟博览会在南宁永久落户，也为广西与东盟的旅游合作提供了条件。近年来，广西与东盟在旅游、文化、经济、贸易等方面的交流逐渐频繁，特别是在旅游业方面，如桂林和南宁至越南的河内和龙开有旅游专列；南宁和桂林已经开通到东盟各个主要城市的空中航线；北海与越南、新加坡、马来西亚等国家的主要海滨城市，打造"海上六国游"的旅游线路等。东盟已然成为广西入境旅游的主要客源市场之一。根据2013 年的《广西统计年鉴》数据，2012 年广西国际旅游的外汇收入12.79 亿美元，接待入境旅游者人数近 350 万人次，接待东盟的游客约102 万人次，占广西入境旅游的 29.14%，比 2002 年的 17.5 万人次增加了 5 倍多。广西出境的旅游人数也逐渐增加，广西出境旅游的主要线路有泰国游、新马泰港游、新马游、越南游等。广西应"一带一路"建设的契机中，发挥自身优势，加强与东盟国家之间的旅游合作。桂林漓江也要打破目前以山水、民俗游为主，自己"低头"发展的局面，拓宽视野，充分利用东盟客源市场，积极主动与东盟旅游市场接轨，一起打造国际旅游大通道。

（三）"一带一路"倡议与桂林漓江水岸旅游主题定位

由于北部湾的建设和中国—东盟国际博览会在南宁的落户，广西壮族自治区政府的焦点开始往南宁及北部湾移动，以及 30 年来桂林主要以观光旅游与民俗风情游为主，创新旅游产品较少，但广西其他地区的旅游业的不断创新发展，使旅游市场的竞争力越来越激烈，桂林开始自叹被边缘化。然而国家发改委批复的《桂林国际旅游胜地建设发展规划纲要》和 2016 年春晚在桂林象鼻山的漓江上设置分场，在政策和宣传上给予很大的支持。在"一带一路"倡议背景下，近年来中国—东盟的旅游合作已有初步规模，漓江旅游作为桂林旅游的核心产品，应该抓住良好的机遇，积极主动地融入国家战略当中，除了山水、风情，更应深入挖掘漓江水运文化与"一带一路"、东盟的关系，打造国际旅游合作项目，将漓江打造为中国—东盟及南海国家文化旅游往来的中心河段，彰显古今亲缘往来情谊。

根据上文分析的漓江沿岸水运文化遗存情况，结合目前旅游市场需求，在"一带一路"倡议背景下，将主题定位为"陆海丝路文化"，主要是以特色小镇的形式打造。例如，灵渠的秦城、水街、陡河等旅游资源大部分关于秦朝时期，就可以将灵渠打造为秦朝时期风格的小镇，融入木船等与水运相关的元素以及东盟各国在秦朝时期的商业元素等。以兴安灵渠为起点，沿着漓江流域往下，可在下一个地点（如灵川）打造汉朝风格的陆海丝路文化小镇，依次往下推，给游客一种跨时空体验"海陆丝路文化"之感。

三 "一带一路"倡议与漓江水运文化 旅游创新发展对策

漓江旅游资源丰富，旅游业的发展较好，但总体上漓江旅游产业创新能力不足，从漓江旅游目前的旅游产品谱来看，上档次的历史文化产品不多，与桂林作为历史文化名城的名声相比，颇有名不副实之感。其主要表现为，旅游产品一直停留在以天然风光和民俗风情体验满足游客游览的需求，较少能深度挖掘并开发出出色的具有历史文化底蕴的旅游产品与项目。应在奇异独特的自然景观和人文景观的前提下，挖掘漓江水运与陆海丝绸之路相关的旅游资源，融入新"一带一路"倡议中，打造特色的漓江水运文化旅游产品和项目。

（一）系统深化挖掘漓江水运文化，构建陆海丝路文化遗产廊道

遗产廊道是指"拥有特殊文化资源集合的线性景观。通常带有明显的经济中心、蓬勃发展的旅游、老建筑的适用性再利用、娱乐及环境

改善"。① 从兴安灵渠（陡河、秦城、老街、古严关）、长岗岭村、桂林
（盐街、逍遥楼遗址、古王城）、大圩古镇（码头、老街、漓水人家）、
草坪村、杨堤、兴坪古镇、兴坪古村、阳朔（西街、遇龙河、刘公
村）、平乐季渔堡等一系列的旅游资源来看，漓江符合这一概念。漓江
陆海丝路文化遗产廊道的构建需注重整体性，设立政府组织或非营利组
织为主的管理机构，从系统整体空间组织入手，保护漓江边界所有的自
然和相关文化资源，并且提高其娱乐和经济发展的机会。

（二）以漓江水运为核心延伸空间，加强区域丝路旅游合作发展

根据漓江所处的位置，融入"一带一路"，构建"湘江—漓江—西
江""湘江—漓江—柳江—浔江—西江"水运旅游等线路图；或漓江水
运结合湘桂古道、古桂柳运河打造"岭南水路丝绸之路"等。像珠三
角的无界限旅游、长三角的无障碍旅游一样，打造"岭南水运旅游一
体化"。打破区域限制，全面开放市场，在属地化管理前提下，建立统
一开放、竞争有序的水运旅游空间市场。② 根据资源优势互补的原则，
从总体上部署和开放"水上丝绸之路"旅游资源，形成岭南"水上丝
绸之路"的区域旅游特色。着力将漓江打造成区域水运文化旅游的中
心，以创意为现有的文化资源增色，占领旅游价值链的高端，为桂林旅
游整体竞争力的提升创造条件。

（三）以陆海丝绸之路为主题视角，打造漓江水运文化旅游品牌

文化旅游产业是以文化为内容、以旅游为依托的综合性产业。③ 通
过对漓江水运与海陆丝路关系的充分挖掘和理解，将漓江水运文化旅游
纳入文化产业发展当中，从文化旅游产业的视角看待与推动漓江水运文
化旅游产业的发展，以开发和利用来挖掘和衍生出一系列的新产品。如
张艺谋的大型实景演出《印象·刘三姐》、上海杂技团创作的"梦幻时

---

① 王志芳、孙鹏：《遗产廊道——一种较新的遗产保护方法》，《中国园林》2001 年第 5
期。
② 李雪玲：《创意旅游——甘肃旅游创新发展的新思路》，《开发研究》2009 年第 4 期。
③ 邵金萍：《再论文化旅游产业的特征、作用及发展对策》，《福建论坛》（人文社会科
学版）2011 年第 8 期。

空之旅"等,可以融入科技和创意等元素,依托漓江水运文化,深度挖掘文化内涵,主动适应旅游市场变化,加快推进漓江水运文化旅游形象、营销、产品、功能、服务、管理国际化。创建"漓江水运文化"品牌,开展"漓江水运文化旅游整体形象品牌塑造与营销"行动,设计制作与国际接轨、体现桂林漓江水运文化旅游特色的视觉识别品牌营销系统。进一步加大信息化促销、旅游营销,利用"智慧旅游"的信息化手段,强化漓江水运文化旅游的宣传促销。

(四)以漓江历史水运文化为依托,大力发展文化创意产业

目前漓江在文化产业上的知名品牌几乎没有,创意型的人才也较为缺乏,但整体上的发展潜力是巨大的。要推进漓江水运文化的开发,就要重视文化创意类人才的培养与引进。漓江水运文化创意产业的开发,可以依托市内高校,开设培养文化创意产业类型人才的专业,加快创意型人才的培养工作。除此之外,还要整合水运文化资源,打造品牌,用品牌来扩大影响,赢得市场,拉长整个产业链,逐渐使水运文化创意产业做大做强。例如,以漓江水运文化为主题,进行软件开发和动漫产业;进行漓江水运主题的影视创作等传媒产业和新兴传媒产业;漓江水运文化博物馆的建设等。通过这些方式,提高漓江水运的知名度,带动旅游产业及相关产业的发展。

(五)打造跨国海陆丝路文化旅游精品线路,加大旅游品牌营销

打破区域界限,联合印度尼西亚、越南、泰国等东盟国家共同打造跨国旅游线路。从桂林漓江延伸至泛北部湾再到东盟国家的旅游线路,拓宽桂林—东盟水陆海旅游线路,加强桂林漓江水运文化旅游品牌体系建设。推动形成桂林—东盟现代旅游的营销体系,创新旅游的营销方式,加强整体的营销,最终形成资源共享、客源互流、市场对接的发展格局。

(六)拓展旅游招商引资,建设国际水运文化旅游产业合作示范区

消除壁垒,优化旅游投资环境,建立健全旅游招商一体化服务大通道,出台投资优惠政策,吸引东盟国家的投资机构或企业参与桂林漓江

水运文化的开发建设。同时桂林企业应学习东盟国家先进的旅游技术、管理、体制机制等方面的经验，开拓面向东盟国家的旅游市场。积极推进桂林与东盟的全方位合作，建立旅游联盟，探索和培育桂林—东盟国际水运文化旅游产业合作示范区。

（作者梁淑媚系桂林理工大学旅游学院硕士生；

梁福兴系桂林理工大学旅游学院副教授）

"一带一路"背景下壮泰文化旅游产业合作发展研究

唐希文

【摘 要】中国广西地区的壮族文化和泰国的泰族文化属于同源异流的关系，发展壮泰民族文化旅游有着坚实的旅游开发基础和丰富的旅游文化开发价值。在"一带一路"倡议背景下，从泰国文化与旅游产业发展经验，探讨双方通过文化学术资源共享机制、产业项目合作平台搭建等途径来实现文化旅游合作，并给出广西发展文化旅游的一定建议。

【关键词】壮族文化；泰族文化；旅游产业；合作路径；"一带一路"

一 文化旅游的概念界定

随着旅游新业态的涌现和融合发展，旅游产业与文化产业的融合形成具有文化和旅游特征的新型文化旅游产业逐渐成为市场关注的焦点，两种产业间关联越来越密切。

文化旅游的定义为：以人文资源为主要内容的旅游活动，包括历史遗迹、建筑、民族艺术和民俗、宗教方面，通过旅游实现感知、了解、体察人类文化具体内容之目的的行为过程。文化旅游属于专项旅游的一种，是集政治、经济、教育、科技等于一体的大旅游活动，是以旅游经营者创设的观赏体验对象和休闲娱乐方式为消费内容，使旅游者获得富有文化内涵和深度参与体验的旅游活动的集合。

文化与旅游的本质属性决定了两者之间是密不可分、相辅相成的，没有文化的旅游是苍白无力、枯燥乏味的，没有文化内涵的旅游产品不具备足够的市场竞争力和吸引力。只有充分挖掘文化内涵，注重文化与旅游的深度结合与开发，才会具有吸引游客的足够魅力。泰国旅游业的发展就很好地将文化和旅游产业结合起来，使两者紧密结合、互动发展，最终实现了互融共进、互利共赢。

文化的相似性与差异性是旅游动机生成的内生动力，不同地区文化的相互吸引促使旅游动机增长，从而带动旅游经济收益的提升。在旅游产业中，民族文化旅游将绚烂旖丽的自然风光与神秘异域性的民风民俗相结合，创造了民族地区经济收益，形成振兴民族地区经济的新型支柱产业。广西壮族自治区和泰国国内多个民族共有同源异流的文化亲缘关系。在"一带一路"建设背景下，通过文化旅游产业合作利用的方式，探讨中泰两国间的利益合作共赢，对壮泰文化的传承保护，深化两国同源民族间的亲缘感，具有重要意义。

二　壮泰历史文化亲缘关系基础研究

（一）自然地理环境及对文化影响

壮族及其祖先聚居的广西壮族自治区，地理位置处于北纬 20°54′—26°26′和东经 104°30′—112°02′，总面积 23.67 万平方公里；而泰族聚居的泰国，地理位置处于北纬 5°37′—20°27′和东经 97°22′—105°38′，总面积 51.3 万平方公里。总的来看，广西所处的位置，纬度在泰国之北，经度在泰国之东，但可以认为，无论纬度还是经度，基本上都是相互衔接的。这两个区域的自然环境尽管千差万别，但气候和条件相近，虽然广西多山地、泰国多平地，但都适合水稻种植。因此，分别生存在这两个空间中的壮族和泰族都是稻作农业民族，而所创造的文化都可以概称为稻作文化。

（二）文化的同源异流关系

1. 历史同根同源

根据现在考古学、历史学资料的推断，壮族和泰族共同起源于古代百越民族集团中的西瓯和骆越，原来共同生活的区域，主要在五岭以南直至今越南红河以北地区，他们原来共同生活的时间，主要在公元 3 世纪上半叶之前；分流出去的时间在中国历史三国两晋南北朝时期（公元 3—6 世纪）；迁徙的路线大致经过越南北部、老挝而到达如今泰国北部；由于山岭、河流的分隔，壮泰民族开始分流，并形成了受不同文化影响下的民族文化。

2. 异流

壮泰地区形成了许多大大小小的自然区域，又由于交通不便，形成了相对封闭的不同区域。泰族地区因为临近佛教的发源地印度，更多受到佛教的文化影响，壮族地区处在汉族政权管辖下，受汉族文化影响更深刻甚至有被同化的现象。在文化传承方面，泰族文化传承依靠学校教育，还包括寺庙教育；而壮族主要靠家庭，且与学校脱节（学校都采用汉字普通话教学，包括传授汉族传统文化）。

（三）文化相似对比

根据斯大林在《马克思主义和民族问题》（1913 年）、《民族问题和列宁主义》（1929 年）对"民族"的定义："民族是人们在历史上形成的有共同语言、共同地域、共同经济生活以及表现于共同民族文化特点上的共同心理素质这四个基本特征的稳定的人民共同体"，壮族和泰族在语言、民族文化有许多相似点，在此根据学者覃许学《壮泰民族文化与旅游研究》中所描述的壮泰间文化对比，见表 1。

表 1　　　　　　　　　　壮族、泰族文化相似性对比

类型	相似点
语言	状语和泰语同属于侗泰语族，语音、词汇极为相近，元音、辅音基本相同；基本词汇和地名同一的现象也非常多，若从侗泰语中选定较为古老的 1000 个基本词汇中，相同或相近的占 75% 左右。而语法结构完全一样。在文字方面，壮文、泰文形体迥异，因为壮文主要受汉文影响，泰文主要受梵文影响
建筑	壮泰民族都以杆栏建筑为主，房屋结构、名称、居住习俗基本相同，仅仅是屋顶形式和屋内布局有所差异。泰族地区受佛教影响，佛塔和寺院较多，而壮族地区历史遗留佛塔稀少，其形态与泰族地区不同

续表

类型	相似点
服装	壮泰民族服饰基调互相接近，如喜欢以靛蓝色染色，也崇尚黄色，喜欢上衣下裙式的或宽衣宽裙的穿法，喜爱用五彩织锦和各种挑绣、刺绣或饰贴补花等装点其蓝靛套装、巾帕等。然而两族生息于不同国度，受到的宗教信仰文化意识各有不同，所以着装习俗和服饰形式也纷繁多样
饮食	壮族、泰族都是稻作农业民族，都依靠水稻种植为生。两个民族中与稻作有关的耕作、收藏、加工的工具，不仅形状相近，甚至名词、动词相近，而与生产相关的习俗也很接近；大米和糯米是泰、壮两族的主要粮食，在野外烧制的竹筒饭也相同，但是烹调方式不一样，一般壮族以酱油和盐为调料，而泰族会以鱼露、辣椒等口味较重的调料来烹制食物
文化艺术	创世神话与葫芦有关，关于牛、谷种的来源传说颇多，虽然情节不一样，但都根植于水稻种植的基础之上。民间传统的音乐、舞蹈丰富多彩，一些民歌主旋律很接近，乐器也有很多相似之处，但在表现形式上壮族偏重于歌，泰族偏重于舞
宗教信仰	在底层的原始宗教，如稻神、水神、土地神崇拜等，壮族、泰族大致相同。而在宗教信仰方面，泰族主要信奉佛教，壮族主要信奉麽教和道教

（四）民族亲缘认同

自 20 世纪 80 年代起，广西与泰国方面的高校学者开始进行壮泰民族起源和迁徙等学术研究，在双方到达对方居住地进行考察时，即使在当地使用自己本土的方言，当地民众都能理解其所说内容，语言上的理解能够带动民族亲缘情感的认同。旅游开发后进行旅游活动中，双方人员可以在"寻根游"或者其他定制游服务中找到亲近感，这样便可增进民族间的情感交流，促进文化间的相互理解。

三　广西与泰国合作交往的契机、现状、趋势

（一）契机

东南亚地区是 21 世纪海上丝绸之路必经之地，泰国位于东南亚

的中部，是连接海上东盟和陆上东盟的枢纽，是有着六亿多人口大市场的天然交汇点，区域优势得天独厚，基础设施完善。广西既是中国面向东盟的重要门户，也是海上丝绸之路的起点，尽管泰国与广西没有直接接壤，但双方有着密切的关系和相似的定位。因此，泰国与广西的紧密合作有利于推动泰中关系以及东盟与中国关系的健康发展。泰国正在大力发展基础设施建设，完善国内铁路、公路网，新建扩建港口，增开航班，不断提升自身作为本地区互联互通枢纽的地位。中泰铁路合作也是两国推进"一带一路"建设的重要项目之一，虽说当前的铁路建设是以泰方自己筹集资金、中方提供技术为合作形式，项目仍处于准备施工阶段，但这也为泰国成为更重要的交通枢纽国打下基础，也为中泰两国地区间加强基础设施互联互通建设合作发挥更好的综合示范效应。

（二）现状

泰国是我国在东盟地区重要的旅游客源国和目的地，1988 年就成为中国政府批准的最早一批中国公民组团出境旅游目的地国家。近年来，中泰两国在旅游领域的合作和交流得到快速发展，特别是中国赴泰旅游发展迅速。相关数据显示，2015 年，泰国访华游客超过 64 万人次，同比增长 4.6%；中国访泰游客已达 790 万人次，同比增长 71%。自 2011 年起，中国连续多年成为泰国最大旅游客源国，客观上对推动泰国经济和旅游等产业发展发挥了重要作用。同样，泰国也是广西入境旅游的主要客源国之一，根据资料显示，2003—2010 年这 7 年间，泰国赴桂游客由 1 万人增长至 5 万人左右，虽受到 2009 年泰国局势不稳定的情况影响，2010 年游客数量有所下跌，但发展依旧趋于稳定。在赴桂旅游的泰国游客中，高学历、高职位、年龄在中年层的占大多数，并且趋向于以休闲观光为目的（见图 1）。

自 2003 年东盟成立以来，经过十多年的发展，广西和泰国的各领域行业的合作交往非常密切，民间或者企业间的文化往来有非常多重要成果，在近年旅游合作方面，广西正在加快打造国际旅游目的地的步伐，建设中国—东盟旅游枢纽。近年来，广西持续加大对境外尤其是东盟的推广力度，加强旅游交流与合作，吸引更多来自东盟的游客以及经东盟周转的国际游客到广西，实现共拓共赢（见表2）。2016年3月"中泰欢乐谷"项目在南宁正式启动，该项目是以泰国风情为主题，集泰国文化旅游、泰式养生度假、中泰经贸为一体的旅游文化项目，计划投资额20亿元，一期项目预计于2017年8月对外开放。项目建成后，将以南宁为核心，辐射广西及周边省市，能够提供数万人的就业机会。这是泰国企业在广西创业以来具有里程碑意义的重大投资举措。

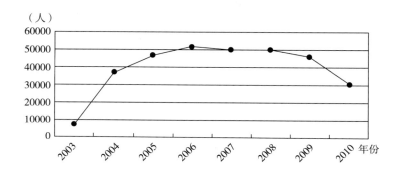

图1　2003—2010年泰国来桂游客人数

表2　　　　　　　　　近年来广西、泰国间文化交流互动一览

交往类型	主要内容
政治机制	2015年4月，广西壮族自治区党委书记彭清华访问泰国，促成泰国—中国广西联合工作组成立。同年8月21日，联合工作组第一次会议在南宁举行，双方就经贸、产业、旅游、文化等领域达成了诸多合作共识
峰会举办	2015年第12届中国—东盟博览会、中国—东盟商务与投资峰会主题国为泰国
教育合作	2010年12月，广西师范学院和泰国川登喜皇家大学共同合作，在广西成立首家泰语文化中心。截至2013年，广西已有28所院校开设泰语课程，每年约有2000名中国学生到泰国留学，400—500名泰国学生到中国学习汉语。广西民族大学与泰国共建了玛哈沙拉坎大学孔子学院，广西师范大学与泰国宋卡王子大学共建了孔子学院；目前广西在泰国的留学生约3000人，泰国在广西的留学生约800人；双方缔结了7对友好城市

续表

交往类型	主要内容
媒体沟通	2015 年 12 月 22 日，由中国驻泰国大使馆和中国新闻社、泰中记协共同举办的泰国主流媒体记者赴广西、贵州两省区参访交流活动在广西首府南宁启动。旨在促进泰国媒体对中国各方面的了解，推动其更加平衡公正地报道中国，并建立两国媒体记者交流长效机制。2016 年 9 月 23 日，多场中泰文化交流活动在泰国曼谷举行，广西新闻出版广电局局长彭钢率团专程赴泰出席相关交流活动。代表团一行在泰国兰实大学参加了 2016 年中泰优秀微电影展播活动。此次活动将在泰国多种媒介展播 2015 年中国—东盟微电影大赛的优秀获奖作品，参加展播的两国优秀微电影由广西人民广播电台新媒体部进行译制，精准的译制帮助两国观众更好地了解相互的文化，加深了中泰青年间的了解和沟通
团队旅游考察	2015 年泰国甲米府行政管理委员会主席宋洒·钦提古一行参加百色布洛陀民俗旅游文化节，还实地考察了百色工业、农业和教育发展情况，双方代表团还举行了会谈，签署了缔结国际友好城市关系意向书，这为双方进一步加强友好合作奠定了良好基础。2016 年，田州古城接待游客总量超 360 万人次，其中不少游客来自东盟国家及港澳台地区，田州古城建设后期将增设东南亚民俗风情街，融入东南亚民俗风情、美食等多种元素，吸引更多中外游客赴田阳县感受壮族文化魅力

（三）趋势

2016 年发布的旅游业"十三五"规划纲要中指出，全域旅游是未来五年的发展热点，同时结合供给侧结构性改革，促进旅游业转型升级。即通过市场配置资源和更为有利的产业政策，促进增加有效供给，促进中高端产品开发，优化旅游供给结构，推动旅游业由低水平供需平衡向高水平供需平衡提升。另外，在文化领域也推进文化业态创新，大力发展创意文化产业，促进文化与科技、信息、旅游、体育、金融等产业融合发展，在一系列的政策促动下，中泰间的旅游产业合作将向更加规范、高端的标准发展，同时民族文化成为旅游的内生动力将会逐渐加深。

此外，依托中国—东盟国际汽车拉力赛在东南亚的广泛影响力，广西将开设跨国自驾车旅居车营地，打造跨境露营网络。2017 年，将重点推进中国—东盟自驾车旅居车旅游基地在广西大新、凭祥、东兴等地的项目前期工作。并简化通关手续，缩短通关时间，丰富跨境自驾车旅游产品，争取在凭祥友谊关口岸实现自驾车旅游常态化，加快发展中越跨境自驾车旅游。为规范跨国旅游市场秩序，提升跨国旅游综合服务水平，将组织广西桂林市旅游警察赴越南广宁省下龙市定期开展跨国联合执法行动，推进广西东兴市与越南芒街市建立跨境联合执法合作机制。在这些前期利好项目的推进下，桂泰间的自驾车旅游也一定会呈发展上升趋势。

四　泰国文化旅游产业发展状况

（一）发展历程

1981年，泰国政府颁布了五项文化政策，其主要内容为维护泰国固有优质文化，研究、恢复和发展泰国文化，使其成为政治、经济和社会的重要工具。为贯彻泰国政府的文化政策，将历史文化资源开发利用起来，发展旅游服务事业，泰国政府每年拨出专项资金，以长期低利息贷款的方式开发民族文化旅游事业。

1982年，泰国旅游委员会成立，总理府部长担任主席，批准二十七和府和芭提雅为旅游府（城），形成庞大的旅游组织体系。因此，每年花费在民族文化艺术和风格的宣传册或其他宣传品达到1亿多泰铢。为了给外国游客提供便利，其他娱乐服务场所及公共设施建设也发展起来，该国旅游业以平均每年增长15.3%的趋势发展，1990年国际旅游者超过500万人次。

1997年亚洲金融风暴的影响使泰国深受冲击，后来又加上其他东南亚国家及中国大陆市场的崛起，泰国在米、糖等原物料或商品已不再具有低成本的出口优势，劳动力低廉与代工生产也逐渐失去优势，因此泰国政府为提高国际竞争力与稳定泰国的社会经济发展，不断借由创意与设计来推动泰国的产业升级转型，陆续在整体产业方面投入许多政策资源，协助并支援泰国的中小企业发展多样化且具竞争潜力的商品，遂将文创产业作为主要产业发展的重点。如今，泰国的设计、时尚、工艺、电影等产业的发展已渐具成效，不仅使泰国走出经济危机，更成功地通过文创产业提升国家竞争力。

（二） 发展政策

泰国文化旅游产业目前没有清晰的界定，但是泰国政府的文化创意产业政策中有将文化产业和旅游产业相融合的政策。泰国政府推动文化创意产业的重大计划包括：一乡一产品（One Tambon，One Product，OTOP）、曼谷时尚之都（Bangkok Fashion City）、泰国创意设计中心（Thail Creative and Design Center，TCDC）、支持电影产业发展的政策、创意泰国（Creative Thailand）等。在创意泰国计划之后，泰国政府将创意经济发展项目纳入国家经济振兴方案（又称泰坚强计划）中，更于2012年的国家经济与社会发展计划，将创意经济列入优先发展项目，强调以知识与创造力为基础，将文化创意视为国家与社会发展的关键（见表3）。

表3 **泰国文化产业发展政策一览**

名称	含义	目标
一乡一产品（One Tambon，One Product，OTOP）	推广各乡村的手工艺品或农产品，以增加当地的就业与收入，协助其开拓国内市场，进一步发展多样化的商品行销至海外市场	1. 协助地区特色文化或自然资源转型成具有附加价值的文化商品，并有助于振兴该地区的经济成长。 2. 鼓励具有地方或村落特色的产品生产制造，但需考量原料取得、技术成熟度及地方认同感。 3. 协助建立可操作的行销策略，以及在全球市场中建立具有竞争力的区域品牌。 4. 鼓励生产者对其特色产品进行智慧财产权的登记，以防止仿冒的情况发生
创意泰国（Creative Thailand）	从基础设施、教育、社会意识、产业等全面推动创意经济发展，包括创意王（Creative King）、泰国历史文化创意电影、创意城市、创意经济意识、泰国产品新国际印象、创意经济研讨会或工作坊、儿童与青少年之创意推动、提升创意产业之潜力与竞争力等子计划	其中创意城市方面，泰国商务部智慧财产局提出创意城市示范计划，选定泰国十个城市（包括清迈、清莱、楠府、也拉、猜纳等），借由结合在地文化与创意，提高文创产品价值，进一步达到增加该地区就业机会与收入的目标

续表

名称	含义	目标
第十一届国家经济和社会发展计划（The 11th National Economic and Social Development Plan，NESDP）	以五年（2012—2016年）为一期规划，将创意经济列为重点策略之一，在泰国所拥有丰富且独特的文化资源基础上，引导泰国提升产业附加价值且可持续发展	1. 创意经济的技能发展； 2. 创意经济的知识体系发展，提供强而有力的政策决策能力； 3. 改善有利于创意经济发展的环境，如法制面

（三）政策扶持

泰国 OTOP 计划的执行，在产品开发方面，为协助生产者能达到一定的品质标准，在主要城市设立的训练中心提供了咨询、技术支援与培训等服务，例如基础会计、市场销售、企业管理、提高生产效能的工序、产品包装等知识的训练课程。此外，也通过邀请国际设计师进行指导，使地方特色产品不仅充满地方智慧与创意，也能符合国外消费市场的喜好。

若从经济发展的三个成长阶段：资源驱动成长、效益驱动成长及创新驱动成长来看，泰国已摆脱代工为主的经济成长模式，进入第二阶段的效益驱动发展，而从上述政策发展策略中可发现，泰国政府投入大量资源，不仅协助企业转型升级，更让创意产业成功跨入国际市场。

五　壮泰文化旅游产业合作发展构想

（一）创新合作体制机制，推进旅游互免签证等优惠政策

广西和泰国双方应从国家政策层面寻求支持，建立起沟通速度最快、政策执行最具效率的旅游协作机构。制定并且完善跨国文化旅游区域的管理和产业发展政策，加强旅游的管理与合作，建立旅游安全合作机制和突发事件应急预案，及时有效地解决各类事故，保证游客能在节假日及旅游高峰期得到优质的服务。同时，在旅游安全互动的基础上，在文化合作区域执行"两国互免签证""简化签证手续""增开典型文

化旅游地区直达航班航线"等方式完善旅游服务机制,增加文化旅游地区的互联互通,吸引更多的人员互访,促进民族间对于同中带异的理解,增进民族间的情感互融和交流,刺激双方相关文化旅游地区经济增长。

(二) 双边文化学术交流常态化和资源信息共享

广西与泰国地区的文化资源丰富,共同点非常多,应该建立起壮泰民族文化学术交流机制,双方的专家应该对文化旅游资源进行综合性的整理和调查,并且对相关的文化和产业政策进行研究,在充分的调查和研究基础之上为区域和地方制定具体的文化旅游合作规划,指导旅游产业的合理建设与发展,同时也要定期进行专项文化研讨会和论坛,交流各自新的观点与发现,吸取双方在发展中成功的经验和失败的教训。在此基础上,壮泰文化的旅游合作,要建立良好的信息资源共享机制,如高校之间相互联盟,建立论文期刊等信息共享平台,互相通告各自的旅游政策、物质遗产与非物质文化遗产的发展情况、旅游互信;增加相互间旅游节庆日或其他旅游活动的宣传,可以通过庆典、会展、赛事、商贸表演等形式推进旅游产业,共享发展成果。

(三) 加强双方旅游产业合作,促进旅游产业转型升级

文化旅游产业的持续发展离不开资金的支持,应该鼓励民间企业家和政府对文化旅游区的基础设施完善建设和文化内涵创新创造。双方可设立旅游合作融投机制,搭建产业、项目、企业的合作平台。在此前提下发展旅游服务的硬件设施,如提升旅游地区的主干交通枢纽规模,完善设施景点的公共交通设施,提高可进入性和便捷性,培育特色旅游餐饮和住宿的创建和发展,深度挖掘地方文化,创造满足不同类型游客的不同需求,使游客在文化体验之旅上既能得到精神享受,也能得到物质上的享受。

(四) 用文化创意和设计来服务和塑造文化旅游产品

泰国旅游业成功经验除了政府的重视和杰出的旅游业市场营销能力外,更是在新景点上有计划、有步骤地开发旅游资源,挖掘本土风土人

情的深刻内涵，不断推陈出新，是泰国旅游长盛不衰的重要原因。泰国在 1982—1986 年实施第五个经济与计划期间，泰国政府就把旅游业正式列入计划项目，对旅游业的发展目标和各项增长指标都做了具体的规定。制定各种旅游法规和决定重点旅游项目的开发建设等重大问题，加强和不断完善对旅游业的管理。同时，泰国还在国外一些旅游客源丰富、居民生活水平高的国家设立旅游办事处，向海外宣传泰国的自然风光和风土人情，为泰国招徕了大批的游客。而且还把旅游宣传和各种商贸、投资、国际会议等活动有机结合起来，不断扩大泰国的旅游市场。泰国每开发一个新的旅游区域，都精心策划，科学安排，突出特色，注重人与自然的协调发展，在确定旅游内容、确定旅游线路、开发旅游景点到编印旅游宣传资料都有条不紊地进行。泰国在新产品开发上既新颖又独特，值得广西旅游界借鉴。

所以，广西应该将民族文化以创意创新的形式，以旅游为载体，实现旅游景区、商品、文化演艺的增值，从而带动产业价值的衍生。创新的核心是创新人员，相关负责人员应该运用田野调查方式对民族文化深入理解、发现，将新的发现应用于旅游资源的深度开发、旅游产品的换代升级、旅游服务品质提升上。既满足旅游者对民族文化的探索需求，也满足当地民族精神的传承塑造。在旅游开发中着重发展民俗风情旅游产品、民族历史旅游产品、民族贸易旅游商品，发掘民族特色中最具内涵的、特色鲜明的旅游资源，开发集民族建筑景观、民俗活动、民俗旅游产品、民族风情体验于一体的综合性民族文化风情游产品。在旅游服务提供方面设置相应的定制服务游，或者对泰地区宣传"寻根旅游"这一独特的文化体验路线。打造好属于自己的文化品牌，增强软实力。

参考文献

[1] 梁福兴、罗丹:《"一带一路"背景下中越两国骆越文化旅游产业合作发展研究》,《广西社会科学》2016 年第 6 期。
[2] 覃许学:《壮泰民族文化旅游研究》, 硕士学位论文, 广西师范大学, 2003 年。
[3] 文婷:《泰国入桂旅游消费者行为调查研究》, 硕士学位论文, 广

西大学，2011 年。

[4] 李兵磊：《广西文化旅游发展研究》，《中国市场》2014 年第
51 期。

[5] 《泰国文化创意产业概览》，商务部网站，http：//finance. sina. com.
cn/roll/2017 – 02 – 24/doc – ifyavrsx4956520. shtml。

（作者系桂林理工大学旅游学院硕士研究生）

中越边境民族文化旅游创意产业发展路径探析

韦　杨

【摘　要】民族文化旅游创意产业是创意产业在文化与旅游领域的延伸和发展，是民族地区借势发力、加快经济转型升级、推动发展方式转变的突破口和着力点。本文以中越边境广西崇左为例，基于产业融合、产权制度创新、技术进步三条路径对中越边境民族文化旅游创意产业发展路径进行有益探析，并提出了相应的发展策略。

【关键词】中越边境；民族文化；旅游创意产业；产业融合

引　言

中国一直倡导"激发全民族文化创造活力、提高文化软实力"的战略思想。在全球经济进入以知识为核心竞争力的时代背景下，科技创新和文化创意正成为现代经济增长的双引擎，"创意"更被认为是决定经济效益的关键因素。民族文化旅游创意产业是创意产业在文化与旅游领域的延伸和发展。它是指依靠创意人的智慧、技能和天赋，借助于各种新技术、新方法对民族文化进行创造与提升，通过知识产权的开发和运用，产生创新型的旅游产品、旅游服务，形成新智能文化产权，促进民族文化和旅游业的有机融合，从而实现文化业和旅游业增值的新型产业。民族文化旅游创意产业具有强大的连带效应，是民族地区文化旅游业实现结构升级的重要途径。

当前，我们一提到去广西旅游，脑海中便浮现出桂林、漓江、阳朔这些经典的旅游地。其实，位于祖国南部边陲的广西，还有很多尚不被人注意的独具魅力景色。如地处我国西南部的崇左，与越南相邻，游客来这里，德天瀑布、友谊关、崇左石林、大新明仕田园、左江斜塔、白头叶猴生态公园……无数边境美景不亚于其他旅游胜地。德天瀑布是亚洲最大的跨国瀑布，起源于广西靖西县归春河；友谊关是从国内陆路进入越南的关口，从这里，到越南，只有一步之遥，有"天下第二关"之称，早在汉朝就已经设关，距今已有两千多年的历史；石林位于崇左市城区南面 5.5 公里，占地 1500 亩，石峰巧妙地组成各种奇观异景，令人目不暇接；大新明仕田园被游客称为"让人醉倒的田园风光"，是以典型的喀斯特地形地貌景观为主的自然风景区，有着"山水画廊"和"隐者之居"的美誉，有好几部香港电视剧以此作为拍摄基地。

而且，崇左地处中越边境前沿一线，是两国各民族聚居与融合之地，这里民风淳厚质朴，民族节日异彩纷呈，民族建筑独树一帜，民族服饰五彩缤纷，民族史诗闻名于世，民族歌舞优美精彩，民族绘画艳丽生动，饮食文化和风味小吃别具一格。但有一个问题一直困扰着文化旅游产业：不缺好文化、好资源，但文化旅游业经济效益并不高，为什么不能成为热点旅游区呢？笔者认为，崇左边境民族文化旅游产业亟待升级转型、转变发展方式。而发展边境民族文化旅游创意产业是崇左借势发力、加快经济转型升级的突破口，是乘势而上、推动发展方式转变的着力点，是提速赶超、实现区域经济跨越发展的增长标尺。崇左发展中越边境民族文化创意产业不仅可以实现文化旅游业的跨越式发展，更可以使本地的民族文化得到保护和弘扬。

一　民族文化旅游业概念的提出

民族文化旅游，也可以叫作民族风情旅游或民俗旅游，是一种高层次的文化旅游。由于它满足了游客"求新、求异、求乐、求知"的心理需求，成为旅游行为和旅游开发的重要内容之一。国内一次抽样调查表明，来华美国游客中主要目标是欣赏名胜古迹的占 26%，而对中国人的生活方式、风土人情最感兴趣的却达 56.7%。利用本国地区居民的特色村落古迹、山洞住宅、民族民饰和车马游玩等民俗文化来发展旅游业，已成为主要的旅游发展方向，也是民族文化与文化产业进行融合的主要模式之一。

目前，我国民族文化旅游产业主要是通过以下四种形式进行的：

一是民族影视业。每个民族都有一部饶有兴味的历史与文化传统，如果对此加以适当研究和开发，并针对诸如广西这样地理位置的西部地区受众的普遍诉求及心理特点予以传播，将成为地区影视业可持续发展可利用的资源。这就要树立地区民族文化品牌，坚持走地区民族文化为主的继承与创新相结合的发展道路。深入挖掘地区个性鲜明、形态丰富的民族文化资源，制作具有地区民族文化内涵的影视作品。此外，还要借助各种途径，对崇左地区民族特色鲜明的电影、电视节目进行精品包装和宣传推广，树立具有地区气派、地区风格、地区特色的民族知名品牌。

二是民族演出业。绚烂多姿的民族文学艺术，是我国各个地区得天独厚的资源优势，为地区的演出业、音像出版业等提供了取之不尽、用之不竭的素材。如由著名的张艺谋导演创作并推出大型"原生态"实景山水歌舞集——《印象·刘三姐》就是从深厚博大的民族文化宝藏中提炼出的艺术精品。这部剧作从广西桂林民族民间文化中汲取养分和创作灵感，从各民族的生活中找到舞蹈素材、音乐、服装、道具、面具等，还从民间乡村找来土生土长的非职业演员。更重要的是，它找到了广西民族文化的根、艺术的源泉，继承和弘扬了广西优秀的民族民间文化，把广西民族文化与现代审美意识、国外的先进科技手段有机融为一体，通过肢体语言、舞蹈语汇创造出的中国国粹精品。

三是民族服饰业。服饰作为各个不同民族文化的物质载体，体现着不同的文化内涵。我国各族人民编织的服饰文化，现在成为中外服装设计师关注的热点。多年来，不少国际时装设计师，包括法国迪奥（Dior）品牌的 John Galliaon、日本三宅一生（Issey Miya）、高田贤三以及意大利范思哲等，都从中国少数民族服饰中偷师取经，把具有民族特色的材料、款式、图案与设计时髦化并推广开来，广受欢迎。将民族文化融入地区的服饰产业中是大力弘扬民族文化，使其焕发生机的有效方法。

四是区域民族餐饮业。民族饮食文化既是人类饮食文化的"活化石",也是中国饮食文化的重要而特殊的组成部分和世界饮食文化的瑰宝。越来越多的文化学者和饮食专家意识到,少数民族的风味菜肴和小吃,例如柳州螺蛳粉、桂林米粉、南宁老友粉、宜州酸野、灵山荔枝、天等指天椒等,其实正是民族文化中最有特色的一部分。在与大自然的相依相存中,少数民族向自然界采集原料、汲取养分,形成了各自独特的饮食习惯。民族餐饮业是地区民族文化与文化产业融合发展的主要模式之一,挖掘民族传统美食中丰富多样的菜谱和种类,使民间的个别传统民族美食走向市场为导向,用现代科技改造传统的民族饮食产品,不断提高市场占有率,扩大生产规模,是大力发展地区餐饮文化产业的重要举措。

二　广西及崇左市民族文化旅游业发展现状

在 21 世纪以来的近 10 年发展中,广西文化产业依托北部湾实现从"指头"到"拳头"的整合,涌现出一批具有浓郁地方特色的文化品牌:以《八桂大歌》为代表的舞台艺术精品、以《印象·刘三姐》为代表的文化创意产业品牌、以"漓江画派"为代表的美术品牌、以南宁国际民歌艺术节为代表的节庆文化品牌等。目前,广西已形成了区域性特色文化产业群。文化部命名首批国家文化产业示范基地《印象·刘三姐》等项目,拉动了广西文化旅游业;"一地一品"项目以单一商业艺术品的生产和销售为主,依靠"公司 + 协会 + 农户"的生产经营模式,打造地区优势产业;建设以城市为文化核心力的文化产业园区,如 2008 年规划建立的桂林文化产业示范园区,集公共文化事业、文化创意产业、文化配套服务、文化生态环境于一体,打造大型综合性文化商业中心,创造桂林市新的经济增长点。近年来,广西旅游文化业发展较快,进入全国前十位的行列,大型实景演出《印象·刘三姐》、南宁国际民歌艺术节等在全国都有较大影响力。桂林市"刘三姐歌圩"、愚自乐园被国家文化部确定为国家文化产业示范基地。总而言之,作为新兴产业,广西文化产业经过近 10 年的不断发展,实力有所增强,初步建立了门类比较齐全的产业体系,社会投资增长迅速加快,品牌战略也开始发挥出一定成效。

但在发展民族文化旅游创意产业方面，时下还面临着一些主要问题。我们知道，文化是识别一个民族的基因，创意是发展一个民族的动力。文化和创意的结合萌生出了一个新的产业形态——文化创意产业。文化创意的主体是有文化见识、文化自觉、文化自信、文化想象力和创造力的卓越人群，用适合这群人士生存发展的良好文化生态，吸引汇聚不同文化门类、文化行业的杰出之士已成为能否出现先进文化创意的前提。为开发悠久的历史文化所需要的核心创意生产力配备良田沃土加之风调雨顺的环境才能生产出强势创意产品，否则文化创意队伍的低素质、低环境必然导致低产能，使创意产业成为无源之水。

广西世居 12 个民族，拥有丰厚的民族文化资源和人文历史底蕴。崇左民族文化不仅集中国民族文化之大成，而且融合了越南等东南亚民族文化，是大西南的一个对外窗口及通道，促进了中越文明的大交融，形成了独具特色的民族文化，构筑了多民族共创的多元化、多色彩的人文文化奇观。然而，崇左壮民族花山文化与黑衣壮文化的传播观念没有跟上时代发展的步伐，缺少对自身文化元素的梳理，对自身的文化优势把握不好，对国内外文化受众的分析欠缺，对于新兴起的文化创意产业意识不强、认识模糊、缺乏长远规划，有利于文化创意聚集、迸发、可持续增长的环境条件、氛围尚存很大问题。其表现在：

一是专业人才缺乏，尤缺领军人物。目前从崇左市范围来看，旅游创意产业从业人员知识水平、技术水平、能力水平、创新意识较低。此外，已有旅游创意产业人才的价值没有得到应有的尊重，缺乏长效的人才培养、激励和引进机制，缺乏激励创意生成和转化的社会氛围和机制。企业的自主研发能力和创新能力较弱，相关的投融资方式、产业链衔接、营销网络运作等也不完善。缺乏专业性组织和专业性服务队伍，民族文化旅游产业创意组织和创意阶层尚未形成。

二是缺乏持续稳定的政策支持体系。政策科学性和扶持力度远远不够，因政府人员变动较大，领导一换，原先的政策战略随之就有变化，而且政府职能转化和文化体制改革步伐较慢，体制性束缚和障碍仍然突出。缺乏适合创意产业发展的人文环境和投资环境。事实上，创意产业的根本观念就是通过"越界"促成不同行业、不同领域的重组与合作，形成有效的资源共享,寻找新的增长点,推动文化经济发展。

三是缺乏国内国际竞争力。在开发民族民间传统文化资源方面尚有很大的空白。创意产业的生命在于自主知识产权的生成和取用,民族地区可以通过对民族民间传统文化资源的创意设计和产业开发而批量化、规模化推出具有自主知识产权的创意产品与服务,但目前这方面的运作可以说是凤毛麟角。从长远看,这非常不利于文化创意产业发展。

总之,一个地区或一个民族只有深刻地体验它在历史演绎中沉淀下来的文化传统,能够正确地认识把握自身,并且外延其特有的景观、气质、特色,才能够拥有持久的吸引力和强大的市场竞争力。

三 崇左发展民族文化旅游创意产业的对策

20 世纪 90 年代,文化产业在中国开始兴起并逐步形成规模,随着 21 世纪现代传媒技术的兴盛,文化创意产业呈现出新一轮的经济热潮。从产业形态上说,创意产业是对文化产业的扩充和发展。毫无疑问,创意产业也将成为中国经济和产业的发展趋势。少数民族聚集地区也纷纷利用当地民族资源发展创意产业。发展创意产业不仅是为本国、本民族、本地区的文化产业拥有自主知识产权,也同样是为了弘扬民族传统文化,为了捍卫自己的文化主权。尽管创意活动自古有之,但创意的规模化、产业化还是一个新兴课题,因为创意活动必须连接生产流程以及产业链的作用,方能形成真正完整意义上的创意产业。

创意产业的核心与源头是文化,文化与技术、资本三个要素的共同作用紧密结合,支撑起创意产业这个具有全新内涵的新兴产业。民族文化旅游创意产业是文化产业、旅游产业与创意产业三大产业融合发展的新概念、新模式。三大产业在融合过程中,文化是灵魂与富源,提升品位的基础;创意是以“创新”为动力和源泉,是价值的高端;旅游业是载体,扮演的是服务延伸的角色,是文化产业与创意产业的表现形式。因此,文化旅游创意产业不具有单一的产业属性和产业形态,它是居于价值链顶端、跨部门、跨行业、跨领域的产业概念,具有思想性、经济性、技术性以及艺术性等特征。从某种意义上来看,民族文化创意产业是一种发展模式的创新,是对传统产业发展逻辑的颠覆。崇左地区可以根据自己的中越边境特色优势选择发展本地区民族文化旅游创意产业的切入点和突破口。

一是更新固有观念，以市场为导向、以整合为纽带，推动中越边境民族文化旅游创意产业融合。观念是无形的但又能产生巨大的效应，它是行动的先导。政府要解放思想，冲破一切妨碍民族文化旅游创意产业发展的观念，充分认识到文化、旅游、创意三产业之间的相互促进作用及其融合对区域经济发展的推动作用，制定和完善推动产业融合发展的产业政策，扶持三大产业融合发展的地方法规体系，实行与三大产业政策相衔接的文化旅游创意产业发展政策，通过有效的服务管理和监督管理，为文化旅游创意产业的发展提供良好的生存和发展环境。同时政府要通过主导旅游规划、主导旅游基础设施建设、扶持建设精品旅游景区、主导市场开拓宣传、主导旅游发展环境等方面为文化旅游创意产业搭建平台。政府还要对文化旅游创意产业发展给予配套设施建设和后期经营管理的关注和支持，建设非营利性的公共服务平台，突出发展民族文化创意产业，认真梳理当地的文化旅游资源，制订出产业融合发展的整体规划，选准文化旅游创意产业发展的市场定位，明确发展目标和各阶段的主要任务，为发展文化旅游创意产业提供科学指导，重点解决中越边境民族文化旅游产业发展政策、旅游开发用地政策、旅游企业发展政策、旅游边境管理政策、旅游财税优惠政策等六个方面的政策创新。

二是促进中越边境民族文化旅游创意产业发展应明晰文化产权。目前，我国民族文化旅游创意产业发展过程中，因产权模糊、虚化引起民族文化旅游资源宣传中出现的景点"雷同"及产业"同构"现象严重，产权制度安排不利于少数民族文化保护、旅游可持续发展以及创意营销的顺利进行。如广西武鸣、田阳、靖西都打着壮族稻作文化的招牌，在很多方面存在雷同性，金秀、巴马、富川等地瑶族文化，也不同程度地存在类似之处，大家相互之间似有为别人做嫁妆之嫌，没有形成独一无二的品牌。那么，从产权界定来看，民族文化旅游创意产业发展主要是通过提高文化产业与旅游产业的创造与创新力，创造与创新力也是一种经济资源，但它不同于有形的经济资源，一经出现便成为财产，必须予以法律保护，才能使这种创造与创新力得以延续。因此，只有使民族文化旅游的创意经济资源受到法律保护，他人无权占有排他使用权、修改权、复制权、传播权等，即只有在产权的保障下，创意产品才会有实际意义上的经济价值可言，才可以衍生出更多的新生价值。毕竟民族文化是民族地区民众集体创造与发展的结晶，理当享有文化所有权。从现实来看，民族文化资源在开发与保护的过程中，少数民族却面临着十分尴尬的局面，即民族文化资源在概念上属于国家所有，属于我国国民，但实际上，这个产权主体是虚设的、缺位的，而少数民族是自身民族文化资源的载体，却不能拥有这种资源的产权，不能参与文化资源的开发，也得不到开发后应有的利益分配。所以，在明晰产权的情况下，政府通过授权于企业行使文化旅游资源经营权，该企业便可以去灵活自主经营，针对资源特色，创造创意。同时，应注意保护少数民族"弱势群体"，建立产权中介服务平台，推进资源合理流转，保护文化创意知识产权，给当地民众带来经济效益，这样才能激励少数民族对其自身资源的保护，参与文化旅游资源创意，为创意发展注入持续的活力，实现文物景点保护与开发的双赢。另外，民族文化旅游创意产业发展过程中，会涉及旅游景点的开发方式与营销创新以及服务标准的创新、地理标志设计的创意、旅游商品外观与内涵的创新、旅游线路的开发以及"冷""热"的和谐创意搭配，所以民族文化旅游创意产业必须根据自己的发展阶段，选择合理的知识产权保护模式，从而打造民族文化旅游创意品牌，实现品牌战略。

三是多元化发展中越边境民族文化旅游创意产业。民族文化资源是创意产业发展的基础和必要条件。对民族地区而言，发展民族文化艺术、民族歌舞、民族工艺品等文化产业具有明显的优势，但文化资源的优势并不天然地等同于民族文化旅游创意产业的实际竞争力。民族文化资源是客观存在的，但是如果没有一定的能力将资源进行"活化"，民族文化资源的富有就无法转换为发展民族文化旅游创意产业的现实优势。从民族文化资源到民族文化旅游创意产业的现实竞争力，连接两者之间的桥梁就在于创意能力。由技术推动民族文化资源运作而生成的创意，是民族文化旅游创意产业最为核心的推动力和生命力。而"推动社会主义文化大发展大繁荣，队伍是基础，人才是关键"。民族文化旅游创意产业作为科技与民族文化相连接的领域，对专业人才知识与技能结构的构成有着特别的要求，这就决定了人力资本在民族文化旅游创意产业发展中的核心地位和作用。我们要大力培养本土人士、吸收引进外来专业人才，建设宏大科技文化人才队伍，提升产业创新能力，构建发展创意产业的保障体系；构建以企业为载体、产学研相结合的创新体系；构筑产业链，规划和建立创意产业园区，开发特色创意产品，努力培植民族服饰、民族工艺品、民族纪念品、民族农特产品、民族小吃食品等产业集群，实现产业集群化发展；注重科技与文化结合，培育新的民族文化旅游创意形态。民族文化旅游创意产业是符号产业、内涵产业和创意产业。它的发展，既离不开内容创新，也离不开技术进步和创新。即我们要开发出能够渗透原有产业的关联性技术、工艺和产品，又要加强产业之间现有技术的融合与交叉，形成新的产业链和企业群，实现原有产业组织之间的功能互补。如壮民族手工艺品绣球等，虽然种类繁多，特点突出，观赏性强，具有极强的开发价值，但由于存在科技含量低、文化品位不高等情况，因而在市场上占有的份额太小，仅限于狭小的地区市场，尚未形成有影响力的地区文化品牌。在现代信息技术不断发展的推动下，以民族文化和创意为核心，传统的民族文化产业与现代信息技术产业更加紧密地联系在一起，催生出具有传统民族文化底蕴和现代表现形式的民族文化旅游创意产品和服务。如运用数字化多媒体等现代科技手段，对现有的民族语言、文字、服饰、民歌等多姿多彩的民族文化进行存储和保护，让优秀的民族民间文化得到传承和弘扬；壮族的山歌和舞蹈闻名于世，可考虑发展文化旅游创意演艺产业，将民族风情、经典舞蹈、优美山歌、历史遗址等元素创新组合，让旅游者在听山歌、赏舞蹈、体验民族风情和游历史遗迹中旅游，呈现民族文化遗产的神秘魅力等。由此可见，传统的民族文化旅游资源通过技术的革新、市场的运作和商业的包装，既获得了新的生命，也获得了新的价值增长点。

四是注重中越边境民族文化旅游创意产业发展的学术研究和推广。除了政府必要的政策保障和制度管理，一些高校、科研机构、出版社、社科院、研究所、艺术文化中心等，应坚持政府主导、打造精品、服务公益，积极推出一批具有重要文化价值、社会价值、研究价值的民族类优秀出版项目、重大课题、教辅教材读物等，充分体现学术示范导向作用。特别是帮助指导民族地区相关单位做好项目选题策划、项目申报、项目管理和印刷出版计划等，利用到民族地区检查、田野调查、调研的机会，与当地有关单位、人员进行座谈，就民族文化资助重点、资助方向、民族地区的资源优势、项目的选题策划、详细的申报要求等进行指导与交流，通过文字和影像的形式，记录了民族地区民间歌谣、故事、谚语等，包括民间故事叙事诗、传奇叙事诗、爱情叙事诗、英雄史诗、先民口头创作、历代传诵的古歌、民族的起源、祭祀、祈福、爱情、婚嫁、丧葬、生活环境等诸多方面，从而挖掘、整理和保护一批民族文化遗产，提高民族地区民族文化宣传力度，增加特色亮点，引来投资开发与经营互利的局面。因为在长期历史的发展过程中，我国各族人民创造了各具特色、丰富多彩的民族文化，留下了大批珍贵的文化遗产。保护、传承各民族优秀文化，不但可以丰富中华文化内涵，从文化角度阐释西部少数民族的历史文化和社会发展现状，促进西部少数民族文化遗产的保护和传承，增强中华文化的生命力和创造力，填补了相关研究空白，也有利于提高中华民族的文化认同感和向心力，对于讲好中国故事，弘扬民族文化，具有积极意义和重要传承价值。

总之，传统民族文化产业只有引入创意生产，才能提升自身产品的科技含量和内在品质。而创意产业也只有融入各种产业的生产和销售环节中，才能实现自己作为产业存在的价值。突出民族地域特色与提升创意能力相结合，避免产业雷同、基础设施重复、过度竞争等弊病，构建激励创意产业发展的政策支持体系，遵循文化创意规律，尊重文化创意人群价值，提升对文化原创高端的认识，加强对自主文化知识产权的鼓励与保护，以注入 21 世纪创意理念的中越边境民族文化资源优势塑造崇左乃至全广西民族文化大区的特色和灵魂，提高其知名度和美誉度，任重而道远。

参考文献

［1］严三九、王虎：《文化产业创意与策划》，复旦大学出版社 2012 年版。

［2］覃萍：《走向和谐——民族文化与西部文化产业发展的特色道路》，贵州人民出版社 2012 年版。

［3］欧阳友权：《文化产业通论》，湖南人民出版社 2010 年版。

［4］［美］大卫·赫斯蒙德夫:《文化产业》，张菲娜译，中国人民大学出版社 2010 年版。

［5］施惟达:《民族文化资源的保护与开发》，载《中国文化产业评论》，上海人民出版社 2010 年版。

［6］孙民安:《文化产业理论与实践》，北京出版社 2009 年版。

［7］蒋晓丽:《全球背景下中国文化产业论》，四川大学出版社 2009 年版。

［8］孙起明:《文化创意产业前沿》，中国传媒大学出版社 2009 年版。

［9］［美］露丝·本尼迪克特:《文化模式》，王炜等译，生活·读书·新知三联书店 2009 年版。

［10］赵彦云、余毅、马文涛:《中国文化产业竞争力评价和分析》，《中国人民大学学报》2006 年第 4 期。

［11］韦复生:《耦合与创新:民族文化创意与区域旅游发展》，《广西民族研究》2011 年第 1 期。

［12］张利群:《论民族文化旅游的可持续性发展》，《民族艺术》2011 年第 3 期。

［13］孟晓驷:《壮大我国民族文化产业的国际竞争力》，《中国文化报》2011 年第 18 期。

［14］叶孜:《民族文化产业化路有多远》，《每月推荐》2011 年第 21 期。

［15］张海燕、王忠云:《基于技术进步的民族文化旅游创意产业发展研究》，《贵州民族研究》2010 年第 6 期。

［16］梁爱文:《西部地区产业集群发展存在的问题及路径选择》，《新疆社科论坛》2010 年第 4 期。

［17］王兆峰、杨琴:《基于产权理论的民族文化旅游创意产业发展研究》，《贵州民族研究》2010 年第 5 期。

［18］方军:《文化创意是创意产业发展的核心》，《湖南社会科学》2009 年第 2 期。

（作者系广西医科大学讲师）

供给侧结构性改革视域下广西文化
产业与旅游业融合发展研究

陈显军　熊敬锴　杨　霞

【摘　要】 推动广西文化产业与旅游业的融合发展，有助于广西产业结构的优化，增强文化产业与旅游业的发展性，打造具有市场竞争力的产品，满足供给侧结构性改革的三大不同层次要求。而从供给侧的全要素角度和产业结构角度分析，以"阳朔模式"为代表的四种文化产业与旅游业融合模式，它们在不同生产要素方面实现了高效利用，并推进了产业结构的优化。对于广西文化产业与旅游业融合的后续发展，要从宏观的政策布局、中观的行业选择和微观的全要素利用等出发，实现供给侧的生产要素高效使用和产业结构优化。

【关键词】 供给侧；文化产业；旅游业

在国家经济发展进入新常态的背景下，以优化产业结构为重点的经济改革成为发展趋势。对于产业结构的优化，表面上是调整不同行业的发展比重，实质上是进行供给侧结构性改革，实现发展新消费力的目的。① 对于供给侧结构性改革，其所需要实现的目标至少有两个方面：一方面是产业结构处于一种合理的配置状态；另一方面是提供满足市场需要的高质量产品。广西文化产业与旅游业之间的融合发展恰好符合了供给侧结构性改革的目标。作为朝阳行业的文化产业，由于产业基础薄

---

① 罗良文、梁圣蓉：《论新常态下中国供给侧结构性动力机制的优化》，《新疆师范大学学报》2016 年第 1 期。

弱和相关发展条件匮乏，制约了产业的快速发展，使文化产业在经济发展中的"稳定器"功能难以发挥，而借助成熟的旅游业将有助于推进文化产业发展；作为广西支柱产业的旅游业，随着周边地区在旅游业方面的快速发展，旅游者消费能力和喜好的提升，已经难以满足旅游者的新需求，降低了旅游业在带动地区经济发展的作用，而联合具有创新性、内涵性和差异性等产业特性的文化产业将有助于帮助旅游业突破发展瓶颈。[①] 因此，从供给侧结构性改革角度对广西文化产业与旅游业的融合发展进行研究，具有重要的现实意义。

一 文化产业与旅游业融合发展对推动广西供给侧结构性改革的机理分析

供给侧结构性改革的理论支撑是供给管理，强调通过税收改革和合理利用生产要素来实现经济结构的优化。因此，判断供给侧结构性改革的成功应该包含了整体经济的合理性、支柱产业的发展性、优势产品的竞争性三个层次。所以，在分析文化产业与旅游业融合发展对广西供给侧结构性改革的机理上，也要从三个层次进行分析。

（一）文化产业与旅游业融合发展对广西经济结构有明显的优化作用

从国家对经济发展的整体设想和要求来看，对产业结构进行深度调整是必然，尤其是工业领域，将进行剥离式的整合，这意味着工业发达地区将进一步凝聚优质产业，进入后工业化时代。对于广西而言，顺应国家经济发展趋势，依托和培育第三产业的优势产业和朝阳产业成为经济转型升级的首要任务。

由于广西特殊的自然和人文环境，在发展道路上要从环境承载和资源禀赋方面推进特色产业的发展。广西经济发展的特殊要求，以及拥有的丰富旅游资源推动了旅游业的快速发展，并最终造就了旅游业的支柱性产业的地位。根据广西区政府发布的 2015 年经济数据，旅游业生产

① 杨霞等：《论广西文化产业与旅游业融合发展模式及其效应》，《广西社会科学》2014年第6期。

总值达到了 3252 亿元，GDP 的占比为 19%。① 旅游业在带来强大的经济效益的同时，其特殊的消费方式所带来的外在效应要远胜于传统的支柱性产业。以工业性的支柱产业为例，其生产的产品只需消费者在居住地购买就能完成消费，这是一种简单的货物交易活动，而旅游消费则不同，因为旅游产品的消费地和生产地具有统一性，游客必须到旅游地进行消费，这就意味着给当地带来了新的消费市场，因此对地区经济具有很强的外在效应。相对于旅游业，文化产业对经济的支撑功能更多地体现在提升相关产业的竞争力和地区软实力方面。因为根据需求的演变规律可知，从物质需求向精神享受转变是一种发展必然，因此，人们在单纯的物质需求得到满足后，追求精神层面的享受成为消费趋势。② 具体到广西而言，许多产业并不在全国占据绝对的优势地位，例如本文研究的旅游业，尽管是广西的优势产业，但是近年来广西旅游业面临着强大的内外发展压力，打造极具广西特色的旅游业就显得尤为紧迫，而文化产业的创新创意和独创性却很好地迎合了旅游业升级的需要。文化产业在助推其他产业发展的同时，增强广西软实力也是其重要表现。这些年来，广西打造出了一批极具影响力的文化精品，极大地增强了广西在国内、国际的影响力。

（二）文化产业与旅游业融合发展有利于促进产业的发展

供给侧结构性改革针对的具体对象是产业，实现的具体途径是优化产业配置。因此，产业是供给侧结构性改革的基础，而对产业的选择要从是否拥有资源优势和是否符合市场需求的变革出发，两者缺一不可。

在产业拥有的资源优势方面，广西文化产业与旅游业拥有内外两个有利条件：一是国家和广西对文化产业与旅游业发展的高度重视与支持，这是外在有利条件。③ 从党的十七届六中全会和国家"十二五"对

---

① 张文德、邝伟楠：《2015 年广西旅游收入突破 3 千亿元》，http://www.gxcbt.com/list.asp? id = 6421，2016 年 1 月 15 日。

② 杨霞等：《论广西文化产业与旅游业融合发展模式及其效应》，《广西社会科学》2014 年第 6 期。

③ 覃雪香、徐晓伟：《广西文化产业与旅游业融合发展研究》，《广西社会科学》2012 年第 8 期。

文化产业和旅游业做出的战略发展规划，到党的十八届三中全会上将文化产业作为发展的重点产业，国家对发展文化产业和旅游业制定许多政策措施，为两大产业的发展营造了十分有利的氛围。广西顺应发展趋势，积极扶持两大产业的发展。国家和广西相关扶持政策的出台，打破了文化产业与旅游业在长期发展中遇到的一些困难，例如推动了融资平台的建设和优化了产业发展的体制机制等，这些使文化产业和旅游业的发展拥有了外部有利条件。二是广西文化产业与旅游业自身拥有的产业资源优势，这是内部有利条件。与其他地区相比，广西文化产业的优势在于少数民族文化资源的丰富，以及地域和历史文化的丰富。广西作为全国少数民族最多的省区之一，历史上积淀了灿烂的少数民族文化，且大多数是可以作为产业开发的资源。这些丰富的文化资源为广西文化产业的发展提供了有利的内部条件。在旅游业方面，广西旅游业的主要载体是传统的自然和人文遗产，具有独特性和唯一性，并且在资源种类和数量上拥有良好的优势。

在产业发展符合市场需求变革方面，文化产业与旅游业的发展符合国家产业结构调整和消费市场变化的需要。从国家产业结构调整的趋势来看，三大产业最终将形成金字塔式的配置模式。而文化产业和旅游业作为第三产业中的重要产业，积极推进二者发展符合国家产业结构的需要。与此同时，随着我国在"十三五"期间将全面建成小康社会，以及居民人均收入的持续上升，精神享受型的消费市场将得到进一步的夯实和提升，这意味着旅游消费和文化消费将逐渐成为人们日常生活中的常见需求。

（三）文化产业与旅游业融合发展有利于创造更具竞争力的产品

根据现有的理论研究和经济发展情况来看，供给体系质量和效率主要包含了对产业配置和产品生产两个大的方面，其中产品生产则体现在两个方面：一是提升现有产品的质量；二是打造迎合未来需求的产品。

广西文化产业与旅游业的融合发展能提升现有产品的竞争力，以及打造符合市场新需求的新产品。首先，文化产业是以满足人们精神需要为主的感受型产业，旅游业则是以满足人们追求新颖性为主的体验型产业，二者之间恰好能够满足人们需求的不同方面，具有天然的融合动机。其次，文化产业与旅游业不同于一般的产业，其具有很强的地域特色，能够形成较为稳定的、独特性的产业内容。具体到广西而言，广西文化产业在民族文化行业上具有先天的优势，拥有众多其他地区无法复制的文化资源，并且这些文化资源长期以来处于未充分开发状态，而广西旅游业的产业特性却十分有助于文化资源的开发；广西旅游业是以传统的观光业作为重要依托，其产业的载体是自然景观和遗址景观，旅游资源具有不可复制性和强大的视觉感官体验性，并且形成了一批具有竞争力的旅游产品。近年来，随着旅游业整体的快速发展，产业升级已经成为一种必然，而广西文化产业却能很好地满足旅游业升级的需求，二者之间的融合发展能够实现产品竞争力的极大提升。最后，文化产业与旅游业融合的表现形式多样，有助于打造新产品。对于以民族文化和景观观光为主的广西文化产业和旅游业而言，民族文化与景观能形成巧妙的融合，实现创新产品和创造新消费市场的作用，例如，《印象·刘三姐》作为中国文化旅游的第一个大型实景表演项目，在创造出新业态的同时，也实现了对新消费需求的创造，有力地优化了消费市场结构。

二　从供给侧结构性改革的角度分析广西文化产业与旅游业融合发展的四种成功模式

在广西文化产业与旅游业融合发展过程中，形成了以"阳朔模式"为代表的四种融合模式。从供给侧结构性改革的角度来分析各种模式的作用，将有助于更好地推动广西文化产业与旅游业的融合发展，实现产业供给体系的质量和效率提升。

（一）创新旅游产品和打造新消费市场的"阳朔模式"

"阳朔模式"是广西优质民族文化与秀美旅游景观完美融合的典范，它成功地将刘三姐文化打造成了新的旅游业态，打造了新的消费市场。简要地说，以漓江秀美风光为载体，以刘三姐文化为内容，通过实景演绎的方式，将刘三姐文化与漓江秀美风光进行完美的融合，打造出全国第一个大型自然实景演出剧——《印象·刘三姐》，创造性地提升了阳朔旅游的内容，实现了"以文化提升旅游内涵、以旅游实现文化价值"的发展模式。①

1. 从供给侧的全要素角度分析

"阳朔模式"的成功得益于其对政府、产业、人才和资金资源的高效整合。《印象·刘三姐》项目来自广西政府实施的文化建设项目，阳朔通过整合自身的资源，成功地争取到了自治区政府的支持，完成了项目在政府资源方面的积累。其后，聘请了以张艺谋和梅帅元导演为首的优秀人才团队，实现了人才资源的整合。并通过人才团队系统分析阳朔资源优势和地域特色，创造性地设计出了全国首个大型自然实景演出项目——《印象·刘三姐》，实现了文化资源与旅游资源的高效整合。而在项目实施过程中，通过市场运作的形式，成功地引入了社会资本，保障了《印象·刘三姐》推向消费市场，实现了资金资源的有效利用。因此，对政府资源的及时争取、人才资源的合理使用、产业资源的有效挖掘和资金资源的高效使用等是《印象·刘三姐》获得成功的关键。

2. 从供给侧的产业结构角度分析

"阳朔模式"的成功填补了产业缺陷。对于以观光游览为主的广西旅游业而言，长期以来在拓展夜游项目上存在不足，与其他地方相比，在夜游形式与内容上存在同质化。而《印象·刘三姐》项目的出现打破了这种现状，使游客能够在晚上感受到别样的体验，实现了对产业缺陷的填补。同时，"阳朔模式"发挥了地域特色文化，使民族文化得以很好展现，增强了阳朔旅游的独特性和魅力性，优化了广西旅游业的结构，更有助于广西文化产业的发展。除此之外，《印象·刘三姐》的夜间游览模式，使游客在阳朔停留的时间延长，增加了游客在相关方面的消费，提升了旅游业和文化产业的效率。

（二）提升产品内涵和深耕细分消费市场的"恭城模式"

"恭城模式"是在缺乏天然旅游资源的情况下，经过自身长期积累而发展起来的少数民族文化与旅游相结合的典型模式。简要来说，以恭

---

① 陈显军：《广西文化产业与旅游业融合发展研究》，硕士学位论文，广西师范大学，2013年。

城在农业种植领域长期积累的生态效益和规模效益为基础，发展乡村休闲生态旅游，并在这个过程中逐渐引入少数民族文化，打造出了乡村民族风情生态休闲旅游，同时，以地方特色的文化节庆活动为基础，结合特色规模农业的观光效应，又打造了"恭城油茶—桃花节""月柿节"等旅游活动，实现了多种文化旅游的相互支撑。

1. 从供给侧的全要素角度分析

"恭城模式"的成功得益于政府长期的投入和科学的引导、产业资源的合理转化。具体来说，恭城在推动农业规模化和产业化的过程中投入了大量的政府性资源，其后又在打造乡村旅游过程中进行基础设施的建设和整体规划，这是政府资源的二次投入，而随后将恭城的油茶文化、古迹文化与农业旅游相结合而打造成为节庆旅游，这是政府资源的三次投入。因此，对政府资源的科学利用是其成功的关键。恭城将农业资源转化为农业和旅游业共用的资源，同时将民俗文化和古建筑遗址转化为文化旅游资源，实现了旅游资源从无到有、从一般到特色的飞越，这种对资源的合理转化是"恭城模式"成功的基础。因此，"恭城模式"的成功是对政府资源和产业资源合理利用的结果。

2. 从供给侧的产业结构角度分析

尽管广西旅游业仍然是以传统的观光旅游为主，但是随着旅游需求的多样化，乡村休闲旅游逐渐成为市场新的发展趋势之一。虽然乡村旅游业的兴起为广西旅游业的产业结构优化起到了作用，但是形式和内容都比较单一，难以形成较强的市场竞争力，而"恭城模式"则使乡村旅游的形式和内涵得到了很大的提升，使广西旅游业在这方面的短板得到了一定的增强。同时，"恭城模式"也使旅游业的产业体系质量和效率有所提升。广西旅游业缺乏对本地旅游消费的挖掘，但是随着收入水平的提升，人们在闲暇时间进行短距离旅游消费的意愿增强，然而却缺乏具有很强吸引力的本地旅游产品，而随着以"恭城模式"为代表的乡村旅游兴起，人们在当地周边进行旅游消费的意愿得以满足，这样使广西旅游业的产业体系质量和效率得到很好的提升。

（三）打造传统高端文化旅游产品的"黄姚模式"

"黄姚模式"是广西旅游业在古镇旅游方面的一个佼佼者，它依托黄姚古镇的优势，经过精心打造，使广西在古镇旅游方面拥有自身名牌。简要来说，以黄姚古镇作为载体，在保留地方历史生活风貌的基础上，适当地进行改造，实现在不破坏古镇原貌的情况下，让游客在体验古镇历史文化的同时，获得更高的满足感，从而实现了历史文化"在开发中保护、在保护中发展"的发展模式。

1. 从供给侧的全要素角度分析

根据将要素划分为政府、资本、人才和土地资源来看，"黄姚模式"在政府资源和资本资源方面实现了高效利用。黄姚古镇的开发得益于政府对旅游业发展的重视，以及黄姚古镇深厚的历史文化底蕴和古镇历史原貌的较好保存。从政府资源利用来看，黄姚古镇在开发早期，政府对黄姚古镇基础设施建设的投入，以及政府对黄姚古镇开发的优惠政策措施，为后来的发展起到了"四两拨千斤"的作用。与此同时，在遇到资金困难的时候，通过市场操作，成功将社会资本引入开发中，实现了对资本资源的合理利用。

2. 从供给侧的产业结构角度分析

"黄姚模式"的成功使广西旅游业在产业纵向链条的薄弱环节得到了夯实，并在产业横向链条的宽度方面得到了拓展。从夯实产业纵向链条的薄弱环节来看，将拥有"华南第一古镇"美誉的黄姚古镇成功打造成为文化旅游产品，这使广西旅游业长期以来在古镇旅游方面薄弱的情况得到了根本改观，为广西古镇旅游在华南地区的崛起发挥了品牌作用。而在拓宽产业横向链条方面，"黄姚模式"的成功极大地推动了广西东南地区的旅游业。因为在黄姚古镇知名度逐渐提升的同时，以其为中心的旅游片区也在逐渐形成，从而使广西旅游业拥有了新的旅游片区，壮大了产业规模。

（四）将非物质文化遗产转变为文化旅游资源的"旧州模式"

"旧州模式"是广西旅游业中最为特殊的一种旅游形式，它的出现使广西旅游业拥有了与其他地区不同的文化旅游产品，提升了广西旅游业的独特性。简要来说，以传统的非物质文化遗产——绣球文化为依托，在产业化生产过程中，将绣球生产的规模化与观赏性、体验性相结合，打造成为绣球文化体验旅游，实现了文化资源向文化旅游资源的跨越转变。

1. 从供给侧的全要素角度分析

由于"旧州模式"是由工艺产业衍生出来的非物质文化旅游业，其成功的根源是绣球工艺产业的蓬勃发展。在"旧州模式"成功的要素中，人力资源和政府资源的合理利用是其关键。从人力资源方面来说，绣球工艺产业是以家庭式的手工作坊生产方式为依托，因此许多居民能够自由地安排生产，这样既使绣球文化得到了传承，也使生活原貌得到了很大程度上的保存，实现了对人力资源的科学利用和旧有人文社会氛围的有效展现。而就政府资源方面来说，绣球产业的发展得到了政府的大力支持，尤其是随着绣球产业与绣球文化旅游的相结合，政府除了在资金、政策措施等方面给予大力支持外，还利用多种渠道提升绣球文化的知名度，助推旧州绣球文化走向全世界。

2. 从供给侧的产业结构角度分析

"旧州模式"的成功实现了广西旅游业在文化旅游方面的新突破，提升了广西旅游产业链在末端产品生产方面的竞争力。在广西旅游业中，以非物质文化遗产为依托，结合现代工艺生产模式，进而成功打造成为常态化的文化旅游产品，这在广西旅游业开发非物质文化遗产旅游方面具有唯一性。因为与其他非物质文化遗产在文化旅游中的陪衬地位或非常态化不同，旧州的绣球文化旅游实现了以绣球文化为主导、物质文化为辅助的发展模式，并且也使其成为常态化旅游方式，这既实现了对非物质文化遗产的有效保护，又能够优化旅游业的产业结构。除此之外，"旧州模式"为广西旅游产业链的产品环节提供了新的竞争力，因为在全国旅游业纪念品同质化现象普遍严重的情况下，旧州的绣球产品既带有深厚的地域文化，又是旅游纪念品中为数不多未同质化的产品，因此，有助于使广西旅游业在产品链上获得更好的竞争力。

三　基于供给侧的广西文化产业与旅游业融合发展对策

根据上文的分析可知，广西文化产业与旅游业的融合发展对于广西经济的供给侧结构性改革具有重要的现实意义。本部分将从供给侧结构性改革的角度为广西文化产业与旅游业的融合发展提供发展对策。

（一）宏观上：政府要将文化产业与旅游业作为产业结构优化的重点

虽然文化产业与旅游业在广西产业结构优化中的作用具有现实和理论依据，但是缺乏政府的有效支持将严重制约两大产业的发展，因此，政府需要将两大产业的发展作为产业结构优化的重点。首先，在现有的基础上，继续制定相关的政策，使文化产业与旅游业的发展处于有利的地位，进而营造好"产业资源蓄水池"。其次，发挥政府在推动产业发展中的"催化剂"作用。《印象·刘三姐》和黄姚古镇文化旅游的成功，依赖于政府在项目早期的投入，从而带动了项目的后续发展，使政府资源在整个过程中发挥了"催化剂"的作用。因此，对于那些具备发展潜力的待开发资源，经过科学的规划和论证，政府可以为项目的早期启动提供必要的资源，从而带动项目的后续发展。最后，继续推进产业机制体制改革。文化产业与旅游业发展过程中面临的机制体制障碍还存在，很大程度上制约了产业的创新能力。因此，要继续推动产业机制体制的改革，进一步使产业摆脱对政府的依赖，发挥市场对产业发展的作用。

（二）中观上：文化产业与旅游业内部要发展具有优势和潜力的产品

此次供给侧结构性改革针对的对象是产业，产业自身结构的优化针对的对象则是行业，因此，选择合适的行业是产业获得发展性的关键。在广西文化产业与旅游业的融合发展中，并不是所有的行业都适合，而是要进行合理的甄别。例如，广西文化产业的优势在民族文化行业，旅游业的优势则在传统的观光旅游业，两者之间形成的民族文化旅游业恰恰迎合了消费需求。除了对现有的优势行业进行重点支持外，鼓励产业内部的自发性创新发展，为产业提供不同的发展内容，这也是实现产业内部结构优化的方面。例如，旧州的绣球文化旅游作为一种独特的文化旅游方式，在丰富了产业内容的同时，也提升了广西旅游业的市场竞争力。

（三）微观上：推动文化产业与旅游产业生产要素的高效利用与融合

根据供给侧理论对全要素的划分，主要分为政府、人力、资金、土地和技术五大要素。由于文化产业与旅游业不同于传统的产业，其中文化产业对于土地资源的需求不强烈，旅游业的土地资源则往往包含在具体的产品中，因此对于土地资源的利用往往具有一定程度的固化，可以不在考虑中。而具体到广西文化产业与旅游业的融合发展来看，人力资源的固化、资金资源的不足、技术资源的缺乏和政府性资源的非具体化，是两大产业融合发展面临的现实困难。具体来说，在人力资源方面，要加大内部人员的流动性，使个人特长与行业需要实现有效对接，同时积极引进高端人才，使人力资源的结构更为合理；在资金资源方面，加大对社会资本进入行业的开放力度，并积极争取政府财政的支持，从而形成资金来源渠道的多元化；在技术资源方面，要通过制定各种奖励政策，鼓励进行创新，同时积极吸收最新技术；在政府资源方面，要对政府现有的政策措施积极研究，将有助于产业发展的各种政策性资源具体化，从而让政策性资源成为看得见和摸得着的好处。除积聚生产要素外，还需要建立相应的平台，使各类要素在流动中实现效益最大化，进而服务于产业发展。

（作者陈显军系桂林旅游学院助理研究员，熊敬锴系桂林旅游学院讲师，杨霞系桂林旅游学院讲师）

协同理论视域下的京族文化
旅游品牌形塑研究

——京族文化与地方社会发展新探*

何良俊

【摘　要】京族文化旅游品牌的创建和提升是一个由多个子系统形成的复杂系统工程，其中包括京族文化子系统、中越双边关系、国家开放政策、地方政府扶持力度、制度保障体系、京族民众的认同度和参与度以及社会资本等方面。面对纷繁复杂的子系统，除了用联系的观点将其视为一个有机整体外，借助协同理论的指导，能够让我们更好地理顺它们之间的关系，以实现京族文化旅游品牌效应的最大化。

【关键词】京族文化；旅游品牌；协同发展

　　随着人们生活水平的日益提高，旅游业也随之快速发展，旅游休闲已经成为人们日常生活不可缺少的一部分。民族文化旅游是旅游产品的一种重要形式，特别是对民族地区的经济领域而言更是发挥着举足轻重的作用。作为一种低碳、可持续发展的经济增长方式，有条件的地区都开始逐渐重视利用既有的特色传统民族文化资源进行旅游开发。

　　在此背景下，我们欣喜地看到包括广西境内的民族地区近年来乘势而上、大力发展民族文化旅游产业的迅猛势头。东兴以其独特的京族文化以及沿边、沿海的地理优势，也开始了民族文化旅游产业的规划和建

　　* 本文为钦州学院 2014 年度高级别培育项目 "21 世纪海上丝路与跨国民族协同发展研究"（项目编号：2014PY－SJ06）；广西高校人文社会科学重点研究基地基金资助项目 "广西北部湾边境地区'双向开放'与'民心相通'耦合机制研究"（项目编号：2016BMCC02）阶段性成果。

设，而京族地方社会不乏旅游资源基础。京族三岛属东兴江平镇。"三岛"即沥尾、巫头、山心三个村（岛），是京族在全国的唯一聚居地。目前，"京族三岛"的京岛旅游度假区为自治区级风景名胜区，内有著名旅游胜地沥金滩，是省级旅游度假区。"哈节"已成为江平镇最大节庆品牌，每年吸引 10 万名以上游客。① 应该说，大部分游客的目的地集中在京族旅游文化资源比较集中的京族三岛区域内，特别是沥尾。由此可见，区域内拥有将民族文化旅游产业化的内在优势。

就发展形势而论，京岛旅游面临良好的发展时机。如何在抓住机遇，在国际国内的良好政治环境中，充分利用地方给予的利好政策，发挥自身民族文化优势，打造京族文化旅游品牌，或许应该成为地方政府以及京族内部有识之士当前需要思考的问题。而从构想到实施的过程也应当发生在旦夕之间。结合协同理论与文化产业的相关实践，我们认为，旅游文化品牌甚至扩大到文化产业的建设，要达到品牌效应的最大化，必须实现各文化因子的协同发展。而要实现完成这一步骤，首先应当厘清文化旅游资源的构成。具体而言，即是京族民族文化旅游资源的构成体系。

一　京族文化旅游资源的构成体系

民族文化是一个民族文化中的物质文化、精神文化和制度文化等，共同形成的结构系统。②

将品牌看作一类资源，乃是将一个既定的品牌赋予产品的附加价值。这种附加价值是除产品的功能利益外的价值，可从公司、交易、消费者等层面加以衡量。一般而言，品牌资源被理解为品牌的营销效应和社会效应。其中，营销效应指品牌在市场上所产生的效果和反应，包括给经营者带来的效应，如利润、规模、无形资产、管理、文化效应等；

---

① 《江平镇 2014 年经济社会发展情况》，东兴市政府网，http：//www. dxzf. gov. cn：8090/govinfo/documentAction. do？method = toDocView&docId = eec3515a – 072d – 436b – 8821 – 74dbb1464f3f&moduleId = e79154ef – d4e2 – 4f1c – b4db – 209383e38f41&orgId =1072。

② 曹晓鲜：《基于协同的湖南西部民族文化生态旅游品牌资源研究》，《湖南师范大学社会科学学报》2010 年第 1 期。

而品牌的社会效应则包括示范、优化和国力效应。显然，民族文化旅游品牌资源不同于一般意义上的诸如商品、企业等品牌资源，而是一种以地方性、区域性和文化要素为特征的品牌资源。民族文化作为一种品牌而进行建设、打造，目的一方面是在满足外部消费者的需要，另一方面是增加地区内旅游品牌的消费者影响力、市场竞争力以及社会影响力，以提高地方品牌的竞争能力，为地方经济社会创造更大的现实利益，以推动区域内经济、政治和文化的协调发展。

根据上述对民族文化旅游及其品牌资源内涵的理解，借鉴区域品牌资源的构成体系，我们结合文化及品牌资源理论将京族文化旅游资源进行解构。

首先，是显性的京族物质文化资源。京族渔文化中的高脚罾、服饰文化中的长裙（京语为 ao dac，音译：奥黛）、艺术器具独弦琴、文化建筑哈亭等物质形态，这是京族文化的一般物化表现。虽然看似平常，却能透视京族文化品格。这些物化的文化同时也能集中反映京族人的精神认知层面。就旅游产业的地方化开发来说，是京族文化旅游品牌的最基本构成。其游客吸引力、市场竞争力、社会影响力及其相互协调性影响着京族文化旅游品牌资源价值的大小。

其次，是隐性的京族精神文化资源。一个民族的精神文化包括两个层面：价值观念、宗教信仰，是心理认同层面的问题；而民风民俗、行为规范及宗教礼仪则为精神文化的表征。如京族对海神的崇拜，应当被视为一种民间信仰，其中渗透了京族人的价值观念，而哈节的迎神、游神等仪式则为其民间信仰的外在表现。另外，一些以反映京族民俗、民风等为主题的文学艺术作品、民族歌舞，甚至京族的艺术创作人、传承人等都是其精神文化的重要载体。在民族文化旅游的开发中，其价值体现在能给游客以显示体验性、文化震撼力和名人效应三种经验式的感受相互叠加，从而形成品牌的吸引力。

最后，需要归纳京族制度文化资源。除了外在化、生活化、具体化的京族文化物质形态构成和反映民族精神理念、价值观念的精神层面构成外，还存在具有一定强制性的民族文化规范化表现形式，即京族信仰体系、宗族制度、道德规范、礼俗规范等制度形态。它和文化精神形态一起作为京族的"精神家园"，是京族文化的内在运转机制，保证了京族文化的历史传承与延续。制度形态的约束力、内生性、包容性是测度品牌资源的重要维度。

二 形塑京族文化旅游品牌的外部条件

由于京族所处地理位置的特殊性,形塑品牌,除了京族文化资源自身条件外,还需要进一步考虑支撑其品牌培育的外部条件,如良好的政治环境和社会资源。具体而言,京族三岛在内的整个北部湾地区的区域政治环境,包括中越双边关系、国家开放政策、地方政府扶持力度以及制度保障等。而社会资源则涵盖民众的认同度和参与度以及社会资本的动员能力。

(一) 在中央和国家层面

中国政府近几年来不断与越南开展旅游方面的沟通与合作。如前所述,京族聚居的京岛地区,是衔接越南的门户,具有沿海、沿边的旅游业发展区位优势。另外,京族是典型的跨国民族,与越南主体民族同源,"一揽子"旨在发展区域经贸、旅游的中越间的政策性合作协议为京族文化旅游的开发及运营创造了极为有利的政治、政策环境。虽然在此期间由于众所周知的原因,遭遇一些曲折,但从以上中越经贸合作的推进显著成果可知,总的发展趋势是积极的。

特别是 2016 年,习近平以中共中央总书记和国家主席双重身份访问越南,在一定程度上可视为中越关系走向的一个积极信号。习总书记此行,是中国党和国家最高领导人时隔近 10 年再次访越,实现了两党两国最高领导人年内互访。2017 年 1 月,在越南共产党十二大连任总书记后,阮富仲实现首次访华。中国共产党对阮富仲此行高度重视,称"中越两国都是社会主义国家,也是友好邻国,当前双方正共同致力于推进两国友好合作关系深入发展",实际上为对越关系政策在较长时期内的趋向定下了基调。一系列的最高层的互访,为中越关系进一步、为中越两党两国友好合作增添新的动力。中越双方同意整合两国优势,加紧磋商在"一带一路"和"两廊一圈"框架内合作,协调推进两国多领域产能合作,集中精力做好大项目建设,大力推进两国边境和金融合作，推动双边贸易均衡可持续发展。特别值得注意的是，在具体的合作方面，中越双方决定加强新闻、文化、教育、旅游等领域的交流合作。这无疑从国家层面为京岛民族文化旅游发展建构了一个良好的政治环境。

（二）在地方政府层面

从政策环境考察，广西壮族自治区与越南广宁省在旅游领域的合作关系早在 2007 年已经建立。是年，广西旅游局与越南广宁省旅游厅在南宁达成了 2007—2008 年的旅游合作协议。根据协议，双方的合作主要集中在以下五个方面：一是加强联合宣传促销。双方互相支持，积极参加国际和地区的重大旅游评选活动，共同提高双方的旅游形象和国际影响力；二是鼓励、支持双方的旅行社相互宣传旅游景点和线路，以相互增加客源；三是共同组织国际旅游大篷车赴广东省宣传推广国际旅游业务，共同宣传"北部湾中越跨国海上旅游线路"；四是指导和鼓励各自相关城市积极参与北部湾旅游城市联盟，共同宣传推广东盟国际旅游线路；五是在旅游市场监管方面双方将加强合作，共同维护游客利益，营造良好的边境、跨国游市场环境。时至 2014 年，在"中越边境（东兴—芒街）旅游·商贸博览会"上，一批旨在推动中越边境旅游合作的协议、备忘录陆续签署。其中包括官方定期会晤、边境旅游合作等机制的建立，以及防城港市下辖的东兴和越南芒街两地旅游企业的合作协议，以进一步推动陆路边境和海上跨国旅游的合作发展。同时，中越双方在东兴和芒街两地同时启动跨境自驾游活动，为发展跨境自驾游业务探路。

由此可见，民族文化旅游要打造品牌，就必然拓展市场空间，而市场的拓展则主要依赖其吸引力的大小。同时其吸引力的决定因素并非单一依靠民族文化资源本身，而是一个综合的体系。

三 协同发展：形塑京族文化旅游品牌的建议

协同学是具有物理学背景的德国科学家赫尔曼·哈肯（Harmann Haken）创立的一门交叉学科，它研究开放系统通过内部子系统间的协同作用而形成有序结构机理和规律。协同理论在 20 世纪七八十年代即被用于区域经济方面的研究，现广泛应用于人文社会学科领域。其实践应用原理在于研究系统中的子系统之间如何产生宏观的空间结构、时间结构或功能结构，形成的排列组合其发挥的效果将大于系统本身。[①] 较多关于协同发展的论著，其关注点主要集中在我国境内各地区之间的相互协同，或是行业间的协作。

基于协同理论的逻辑，我们似可将京族文化旅游品牌资源的创建和提升看作一个由多个子系统形成的复杂系统工程。民族文化旅游品牌的协同发展既包括区域内各相关社会部门之间的横向协同，也包括构成旅游品牌资源要素之间的纵向协同以及旅游地和旅游产业要素之间的混合协同。为了克服品牌资源创建过程中的冲突，实现协同效应，将京族文化旅游发展变得更为有序，基于协同发展的视角，特提出以下建议：

（一）协调文化内因：大力发掘京族文化子系统

对构成品牌子系统的京族物质、精神和制度文化进行产业化的包装。在这个过程中，文化产业化的加工是必要的环节。其中有效的操作方式是将文化因子加入历史、故事的元素，使之变得更为丰满而易于深入人心。

以节庆文化为例：大力宣传哈节、哈亭来历，对仪式的过程加以故事化的解释，使游客易于接受，这是一个品牌创建的过程。需要注意的是，文化产业化的包装并不是学术研究，而是一种基于大众文化的创造，是一个在尊重原生态文化因子基础上的文化再创造过程。因此，只需考虑受众的审美倾向而不需要严格的学理考证。又如学习越南广宁的京族人开发渔业旅游，这一独到的体验应该也会让游人印象深刻，从生产文化方面切入旅游项目。在邻近京岛的越南广宁云顿港，传统的渔民开始以"自助捕鱼尝鲜"（tu danh ca te an）的方式开放旅游项目。据笔者调查，该项目已经吸引了大批来自河内等越南北方内陆城市及广宁省周边地方的白领阶层，周末出海捕鱼吃螺，成为越南城市白领的休闲

---

① 冷志明、唐珊、游俊、丁建军：《武陵山片区促进协同发展的空间形态创新研究》，《经济地理》2013 年第 12 期。

方式之一。以此为背景,越南广宁传统的渔港、渔村,生产方式也在发生规模性变化。这样的过程同时作用于各个文化因子,在同一场域下推广和宣传,以达到规模效应,提高品牌认知度的目的。或许,京族文化博物馆是一个理想的文化展演的舞台。但是,作为一个重要的文化品牌宣传阵地,无论从属性还是实际功能来看,其似乎都趋向于边缘化,没有充分发挥其在京族文化旅游经济中的作用。总之,规模效应,这是文化内部子系统的协同发展模式。

(二) 利用跨国优势,形塑京族文化旅游品牌形象

如前所述,京岛旅游的政治环境包括中越双边关系、国家开放政策、地方政府扶持力度以及制度保障。从文化旅游的现实发展角度考量,文化资源和文化空间的跨行政区分布是一种普遍的空间现象,文化旅游已经成为推动区域旅游协同发展的重要动力。① 如果我们将北部湾甚至是中国西南和中南半岛这样一个范围设定为一个区域的话,包括旅游产业在内的合作与开发将势在必行。当然,跨国旅游合作的推进,关系到国家战略、国家安全以及相关法律法规的解读和运用等方面,是一个相对复杂的过程。然而,在"一带一路"倡议的大背景下,上述问题在国家层面将得到解决。

具体而言,地处中越边境上的京岛社会,对两国关系的变化极为敏感,国家之间的关系状况直接影响到京岛的旅游产业发展。因为民族国家发展至今,作为国民的旅行者们在某种程度上都是民族主义者,具备一定的国家认同,所以国家关系因素对京岛旅游业的影响不可小觑。最近两年,中越两个执政党互访取得丰硕外交成果。由此判断,结合中越两国的具体政党和具体国情考量,中越关系将朝着积极的方向发展。在此形势下,地方政府也充分支持京族地区旅游业的发展,我们看到持续性地与邻近的越南广宁省签订"一揽子"以经贸和旅游为重点的合作协议和备忘录。

需要强调的是,这种由国家和地方两个层面构建的旅游产业发展政

---

① 侯兵、黄震方、陈肖静、范楚晗:《文化旅游区域协同发展的空间认知分异——以南京都市圈为例》,《旅游学刊》2013 年第 2 期。

治环境，其本身就是一种"纵向协同"的体系，那么我们需要做的是在利好的形势下适应甚至是迎合此种协同体系。如相应地成立专门的委员会，将京岛旅游事业视为一个整体，负责处理京岛旅游品牌建设和推广的事宜，协调与京岛旅游相关的，包括地方政府、民间团体、经营者、消费者以及越南方面的合作者等各方面的关系。另外，从政治环境的角度，在政绩考核方面仍有进一步调整的空间。旅游产业效益生产在短期内很难出现显著的成效，这与当前的主流绩效评价体系不太协调。在无法改变产业发展规律的情况下，适当地调整绩效评价体系使两者实现协同似乎是京族文化旅游品牌发展的重要条件之一。

（三）协调社会资源，为京族文化品牌提供稳健支撑

社会资源至少应当包括京族民众的认同度和参与度以及社会资本等方面。打造民族文化旅游品牌，文化持有者是主体。京族文化需要提高知名度，京岛人首先要培养其高度的民族文化自觉。根据数次前往沥尾开展调研的直观感受而言，无论是地方学校院墙外喃字的展示还是京族文化精英们积极开展的京族文化和喃字研究，无疑都在标示着京族族群意识建构的某种诉求。

认同度外在表现为参与度，即在文化认同的前提下参与京族文化旅游品牌的建设。随着城市化进程的发展，传统文化在各种不利因素的合力作用下逐渐失传，特别是传统礼仪、技艺、仪式操作等后继乏人，已构成了对民族文化旅游发展的主要障碍之一。这似乎也是民族文化旅游发展中遇到的普遍性困境。如果从经济社会学的角度看待这一问题，或许是因为作为文化的传承主体，自己面临巨大贫富差异而产生质疑，他们需要得到更多的实惠。因此，提高认同度和参与度，重要的是与民分利。地方政府及相关团体以"发展项目"的形式对文化旅游的得利进行再分配和调整，不失为一个可以考虑的方式。也只有京族民众对文化高度认同而提高参与度，才有了京族文化旅游品牌建设中社会资源与地方政府协同的基础。事实上，作为上述两者实现协同发展的结果，社会资本也会逐利而至。

作为拥有共同文化源流关系的越南京族文化也可视为京岛旅游品牌协同发展的重要子系统之一。论及京族旅游的开发，廖国一认为京族文化旅游品牌的特色将建立在"新"与"奇"的基础之上。① 当然,这也是民族文化旅游品牌的共性。但由此推知,京族的跨国民族属性,特别是与越南广宁协同开发京族文化旅游项目,将能使京岛民族文化旅游品牌实现"新"与"奇"的特色。协同开发可以有多种形式,可以考虑参照深圳世界之窗或锦绣中华的模式,建设"越南风情街",使游客不出国门即可领略越南的文化元素;在两国政策、法律允许的前提下,采取"境内关外"的形式开展短途、短时段的游船出国体验等。这都能够充分发挥京族文化旅游沿边、沿海特色的民族与区域的协同发展。

结　语

把京族文化旅游品牌资源的创建和提升看作一个由多个子系统形成的复杂系统工程。民族文化旅游品牌的协同发展既包括区域内各相关社会部门之间的横向协同,也包括构成旅游品牌资源要素之间的纵向协同以及旅游地和旅游产业要素之间的混合协同。其内容包括京族文化子系统、中越双边关系、国家开放政策、地方政府扶持力度、制度保障体系、京族民众的认同度和参与度以及社会资本等方面。面对纷繁复杂的子系统,除了用联系的观点将其视为一个有机整体外,借助协同理论的指导,能够让我们更好地理顺它们之间的关系,以实现京族文化旅游品牌效应的最大化。

[作者系钦州学院北部湾海洋文化研究中心研究员,广西民族大学在站博士后,中国—东盟研究中心(广西科学实验中心)兼职研究员]

---

① 廖国一:《东兴京族海洋文化资源开发》,《西南民族大学学报》2015 年第 1 期。

壮文化挖掘、整理和传承：
理论性、非碎片性和时代性

叶桂郴　黄　坚

【摘　要】本文对近年来壮民族文化的挖掘、整理和传承进行了梳理，总结了其取得的成绩；构建了壮文化理论体系，创建了壮文化重要载体和平台，发掘了壮文化研究的理论贡献和现实贡献；指出其存在的问题：对壮民族的民族缺憾认识不足，壮文化挖掘、整理、传承的碎片化。在此基础上，就壮文化的挖掘、整理和传承恪守的原则和实施的措施提出了某些见解：迎接挑战、锐意创新，与时俱进、取舍扬弃；政府主导、学者指导、大众参与，深入研究、学科综合、理论提升，未雨绸缪，培养新人。

【关键词】壮文化；挖掘；整理；传承

一　壮民族的形成和发展

壮族是中国56个民族中，人口数最多的少数民族。壮民族的形成，可以追溯到宋朝。

壮民族发源于中越边境一带，壮民族的先民在战国末期至秦汉时期被称作"百越"或者"百粤"。随后百越民族群体分化融合发展，中国赵宋王朝与交趾李朝划定边界，这一民族成为一个跨境民族。在中国称为壮族，在越南分化为岱族、侬族等少数民族。

中国壮民族现在大部分分布在广西壮族自治区，其余分布在云南、广东、海南、湖南、贵州、四川等地。随着中华民族的不断融合，中国的少数民族呈现出"大群居，小聚居"的分布特点。

随着经济的发展和社会的进步，壮民族的人口数量也在不断增加。1953 年第一次人口普查中，壮族人口仅 686.46 万人；2010 年的第六次人口普查时，壮族人数已达到 1692.62 万人，占全国人口总数的 1.27%，是少数民族中人口数最多的民族。

二 壮文化的形成和发展

壮民族的生存聚居地集中在岭南地区，岭南地区的生活环境、生产方式和生活方式，孕育了其具有共性的文化特征。壮族先民在长期的历史积淀和历史的发展中，凭着智慧和力量，经过历代的创造和传承，形成了丰富多彩又独具特色的民族文化，壮族文化又称为"那文化"。

和其他兄弟民族相比，壮族文化更多地以文化符号、文化元素的形式呈现在人们面前。壮族的文化形式丰富多样，有反映人民精神层面的非物质文化，如壮族的语言文字、壮族的歌圩文化、壮剧和宗教文化等。

歌圩文化源于壮族的人民能歌善舞，交流感情常用唱山歌的形式。歌圩的核心内容，通常是青年男女倚歌择配偶，或者赛歌、赏歌。壮剧文化，则是在壮族的民间文学、歌舞和说唱等艺术形式的基础上发展而来的，被现今人们广为熟知的是师公戏。壮族的先民科技文化认知水平受到时代的制约，宗教文化常具有一些神秘色彩，衍生出了很多图腾崇拜，壮剧的很多表现形式跟这种宗教崇拜有一定的联系，一些歌舞的动作与祭祀时的歌舞动作类似。

壮文化还有反映人民智慧和力量的物质文化，如"巴莱"文化、铜鼓文化、壮锦等。铜鼓是壮族先民祭祀时的必备之器，在壮族文化中象征神圣。铜鼓文化是壮族最灿烂的文化之一。壮锦技艺的发源形成于唐宋时期，明清时已成为朝廷的贡品。其纺织品在民间被做成床毯、背带、挂包等，以结实耐用、图案精美、技艺精湛、花纹独特而驰名海内外。

三 壮文化挖掘、整理和传承取得的成就和存在的问题

（一）取得的成就

1. 壮文化理论体系的构建

（1）壮学的形成。从 20 世纪 50 年代壮学发轫期到现在，历经近70 年，壮学研究的深度和广度都有了质的飞跃。其领域涵盖了壮族本身及其壮族研究的全部方面，包括历史、语言、文学、艺术、考古、医药、宗教、体育、人类学等。

壮学研究的学者则以八桂学派的黄派、覃派、壮医药派、文艺派、院派等活跃于学界。其代表人物包括：覃派的覃乃昌、覃彩銮、覃圣敏，黄派（黄现璠）的粟冠昌、欧阳若修、周作秋、黄绍清、何龙群、覃德清，壮医药派的班秀文、黄瑾明、黄汉儒；文艺派的蓝鸿恩、潘其旭、覃国生、韦苏文、范西姆、农冠品；院派的蒋廷瑜、范宏贵、黄成授。

这些学派薪火相传，筚路蓝缕，贡献了诸多理论成果，为壮学的发扬光大和壮文化的传承起了重要作用。主要有：《布罗陀》，金莉的《壮族历史文化导论》，黄现璠的《壮族通史》《广西僮族简史》《壮族简史》《壮族服饰》，韦庆稳、覃国生的《壮语简志》，胡仲实编《壮族文学概论》，广西少数民族语言文字工作委员会编《汉壮词汇》《壮汉词汇》，欧阳若修、周作秋、黄绍清、曾庆全的《壮族文学史》（3卷），《广西壮语地名选集》，广西民族古籍整理领导小组办公室编写的《古壮字字典》。①

---

① 金莉：《壮族历史文化导论》，民族出版社 2007 年版；韦庆稳、覃国生：《壮语简志》，民族出版社 1980 年版；广西民族学院民族研究室：《壮族历史人物传》，广西人民出版社 1982 年版；胡仲实：《壮族文学概论》，广西人民出版社 1982 年版；黄现璠：《侬智高》，广西人民出版社 1983 年版；韦庆稳：《壮语语法研究》，广西民族出版社 1985 年版；欧阳若修、周作秋：《壮族文学史》，广西人民出版社 1986 年版；黄现璠、黄增庆、张一民：《壮族通史》，广西民族出版社 1988 年版；张声震：《广西壮语地名选集》，广西民族出版社 1988 年版；广西民族古籍整理领导小组办公室：《古壮字字典》，广西民族出版社 1989 年版；壮族百科辞典编纂委员会：《壮族百科辞典》，广西人民出版社 1993 年版。

一般认为，广西壮族文化遗产主要有：①壮族人文始祖洛甲及布洛陀；②盘古的神话传说；③左江花山崖壁画；④歌仙刘三姐；⑤嘹歌。学者们也主要对这五种文化遗产及其衍生遗产进行挖掘、整理和研究，取得了不俗的成就。

（2）区外壮文化研究锦上添花。文山壮族苗族自治州也高度重视壮族文化的挖掘整理和保护，州政府采取积极措施，抓好少数民族文化挖掘整理和弘扬保护工作，取得了丰硕成果。完成《中国少数民族古籍总目纲要》（云南卷）讲唱类壮族条目 1000 条、瑶族条目 1200 条的撰写工作；整理出《云南壮族口传非物质文化遗产提要——神话传说、民间故事、史诗歌谣》，壮族古籍《中国壮族鸡卜经影印译注》《云南壮族口传非物质文化遗产提要、书籍、文书类》等。完成普查登录壮族文献古籍 2254 本、骨刻 58 块、画谱 546 幅、崖画 256 幅、雕刻 292 幅、馆藏文物 60 幅、画谱 336 幅、版画 156 幅、其他 300 幅。

2. 壮文化研究机构的成立

围绕壮文化研究，广西成立了诸多官方研究机构，许多高校也设置了壮文化研究机构，为研究弘扬壮文化做出了重要贡献。

主要有：广西少数民族古籍整理出版规划办公室、广西民族文化艺术研究院、广西社会科学院壮学研究中心、广西民族医药研究所、广西民族研究所、广西民族大学民族学人类学研究所、广西师范大学地方民族史研究所、广西师范学院民族民间文化研究所、壮医药研究基地——广西壮医医院、广西艺术学院民族艺术研究所、广西壮学学会、广西大学民族研究所、中共广西壮族自治区委员会党校民族研究所、右江民族师范高等专科学校民族学人类学研究所、广西师范大学壮学研究所、广西民族大学壮学研究中心等。

3. 壮文化重要载体和平台的创建

（1）壮族的传统节日和法定假日"三月三"。近年来传统节庆活动的恢复，尤其是壮族传统节日"三月三"歌圩的恢复并发扬光大，对于壮文化的弘扬具有重要意义。

"三月三"歌圩是壮族除春节和中元节以外最隆重的传统节日，是壮族人民的清明节、情人节与传统歌节。为了弘扬壮族文化，1983 年，"三月三"被自治区政府确定为壮族全民性节日，2014 年入选国家级非物质文化名录，被政府确定为法定假日。

"三月三"歌圩以其独具魅力的山歌文化和充满质朴风情的民俗表演，吸引了越来越多的海内外游客，前来领略壮族文化的独特风情。

壮族其他传统节日如：蚂虫另节、布洛陀诞辰节、五月五、盘古诞辰节、十一月的壮年、冬至节等，有的则流行于整个壮族地区，有的则流行于特定的壮族地区。

（2）南宁民歌艺术节。创办于1993年的南宁民歌艺术节，以传承和弘扬广西民族艺术为宗旨，以歌传情，以歌会友，共同抒发对美好生活的向往和热爱。自1999年起，由南宁市人民政府邀请国家文化部文化图书馆司、国家民委文化宣传司联合举办，在每年的9—11月举行。1999年，推出大型广场文艺晚会《大地飞歌》、1999中国（南宁）民族服饰博览会、广西民族风情展演等系列文化活动，奠定了其成为一流艺术节的基础。

艺术节与时俱进，以浓郁的民族风情、开阔的国际视野和强劲的现代气息，获得众多赞誉。民歌真正成为广西各民族与全国各兄弟民族及世界交流的纽带。艺术节在国内外受到了广泛赞誉，影响力不断扩大，吸纳了多支世界一流合唱团队和多位世界一流的艺术家登台献艺。标志着广西民歌全面走出国门，走向世界。

"南宁国际民歌艺术节"在2005年度国际节庆协会（IF－EA）行业评选活动中获最高奖——综合类铜奖，并入选"中国最具国际影响力十大节庆活动"。2012年，荣获"2012中国节庆榜·最受大众关注民族（民俗）文化节庆"奖。

艺术节为壮族文化的传承和发展探索出一条成功之路。

（3）世界文化遗产——宁明花山崖画。花山崖画位于左江及其支流明江流域，遗产区面积6621公顷，为壮族先民骆越人群体祭祀遗留下来的遗迹，距今已有2000多年历史。其分布广、位置高、规模大、图案多，内容神秘、外貌粗犷、动感强烈，把骆越人丰富的社会生活融入画面，具有独特的艺术魅力、极强的艺术感染力和重要的考古科研价值。1988年被列入全国重点文物保护单位，2016年，入选联合国《世界文化遗产名录》。

宁明花山崖画是广西壮族文化独特性和典型性的标志性遗产，其后续的保护、开发和研究工作，对于发掘保护和弘扬壮文化具有重要的参考价值。

2006 年壮剧被列入国家第一批非物质文化遗产名录，同样是壮学研究与民间口头与非物质文化保护并重的成果。

（4）几家重要刊物。广西本土《广西民族研究》《广西民族大学学报》《三月三》在扶持年轻学者，对壮族研究的重要成果刊发和传播功不可没。

4. 壮文化研究的理论贡献和现实贡献

（1）增加民族自信力，在中华民族大家庭赢得兄弟民族的认同和尊重。"道路自信、理论自信、制度自信、文化自信"是建设中国特色社会主义的四大支柱。制度自信、道路自信主要是依靠国家的综合实力，文化自信则是植根于中华民族源远流长、灿烂文明、丰富多彩的历史文化。

近代西方文明和近年来西方普世价值观的贩卖，企图动摇中国的文化自信心和文化认同感。但中华民族博大精深的文化和灿烂的文明，所树立起的文化自信，是抵御外来文化入侵的坚实盾牌。

壮文化研究，可以再现壮民族曾经灿烂的文明，展示壮族先民的聪明才智。壮文化研究还可以恢复历史真相，再现壮族英雄的形象，弘扬壮族先民的丰功伟绩。壮族先民曾经创造的辉煌历史，可以增强我们的文化自信，热爱这块伟大的土地，认同这块伟大的土地，为广西经济文化发展提供最坚实的保障。北宋壮族农民军领袖侬智高和明代壮族抗倭女英雄瓦氏夫人正是文化学者翻案和挖掘的典范人物。

随着电影《刘三姐》的拍摄，歌仙刘三姐的故事家喻户晓。刘三姐是壮族歌圩上特定类型人物的典型化：年轻、漂亮、勤劳、善良、能干、聪明，不畏权势，集中体现了壮族先民聪明机智的性格和热爱生活的乐观情怀。刘三姐的形象寄托了壮族人民对智慧人生的喜爱和崇拜。

在北宋官方的文书和桂林碑刻中，侬智高作为分裂国家和民族的首恶。壮族学者通过挖掘，论证："侬智高领导的反对北宋的起义，是一次反对北宋王朝的民族压迫和阶级压迫、反对北宋王朝对交趾统治者的侵略推行屈从和纵容政策的战争，是壮族历史上一次大规模的正义战争。"①

抗日期间，为唤起民众积极参加抗日战争的热情，激励抗战军人保家卫国的斗志，黄现璠发表了《明代剿倭之广西女将》②，首次对"瓦氏夫人"进行了评述，以古喻今，借以激励时人抗日的热情和信心。20世纪80年代，田阳县多次承办瓦氏学术研讨会，《瓦氏夫人论集》《瓦氏夫人研究》《抗倭女杰瓦氏夫人》等论著相继出版。文艺界也以多种形式宣传瓦氏夫人，唤起了人们对这位民族英雄的仰慕之情和关注热潮，让世人了解这位壮族土著女首领，在抗击外辱时所作出的杰出贡献。

过犹不及，在研究壮族历史和壮文化的时候，千万不能妄自菲薄，一味拔高壮族的文化地位也是不可取的。一些有爆炸力的论点需要进行严谨的考古发掘和文献来作为佐证的。

（2）丰富中华民族的文化内涵。中华民族是由56个民族共同组成的民族大家庭，各民族以其独特的文化建构了中华民族五彩缤纷的文化。

广西49种国家非物质文化遗产，壮族占了20种。其中歌圩文化、壮医药、节庆文化、壮锦文化、土司文化等在各民族文化中独树一帜，特色鲜明，受到国人乃至世界的关注。正是由于独特性和典型性，宁明花山崖画于2016年入选联合国文化遗产名录。

壮族英雄史诗《布洛陀》歌颂了壮族英雄布洛陀开天辟地，创造天地万物的过程。这部史诗歌颂了壮族祖先布洛陀这个半神半人的祖先创造人类自然的伟大功绩，它广泛地触及了各个历史时期的社会生产、生活以及宗教活动等，从天上到地上，从神到人，从宇宙天地的形成到千种万物的来历，从实际生活到宗教信仰、伦理道德，方方面面，几乎无不为它所描述和反映。通过这部经诗，我们可窥见史前壮族社会的一些基本面貌；看到壮族原始先民们的某些生活和斗争情况。

中原文明有盘古开天地的神话，壮族先民也有盘古兄妹在洪水之后

---

① 黄现璠：《壮族通史》，民族出版社1997年版。
② 黄现璠：《明代剿倭之广西女将》，《国防周报》1941年第4期。

为了繁衍人类，结为夫妻的神话故事，丰富了中华民族的文明宝库。

壮族的《布洛陀》和藏族的《格萨尔王》、蒙古族的《江格尔》、柯尔克孜族的《玛纳斯》完全可以并称中国少数名族四大英雄史诗。（很遗憾，学界只把后三者并称中国少数民族的三大英雄史诗）

说到这，2015年的"中国土司遗产"成功入选联合国文化遗产名录，对于广西和云南来说不能不说很遗憾。其实从唐代的羁縻州到清代的改土归流前，云南和广西的土司制度很完善，也很典型，土司遗产也很丰富，但"中国土司遗产"却只有湖南永顺土司城遗址、贵州播州海龙屯遗址、湖北唐崖土司城遗址。

壮族先民在生产生活中，和疾病进行了长期的较量，逐渐形成了具有民族特色的壮族医药，为壮族先民的繁衍提供了基本医疗保障。壮族医药较早使用陶针、针刺疗法、气功疗法，并完成了典籍记载的我国医史上第一张实绘的人体解剖图——《区希范五脏图》，同时对南方瘴毒蛊痧有较深的认识和较高的治疗水平。

壮医和中医、藏医、蒙医等其他民族医药构建了中华传统医学的大厦，丰富了传统医学宝库，共同为华夏民族的延续做出了重要的贡献。

（二）存在的问题

1. 对壮民族的民族缺憾认识不足

受"越是民族的，就越是世界的"这一伪命题的影响，近二十年来，我国学术界和政界在研究和宣传民族文化时，都是歌功颂德，讳言民族及其文化弊端。壮民族及其文化研究也难以避免宿命。

有的作者处于宣传的需要，说"广西山歌具有'人无我有、人有我优'的特点。……其他省区也有山歌，但广西'优'。……别人总是在模仿，但是无法超越"。各地的民歌都具有自身的特色，和该地区的文化密切相关的，如此简单区分优劣，本身就是不科学的。

其实，一个民族对于民族自身及其文化缺陷的认识和反思，需要足够的勇气和强大的民族自信心，这本身就是一种成熟的表现。遗憾的是，除了夏雨在1988年的呐喊，壮民族的文化缺憾在学界讳莫如深。

　　夏雨在《壮族文化讨论综述》①对壮文化的弊端进行了剖析。背景是：中央民族学院几位老师和该校 1987 届壮族语言文学专业研究生、广西师范大学 1986 届壮族文学研究生就壮族文化进行了多次广泛讨论。讨论者总结了壮民族及壮文化对中华民族的贡献，同时也归纳了壮文化的四个弊端：一是壮文化的封闭性；二是壮文化的断裂性；三是壮文化心理上的自卑感；四是壮文化的松散性。

　　其归纳是否正确，我们暂时搁置，但这种勇气和前瞻性是值得嘉许的。我们只有遵循历史的演变，恪守科学的精神，本着客观的态度，才能实事求是地分析壮民族及其文化的优劣，才能对民族文化进行保护传承、扬弃取舍。

　　2. 挖掘、整理、传承的碎片化

　　个案考察和田野调查是民族文化挖掘整理不可或缺的基础工作。没有这个基础工作，其他工作都是"无源之水、无本之木"。二十年来，研究机构和民族文化学者对壮文化的基础调查做了大量的工作，也取得了不俗的成果。如某个神话传说的整理、某个歌圩的描写、某个节日的记录等。

　　这样一来，民歌以某地为标本进行收集整理描写的居多；传说神话在壮民族内部甚至和汉民族也是大同小异，似曾相识。

　　归纳壮民族的优秀文化和品质时，和兄弟民族异乎神似，只是换了时间、换了地点、换了名称而已。挖掘一个民族延续的基本条件，如道德文明、生态文明、法制文明时，也没有抓住壮民族的特征，泛泛而谈。粗泛简单的描写和罗列过多，而系统深入的考释和研究明显不够。过分地看重个案考察，导致研究的碎片化，无法进行理论升华。

　　盘古的传说、布罗陀的传说、青蛙的传说在壮民族文化中具有重要的地位，但是缺乏系统深入研究的扛鼎之作。

　　可喜的是，笔者写作本文时，得知自治区社科联和广西民族出版社在 2017 年 3 月 14 日联合召集广西部分著名文化专家举行座谈，商讨推出广西民族文化的品牌系列著作《广西民族民间传统节庆文化大观》。这是壮民族之喜事，壮文化之福音。

---

　　①　夏雨：《壮族文化讨论综述》，《广西族研究》1988 年第 4 期。

四 壮文化的挖掘、整理和传承恪守的原则和措施

壮族先民在美丽神秘的百越地区，创造了光彩夺目的壮文化。由于现代文明对壮族社会的辐射，壮文化的依存基础——壮族的生产和生活方式已经发生改变，壮文化面临着前所未有的考验和挑战。

面对外来文化影响和侵蚀，我们不能消极应对，应该与时俱进，既要传承弘扬，又要敢于取舍扬弃。

（一）恪守的原则

1. 迎接挑战，锐意创新

由于现代娱乐方式的增加、交友途径的多样化、对"歌手"地位认同观的改变，导致了广西大多数歌圩的衰落。我们不必勉强去恢复某些传统歌圩——哪怕是曾经一度辉煌的某些歌圩。但我们可以以"南宁民歌艺术节"这样的形式再现民歌之魂，弘扬壮族的民族精粹。

大型实景剧《印象·刘三姐》和风情歌舞剧《锦宴》则是从另外的角度完成了壮族民歌的涅槃。

家喻户晓的歌仙刘三姐，让全国乃至世界领略到广西民族的天籁之音。但是重新回到宜州下枧河边，划着小船，和莫老爷山歌对阵的场景不能再现了。如果因此就感叹物是人非，文化式微，则是一种故步自封的心态。

梅帅元、张艺谋就别出心裁，2004 年在桂林阳朔创制的大型山水实景剧《印象·刘三姐》，把桂林的山水风光、壮乡的民俗风情，融进天人合一的梦幻境界，传统的刘三姐文化和经典的桂林山水有机结合，完成了文化创新的。2013 年，大型多媒体风情歌舞秀《锦宴》在南宁上演。她以广西灿烂的民族文化为底蕴，浓缩了广西少数民族特色的人文和风情，演绎一个五彩斑斓的锦绣壮乡，犹如一幅鲜活的少数民族纯美画卷。《印象·刘三姐》《锦宴》被誉为广西的文化名片。

观众群体消亡、演出舞台锐减、剧团队伍萎缩，几乎是传统戏曲的三大催命符。受现代文明的影响，青年人的观念、兴趣已经发生变化，了解、欣赏和学习戏曲的年轻人越来越少。同昆曲、京剧、越剧、彩调

等所有传统戏曲的命运一样，壮剧的传承和发展也陷入困境。

面对如此窘境，我们可以用影像保存的办法，把健在的老一辈壮剧演员的经典剧目录制成影像保存下来，还可以由政府提供经费培养壮剧的传承人。某一剧种能否传承，主要看演员能否活得体面和有尊严。只要有足够的经费保证，桂剧的传承和保护还是完全有可能的。

壮族神话传说丰富了中华民族的神话系统。我们在挖掘、整理和传承壮族神话的同时，可以采用改编成电影或电视剧的方式。大型神话电视剧《妈祖》《宝莲灯》《牛郎织女》等已经做了成功的尝试，我们完全可以借鉴。

生产效益低、工艺要求严、制作成本高、融进生活难等原因，使壮族织锦技艺也命悬一线。老一辈艺人年事已高，年轻人不屑继承。如果不加以抢救和传承，壮锦很快将成为绝唱。

政府可以组织专业人才进行抢救，更重要的是让壮锦能创造财富。唯有让壮锦创造的财富能让新一代手工艺人生活得幸福体面有尊严，壮锦才算真正地被传承被弘扬。

杭州萧山叶家的做法不妨可以作为抢救壮锦的借鉴。

丝绸画缋是用特制的毛笔刷为工具，以金丝为绣线，以纯粹的天然颜料调色，在丝绸表面绘画。完成一件作品需历经70多道工序，工艺非常繁复。据传，"丝绸画缋"源于三千年前的商周，最初专用于王室及官员服饰，后从服饰转向画轴、屏风等工艺品。后代该技术流落民间，成为艺人养家糊口、安身立命的手艺，并以垂直传承的方式形成家族产业。

"丝绸画缋"入选浙江萧山非物质文化遗产名录，但这门古老的手工技艺也曾濒临失传，是叶建明拯救了"丝绸画缋"。

最成功之举就是叶家一家三口潜心创作的《腾飞》，在丝绸画作上展现了古时的水乡、沙漠之路以及现代的钱江新城、杭州湾跨海大桥等新地标，获得2015中国（杭州）工艺美术精品博览会银奖，广受工艺美术界的赞美。并以此作为契机举办了主营丝绸画、丝绸屏风、丝绸扇面以及围巾、披风、手包、服装等丝绸画缋作品的公司，获得巨大的经济效益和文化效益。"丝绸画缋"不仅没有失传，而且还发扬光大了。

2. 与时俱进，取舍扬弃

生活环境和生产方式的不同，造就了各民族风俗习惯的迥异。壮族大多居住在山区，相对封闭的地理环境更使壮乡十里不同俗。

壮族的风俗习惯，有的非常庄重肃穆，顶礼膜拜；有的则诙谐滑稽，充满生活情趣。

铜鼓是壮族一个重要的文化象征。即便现在，节日、婚育、丧葬、建新居和传讯中仍然敲击铜鼓，演奏铜鼓乐舞，显示神圣和庄重。许多村寨仍然大年初一祭铜鼓、长老击鼓开年。使用铜鼓时，还有音乐和舞蹈与之相配合。

不少壮族地区，六十岁以上的老人去世后，亲族乡邻都前来奔丧悼念，殡葬结束后，人们便争相吃丧家一碗饭，顺便捎走一只碗，谓之"吃长寿饭""抢长寿碗"。

文山壮族苗族自治州某些地方则对糯米特别钟爱，迎亲时用糯米钥匙打开新年大门，回门和春节拜年用糯米粑，丧葬和祭祀也用糯米做祭品。

在靖西、德保一带的青年男女，在大年初一清晨，都跳进别人的菜园里去偷葱（聪），认为这样才会变得更加聪明，被偷的人家不会有怨言。

由于女子地位高，壮族社会曾有过出嫁后不落夫家的风俗。女子出嫁后，仍住娘家。丈夫每次亲自去接，才能回夫家住宿几晚。只有有了身孕，才长期住宿夫家。出嫁住娘家期间，仍享受未婚女性的恋爱生活。生孩子后，才切实结为一夫一妻。

《论语》："慎终追远，民德归厚矣。"壮族的清明祭祖，是缅怀祖先，增加社会和谐的好事，但也包含某些封建迷信的成分，焚烧纸钱及燃放爆竹对于环境保护和森林防火也有影响。

挖掘和传承民族文化遗产，改革民俗，保留其具有符合现代社会要求的合理的文化因子。吸纳其精华，摒弃其糟粕。一般来说，但凡民俗，只要和新时期核心价值观没有冲突，不违背公序良俗，不违背现代科学，就不需要刻意扬弃。低俗、愚昧、野蛮，带着农耕文明历史旧烙印的某些习俗就要毫不客气地抛弃。

（二）实施的措施

1. 政府主导，学者指导，大众参与

自治区政府应该主导壮学研究的方向，编制壮学研究规划，安排专项财政经费，用于人才培养、队伍建设和项目资助，切实做好壮文化挖掘整理的保障工作。

各级政府切实落实政策，委托各级社科院、社科联和政协进行具体实施。在各个层面的学者中，大家更多的是关注高校和研究机构的学者。其实，各级政协也是卧虎藏龙的地方。各级政府在发挥各级社科院、社科联研究功能的同时，也充分发挥各级政协文史委的作用，可以以各级政协为首，成立各层次的壮文化研究队伍。

学者是壮文化挖掘、整理和传承工作的具体实施者，应该按照自治区的要求，制订切实可行的研究计划，分工合作，积极进取。

文化是一个民族全体成员社会生活的积淀，文化的挖掘和传承，同样也离不开人的个体，离开大众参与的文化传承是虚无缥缈的海市蜃楼。

壮族文化的传承与发展，必须要融进大众的诉求，让他们积极参与其中，让文化传承成为一部生动的新画卷。

2. 深入研究，学科综合，理论提升

趋于功利目的，有的文化学者不做深入的挖掘，把田野调查变成快餐式的描写，弄得千村一律，万姓无别。调查的不严谨，基础的不扎实，更遑说深入研究、全面研究了。

文化挖掘和传承本身就是一项系统工程，不只是文化学者的责任，经济学者、环境学者、水力学者、建筑学者都应该参与其中，共同完成壮族文化的挖掘整理工作。

政府应该鼓励学界把"壮学研究"和"桂学研究"结合起来，合力编写《壮族通志》。内容可以包括人口志、语言志、民歌志、民俗志、医药志、科技志、文物志、物产志、人物志、土司志等，从微观的视角对壮族进行全方位的关照。

可以设想，有了坚实基础研究的壮文化，在未来一定会收获不俗的成果。不仅是几本著作和几份调查报告，还会向学术界呈现文化挖掘和传承的新思路、新方法、新理论、新学说。

3. 未雨绸缪，培养新人

可以在广西民族大学、广西大学、广西师范大学、广西民族师范学院、河池学院、百色学院等高校开设壮文学院或者壮文系，弘扬壮学研究。

我国五个民族自治区，其他四个自治区高校均开设了本民族的语言文学专业本科。

西藏大学：一个国家级重点学科：中国少数民族语言文学（藏语言文学）；四个藏民族博士点：中国少数民族语言文学（藏语言文学）、中国少数民族艺术（藏族美术）、中国少数民族艺术（藏族音乐）、中国少数民族经济（西藏经济）。

宁夏大学：设置阿拉伯学院，开设了阿拉伯语（语言文学方向）专业。

新疆大学：六个维吾尔语言文学本科专业：维语言文学（现代文秘、文学方向、影视文学）、维语言、哈语言。

内蒙古大学：设置蒙古学学院，开设两个本科专业：蒙古语言文学基地、蒙古语言文学（文理综合班）。

广西民族研究主要阵营之一的广西民族大学只开设了"中国少数民族语言文学"专业，壮语言文学专业羞答答混在其中，不利于壮族人才培养和壮学研究。

五　结语

壮文化的挖掘、整理和传承，需要理论指导，更需要付诸行动；需要经费保障，更需要人才担当。

同时，壮文化的挖掘、整理和传承，既是一项复杂的系统工程，需要政府、学者和民众的积极参与，也是一项长期的工程，为了保护和传承某一文化内容，可能需要十年八年甚至几代人的努力。任何毕其功于一役的想法和做法都不可能完成壮文化的挖掘、整理和传承。

不妄自菲薄，要实事求是；不好高骛远，要脚踏实地；注重理论提升、紧扣时代脉搏；避免研究碎片性，是壮文化挖掘、整理和传承的最忠实的态度。

参考文献

［1］黄润柏：《壮族传统节日的文化内涵》，《广西民族研究》2015 年第 6 期。

［2］赵锦山、徐平：《广西壮族自治区民族文化认同调查研究》，《中南民族大学学报》（人文社会科学版）2014 年第 2 期。

［3］李小峰：《壮族山歌传承动因探析》，《贵州民族研究》2013 年第 5 期。

［4］丁智才：《民族文化产业视域下少数民族非遗文化的生产性保护——以壮族织锦技艺为例》，《云南社会科学》2013 年第 5 期。

［5］黄启学：《民族文化传承发展面临的三大挑战与对策浅析——以广西壮族自治区民族文化强区建设为例》，《西南民族大学学报》（人文社会科学版）2013 年第 1 期。

［6］覃彩銮：《壮族节日文化的重构与创新》，《广西民族研究》2012 年第 4 期。

［7］覃德清：《非物质文化遗产保护视野中壮族民歌传统与诗性思维的文明史价值》，《中南民族大学学报》（人文社会科学版）2012 年第 6 期。

［8］杨丽萍：《从文化认知、文化自信到民族认同的转化与整合——壮族认同教育新论》，《湖南师范大学教育科学学报》2012 年第 6 期。

［9］梁茂春：《"跨界民族"的族群认同与国家认同——以中越边境的壮族为例》，《西北民族研究》2012 年第 2 期。

［10］吴德群：《壮族山歌文化研究综述》，《广西社会科学》2011 年第 11 期。

［11］黄文芬：《壮族的民间舞蹈的性质与功能》，《改革与开放》2011 年第 12 期。

［12］玉时阶：《壮族巫术、巫师与巫医》，《世界宗教研究》2011 年第 2 期。

［13］覃彩銮：《壮族的国家认同与边疆稳定——广西民族"四个模范"

研究之二》,《广西民族研究》2010 年第 4 期。

[14] 袁丽红:《壮族与客家杂居的空间结构分析——壮族与客家关系研究之一》,《广西民族研究》2009 年第 1 期。

[15] 陈德英:《壮族传统文化对壮族服饰图案的影响——以壮族宗教文化为例》,《玉林师范学院学报》2009 年第 1 期。

[16] 曾杰丽:《壮族民间信仰的和谐生态伦理意蕴》,《广西民族大学学报》(哲学社会科学版)2008 年第 6 期。

[17] 何正廷:《壮族铜鼓文化研究》,《文山师范高等专科学校学报》2008 年第 3 期。

[18] 陈炜、陈能幸:《论少数民族非物质文化遗产保护性旅游开发——以壮族嘹歌为例》,《改革与战略》2008 年第 3 期。

[19] 李萍、韦国友:《壮族山歌传承奥秘新探——以百色壮族山歌为例》,《百色学院学报》2007 年第 5 期。

[20] 韦顺莉:《荣耀与追求:广西壮族土司民族认同之考察》,《广西民族研究》2007 年第 3 期。

[21] 塚田诚之:《中国壮族与越南侬族的民族关系与交流》,《广西民族大学学报》(哲学社会科学版)2007 年第 5 期。

[22] 梁昭:《汉、壮文化的交融与疏离——"歌圩"命名再思考》,《民族文学研究》2007 年第 1 期。

[23] 许晓明:《近十年壮族民间信仰研究综述》,《广西民族学院学报》(哲学社会科学版)2006 年第 S1 期。

[24] 覃乃昌:《壮族〈嘹歌〉的传承与传播研究——壮族〈嘹歌〉文化研究之七》,《广西民族研究》2005 年第 4 期。

[25] 牟钟鉴:《从宗教学看壮族布洛陀信仰》,《广西民族研究》2005 年第 2 期。

[26]《〈嘹歌〉:壮族歌谣文化的经典——壮族〈嘹歌〉文化研究之一》,《广西民族研究》2005 年第 1 期。

[27] 杨宗亮:《云南壮族的自然崇拜及其对生态保护的意义》,《云南民族大学学报》(哲学社会科学版)2005 年第 2 期。

[28] 龙符:《壮族铜鼓的历史文化内涵》,《文山师范高等专科学校学报》2005 年第 1 期。

［29］ 潘其旭：《壮族〈麼经布洛陀〉的文化价值》，《广西民族研究》2003 年第 4 期。

［30］ 黄桂秋：《壮族民间麼教与布洛陀文化》，《广西民族研究》2003 年第 3 期。

［31］ 黄秉生：《壮族文化根系与壮族文化生态美——壮族文化生态美研究之一》，《广西民族学院学报》（哲学社会科学版）2003 年第 2 期。

［32］ 黄秉生：《崇智文化根系与壮族的文化生态美——壮族文化生态美研究之二》，《广西民族学院学报》（哲学社会科学版）2003 年第 3 期。

［33］ 张声震：《壮族历史文化与〈壮学丛书〉——〈壮学丛书〉总序》，《广西民族研究》2003 年第 1 期。

［34］ 韦熙强、覃彩銮：《壮族民居文化中的宗教信仰》，《广西民族研究》2001 年第 2 期。

（作者叶桂郴系桂林航天工业学院教授，黄坚系广西壮族自治区政协主管、自治区政协办公厅主办《文史春秋》杂志编辑）

广西壮文化保护传承机制探析

黄金东

【摘　要】在长期的历史发展过程中，壮族及其先民创造了悠久灿烂而又别具特色的传统文化。目前，壮文化的保护传承形势严峻，面临着传统与现实的双重困境，急需转变思想，探索壮文化保护传承的新机制，加大文化建设步伐，形成以政府为主导，专家学者为前导，社会各界积极参与，基层民众共同努力，互相促进，良性循环的一个完整体系。

【关键词】壮文化；非遗保护；文化传承；文化建设

壮族及其先民因所处的自然环境和特定的生产方式，在长期的历史发展中形成了独具特色的物质文化和精神文化。这些文化突出表现为稻作文化、歌圩文化、铜鼓文化、壮锦文化、岜莱文化（花山岩画）、布洛陀神话、原始宗教文化以及壮族医药文化等。

壮族传统文化是中华民族文化的重要组成部分，对中华文明发展做出了突出贡献。然而，在我国社会大转型的背景下，壮族的原生传统文化正面临着淡化、趋同甚至消失，传承后继乏人的严重状况。

21世纪以来，壮族的文化主体意识有所提升，对壮族传统文化的挖掘和整理取得了长足的进步，逐步建立起了壮学体系。然而，与壮族作为中国人口最多的少数民族以及悠久灿烂的历史文化相比，这些成果远远满足不了壮族文化复兴的要求，对壮文化不断创新和前行的支撑力仍显不足，壮文化传承与发展的道路仍任重而道远。因此，在中国和平崛起的历史浪潮中，如何进一步挖掘和传承壮文化，为中华民族文化的复兴和发展做出应有的贡献，成为摆在我们面前的重大课题和责任。

一 壮文化保护传承面临的主要困境

民族文化的保护传承不仅依赖于对传统文化的发掘和整理，更需要本民族每个个体的继承和发扬。只有在充分挖掘民族文化核心价值的基础上，不断创新和发展，才能保持民族文化的生命力，获取可持续发展的动力。壮文化的保护传承不仅需要应对传统文化体系的缺陷，更要面对全球多种文化冲击下文化主体意识不断淡化的形势。可以说，面临着前所未有的困境。

（一）壮族传统文化体系存在缺陷，文化传承出现断裂

相对封闭隔绝的自然环境和历代统治者实施的"以夷制夷"政策，导致了壮族在历史发展过程中难以形成统一的民族政治、经济和文化体系。面对其他民族文化尤其是汉文化的强烈冲击，壮文化生长机制受到压制，文化架构存在缺陷。黄桂秋认为，壮族没有与其人口相适应的历史地位，正是由于壮族传统文化体系中存在的种种弊端所造成的。他指出，壮族传统文化存在架构的缺陷性、封闭性、涣散性和断裂性四个方面的缺陷。①

壮族传统文化体系的缺陷，造成壮文化自身再生能力相对不足，对外来文化冲击的抗干扰能力偏弱，文化主体意识薄弱，无法利用其他文化的优秀内涵完成文化的自主更新。在现代社会的格局下，与汉族等其他民族文化相比，壮文化存在明显的断裂性。早在20世纪80年代末，梁庭望先生就通过长期的观察和思考，指出壮文化在中华文化体系中虽占有重要地位，但却带有一定的封闭性、保守性和惰性，而最大的问题是它的断裂现象。他认为，从传承的角度看，壮文化属于断裂型文化，存在古与今断裂，即传统文化与现代文化之间发生断裂；文与言断裂；高与低断裂，也即高层次文化与低层次文化之间发生断裂；内与外断裂，即本民族文化和汉族文化以及其他民族文化之间发生断裂；传与承

---

① 黄桂秋：《壮族传统文化与现代传承》，光明日报出版社2016年版，第248—250页。

断裂，也就是学校教育与民族传统文化断裂。为了弥合壮族文化生活的断裂，创造信息时代趋于平衡的文化生态，需要付出异常艰苦的努力。①

由此可见，壮文化传承面临的最大困难就在于文化传承的断裂性。许多壮族历史上优秀的传统文化或已失传，或濒于灭绝，陷入传承乏人的境地，如高超的铜鼓制造和分割技术已经无人知晓；精美绝伦的织锦技艺传承举步维艰；歌圩文化的影响淹没在各种流行快餐歌曲中，如此等等。壮族文化处于半自生自灭的状态，急需充分挖掘、整理和补充。

（二）文化主体意识淡薄，保护传承动力不足

文化主体意识是一个民族文化不断发展的根。民族文化传承和创新的动力，很大程度上依靠民众文化主体意识的觉醒。民族文化主体意识凸显的是"主体性"，即将整个民族"内在的我性"综合起来，对其做有意识的省察。对个人而言是认识自己、批判自己、超越自己，从而创造自己。对整个民族文化而言，则是接受传统、承认传统，进而认识传统、批判传统、超越传统，从而创新传统。② 因此，如何通过有效的方式和手段，激发广大壮族民众的文化主体意识，增强对本民族文化的自尊心和自豪感，切实保护和传承民族生态文化，从而使壮文化增强自我更新和创新的能力，焕发新的活力，是壮文化保护传承的基础保障。

然而，由于历史原因和壮族传统文化体系自身的一些先天性不足，壮文化的鲜明特征在一定程度上被遮蔽了，加上壮文化传承上的断裂，从而给人一种"壮族没有特点"的印象，不仅其他族人对壮文化缺乏鲜明的概念，甚至壮族人当中的不少干部和知识分子对本民族文化特征也知之不多，知其所以然的更少。如今，随着改革开放的深入和西部大开发战略的实施，经济现代化和全球化进一步加快，壮族传统文化受到越来越多的各种文化的冲击，民众的文化主体意识愈加淡化，文化的传

---

① 梁庭望：《论壮族文化的断裂现象》，《广西民族研究》1988年第4期。
② 朱高正：《重建文化主体意识——精神文明建设的文化基础》，《社会科学战线》1995年第4期。

承遭受严峻的挑战。特别是广大农村男女青年离开农村到城市打工，在主流文化和全球大众文化的不断冲击下，他们对壮文化的感受越来越淡，对壮文化来自哪里？往何处发展？更缺乏应有的思考。此外，一些地方领导也没能充分认识到民族文化的重要性，文化意识淡化，对民族文化缺乏兴趣和感情，有的认为壮族已经都同化成汉族，保护和发展其传统文化意义不大；有的认为民族文化只代表地方文化，发展民族文化已没有什么现实意义；有些甚至把发展民族文化误解为是搞地方民族主义；有些为了当地经济发展或眼前利益，忽视了民族文化的保护，甚至不惜以牺牲或毁坏民族文化为代价。这些错误的认识造成社会上极少人关心、重视本地民族文化。

由上可知，文化主体意识的淡薄，缺乏文化保护传承的动力，是壮文化保护传承的现实困境。

（三）资金投入不足，制约文化建设发展

政府的财政投入是民族文化保护传承的重要保障。近年来，广西各级政府逐步加大了对民族文化的财政投入。据不完全统计，2011 年投入 851 万元对桂剧、壮剧、侗族木构建筑营造技艺等非物质文化遗产项目进行保护[①]；2012 年，全区投入和筹集资金 3.41 亿元，实施和新推出多项文化惠民工程[②]；2015 年，全区加大文化惠民工作力度，公共文化服务体系建设不断推进，中央和自治区两级财政提前下达了全区公共图书馆、美术馆、文化馆（站）和博物馆、纪念馆的免费开放经费 1.67 亿元，全区 40 个城市社区（街道）文化中心首次被纳入免费开放补助范围[③]，等等。随着政府投入的不断增加，全区掀起了文化建设的热潮，文化工作取得重大进展，文化建设成效显著。

然而，由于壮文化保护基础薄弱，分布范围广，刨除了其他项目外，能投入壮文化专项保护的经费可谓杯水车薪，偏远农村地区的投入更显不足。一些国家级或者区级传承人，即使每年都拿到了国家级补助

---

① 《广西投入 851 万元保护非遗项目》，《南宁晚报》2011 年 11 月 15 月。

② 张捷：《广西将投入资金 3.41 亿元实施文化惠民工程》，《右江日报》2012 年 3 月 3 日。

③ 秦雯：《我区加大文化惠民投入》，《广西日报》2015 年 8 月 26 日。

经费 20000 元或区级补助经费 3000 元后，也只占非遗保护专项资金的极小部分，难以保障传承人的基本生活，传承活动的积极性受到影响。

经费投入不足，一定程度上影响了广西各类文化遗产的申报和立项，与周边省份比较起来，数量与等级都稍显落后。以"第三批列入中国传统村落名录"（2014 年）公布的村落名单为例，贵州省入选的村落有 134 个，云南省多达 208 个，而广西仅有 20 个。① 2016 年 11 月 9 日住建部公布的"拟列入第四批中国传统村落名录名单"中，广西入选村落有明显增加，共有 72 个入选，但与云南 113 个、贵州 120 个相比仍有较大差距。② 2014 年，南宁市申报的"妈勒访天边传说"被列入"第五批自治区级非物质文化遗产代表性项目名录"，但相似的壮族神话及其仪式"女子太阳山祭祀"在云南文山却已入选"第四批国家级非物质文化遗产代表性项目名录"中。

不仅如此，经费投入不足还使一些具有深刻文化内涵的遗址、遗迹得不到切实的保护。如位于南宁市上林县的摩崖石刻《韦敬辨智城碑》《六合坚固大宅颂》是名副其实的"岭南第一、第二唐碑"，1963 年被广西壮族自治区人民政府公布为第一批广西重点文物保护单位。2006 年 5 月，《韦敬辨智城碑》所在的智城城址被国务院核定为"第六批全国重点文物保护单位"。但是，目前对这些碑刻仍缺乏切实的保护，随时有被损毁的可能。此外，碑刻现场没有任何的介绍，对于提升当地民众的文物意识、传统文化认知起效甚微。

可见，经费投入相对不足已经严重制约了广西壮文化的保护和传承。应加大政府支持力度，把民族文化保护经费纳入地方财政预算，同时积极吸引社会资金，做到财政投入与社会资金相结合，积极推动民族文化建设。

---

① 《住房城乡建设部等部门关于公布第三批列入中国传统村落名录的村落名单的通知》，http：//www. mohurd. gov. cn/zcfg/jsbwj_ 0/jsbwjczghyjs/201412/t20141203_ 219694. html，2014 - 11 - 17/2016 - 12 - 12。

② 《住建部：拟将 1602 个村落列入第四批中国传统村落名录》，http：//politics. people. com. cn/n1/2016/1109/c1001 - 28846684 - 4. html，2016 - 11 - 09/2016 - 12 - 12。

二 壮文化保护传承新机制的探索

壮文化保护传承既面临着如何充分挖掘和整理传统文化，克服壮族传统文化体系的缺陷，又要面对现代化格局下传承断裂和传承乏人的现实状况，可谓困难重重。但是，在中华文化全面复兴的历史浪潮中，壮文化的发展也面临着极大机遇。因此，如何在现代化和全球一体化不断加深的大背景下，沿着前人开辟的道路，积极探索壮文化保护传承的新机制，促进壮文化的传承和发展显得迫在眉睫。

（一）树立文化自觉，提高文化自信

对壮文化的传承而言，首要的问题是要解决文化认知和认同。正确认知壮族传统文化的特征，树立文化自觉，提高文化自信，是进一步传承和发展壮族历史文化的起点和动力。要让广大党政领导干部、知识分子以及普通老百姓清楚壮族赖以生存的优秀传统文化和民族精神，认清什么是阻碍壮族进步发展的负面因素，不能一概认为壮族历史文化都是落后的，看不起或者有意淡化本民族的文化。对此，费孝通先生提出的"文化自觉"对壮文化的发展具有重要的理论关照和现实意义。"文化自觉"的构想，其意就在于倡导人们思考"我们从哪里来？""我们现在在哪里？""我们要往哪里去？"从而激发人们的文化自觉，提高文化自信。①

为了达到正确认知壮文化，激发民众文化自觉的目标，需要加大壮文化挖掘和整理的力度。这既包括挖掘目前没有被多数人所认识和了解，仍深藏在民间的文化；也包括对现有文化的深层次挖掘。如稻作文化，要让普通壮族人了解我们的祖先是稻作文明的创造者之一，对世界稻作文明发展做出了突出贡献，提高民族自尊心和自豪感。又如壮族历史上形成的家国情怀和爱国传统，更需要充分挖掘和宣传。对瓦氏夫人率兵抗倭的英勇事迹以及相关的政治、军事文化进行充分整理，对创作中或已经完成的有关瓦氏夫人作品要给予足够的支持，利用电视台、网

---

① 费孝通：《文化与文化自觉》，群言出版社 2010 年版，第 191 页。

络等手段向世界传播；对侬智高保境安民，以待完璧归赵的爱国行动应充分肯定，进行正确的官方定位，不能一味回避，任由话语权落入他国之手，浪费宝贵的民族精神财富，甚至可能导致在涉及国家根本利益的领土和主权问题上陷入被动的局面。

当然，壮文化需要挖掘和整理的仍有许多，其中也涉及多方面的问题，《壮学丛书》已经进行了系统性的设计[①]，但以下两点显得尤为重要：

其一，民族文化进校园。教育是文化传承和发展的重要途径。如今，学校教育与家庭教育和社会教育相比，在整个教育过程中所占的比重越来越高，其重要性不言而喻。因此，对壮文化的认知和传承需要从娃娃抓起，在幼儿园到大学的整个教育体系中落实。壮文化不仅需要进入广西学校教育体系，更需要在现有实践基础上进一步提升，巩固和加强现有的成果，否则可能导致无疾而终的局面。需要找到一条将民族文化与学生个人发展相结合，民族文化教育与现代文明相适应的合作机制。这既有教育部《完善中华优秀文化教育指导纲要》的依据和参考，也有《中华人民共和国民族区域自治法》的制度保障。

其二，建立基层文化普查工作机制。文化的普查是文化保护和传承的基础条件。对此，可参考非遗培训基层普查骨干的做法，依托高校和科研系统对基层文化工作者进行民族文化和田野调查方法的培训，让他们扎根基层，负担起民族文化普查工作的重任。这项工作，既需要普查工作人员有强烈的责任心和荣誉感，更应该有相应的薪酬、激励和考核制度保障，以解决他们的后顾之忧并激发他们的积极性。

（二）加强政府主导作用，做好服务工作

壮文化的保护和传承需要加强政府的主导作用。政府应把握和规划文化发展的方向，同时提供相应的政策、财政等方面保障，做好服务工作，盘活文化发展的各个环节，形成一个相互促进的良性态势。

在进行规划之前，需要组织专家学者、社会各界代表以及基层老百

---

① 张声震：《壮族历史文化与〈壮学丛书〉——〈壮学丛书〉总序》，《广西民族研究》2003 年第 1 期。

姓进行咨询、调查和论证，找准壮文化发展的方向和思想主轴，搞清楚为什么要传承和发展壮文化，谁来建设，怎么建设的问题。要树立明确的目标，即通过文化传承和发展建设，激发民族的文化自觉和文化自信，使壮族每个个体能从中找到安身立命的文化根基，切实推进壮族地区社会进步和文化发展。[①] 在这个总体目标的基础上进行壮文化建设的整体规划，建立壮文化保护和传承机制。当然，这些规划应该是全面、开放和可持续的，不能只重视眼前利益，忽视长远发展。规划必须通盘考虑，做好协调工作。各级党委应全力贯彻，逐层落实责任制，在关键问题上主动担当，敢于担当。

除了做好整体规划、建立机制外，政府还应提供相应的制度保障和服务工作，主要有以下几个方面：

（1）在《中华人民共和国宪法》的框架内，充分利用《中华人民共和国区域自治法》给予少数民族发展本民族文化的各项政策保障，制定符合本地实际的政策法规，使壮文化发展有法可依。

（2）继续推进文化体制改革。通过深化改革，逐步打破铁饭碗，让文化事业单位的从业人员积极参与社会竞争；除一些保密等特殊项目外，其他文化服务工作可通过政府购买服务的方式让社会参与竞争，提高文化发展的活力。总之，深化文化体制改革就是要使文化体制发生"鲇鱼效应"，激活文化发展的各个环节。

（3）提供配套服务，制定各种文化发展优惠政策，吸引更多的社会资金投入到文化产业当中去。文化的传承和发展需要社会资本的参与和支持，需要政府根据文化发展的特点落实各项配套设施，在投入和政策上向文化建设倾斜，包括免费或优惠使用土地，减免税费、租金等。

（4）开设广西电视台和广播电台的壮语频道；同时充分利用网络和新媒体等手段推广和传播壮文化。作为中国人口最多的少数民族，建有省一级的自治区，且壮语仍是大部分壮人主要交际语言和接收信息的来源，壮族到目前为止仍没有自己的母语电视频道和广播电台。这种状况，非常不利于广大壮族人民接收外界的先进信息，在一定程度上阻碍

---

① 覃德清：《壮族文化建设的理论观照与路径选择》，《中央民族大学学报》（哲学社会科学版）2016 年第 2 期。

了当地现代化的进程。对此，可通过试点的方式，逐步推动相关工作。据了解，目前在德保、靖西等 20 多个县市运行的壮语电视频道及壮语广播节目都取得了不错的经济效益和社会效益，这是很好的实践经验。

政府还应积极利用现代新手段宣传和推广壮文化，承担起壮文化宣传的领导角色。应充分利用网站、APP 软件、微信、微博等平台推送壮文化，把年轻人吸引到壮文化的传承和发展中来；组织创作或支持、推广壮文化元素电影、短片、音乐作品等，唤起民众的文化主体意识，让国内外了解、理解壮文化的优秀价值。

（5）加大财政投入，加强文化基础设施。特别是加强乡镇、社区和农村文化设施建设；提高县、乡镇图书馆和文化活动室的现代化水平；加强群众业余文化团体建设，使文化传承和发展有场地、有器材，吸引更多的群众投入壮文化的保护传承和发展中来。

（6）以非遗保护为切入点，切实做好壮文化保护传承工作。壮族的非物质文化遗产是重要的文化资源，是壮族人民智慧的结晶。2016年 7 月，壮族先民骆越人创造的左江花山岩画文化景观被批准列入《世界遗产名录》，实现了广西世界文化遗产名录零的突破，不仅提高了壮族文化的自信，也掀起了当地保护文化遗产的热潮。应该趁着这个时机，梳理广西非遗保护的经验和教训，充分借鉴国内外非遗保护的成功经验，探索传承壮文化的新机制。

第一，完善相关法律法规，明确非遗保护和传承的主体、知识产权、权利、责任以及处罚措施。通过完善相关法律法规，使文化保护和传承具体化、可操作化，做到全面保护，对文化的产权和权利有清晰认定，明确各级单位和领导的责任，对保护不力的单位和领导有具体的处罚和救济措施，逐步推进将文化保护的成效纳入考核体系。

第二，建立分类保护的机制。首先，对广西境内壮族非遗文化状态进行分类，根据良好、一般、濒危和消失等存续状态制订不同的保护方案；其次，对不同类别文化进行分类，按照不同的类别进行有针对性的保护。保护经费的分配、使用需要确保权责统一，做到框架内基本公平、良性循环。公平合理分配资源，补贴标准差别对待，将有限资金向传承困难的项目倾斜，对那些已经与时代脱节、在当下的市场环境中无法生存的非遗艺术，必须由财政拨款予以保护，并采取拍摄影像资料等措施进行抢救性保护。

第三，非遗文化遗产的开发和利用应注重活态传承，坚持保护和开发并重，坚持政府管理和市场运作并重。首先，政府需要主动承担文化传承的责任，积极引入社会资本，形成保护与商业开发的良性互动。其次，在开发的过程中，注重当地壮族人民在文化传承体系的主体地位，形成所有权、承包权、经营权"三权分置"格局，以"城归"为主力发展科学的规模经营，而不是沦为运营公司的廉价劳动力。再次，需要注重经济利益和社会效益相结合，不能舍本逐末，变成地方追求利益的快捷途径，单纯以发展当地经济和旅游业等利益为出发点，而忘了保护的初衷。最后，不断探索新的保护方法和保护体系。这方面，广西已有了许多成功的经验，如崇左和靖西壮族博物馆的设立、红水河铜鼓文化生态保护区和百色壮族文化生态保护区的运行以及中越边境非物质文化遗产保护惠民富民示范带的积极探索。对此，应继续加强引导和建设，不断探索可持续的特色产业发展试验区。同时将一些代表壮族身份符号，具有深厚文化内涵的项目产业做大做强，推向国内外市场，使其焕发新的生机。如壮锦，可借鉴绣球的市场化模式和蜡染、扎染的运作方式，积极与设计界合作，通过设计、展览、表演等赛事活动，在保持壮锦文化核心价值的同时，加入现代元素，不断创新，把壮锦文化推向全国，走向世界舞台。

（三）支持国家战略需要，占领骆越文化研究高地

骆越是以壮族为主的壮侗语民族的共同祖先，先秦时期已在中国岭南地区建立起了地方政权——骆越方国。骆越方国的主体一直在中国境内，中心在广西，都城在大明山一带。骆越方国是历史上最早开发岭南、最早开发南海、最早经营南海交通的地方政权，这为国家南海主权和"海上丝绸之路"建设赋予了历史依据。

骆越文化的研究已成为涉及我国领土安全、领海安全、文化安全的重大课题。目前，广西在这方面脚步迈得仍不够大，需集中力量，尽快形成体系研究。应有文化的担当意识和主动配合国家战略的自觉，不能因敏感性而裹住手脚，需要充分认识到骆越文化研究不仅对国家战略有重大价值，同时也是让高层认识壮文化价值，重新审视壮族历史文化地

位的一个重要契机。这对广西壮文化主体意识的提高以及争取更多国家和社会资源来保护和传承壮文化都是一个重要的机遇。因此，应迈开脚步，整合各种资源，加强与云南等地的交流和合作，在已经完成的《骆越方国研究》的基础上继续探索，尽快推出一系列成体系、互相支撑的成果，让骆越文化的主要历史事实形成国际定论，为国家战略提供强有力的历史依据。

（四）注重人才的引领作用，积极培养后备人才

人才对民族文化传承和发展具有重要的引领作用，这种作用不仅体现在传承人对民族文化的不断传承和发展上，更体现在知识分子对本民族文化的不断探索和提升上。各地壮族知识分子都应该提升对本民族文化的认知，思考民族文化的未来，主动承担民族文化发展的责任。广西社会科学院、壮学会、桂学研究会以及广西民族大学等高校和研究机构作为壮族知识分子相对集中的地方，应该有文化建设的战略眼光，引领民族文化的发展方向。

同时，应整合各种资源，构建民族文化发展的平台，探索发展机制。2015年7月成立的北京广西文化艺术促进会（以下简称北京桂促会）在这方面进行了一些有益的探索，通过搭建平台，整合了在京广西籍书画、影视、人文、卫生医疗以及商贸等各界人才，积极为广西文化发展出谋划策，提供智力、财力等各方面支持，为家乡发展作贡献。一年多来，北京桂促会先后举办了"一带一路新丝路·万年桂陶万里行""边沿·前沿——广西当代艺术北京展""广西当代艺术南宁展"等系列活动，影响力不断扩大。这是一个很好的趋势。壮文化的传承也需要有合适的平台，通过整合资源，形成一股合力，扩大影响力。

文化的传承和发展，必须有民族文化人才的支撑。目前，壮文化人才面临着断层的危险。对此，应加大人才培养力度，适当突破现有条件框架，向民族文化人才倾斜，大力培养年轻人，形成老中青相结合的人才结构。对民间传承人培养而言，需要在现有传承人制度的基础上，打通传承人与学校教育、职业资格认定的通道，允许传承人适当突破现有一些框架，通过绿色通道进入学校教育学习，参加职业资格认定。条件允许的地方可吸收部分优秀传承人进入文化事业单位，给他们更多的保

障。通过这种示范，吸引更多的人投入民族文化的发展中来。高层次人才的培养则主要依赖高校和科研系统，特别是民族高校在这方面应该说有义不容辞的责任。针对民族文化和社会发展的状况，各高校应在专业设置、培养方案、师资配置、教学实践等方面不断进行探索，使培养的人才"出得去，有前途"，既具备社会生存、发展和进一步提升的能力，又有深厚的民族文化底蕴。对从事民族文化人才培养的队伍要适当进行政策倾斜，让他们"留得住，干得好"。

三　结语

综上所述，在现代化的进程中，壮文化的传承和保护面临着传统和现实的困难境地，需要付出异常艰辛的努力。应立足于壮族的历史文化经验，积极借鉴历史学、民族学等理论方法，通过民族教育等方式，激发广大民众的文化主体意识，充分认识到本民族文化的优秀品质和精髓及其在中华文化中的地位和重要作用，增强民族自豪感、责任心和忧患意识，积极投身到壮文化的保护传承事业中来。

总之，壮文化的保护传承是一项系统性、长期性的工程，需要形成以政府为主导，专家学者为前导，社会各界积极参与，基层民众共同努力，多点共进，互相促进，环环相扣，良性循环的一个完整体系。

（作者系历史学博士，中央民族大学图书馆古籍部主任）

缺失与干预：民族地区文化自觉的实证研究

——基于广西 GZ 仫佬族乡的调查

陈小玉

【摘　要】文化自觉是生活在特定文化中的人对其文化的过去、现在及将来发展的理解、认同及创新的状态，文化自觉本质上是对文化价值的自信与觉醒，是文化自信的前提与基础。文化自觉是全球化对后发国家与民族提出的一个重大挑战。少数民族文化是中华文化的重要组成部分，也面临文化自觉与文化自信的问题。基于广西 GZ 仫佬族乡的调查发现，文化自觉的缺失源于生存与文化冲突中的主动放弃、现代文明冲击的无奈应对及现代学校教育的潜移默化。由此提出政府—市场—村庄三位一体的导引文化自觉的动力机制，即作为推动文化自觉主导力量的地方政府、以资本下乡形式的市场力量和以村规民约为主要形式的村庄力量共同作用以实现少数民族地区的文化自觉。

【关键词】民族地区；文化自觉；缺失；干预

一　问题的提出

　　文化自觉本质上是对文化价值的自信与觉醒，这一概念是费孝通先生于 1997 年在北京大学举办的第二次社会学人类学高级研讨班上首次提出的，用以回答举办此次研讨会的目的，即"人类发展到现在已开始要知道我们各民族的文化是哪里来的？怎样形成的？它的实质是什么？它将把人类带到哪里去？"① 因此，他认为文化自觉是"指生活在一定文化中的人对其文化有'自知之明'，明白它的来历，形成过程，所具的特色和它发展的趋向，不带任何'文化回归'的意思，不是要'复旧'，同时也不主张'全盘西化'或'全盘他化'。自知之明是为了加强对文化转型的自主能力，取得决定适应新环境、新时代时文化选择的自主地位"。② 费孝通先生的"文化自觉"概念是对经济全球化及当今世界多种文化互相接触后人们心态变化的反思背景下提出的。西方文化的相对强势对于经过近代历史的中国人而言，对自身文化的"自知之明"尤显重要，是中华民族重获文化自信的重要基础。"我们过去对待自己的传统文化往往采取一种虚无主义的态度，妄自菲薄，丧失了文化自觉。"③ 对此，进入 21 世纪后，党和国家制定了文化强国的战略，并强调通过培育文化自觉与文化自信来达成目标。习近平总书记在多次讲话中都明确提到文化自觉与文化自信的问题。2014 年在文艺工作座谈会的讲话中他明确提出：各级党委要从建设社会主义文化强国的高度，增强文化自觉和文化自信，把文艺工作纳入重要议事日程，贯彻好党的文艺方针政策，把握文艺发展正确方向。④ 少数民族文化是中华文化的重要组成部分，是推动民族繁荣与民族和谐的有力武器。近代以来，受到现代文明的冲击，少数民族文化的破坏、毁损甚至消失都十分严重，很多少数民族对自己的文化缺乏了解与认同，在与现代文明接触中潜移默化地形成了现代文明具有先进性而本民族的文化是落后的意识，丧失了民族文化的自信。因此，当前少数民族文化与中华民族文化都面临着重新培育文化自觉，重获文化自信的严峻形势。本文以广西GZ 仫佬族乡为例，分析其在现代化进程中文化自觉缺失的根源，试图展现在多重力量的作用下，古老的仫佬族乡村逐渐恢复文化自觉与文化自信的社会事实。

---

① 费孝通：《反思·对话·文化自觉》，《北京大学学报》（哲学社会科学版）1997 年第 3 期。
② 同上。
③ 苏国勋：《社会学与文化自觉——学习费孝通"文化自觉"概念的一些体会》，《社会学研究》2006 年第 2 期。
④ 《习近平在文艺工作座谈会上的讲话》，http：//culture. people. com. cn/n/2014/1015/c222 19 - 25842812. html，2014 年 10 月 15 日。

二 研究对象及过程

GZ 仫佬族自治乡是 1999 年 1 月 14 日由广西壮族自治区人民政府批准成立的全国唯一的一个自治乡，隶属于柳城县。该乡位于柳州市的西北部，九万大山的余脉将其围成一个大山峒，因此又有"北乡峒"之称。西面与罗城仫佬族自治县接壤。全乡总面积 246.5 平方千米，下辖 13 个村民委和一个社区，共有 138 个自然屯、2 个居民小区。GZ 仫佬族乡是汉族、壮族、仫佬族等多民族混合居住地。其中汉族人口占54.7%，仫佬族人口占近 30%。有 4 个自然村几乎都是仫佬族人口。GZ 仫佬族文化既有本民族文化的共性特征，也有自己的特色。

（一）族别和语言

仫佬族自称为"木冷"，壮族称为"布谨"，意为"本地人"。汉族称为"姆姥"，是"老母"之意，即以仫佬族皆从母而不从父的古老习俗相称。中华人民共和国成立后，借鉴苏联的民族政策，我国推行了民族区域自治政策，并对少数民族进行了民族认定，根据仫佬族人民的意愿，于 1956 年 2 月 11 日，经中华人民共和国民族事务委员会批准，族称正式确定为仫佬族。[①]

仫佬族族源，最早可追溯到 50000 年前的"柳江人"，考古研究表明，1958 年在广西柳江新兴农场通天岩发现的"柳江人"化石具有南方蒙古人的特征，与现代的仫佬人等壮侗语各民族人种相同。[②] 先秦时期，"柳江人"发展成百越族群中的"西瓯""骆越"人。而仫佬族先民属"骆越"中的一支。明代时期仫佬从其他族群中分离出来发展为单一民族。"从体质、语言等诸文化方面的人类学角度考察，仫佬族具有极深厚的骆越民族文化特征，是古老的岭南土著民族。"[③]

仫佬语属于汉藏语系，壮侗语族，侗水语支。有许多基本词汇与壮、

---

① 苏沙宁：《仫佬族"走坡"习俗及其歌谣研究》，《云南艺术学院学报》1999 年第 1 期。

② 吴汝康：《广西柳江发现的人类化石》，《古脊椎动物与古人类》1959 年第 1 卷第 3 期。

③ 温远涛：《仫佬族族源新探》，《广西民族研究》2010 年第 2 期。

侗、水、毛南等语言相同。它们是从我国南方古越人语的共同体中发展而来的。在 GZ 仫佬族乡，上富、罗城村等以仫佬族人口为主的四个村老年人之间、老年人与年轻人使用仫佬话较普遍，青年人则经常性地使用桂柳方言交流，其他村的仫佬族除上了年纪的老人外，已基本上用桂柳方言交流。

（二）传统经济生活

仫佬族人日常的饮食以大米为主，玉米其次，辅以红薯、芋头、荞麦、高粱、木薯及豆类，与当地汉人、壮人一样。但是 GZ 仫佬族人的饮食也有自己的特色。爱吃酸辣是其饮食的突出特点，GZ 仫佬族人中流传着一句口头禅："吃不得辣椒上不得高坡。"糯米食物也是古砦仫佬族人的最爱，包括糯米饭、大粽粑、甜酒、汤圆、年糕等，不但在过节时做，不过节时也做。"重阳酒"是人们用糯米酿造的一种传统饮料，在当地有"土茅台"之称。"GZ 式"喝酒方式①直到现在仍然是代代相传。"猜码"则是当地仫佬族人祝酒娱乐的一种重要习俗。

也许由于历史上统治阶级对少数民族推行的歧视与压迫政策，少数族群为避风险，大都居住在远离统治中心的偏远山区。仫佬族也不例外，都是靠山而居，远离集镇中心。传统的仫佬族民居建筑具有突出的防范式特点，砌起的围墙足有 2—3 米，把整个村庄包围，一两个闸门通道出入村庄，闸门口有门楼，门楼有三层高，上面设有瞭望口，外面的风吹草动，即可清晰查见。村庄内的单户民居也是门楼加围墙、泥砖墙加瓦顶的平房建筑模式。目前，GZ 仫佬族乡保存得最好的是滩头、古廨和潘村的传统民居，它们是当地仫佬族人民集体记忆的凝结与见证。改革开放后，中国经济发展水平不断提高，国家综合实力显著增强，人民得到的实惠也越来越多。由于地处山区，交通极其落后，GZ 仫佬族乡的发展相对滞后，直到 1999 年民族乡成立后，得益于国家与自治区的民族政策与资金扶持，通往集镇中心的道路修好后，古老的村

---

① 但凡酒事或逢年过节，有客人来，在就餐时，斟满一碗酒，每人一副筷子，一只酒杯，主人先斟满一杯酒，讲些欢迎方面的客套话，便将自己的酒杯奉送到客人的嘴边，客人理所当地喝下去，然后也奉送一杯给主人，同样将酒也"串"到主人嘴边。开头的酒一定是双杯，叫"好事成双"，之后主客双方就一边"串"酒一边喝，这既是一种礼貌，同时也体现双方的亲热、够朋友。

寨与外面的世界交往逐渐增多，仫佬族乡民生活有了很大改善，民居建筑随之发生了很大变化。人们在老房子外围的自家地上建起混砖结构的平顶楼房，保留了原来的泥墙加瓦顶的祖屋。如滩头村的村民在原来村庄的东面几乎又建起了一个新村，年轻已成家的儿子居住在新居，而老年父母与未成年的子女则仍居住在祖屋。建成新村的楼房没有统一规划，毫无章法，零乱分布在老村东头。而保留下来的老村在统一的围墙内，单户建筑错落有致，整齐分布，与新村形成了极大反差。

服饰是一个民族文化的重要内容。传统仫佬族的服饰有自己的特色。《广西通志》载："宜山姥姆即僚人，服色尚青……"也就是说，仫佬族人爱穿青色服饰。他们的服饰全来自自种棉花和蓝靛，自织自染。仫佬人妇女上衣很短，仅及腰，袖背上全部绣上鳞状花纹。下穿无褶筒裙，脚上穿的是钩尖鞋。未婚女子梳长辫，已婚女子挽髻，戴耳环、手镯、戒指等首饰。男子多穿对襟衣，男女均以长帕包头。不过随着与外界交往的增多以及生活水平的不断提高，GZ 仫佬人的服饰已与现代其他民族的服饰逐渐趋同，尤其是很多在外打工的青年男女穿着上与城市中的市民已无二致。

（三）传统节日习俗

仫佬族在漫长的历史长河中，形成了许多极具特色的节日习俗，成为仫佬族传统文化的重要内容。仫佬族的节日非常多，一年十二个月几乎每月都有节日，其中依饭节与走坡节是仫佬族最具特色的两大节日。在 GZ 仫佬族乡，"走坡节"俗称"行岭"或"走岭"。每年的八月十五中秋节这一天，青年男女会穿上节日盛装，在村头的岭坡上或者固定活动地点云集一起唱歌传情。通过这种社交活动，男女双方寻找自己的意中人。然而，对于年青一代的仫佬族男女而言，通过"走坡"的方式觅得意中人已然成为一种"传说"。"依饭节"是仫佬族的一个传统大节。据说节日源于纪念一位白马姑娘①，一般是以宗族为单位在"立

---

① 在仫佬族的传说中，一位骑着白马的姑娘在他们的祖先罹难时从天而降拯救了先祖，先祖发迹后始终不忘白马姑娘的救命之恩，便将遇难脱险日定为"依饭节"举行的时间，以教育后代不忘救命之恩。

冬"后的黄道吉日举行（或立冬日）。举办该节是为了祭神、还愿、祈福、消灾、除难。这一天要请道师办道场，请三十六尊天神下凡，保佑仫佬族人物阜安泰、六畜兴旺、人丁兴盛。节日的食品十分丰盛，家家包粽子、蒸糯米饭、杀鸡鸭。用红薯、芋头做成黄牛和水牛的模样，带上一束谷穗和祭品参加依饭节公祭。各户在自己家门口设立祭坛，宾客盈门，很是热闹。但是听当地老人说 GZ 仫佬族的依饭节在中华人民共和国成立后举办过两次，后来就中断了。进入 21 世纪后，地方政府为了解决民族乡的贫穷落后面貌，试图通过发展当地旅游业来带动经济的发展，于是在政府的主导下，又重新恢复了依饭节。

选择 GZ 仫佬族乡作为笔者的研究对象具有偶然性。由于笔者一直比较关注少数民族的发展问题，听说柳城县有个少数民族村寨的旅游业发展得很有特色，由于保留了大量的极富特色的古民居以及一些有趣的民风民俗和民间传说而吸引了众多游客，专业的敏感促使笔者去探个究竟。恰好笔者有个大学同学是本地人，她的妹妹则在当地县政府旅游局工作，于是联系了同学，说明了自己的想法，她非常热情，力邀笔者到当地考察。去了才知道她妹妹原来曾在 GZ 乡政府工作了几年，所以直觉上判断她将是最好的"爆料人"。事实证明在接下来的调查中，无论是到实地考察直接与村民交流，还是与乡政府官员打交道或是重要的地方志文献资料的获取，她都发挥了至关重要的作用。

三　GZ 仫佬族文化自觉缺失的根源分析

如前文所述，GZ 仫佬族文化无论是语言、饮食、建筑、服饰还是风俗习惯都明显呈现出传统与现代的裂变，尤其体现在青年群体身上的文化断裂。细析其原因，有三点十分突出。

（一）生存与文化冲突中的主动放弃

费孝通先生在提出"文化自觉"概念时曾提到研讨班一位学员讲到的例子，即鄂伦春少数族群因为森林遭到破坏而引发的生存与文化的矛盾冲突，在这个关乎生存问题的冲突中，鄂伦春人要么是抛弃世世代代传下来的狩猎文化进行文化的转型，要么坚持原有的文化而走向族群的灭亡。"文化是人为的，也是为人的"，① 因此面对严酷的现实，鄂伦春人不得已放弃了原有的文化模式，当然这是鄂伦春人理性选择的结果。

GZ 仫佬族乡民大多居住在大石山区，这种石山不同于鄂伦春族的大山，自然环境十分恶劣，无法为当地乡民提供有利的森林资源，所以世代的仫佬族人都是以农业为生，并在农业生产劳作中形成了自己独特的民族文化。GZ 仫佬族乡山多地少，产出是很有限的。美国人类学家约翰·博德利曾研究过世界各地的土著居民及其文化，他发现小规模文化的民族自有一套适应其环境的生存模式，在不受外来文化野蛮入侵的前提下，人们会与其周围的自然环境保持一种相对平衡的关系，包括物质的生产及人口的生产等。表现在"所有家庭都能获得食物和住所，也能得到自身文化提供的有价值的体验，没有文化诱因使他们积累财富。同样，也没有诱因使他们扩大人口和资源"。② 然而在经济全球化时代，发达国家利用现代商业文化（消费文化）摧毁了留存几千年甚至上万年的土著民族文化。博德利对这种文化的消逝充满伤感与同情。中华人民共和国成立后，新中国为了推动各民族平等、民族团结与共同繁荣，实行了民族区域自治制度，各少数民族在经济、政治与文化上都发生了根本性的变化，其中人口的增长极其明显。随着人口的不断增加，对物质生产相应的要求提高了，在原有的自然环境与人口生产及物质生产的平衡关系被打破后，传统生产方式的低效率就明显体现出来，本来就少的土地无法养活更多的人，出现了农业效益的"内卷化"③，仫佬族乡民的生活十分贫困。

据调查，GZ 仫佬族乡成立一年后，在全国都奔向小康生活的世纪之交，整个乡尚有贫困人口 6240 人，占全乡人口比例的 18.43%，他

① 费孝通：《反思·对话·文化自觉》，《北京大学学报》（哲学社会科学版）1997 年第3 期。
② 约翰·博德利：《发展的受害者》，北京大学出版社 2011 年版。
③ "内卷化"最早是由美国人类学家格尔茨提出，黄宗智在《长江三角洲小农家庭与乡村发展》中，把内卷化这一概念用于中国经济发展与社会变迁的研究，他把通过在有限的土地上投入大量的劳动力来获得总产量增长的方式，即边际效益递减的方式，称为没有发展的增长即"内卷化"。

们的年人均收入 1800 元以下，部分人在 1000 元以下。[①] 时至今日，GZ 仫佬族乡仍是该县唯一需要财政补贴的贫困乡。如此看来，仫佬族人也面临着一个"文化模式"的选择问题，生存高于文化，离开家乡外出求生成为众多仫佬族青年男女的自主选择。选择一种新的生存模式意味着放弃另一种生存模式，它预示着原有文化在选择主体身上的逐渐消逝。不过从文化接触到文化消逝是一个渐进的过程，如何干预则成为当下社会各方值得思考的一个极其重要的问题。

（二）现代文明冲击的无奈应对

当我们讲到现代文明时，很大程度上是西方文明的代名词。以工业化与城市化为其两大特征的西方文明从工业革命形成以来，一路发展、扩张，以其强势力量横扫世界许多国家或地区，自诩为拥有世界上最先进文化的西方人用一系列野蛮的行径摧毁了一个又一个的土著民族及其文化。美洲的印第安人、大洋洲的毛利人、太平洋岛上的新几内亚部落民等，无不被西方人以不开化为由而遭到残酷的"武力征服、资源掠夺和文明同化合法化"。[②] 曾经的中国在西方的入侵下，对自己祖宗留下的文化也一度丧失自信，新文化运动的众多先驱者无视中华民族的文化精华而主张走"全盘西化"的道路。好在今天的中国已经找到了一条适合自己国情的道路，逐渐重拾自信，提出文化自信、理论自信、道路自信和制度自信的"四个自信"。对中华民族而言这是极其令人自豪的一件幸事。不过对于非主流文化的各少数民族，形势仍不容乐观。根据国家的整体发展目标，作为与主体经济制度分离的少数民族经济相对落后，面临着一个要发展要追赶的现状。因此，国家在主观上并无同化少数民族文化的故意，但在客观上却极可能以"先进的"现代市场经济取代"落后的"经济方式是发展经济的必然结果，以"先进的"现代文明取代"落后的"少数民族文化。正如美国学者约翰·B. 科布所说："我也担心中国有可能简单地用现代文明去同化这些本土文化，担

---

① 数据来源于《GZ 仫佬族乡志》（1999—2009）。
② ［美］约翰·B. 科布：《本土文化与"文明社会"》，马莹华译，《新华文摘》2015 年第 20 期。

忧会像我自己的国家那样从未认认真真地追寻一下这些传统的原居民的文化优势。"①

进入 21 世纪以来，GZ 仫佬族乡的人民与西部地区其他少数民族人民一样在国家西部大开发战略的推动下，驶入经济发展的"快车道"。十几年来，GZ 仫佬族自治乡发生了巨大的变化，仫佬族人民的生活有了根本的改善，过上了与千千万万的汉族人民一样的幸福生活，这在GZ 仫佬族人民的历史上是从未有过的体验。但是我们在调查中也发现，GZ 仫佬族在经济实现了大发展的同时，也出现了不少的问题。在经济发展过程中，民族文化受到了较大破坏，很多曾经在历史上发挥了积极作用的民风民俗都在逐渐消失或已消失殆尽，仫佬族人民在追求经济利益的道路上其精神世界却逐渐走向空虚或虚无。

（三）现代学校教育的潜移默化

教育是文化获得的重要途径，家庭教育与学校教育则是文化习得的最主要的两大场域。但是在不同的历史阶段，两种教育模式所发挥的作用截然不同。在现代教育尚未普及之前，对于传统的仫佬族人而言，家庭中长辈通过"一对一"的"言传身教"，把生产、生活中的一整套经验传给下一代，包括生产的某种特殊技能，某些生产生活的仪式，禁忌等。传统文化就这样一代又一代生生不息地流传下来。不过中华人民共和国成立以后尤其是改革开放后，这种情况改变了，"中国一直在用现代的启蒙教育重塑自己。在这一过程中，传统文化的独特的价值观已经逐渐变得模糊和削弱，取而代之的是西方的价值观"。② 在 GZ 仫佬族乡，并未设立专门的民族学校，小学教育阶段现有 1 所中心校，9 所村完小，8 个教学点；初中教育阶段则有 2 所乡级中学，都是按照自治区的"普九"要求进行教学与管理的，所教内容与其他汉族地区并无二致。许多家长"不再将传统文化作为家庭教育的主要内容，取而代之

---

① ［美］约翰·B. 科布：《本土文化与"文明社会"》，马莹华译，《新华文摘》2015 年第 20 期。

② 同上。

的是监督孩子们学好学校的主流文化知识"。① 现代学校教育的步步推
进与传统家庭教育的逐渐退场，结果将演化成"传统的民族生活方式
已离年青一代越来越远。甚至这些本民族传统文化对于他们而言已经成
为'他者'，或者只是父辈们叙说中的遥远回忆"。②

四 培育文化自觉的三种力量：
政府—市场—村庄三位一体

有不少学者在研究少数民族文化的保护主体时，一个共同的观点
是：少数民族自身应该作为少数民族文化保护的内生主体，这种保护才
是有效的、可持续的，包括政府及其他市场主体不过是外生的不可持续
的主体。③ 这种观点有一定的道理，但是在实践中，"当地居民并不是
'本土知识'天然的和强有力的护卫者，他们既可能被动地也可能主动
地放弃所谓'本土知识'"。④ 因为，"基于一种全球视野的对于生物—
文化多样性的追求并不一定是'本土知识'的题中之义，当地居民也
不一定能够理解、认同那样一种追求并为之努力"。⑤ 而且，"在当前少
数民族文化保护工作中，某种程度上存在'上热下冷'的现象，即政
府部门和有关专家学者相当重视，但生活在这种文化环境下的当事者却
往往感觉无关紧要"。⑥ 由此，"文化自觉的前提条件就是有一个文化的
存在"。⑦ 但是"随着一种生活空间与时间的碎片化以及文化断裂化情

---

① 倪梦：《少数民族文化传承场域的消解与建构——基于民族学校教育的思考》，《湖北
民族学院学报》（哲学社会科学版）2013 年第 3 期。

② 王军、董艳：《民族文化传承与教育》，中央民族大学出版社 2007 年版，第 100 页；
转引自倪梦《少数民族文化传承场域的消解与建构——基于民族学校教育的思考》，《湖北民
族学院学报》（哲学社会科学版）2013 年第 3 期。

③ 其中最有代表性的学者是高兆明，参见高兆明《多民族国家中少数民族文化保护的
主体问题》，《西南民族大学学报》（人文社会科学版）2011 年第 10 期。

④ 朱晓阳、谭颖：《对中国"发展"和"发展干预"研究的反思》，《社会学研究》
2010 年第 4 期。

⑤ 同上。

⑥ 黄淑萍：《文化自觉：少数民族文化传承的内在动力》，《中国民族报》2012 年 7 月
6 日。

⑦ 赵旭东：《文化自觉之后的觉醒——费先生十年祭》，《福建论坛》（人文社会科学
版）2005 年第 6 期。

形的加剧,这种文化的实体性存在的可能性变得越来越困难"。① 所以少数民族自身的文化自觉非有外来的力量干预不足以形成。

从 GZ 仫佬族的实践看,改革开放以来当地居民文化自觉的弱化是一个不争的事实。进入 21 世纪后,GZ 仫佬族人民对自身族群的认同、对族群文化的自觉理解与遵循有了很大提高,与三种地方力量的共同作用密不可分。

(一)地方政府是推动文化自觉的主导力量

在中国现代化进程中,一个突出的特征是以国家(政府)为主导来开展各种经济发展活动及与此相对应的各种政策的制定与实施。换言之,在各种力量中政府起着关键性作用。虽然,党的十八届三中全会提出要让市场在资源配置中起基础性作用,政府也在不断地简政放权,但是长期的惯性作用会使政府在很多领域仍然发挥主导性作用。当然,我们也必须明确政府应该发挥主要作用的领域,不能尽然让位于市场。一个民族在文化自觉培育的初始阶段,政府应该发挥主导性作用。在 GZ 仫佬族乡,地方政府是以民族地区经济发展为抓手,以经济促文化,文化促发展。

1. 通过成立民族自治乡,在制度上唤起了仫佬民族长期被压抑的民族意识

我国是在 1954 年取消民族乡制度,1981 年重新恢复。当时的 GZ 仫佬族乡也向上级政府提交了成立民族乡的申请报告,没获批准。这个结果在实践中影响了不少仫佬族人及其他族群对仫佬族的认同。"潘姓人氏属于仫佬族的,这在云峰村潘村屯的'潘氏族谱'中有记载。……只不过有些因感到民族上的低微,而改为汉族了。""上富与罗城相邻,在这些村里同时住着 GZ 人与罗城人……本来仫佬族人口也很多,因此仫佬族估计有 2000 多人,占总人口 90% 左右,有些也因仫佬族被看不起而改为壮族。"② 这是 1997 年 GZ 申请民族乡座谈会上部

---

① 赵旭东:《文化自觉之后的觉醒——费先生十年祭》,《福建论坛》(人文社会科学版)2005 年第 6 期。

② 摘自《GZ 仫佬族乡志》中《GZ 乡申请民族乡村干部及部分人大代表座谈会纪要》。

分村干部代表谈到的一个共同话题，它表明在 20 世纪较长的一段时间里 GZ 仫佬族有受歧视的主观感受，并由此产生了民族认同问题。而民族乡的成立是地方政府基于经济落后及民族地区和谐的多重考虑，其所产生的一个意外结果是让少数族群的仫佬族人在制度上找到了自信。与前述相反的做法是，之前已改为其他民族的人要求改回仫佬族的意愿十分强烈，而作为仫佬族的人则对原有的民族身份深感自豪，这种情绪在笔者所调查的村子里都表现得很浓烈。身份认同是民族认同的基础，民族认同又是民族文化自觉的前提条件。作为一个仫佬族人，了解自己的族群来源、族群的风俗习惯和伦理道德，乃至本族群与其他族群的关系会成为人们一种潜在的思想意识与现实的理性行动。

2. 制定少数民族发展的政策，以经济发展助推仫佬族人民了解与保护本民族文化

费孝通先生（1997）认为，文化自觉是一个艰巨的过程，一个民族首先要认识自己的文化，理解所接触到的多种文化，才可能有条件在这个已经形成中的多元文化世界里确立自己的位置，经过自主适应，和其他文化一起，取长补短，共同建立一个有共同认可的基本秩序和一套各种文化能和平共处、各执所长、联手发展的共处守则。在现代社会，发展与增长几乎是所有国家与民族共同追求的目标，对于少数族群与原住居民而言，生计方式的变化引发的传统文化的变迁是无法避免的。一些传统的文化消失了，一些则与现代市场经济文化相结合以新的形式出现，这就要求人们在经济发展的过程中对本民族文化有一个新的认识。

经济与文化是相互联系、相互渗透、相互促进和相互协调发展的关系。经济发展的目的是让广大社会成员能够过上丰富多彩、内容充实的文化生活。GZ 仫佬族乡是全县最贫困的乡，成立民族乡后地方政府的头等大事是大力发展当地经济，尽快摆脱贫穷落后面貌。因此，除了争取国家与自治区的扶贫项目与资金外，地方政府也煞费苦心地根据地方特点发展地方经济。经过多年的探索与实践，地方政府形成了一个"三乡一体"即"优质米之乡、食用菌之乡、民俗旅游之乡"的发展策略，经过十多年的发展，如今的 GZ 仫佬山乡已发生了根本性变化。首先，道路等基础设施的完善推动了仫佬族人与外界的接触与沟通；其次，仫佬族人民的收入有了大幅提高，生活水平明显改善；最后，仫佬

族人民的文化生活较从前丰富多彩了许多,人们有了更多的闲暇时间参加各种文化活动。一些中断已久的风俗仪式在政府的倡导下结合了现代的一些文化元素得以重新恢复,如前文所述的依饭节在 GZ 仫佬族乡成立十周年时,地方政府在乡镇中心举办了隆重的依饭节,让 GZ 仫佬乡民在新的历史时期重新感受了民族传统的节日,同时也唤起了对民族文化的一种集体记忆。

3. 挖掘和保护具有历史价值的文化遗产,提升人们守望与保护文化遗产的自觉

党的十七大明确提出:"加强对各民族文化的挖掘和保护,重视文物和非物质文化遗产保护。"通过对文化遗产的挖掘与保护,让居于其中的人们,"识得文化真面目",增强文化的自豪感,从而产生守望和保护的自觉。GZ 仫佬族乡历史悠久,作为全国唯一的仫佬族乡和柳州第一个革命老区,GZ 拥有着多姿多彩的文化:淳朴的民风民俗、唐朝时修建的"感应寺"的古文物、清代设置的巡检司旧址、古老的龙美圩、独特的滩头、潘村百年古民居、珍贵的生态林、古髹石城、海山遗址、风景优美的夹人山、凉伞山等自然景观。在经济发展的过程中,地方政府既有开发民族文化资源的冲动,所幸还拥有保护民族文化的理性自觉。因此,在全力推进"民俗旅游之乡"建设中,地方政府充分整合利用这些资源,推出了一个名为"千百万"工程项目,即开发保护滩头、古髹、潘村百年古民居、新屯千年古树以及以蓬坡为主要景点的万亩枫树林,试图以此带动全乡旅游规模全面发展。与此同时,当地政府还邀请了一些民俗专家,结合仫佬族文化,精心挖掘古砦民俗风情,把乡土文化与现代文化的一些元素相结合,如传统的 GZ 依饭节、开塘节、社节等融入"百千万"工程。

简言之,地方政府应该成为导引文化自觉的主要力量。通过一系列的行动,让生活于民族文化中却并不一定具有文化自觉的人们了解其文化、保护其文化,并为其文化而自豪。

(二) 资本下乡形式的市场力量

少数民族文化自觉有赖于民俗文化的挖掘与保护,而民俗文化的挖掘与保护涉及众多古民居古建筑的修复与维护、民族重大节庆的举办,

甚至是民俗博物馆的建立等工程，需要大量资金的投入，而地方政府尤其是西部地区由于财政收入有限而捉襟见肘，在保护民族文化方面往往有心无力，因此在实践中通常借助市场力量以资本下乡方式进行。旅游开发与民俗文化保护结合则成为主要形式。柳城县地方政府在制订好与民俗文化密切相关的旅游规划后，引入了市场力量，试图借私人资本打造所谓"一心一带四大片区"的民俗文化旅游区，即景区大门、旅游接待中心、仫佬族文化博物馆、仫佬依饭道场、工艺长廊、"枫姿国色"主题酒店以及古廨、潘村、滩头、新屯、蓬坡各村屯古民居修复等，拟建成集民族风情体验、寻访古迹、农业休闲观光等于一体的民族风情旅游村，打造"柳州百年古镇""中国仫佬第一村"。不过也有学者担心资本下乡开发民俗文化—旅游产业会导致民俗文化过度商品化，最终不但没有起到保护民俗文化的作用，反而会破坏民俗文化的原生性，进一步影响少数民族地区人们对本民族文化的正确认识。当然，这些担忧均具有一定的现实合理性，但实践中的资本下乡已成为新型城镇化进程中的重要推力，虽然它仍会面临诸多社会风险，但问题的关键是如何规制资本的负外部性，最大限度地发挥其在民族文化保护与文化自觉进程中的促进力。在地方政府资金有限的情况下，通过引入外部资本推动民族文化保护与引导民众文化自觉，不失为一种明智的选择。

（三）以村规民约为主要形式的村庄力量

文化自觉是一个实践性很强的概念，不仅是一种认识，还表现为一种行动。文化表面上看是个体行动的结果，本质上是集体行动的结晶。个体行动处在恒常变动中，集体行动具有相对稳定性。因此，文化自觉需要依靠集体行动的力量才能持久。政府和市场力量介入之后的 GZ 仫佬族若想在自身民众对本民族文化有了一定的自觉基础上更进一步提升并持久，村庄内部的驱动力是十分必要的。由于血缘宗族的力量不断地被削弱，今天的 GZ 仫佬族对村民行动能普遍发挥作用的就是村规民约。村规民约本是村落社会中因血缘宗族或地缘的关系而形成的共同的生活习惯，它规范着人们的行为，对村落中的合规行为或越轨行为作出相应的规定，可以是成文的或不成文的。村规民约随着时代的发展其内容也会发生变化。"传统社会中的乡规民约涉及乡村社会秩序稳定的政治、经济、文化、社会建设的各个方面，它既发挥着以道德教化为手段提高乡村治理水平的作用，又具有化解矛盾促进和谐维护社会秩序的功能。乡约的宗旨与国家的目标不谋而合，因此往往得到历朝统治者的重视。"[1] 在现代社会，村规民约仍是国家实现乡村治理的重要工具，只不过会根据国家在不同阶段发展的具体要求增加相应的内容。GZ 乡每个村屯都制定成文的村规民约，除了一些共同内容，如国家规定的法律道德等方面内容，自治区推行城乡清洁工程时，保持村容卫生干净整洁，各村根据自己的实际情况所规定的内容也各有特色。如秦村开塘节[2]的规定、奖学金制度的规定；滩头屯对保护旧村落建筑的规定、新屯对保护村旁参天古树林的规定等。这些村规民约在村民自治制度下通过村屯自治委员会联合村中长老权威人物得以实现。

五　结论与讨论

文化自觉有利于本民族文化的保护与传承、创新与发展。GZ 仫佬族在现代化的进程中由于生存发展的需要、现代教育的普及和现代文明的冲击而渐渐丧失文化自觉，进而影响本民族文化的传承与创新。在仫佬族经济社会发展的实践中形成了三位一体的导引仫佬族文化自觉的动力机制。

首先，地方政府成为导引仫佬族文化自觉的首要维度。虽然市场经济主张政府放权，市场为基础，但是在培育少数民族乃至中华民族文化自觉上，（地方）政府应起主导作用，把权力完全让渡于市场是不符合实践需要的。具体到 GZ 仫佬族的地方政府虽然已采取不少有效措施培育民众的文化自觉，但仍有重要事项尚未实施，如现代教育如何与民族

---

[1]　姜裕富：《村规民约与乡村秩序：村庄治理的一个视角》，《秩序与进步：社会建设、社会政策与和谐社会研究——浙江省社会学学会成立二十周年纪念暨 2007 学术年会论文集》，2007 年。

[2]　秦村开塘节已有 400 多年的历史，是当地村民的一个重要节日，大家用开塘抓鱼的方式来迎盛世、感恩情、庆丰收。按照习俗，村民的老人宣布开塘后，村民们将村里 20 余亩鱼塘里的水排干后，下塘捞鱼、称鱼、分鱼。分完鱼后，热情好客的仫佬族群众用美味佳肴宴请亲朋好友，并在饭桌上唱起了祝酒歌，把满满的祝福融在了美味的酒中。届时村里每家每户都是热闹非凡，少则几桌，多则几十桌。

文化教育有机结合。

其次，市场力量已成为导引仫佬族文化自觉不可或缺的输入性维度。文化自觉需要实在的文化实体来体现民族文化，而文化实体需要一定的方式来获取，其中大量的资金是其主要途径。市场力量弥补了政府的不足，但是地方政府需要及时监管市场的不足，防止市场（资本）的逐利性和负外部性的过度伸张。

最后，作为内部驱动力的村庄是实现仫佬族文化自觉的内在维度。村规民约是村庄力量的有力武器。自然形成的村规民约对于千百年来稳定的村庄具有极强约束力，而新时期新任务下新制定的村规民约，对于流动性加大的村庄，其约束力受到严峻考验。

综上所述，GZ 仫佬族在经济发展中发生文化变迁是必然的规律，其文化一定会经历一个发生、发展、衰退、再生的过程，在保留和继承本民族优秀文化传统的同时选择和吸纳外族文化同化为自身文化的一部分，实现文化的发展和创新。但是要实现上述目标，文化自觉是前提，以防止本民族文化被淹没，最终实现"各美其美，美人之美，美美与共，天下大同"① 之境界。

（作者系社会学博士，桂林电子科技大学马克思主义学院副教授、硕士生导师）

_____

① 费孝通：《反思·对话·文化自觉》，《北京大学学报》（哲学社会科学版）1997 年第 3 期。

旅游目的地建设中的民族文化保护研究

——基于城市意象理论的视角

林　轶

【摘　要】旅游业已成为许多民族地区促进经济发展的重要产业，然而，许多地方在进行旅游目的地开发的过程中，忽视了民族文化与旅游目的地建设之间的融合，使民族文化的保护与传承面临挑战。本文以凯文·林奇的城市意象理论为基础，从旅游目的地的"可意象性"入手，指出首先应在旅游目的地建设规划中贯穿民族文化保护的思想，然后通过赋予道路、边界、区域、节点和标志物等对旅游目的地的可意象性起到了关键作用的物质形态要素民族文化内涵，并依照民族文化传统进行旅游目的地的空间结构布局，通过物质环境要素的塑造，营造一个具有民族文化意蕴的旅游目的地，以此来实现在旅游目的地建设中对民族文化的保护与传承。

【关键词】旅游目的地；民族文化保护；城市意象理论

一　问题的提出

根据国家旅游局发布的《2015 年中国旅游业统计公报》显示：2015 年全年全国旅游业对 GDP 的直接贡献为 3.32 万亿元，占 GDP 总量的 4.9%；综合贡献为 7.34 万亿元，占 GDP 总量的 10.8%；旅游直接就业 2798 万人，旅游直接和间接就业 7911 万人，占全国就业总人口的 10.2%。① 旅游业以其较强的经济带动性成为许多民族地区促进经济发展的重要产业。然而，一些民族地区的旅游目的地在建设的过程中，一方面受城镇化、现代化的冲击；另一方面一味地迎合所谓的市场需要，使这些旅游目的地的本地文化、民族文化面临边缘化甚至是消失的危险。

事实上，一个具有吸引力的旅游目的地，应该是具有自身特色的地方，正所谓"民族的才是世界的"。因此，如何在旅游目的地的开发建设中，保护和传承优秀的民族文化，从而使其更具辨识性，更具旅游吸引力，成为民族地区旅游目的地建设中需要思考的重要议题。本文将从城市意象理论的视角对这个问题展开探讨。

二　基于城市意象理论的民族文化保护问题

（一）城市意象理论

意象，它是人们对它所经历的环境所建立的心理图像，或称心理印象。② 环境印象的建立，是观察者与环境之间两项过程的产物。环境提示了特征和关系，观察者则在感觉过滤的基础上对环境建立印象。

20 世纪 60 年代初，美国著名城市规划与设计专家凯文·林奇（Kevin Lynch）出版了《城市的意象》（*The Image of the City*）一书③，首创了从感觉形式出发研究城市景观特征的方法，开创了城市意象研究。他突出的贡献是从环境知觉与人类行为的角度对城市空间形态进行研究。林奇的城市意象理论的核心是"研究人们对物质环境的知觉（对城市形式的知觉），以及形成的心理意象（外部世界的主观反映）"。④ 林奇指出，"可意象性，即有形物体中蕴含、对于任何观察者

---

① 国家旅游局数据中心：《2015 年中国旅游业统计公报》，中华人民共和国国家旅游局，http://www.cnta.gov.cn/zwgk/lysj/201610/t20161018_786774.shtml.

② 刘沛林：《古村落：和谐的人聚空间》，生活·读书·新知三联书店 1997 年版。

③ ［美］凯文·林奇：《城市意象》，方益萍、何晓军译，华夏出版社 2001 年版。

④ 沈福煦：《城市意象——城市形象及其情态语义》，《同济大学学报》（社会科学版）1999 年第 3 期。

都很有可能唤起强烈意象的特征"。根据林奇的城市意象理论，由于道路、边界、区域、节点和标志物这五种要素对城市的可意象性起到了关键作用，林奇将五种要素归纳为城市意象中物质形态研究的五种元素。观察者主要通过对这五种要素的认知，识别了城市的视觉形态，形成对城市的认识和判断。

（二）城市意象理论与民族文化保护

民族文化是一个民族在长期的生产实践、社会实践、审美实践中形成发展起来的，是这个民族的人文精神、价值观念、民风民俗、话语体系、文化心理结构的集大成；反映着这个民族本身的根本价值观念与价值取向，是民族精神情感的载体、民族特征的直接表现、民族凝聚力之所在。[1] 民族文化体现着各民族不同的文化品性，构成民族的独特的文化记忆。文化特色把现代人和本民族的久远历史连接起来使文化传统得以传承，而文化传承之根在于言传身教和总体文化环境的熏陶。[2] 结构、布局、建筑等文化传统和符号，是一个民族文化的组成部分，是人们感受和传承传统文化的一种环境，它将使人们形成对这个目的地的独有的心理图像，即意象。

林奇所定义的"可意象性"，是有形物体中蕴含的，对于任何观察者都很有可能唤起强烈意象的特性。也就是说，旅游目的地要获得这种"可意象性"，必须使该地由有形物体营造的环境与其独特的民族文化相对应，从而使观察者通过对这种环境的感知来识别其民族特性。而林奇又认为，道路、边缘、区域、节点和标志物这五种要素对城市的可意象性起到了关键作用，观察者主要通过对这五种要素的认知，才识别了城市的视觉形态，形成对城市的认识和判断。由此可见，民族地区在旅游目的地建设中，要获得其"可识别性"，可以将道路、边界、区域、节点、标志物等意象要素作为该目的地民族文化的载体来进行塑造。通过赋予各个意象要素民族文化的符号，并结合空间布局、结构安排等手段，来营造一个独特的民族文化环境，使这些民族文化元素在城镇化、

---

① 田化：《我国民族文化保护面临的挑战和对策》，《边疆经济与文化》2009 年第 6 期。

② 张建昌：《城镇化建设中的文化保护与传承》，《商业时代》2006 年第 30 期。

现代化的洗礼下得以保存，这也不得不说是民族文化保护与传承的一种有效途径。

三 旅游目的地建设中民族文化保护的
对策——基于城市意象理论

根据林奇的城市意象理论，环境意象由三个部分组成：个性、结构、意蕴。首先，一个可加工的意象必备的是事物的个性，且具有独立存在的唯一意义；其次，这个意象必须包括物体与观察者以及物体与物体之间的空间和形态上的关联；最后，这个物体必须为观察者提供实用的或是情感上的意蕴，这种意蕴也是一种关系，但完全不同于空间或形态上的关系。因此，要营造一种具有民族特色的环境意象，就必须通过对具有特定民族文化内涵的道路、边界、区域、节点、标志物等意象要素的塑造，以及空间结构的安排来实现。事实上，一个目的地的物质现象，也是该地文化价值观念或宗教价值观念的体现。对于民族地区的旅游目的地而言，就是该地民族文化的物化和外显。

（一）在规划中体现民族文化保护的思想

民族地区的旅游目的地建设，首先是要从思想认识上提高对民族文化保护的重视。各级党政领导、规划者和管理者要树立对优秀民族文化保护的观念，坚持科学发展观。在进行旅游目的地规划时，除了考虑自然环境、经济、人口等方面的因素之外，还要结合民族地区在社会历史和文化特点上的实际情况，正确认识民族文化所具有的独特的文化价值、经济价值和社会历史价值，在进行规划时，要给予特殊保护。

民族地区旅游目的地建设的过程中，在规划中既要做好对原有的民族建筑、民族活动等的保护工作，对于新的建设项目也要时时考虑民族文化特色。要用本土特有的浓郁风情和文化特色，来塑造旅游目的地的"外形"，来浇铸该地的物质"躯壳"，来充实目的地的内涵。① 如在建

---

① 麻三山：《浅探民族地区城镇化中的少数民族文化保护》，《民族论坛》2005 年第 12 期。

筑立面上尽量保持民族风格，像壮族的干栏式房屋，苗族、土家族的吊脚楼等；在进行装饰的时候，尽量使用民族工艺、民族雕刻绘画等；在进行用地规划时，多考虑民族节庆、宗教信仰、活动庆典等需要，给该旅游目的地一个展示民族文化的场所；新区建设的过程中，多考虑一些民族习俗，多保存一些具有民族特色的街道、楼阁、广场等。通过种种途径，使民族地区的旅游目的地更具有独特的魅力和个性。

（二）塑造具有民族文化特色的各个意象要素

对于道路、边界、区域、节点、标志物等意象要素，在目的地建设过程中，要尽量使其与民族文化相结合，最大限度地将民族元素融入其中。

道路：道路是意象的主导元素，在城市意象中它包括机动车道、步行道、长途干道、隧道、铁路线等。对于道路，可以在满足交通功能的基础上，将两边的人行道、路灯、垃圾桶等设施与民族特色相结合，如人行道上使用民族图案、路灯的造型体现民族特色等。

边界：边界是线性要素，是连续过程中的线性中断，是一种横行参照而不是坐标轴。在进入目的地的边界上可以设置有民族特色的路牌、门楼等，使人产生强烈的进入性心理。

区域：区域是属于二维平面的范畴，是独立空间的再次分区。目的地的区域划分，也是该地空间布局的具体反映，可根据该目的地民族传统与习惯进行，如生活区、生产区、祭祀区等。

节点：节点是观察者能够进入具有战略意义的点，是人们来往形成的集中焦点，如目的地中的广场、桥梁等。广场不仅仅是人们生活和活动的空间场所，同时更是该地文化特征的折射，可以通过在广场上设置具有民族象征性的图腾、雕塑、建筑物或是活动来体现。

标志物：标志物是点状参照物，其物质特征具有某些方面的唯一性，或在整个环境中令人难忘。一般是该民族最有代表性的建筑，也可以是具有特殊意义的植物或是其他象征物。

（三）依照民族文化传统进行旅游目的地的空间结构布局

不仅城市中的那些有形的物质实体，鲜明地显示了城市的精神风貌，而且一个城市的布局、城市的空间结构也形象地反映了一个城市的文化特征。根据林奇的城市意象理论，道路、边界、区域、节点、标志物"仅仅是在城市尺度中环境意象的素材，它们只有共同构成图像时才能提供一个令人满意的形式"。由此可知，相对于意象要素本身而言，各意象要素之间的组合以及空间结构布局也不容忽视。

民族地区的旅游目的地建设，首先要考虑各意象要素的尺度关系，各要素之间的规模和相对位置要相匹配，例如，标志物的尺度过大，且居于广场中的位置不恰当，不仅起不到强化的作用，反而导致了不协调，同时也使广场的功能大大减弱。其次是连续性问题，若各要素间的布局不尽合理，或是某一要素的风格与其他要素不吻合，则会使人产生间断的感觉，从而破坏目的地的整体意象性，因此需要保持各意象要素民族特色的一致性，至少是在某一区间内的一致性。最后，各要素的空间结构要与民族文化传统相协调，如一些民族对水的态度，那么在进行道路、桥梁、建筑等的布局过程中则应符合民族传统。

（四） 营造充满民族文化氛围的物质环境

目的地的物质文化主要由两部分组成。一个部分是城市的各类基础设施，包括城市建筑、道路、城市布局、城市通信设施、给排水设施、垃圾处理设施、树木、草地、花卉等人工自然环境所构成的城市物质文化的外壳。这些物质现象典型地体现了"人化自然"的特征，是一个城市文化风貌的最生动、最直观、最形象的呈现。[①] 另一个部分是城市居民的物质生活，即居民的衣、食、住、行等方面体现的物质文化因素。民族地区的旅游目的地建设中对物质形态要素的处理，可以从以上两个层面入手，营造一个充满独特民族文化氛围的物质环境。

除了林奇所提到的五个物质形态要素外，对于旅游目的地而言，当地居民的衣、食、住、行等方面体现的物质文化因素也是十分重要的。服饰方面，可以通过鼓励居民平时尽量穿着本民族的服饰，特别是在有节庆或是大型活动的时候穿着民族服饰来达到强化整体意识的作用；饮

---

① 陈立旭：《都市文化与都市精神——中外城市文化比较》，东南大学出版社 2002 年版，第 26—29 页。

食这一块就是要开发民族传统美食，或是制作成特色商品，以实现对民族饮食文化的传承与发展；住主要就是通过居民住宅来体现，住宅内部可以现代化，但外立面尽量能与传统住宅形式相一致。通过基于民族文化传统的全方位对这些物质环境进行打造，最终营造一个具有浓郁民族特色的意象环境。

四　结束语

民族地区有着多姿多彩的民族文化，许多优秀的民族文化是我国文化宝库中的瑰宝。旅游业的发展在给我们的经济社会带来巨大变革的同时，许多民族文化也面临着挑战。虽然说民族文化的保护应遵循其自身的发展规律，但一些必要的、积极的干预与强化，不仅可以使民族文化在发展旅游产业的同时得以保护和传承，这对于旅游目的地提高其可意象性、增强其吸引力，无疑也是具有十分积极的意义的。

（作者系广西大学商学院教授、硕士研究生导师）

历史文化遗产保护与旅游发展的优先：桂林案例[*]

黄爱莲

【摘　要】政府主导是中国经济转型时期实现旅游业可持续发展的关键。本文运用新政治经济视角和方法，检阅政府在处理文化遗产保护与旅游业优先发展中发挥的作用，以历史文化名城桂林为例进行实证研究，通过比较分析桂林两江四湖与鲁家村两大景区的治理模式，进一步探讨旅游开发与历史文化名城保护的政策过程。其中，鲁家村代表基于基层组织运作的政府主导、社区参与的城乡统筹的生态旅游示范基地；而两江四湖则是政府引导、市场运作下实现城市文化旅游产业转型升级的一个蓝本。文中指出，在历史文化名城保护和旅游开发实践中，必须坚持经济发展和旅游立法相协调，构建一个官、民、商等多元主体参与、多方利益共享的政策体系。

【关键词】历史文化名城保护；旅游开发；政府治理

一　引言

文化遗产治理在文化遗产保护与旅游开发之间是一对矛盾共同体。

　　* 本文为广西哲学社会科学规划项目（项目编号：11BJY033）；广西大学人文社科基金项目（项目编号：XBS100019）；教育部哲学社会科学研究重大课题攻关项目（项目编号：10JZD022）研究成果及"广西大学'211'工程四期重点学科群：中国—东盟经贸合作与发展研究项目"资助。

一方面，文化遗产通过旅游开发成为促进地方经济发展的有价资源，成为地方营销的卖点和营销工具。另一方面，随着文化思潮的复兴，历史文化名城也在商业化开发中遭遇滥觞，当今文化遗产遭到自然、人为破坏的现象比比皆是（老枪，2006）。因此有人主张文化遗产只能保护，不能开发，持这种观点被看作文化遗产保护的"原教旨主义"（Yang，2008）；另有学者认为，文化遗产只有在开发中通过门票收入才能更好地维护和修复这些人文旅游资源，并可以减少地方财政支持（Timothy，2007），这种观点使文化资源商业化，并促使许多地方形成一种以文化复兴为口号推进城市化的路径。

政府治理历史文化名城和旅游发展的关系，是中国转型时期需要考虑的关键问题。国务院颁布的《中华人民共和国旅游法》，正是国家通过建立相应的法律法规、履行社会管理职能及规范旅游业发展的标志。政府在处理历史文化保护与旅游开发优先发展的问题上，不能脱离我国的实际情况。桂林是中国旅游业发展最早的城市之一，也是中国旅游业转型升级的缩影。20世纪80年代，中国旅游业从桂林开始，进入21世纪，桂林旅游实现了从观光型旅游目的地到集休闲度假于一体的复合型旅游目的地的转变。2013年桂林荣登为国际旅游胜地，证明了中国旅游经济发展坚持改革不动摇的决心。本文以国际旅游胜地桂林为例，审视政府在制定旅游业发展政策中的作用，运用新政治经济学理论分析桂林历史文化名城保护与旅游开发的关系；通过探索桂林旅游与政治环境助推历史文化名城保护与旅游开发优先的政策体系，揭示历史文化名城保护要解决好利益相关者的权力配置问题。

二　地方经济、政府角色与历史文化名城保护的关系

党的十八大提出通过深化经济体制改革转变经济增长方式。在中国经济进入转型特殊阶段，经济发展受到多重因素制约，使现行经济走向泡沫的困境。政府要缓解市场疲软和走出经济危机的困境，唯有深化经济体制改革（Bevir，2009；Cornelissen，2011）。国家一方面鼓励社会资本进入以促进经济扩张；另一方面，寻找相应措施确保经济运行稳定。正如党的十八大提出，要实施创新驱动发展战略，推进经济结构的

战略性调整，把扩大国内需求作为战略基点，优化产业结构，发展现代服务业和战略性新兴产业，提高开放型经济水平。

新政治经济学指出，国家干预经济的方式，即优先发展某一产业，当这一产业为国家和人民提供更多的财富、创造更多的就业时，这一产业必然得到政府的支持（Jessop，2008）。第一，中国产业结构的调整过程中，旅游发挥着重要作用。相对于其他各类产业，旅游业消耗资源少，利用面大，因此发展旅游业将进一步优化产业结构。第二，旅游与政治建设密不可分。一方面，国际、国内之间由于大规模的旅游者流动，使他们开阔了眼界，交流了信息，形成了交换，融洽了感情，同时也形成了独特的政治效应。中国的出境旅游已经成为外交的工具，进一步形成经贸工具。另一方面，国内旅游的发展提升了影响，产生了独特的政治聚集效应。第三，旅游促进文化交流，旅游者把外来的文化带进来，这种文化扩散能增强当地人们对自身文化的热爱，对文化自尊、自信，尤其是民族地区。第四，旅游也是扩大就业的重要渠道，现在全国的旅游直接就业人数为1600多万，间接就业人数为6000多万，在未来的发展中，平均每年大概可以增长300万旅游就业。第五，旅游是扶助贫困地区发展的重要方式，旅游也提高老百姓的生活品质，后工业化社会的生活品质就体现在旅游领域。第六，旅游形成了组织，促进了社会的发展。很多古镇古村搞旅游，形成民居旅馆协会，就是自发组织、社会建设的表现。第六，旅游业卖的就是环境和文化。20世纪80年代改革开放之前，文化遗产由政府统一管理，没有市场介入。在旧体制下，文物遭到的破坏非常触目惊心，随着政府的职能转变，遗产管理体制中出现的问题是计划经济向市场经济发展转型中出现的问题，是发展中出现的法制不完善、政策不配套等动态不一致的问题，只能用进一步深化市场体制的改革来解决。

因此，党的十八大提出全面落实经济建设、政治建设、文化建设、社会建设、生态文明建设的"五位一体"总体布局，从马克思主义政治经济学的视角看，这是建设中国特色社会主义的根本，从旅游的角度来看，文化遗产旅游和"五位一体"有天然的耦合关系（魏小安，2013）。

新政治经济学还指出，国家制定历史文化遗产保护的相关法律旨在使旅游开发更好地保护遗产。旅游被看作投资少、见效快、污染少的朝阳产业，但由于资本市场进入，投资者在开发过程中往往只考虑短期经济利益，容易造成资源的破坏或掠夺性开发。历史文化遗产一旦破坏就不可再生，这更加迫使政府行使监督权，建立相应的法律法规来规范旅游业的健康发展。同时，国家提倡历史文化遗产的保护，就是把中华民族保留下来的历史珍宝，进一步促进发展国家政治、经济文化建设与旅游立法，使这些文化遗产永远保留它的活力（Henderson，2000）。在实践中，国家通常在经济发展与历史文化保护之间找到平衡点，同时市场介入使社区各利益主体受阻而产生矛盾和冲突。

新政治经济学方法为处理历史文化遗产保护与旅游开发的关系提供了政策制定依据。政府制定相应的发展战略，首先要考虑旅游发展中各方的利益（Bramwell，2007）。时任国务院副总理汪洋指出，中国旅游业发展 35 年来，旅游业产出达到两万多亿元，占全国 GDP 总量的 4.5%，旅游业已经是国民经济战略性支柱产业，旅游对地方经济发展极为重要，所以旅游要争取最大的话语权，要借地方领导的力量为旅游说话。袁方成等（2013）认为，旅游网络的权力属于获利最大的组织，他们垄断着资源，有话语权。所以，权力是政策制定过程的关键要素。

三 案例地选择及研究方法

（一）案例地

桂林是我国旅游业发展的发源地，也是广西旅游业发展的龙头，桂林的山水文化、历史文化成为旅游业开发的重要资源。2013 年，桂林国际旅游胜地上升为国家战略，桂林的崛起体现了中华民族伟大复兴的中国梦在桂林旅游版图中的实现。桂林是一座具有悠久历史的文化名城，不仅有"桂林山水甲天下"的美誉，而且，如今桂林每年接待中外旅游人数达 200 多万，旅游创汇收入达 1000 多万元，旅游业占国民经济总量的 12%，旅游业已经成为桂林经济产业结构的主导。

进入 21 世纪以来，随着桂林旅游业的发展，旅游产品面临升级换代的挑战。2002 年桂林制订了旧城改造目标，经过 10 年的建设基本完成了旅游产品升级换代，形构了集观光、度假、休闲于一体的国际旅游胜地。2008 年联合国世界旅游组织（MCSTO）旅游可持续发展观测点确定在美丽的中国桂林。桂林通过旅游业的开发，保护其文化的原真性和文化遗迹，落实区域可持续发展，为世界旅游业做出了相应的贡献。2010 年广西制定了"漓江流域水资源的环境保护法"措施，在政府主导下，实现了旅游开发与文化遗产"双赢"的发展道路。

（二）研究方法

本文通过采用问卷调查法、访谈法等了解桂林旅游开发与历史文化名城保护的关系。于 2013 年 7 月 4 日至 6 日、2013 年 8 月 1 日至 4 日，两次对桂林靖江王府景区、两江四湖景区、鲁家村景区、世外桃源景区四大景区进行问卷调查，共发放问卷 134 份，回收 128 份，同时对鲁家村管委会、两江四湖景区管理公司进行深入访谈，包括管委会主任、村长、总经理等 12 人，获得相关的文字记录，还召开"桂林旅游融入广西与东盟国家旅游合作"等群众路线的座谈会。为了研究方便，最后选择鲁家村和两江四湖两个景区作为分析对象。

四　研究结果与讨论

（一）鲁家村村委会治理模式

鲁家村位于广西桂林桃花江西岸，隶属桂林市秀峰区管辖。该村距桂林市中心仅 2000 米，为沟通桂林市区与周边乡村的重要城乡结合点，地理位置优越。现有村民 65 户，人口 390 人，房屋 128 栋，建筑面积 19835 平方米，用地面积 1.53 公顷（约 23 亩）。居民以壮族、瑶族为主，少数民族占总人口的 70% 左右。鲁家村世世代代以农家作坊的豆腐著称，是桂林三宝之一"桂林豆腐乳"的主要产地。2010 年起，桂林市政府围绕建设"桂林国家旅游综合改革试验区"的契机，把大力发展生态旅游和推进城乡一体化建设结合起来，确定对鲁家村的旧村落进行改造，将其打造成为广西特色生态旅游名村，走生态旅游的发展模式。

此次改造并非对旧村落进行简单的立面修饰，而是由政府筹措资金对整村推倒重建，统一拆除、规划和建设。改造前，针对新村如何改造的问题，政府组织了村民代表赴四川等地进行考察，由村民自己决定，最后村民基本上选择了后来的那种改造方案。改造中，政府对被征地的村民进行临时安置，等改造完成后再按照人均 60 平方米的标准为村民分配回迁住房。经过改造，新的鲁家村建起了 98 栋桂北风格的联排式徽派民居，并成立了桂林秀峰区鲁家村管委会，形成了以村委会主导、社区参与的景区管理模式。改造后，根据原本农户的经营范围，新的鲁家村划分为旅游商铺区、特色餐饮区以及农家小宿区，为村民们从事旅游经营提供了场地。迁回的村民们可以继续在自家门口从事农家乐、旅馆或旅游商品交易，形成了"旅游 + 休闲农庄"的旅游导向型土地利用模式。

（二）鲁家村乡村文化保护与旅游开发

从地理位置看，鲁家村位于"两江四湖"环城水系重要节点，随着桂林"两江四湖"二期开发建设工作的开展，鲁家村的旧村落与城区发展已不相适应。2010 年秀峰区启动芦笛桃花湾生态休闲旅游项目，对鲁家村进行整村推倒重建，经过两年多的建设，至 2012 年 3 月，鲁家村已经从一个小有名气的小乡村打造成为具有休闲旅游特色的新农村典范，开创了都市中的桃花源式新农村。新村建好后，鲁家村以种地、磨豆腐为生的农民也转变身份，在自家门口从事农家旅游。

村民一开始，对这一工程并无太多的了解，将鲁家村推倒重建，意味着全村人要暂别祖祖辈辈居住的土地。村民阳春息一家原以磨豆腐为主业。他家有 2 亩田和几百平方米的住宅被政府征用。他担心的是，没有了田，没有了磨豆腐的地方，就没有收入来源，今后又靠什么来维持生计？村民阳有妹却赞同政府的整村工程，她认为，整村重建这两年，村民都在市区租了房，不少人在市区买了房。政府建好了新村，如果他们搬回来栖身，实在有点浪费，所以租给商家统一经营，家家往后都有一份稳定的收益也是很好的选择。

在调查的 22 个村民中，有 7 位村民对政府的整村工程表示一定程度的担心，半年下来，住在新村的百姓生活简单而平静，但是不少忙活惯了的村民却不太适应。在这份牵涉 60 多户居民利益的工程实施中，政府的意愿即通过整村改造实现"城中村"，但是村民不明白，他们失去土地就成为"城里人"了吗？即使他们愿意把改好的房子出租，但是这样就能保护当地的乡村文化，过去的豆腐厂、村社、戏台这些文化能继续保护吗？

因此，鲁家村的治理模式要集中解决两个方面的问题：一是村民生计和就业等基本权益如何维护；二是鲁家村传统的乡村文化如何保护。对于第一个问题，鲁家村的治理主要做了以下努力。首先，减轻村民拆迁的经济负担。拆除旧房时，每位失地村民可以得到830元/平方米左右的补偿，而按人均60平方米分配新房时每平方米只需交860元。其次，为村民开展创业培训。为了帮助村民实现从农民到旅游从业者的转变，秀峰区政府为鲁家村村民举办创业培训班。村民经过培训进一步了解了国家政策，掌握了酒店经营、服务质量等技能，也帮助他们更好地融入城市的生活。最后，组织村民和商家的租赁洽谈。对于打算出租新房的村民，政府牵线搭桥为他们组织与旅游客商的洽谈会，帮助这些村民实现稳定的收益。

另外，对鲁家村传统乡村文化的传承与保护也在新村的规划设计和运作中得以体现。首先，政府邀请建设单位根据鲁家村历史文化特色进行布局和设计。修建好的新房具有鲜明的桂北乡村特色，同时古戏台、豆腐坊、鼓楼、水车等景观更是处处体现出鲁家村百年传统文化底蕴。其次，改造后的鲁家村发展农家乐旅游也始终围绕传统豆腐文化的主题，如鲁家村目前已成功研制出30余道豆腐美食。此外，鲁家村发展旅游也注重与传统民族文化相结合。在鲁家村举办的"三月三"民族歌圩节已成为该村的另一个特色文化品牌。

"我们对村庄进行了重新规划和扩建，开辟专门的门面来经营农家乐。游客在享受美食的同时，还能了解鲁家豆腐文化，观赏水乡美景。对于鲁家村村民来说，新村建成后，他们将成为首个长期受益者，可以发展观光农业和旅游服务业，大幅度提高收入。"一位秀峰区的负责人说。

"以往，鲁家村房屋布局杂乱，民居狭小破旧，道路、消防、排污管道等公共设施落后。原有农家乐饭店档次不高，接待规模有限，已经难以满足各层次游客、食客的需求。"秀峰区甲山街道办党工委书记认为，仅靠沿江的农家乐餐馆，不能全面带动鲁家村的经济发展。

一方面，鲁家村的旅游开发使农民致富；另一方面，由此造成的环境破坏也可能随即产生。附近市民认为，以往鲁家村搞农家乐，仅村口几家餐馆能招徕顾客，而且档次低、规划乱、污染大，餐馆的污水直接排入桃花江里。针对这一问题，鲁家村如今采用了新的排污系统、用水管道等现代化的配套设施，同时根据新村规划，餐饮区不再设立于客流量最大的沿江区域。同时，成为旅游从业者后，村民的生态环保意识也明显提高。生态文化体现在了鲁家村旅游开发的方方面面。另外，一些游客抱怨景区没有建立相应的停车场，仅设立从市区公园的专线车经过，自驾车游客进来停车很困难，有的游客只能走路过来。而景区管理者认为，游客走路过来可以减少车辆尾气对景区的环境污染，同时也有助于景区环境秩序的维护。从中可以看出，鲁家村的治理将生态放在了重要位置，注重生态环境的可持续发展。

（三）两江四湖的治理模式

桂林"两江四湖"，即指漓江、桃花江、木龙湖、桂湖、榕湖、杉湖，其环城水系长7.33千米，水面面积38.59万平方米。工程最早形成于北宋年间，1998年桂林市政府提出了建设桂林市环城水系的构想，把桂林市中心区的漓江、桃花江、榕湖、杉湖、桂湖、木龙湖贯通，即"两江四湖"工程。于是，当年成立了以市长为领导小组组长的工程领导小组，组建了工程指挥部，下设规划、水利、环保、园林、文化5个技术分区，各部门密切合作，经4次修订完成了《桂林市中心城环城水系规划研究总报告》。同时，桂林市还举办了中心城环城水系设计方案国际征集发布会，邀请众多海内外知名规划设计机构参与招标设计，并且组织专家评委会对征集方案进行评审，选出了优秀方案。设计方案多次向市民展出，广泛征求意见。经过多次比较、修改后，形成了最终的"两江四湖"工程实施方案。该工程于1999年8月23日正式启动，至2002年6月2日竣工并正式通航。

桂林市政府在"两江四湖"的治理中还引入了市场运作机制。工程启动时，为解决制约工程实施的资金"瓶颈"问题，政府组建了桂林市环城水系建设开发有限公司。因此，该工程以公司为主体，向市内多家商业银行融资，解决了资金难题，确保了工程的顺利推进。工程完工时，为切实加强"两江四湖"景区项目运营管理，政府又组建了桂林市环城水系建设开发有限公司水上游乐分公司。但是，由于该公司作为工程建设公司以及国有企业，对"两江四湖"旅游业务并非专业化运作，因此也面临经营困难的问题。为此，桂林市政府以财政补贴等方式，支持广西唯一的旅游类上市公司——桂林旅游股份有限公司通过再融资收购"两江四湖"景区项目。自2010年起，"两江四湖"景区由重组合并成立的桂林两江四湖旅游有限责任公司运营管理，该公司为桂林旅游股份有限公司旗下的全资子公司。

（四）旅游开发中的历史文化名城保护

桂林旅游股份有限公司最初从经营旅行社、旅游车船公司起步，之后转身为旅游景区开发公司管理"两江四湖"运营，从企业本身来说，面临着业务的转变。与经营传统的观光业务不同，如今公司面临如何实现自身从旅游运营商向城市运营商的转变，以及如何做好桂林旅游业深度转型等一系列问题。桂林旅游股份有限公司一开始就提出以改善桂林城区的环境质量为出发点，从根本上提升城市的档次与品位，构建桂林"城在景中，景在城中"的山水城格局。为了使理论视角与实践运作相结合，公司成立了"两江四湖学术顾问团"，广泛吸收本地学者关于"修复桂林环城水路系统，开展现代化的环城游览"的学术成果，规划、环保、水电等部门各个环节，认真付诸实践。尤其以全球化视角，以特色化着力，抓文化。按观光、商务、文化、体验、休闲、度假六区产品推进，构建一个复合型的产品模式。

2012年，"两江四湖"正式运营后10年来，取得了很好的经济效益和社会效益，夜游"两江四湖"已成为桂林旅游市场的新品牌代表，桂林的历史文化体现在全程游线中，主景区的名桥博览园、名花名树名草博览园、亭台楼阁博览园和雕塑博览园，以及十多座传统名山。在游船上看灯光夜景，赏沿湖表演，了解到桂林的人文故事。在布局方面，水上（江上和湖上）陆上，周边住宿区、商务区、休闲区、娱乐区、文化区等布局合理，形成了一个好的"A＋B＋C"模式，"两江四湖"实现了桂林旅游转型升级的第一步。

五 启示

从两个案例中，可以看到政府主导旅游开发与历史文化名城保护的重要性，同时新政治经济学理论和方法在本文中得到运用。这一案例说明，政府决策与集体决策非常重要，政府进行经济发展时，要考虑人民群众的利益。对于鲁家村而言，政府正在实现富民工程，鲁家村作为桂林乡村旅游的一个典型，群众积极参与旅游，并成为受益者，这种"桂林乡村旅游模式"将会得到更大的推广。

鲁家村将"社区参与"列为经济建设之首，"旅游+休闲农庄"的旅游导向型土地利用模式，是结合区域特点，在具体乡村旅游开发中提升的理论成果。同时，将社区参与、社区增权理论引入旅游开发中，为地方旅游业可持续发展提供了智力支撑。鲁家村进一步将生态文化贯彻到其他各方各面，如生态旅馆、能源生态、交通生态、生态教育、生态产业等，形成了一个可持续发展的生态系统。

"两江四湖"则是城市主体功能区发展的一个范例。该项目体现了城市的发展方向，生活、休闲、文化、特色等各个方面融合到一起，构成了一曲新的交响诗，也成为新桂林的标志。这种标志不是高楼大厦，而是山水田园；不是纯粹的欧化或中式风格，而是人文家园的体现和人本主义的精粹。这样一个集旅游、休闲、度假、居住于一体，综合具有生态环境功能和社会经济功能的新兴城市景观，对于探索城市可持续发展模式将会产生积极而深远的影响。

从政府治理的角度，两个案例讨论了旅游管理职能的创新。在文化遗产的创造过程中，旅游的发展将起到重要的推动作用，成为文化遗产的生长点和发展的示范点。旅游经济是人文经济，一是要以人为本，一切围绕着客人的需要，体现浓郁的人文关怀精神。二是充分发挥文化的优势，深入挖掘各地的文化传统，并采用各类形式加以表现。

在全球化发展的大潮中，如何保持地方的文化自觉，保持全球文化的多元化，是新时期一个严峻和富于挑战的课题。中华民族的百年复兴，不仅在于经济的发展，也在于文化的复兴。这种复兴，不是传统意义上的复古，而是对中国的历史传承，是文化的创新，是国民心态的健康，创造未来的文化遗产必将是其中的重要方面。鲁家村和"两江四湖"的开发，政府的角色正是在建设惠民工程，国家旅游综合改革试验区在桂林已经有了非常好的基础，在这个基础上进一步转型升级，实际上也是整个桂林的转型升级。

参考文献

[1] 老枪：《大败笔：中国著名景点硬伤备忘》，中国友谊出版社 2006年版。

[2] Yang, L., Wall, G., Smith, S., "Ethnic Tourism Development: Chinese Government Perspectives", *Annals of Tourism Research*, 2008, 35（3）.

[3] 蒂莫西·博伊德：《遗产旅游》，程尽能译，旅游教育出版社 2007年版。

[4] Bramwell, B., "Governance, the State and Sustainable Tourism: A Politicaleconomy Approach", *Journal of Sustainable Tourism*, 2011, 19（4）.

[5] Bevir, M,. "Key Concepts in Governance", London: Sage, 2009.

[6] Cornelissen, S., "Regulation Theory and Its Evolution and Limitations in Tourism Studies", in Mosedale, J. (ed.), *Political Economy of Tourism. A Critical Perspective*, London: Routledge, 2011.

[7] Henderson, J., "Attracting Tourists to Singapore's Chinatown: A Case Study Inconservation and Promotion", *Tourism Management*, 2000, 21（5）:.

[8] Bramwell, B., Meyer, D., "Power and Tourism Policy Relations in Transition", *Annals of Tourism Research*, 2007, 34（3）.

[9] 魏小安：《休闲业推进美丽中国》，《人民日报》（海外版）2013 年3 月 16 日。

[10] 袁方成、涂一荣：《十八大之后的中国：改革关键期——访俞可平教授》，《社会主义研究》2013 年第 2 期。

[11] 邓小平：《邓小平论旅游》，中央文献出版社 2000 年版。

[12] [美] 丹尼尔·贝尔：《后工业化社会的来临——对社会预测的一

种探索》，高铦、王宏周、魏章玲译，商务印书馆 1984 年版。

[13] 魏小安、王洁平：《创造未来的文化遗产》，中国人民大学出版社 2005 年版。

[14] Sun，L.，"Societal Transition：New Issues in the Field of the Sociology of Development"，*Modern China*，2008，34（1）.

（作者系广西大学商学院教授）

广西少数民族医药文化
促进边关旅游发展

亢　琳　朱　华　戴忠华　黎　理　笪舫芳

【摘　要】广西壮族自治区是个多民族聚居的地区，世居民族有汉族、壮族、瑶族、苗族、侗族、毛南族、回族、京族、彝族、水族、仡佬族、仫佬族12个民族。广西少数民族医药文化是广西少数民族传统医药文化体系的总称，是我国少数民族医药文化极其重要的组成部分，是广西少数民族在漫长的生产、生活历史过程中积累的丰富的防病治病的经验，形成了独具特色的少数民族医药文化，本文以骆越文化为例，浅谈骆越医药文化促进边关旅游发展。

【关键词】广西；少数民族；医药文化；旅游发展

少数民族医药文化是人类传统医药文化体系的总称，是世界医药文化的重要组成部分，是人类文化多样性的生动体现。少数民族为了生存和发展，在各自的生产、生活过程中，以各自不同的方式去认识自然、适应自然和改造自然，在漫长的历史进程中，他们积累了丰富的防病治病的经验，形成了各具特色的少数民族医药文化，具有鲜明的民族特色，正是这些少数民族医药文化，长期以来护卫着本民族的身体健康。少数民族医药文化是人类非物质文化遗产，极具鲜明的传统性、活态性、地域性、生活性、民间性；体现在各民族衣食住行的方方面面生活中，与各少数民族人民群众生活密切相关，在各族人民中世代相传。

广西壮族自治区地处中国南疆，是个多民族聚居的地区，流传着"高山瑶，半山苗，汉人住平地，壮侗住山槽"。世居民族有汉族、壮族、瑶族、苗族、侗族、毛南族、回族、京族、彝族、水族、仡佬族、仫佬族 12 个民族。广西少数民族医药文化是广西少数民族传统医药文化体系的总称，是我国少数民族医药文化极其重要的组成部分，是广西少数民族在漫长的生产、生活历史过程中积累的丰富的防病治病的经验，形成了独具特色的少数民族医药文化，有着浓郁的广西民族风情，本文以广西骆越民族文化为案例，骆越人是壮族人民的祖先。骆越文化是珠江流域历史上最早、最灿烂的篇章，骆越文化是广西文化的根，广西左江流域支流宁明县明江河畔耀达岸边的悬崖上，在宽 200 多米、高约 40 米的临江一面崖壁上，有一处密密麻麻地布满各种用赭红色颜料绘成的、色彩鲜艳的花山岩画，据考是壮族先民——古骆越人的杰出艺术创造，是壮族先民留下的珍贵文化遗产。在历史长河中，骆越人创造了许多灿烂的历史文化。比如龙母文化、稻作文化、青铜文化、大石铲文化、铜鼓文化等。这些文化具有很深的内涵。本文以骆越文化为例，浅谈骆越医药文化促进边关旅游发展，从历史文化渊源的角度，解析壮医药理论以及如何促进广西与边关旅游发展。

一　壮医药文化

　　壮族是广西壮族自治区的主体民族，也是中国少数民族中人口最多的民族，90% 以上的壮族人聚居在广西壮族自治区。壮族是广西最早和最主要的开拓者，早在两千多年前的商代，壮族的祖先就以瓯邓、桂国等名载于古籍；秦汉时期的瓯骆和骆越是壮族的远祖；宋代是壮族形成为民族的关键历史时期，壮族族称开始出现于宋代的史籍中；宋人范成大《桂海虞衡志》说："庆远、南丹溪洞之民呼为僮。"中华人民共和国成立后经过民族识别，并遵照本民族意愿，统称为"僮"，1965 年改称为"壮"。

　　"壮族文化瑰宝"宁明花山崖壁画，宽 220 米，高 45 米，有人物图像 1300 多个，是迄今国内发现的规模最大的崖壁画，花山崖壁画以其分布之广，作画条件之艰险，作画地点之陡峭，画面之雄伟壮观，被后人所惊叹，在世界美术史上享有崇高的地位。崖壁画具有考古探究和很高的开发利用价值，以丰富的内涵、神秘的意境和独特的风格吸引了国内外无数专家学者的眼球。已逐渐引起各方面的关注与重视，各地游客慕名而来。国家文物局把花山崖壁画列入我国 35 个"申遗"目录名单之后，又列入申报世界自然和文化"双遗产"的预备名单。

（一）"天地人自然观"哲学思维形成自然生态的山水文化

作为龙母文化的发源地——环大明山一带自然景观和人文景观密集，提出天地人自然观哲学思维，使人们对大自然产生了朴素的宏观认识，并逐步发展成为壮医的"天地人三气同步学说"。内涵为：①人察天地之气而生。为万物之灵。②人的生长壮老死生命周期，受天地之气的涵养和制约，人气与天地气息息相通。③天地之气为人体造就了生存和健康的"一定常度"。但天地之气变化无常，人作为万物之灵，对天地之气的变化要有一定的主动适应能力，维持机体的健康"常度"。反之，则受到伤害而发病。④人是一个由若干个有限的小宇宙单元组成的小天地。上部为天，壮医称为"巧"及外涎；中部为人，壮医称为"廊"；下部为地，壮医称为"胴"，三部之气，相互化生，相互制约，生息不断，同步运行。上天之气主降，下地之气主升，中间人气主和。三气同步，和养得体，内安外谐，自得安康。⑤人体脏腑吸收外天地之气而产生内天地之气，形成了固有的防卫屏障，维系人体的健康。⑥七窍相连，九孔相通，开合有度，微调有节，气息通畅，三气齐鼓，内存外输，遍布全身，协调机体功能。龙母文化体现了天人合一的思想，龙母代表人类群体，特掘代表大自然界，娅蒲对小蛇的抚养，体现了人类对自己生存的自然环境的精心爱护，力求生态平衡，以利于人类自身的健康持续发展，大明山的原始森林中的自然山勾画出一幅美丽的天然氧吧。大明山的山脚绕一个大花环，吸引四海嘉宾来这里一睹大明山的容颜，让大明山的龙母文化为大山周围的各民族群众创造美好的生活，在日新月异的时代焕发异彩。

（二）优秀的艺术文化

2008 年北京奥运会开幕式融和了中国 5000 年的历史文化元素，在眼花缭乱的场景中，卷轴上出现的图腾就是广西花山壁画。卷轴岩画上的人像是双手上举，两脚下蹲，这是广西壮族岩画人像特有的动作。另外卷轴上还出现了一个圆形的图案，圆圈里有放射线，这是"太阳"，也是壮民族岩画所独有的。关于花山壁画的内涵研究，学者多从图腾崇拜等角度进行探讨，而关于其医学内涵，比如花山岩画中隐含的很多古代记录的壮医药知识，包括人体解剖、气功、导引、针灸等内容，到目前为止，研究甚少。壮医现在也是壮民族文化品牌，在壮医里面的龙母文化、花山壁画、青铜文化、医药文化等，都是壮医文化的品牌。它在医疗、养生、保健方面起着越来越重要的作用。

（三）民间的壮医药文化活动——端午节药市

广西靖西端午节药市就是独具特色的广西少数民族医药习俗的代表，此活动始于唐宋，盛于明清。每年农历五月初五端午节，靖西及周边县懂得一方一药的人民群众以及壮医药农都将自采的各种草药或自制的中成药拿到靖西县城集中摆摊出售。现今靖西端午节药市在政府部门的大力支持下市场上不仅有鲜药材交易，还有相互之间交流、传授壮医药经验、知识，举办壮医药技艺展示、振兴广西壮医药等活动论坛。

二 打造民族特色文化旅游精品，促进广西边关旅游业蓬勃发展

（一）骆越文化是珠江流域历史上最早、最灿烂的篇章

古骆越人是壮族人民的先祖也是广西文化的根，目前骆越文化的推广与传承方式主要有以下几种：旅游业的开发、"三月三"歌圩节、各种专题研讨会、有关民间祭祀活动、舞蹈等。由于宣传面不是很广，很多广西人不太明白广西的根源文化，甚至不少国家的专家误认为骆越文化发源于越南，这一宣传工作方面的弱势对我国、对骆越文化的传承非常不利。广西大学艺术学院成立至今，一直以来都在推行教育与民族文化发展的双向互动，推进教育与民族文化产业对接，从分析广西民间文化及"骆越文化"传播与传承的现状及优缺点与不足入手，将广西民族文化及"骆越文化"融入教学课题和毕业创作等环节，以"骆越文

化"中的特色题材、传奇故事为元素，将民族文化元素应用于平面、动态、立体的艺术设计与创作中。除此之外，美术、音乐、舞蹈也发挥着对该文化的传播力量。创作和开发和旅游有关的广西民族特色作品，在相关课题的教学与创作开发中进行经验总结，努力探索传播广西"骆越文化"的创新传播与传承方式，利用多种新媒体传播手段，对骆越文化进行传播与传承发展，推广旅游文化。

（二）稻作文化与壮医民族特色，促进广西边关旅游业蓬勃发展

稻作文化是骆越文化的重要标志，是中华文明和世界文明的重要文化遗产。在我国最先发明了水稻人工栽培法，为中华民族、全人类作出了巨大的贡献。稻生长在南方，气候炎热，昼白夜黑，阴生阳长。稻作文化使壮族先民对阴阳有了较早的认识，形成了壮医最初的阴阳概念。古朴的辩证思维和自然哲理，形成了壮医"三道两路"的基本认识。体现了人与自然、人与三气的协调关系，维系着生命的"常度"。

近年来，崇左市努力践行科学发展观，重视对民族文化的保护与开发，打破行政界限，理顺管理体系，着力挖掘整合以宁明花山崖壁画为代表的古骆越文化、以龙州起义旧址为代表的红色之旅文化、以大新德天瀑布为代表的绿色生态文化、以镇南关大捷遗址为代表的古战场文化四条文化价值链，提升以边关民族文化为核心的旅游资源综合实力，坚持走边（边关风情游）、红（红色之旅）、绿（生态山水游）相结合的发展之路，基本形成县域旅游、区域旅游、跨境旅游三大格局。民族文化与旅游产业的互动得到空前发展。

三　崇左市民族文化开发利用与
旅游互动发展存在的问题

本文以骆越文化为例，浅谈骆越医药文化促进边关旅游发展中存在的不足，率真淳朴的壮族风情、古老神秘的文化遗产以及雄奇幽险的自然景观，作为旅游资源不仅具有丰富性和多样性，也具有独特性和垄断性，正迎合了求新、求异、求知的旅游趋势，具有很强的文化吸引力和国际市场竞争力。但整个崇左市民族文化资源开发起步晚、投资少、规模小，旅游经济仍然十分薄弱。

（一）挖掘不足，品位不高，品牌稀少

崇左市民族文化多，但形成品牌屈指可数。受客观因素所限，民族文化未能得到深度的挖掘和开发，丰富的资源优势未能充分显现，文化内涵未能打造成文化旅游产品。如闻名中外的花山崖壁画除了崖壁画得到初步开发利用外，其他地方的崖壁画仍未得到保护和利用，还有依智高屯兵遗址、恐龙化石、大石铲文化、崖棺葬文化、左江斜塔等众多民族文化均未得到开发。

（二）投入不足，设施简陋，各景区景点的保护力度有待深入

虽然崇左市目前形成了一小时旅游交通圈，极大地改善了通往景区主要干线的交通状况。但总体来看，影响边关旅游发展的关键因素仍是基础设施建设落后问题。

（三）宣传促销较弱

这些年，崇左市对民族文化旅游日趋重视，极大地提升了知名度和品牌效应，但仍属零敲碎打，缺乏气势，未形成整体规模效应，宣传格局较弱。

（四）民族文化旅游与游客互动性不够

目前，崇左市民族文化旅游产品单一，多为观光型和周游型线路，消费能力很低。缺乏民族特色的旅游商品无法激发游客的消费欲望。

四　民族医药文化与边关旅游互动发展的对策

（一）打造花山地区相关的医药文化品牌，注入文化内涵

随着旅游业发展，东盟国家形成旅游资源优势互补。要抓住北部湾经济区的有利时机，充分利用广西民族农产药业的特点特色，规划相关的养生行业，研发相关的医药产品，形成品牌推广到边关，加大医药种

植业发展，不断培育出具有本民族文化的产业。强化政府的政策和方针，抓住市场经济运行，拓宽发展。

（二）鼓文化、崖画文化、山歌文化与壮医养生中的旅游产业发展

沉积几千年的骆越铜鼓文化、崖画文化、山歌文化，蕴含着大量的文化研究信息。其领域涉及文学、美术、音乐、舞蹈、医药、体育等，是壮文化研究的一大笔财富。

崖画文化更加突出文体娱乐，尤其是舞蹈气功养生，被表现得淋漓尽致。壮医药专家对花山壁画实地考察后认为，"该画面长40多米，宽130多米，人头图像1370多个。人物画面正面多举双手，肘部、膝部弯曲角度为90.110度，呈半蹲状。侧身人像排列成行，两腿后弯，两手向上伸张。这是一幅典型的舞蹈、武功或气功的动作，对健身十分有益"。

广西是山歌的故乡，壮族是"歌欢"的民族，山歌文化内涵十分丰厚，源远流长，自古有之。壮医药的传承及不断的更新和发展离不开壮医药山歌，歌墟在壮族地区非常盛行，能歌善舞的广西壮族人民用民歌来传承壮医药，即广西壮医药学家巧妙地将医药知识与民歌结合为整体，这些医药山歌一代一代地传颂，使壮医药传承下来。广西壮医药山歌通俗易懂，且富有广西民歌特色，是广西少数民族医药文化的重要内容。

五　发展广西少数民族医药文化的重要性与必要性

发展广西少数民族医药文化是广西民族医药发展国家政策要求扶持的需要，是提升广西民族医药的研发与产业发展的需要，是广西民族医药事业自身发展的需要；发展广西少数民族医药文化是服务国家东盟战略、加强中国—东盟传统医药合作的需要，是缩小与中药及其他民族医药产业研发水平的需要，是服务地方经济、推动广西千亿元产业发展的需要。

经过几十年的努力，现有广西中医药大学壮医药学院、瑶医药学院、广西民族医药研究所、广西壮医医院、广西民族大学民族医学研究

中心等 10 多个广西少数民族医药机构，壮、瑶医药初步形成了理论体系和学术体系。2008 年，经卫生部、国家中医药管理局批准，广西已经开始了壮医专业执业医师资格考试工作。《广西壮族自治区壮药质量标准》第一卷、第二卷也分别于 2008 年和 2011 年在壮乡首府南宁正式由广西壮族自治区人民政府部门颁发实施。

在广西旅游行业发展中，激发游客参与各种养生互动，加强跨境民族交流。建议崇左市围绕民族节庆开展集观赏医药养生、参与、互动于一体的各种养生旅游活动；开展乡村农家游，让旅客亲身感受壮民生活、婚礼仪式等活动。形式要多样，内容要丰富，突出旅客的参与性与互动性，让游客体验壮民族文化的博大精深和无穷魅力。左江流域民族与越南、老挝、泰国等多个东盟国家民族同宗同源，语言相近、习俗相似。建议崇左市充分利用渊源密切和友好往来这一优势，加强与东南亚有关国家进行民族文化、经济交流活动，开展跨国民族文化交流、跨国经济研讨、跨国民族文化节庆等活动，以增强崇左的知名度与影响力，推动民族融合和边境旅游的发展。随着凭祥友谊关和德天跨国瀑布旅游合作区纳入国务院《关于进一步加快广西经济社会发展的若干意见》，边关旅游必将得到跨越式发展。

参考文献

［1］王志红、向芯慰：《少数民族传统医药文化的保护、传承和发展思考》，《云南中医学院学报》2012 年第 2 期。

［2］冯秋瑜、庞宇舟、李彤：《壮瑶医药文化影响因素及异同探析》，《中国中医基础医学杂志》2015 年第 11 期。

［3］梁彩群：《渗透少数民族医药文化，培养医药职校生人文素养——在广西医药高职课程中引入民族医药文化的思考》，《中国民族医药杂志》2012 年第 2 期。

［4］黄汉儒：《中国壮医学》，广西民族出版社 2001 年版。

［5］谢婷等：《边境旅游目的地的国内游客特征及感知研究——以广西壮族自治区崇左市为例》，《资源与产业》2009 年第 12 期。

［6］云忠祥、零芝：《广西苗族医药概述》，《广西民族研究》1992 年第 1 期。

［7］ 王柏灿、云正中、云雨：《广西苗医药发掘整理研究概况》，《中国民族医药杂志》2012 年第 5 期。

［8］ 洪利亚、黄焜慧、谷荣辉等：《广西毛南族药用植物传统知识调查》，《世界中医药学会联合会中医药传统知识保护研究专业委员会第一届学术年会暨中国中医科学院第二届中医药文化论坛论文集》，世界中医药学会联合会、中国中医科学院，2013 年第 4 期。

［9］ 黄永光、徐奎、赵权等：《广西京族医药发展现状初探》，《中医药导报》2014 年第 7 期。

［10］ 范树国：《彝药发展的历史与现状》，《新疆大学学报》（自然科学版）2007 年第 24 期（增刊）。

［11］ 韦正初、韦宗元：《水族医药的研究和发展》，《中国民族医药杂志》2010 年第 12 期。

［12］ 韦波、胡成刚、杨立勇等：《贵州仡佬族医药概况》，《中国民族民间医药杂志》2002 年第 58 期。

［13］ 梁栋、韦香密：《传承与发展中的仫佬医药》，《民族医药报》2013 年 12 月 18 日。

［14］ 朱华、蔡毅：《中国壮药原色图谱》，广西民族出版社 2003 年版。

［15］ 亢琳、朱华、戴忠华等：《广西少数民族医药文化》，《中华中医药学刊》2016 年第 5 期。

［16］ 蒲勇健、李绍芳：《金融衍生品利用与商业银行收益敏感性影响分析》，《现代管理科学》2010 年第 4 期。

（作者系广西大学艺术学院副教授、硕士生导师）

创意经济视角下文山壮族
"非遗"传承创新发展研究

陈青云

【摘　要】文化创意的兴起为经济的转型升级提供了新的视角，民族地区的发展同样也需要以创造性、体验性为核心的创意经济的带动。非物质文化遗产是民族地区的优势资源，同时也是民族地区旅游开发的灵魂和差异化体现。部分少数民族地区以少数民族非物质文化遗产为依托，大力发展旅游业，取得了良好的效果。文章运用在文山壮族地区实地调研所获取的资料及相关文献资料，结合目前兴起的文化创意，探究如何更好地传承文山壮族非物质文化遗产，发扬优秀民族文化。

【关键词】创意经济；非物质文化遗产；文山壮族；传承发展

引　言

2017年1月24日国务院向各省、自治区、直辖市人民政府印发《"十三五"促进民族地区和人口较少民族发展规划》。此规划是"十三五"时期促进少数民族和民族地区全面建成小康社会的行动纲领，其内容涉及社会经济发展的多方面内容，其中文化建设被高频次提及，并将"民族文化繁荣发展"作为主要目标之一。

传承发展民族地区独特文化、完善文化服务体系、开展民族特色文化活动必将对民族地区文化繁荣发展产生重要的推动意义。少数民族非物质文化遗产（以下简称"非遗"）作为民族地区一种特色的文化资源，其传承发展是民族地区文化建设及全面协调发展不可或缺的组成部分。

一 理论基础与文献回顾

（一）创意经济

自 1998 年以来，英国创意产业特别工作小组在出台的《英国创意产业路径文件》中明确提出了"创意产业"这一概念以来，创意经济作为一种全新的经济形态在全球范围内迅速兴起并逐步被公众所认同。英国"创意产业之父"约翰·霍金斯在《创意经济》中明确指出全世界创意经济每天创造 220 亿美元，并以 5% 的速度递增。

季昆森在《创意与创意经济》一书中指出创意经济可以概括为："发掘深厚文化底蕴，运用先进科技手段，融入新奇怪特创意，创造巨大财富价值。"创意经济的内涵是以创意和文化为核心，以现代科技为主要手段，将文化、知识和创意等无形资源物化，形成高文化附加值和高技术含量的创意产品和服务，实现在市场经济条件下的生产、分配、交换和消费，并通过有效的资源整合力和产业渗透扩张能力，达到推动财富创造、提高生活质量、提升经济综合竞争力目的的经济形态。金元浦通过研究指出，我国文化产业正处在发展的"瓶颈"期，创意经济是打破原有限制与格局，调整经济结构，提升产业形态的重要方式与突破口。

当前中国经济社会的发展应该紧跟世界创意经济发展的趋势与步伐，积极拓展创意经济的各种政策，培育创意产业发展的各项基础环境，力争在全球创意时代，大力发展创意产业与创意经济，为经济社会的转型发展寻找战略性机遇。

（二）"非遗"研究综述

随着社会经济的飞速发展，少数民族非物质文化遗产作为我国重要的传统文化瑰宝，其保护传承问题也开始逐渐为人们所重视。本文通过对近年来少数民族非物质文化遗产研究的相关文献的统计、整理，对研究内容进行归纳总结，发现研究主要是从少数民族非物质文化遗产的概念、价值、保护现状、存在的问题、传承保护的建议与对策几个方面展开。

关于少数民族非物质文化遗产的概念，对其进行界定的学者不多，现在较为通行的是 2003 年《保护非物质文化遗产公约》和 2011 年《非物质文化遗产法》中对非物质文化遗产所做的定义。另有学者指出，少数民族非物质文化遗产是"非物质文化遗产的下位概念"。少数民族非物质文化遗产是民族智慧与文明的结晶，具有重要价值的文化资源。张世均认为，少数民族"非遗"具有"社会价值、文化价值、科学价值、旅游价值"，罗琳认为，其具有语言学、历史学、民俗学、艺术学、天文学、医药学等方面的价值。近些年来，我国在抢救和保护少数民族非物质文化遗产方面取得了可喜的成绩，一大批宝贵的少数民族非物质文化遗产入选世界级和国家级保护名录，少数民族非物质文化遗产的价值得到不断挖掘和认可，但同时也面临着一些问题。生存环境变迁、传承人断代、外来文化的冲击等现象，都不同程度地反映出当前"非遗"保护存在的各类问题。针对"非遗"传承保护中存在的问题，学者们从不同的视角，如从总体视角、传承人视角、立法视角等方面提出了相应的策略。

还有众多学者通过不同角度对少数民族"非遗"问题进行了研究，在此不再一一赘述。但是很少有学者针对文山地区壮族"非遗"进行专门的研究。本文将借助文山壮族地区的"非遗"，通过文化创意的思路来探究少数民族"非遗"的传承发展。

二 文山壮族地区"非遗"概况

（一）文山州地理人文环境

文山壮族苗族自治州地处祖国西南边陲的云南省东南部，东与广西百色市接壤，西与红河哈尼族彝族自治州毗邻，南与越南接界，北与曲靖市相连。最高海拔 2991.2 米，最低海拔 107 米，土地总面积 31456 平方千米。下辖文山、砚山、西畴、麻栗坡、马关、丘北、广南、富宁

8 个县（市）、101 个乡（镇）。除广西壮族自治区外，壮族人口主要聚居于云南省文山壮族苗族自治州，占云南壮族人口的 98%。生活在其间的 11 个民族创造并保存着丰富而深厚的非物质文化遗产资源。文山壮族先民在长期的历史发展过程中，因其所处的自然环境和特定的生产方式，创造出独具地方和民族特色的宗教、礼仪、服饰、建筑、饮食、歌谣等一系列文化并继世传承。

（二）文山州壮族地区非物质文化遗产主要内容及其价值

壮族非物质文化遗产是壮族人民世代相承并且与他们生活密切相关的各种传统文化表现形式和文化空间。文山壮族非物质文化遗产既是当地壮族历史发展的见证，又是具有重要价值的文化资源，在国内外享有较高的知名度。文山壮族非物质文化遗产内容涵盖传统戏剧、民间舞蹈、民间文学、民俗、传统医药、文化保护区等几大类别。现列表对文山州境内壮族主要的非物质文化遗产资源进行统计说明。

根据表 1 可知，文山州共计有 27 项壮族非物质文化遗产入选省级以上的非物质文化遗产保护名录，其中国家级 6 项，省级 21 项。目前上述 27 项非物质文化遗产都已得到不同程度的保护与开发利用。

表 1   文山州壮族主要非物质文化遗产资源一览

类别	项目名称	等级
民俗	女子太阳山祭祀	国家级
舞蹈	壮族纸马舞	
曲艺	壮族渔鼓	
传统戏剧	壮剧	
民间舞蹈	铜鼓舞	
民间文学	坡芽情歌	
民俗	九龙山祭祀、赶花街、皇姑节	省级
传统美术	阿峨壮族版画	
传统医药	中草药酒曲制作技艺	
传统舞蹈	棒棒灯、弄娅歪	
民间文学	壮族创世史诗《濮侬论者渡》、弄驴壮族民歌	
传统手工技艺	壮族刺绣技艺、火草纺织技艺、纸伞制作技艺	

类别	项目名称	等级
传统礼仪与节庆	陇端节、女子太阳节	省级
传统文化生态保护区	广南县者兔乡下者偏村	
民族传统文化保护区	马洒、么所、者太乡者太村壮族传统文化保护区	
民族民间传统文化之乡	壮剧之乡、铜鼓舞之乡、开化镇壮族纸马舞之乡	

资料来源：笔者根据国务院、云南省文化厅公布的非物质文化遗产代表性项目名录整理而来。

文山壮族"非遗"是壮族传统文化的载体，体现了壮族先民的智慧，是中国民族文化的重要组成部分，其价值是丰富多样的。就拿《坡芽情歌》来看，它是壮族文学的瑰宝，从其独特的记录方式来看就具有较高的文字学、美学以及科研价值；从其曲调来看，它五声皆有，是研究民族音乐的"活化石"，具有较高的音乐学价值；从其内容来看，歌书中的81首歌都是情歌，是坡芽壮族青年男女谈情说爱的写照，这正是壮族人民精神价值的体现；从其发展来看，坡芽村利用这一资源来发展民族民俗旅游，已获得一定的收益，可以看出其具有极大的旅游、经济价值。

总的来说，文山壮族"非遗"具有以下几方面的价值：在加强中华民族的凝聚力、建立和谐社会、推动地方社会发展方面发挥着重要的社会价值；在促进地方旅游开发和旅游产业发展中发挥着重要的经济价值；在丰富中华民族传统文化的多样性方面发挥着重要的文化价值；在研究民族传统文化以及科学认识民族优秀文化方面发挥着重要的科研价值。但是要利用如此多价值的前提是，我们能够很好地传承发展这些"非遗"资源。

三 文山壮族地区"非遗"传承发展现状分析

在1999年的云南省文化厅开展民族民间传统文化传承人命名工作时，文山州各县非物质文化遗产普查工作的开展就正式开始起步了。多年来，在各级政府部门的高度重视下，根据云南省人大颁布的《云南省民族民间传统文化保护条例》、云南省文化厅下发的《云南省文化厅关于组织力量对全省民族民间传统文化进行普查的通知》精神要求，各县文化馆工作人员一直坚持开展全面调查，不断补充完善资料，进行收集整理，建立档案，逐级申报项目名录，积极开展非物质文化遗产保护工作。为让更多人参与到保护非物质文化遗产的活动中，共同保护和传承好非物质文化遗产，各县相继成立"非遗"传承点、开展"非遗"展演活动、"非遗"进校园、"非遗"知识培训、传承人培训等一系列措施，取得了显著的成效。

但随着经济社会的急剧变迁，影响文山壮族地区"非遗"传承发展的一系列问题逐渐显现出来。其主要有：民族民间传统文化生存环境急剧恶化，保护状况堪忧，大批具有历史、文化价值的文化资源遭到不同程度破坏；一些依靠口头和行为传承的各种民间文艺、技艺、礼仪、节庆、游艺等文化遗产正在不断消失；民族民间文化的传承后继乏人，一些传统技艺濒临灭绝；许多珍贵实物和资料流失境外等。

另外，文山壮族地区"非遗"的传承发展还面临着相当一部分没有解决好的困难。例如，非物质文化遗产的普查、保护、研究、开发等工作需要大量经费的支持，经费的缺乏严重制约着"非遗"的传承发展；"非遗"是体现地方历史、文化特色的重要形式，其内容丰富，涵盖面广，开发保护工作量大，需要专门的工作机构来负责，但仅靠文化部门兼管是远远不够的，缺乏专门机构及专业人才，致使力度缺乏，传承、保护和利用工作进展缓慢等。

民族地区非物质文化遗产的传承、保护、发展工作是一项长期的事业，工作量大、涉及面宽、专业性强，需要政府部门、社会力量、科研工作者等多方协作、共同努力。

四 文山壮族地区"非遗"传承发展思路分析

创意经济中处于核心地位的是文化创意。文化创意不同于我们平时所说的创意。创意是创造意识或创新意识的简称，它是指对现实存在事物的理解以及认知，所衍生出的一种新的抽象思维和行为潜能。而文化创意是一种理论方法，它需要创意人或创意团队针对不同的文化资源，深度发掘其文化内涵，并根据相关的文化原理，充分发挥文化创意人才的智慧，研究市场和消费者的需求等，从而适当运用相应的理论方法乃至技术手段，创新产品生产和服务，使之深受消费者喜爱，进而提升文化资源的利用效能和价值，产生强大的社会、文化、经济传播推动效应，实现我国少数民族"非遗"的代际传承、转换利用和提升发展，最终获得创新繁荣和可持续保护的机制活力（见图1）。

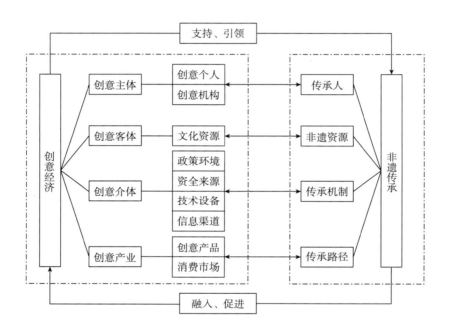

图1　创意经济视角下"非遗"传承创新框架

（一）"非遗"传承人培训创新

"非遗"是存在于持有人也就是传承人头脑中的一种知识或者技能。只有这些传承人通过不同方式将它们复述、表演或是制作出来，人们才会感受到它的存在。因此，"非遗"传承人是传承"非遗"首要关注和重视的问题。但是，目前文山壮族针对"非遗"传承人的培训主要以提高他们对"非遗"的基础知识的掌握为主，没能很好地树立起传承人的危机意识、安全意识、可持续发展意识、协作发展意识以及创新发展意识，这远远不能达到新形势下传承"非遗"目的的要求。

在新形势下必须要改变原有的培训方式，坚持新的培训理念，树立"非遗"传承人全新的思想理念；坚持依托地方科研院所、高等教育机构，构建"产、学、研、用"一体的传承人培训机制；坚持改进培训渠道资源，引进国内外先进培训机构。

（二）"非遗"文化的认知创新

费孝通将人类通过文化创造留下来的、可供人类继续发展的文化基础定义为人文资源。他认为人类一代代流传下来的文化遗产，只有当它们与人的现实生活和社会活动及社会的发展目标联系在一起后，才能称为资源。少数民族"非遗"正是与少数民族的生产生活密切联系在一起，因此可以称为是一种文化资源。将"非遗"转换成文化资源，就为"非遗"的传承发展找到了理论支撑点。

在新形势下需改变原有的认知观念，要认清在文山壮族历史发展过程及独有的自然环境下所创造的"非遗"是重要的历史文化资源和文化成果，能够体现出重要的人文、社会、科学价值，是各种创意的灵感来源。

（三）"非遗"传承机制的创新

"非遗"传承机制简单来说可以理解为"非遗"传承的体系，表现为"非遗"以何种方式进行传播发展，也就是说构成"非遗"传承的基本要素。从现实情况来看，文山壮族"非遗"传承主要是依靠血缘关系或者是师徒关系的代际传承，往往会因后辈对老一辈传承的"非遗"不感兴趣而造成"人亡艺消"的后果。

在新形势下依靠这种单一的传承机制已经极大地限制了"非遗"的传承，唯有对这一机制进行创新才有出路。创新的方面有：政策制度机制的创新——政府部门要出台相关的政策、制度来保障"非遗"传承的有序开展进行；资金保障机制的创新——建立资金引进机制和资金奖励机制来确保"非遗"传承不为钱犯难；技术设备机制的创新——引进先进的技术设备，为"非遗"传承铺路；信息渠道机制——要建立现代化的吸收、传播机制，充分利用现代化的吸收、传播工具（互联网、电视等媒介）对"非遗"进行广泛而有效的宣传。

（四）"非遗"传承路径的创新

在经济社会快速发展的今天，要想实现"非遗"的传承，必须要改变原来的传承路径，有必要将"非遗"这一具有历史厚重感的传统文化与现代化的市场需求相接轨。"非遗"和创意产业彼此"惺惺相惜"，文山壮族"非遗"是一种文化软实力、是一种重要的生产资料和战略资本，为创意产业发展提供宝贵的创意资源与素材，是创意产业的重要资源基础；同时创意产业为"非遗"的开发、传承提供了新的渠道，是"非遗"融入现代社会、进入大众生活的重要途径；另外，与"非遗"和创意产业高度相关的旅游又为两者的融合对接提供了广阔的平台。上述三方面的因素都将发展方向指向"非遗"与创意产业相对接，相融合。

文山壮族"非遗"与创意产业对接、融合要根据"非遗"的内容不同进行不同方式的融合。比如，传统文学的《坡芽情歌》、传统美术的壮族阿峨版画要从更多元的角度，融入现代高新科技等要素，实现资源的深度开发和再资源化利用，实现开发性融合；比如铜鼓舞、壮族纸马舞等项目，要充分发挥其体验效能，实现体验性融合；另外，最重要的是要产出"非遗"与创意产业融合的创意产品，这就要从文化产品的构成要素——主题、活动、形象，展开产品的具体创意设计。

结　语

创意经济为非物质文化遗产的传承在内容及形式上带来创新，在实现"非遗"活态传承的同时提升了"非遗"的知名度。两者之间可相互促进，相得益彰。"非遗"与创意经济的相遇，必将碰撞出一个更加广阔美好的空间。

参考文献

[1] 约翰·霍金斯：《创意经济》，洪庆福等译，上海三联书店 2006 年版。

[2] 季昆森：《创意与创意经济》，安徽人民出版社 2008 年版。

［3］陈伟雄：《创意经济：缘起、内涵与分析框架》，《经济问题探索》2013 年第 3 期。

［4］金元浦：《论创意经济》，《福建论坛》（人文社会科学版）2014 年第 2 期。

［5］唐小冬：《少数民族非物质文化遗产的立法保护》，《内蒙古大学学报》2008 年第 5 期。

［6］张世均：《我国少数民族非物质文化遗产的价值》，《西南民族大学学报》2007 年第 7 期。

［7］罗琳：《少数民族口头和非物质文化遗产的价值审视》，《民族论坛》2007 年第 8 期。

［8］杨军：《少数民族非物质文化遗产保护探究》，《中南民族大学学报》2016 年第 1 期。

［9］邓小艳：《我国少数民族非物质文化遗产研究综述》，《经济研究导刊》2013 年第 23 期。

［10］李修松：《运用文化创意理论方法发展文博创意产业》，《中国文物报》2016 年 4 月 26 日。

［11］方李莉：《从"遗产到资源"的理论阐释——以费孝通"人文资源"思想研究为起点》，《江西社会科学》2010 年第 10 期。

（作者系桂林理工大学旅游学院硕士研究生）

"赶鸟"节习俗传承与保护研究

——以武定县老滔村"赶鸟"节为个案

刘建琼

【摘 要】"赶鸟"节是彝族的重要民俗节日，随着社会经济的发展，这一民俗的传承在不断地变迁。本文从"赶鸟"节习俗的源起到变迁作了深入的田野调查和解析，并有针对性地提出了作为非物质文化遗产的"赶鸟"节习俗传承与保护的有效措施。

【关键词】彝族；"赶鸟"节；传承；保护

古往今来，勤劳的华夏民族以生生不息的动力和源源不断的智慧在漫长的生产实践中创造出极其丰富灿烂的民族文化，在奠起了整个中华民族深厚文化大厦之基的同时也形成了自我独具特色的文化信仰或习俗，彝族就是其中的一个优秀典型。其在长期特定的历史文化场域中创造出了诸如被誉为彝族四大创世史诗的《梅葛》《查姆》《勒俄特依》《阿细的先基》等，这种在一定区域内民众的自我思想、观念、情感的展演和延续构架起了民族区域内的自我文化信仰和习俗。

然而，这种独具特色的民族文化瑰宝曾几何时被视为"不登大雅之堂"的"下里巴人"被尘封在历史的车轮下。如今，当现代化、国际化乃至全球化已成为人们生活不可抵挡的潮流，中国古老神秘而又丰富多元的传统生活世界在现代主流一统化中淡然褪色的时候，我们蓦然回首才发现，在中国曾被视为莽荒之地的少数民族地区依然闪烁着古代先民创造的生活、精神和文化世界的影子，在那灯火阑珊处依然保持着令人震撼的纯真、多彩和古朴。

为此，笔者就武定县老滔村"赶鸟"节的文化传统习俗来展开研究，以便把这一古老而朴质的文化习俗更好地传承、保护下去。

一 "赶鸟"节习俗流传中心地
——老滔村的生产生活习俗

老滔村行政隶属云南省楚雄州武定县高桥镇，以彝族为主，杂居以少数汉族、苗族。彝族大姓有杨、李等，"老滔"彝语译为"罗忒"，村民多半自称"罗婺颇"。"武定"一词始见于元朝，系彝语音译词，其由来出自罗婺部。"武"是"婺"的音转，"定"为"甸"之谐音。意思即"罗婺部居住的大甸"。老滔村的历史记录大约在明朝时期，武定凤世土司在此招纳佃户，开疆破土，勤劳作业而成。到清朝改土归流后彝族大姓逐渐分化，且有少量苗族、汉族等迁移进来，形成了今天杂居状态。但"罗婺颇"在文化习俗方面基本上保持着自我的传统。

老滔村主要是以农业生产为主，适宜种植水稻、玉米、小麦、土豆等农作物，但产量不高，兼有畜牧业。这种特定的生产方式是受当地的地理位置和气候条件所制约的。该村地处云贵高原山区地带，地势东高西低，呈条带型延伸，四面环山，北靠赊甸大山，西有一风口，常年有冷风贯入，气候较为寒冷，年平均气温14.3℃，海拔2073米，年降水量1200毫米。土地多为梯田、坡地，农作物生长周期较长，产量低下。

在老滔村，村民们的日常生产生活习俗与当地的生产条件息息相关，许多都是与劳作生产相关的风俗信仰。如"赶鸟"节（彝语称那脖咔，本文将重点研究）、过年接土主、祭龙（竜）、祭山神等，这些习俗都与当地的劳作生产紧密联系在一起。

二 非物质文化遗产的概念与特征

老滔村"赶鸟"节至今有四百多年的历史，被列为省级非物质文化遗产。但这一"遗产"在时代的变迁、经济社会的发展中不断受到冲击，其传承、发展也面临着诸多挑战。如何将这一非物质文化遗产不断保护、传承下去，是值得我们深入研究、关注的时代问题。为此，首先要界定清楚的就是什么是非物质文化遗产及其特征。

《中华人民共和国非物质文化遗产法》（2011 年）所称非物质文化遗产，是指各族人民世代相传并视其为文化遗产组成部分的各种传统文化表现形式以及与传统文化表现形式相关的实物和场所。非物质文化遗产包括：一是传统口头文学以及作为其载体的语言；二是传统美术、书法、音乐、舞蹈、戏剧、曲艺和杂技；三是传统技艺、医药和历法；四是传统礼仪、节庆等民俗；五是传统体育和游艺；六是其他非物质文化遗产。老滔村传统民俗赶鸟节属于非物质文化遗产法内容的第四条。

人类口传心授、口耳相传、世代相承的文化遗产，它鲜活地扎根于民族民间社会中，主要表现为人民群众的生活方式和生产方式，是一个民族的生命记忆和活态文化基因，是人类创造力、想象力、智慧和劳动的结晶，是文化多样性的生动展示。因此，我们认为，非物质文化遗产具有民间性、民族性、活态性、无形性、多元性、传承性以及不可再生性等特征。正确认识非物质文化遗产的这些特征，是科学开展非物质文化遗产保护的重要前提。①

三 老滔村传统民俗"赶鸟"节源起探析

一种重要的民俗习惯、节日庆典无不反映该地区人民的信仰和智慧。老滔村的传统民俗"赶鸟"节就是在长期的生产生活实践中形成的地区民族信仰，深深折射出该区域内村民们的生活方式、风俗习惯、价值观念和思维方式。

相传四百多年前老滔村西口的石关箐（现在的石关水库）有一庞然怪物，形似蛇类藏卧在石关箐路边的绝壁大洞中，故此地在很久以前称大蛇箐。后来人们为避讳谈及此怪物，见路两旁石壁陡立有两扇石门欲关之势而改称石关箐，大蛇箐是周围居民东达武定乃至昆明，西到高桥、猫街甚至更远的重要人马驿道上的必经隘口。此怪物睡卧此地数十载，经常吞食过路的行人和牲畜，知道此处有怪物的人过路时都绕行，不知道的就有被害的厄运。人们深受其害，谈之色变，叫苦不迭。为了

---

① 黄彩文、万冬冬、韩洋：《楚雄彝族的民间信仰非物质文化遗产的保护传承》，《楚雄师范学院学报》2012 年第 4 期。

彻底铲除此患，村里的人们合谋用火药、火草混在一起，包装好后拴在一匹毛驴上，赶至大蛇箐引诱怪物来吃，怪物果然上当了，把毛驴连同火药一口吞入腹中，在其消化时火药发生爆炸，把怪物炸死。时值盛夏，炸死的怪物没过多久就发出恶臭，臭气所到之处人病牲畜瘟，一时间老滔村笼罩在一片恐怖的瘟雾之中。正当人们受瘟疫折磨之际，老滔村的神显灵了，从神山（啊奔多沃）上密密麻麻地飞下来一大群各种各样的鸟，叫声震天，绕村三圈后，径直飞往大蛇箐啄食死怪物。七天后怪物被吃完，臭气减少，二十一天臭气消失。从此老滔村又逐渐恢复到原来的祥和景象。为了感恩山神土主派下神鸟消除此次灾害，村里的毕摩便组织村民祭拜山神、神鸟和先祖。而后老滔村风调雨顺、五谷丰登、人丁兴旺、百事兴盛。为使村民年年过上幸福祥和的生活，之后每年的大年三十、初一，老滔村民都会举办这样的"赶鸟"祭祀活动，周而复始，沿袭至今。①

2013 年 12 月，老滔村的传统民俗活动"赶鸟"节被云南省人民政府公布为第三批省级非物质文化遗产，并把老滔村的石关水库旁边的一个小山坡作为武定县高桥镇老滔村传统民俗"赶鸟"之"炼油渣"的活动点。"赶鸟"节传承至今已经有 400 多年的历史，由老滔村村民世代传承，每年必办。该节日是彝族人民渴望幸福、追求美好生活的一个象征，是彝族人民宝贵的精神财富。

四　老滔村"赶鸟"节传统仪式展演

民俗节日的"表演"一般都有特定的仪式展演来传递或折射其所要表达的文化信仰。"赶鸟"节也是如此：

> 农历大年三十，天刚亮就有村民到长流水的河里取祭祀用的干净的醋汤石，到山里抬松棚，折松枝、水马桑树枝，所有的树枝都要求不能被动物踩过。之后，家家户户都会穿上盛装，把事先准备

---

① 《武定县高桥镇老滔村传统民俗"赶鸟"活动纪实》，武定县文化馆、武定县非遗保护中心，2016 年 12 月。

好的祭品用箩筐装好，再带上一只毛色鲜亮的大公鸡，陆续到山神庙祭拜山神土主咪司。村里的长者会将山神庙的彝文对联先贴好，而毕摩也开始为每家每户祈福，这时家家户户都会先焚香祭祀，而后用从家中带的公鸡血祭山神土主咪司，并把鸡颈上带血的羽毛粘在主松枝和山神土主咪司神位上，宰杀后的鸡和带去祭拜的米、肉等则由村民各自带回家中煮熟，在吃年夜饭前，村民们还要到山神庙进行"回熟"。

夜幕降临，家里的男主人取出早晨准备的醋汤石，折取松枝上的松毛，青竿栗树枝，依次摆放于供桌上相应的位置供奉。之后，取出自家上好的年猪肉，分成六份，把三份插好青竿栗树枝做祭品放于供桌左侧，用于初一的"炼油渣"活动；另三份做供品放于供桌正中，分别祭贡天神、房神、灶神、先祖。初一一大早，天还未亮，村里的男人就点着火把到村头的井里挑取山里出来的第一桶新水。挑水的时间越早水越新，预示着一年都会是个好兆头。

吃过早点后，全村男女老少身着节日盛装，随着"昂乌，昂乌……"的口号，村里三个队的小孩、年轻人、中老年人分别出发，由小孩带头依次到村里每家每户去取供品。进了村民的家里，栽有松棚的要依次围绕松棚一圈方可进到堂屋。进到堂屋后行跪拜礼，由长者将肉、汤圆、糍粑、糖、水果、花生、瓜子、酒依次给孩子们，再由小孩放到背供品人的篮子里。跑遍全村后，各队到达自己分供品的地点，由长者组织小孩、老人靠前，中年人最后，背供品人来依次分发供品，最后只留下生肉。每个人都有份，小孩的糖果会多一点，老年人则多给点烟酒。而分到的烧汤圆，各家各户都会拿回家中放到供桌上祭拜，直到十五。

吃过午饭，各队背着供品生肉来到自己的油渣山，在炼油渣之前，毕摩挑一块上好的肉，带领各队的几个代表到祭拜神鸟的树下行跪拜礼。之后，由毕摩将树枝插好的肉搁置于最高的树杈之上用于祭拜神鸟。仪式结束之后便开始炼油渣。油渣炼出后，村民开始布置分肉的地点。撒上松毛并折来有药用价值的荆棘树枝等着分肉时串肉，待肉出锅分成堆，队长便叫着名字来分肉。"百家肉"不论老少都很喜欢，大家边品尝肉的香醇边串肉。串好的肉也要拿回家中祭拜，而炼出的油以前是送给本村的孤寡老人和困难户，而现在则由每年轮流的背供品的家庭背回。[1]

祭拜完后，人们就会认为，这一年村寨就能风调雨顺、六畜兴旺、五谷丰登、鲜花遍地。于是"赶鸟"节习俗在彝族村寨里被一代代传承了下来，成了老滔村彝族民间最为隆重的传统节日。

五 "赶鸟"节习俗折射出的文化内涵解析

"赶鸟"节习俗是彝族人民团结和智慧的象征，也是彝族人民对美好生活的向往。从"赶鸟"节的内容和仪式来看，它无不体现着彝族人民的自然崇拜、懂得感恩、团结协作、会分享、尊老爱幼、互帮互助等美德和文化内涵。

自然崇拜。由于彝族信仰的是万物有灵的自然崇拜和祖先崇拜。而主持彝族原始宗教、祖先崇拜仪式的祭司，称作"毕摩"。"毕摩"为彝语音译，"毕"是举行祭祀时做法术祝赞诵经之意，"摩"是长老之尊称，"毕摩"即掌天命神权的长老师人。[2] 在"炼油渣"之前，毕摩首先要挂好"贡肉"、摆上供品、烧香拜神，然后举行祭鸟神仪式。"炼油渣"的这一过程中无不体现着彝族人民的万物有灵的自然崇拜思想。认为只有在生活中敬神、拜神，才会得到神灵的庇佑，否则就会事事不顺。而毕摩是彝族生活中能与神沟通的唯一渠道，在彝族人民生活中的地位也就不同一般。

懂得感恩。从"赶鸟"节的传说中，我们可以清晰地看到，"赶鸟"节从一开始就是老滔村的彝族人民出于对啄食怪兽、消除瘟疫的百鸟的感激而兴起的祭拜山神、鸟神、祖先的仪式活动，以此来祈求五谷丰登、人畜兴旺，从而体现了老滔村彝族人民懂得感恩、知恩图报的民族美德。

---

① 《武定县高桥镇老滔村传统民俗"赶鸟"活动纪实》，武定县文化馆、武定县非遗保护中心，2016 年 12 月。

② 易谋远：《彝族史要》，社会科学文献出版社 2007 年版，第 541 页。

团结协作。"赶鸟"节习俗传承至今已有 400 多年的历史，在这漫长的传承过程中，离不开彝族人民的团结与协作。大年初一早上到每家收供品踩门的时候，全村的男女老少都是会参见的，即使进到家里磕头收供品和肉的都是孩子，大人们也会等在门外，孩子收到供品之后会放到专门背供品和肉的篮子里由专人背走。且大年初一下午的"炼油渣"活动的整个过程中，人们之间也是井然有序地参与其中，无人袖手旁观。参与了老滔村的"赶鸟"节活动，给人留下的深刻印象就是彝族人民的"团结协作"，在平时的生产生活中"团结协作"的精神也体现得淋漓尽致，使彝族文化能生生不息、传承至今。

分享收获和幸福。彝族是一个懂分享的民族，"赶鸟"节活动中，每家的供品和肉，都是尽自己所能，挑自己最好的来供奉和与他人分享。糖果等供品收齐后，人们会集中分发。油渣炼出之后，大家也会一起分享"百家肉"——这是收获和幸福的结晶物，彝族人民认为，吃了这些大家分享的食物，能够除百病，万事如意。

尊老爱幼。尊老爱幼也是彝族人民的传统美德之一。"赶鸟"节活动中，当供品收集好后，到了指定的分发地点，会由长者组织小孩、老人靠前站好，中年人最后，背供品人来依次分发供品，最后只留下生肉。每个人都有份，小孩的糖果会多一点，老年人则多给点烟酒。看似不经意的一个行为，却把彝族人民尊老爱幼的传统美德体现得很透彻。

互帮互助。以前，"赶鸟"节炼出的油是送给本村的孤寡老人和困难户，以此来帮助他们，而现在有了敬老院之后，孤寡老人都由国家统一安置在敬老院赡养。所以炼出的油则由每年轮流背供品的家庭背回，家家户户都有机会轮到。

六 "赶鸟"节习俗的变迁轨迹

赶鸟节是老滔彝族村民世代传承的习俗节日。在传承沿袭的过程中，随着经济社会的快速发展，老滔村民的生产生活水平发生了前所未有的变化，价值观也随之发生了改变，致使这一传承了 400 多年的民俗节日也随之不断变迁。

（一）"赶鸟"节传说的演变

关于"赶鸟"节以前的传说，在"赶鸟"节的来源部分已经讲述过，在此不再赘述。如今，随着科技的进步，人们生产生活水平的提高，人们面临的很多生产生活的矛盾已悄然发生了改变。"赶鸟"节的传说也发生了变化："相传四百年前，老滔村地处山清水秀、稻香鱼跃、花红鸟鸣的山怀中，是远近闻名的'鱼米之乡'。是元谋至昆明的茶马古道上的一个驿站，古道上每天骡马成群、商贾成对。古道必经石关水库下面的一片原始森林，森林里古木参天、遮天蔽日，让人不寒而栗。经过森林里的骡马和人群不断神秘失踪，人们便猜测有一种怪兽藏身在山洞里，每遇到人、牲畜便吞食。村民们经过商议，用五匹毛驴驮着火石子、火草、火药，让它们通过森林。怪兽吞食毛驴后，突然传来'砰砰啪啪'的炸响声。怪兽被炸死后，百鸟从各地飞来啄食，这些鸟很快便飞到村子里，很快，灾难便降临了，村里树木凋零，百草不生，五谷不长。"① 鸟害成了彝族人民的头号公敌，于是彝族青年男女穿着盛装，祭祀鸟神，祈求人畜平安、五谷丰登。

"赶鸟"节最初是为了感谢神鸟啄食被人们炸死的怪兽为人们消除瘟疫，这一阶段，彝族民众心里对"鸟"是崇敬的，心里是感恩的，"赶鸟"节也就成了"感鸟"节，感谢百鸟给人们带来了吉祥的生活。而演变到了今天，"赶鸟"节的文化内涵已悄然发生了变化，鸟类啄食庄稼，危害了百姓，成了彝族人民的公害，人们把肉穿在刺上祭拜鸟神，赶走鸟类，祈求人畜平安、五谷丰登。

（二）"赶鸟"节活动内容和活动范围扩展

"赶鸟"节在 400 多年传承的过程中，不仅节日的传说发生了相应的变化，节日活动内容和活动范围也发生了相应的扩展。老滔村包括16 个自然村，主要由彝族、苗族和汉族组成。在田心，村民都是彝族，所以"赶鸟"节的文化氛围还比较浓厚，节日传承方式也比较正统。

---

① 《武定县老滔村"赶鸟"节的传说》，http：//www.jnluniu.com/mzwhpd/mzjq/677287.shtml。

而在其他的自然村,"赶鸟"节活动的内容和形式已经有了一定程度的变迁。如笔者于2017年1月28日(大年初一)走访的山脚村,这是一个彝汉族杂居的村子,该村的"赶鸟"节活动较田心就有很大差异。

在田心,大年三十早晨全村人民要陆续到山神庙祭拜山神土主咪司,并把带去祭祀的米、肉和宰杀后的鸡等各自带回家煮熟,在吃年夜饭前,村民们还要到山神庙进行"回熟"。而在山脚,人们则把宰杀后的鸡和米在山神庙旁边煮熟,直接在山神庙"回熟"之后再带回家。

大年初一早晨的"赶鸟"节,在田心随着"昂鸟,昂鸟……"的口号,村里三个队的小孩、年轻人、中老年人分别出发,由小孩带头依次到村里每家每户去取供品。进了村民的家里,栽有松棚的要依次围绕松棚一圈方可进到堂屋。进到堂屋行跪拜礼,由长者将肉、汤圆、糍粑、糖、水果、花生、瓜子、酒依次给孩子们,再由小孩放到背供品人的篮子里。跑遍全村后,各队到达自己分供品的地点,再依次分发供品,最后只留下生肉。而在山脚,伴随着"昂鸟,昂鸟……"的口号声、笛子声和炮竹声,彝族男女老少穿着节日的盛装,挨家挨户相互祝福,无论到哪家门口,都要先放炮竹,才能进到主人的家里。如果炮竹不够响,带头的孩子们就会用彝语大声喊"麻普,麻普……"意为"不响,不响……"之后主人家又会继续放炮竹,直到大家觉得行了才会由孩子带头进入村民家。孩子进入家中之后就会每人抓取一把糖果、瓜子放在自己随身携带的袋子里,之后组织该活动的几个男性长者会进到主人家的堂屋(客厅)里,男主人会为每个进到堂屋的人传烟倒酒,之后,屋里的男人们会一起唱三首带有祝福意味的彝语歌,每唱完一首歌喝一杯酒;而其他一起来的人手里都会备一个袋子,在院子里等待女主人来给大家分发糖果。随后,主人家会去切一块肉放在专门背肉的篮子里用于下午的"炼油渣"。

据武定县第二批非物质文化遗产项目代表性传承人杨凤光介绍,之所以出现了"赶鸟"节传承内容和方式的这些变迁,主要是由于田心村民全部都是彝族,"赶鸟"节习俗也就比较纯正,且田心村民比较多,分为三个队,"赶鸟"节活动也是分为三个队来举行的。在进入主人家之前,炮竹也只放一次,因为如果像山脚一样要炮竹放到足够响才进门的话一天早上的时间是不够的。且田心村民也不像山脚村民一样每人都带一个袋子，主人家分的东西就自己提在袋子里自己带回家，而要到指定的地点由专人分发。①

（三）"赶鸟"节节日性质的改变

"赶鸟"节开始传承之初，老滔村民为了感恩山神土主派下神鸟消除灾害，便在毕摩的带领下举行祭拜山神、鸟神和祖先的活动，为了祈求老滔村风调雨顺、五谷丰登、人丁兴旺、百事兴盛，村民从此过上幸福祥和的生活。这一时期由于生产力水平低下，人们战胜自然的能力有限，"赶鸟"节的性质也主要是为了愚神和愚人，让很多解释不了的现象在人们看来合情合理，也让人们心里有了安慰和寄托。

随着科技水平的进步，生产力水平的提高，人们对很多自然现象也有了科学合理的解释。在这种情况下，"赶鸟"节的内涵必然发生了变化。在老滔村这样一个民风淳朴的地方，目前人们的信仰也主要还是自然崇拜和祖先崇拜。在当下社会，"赶鸟"节之所以还能继续传承，一定程度上是因为"赶鸟"节的性质发生了改变，彝族人民除了继承祖先传承了400多年的风俗习惯之外，还主要是为了娱乐和凝聚人心。

通过笔者的走访调查，现在在老滔村，还能讲述"赶鸟"节来源和庆祝目的已经寥寥无几，而在大部分村民的心里，如今的"赶鸟"节也主要是为了传承彝族人民的文化传统和娱乐。

除了人们庆祝"赶鸟"节的心理因素发生了变化之外，"赶鸟"节期间的饮食、服饰、礼俗也相应地发生了变化。

饮食方面，"在老滔村，大年初一——大早，李家人准备的是糍粑，杨家人准备的则是汤圆，除煮汤圆外还保留着烧汤圆的习俗。把祭祀用的肉和汤圆用簸箕盛好，由男人端到阁楼上祭祀天地山神，之后才是祭拜先祖。汤圆烧好后，挑五个最大的用来祭拜五谷之神，寓意着新的一年五谷丰登，其余的分做三份摆放于供桌之上"。② 而如今，据杨凤光介绍，"大年初一杨家人的早点依然是煮汤圆，汤圆里放草果、姜，这

代表的是吃素，三碗汤圆第一碗祭天地，第二碗祭祖先，第三碗祭灶君，这三碗汤圆要一直供到正月十五"。但在很多彝族、汉族杂居的自然村，大年初一的早点已经简化，想吃饵丝的吃饵丝，想吃糯米饭的吃糯米饭，想吃汤圆的吃汤圆，只要是吃素就行。

服饰方面，楚雄彝族服饰的种类就其地区分布大体上分为三大类型，即龙川江式、大姚式和武定式。其划分标准有如下几种：①按年龄性别分为男、女、老、中、青、儿童；②按着装场合分为婚礼服、丧服、盛装；③按身份分为毕摩服、武士服、土司官服。[①] 老滔村的彝族属于黑彝族，除了语言和其他支系有区别外，服饰方面也有自己的特点。大年初——大早，老滔村的人们便穿上了自己的节日盛装。一眼看去，最显眼、最有特点的是女性的服饰。不同年龄段的女性，服饰是不一样的，差别最大的又当属帽子。一看彝族女孩的帽子便知道她的婚姻状况是已婚还是未婚。未婚女孩的帽子是鸡冠帽，帽顶上漏洞，有些人会用红布缝合；中年女性的帽子是林子帽，帽顶不漏洞，未婚女孩和中年女性的帽子一般颜色比较鲜艳；而老年妇女的帽子大部分是颜色比较深的线帽。以前彝族的传统服饰都是手工缝制，除了一整套手工绣的衣服之外还有一块上面满是银泡和银链子点缀的围腰。而如今，随着科技的进步，很多民族服饰已经被机器制作的仿民族服饰所代替，彝族服饰也不例外，绝大部分的彝族服饰已经是市面上买的服饰，而非手工制作的传统民族服饰。尤其男性的服饰简化得最多，很多男性的节日盛装已经简化成了一件机织的绣花褂子，其余部分已经被汉化。只有毕摩还有一整套的机织服饰、帽子和披风。

礼俗方面，以前踩门的小孩子每到一家都要到堂屋的供桌前先行跪拜礼，磕三个头后由主人分发糖果。而现在在老滔的有些地方，主人家放过炮竹后，踩门的小孩子便自行到主人家里抓取糖果。此外，在老滔的有些地方，去踩门的每个人都会自带袋子，主人家分的糖果、瓜子就自己带回，而不用把所有的糖果、瓜子集中再进行二次分配。这些方面的礼俗已经有了很大的简化。

在全球化的进程中，人们生产、生活方式日新月异，人们的生活已

---

① 郝云华：《楚雄彝族服饰的种类与文化内涵》，《云南民族大学学报》2008 年第 3 期。

不再像以前一样的简单化，而是越来越丰富多彩。因此，即使像"赶鸟"节这样传承了 400 多年的民俗活动也不例外，为了顺应时代的发展，已经在传统和现代化之间做出了很多调适。

七　变迁中非物质文化遗产"赶鸟"节习俗的保护与传承

《国务院办公厅关于加强我国非物质文化遗产保护工作的意见》指出："我国各族人民在长期的生产生活实践中创造了丰富多彩的非物质文化遗产，是中华民族智慧与文明的结晶，是联结民族情感的纽带和维系国家统一的基础。保护和利用好我国非物质文化遗产，对落实科学发展观，实现经济社会的全面、协调、可持续发展具有重要意义。"[①] "赶鸟"节"这种非物质文化遗产世代相传，在各社区和群体适应周围环境以及与自然和历史的互动中，被不断地再创造，为这些社区和群体提供了认同感和持续感，从而增加对文化多样性和人类创造力的尊重。"[②] 同时，"赶鸟"节这样的彝族传统民俗，是"在特定的时空中为特定的群体、个人所传承，是维系地方社会历史记忆、文化认同的重要标志"。[③] 但面对现代化和全球化，老滔村"赶鸟"节这一延续了 400 多年的传统习俗正面临着巨大的冲击。而如何保护和传承彝族这一优秀的非物质文化遗产，已经成为当前我们面临的一项重大任务。

笔者认为，像"赶鸟"节这样的非物质文化遗产的保护和传承，要采取合理有效的保护和传承措施，并要因地制宜，具体情况具体分析。

---

① 国务院办公厅：《国务院办公厅关于加强我国非物质文化遗产保护工作的意见》（国办发〔2005〕18 号），2005 年 3 月 26 日。转引自黄彩文、万冬冬、韩洋《楚雄彝族的民间信仰非物质文化遗产的保护传承》，《楚雄师范学院学报》2012 年第 4 期。
② 联合国教科文组织：《保护非物质文化遗产公约》，2003 年。
③ 刘晓春：《非物质文化遗产的地方性与公共性》，《广西民族大学学报》（哲学社会科学版）2008 年第 3 期。

（一）加强政府主导，鼓励民众参与，强化民族文化自我保护意识，促进非物质文化遗产的传播和弘扬

"要处理好政府主导和社会参与的关系。非物质文化遗产保护工作是一项十分艰巨的任务，政府主导和社会参与密不可分，缺一不可。国务院办公厅下发的《国务院办公厅关于非物质文化遗产保护工作的意见》明确提出了坚持'政府主导、社会参与、明确职责，形成合力，长远规划，分布实施，点面结合，讲求实施'的工作方针，这就要求一方面要充分发挥政府在少数民族非物质文化遗产保护、开发工作中的主导作用；另一方面也要动员社会各界力量参与到保护和传承工作职责。在楚雄非物质文化遗产保护工作中，各级党委、政府和相关部门高度重视，为非物质文化遗产的保护、开发和传承做了大量卓有成效的工作，取得了十分显著的成绩。"① 与此同时，"国家在保护非物质文化遗产的活动中，应努力确保创造、保护这些非物质文化遗产的社区、群体以及有时是个人的最大限度的参与，并积极地鼓励他们参与管理"。② 只有充分发挥和调动各方面的积极性，非物质文化遗产才能得到更好的保护与传承。像"赶鸟"节这样的非物质文化遗产，在传承与保护的过程中政府主导和民众参与是息息相关的，两者缺一不可。没有政府的主导，"赶鸟"节的传承与保护就没有方向性；而没有民众的参与，这一传统民俗也就成了无本之木，无源之水。"赶鸟"节是武定县老滔村彝族人民勤劳智慧的结晶，是民族灵魂的象征。由于时代在进步，传统的风俗习惯已悄然发生了变化，很多传统节日的氛围也逐渐冷清了。以前过"赶鸟"节的时候，男女老少都会参加，不仅是为了热闹，也是在新的一年里大家借此机会相互祝福，希望新的一年平安吉祥。但现在随着科学技术的进步以及生活结构的改变，很多年青一代都生活在外地，或在外地打工；同时，手机、电视等电子产品已然改变了人们的生活。致使年青一代对"赶鸟"节这一传统民俗活动的观念淡化，参加

---

① 黄彩文、万冬冬、韩洋：《楚雄彝族的民间信仰非物质文化遗产的保护传承》，《楚雄师范学院学报》2012 年第 4 期。

② 许万民：《论云南非物质文化遗产的保护与传承》，云南省文化厅编：《云南省首届非物质文化遗产学术研讨会论文集》，云南科技出版社 2008 年版。

的人也越来越少，这一非物质文化遗产出现后继乏人的尴尬情况。因此，如何调动年青一代的积极性和民族传统文化的保护意识已成为下一步非物质文化遗产保护工作的主要任务。

（二）加强对代表性传承人的扶持力度，保障后继有人，建立可持续发展的传承机制

在"赶鸟"节这样的非物质文化遗产传承的过程中，传承人是最主要的因素，要关注传承人的生活状况。据笔者的调查显示，老滔村共有毕摩一人，名杨凤光，今年 33 岁，主要负责整个老滔村及周边地区的丧事、祭祖等事务。杨凤光不仅是村里的毕摩，还是省级非物质文化遗产"赶鸟"节的传承人。在采访的过程中笔者得知，现在已经很少有人愿意从事毕摩这一行业。其原因主要是：第一，毕摩的产生要师承，靠师授，往往是世袭的，代代相传；第二，现在年青一代通晓彝文的已寥寥无几，要做毕摩还要通过楚雄州举行的毕摩资格认证考试；同时，现在毕摩在人们心中的地位已大不如前，收入水平总体处于偏低的状态。现在老滔村的毕摩也即省级非物质文化遗产"赶鸟"节民俗的传承人杨凤光每年享受楚雄州州级和武定县县级的传习补助为每年共2400 元。与其他地方的传承人一样，楚雄州非物质文化遗产传承人的生活水平普遍还很低，他们没有稳定的收入，平时参与正常的农业生产。且现在很多传承人，如杨凤光，已选择进城打工，只有在村里有丧事等需要帮忙时才会回去帮忙，平时都不在村里。因此，如果这种状况长期发展下去，老滔村将不再有毕摩，也就没有了"赶鸟"节这一非物质文化遗产的传承人。因此，关心非物质文化遗产传承人的生活状况，培养一批热爱本民族传统文化的传承人已成为下一步的重要工作。

（三）加强非物质文化遗产资源的"活态"传承，促进人与自然和谐共生

"活态"传承即在非物质文化遗产的保护传承过程中，根据非物质文化遗产的特点，坚持走可持续发展的道路，加强对非物质文化遗产生态空间、民族文化空间的保护。在老滔村"赶鸟"节期间，通过笔者观察，参与"炼油渣"活动的民众会带着各种零食、水果到油渣山，一边炼油渣，一边谈笑风生。然而，活动结束后，随着人们的离去，油渣山也恢复了往日的宁静，人们留在油渣山的，除了飘荡在山间树林的歌声、笑声，还有那各种随风乱刮的垃圾袋、食品包装袋、矿泉水瓶等。或许，老滔村的村民还没有意识到这种"人走垃圾不走"的行为会有什么危害。他们也不会想到这些垃圾吹到油渣山下面的石关水库会不会引起对全村甚至这条坝子人们饮用水的污染。因此，在"赶鸟"节这一非物质文化遗产传承的过程中，加强人们的生态保护意识，强调非物质文化遗产资源的"活态"传承就显得尤为重要。只有这样，才能促进人与自然的和谐共生，才能保障"赶鸟"节这一重要的彝族人民勤劳智慧的结晶能永远地传承在彝族人民心中，经久不衰，世代传承。

总之，"老滔村的'赶鸟'节这一传承了400多年的传统民俗，历史悠久，在当地影响很大，它真实再现了民族团结和睦、邻里和睦、社会和谐、尊老爱幼、团结互助的高尚道德情操。成为该村彝族群众民俗文化或吉祥文化活动的重要内容之一，是我们中华民族悠久历史文化的一个组成部分，具有很强的内聚力和广泛的包容性，是一份宝贵的精神文化财富。"① 如何传承并保护好这一传承了400多年的传统民俗，除了要处理好政府主导和民众参与的关系外，重视非物质文化遗产传承人的生活状况以及加强非物质文化遗产的"活态"传承，保障人与自然和谐相处。这样才能保障"赶鸟"节这一传统民俗健康、有序地传承和保护下去。

（作者系云南民族大学东南亚学院讲师）

---

① 《武定高桥老滔村"赶鸟"传统民俗被列为省级非物质文化遗产保护名录》，武定县文化馆网站，http://www.wdwhg.org.cn/file_read.aspx?id=1095。

京族海洋渔捞生产习俗及演变过程探究

钟　珂

【摘　要】京族是我国沿海沿边的外来民族，在漫长的海洋生产活动中，形成了独具特色的海洋渔捞生产习俗。受时代变迁和捕捞技术提升的影响，传统的渔捞生产习俗发生了表象和内涵的改变。文章详细介绍了广西东兴京族聚居区海洋渔捞生产方式和渔捞习俗，并就造成京族渔捞习俗演变的内在原因进行了详细的分析探讨。

【关键词】京族；渔捞生产习俗；演变原因

一　中国京族基本概况

京族自称"京"，他称"越"，1958 年经中华人民共和国国务院批准，定名为京族。京族是我国唯一属于海洋文化类型的少数民族，也是中国唯一的海洋民族。我国的京族是在明朝武宗正德六年（1511 年），即越南后黎王朝洪顺三年，由越南涂山迁徙到中国来的少数民族，现在主要聚居在我国广西东兴（县级市）江平镇及东兴镇沿海一带。据 2010 年第六次全国人口普查统计，京族人口为 2.82 万人，其中广西有 1.9 万人，占 67.38%，其中沥尾、巫头、山心聚居的京族人口最多，因此素有"京族三岛"之称。其中沥尾和巫头二岛海拔只有 8 米，沥尾岛面积最大，为 13.7 平方千米，巫头只有 5.13 平方千米，山心岛为 3.3 平方千米。中华人民共和国成立前，京族三岛之一的沥尾有 70% 的人从事渔业生产，一年中渔业生产占 9 个月；在巫头，劳动力总数中从事渔业生产的占 50%，农业占 40%，盐业占 3%，手工业占 7%；在山心，调查者通过 40 户典型调查发现，在总收入方面，渔业占 60%，农业占 30%，其他占 10%。① 渔业为京族主要的经济来源，京族较好地保留了渔捞生产习俗和渔业生产模式。

二　京族渔捞生产工具和渔业劳作方式

在各类渔业生产中，京族人主要从事浅海曳网渔业和杂渔业，渔业工具多种多样。传统的渔业捕捞工具有鱼箔、拉网、塞网、鲎网、鲨鱼网、连丝网、刺网、南虾缯、大虾缯、墨鱼笼、鱼钩等二十多种。杂海渔捞工具有沙虫锹、牡蛎刨、蟹耙、鱼叉、锄头、铲、锹等十多种。由于各地所处的地理条件不同，京族三岛从事的渔捞作业也有区别。沥尾村主要是拉网捕鱼，山心村以渔箔捕鱼为主，巫头村则主要从事鱼箔和塞网捕鱼，深海捕捞作业不多。与渔业密切相关的手工业生产主要有制盐、制鱼汁和烧蚝蜊灰等。主要的渔业劳作方式如下：

（一）浅海曳网渔业

1. 鱼箔

鱼箔是京族渔猎传统作业中的一种庞大的浅海定置型作业设施，已有 200 多年的历史。鱼箔适宜在风浪小、沙滩平，海水涨落频繁的海边设置。设置鱼箔时要选择地势倾斜、水流较急的滩地裂沟，以直径三四寸的木柱，沿滩沟两旁，分两行一直排插到海边的最低潮水线处；并以小竹、竹篾或山藤绕结相连，形成两条巨大的木竹栅栏，民间俗称为"篱沟"。两条篱沟绵延一里延伸到海里，形成一个由宽到窄的漏斗尖口（其宽约 9 尺）。再以竹片和木条编织三个依次由大到小的"鱼室"，与篱沟的"漏斗口"紧紧衔接。三个鱼港相通，每个鱼港的入口处都装织有鱼虾能进不能出的"笼须"，装在最后的鱼港，民间称为"三漏"或"三港"，中间的称为"二漏"或"二港"，与篱相连的称为"一漏"或"一港"。鱼箔制作复杂，安置一个鱼箔地点的选择很重要，既要接近海

① 京族简史编写组编：《京族简史》，广西民族出版社 1984 年版，第 27 页。

水，又要海滩地势平缓，便于海水涨落潮时鱼儿自由往来。制作鱼箔所费时间和材料多，占地面积大，蜿蜒进入海水中，将鱼儿引入鱼箔中而不能逃生，如同捕猎中的陷阱，进得去却出不来。鱼箔利用潮水的涨跌，将鱼虾困在"箔"内，渔民只需划着竹筏或小舟进入鱼箔，用鱼罩或撒网就可捕捉鱼虾。每所鱼箔的年产量可达两三万斤，年景好的可达三四万斤。但是鱼箔耗资巨大，每装置一所鱼箔，约需投入各种大小木柱1万—2万条、篱竹千多把（每把18—20条）、箪竹数百根。①

2. 拉网

拉网有大小两种，一种曳地网作业，在沿海进行捕捞。大的长约120丈，高约9尺，网身由六张缯网织成，网眼小而密；小的长约100丈，高约7尺，网身由4张缯网织成，网眼大而疏。捕鱼时，渔民首先架竹排在海边作半圆形放网，然后由岸上的两组人同时将网慢慢拉起，把鱼捕获。大拉网需要三四十人共同操作，小拉网也需要二三十人共同操作。这是京族地区主要的捕鱼方法。据沥尾人杜福周说："中华人民共和国成立前，拉网为家族合作，先由4个人划竹排出海放网，网由青麻做成，当时称为农业生产组，组合全凭自愿。"在中华人民共和国成立前由于生产水平落后，渔具简陋，由青麻做成的网不能长期浸泡在海水里，因此京族人经过长期的实践后采用了胶网的方法。沥尾人阮瑞彬介绍：新网织成后用油甘果的皮和薯莨揉碎后熬煮产生的白色液体胶新网，使网牢固，变干变硬，这样才能经久耐用。将网放入海中后网呈平直形，不是圆的，因此在网的两头绑上竹筒，起固定和浮漂的作用。浮漂是用沙木修成手指一样大小，然后用桐油煮过，在网上每隔十公分悬挂一个，而网下垂挂着铅，起固定作用。中华人民共和国成立前，各农户自愿组成生产团体，所以渔网属于共同劳动的农户共有，中华人民共和国成立后渔网归生产队所有。拉网的收获视渔期而定，不论多少，参与者都有份。

3. 塞网

塞网是京族地区一种最大的渔网，又名闸网或雍网，分疏网和密网两种。疏网以青麻线织成，网眼较疏；密网网眼较密。一般网长1500米，高约3米。塞网在海滩上设置，通常是在退潮时进行。操作时把人

① 符达升等:《京族风俗志》，中央民族学院出版社1993年版，第22—23页。

分为三组，各组又分入"号桩""插桩""拉网""挂网"和挑沙土等，待涨潮涨到相对稳定时，把网放下围成半圆形，在海水中如同一面墙挡住了鱼群的出路，让鱼儿误撞上渔网而被捕获，通常在海水退潮时开始捕鱼。这种塞网作业，产量很不稳定，时有时无，时多时少，一般每塞网捕鱼一次可以捕获几十斤或上百斤，有时围到鱼群，一网多至几千斤甚至逾万斤。

4. 鲎网和鲨鱼网

一种是专门用来捕鲎的鲎网，通常长 135 丈，高 4 尺，网眼比其他网类都大，全网可围海域近一里，是京族地区大型渔网之一。另一种鲨鱼网属定刺网作业，分大小两种。由网线、网浮、竹筒、网坠、网纲等几个部分构成。一手网由拧线到织成需十多天，经晒干后过胶使用，一般一张网可使用两三年，捕获量大。

5. 毒鱼和高跷捕虾

京族在中华人民共和国成立前还有"毒鱼"或"醉鱼"的捕鱼方式。即当潮水退去时，在海滩上较低的地方容易形成小溪和小水塘，水深二三尺，在水流较急的地方装置渔具，撒入茶沽（茶子饼）与花桃子以 5∶1 调配成的毒药，将药碾碎揉成小团，用药篓放在上游慢慢摆动，鱼被毒晕后流入固定好的渔具中。使用这种定制渔具的周期较长，多在农历七月、八月、九月进行，每次捕鱼量有时可达两三千斤，少则有二三百斤，中华人民共和国成立前潭吉等地捕鱼都是用这种方法。但是这种捕鱼方式对鱼杀伤力太大，影响到水资源，因此中华人民共和国成立后逐渐进行控制，到 1958 年就彻底不用这种方式了。

此外，还有踩高跷捕虾的特殊方式，捕捞的是一种称为"小南虾"的品种。捕虾人小腿与高跷捆绑起来，手持叉型的渔网，沿着海边浅滩处来回走动捕捞小虾。由于捕虾人踩上了高跷，一方面不会因动作过大的走动惊动了虾群；另一方面高跷的使用让捕虾人能够进入较深的水域进行捕捞活动，既增加了捕捞区域又不至于浸湿衣裤。

（二）杂海渔捞作业方式

1. 挖沙虫

沙虫生活在沙泥底质的海域，涨潮时钻出，退潮时潜伏在沙泥洞中，因此会在泥沙表面留下小洞。沙虫洞口小而圆，直径 5 厘米左右，洞口越大表明沙虫越肥壮。沙虫洞与其他虾蟹洞不同的地方在于，沙虫挖洞深达地面以下 10—20 公分，因此推出的沙土与沙蟹等不同，呈灰黑色，并且会以洞口为中心点有四至六条不等的螺旋交叉纹，一般以海水刚退、纹路较清晰的洞口有沙虫的概率较大。发现沙虫眼后，快步走近，动作要轻而快，否则沙虫听到动静后就会迅速溜走。挖掘的时候，在距离沙虫洞口 5 公分处，将沙虫锹以 70 度角斜插进沙土里约 20 公分，迅速将土挑起，然后在沙土中翻找沙虫。如果沙虫被挖断则被抛弃不要，因此挖沙虫要保证每条沙虫的完整。一般农历十二月和一月沙虫最少，七月和八月最多。按水情来看，每个水期的 6 眼子时海水退得最远，暴露出来的沙滩最宽，沙虫也多。① 挖沙虫需要耐心和仔细，因此参与此项劳作的以妇女为主。

2. 耙螺

京族地区盛产文蛤，也称为车螺，耙螺是京族人重要的杂海渔捞作业。首先要在沙滩上布一张网，网长 300 米，网高 20 公分，每隔 2 米用竹条木棍缠绕固定，插入沙土里，网从岸边延伸到海里，与海平面垂直，这样的网坚固耐用，可用 2 年左右。涨潮时车螺顺水上来，待潮水回落后，文蛤沿海岸从东向西横向爬行时会被网拦住。有些车螺就暴露在沙滩上，空手拾拣即可，有些车螺则浅埋在沙土下，要用螺耙向下刨 2 公分左右，车螺就被翻动出来。由于车螺多数从东向西爬行，因此只翻动网东面的沙土。京族人在每日早上 7 点出来耙螺，一直干到下午两三点钟再返回。每年的农历七八月车螺产量最大，若是水期达到 6 眼子或 8 眼子时，每天可耙螺 100 斤左右，而在农历十二月时产量最少，每日只有 10 多斤螺。耙螺工序简单无风险，但是收益较小，是比较适合老人、妇女、儿童参与的杂海作业。

（三）渔业手工业生产方式

1. 制盐

京族从事盐业生产，盐业分晒生盐和煮熟盐两种。生盐的产量较

---

① 笔者在京族三岛实地调查获得。受访谈人：许小梅，女，京族，34 岁，沥尾村人，以挖沙虫为家庭主要经济来源。时间：2010 年 2 月。

多，居主要地位。晒制生盐的方法，主要是以户为单位，生产工具异常简单，其中水车和风车是其主要的工具。晒生盐的技术是在盐田中进行，制作时把海水引进"水塘"，经"沙幅"到"石田"，最后晒成生盐。京族过去熟盐生产十分普遍，家家户户都会煮，尤以山心、巫头二地更为突出。生产工具有盐耙、水推、沙耙、沙压等。除沙耙的齿是铁制外，其他工具全是木制的。

2. 制鱼汁

鱼汁也称为"鲶汁"，市场上又称"鱼露"，是京族地区独特的产品之一。每年农历三至六月间，京家人开始用传统的方法来腌制鲶汁：在一个洗净的大瓦缸底部铺上稻草和沙包作为过滤层，在过滤层下的缸底部凿一只小孔，并嵌入装有塞子的小竹管或胶筒。然后把清洗洁净的小鱼和盐按 3：2 的比例逐层铺入缸中，直到把缸填满，上面置以重石加盖密封。5—7 天后，小鱼会溶解成红色的汁液，拔出塞子，汁液源源不断地流出，这便是"头漏汁"。之后，再向缸内放入冷却的盐开水继续腌制，滤出的汁液称为"二漏汁"，最后压制的一次流出的称为"三漏汁"。京家制作出来的鲶汁味道独特、香气扑鼻，俗语说："千汁万汁，不如京家的鲶汁。"[1] 制作鱼汁的家庭以三心村居多，品质也最好。

三　京族渔捞生产习俗及演变历程

（一）中华人民共和国成立前京族的渔捞生产习俗

中华人民共和国成立前，京族当地的生产力发展水平不高，渔业产量很低，平均每人每年的渔产量只有 800 斤到 1000 斤，沥尾、巫头、山心三地 1949 年的总产量只有 49.8 万多斤。[2] 由于京族三岛孤立于大海中，与外界联系少，生产力水平低，捕捞渔具费用昂贵，因此在京族地区形成特殊的渔业生产劳动模式，称为网头和网丁、"低嗨"、"寄赖"和分"海埠"。

---

① 符达升等：《京族风俗志》，中央民族学院出版社 1993 年版，第 40—41 页。
② 京族简史编辑组：《京族简史》，广西民族出版社 1984 年版，第 27 页。

1. 网头和网丁

在共同生产过程中，出现了专门出租渔网的"网头"，向网主承租渔网的贫苦渔民成为"网丁"，他们联合几户或十几户合伙向网主租网，推举出劳动出色而又经验丰富的能人作为自己的"头人"，这人被称为"网头"。网头的主要职责是组织和安排网丁进行渔业生产，负责承租和添置渔网，并指定网丁保管渔网，此外还负责执行渔业生产中的宗教仪式。网头与网丁都处于平等地位，他代表网丁的共同利益，去同网主交涉和办理一切租赁合同或立契手续。

2. "低嗨"

京族重要的捕鱼方式"鱼箔"由于投入巨大，普通渔民根本无力支撑，因此在中华人民共和国成立前出现了有钱人占据地盘，以出租鱼箔为职业的"箔主"，穷苦渔民合伙到箔主的鱼箔里去劳作，与"箔主"之间形成了特殊的"低嗨"关系。如果渔民居住于箔主家中，由箔主供应饮食，则平时可分得一些小鱼小虾，此外无其他报酬，这种称为"长年低嗨"。另一种吃住在自己家里，劳动与前者相同，只是在收获时分得的鱼虾多一些，这种称为"临时低嗨"。还有一种是以租箔地为手段的箔主。租期多分为二年、四年、八年和十年四种。租金的多少视鱼箔设置条件的优劣而定，鱼箔出租后，无论有无收获，受租者均要按租期付清租金才能使用。此外，还有一种"租空"或称为"买海水"。承租者要预先向箔主交足租金，但要若干年后才能使用鱼箔，这对承租者来说毫无保障，是箔主对贫苦农民的剥削方式。

3. "寄赖"

"寄赖"是京族人特有的生产成果分享方式。每逢遇到海上有人塞网捕鱼，村民可带上鱼罩、鱼叉到塞网内捉鱼，而塞网的主人不会阻拦；如果有船家出海捕鱼归来，路过的村民也可以前去"寄赖"几条鲜鱼回家，船主不加阻拦反而欢迎大家来"寄赖"。不仅是对京族本地人，即使是外地人来到当地遇到村民正好捕鱼归来，也可以捉几尾鱼回去，京家人都高兴对待，这是一种原始的"见者有份"的生产分配模式。

4. 分"海埠"

中华人民共和国成立前将捕鱼的海域划分为相同面积的"海埠"，

每个海埠长 1000 多米,每"埠"隔开两三百米,村民们在海埠中放墨鱼笼和鲨鱼网,由于每个海埠所属区域水情不同,因此捕获数量也不尽相同,村民们依靠抽取写有喃字的"字签"来决定"海埠"的归属,每个月抽两次签。沥尾村的海埠最多时达到 16 条,海埠用于放网还是捕捞由所有者自行决定。

(二)20 世纪 50 年代至 70 年代末的渔捞生产习俗

防城县人民政府于 1951 年 10 月设立水产组,专门对渔业生产、养殖、捕捞、渔船技术研究各方面进行管理。1954 年开始渔业的社会主义改造,建立生产互助组、生产合作社。在 1958 年"大跃进"时期,沥尾地区渔业生产实行"渔农业并举、捕养并举"的方针,渔业大搞单拖化和多种经营,使当年渔业产量获得了大幅度提高。1958 年渔业产量已达 168 万余斤,1959 年达 309 万余斤,比 1958 年增产了 83.4%。[1]

随着"大跃进"以及 20 世纪 60 年代中期国家"以粮为纲"政策的施行,使京族生产方式发生了巨大变迁。"网头"和"网丁"组织随着生产队的成立而消失,但是在渔捞生产过程中村民自然形成了"网头"和"网丁"关系。沥尾村民冯先进介绍:"在 60 年代,一起共同出海的舵手演变为'网头',舵手获得的工分会高一些,如果一天 10 个工分,舵手则记录为 12 个,一天按 0.1—0.2 元计算,遇到收成好的时候,一个月可得 3 块钱左右。"原有的"箔主"和"租空"现象消失了,对鱼箔的经营发展为渔民集体互助合作的形式,大家共同占有,平均分配生产所得。"海埠"也由原来的抽签决定改为平均划分。出海不再局限于只有男性参与,许多妇女打破陈规,跟男性渔民一起争先出海捕鱼,增加生产。村民苏权新说:"出海打渔的生产所得,一般男性占六成,女性占四成,这是根据出力的不同决定的。"

(三)20 世纪 80 年代至 20 世纪末的京族渔捞生产习俗

1980 年,防城原有的水产管理机构改名为防城县水产局,海洋捕

---

① 中央民族学院历史系编:《中国少数民族志简编》(内部刊物),1961 年,第 794 页。

捞渔船全部为机动渔船，配备了先进的气象预报系统和对讲系统，使用合成纤维制成的渔网渔具，海洋捕捞产量稳步上升。1983年，随着家庭联产承包责任制的落实，京族的渔业捕捞由生产队集体劳动演变为以家庭为单位出海作业，生产队逐渐失去以往的组织作用。1990年，防城县拥有机动船1482艘，11335吨位，鱼产量19036吨，海洋捕捞的产量比1949年增加了11倍。① 随着村民收入不断提高，普通渔民家庭逐渐开始有能力购买大型渔网，原有的捕捞劳作关系发生了变化。

1. 现代的"网头""网丁"

20世纪80年代以后，京族三岛实行家庭联产承包责任制，京族人以家庭为单位开展生产，父子或亲邻一起出海打渔的形式居多。虽然"网丁"和"网头"的劳动合作关系经过渔业改革后不复存在，但是围绕亲朋近邻建立起来的劳动合作关系成为现代的"网丁"组织，他们在生产中建立互助关系，并推举出渔捞经验丰富的人成为这个群体的"网头"，这样的渔捞组织仍然是村民外出做海的重要组织形式。现在新船下水前，仍会在岸边进行简单的祭祀海神仪式，但是一般不会请师傅做法事，只是要选好日子。有的新船在新年初会贴上"符"或红纸，意寓来年丰收顺利。新年第一次出海会在船头挂上鞭炮燃放，保佑平安丰收回来。

2. "寄赖"的消失

由于渔业资源的枯竭，出远海捕鱼的船只已不多，大多渔民以家庭为单位出海捕捞，每次收获不会太多并且全归家庭所有，因此基于"原始共产"方式的"寄赖"逐渐消失。村民陈富贵说："现在都没有人会去'寄赖'了，鱼贵了不好意思白拿了，而且那些渔船一靠岸就有鱼贩子来收购了，所以都没有人去'寄赖'了。"现在"寄赖"仍然存在于人们的话语中，村民还是希望来自家"寄赖"的人多（但仅限于熟识的亲邻），大家相信这样才能带来更大的丰收。

（四）近十年来京族渔捞生产方式的变化

20世纪90年代以来，由于京族三岛附近海域的渔业资源逐渐减

① 防城县志编纂委员会：《防城县志》，广西民族出版社1993年版，第236页。

少，加上大多数京族人参与边境贸易，京族的渔业生产有所萎缩。1996年以前，氵万尾村的渔业生产以浅海捕捞为主，产量占全村渔业总产量的90%，近年产量有所下降，但是也占全村渔业产量的32%。[①] 20 世纪90 年代中期以来，海水养殖成为京族人新兴的渔业生产方式，主要是养殖对虾和网箱养鱼。此外，随着市场对海蜇产品需求的增加，海蜇成为京族近十年主要的海产品加工原料。截至 2009 年 8 月，在氵万尾的海蜇加工厂有 150 多家，全村养殖面积 3500 余亩，联合网队 5 个，渔业捕捞竹排近 1200 张，外来投资虾苗场 12 家。[②] 由于浅海渔业资源逐渐枯竭，鱼类品种不断减少，长年从事海洋捕捞的村民家庭已为数不多，目前只有部分中老年村民采用拉网的浅海捕捞方式，以前京族人习以为常的"高跷捕虾"方式逐渐消失。

四　京族渔捞生产习俗变化的内在原因

（一）国家政策的变动对渔捞生产习俗的影响

在中华人民共和国成立前，京族地区的生产完全依靠海洋捕捞，没有先进的生产技术手段和捕捞工具，海洋作业网具和船只造价较高，普通渔民无法承担昂贵的费用，因此形成了箔主和"低嗨"、"网头"和"网丁"的生产关系，渔民崇拜原始自然力量、敬畏海洋神灵、祈求神灵祖先，传统捕捞生产习俗保留完好。到 20 世纪 50 年代国家实行土地改革和渔业民主改革，"网头"和"网丁"组织随着生产队的成立而消失，由于"以粮为纲"政策的主导，京族人围海造田，渔业捕捞成为副业，京族人以海为生的劳作形态没有得到很好的体现，海神信仰等祭祀活动受到了压制甚至被制止。国家政策对京族传统民俗的限制，造成了京族渔捞习俗的流失和变异。直到 20 世纪 90 年代，国家逐步认识到京族传统文化的独特性和保留价值，鼓励并支持京族恢复传统的渔捞习

---

① 周建新等：《从边缘到前沿：广西京族地区社会经济文化变迁》，民族出版社 2007 年版，第 46 页。

② 笔者在京族三岛实地调查获得。受访谈人：苏明芳，男，京族，57 岁，氵万尾村村支部书记。时间：2010 年 2 月 22 日。

俗,逐渐恢复了京族的传统节日"哈节"和祭祀仪式。1985 年祭祀镇海大王的哈亭得以重建,"哈节"于 2006 年列入我国第一批非物质文化遗产名录(编号为 455X - 7)。目前,京族渔捞习俗得到国家和地方政府的保护和认可,受到全社会从上到下的重视和传承。

(二)渔捞生产技术水平的提升导致渔捞习俗的弱化

中华人民共和国成立前,京族渔捞生产技术水平低下,普通渔民没有单独的渔船和渔网,因此形成"网头"和"网丁""箔主"和"低嗨"的劳作生产关系,渔民只能进行浅海拉网捕捞,深海作业几乎没有。在当时,渔捞生产习俗保留完备,海神信仰和祭祀仪式庄重而神圣。到 20 世纪 60 年代以后特别是家庭联产承担责任制的实施,让渔民有了更多自主权和经济能力,生产力水平的提升带来捕捞量的大幅增加,渔民生活得到改善,许多渔民家庭拥有了自己的渔船和捕捞设备。原有的捕捞生产习俗发生改变,此时的"网头"和"网丁"模式由以前的雇用关系改变为合伙关系。由于新生产技术的运用,以前看天吃饭的原始捕捞方式得以改善,渔民对海神的崇敬之情由最初的顶礼膜拜改变为对心灵的慰藉。一些原有的捕捞生产模式和祭祀仪式由于生产力水平的提升而简化或消失,对京族渔捞生产习俗的传承产生了一定的冲击和影响。

(三)京族人主要生活来源的改变对渔捞生产习俗的冲击

中华人民共和国成立前,京族人以海洋捕捞作为经济收入的主要来源,生产生活完全依靠海洋捕捞,是一个"靠海吃海"的民族,其收入的多少完全依赖渔业捕捞的产量,海洋捕捞是京族人唯一的生活来源。随着 20 世纪 60 年代渔业生产的民主改革,国家扶持互助组的建立,以及机动船、灯光船的投入,生产力水平的进一步提高,渔业生产在捕捞工具的改进和捕捞水平提升的促进下,渔业产量大幅度提高。20世纪 80 年代,实行了家庭联产承包责任制后,勤劳勇敢的京族人拥有了生产自主权,渔业产量增幅巨大,京族人不再依靠原有的单一浅海捕捞为生,开始投资海产养殖、海产品加工、发展旅游等多种生产经营方式。中国—东盟自贸区的建立,也为京族三岛从事中越边境贸易创造了良机，京族人从这场如火如荼的贸易中得到实惠。沥尾村支书苏明芳介绍说："现在村里以打渔为主的家庭年收入看当年情况，一般 3 万元到 5 万元不等，全村人均收入近 6000 元。做边贸生意的，有的一年赚几十万元，上百万元的也有。"各种生产经营模式的出现，改变了京族人的经济来源和收入构成，也改变了部分京族人原有的生活习俗和生产方式，导致蕴含在生产生活中的一部分渔捞习俗消失或弱化。

（四）京族人对渔捞生产习俗的认知和态度的变化

在以海为生的时代，京族人的生活离不开大海，渔捞习俗渗透在京族人生产生活中的方方面面，他们也在潜移默化中传承着本民族的传统文化，并自觉以奉行老一辈的文化和禁忌为己任，任何不遵守渔捞习俗和禁忌的行为都会受到巨大的舆论压力，因此人们严格恪守渔捞生产习俗。到 1952 年全国进行"清匪反霸"运动，特别是"破四旧、立四新"运动之后，哈节彻底被禁止，各种对海洋的祭拜和捕捞禁忌也被限制和淡化，村民只能私下祭拜海神。"破四旧"和"文化大革命"对京族渔捞习俗的保护和传承造成了巨大影响，许多传统习俗遭到破坏和摒弃，并随着老一辈京族人的离去而流失。到 20 世纪 80 年代，随着生产力的发展、经济水平的提高，京族人的物质生活和精神生活都得以丰富，多种生产经营模式的产生也改变了以海为生的产业格局，导致原本已薄弱的渔捞传统习俗受到巨大冲击和改变，许多京族人忙于生产劳动，加上谋生的方式不再以海洋为主，因此不仅生活中远离了渔捞习俗，精神信仰方面也不再以渔捞习俗为核心。但是随着国家对少数民族传统文化的重视和保护，政府出台相应政策对京族非物质文化遗产进行整理和挽救，较好地避免了京族渔捞习俗的进一步流失和脱节。现在更多的京族人开始重视自身的渔捞习俗和民族传统，自觉担当起传承本民族传统文化的接班人。

五　结语

京族是一个以海洋渔捞习俗为特征的少数民族，兼有"少、小、边、海"的特点，京族渔捞生产习俗深刻影响着京族人的日常生活和精神世界，这种以"鱼"为表现特征的民俗文化是其他民族所少有的。从京族的渔捞生产方式、海产品加工模式以及渔捞生产关系的演变过程，我们发现国家政策的变化、生产力水平的提升以及生活来源的改变都成为影响京族渔捞生产习俗变化的重要原因，也因此了解了要更好地保护和传承京族渔捞生产习俗，就要由国家、地方和当地居民共同协作，顺应生产力发展的规律，根据实际情况做出适当的政策调整和财政支持，才能保证京族民俗文化传统的完整性传承。

（作者系广西师范大学讲师）

非物质文化遗产宾阳"炮龙节"的中华文化蕴涵

杨秀波

【摘　要】"炮龙节"狂欢、热闹、喜庆,与年俗交织,融合诸多中华文化元素,融合古老先民的图腾崇拜、祖先崇拜、自然神崇拜的因子,蕴涵神秘气息。其中包含的龙文化富有意境美、活力之美,杂技表演类的"游彩架"更有惊险之美。这一文化现象是古老华夏大地悠久文化的浓缩,体现了人们对生活的热爱与对幸福的憧憬。鞭炮炸响之际,云烟缭绕、金光四射,似真龙若隐若现,体现了东方美的朦胧、神秘、婉约。

【关键词】跨文化交流;非物质文化遗产;春节;民俗;"炮龙节"

宾阳"炮龙节"是现代社会中的"传说",含诸多传统中华文化要素,是"年味"日淡的华夏大地上一方尚未褪色的古老,是追寻古代传统的"桃源"。大都市的高楼日渐淹没传统文化,而在迢遥的西南边陲乡村却依旧保持着悠远古老的民俗,从未淡化、从未失却文化之根。1994年宾阳举办"首届宾阳炮龙节"。2006年春节国内外逾10万人参加宾阳芦圩镇的"炮龙艺术节",中央电视台"中华一绝"栏目对此作了专题节目。2008年,宾阳"炮龙节"被列入第二批国家级非物质文化遗产名录。

一 "炮龙节"表演

2010 年 2 月，新加坡邀请宾阳民间炮龙艺术协会作为第一支出场队伍参加"国际妆艺大游行"，这是"炮龙节"首次走出国门。① 两万颗鞭炮在龙队边炸响，给新加坡观众以震撼，如此热烈壮观的鞭炮景观实属罕见。新加坡禁燃鞭炮已有 38 年之久，为炮龙表演特批解禁。炮龙节活动之一——"非遗"项目宾阳"游彩架"也先后赴上海世博会、韩国果川等地进行过表演。表演节目包括具有宾阳特色的师公戏、舞彩凤、打钱尺、踩高跷等民俗文艺节目。发源于汉末的师公戏是深受宾阳老百姓喜闻乐见的地方戏曲。宾阳炮龙节被人民网主办的第二届中国节庆创新论坛暨中国品牌节会颁奖盛典评为"中国最佳非物质文化遗产节庆"。② 2014 年南宁（宾阳）—中国台南（盐水）双炮文化交流启动仪式于 1 月 16 日在宾阳县炮龙老庙隆重举行。2 月 10 日，盐水蜂炮到宾阳表演；2 月 14 日元宵节，宾阳炮龙再次赴中国台湾参加台南盐水蜂炮活动，宾阳"游彩架"也首度亮相中国台湾，以"刘三姐"和"炮龙雄风"为主题。2014 年赴台炮龙主要突出民间艺术，采用反光颜料手绘图案，增加"龙脊""龙裙"等工艺，让炮龙栩栩如生。

宗懔《荆楚岁时记》中记载："正月一日，是三元之日也……鸡鸣而起……先于庭前爆竹，以辟山臊恶鬼。"③ 可见，鞭炮本用于驱邪。不过后来，因鞭炮炸响的绚烂色调给人以新奇刺激的感官享受，能充分表达人们庆祝的喜悦，营造浓厚的节日气氛，所以渐渐成为庆祝春节的传统。

二 "炮龙节"体现中华年文化

一直以来，中国作为弱势文化主体较少受到世界关注。近些年来我

---

① http：//www.hkwuliu.com.cn/wuliuzixun/haiwailaiyin/2451.html.2016.3.12.

② http：//www.gx.xinhuanet.com/newscenter/2016 - 02/25/c_1118153656.htm.

③ （南北朝）宗懔：《荆楚岁时记》，《民国景明宝颜堂秘籍本》。

国经济的崛起，尤其是国际经济危机以来中国对世界经济强劲的支撑为中国文化的传播开辟了道路。发掘、整理、传播中国文化、民俗文化成为新时期的新任务。虽然中国在世界各地纷纷开设孔子学院，但历史不长，有效的文化传播战略尚需国家运作力量决策和驱动。传统文化需要现代学者予以阐释、传播、弘扬。

作为中国非物质文化遗产，"炮龙节"庆祝活动在每年正月十一开展，正是过年期间，十分热闹喜庆。过年作为中国的习俗，一直延续数千年，是中国最重要的节日。过年又称春节，是春天伊始、播种希望的时刻。人们贴对联、放鞭炮、拜年、扭秧歌、划旱船、舞龙等，热热闹闹地欢庆，享受前一年的劳动成果，期待新一年的美好生活。春节是自然节日，不同于西方圣诞节是基督教节日。春节时太阳南回归线北移，是农历一年的开始。农历是一种指示农事的历法。春节的欢庆反映了人们对自然的尊重及"天人合一"观念。舞炮龙的时候人们纷纷燃放鞭炮——"炸炮龙"，电光石火间，似乎龙飞行，光华夺目，营造喜庆、欢腾的节日气氛。人们认为舞炮龙可以烧掉"晦气"，并借此祈求丁财两旺、来年风调雨顺。

节日期间还要祭祖。"炮龙节"是宾阳县的文化，宾阳地处广西，属于比较特殊的地域。初来广西时见到两位老教授，他们说他们一辈子都未曾离开过广西，让人深感诧异。本来高职称学者最具"旅行"能力，后来了解到广西各地乡村家谱完好、祠堂整肃，全村内有许多家属本家，多是亲戚，外流人员不很多，年味异常浓厚，几乎是几十年前我们那一辈人童年时候过年的景观。到了快过年的时节，店铺早早停业，一直到元宵节结束才恋恋不舍地归来，与国内其他地区年三十还有许多人坚持营业的做法颇有点不同。由于开发较迟，现代气息还未侵占这片传统厚重的边陲之地。人们祭祀先人的仪式十分隆重，壮族的"三月三"堪比春节，专门祭祖，家族中少壮人等扛着各种美食，不顾辛苦劳累走遥远的山路去坟上祭拜。曾有一个学生因祭拜时惊动了坟边草丛中的毒蛇，被咬一口，差一点截肢。当地风俗犹似旧时作家笔下的乡村，宗族聚居。人们优哉游哉、款款地过着自己的日子，不愠不火、不紧不慢，现代化的硝烟似乎从未飘到这里。中午一般有两个半小时午休，寂静如大地已睡去、悄无声息。生活节奏是悠然的。在"炮龙节"

期间，龙行至哪里，哪一家的人就要敬告先人——家里发生的大事要告知先人，敬奉先人的习俗在这里被完好地保留下来。这与传统年俗中的祭祖、接神仪式类似，只是这里接的神是司雨水的龙。

"炮龙节"要"游彩架"、举行"灯会"、"舞炮龙"。所谓"游彩架"就是狮队开路、舞龙殿后、中间四个彩架——几名幼童在彩色架子上身着艳丽服装，配以小饰物摆出各种造型，饰梁祝、刘三姐、穆桂英、哪吒闹海等，融汇传统神话传说、历史、现实诸多内容。因彩架数米高，颇有点"杂技"意味。

三 "炮龙节"蕴含龙文化

"炮龙节"的核心字是"龙"，蕴含着数千年的中华文化积淀。"神龙见首不见尾"，龙身飘摆、云里雾中、神秘难测、让人无法窥之全貌。"鲤鱼跳龙门"成飞跃之势，从此登堂入室，实现人生升华，登此生巅峰！"龙马精神""龙腾虎跃"表明生猛锐气、活力劲足、"矫若游龙"。龙行海上，而佛教传入后，传说的海中便有龙宫、龙王、美丽的小龙女，更增添龙传奇色调的瑰丽。龙为兽中神灵，能兴云行雨、驾雾腾云。《西游记》中孙悟空要降雨就去东海请来老龙王。在封建时代，龙更被绣上龙袍，示帝王至尊。描龙绣凤是人间天上景、精美绝伦。龙锦绣华彩、行天上人间，威仪赫赫，状迁回曲折，兼具阳刚、阴柔之美，是中华文化的象征，寓意至尊、吉祥、护佑，是至善的代表。龙是主雨水之神，能为干渴的大地带来甘霖，能让人们摆脱饥饿、丰衣足食、造福苍生，所以龙是祥瑞之象，盛世表征，其翻江倒海、呼风唤雨的雄姿展示了富有震撼力的活力与力量美，因此中国人自豪地称自己是龙的传人。

（一）龙形象蕴含平等、包容精神

汉代许慎在《说文解字》中写道："龙，鳞虫之长……能细能巨，能短能长，春分而登天，秋分而潜渊。"[①] 龙可随意变化身体大小、长

[①] 许慎：《说文解字》，上海古籍出版社 2007 年版，第 587 页。

短，是神异的生物。据说，皇帝战败炎帝、蚩尤后，取原部落图腾部分元素加以组合，龙开始出现，于是中原大地有了共同的图腾——显然部落之间的关系并非吞没和奴役，不像《鲁滨孙漂流记》中的野人族那样占有、杀戮，而是一种平等相待、团结共生的形式，是现代国际上提倡的包容（tolerance）精神的集中体现。龙的形象承载着团结共存的蕴涵，作为多种生物组合体，龙的形象是中华民族以"和"为贵精神的具现。"炮龙节"中的舞炮龙活动需要舞龙勇士团结协作、密切配合，体现了团队协作精神、集体主义精神。我们可以在对外文化宣传与交流中阐释龙的形象元素中包含的宽容、慷慨、友爱的因素，龙真正体现了"四海之内皆兄弟"的友爱精神，包含能屈能伸、威武、勇猛、优雅、欢腾的品质，在当今世界和平与发展成为主题的时代具有重要意义。世界上各国家、各民族有不同文化，正是多元文化构成世界的丰富多彩。各种文化之间需要包容精神，求同存异才能有效维护世界和平。

"炮龙节"活动之一"灯会"中的"灯"与"丁"谐音。在灯酒节"百家宴"中，当年生子的人家准备鸡、鸭、猪头等与邻里同庆，大家共享欢乐，反映了朴素的乡间情感，是邻里间沟通情感的桥梁。在日渐冷漠的现代社会邻里关系背景下，这一民俗显得格外温情。鸡犬之声相闻的亲切与美好打破现代社会的隔阂、疏离与异化，是一种人情的回归、乡情的回归，是和谐社会其乐融融的图景，带着桃花源的踪迹。

（二）"龙"蕴含对幸福的憧憬

龙是远古中国人的图腾。远古先民认为万物有灵，正如人生幼年期认为万物有思想一样，他们心中充满世界不可知晓的神秘感，对自己无可掌控的事情心怀敬畏。

传说，盘古作为龙子开天辟地，被誉为创世神，宋人高承在《事物纪源》中说："盘古之君，龙首蛇身，嘘为风雨……吹为雷电……开目为昼，闭目为夜。① 死后骨节为山林……血为淮渎……肠为江海……

---

① （宋）高承：《事物纪源》，《明弘治十八年魏氏仁宝堂重刻正统本（卷一）：2》。

毛发为草木。"① 可见龙是自然的化身、大地的精魂。人们将诸多美好愿望寄寓于龙身上,"望子成龙"表示希望孩子成才,"生龙活虎"表明一个人健康、充满生命力……龙集中体现了人们对生命的热爱、对美好生活的向往,是人们对力量、威仪与美的渴望。

风水学将起伏的山脉称为"龙脉",土为龙体,石为龙骨,草木为龙的毛发,为后代兴盛之源。最著名的龙脉当属气势雄奇的巍巍昆仑与秦岭。

(三) 龙文化的传播

深受中国文化浸染的日本也崇拜龙,农民与渔民一直祭祀龙祈求风调雨顺、五谷丰登。东南亚国家越南、泰国、菲律宾、印度尼西亚的龙凤皆具备中国龙文化特征。委内瑞拉学者安东尼奥·莫雷诺·维亚弗兰卡提出一种观点,印第安人定居美洲后,公元前 1400 年左右(中国商朝)一批中国移民从黄河流域越过太平洋在中美洲登陆,其高度发展的文化促使前奥尔梅克文化产生。②

考古学也发现,中国的龙形象早在哥伦布时期之前就已传入美洲,形成奥尔梅克、玛雅、阿斯特克、印加等部落龙文化。兴起于公元前 1000 年(相当于中国商末周初时期)的奥尔梅克文化被认为是印第安文化的摇篮;奥尔梅克文化中的鼍龙和螭龙就是中国的大龙和小龙,与商周时期中国龙相似;印第安人传说中的火龙、水龙代表南北二神,在中国古代神话中的北方水神是水龙公公,南方火神是火龙祝融;古印第安龙身各部位与中国黄河文化、松辽文化的龙极为相似,印加文化的龙几乎是华南文化、巴蜀文化龙的翻版。在美洲祭坛庙宇上饰有龙的形象,说明古印第安人和中国人一样崇拜龙文化。远古时期龙文化就已传至世界各地。③

(四) "龙" 蕴含的东方美

龙的飘忽、朦胧、若隐若现凸显东方涵蕴美、朦胧美、意境美,与

---

① (宋)高承:《事物纪源》,《明弘治十八年魏氏仁宝堂重刻正统本(卷一):3》。

② 委历:《古代已有亚洲移民到美洲的新论证》,《世界历史》1981 年第 2 期。

③ http://www.china.com.cn/chinese/zhuanti/ny/782056.htm. 2016.1.12.

中国文字的含混、类同。中国诗歌许多可称"无题"，无确定之解，多种阐释皆可。中国画多写意，寥寥几笔却风神毕现——正是意境的运用。伴龙形象的祥云飘飘、波涛翻滚体现悠然或雄浑之美。明代《起蛟图》蛟龙腾飞、气吞山河、云气翻滚，似雷鸣巨响、撼人肺腑……《拾遗记》说龙"皆不可点睛，或点之，必飞走也"。① 描绘了龙形象跃跃欲飞的动感，正与"炮龙节"伊始的"点睛"仪式相合。点睛时主持仪式的人念着"先左眼，后右眼，一点金二点银，三点添丁发财，四点天下太平""保佑舞龙顺利"等吉祥语，随后，神龙苏醒，以龙珠、龙灯、锣鼓等开路，火铳队燃放火药，制造云雾之景，神龙飞舞万人欢的"炮龙节"就此开场。

2013 年参加"炮龙节"的游客约 57 万人②，展示了"炮龙节"的巨大魅力。"炮龙节"凝聚中国文化诸多元素，是中华文化鲜亮的符号。龙的形象集合自然美的壮观与人性美的宽谅，是天人合一之美的具现。

中国对外传播"炮龙节"文化可以灵活采用多种方式，用卡通、动画等形式加以表现，对中国龙文化也可制作成相应的域外宣传画片，讲述龙行雨造福人类的故事，使人们逐步了解中国吉祥美好的"龙"形象，也可制作一些影视、多媒体类的艺术作品，以现代畅行的大众媒体方式传播中国龙文化，传递"龙"形象蕴含的平等、包容、协作等宝贵的精神元素。"龙文化"传播中要注意跨文化传播中的文化差异，切不可与域外文化中广泛流传的希腊语、拉丁语、法语、英语世界中吃人的"恶龙"混淆，逐步建立中国的"祥龙"形象，在域外文化传播中讲究翻译策略，规避文化"误读"与妖魔化现象的产生。此外，还可通过中国网（www. China. org. cn）对外文化专题网站——网上孔子学院发布；或通过利用卫星传输数据的卫星报纸进行传播。目前，美、德、加拿大、意大利等 39 个国家、地区的酒店、机场、大商场都设有卫星报纸销售点。当然，图书、音像制品、网络也是其重要途径，可以利用对外图书出版、国际图书博览会等传播中

① （南北朝）王嘉撰，萧绮录：《拾遗记（卷四）》，《明汉魏丛书本：19》。
② http://www.gx. xinhuanet. com/newscenter/2016 – 02/25/c_ 1118153656. htm.

华文化。

"炮龙节"文化体现了对自然的敬重与崇拜,体现了朴素的生态观念,在世界环境日益恶化的今天,提倡"炮龙节"文化对外宣传有着格外重要的意义。

(作者系广西外国语学院副教授)

社交商务对非物质文化遗产保护传承的影响机理

——基于谭湘光织锦和孙希才烙画的双案例研究[*]

孔庆民　　梁修庆　　亢霞霞　　张　　正

【摘　要】非物质文化遗产保护传承面临挑战，电子商务并不能有效地起到保护传承的作用。本文将社交商务引入非物质文化遗产保护传承研究领域，采用赋能理论的视角，运用双案例进行探索性案例研究。研究发现，社交商务通过接触与参与、识别与筛选、反思与提升三个阶段，赋予非物质文化遗产传承人心理赋能、结构赋能、资源赋能三种不同的能力，帮助非物质文化遗产传承人培育朋友圈与销售产品，有效地保护传承非物质文化遗产。本文的研究成果对运营非物质文化遗产产品的传承人与企业有重要指导作用。

【关键词】社交商务；非物质文化遗产；赋能理论；案例研究

一　引言

非物质文化遗产是历史长河中积淀下来带有浓郁地方民族特色的产

---

* 2016 年度广西科协资助高校青年教师及研究生专项课题重点项目（桂科协〔2016〕Z–03）。

品。在现代文明的冲击下，其保护面临巨大的挑战，传承面临断脉趋势。① 随着互联网技术的不断发展，非物质文化遗产保护传承与电子商务结合起来。非物质文化遗产工艺技艺的保护传承与电子商务联系起来可以形成良性的保护传承，在产生经济价值的过程中，抢救濒临失传的传统手工技艺与纹样，同时培养了既热爱传统民族文化又富有现代气息的现代消费者。电子商务与工艺品的结合有着可持续发展的商业价值，符合文化遗产保护中保护与开发相结合的方针。② 电子商务形成线上线下有效互动的同时产生积极的广告效应，这种低投入和高灵活性的运作大大活跃了低迷的工艺品市场，激发市场活力的同时也使工艺品的发展进入一种自然的发展轨迹里，形成自给自足的健康的生态产业链。③ 然而，现实却展现出与人们期望相反的另一面。例如，中国文化传媒网报道，艺术品触网，电商大佬们犹如打了鸡血，但是"保真"是艺术品电商无法逾越的门槛。④ 腾讯财经发布评论，对于艺术品网络交易，是馅饼还是陷阱尤未可知，艺术收藏的真假难辨、网络交易的风险性高，网络加剧艺术市场的混乱。⑤ 中国电子商务研究中心更是揭示，艺术品网拍的繁荣背后是乱象丛生。⑥ 非物质文化遗产传承人纷纷发现，电子商务平台反而导致非物质文化遗产产品流于庸俗化，产品失去文化性，催生出许多劣质产品，市场鱼龙混杂⑦，非物质文化遗产产品在电子商务平台上反而失去了消费者、失去了朋友圈。

在社交媒体时代⑧，人们花费超过 1/3 的清醒时间来消费社交媒体的内容。社交媒体与电子商务的深度融合催生了社交商务，社交商务既

① 黄晓瑜、陈旭：《壮锦技艺的生产性保护与旅游文化创意产业开发的必要性研究》，《美术教育研究》2016 年第 11 期。

② 杨万豪：《基于电子平台下蜀绣的开发性保护研究》，《现代装饰（理论）》2014 年第 9 期。

③ 徐赣丽：《非遗生产性保护的短板和解决的可能——以壮锦的实践为例》，《西南民族大学学报》（人文社会科学版）2014 年第 9 期。

④ 中国文化传媒网：《艺术品触网，电商大佬们犹如打了鸡血》，2013 年。

⑤ 腾讯财经：《艺术品网络交易：馅饼还是陷阱？》，2012 年。

⑥ 中国电子商务研究中心：《艺术品网拍：繁荣背后乱象丛生》，2015 年。

⑦ 冯小凡：《现代技术条件下壮锦工艺的保护与传承研究》，《中国艺术》2014 年第 3 期。

⑧ Fournier, S., Avery, J., "The Uninvited Brand", *Business Horizons*, 2011, 54 (3): 193 – 207.

继承了电子商务的特性同时又加入了社交媒体的属性，社交商务塑造了全新的商业形态。[①] 我们将社交商务引入非物质文化遗产保护传承的研究领域，探索社交商务对非物质文化遗产保护传承的影响机理，探索社交商务赋予非物质文化遗产传承人怎样的能力来保护传承非物质文化遗产，培育非物质文化遗产产品的消费者，培育朋友圈。

二　文献回顾

（一）社交商务及其影响机理

社交商务是电子商务的一种新形式，是电子商务在社交网络方面的延伸。社交商务是基于极具个性化和互动性社交关系的、特殊形式的电子商务。[②] 社交商务更多地强调用户进行讨论、评价商品或服务。[③] 还有一些学者认为社交商务是利用社交媒体技术影响用户做出购买决策的过程，侧重于社交媒体技术给商务活动带来的影响。社交商务利用社交媒体技术促使用户与商家间的交互，从而改善用户的购物体验。社交商务促进信任，还可以通过价值共创对消费者行为意向产生影响。[④]

因此，我们判断，社交商务可以增加媒介交互、消费者互动，为非物质文化遗产产品的消费者提供归属感，可以销售蕴含情感价值的非物质文化遗产产品。那么，社交商务就有可能培育非物质文化遗产产品的消费者，进而培育朋友圈。

（二）赋能理论

赋能的概念源于 20 世纪 70 年代"自助"视角下的社会研究。[⑤] 原

---

① 朱小栋、陈洁:《我国社交化电子商务研究综述》,《现代情报》2016 年第 1 期。

② Afrasiabi, R. A., Benyoucef, M., "A Model for Underst anding Social Commerce", *Journal of Information Systems Applied Research*, 2011, 4 (2): 63 – 73.

③ Kang, Y. R., Park, C., "Acceptance Factors of Social Shopping", *IEEE*, 2009: 2155 – 2159.

④ 孔庆民、梁修庆、柯杨:《社交商务对消费者行为意向的影响机理分析》,《商业经济研究》2016 年第 16 期。

⑤ Kieffer, C. H., "Citizen Empowerment: A Developmental Perspective", *Prevention in Human Services*, 1984, 3 (2 – 3): 9 – 36.

则上，赋能关注的是弱势、被边缘化的群体如何在社会发展中获得更大的能力。[①] 赋能就是个体、团体和社群把握其境况、行使其权利并达成其自身目的的能力，以及个别和集体，能够借此帮助自己和他人将生命品质提高的过程。[②] 赋能可以是多阶段的过程，也可以分成不同的类别。

从多阶段性的过程来看，赋能就像一架梯子，从最低梯级最具控制性或可操作性的阶段逐渐爬升到最高梯级的完全参与阶段。有学者提出八阶段的赋能过程：操纵、装饰、象征性、担任角色并告知如何参与、为其提供咨询与告知、共同决策、主动发起并领导行动、主导决策，其中最低的三个梯级是非参与型的，最高的梯级表示提供最大、最充分的参与度。[③] 也有学者认为赋能过程包含了发起、准备、参与以及维系四个不同的阶段。[④] 研究自我赋能的学者则主张分为三个阶段：评估与规划阶段、行动阶段、反思阶段。[⑤]

就赋能的类别来看，主要有结构赋能、心理赋能和资源赋能三个维度。结构赋能的基本原则是能力被赋予不具备该能力的人。[⑥] 在这个观点下，假设社会结构是不平等的，从而导致能力分布不均匀。客观主义认为，提供便利的环境必然导致赋能，因此，这种赋能过程的本质特征可以作为促进的基础：它关注改善客观外部条件（如组织、制度、社会、经济、政治、文化条件）以赋予能力去采取行动。心理赋能被限制在仅对于上层的"行为"方面，忽略了无能力者的"感性"体验，它并不必然导致被赋能的感觉。这样的情况下就产生了心理赋能，它强调体验赋能的感觉。赋能应作为一种加强自给自足价值或削弱习得性无

---

① Parpart, J. L., Rai, S. M., Staudt, K., "Rethinking Empowerment: Gender and Development in a Global/Local World", Routledge, 2003.

② Adams, R., "Empowerment, Participation and Social Work", Palgrave Macmillan, 2008.

③ Arnstein, S. R., "A Ladder of Citizen Participation", *Journal of the American Institute of Planners*, 1969, 35 (4): 216 – 224.

④ Wilcox, D. C., "Turbulence Modeling for CFD", DCW Industries, 1998.

⑤ Adams, R., "Empowerment, Participation and Social Work", Palgrave Macmillan, 2008.

⑥ Kreisberg, S., *Transforming Power: Domination, Empowerment, and Education*, SUNY Press, 1992.

助的行为。① 因此，我们可以将这种赋能过程的本质特征看作激励的基础（内在的激励）：它关注改善社会心理和内在动机，或个人的主观感知（如自信、自我意识）以至于他们觉得能控制自己的命运。② 最后一个维度是资源赋能，它的出现主要有两方面的原因：首先，结构赋能的概念缺乏能力的维度；其次，"感知赋能不等于被赋能"。虽然这个维度在以往的研究中很少被明确提及，但其正在获得越来越多的关注。资源赋能断定接近资源是不同于拥有或控制资源的，在这个意义上，资源赋能赋予所有者真正的能力。③ 因此，这个维度的赋能主要关注掌握的资源。

综上所述，我们引入赋能理论，研究社交商务对非物质文化遗产传承人赋能的阶段过程，以及社交商务赋予非物质文化遗产传承人哪些类型的能力，来实现非物质文化遗产的保护传承。

三 方法论

（一）研究方法

案例研究是对当代某一处于现实环境中的现象进行考察的一种经验性的研究方法，其本质在于通过详细地描述事物（案例）现象是什么、分析其为什么，并从中发现或探求事物的一般规律和特殊性，推导出研究结论或新的研究命题的研究方法，即透过事物表象看到隐含的深层因素。④ 事实上，在整个质性研究领域，案例研究都是提升理论或提炼新理论、新思路的重要途径。相对于问卷调查范围宽而深度和丰富性不够的缺陷，案例研究通过研究者与被访问对象更加全面和深入的接触，如通过与研究对象面对面沟通，倾听他们经历的生动故事，理解反映实际

---

① Maier, S. F., Seligman, M. E., "Learned Helplessness: Theory and Evidence", *Journal of Experimental Psychology*, 1976, 105 (1): 3.

② Spreitzer, G. M., "Social Structural Characteristics of Psychological Empowerment", *Academy of Management Journal*, 1996, 39 (2): 483–504.

③ Riger, S., "What's Wrong with Empowerment", *American Journal of Community Psychology*, 1993, 21 (3): 279–292.

④ Yin, R. K., "Case Study Research: Design and Methods", Thousands Oaks, 1994.

生产管理的经验和过程，使研究者能够发现与实际相关的知识，构建有普遍解释能力的理论框架，从而能够更好地解决实际问题。

根据研究目的与研究设计的差异可以将案例研究分为探索性、解释性和描述性三类：探索性案例研究在案例分析之前并没有明确的理论假设，但是必须事先建立严格的分析框架；解释性案例研究一般在案例分析之前就已经建立了若干竞争性的理论假设，比较适合进行因果分析；描述性案例分析主要为某一理论的成立提供实证支持，通常用于教学而非研究。① 如果所研究的问题是一种理论空白，或者处于学科的幼稚期，已有的文献不能够解释和回答所要研究的问题，需要从实践中总结、归纳出理论框架和概念模型，这时往往采取理论构建过程而不是理论验证过程，因此，最佳的研究策略是采用一种定性归纳法，即采用探索性案例分析法，将案例故事转化成理论元素。

社交商务是一种新的商业形态。关于社交商务赋能非物质文化遗产保护传承的研究仍处于初步探索阶段。因此，我们认为，探索性案例研究法是研究社交商务赋能非物质文化遗产保护传承较为适宜的研究方法。

（二）数据收集

数据收集从 2016 年 9 月 21 日至 10 月 25 日，主要分为两个阶段。第一阶段通过文献法、档案法以及网页关键词搜索等方法对研究对象做详尽了解。根据知名度、在非物质文化遗产传承方面的作用、是否使用社交媒体、是否有被国家认可的传承人等条件进行筛选，最终确定所要进行深入研究的对象。第二阶段在明确研究对象之后，深入企业通过文件法、访谈法、直接观察等方法进一步了解社交商务在传统手工技艺企业中的作用。通过与非物质文化遗产传承人进行面对面的深入访谈实地观察得到第一手数据。

（三）数据分析

关于数据分析方法，我们使用当前案例研究中得到较多学者使用和

---

① Tellis，W. M.，"Application of a Case Study Methodology"，*The Qualitative Report*，1997，3（3）：1–19.

认可的 *SPS* 研究方法。① 我们将社交商务赋能非物质文化遗产传承人的过程分为三个阶段：接触与参与、识别与筛选、反思与提升。我们使用表格与图形的形式总结社交商务的使用和传承人的叙述，重点解释赋能过程各阶段中不同的赋能维度，探索理论、提炼模型。

对于研究的信度分析，我们检查和识别"底层一致性"，对比每一阶段赋能对于结果的解释，分析每个阶段赋能前后状态的变化。② 对每个阶段的反复比较、分析、提炼与抽象，集中于推导出社交商务在非物质文化遗产保护传承中的赋能过程与赋能类型。在每个阶段，集中于确定每一阶段的一致性，而不是在各阶段之间进行比较。随着数据分析过程的不断推进，由于我们在这个归纳推理过程中对于数据和理论有了更进一步的了解，每一轮抽象性的反复循环都提高了解释的清晰度，直到掌握所有的解释和达成底层一致性。

为了确保研究效度，我们应用了三角化规则，使用多个数据源（文献资料、不同访谈对象的陈述）过滤受访者和研究者的"偏见"，这确保了数据的有效性。在这个数据收集和分析过程中我们应用了 Klein 和 Myers（1999）的原则来引导解释工作。③ 我们通过不同的赋能阶段去寻求基础模式。在采用长期比较分析的逻辑中，不断比较这些赋能阶段的模式，以探讨其独特性。虽然不同维度的赋能可能出现在各个阶段，但在不同的阶段里赋能性质的差异是可以确定的。在这个比较过程中，始终确保数据、理论和发现之间的一致性，直到确定最终结果。

四 案例选择与案例描述

Yin（1994）指出，在进行案例研究时，要遵从复制法则。④ 其背

① Ling, C. L. M., Pan, S. L., Ractham, P., et al., "ICT – enabled Community Empowerment in Crisis Response: Social Media in Thailand Flooding 2011", *Journal of the Association for Information Systems*, 2015, 16（3）: 174 – 212.

② Taylor, C., "Hermeneutics and Politics", Middlesex: Penguin, 1976: 153 – 193.

③ Klein, H. K., Myers, M. D., "A Set of Principles for Conducting and Evaluating Interpretive Field Studies in Information Systems", *MIS Quarterly*, 1999, 23（1）: 67 – 93.

④ Yin, R. K., "Case Study Research: Design and Methods", Thousands Oaks, 1994.

后的原理与实验相同。复制法则分为差别复制与逐项复制。差别复制的逻辑为通过两个相互矛盾的案例来反驳某个理论假设，逐项复制的逻辑则是通过两个相同的案例来证明某个理论假设。本文采用逐项复制，选择两位非物质文化遗产传承人为例进行双案例研究，用两个事实或者说案例来证明社交商务对非物质文化遗产保护传承的影响机理。两位非物质文化遗产传承人分别为谭湘光、孙希才，他们是非物质文化遗产传承人中率先使用社交商务的艺术家。

　　谭湘光，于 1970 年师从中国第二届工艺美术大师梁树英女士，学习手工壮锦工艺（国家级非物质文化遗产），是梁大师手工织锦的唯一传人。先后担任广西宾阳县民族织锦厂厂长、广西工艺美术研究所织锦工艺厂厂长，从事手工织锦工作 39 年，熟悉广西少数民族手工织锦工艺技术，是目前广西手工壮锦织造工艺的传承人。谭湘光使用社交商务的历程如图 1 所示。

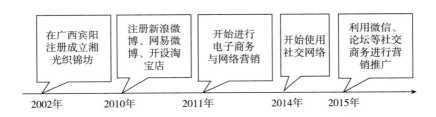

图1　谭湘光使用社交商务历程

　　如图 1 所示，中国织锦工艺大师谭湘光于 2002 年 5 月注册成立了广西宾阳湘光织锦坊。织锦坊是以竹笼机纯手工制作为主，是传承、整理、开发壮锦传统工艺和现代壮锦装饰、实用配套产品为主的手工制作织锦坊。2010 年 8 月 4 日，以湘光织锦坊为名注册的新浪用户在新浪微博上发表第一篇博文"谭湘光大师简介"，对中国工艺美术大师，湘光织锦坊创始人谭湘光的事迹进行简要叙述。2010 年 8 月 9 日，以湘光织锦坊为名注册的网易用户在网易微博上发表第一篇日志"湘光织锦坊介绍"，对湘光织锦坊的位置、创立日期、发展目标、经营理念和主要产品做了简单介绍。2010 年 8 月 15 日淘宝店"湘光织锦、专业的壮锦"进行支付宝个人认证，主要经营产品有壮锦壁挂（大壁挂、小壁挂)、壮锦围巾披肩(手工精品系列、绚丽时尚系列)、壮锦家居生活用品(杯垫、抱枕套、信插、床旗/台旗、桌布、钱包/名片夹)、壮锦包包(典雅风尚系列、手工精品系列)等源于上千年特色工艺的高品质壮锦产品。2012 年 1 月 31 日在新浪微博中发表博文"2012 龙年广西壮锦发展计划之畅想",其中提到 2012 年是湘光织锦坊高速发展的一年,是湘光织锦坊在网络进行营销的第二年,在新的一年,湘光织锦坊不仅仅需要开发新的产品,更需要在网络进行更多的营销活动。不仅仅是网站的宣传、软文的编写,重要的是需要找到更多的渠道去推广产品,同时希望与更多朋友合作。2016 年 1 月 1 日湘光织锦坊设计师范丽华在穿针引线服装论坛上注册,将自己的作品图片和相关软文在上面进行发布。

孙希才,自 2004 年开始学习烙画,2008 年投入工艺美术大师赵宝国先生门下,学习传统烙画,成为其入室弟子,得其真传。现为山东省民间文化艺术家协会会员、山东省工艺美术协会会员、中国烙画艺术研究会理事,并被确认为济南市中区非物质文化遗产传承人,专业从事烙画艺术。孙希才使用社交商务的历程如图 2 所示。

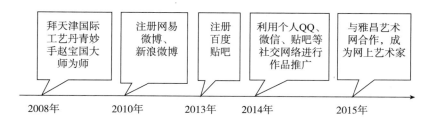

图 2 孙希才使用社交商务历程

如图 2 所示,孙希才自 2008 年拜师在赵宝国门下,开始自己专业的烙画艺术事业。于 2010 年 6 月 20 日在网易微博上发表第一篇博文"烙画的古今渊源",就烙画的起源及近年来的发展做了简要介绍。2010 年 7 月 13 日在新浪微博中发表第一篇博文"烙画——中国民间工艺美术的一枝绚丽奇葩",通过内容转载介绍烙画的古今渊源、艺术价值、独有特点。2013 年在百度贴吧中注册烙画吧,同大众分享相关烙画知识内容，并将自己的烙画作品照片放在上面以供大众欣赏，根据贴吧内容显示，有兴趣的人可以通过加孙希才的 QQ 或微信做进一步的深入了解。2014 年开始利用微信、微博、QQ、贴吧等朋友圈进行作品介绍与营销，并吸纳朋友圈内的一些意见建议对所创作作品做出改进。2015 年同中国艺术门户网站——雅昌艺术网进行合作，成为网上艺术家。

五　案例研究的发现与结果

我们研究社交商务对非物质文化遗产保护传承的影响机理，以赋能理论为理论视角，探索社交商务对非物质文化遗产传承人赋能的过程阶段和赋能类型，进而培育消费者、培育朋友圈。社交商务对非物质文化遗产保护传承影响机理如表 1 所示。

表 1 　　　社交商务对非物质文化遗产保护传承的影响机理

阶段	种类	赋能前	赋能后
1 接触与参与	心理赋能 结构赋能	 非物质文化遗产传承人仅仅是艺术家	 在社交商务平台上，非物质文化遗产传承人不仅是艺术家，而且还是营销推广人
2 识别与筛选	心理赋能 资源赋能	 非物质文化遗产传承人并不为普通大众所知，他们被动地等待消费者的知晓与挑选	 非物质文化遗产传承人可以通过社交商务主动从大众中识别出喜好他们产品的消费者、爱好者、朋友圈

续表

阶段	种类	赋能前	赋能后
3 反思与提升	结构赋能 资源赋能	艺术家和朋友之间、朋友和朋友之间交往并不紧密	在社交商务平台上,艺术家和朋友圈"你中有我,我中有你"

(一) 接触与参与阶段

1. 心理赋能

在接触与参与社交商务之前,绝大多数的非物质文化遗产传承人单纯地以艺术家身份存在,致力于艺术创作领域。随着社交商务日益成为消费趋势,非物质文化遗产传承人开始关注社交商务所提供的开放平台及朋友圈,并参与到非物质文化遗产产品的营销推广中。通过社交商务平台及朋友圈对非物质文化遗产产品进行宣传推广,展现出艺术家与营销推广人的双重身份。这种身份上的转变,一方面密切了非物质文化遗产传承人同市场的关系,为其更好地创作出符合市场需求的产品提供条件。另一方面,双重身份极大地增强了传承人的自我效能感,从而促使他们在朋友圈或者更广阔的社会中全身心参与艺术创作并承担保护传承非物质文化遗产的责任。

谭湘光:湘光织锦淘宝店在 2002 年由我二女儿开店,现在由我自己负责经营,我现在除了艺术创作、是工艺美术品制造的艺术家,我还是一名营销经理。

孙希才:"酒香不怕巷子深"的说法已经不再适用于当下社会,当前社交网络无论对非物质文化遗产技艺传承者还是非物质文化遗产产品宣传都发挥着至关重要的作用,即使再优秀的传承人和作品都离不开宣传。随着社交网络的不断发展，非物质文化遗产传承人应在做好艺术创作的同时进行作品的推广宣传甚至是销售，让艺术家的作品为更多人所熟知。

2. 结构赋能

社交商务通过向非物质文化遗产传承人提供开放的平台拓宽其外部空间进行结构赋能。

> 孙希才：在社交平台中，我们除了能够与自己相熟的朋友进行交流外，还能接触到来自不同领域、不同地区、形形色色的人，同时也可以在平台上分享艺术品知识，发表观点，获取信息。通过这样的方式，使我们传承人更好地融入不同的社群、朋友圈，在不同的朋友圈中，建立广泛的人脉关系。由于传承人艺术视角专业、可以为朋友圈带来更具有相关性和完整性的艺术品信息，我们还可以进一步引导消费者，发挥意见领袖的作用。

> 谭湘光：通过社交平台，经济效益先不说，关键是带来了社会效益，我们以及我们的产品出名了。经济效益我们可以自己去找门路，但社会效益不是那么容易建立的。

（二）识别与筛选阶段

1. 心理赋能

社交商务在原本互不相知的、生活完全没有交集的社会普通大众与非物质文化遗产传承人之间搭建了一座桥梁，将两者联系起来。原来非物质文化遗产传承人并不为大众所知晓，自己默默地进行艺术创作，作品只能通过一些展览或者报道，被动等待消费者的挑选。而在社交商务平台上，传承人主动地宣传推广、与大众互相加好友，在相互了解的过程中，传承人可以主动对大众进行识别与筛选，准确地找到自己艺术品的消费者、爱好者，更能找到和自己有共鸣的朋友圈。消费者、爱好者、朋友圈是和普通大众完全不同的群体，他们消费艺术品、推崇艺术家，他们是艺术家的知音。知音对艺术家的精湛技艺和艺术才能会去欣赏、会去认可。知音的认可是对艺术家能力和身份地位的极大肯定，使艺术家产生心理归属，进行心理赋能。这种正向的肯定会促使传承人不断地改进技艺，激励他们更好地进行艺术创作。

> 孙希才：非物质文化遗产传承人通过对已有朋友圈中的消费者进行筛选、淘汰和优化，产生新的朋友圈，吸收优秀者进入。
>
> 谭湘光：有台湾来的研究生，专门到我的工作室来访问我。我们通过社交网络联系，拍照啊、交流啊。以前这样的客户，或者说爱好者是没有的。

2. 资源赋能

在社交网络上，消费者可以传播信息。当消费者自身对非物质文化遗产产品有所认可后，会自觉主动地将自己看到的关于该产品的相关信息进行转载发布到朋友圈。消费者在转载过程中除了会发产品本身的信息外，往往还会发表自己的观点并将自己所创造的内容一并分享传播出去。信息的传播过程变成了艺术品的价值增值过程。通过消费者、爱好者、朋友圈的传播，销售了艺术品，艺术家获得了经济收入，同时也获得更多的市场认可、拓展了更多的人脉。

> 孙希才：有能力的传承人、消费水平高的消费者经过已有朋友圈中朋友的介绍一步步被推向更高的层次，互相进入对方更加专业、高端的朋友圈，形成人脉关系。
>
> 谭湘光：以前我们通过礼品、工艺品的展会来展示，现在我们在淘宝上做展示，很多人就到淘宝上去拍照，把我们的服饰放在朋友圈里传播，很多喜欢我们产品的顾客就和我们联系购买，同时又成为宣传我们产品的朋友。

（三）反思与提升阶段

1. 结构赋能

在网络环境中，朋友之间相互的信任是建立密切关系的关键要素之一，是构建和维系关系的宝贵条件。在电子商务的环境中，山寨品、假冒伪劣盛行，艺术家和消费者之间是缺乏信任的。而在社交商务的朋友圈中，艺术家和朋友圈通过有意义的、信息丰富的交互可以达到信任，从而可以产生非常牢固的关系，形成具有非常高信任度的情境。艺术家和消费者、爱好者、朋友圈的信任，是一种商业友谊，是高层次的、关系很深的人际关系。社交商务帮助艺术家把人脉拓展到了更深的层次。

孙希才：经过不断筛选、淘汰后的朋友圈层次更高，所具备的专业性也随之更强。消费者对朋友圈专业性及客观性的感知程度越高，所表现出的满意程度也会增强，产生了信任。对朋友圈所推荐的产品和信息更加满意，他们也乐于接受产品，参与我们的活动。

谭湘光：我们的壮锦工艺品被政府采购作为外交礼品，还有企业的朋友专门来采购，作为给客户的礼品。

2. 资源赋能

社交商务朋友圈对非物质文化遗产传承人信任有加，通过朋友圈的宣传与造势，消费者追捧非物质文化遗产传承人的产品，非物质文化遗产传承人的自身价值得到提高，产品的艺术价值与财富价值也得到提高；同时，非物质文化遗产传承人可以创造、设计、生产出更精美、更有价值的产品给朋友圈，朋友圈通过购买、收藏，获得了艺术品的情感价值与财务价值。这就是非物质文化遗产传承人与朋友圈共同创造了价值，形成艺术家和朋友之间、朋友和朋友之间，"你中有我、我中有你"的局面。通过社交商务，非物质文化遗产传承人可以直接或间接地掌握更多的人脉资源或物质方面的资源。

谭湘光：湘光织锦淘宝店主要向消费者展示各种样式、风格织锦产品的实物图片、价格以及对壮锦相关知识进行答疑，一般不做线上交易。如有购买意愿则可以加入朋友圈询问与交朋友，朋友圈会向消费者推荐经营湘光织锦坊产品的礼品店、精品店等实体店。只有到实体店才可以体验到艺术品的珍贵。同时，通过朋友圈可以保证顾客忠诚。

　　孙希才：艺术家和朋友圈融合在一起，相互支持，艺术家要靠朋友捧起来，朋友也需要艺术家的名气和珍贵的作品，其实是相互促进的，相互都可以得到提高，艺术品在市场上被研究、被收藏和流通。

六　结论及展望

（一）研究结论与理论贡献

　　本文将社交商务引入非物质文化遗产保护传承的研究领域，采用赋能理论的视角，运用双案例进行探索性案例研究的方法，提炼出非物质文化遗产传承人通过社交商务获得赋能的阶段过程与赋能类型。研究发现，社交商务通过接触与参与、识别与筛选、反思与提升三个阶段赋予非物质文化遗产传承人三种能力：心理赋能、结构赋能、资源赋能，培育消费者、培育朋友圈，促进艺术品销售、收藏、流通，更好地实现了非物质文化遗产的传承保护。在接触与参与阶段，非物质文化遗产传承人通过社交商务获得心理赋能与结构赋能，从一名单纯的艺术家转变为一名既是艺术家又是营销推广人的复合型艺术家。在识别与筛选阶段，非物质文化遗产传承人通过社交商务获得心理赋能与资源赋能，从被动地被大众知晓与挑选，变成主动地从大众消费者中识别与筛选到爱好者和朋友圈。在反思与提升阶段，非物质文化遗产传承人通过社交商务获得结构赋能与资源赋能，艺术家和朋友圈相互信任并共同创造价值，形成“你中有我、我中有你”的局面。

　　与现有非物质文化遗产保护传承研究不同，它们仅仅关注通过电子商务销售非物质文化遗产产品，而没有注意到培育忠诚的朋友圈的问题。本文的研究成果，解决了电子商务不能有效保护传承非物质文化遗产的问题。本研究提炼的社交商务对非物质文化遗产保护传承的影响机理，赋予了非物质文化遗产传承人心理、结构、资源三方面的能力，可以培育消费者、培育朋友圈。这完善了非物质文化遗产保护传承的研究、拓展了社交商务与赋能理论的研究领域。

（二）研究的实践价值

首先，在接触与参与阶段，社交商务赋予非物质文化遗产传承人营销者或推广人的身份。传承人自己要积极主动地改变自身，积极接受社交商务带来的影响、不断丰富自身能力，以便能够更好地进行非物质文化遗产产品的营销推广。同时，运用社交商务平台发布最新资讯，展现非物质文化遗产民族性、地域性的文化价值，为消费者的交互、创新提供机会，实现多角度、全方位传播，保护文化的多元化。换句话说，一个优秀的社交商务平台将会影响消费者的意向，消费者更愿意接受和购买优秀平台提供的或者推荐的产品和服务。这就给传承人提供了一个很好的思路，通过运营社交商务平台实现非物质文化遗产的传承保护。

其次，在识别与筛选阶段，传承人要主动在社交商务平台上做精准营销，通过社交网络从普通大众中识别出消费者、爱好者、朋友圈。针对不同的群体实施不同的社交或者营销策略。对普通大众，主要以传播信息为主，培育他们对艺术品的了解。对消费者，则主要针对不同需求，提供艺术与实用价值兼有的产品。对爱好者，则侧重艺术品的内涵。对于朋友圈，则一方面要了解朋友对艺术品的评价，一方面用精湛的技艺做出珍贵的艺术品给朋友圈收藏和流通。

最后，在反思与提升阶段，要重视艺术家和朋友圈之间的相互信任。高信任既可以促进朋友圈对非物质文化遗产产品的购买、收藏和流通，又可以促进朋友圈参与非物质文化遗产的传承保护过程。同时，还可以和朋友圈一起创造价值。艺术家要努力做出珍贵的艺术品，同时经营自身信誉，经营好人脉关系，通过有效聚合朋友圈来实现传承人艺术品的艺术价值与财务价值。

（三）研究的局限与未来研究方向

本文主要探讨了社交商务赋能非物质文化遗产传承人，用以保护传承非物质文化遗产的问题。在未来的研究中，可以专门研究社交商务平台上的消费者评价。通过对消费者评价的研究，了解消费者需求、探索消费者对艺术品消费的行为模式，有助于传承人提升技艺并促进艺术品销售。

（作者孔庆民系博士，广西大学商学院副教授，梁修庆系广西大学商学院教授，亢霞霞系广西大学商学院硕士研究生，张正系广西大学商学院硕士研究生）

广西民族生态博物馆"文化记忆工程"探索和实践

麦 西 谢 睿

【摘　要】广西民族生态博物馆"文化记忆工程"是广西民族博物馆自 2004 年开始在广西民族生态博物馆保护区推动的文化遗产保护与传承项目，经过多年的实践，广西民族生态博物馆逐步探索出一条适合自身实际的发展道路，且形成了鲜明的特色。本文尝试着对其发展脉络和特点进行梳理，并对其发展方向进行探讨。

【关键词】广西；生态博物馆；"文化记忆工程"；文化遗产保护

一　广西民族生态博物馆"文化记忆工程"

在全球化背景下，为应对现代文明对传统文化的侵袭，保护与传承民族文化，广西壮族自治区从 2003—2011 年，在充分吸取国内民族生态博物馆建设经验的基础上，拓展民族生态博物馆的建设思路与模式，以"六枝原则"① 为指导，从地域、民族及影响力、辐射力、效益、研

---

① 六枝原则：①村民是其文化的拥有着，有权认同与解释其文化；②文化的含义与价值必须与人联系起来，并应予以加强；③生态博物馆的核心是公众参与，必须以民主方式管理；④当旅游和文化保护发生冲突时，应优先保护文化，不应出售文物但鼓励以传统工艺制造纪念品出售；⑤长远和历史性规划永远是最重要的，损害长久文化的短期经济行为必须被制止；⑥对文化遗产保护进行整体保护，其中传统工艺技术和物质文化资料是核心；⑦观众有度务以尊重的态度遵守一定的行为准则；⑧生态博物馆没有固定的模式，因文化及社会的不同条件而千差万别；⑨促进社区经济发展，改善居民生活。（中国贵州六枝生态博物馆，1999）

究课题等方面综合考虑，通过政府主导、专家指导、居民参与的方式，采取"展示与信息资料中心＋生态博物馆保护区域"的建设模式，陆续建设开放了南丹里湖白裤瑶生态博物馆、三江侗族生态博物馆、靖西旧州壮族生态博物馆、贺州客家生态博物馆、那坡黑衣壮生态博物馆、灵川长岗岭商道古村生态博物馆、东兴京族生态博物馆、融水安太苗族生态博物馆、龙胜龙脊壮族生态博物馆和金秀坳瑶生态博物馆 10 座各具特色的民族生态博物馆，并形成了以广西民族博物馆为业务指导单位，10 座民族生态博物馆作为广西民族博物馆的理论与实践研究基地，共同开展民族文化研究、保护、传承、展示、开发等工作的"1＋10"模式，被学界誉为具有可持续发展和推广借鉴意义的文化保护"中国生态博物馆的第二代模式"①，又称"广西模式"。

生态博物馆作为自然和文化遗产进行整体保护及保存的社区，是社区居民追溯历史，掌握和创造未来发展服务的特殊的博物馆形式。为了对广西民族生态博物馆社区的文化和自然遗产进行整体性保护，广西壮族自治区文化厅所制定的《广西民族生态博物馆管理暂行办法》就规定生态博物馆基本任务之一就是"致力于唤起所在地民众保护与传承传统文化精华意识，培训村民掌握信息记录仪器，并带领他们开展记忆工程，使民族文化遗产得到有效的保护和传承"。② 因此，"文化记忆工程"就成为广西民族生态博物馆建设的重要内容之一。

二 发展历程

在广西民族博物馆的指导下，广西 10 座生态博物馆自 2003 年就开始采用图片、音频、视频等记录手段在生态博物馆保护区开展民族文化遗产的发掘、整理、保护和研究工作，其发展也是随着生态博物馆建设进程不断推进的，大致可分为配合建设时期和系统开展时期两个阶段。

---

① 苏东海：《中国生态博物馆的道路》，《中国博物馆》2005 年第 3 期。
② 广西壮族自治区文化厅：《广西民族生态博物馆管理暂行办法》，2005 年 8 月 20 日。

（一）配合建设时期（2004—2011 年）

此时，广西民族生态博物馆处于试点建设和全面实施阶段①，各生态博物馆尚在的基本建设时期，其建设主要包括普及生态博物馆理念、改善保护区环境、展示与信息资料中心建设和民族文化示范户建设等多项内容。因此，这一时期开展的"文化记忆工程"主要是围绕着各个生态博物馆的基本建设，特别是展示与信息资料中心建设而进行。同时，广西民族博物馆也采取了业务工作与馆舍建设同时并举的措施。将"文化记忆工程"作为其重要业务工作。

这时的"文化记忆工程"是由广西民族博物馆与各个民族生态博物馆工作人员根据各个生态博物馆的展示与信息资料中心以及广西民族博物馆基本陈列内容在生态博物馆保护区开展文字、图片和录像资料的采集、整理、展示工作。这一时期的"文化记忆工程"不仅初步形成各个民族生态博物馆的民族文化资料库，而且还培养了一批人才，为下一阶段的工作开展奠定了坚实的基础。

（二）系统开展时期（2011 年至今）

2011 年 5 月 26 日金秀坳瑶生态博物馆建成开放，标志着广西民族生态博物馆建设"1＋10"工程取得阶段性成果，广西民族生态博物馆各项建设进入巩固提升阶段。"文化记忆工程"也成为广西民族生态博物馆巩固和提升建设的重点内容。作为广西民族生态博物馆指导单位的广西民族博物馆经过科学论证后，对文化记忆工程的发展进行重新规划，决定以"民族志纪录片"作为开展的主要形式。

于是，2011 年 8 月广西民族博物馆在融水安太苗族生态博物馆首次开办乡村影像纪录培训班——"2011 年广西生态博物馆摄影摄像培训班"，此次培训班邀请了云南大学的陈学礼、云南艺术学院的李昕两位老师进行授课。为期 14 天的培训班，共培训了广西 10 个民族生态博物馆的工作人员和各地村民 23 人。至此，广西民族博物馆开始利用

---

① 龚世扬：《探索与实践：对广西民族生态博物馆"1＋10 工程"的回顾、评价和思考》，《广西民族研究》2016 年第 1 期。

"广西民族生态博物馆'1＋10'工程"的优势，依托分布于广西各地的 10 个民族生态博物馆将"参与式影像"工作方法运用到生态博物馆社区的"文化记忆工程"。通过开展"乡村纪录影像"培训计划，培训生态博物馆工作人员及社区居民掌握民族志纪录片的基本方法，使其能够在生态博物馆社区独立开展民族文化记录工作，并将所拍摄的影像进行整理、展示，以用于社区民族文化的保护和传承。

三　特点

广西民族博物馆根据广西民族生态博物馆的特点和实际情况不断进行探索和实践，逐步形成了广西民族生态博物馆"文化记忆工程"自身的特点。

（一）广西民族博物馆的专业指导贯彻始终

广西民族生态博物馆的特色在于专业性的指导贯穿始终。[①] 在"文化记忆工程"推进过程中，广西民族博物馆同样扮演了重要的专家指导角色。为了确保科学性、专业性，广西民族博物馆还成立了专门的机构负责指导包括"文化记忆工程"在内的广西民族生态博物馆各项建设。

自从确定将以"参与式影像"的手段开展"文化记忆工程"后，广西民族博物馆举办了 16 期"乡村纪录影像"培训班，除 2011 年第一次培训班聘请两位云南的老师授课外，其余培训都由广西民族博物馆工作人员负责组织和培训。自 2011 年以来，广西民族博物馆共培训了 240 余人次，使参与培训的人员基本掌握了民族志纪录片理念、拍摄技能和后期制作等。经过不懈的努力，截至 2016 年，广西各民族生态博物馆工作人员及村民共拍摄了 140 余部民族志影片，其中部分影片还入围了"中国民族题材纪录片回顾展""中国影视人类学学会"并获奖，还有部分影片在天津电视台和广西电视台播放。

---

① 吴伟峰：《从民族生态博物馆看广西民族文化的保护与传承》，《广西民族研究》2007年第 2 期。

在"文化记忆工程"推进过程中,广西民族博物馆还不断总结经验和教训,探索出集中培训和实际操作相结合的模式,同时制定了《广西民族生态博物馆"文化记忆工程"工作规范》《广西民族生态博物馆"文化记忆工程"考核办法》对民族志纪录片的拍摄制作格式和体例进行了规范。正是由于广西民族博物馆的专业指导,"文化记忆工程"也得到了学界的肯定,被列入"新世纪影像志十大代表项目"。[①]

(二)"参与式影像"成为主要工作方式

"生态博物馆的核心理念在于在文化的原生地保护文化,并且由文化的主人保护自己。只有文化的主人真正成为事实上的主人的时候,生态博物馆才可能巩固下去。"[②] 为了实现广西民族生态博物馆保护区的居民保护自己的文化的目的,广西民族博物馆将强调社区居民参与的"参与式影像"方法引入"文化记忆工程"工作中。

参与式影像(participatory video)也叫社区影像(community video)、草根影像(grassroots video)、过程影像(process video)等,参与式影像可以说既是一种影像类型、一种行为过程,同时也是一套工作方法。肖和罗伯逊将其界定为"一种创造性地利用影像设备,让参与者记录自己和周遭世界,来生产他们自己的影像的集体活动"。[③] 参与式影像的特点是拍摄过程、内容和表现的形式等由社区居民经过商讨共同决定,充分调动社区居民的参与,实现社区自治。因此,其"影像的生产和制作过程成为社区成员(原住民)民主参与的一种方式,一种记录和保护的适宜途径"。这与生态博物馆所强调的社区参与理念相契合。

为此,广西民族博物馆举办的历次"乡村纪录影像"培训班不再局限于各个民族生态博物馆的工作人员,而且将生态博物馆社区居民纳入其中。通过将"参与式影像"手段引入"文化记忆工程"不仅提高

---

① 朱靖江:《新世纪影像志十大代表项目》,《中国民族》2016 年第 5 期。

② 苏东海:《建立与巩固:中国生态博物馆发展的思考》,载《贵州省生态博物馆群建成暨生态博物馆国际论坛专辑》,北京大学出版社 2016 年版。

③ 韩鸿:《参与式影像与参与式传播——发展传播视野中的中国参与式影像研究》,《新闻大学》2007 年第 4 期。

了文化遗产拥有者保护和传承文化遗产的意识，同时增强了他们保护和传承的责任感。

（三）搭建"广西民族志影展"平台

"中国第二代生态博物馆也强化了它的文化的展示传播功能。"① 为了展示和宣传民族优秀文化，同时检验广西民族生态博物馆"文化记忆工程"成果，广西民族博物馆于2012年开始筹办"广西民族志影展"的前身——广西生态博物馆纪录片影展，开启了"文化记忆工程"大众化传播的探索。

虽然经过两届影展的探索，2014年"广西民族志影展"逐步发展为一个面向全国，辐射东南亚的国际民族志纪录片双年展，但是，"文化记忆工程"的民族志纪录片一直是该影展"乡村影像单元"的特色。与此同时，为突破展示的时空限制，广西民族博物馆利用自身优势创建了"广西民族志影展"网站，并与腾讯视频合作共建了"广西民族志影展"V+频道，将"文化记忆工程"中的优秀民族志纪录片上传，完善了"文化记忆工程"展播系统，拓展了"文化记忆工程"的传播维度。

广西民族志影展的搭建，不仅为"文化记忆工程"工作者提供了展示自我、表达自我的机会，也开阔了他们的眼界，激发了他们记录自己文化的热情。同时，为了让更多的人参与"文化记忆工程"，每一届"广西民族志影展"都会给各个民族生态博物馆中对此有热情的村民到场学习的机会，以提升生态博物馆所在社区居民的文化自豪感、自信心，唤醒他们的主人公意识。

"广西民族志影展"是来自生态博物馆社区"自我"拍摄的"文化记忆工程"影像真实自然的民族文化视觉表达，同时还获得了强有力的民族文化传承与传播效应，也将原来难以为外人理解或重视的文化遗产得以呈现给社会，提升了社会对生态博物馆和民族文化的关注度。

---

① 苏东海：《建立与巩固：中国生态博物馆发展的思考》，载《贵州省生态博物馆群建成暨生态博物馆国际论坛专辑》，北京大学出版社2016年版，第16页。

四 存在问题

广西民族生态博物馆"文化记忆工程"经过十余年的探索和实践，对于激发生态博物馆保护区居民记录和保护自己的文化，宣传民族优秀文化方面，取得了一定的成绩，但也存在一些问题。

（一）发展不均衡，作品题材存在盲区

广西民族博物馆在 2011 年将"参与式影像"手段引入"文化记忆工程"之后，面向生态博物馆工作人员及其社区居民开展了大规模的"乡村纪录影像"集中培训工作，培养了一批能够熟练掌握拍摄民族志纪录片技能的村民，但是也存在发展不平衡的情况。南丹里湖白裤瑶生态博物馆、融水安太苗族生态博物馆、龙胜龙脊壮族生态博物馆、金秀坳瑶生态博物馆和那坡黑衣壮生态博物馆等拍摄的作品数量和质量比其他生态博物馆都多和高。另外，部分生态博物馆存在生态博物馆工作人员还是民族志纪录片创作主力的情况。

广西民族博物馆在生态博物馆保护区实施"文化记忆工程"的初衷之一是为了保护和传承民族文化，但是由于生态博物馆保护区的村民对于身边的文化过于熟悉，而容易将其忽略，这使村民在创作民族志纪录片的时候会以外界的眼光来审视自己的文化，这极易造成民族志影片的猎奇性。

（二）与社区居民的互动少

参与式影像在拍摄过程中聚焦共同议题，集体讨论，达成共识，因此，参与式影像对于文化遗产的传承和保护不是个人行为，而是一种全民参与的行为。① 广西民族博物馆将"参与式影像"引入"文化记忆工程"中，也是希望通过保护区村民的参与记录自己的民族文化，从而调动保护区居民主动保护和传承文化遗产的积极性。

目前，在广西民族生态博物馆"文化记忆工程"的拍摄过程中，

---

① 邵静：《参与式影像与文化遗产的关系》，《科学导报》2015 年第 3 期。

只是采取拍摄小组讨论的形式，在一定意义上并未达成社区共识，对于唤醒保护区居民主动地保护文化遗产就是让文化遗产有限。同时，也有可能因为拍摄者的原因造成文化遗产在保护和传承过程中的片面表述。因此，"单纯地将技术交给村民不是参与式影像，参与式影像也不是把设备交到村民手中。参与式影像很重要的一个部分，就是拍摄者需要跟村民沟通，让社会成员参与影片的整个制作工作"。①

（三）缺少社区传播

传播的重要功能之一就是传承。参与式影像在社区内的传播过程就是社区内人们对自己拥有的文化遗产的一种再认识，也是对文化遗产的一种传承。② 参与式影像是社区参与的平台。参与式影像给予了居民一个参与社区的途径，让他们享受社区参与的过程，这是过程目标。在参与式影像项目结束的时候，完成了若干影像作品，这就是社区参与的成果。成果通过社区放映可以吸引更多的居民参与其中，使其更加了解自己的社区，能够认识和解决社区存在的问题，增强对社区的归属感，将社区建设得更加美好和谐。这样才能达到"文化记忆工程"的过程目标和任务目标。

广西民族生态博物馆"文化记忆工程"的作品虽然通过"广西民族志影展"及其网络平台开启了大众传播的探索，让外界更加深入了解广西民族生态博物馆的文化遗产，提高了全民保护的意识。但是目前这些作品很多并未在社区放映，缺乏小众化的传播也导致了保护区内村民并未得到充分参与，对于提高他们对于自己社区内文化遗产的关注度作用有限。

五　发展对策

结合广西民族生态博物馆"文化记忆工程"的特点，本文尝试对

① 韩鸿：《参与式影像与参与式传播——当代中国参与式影像研究》，电子科技大学出版社2012年版。
② 邵静：《文化遗产保护和传承中的参与式影像研究——以"云南·越南社区影视教育交流坊"项目为例》，硕士学位论文，云南师范大学，2015年。

其发展和完善进行探讨。

（一）深化专业指导

今后广西民族博物馆在"文化记忆工程"的推进过程中，应该持续地对各个生态博物馆进行专业指导。首先，探索和完善"乡村纪录影像"培训模式，建立学员档案，实行分级培训制度，在发展落后的生态博物馆继续进行大规模的集中培训工作，主要开展民族志影片基本创作理念、摄像机和编辑软件基本操作等培训，提高村民参与的积极性。而对于发展比较好的生态博物馆主要开展民族志影片创作理念培训，引发村民的创作思路，使其创作出更多的优秀作品。

其次，继续坚持引导与赋权双向结合的培训理念。在给生态博物馆保护区村民自由选题、自主表达情感的前提下，有意识地引导其进行民族文化保护问题民族志影片的创作。这就需要广西民族博物馆牵头与各生态博物馆共同制订《生态博物馆拍摄指导目录》，让保护区的村民在充分了解自身文化内涵的前提下开展创作，深度地诠释自己的文化，避免被误读。

最后，广西民族博物馆应充分利用自身的优势资源，邀请部分优秀的"文化记忆工程"工作者与广西民族博物馆工作者共同参与各项课题，使其在更高的平台得到培训和锻炼。目前，广西民族博物馆已经在"美国大使文化保护基金项目"开始了尝试，让南丹里湖白裤瑶生态博物馆、融水安太苗族生态博物馆、龙胜龙脊壮族生态博物馆、金秀坳瑶生态博物馆和那坡黑衣壮生态博物馆的相关人员参与项目的影片拍摄，并取得了良好的效果。

（二）持续探索"参与式影像"在文化遗产保护中的运用

要将广西民族生态博物馆"文化记忆工程"向深度和广度发展，就需要调动最广大保护和传承的主体参与其中。这就要求社区居民与生态博物馆紧密结合在一起，通过"生态博物馆管理委员会"或社区居民大会的形式，使村民充分参与到整个民族志影片的拍摄过程中，让保护区每一个参与其中的人，都重新地认识自己的文化遗产，更加认真地思考自己文化遗产的保护和传承途径。

（三）完善传播手段

在继续完善和拓展"广西民族志影展"这一大众传播平台，让更多的人了解生态博物馆文化遗产。同时，将其打造成全国乃至世界性的参与式影像交流的平台，开启创作大讨论，启发广西民族生态博物馆参与式影像创作。在此基础上，作为组织者的广西民族博物馆可以尝试将影展中的作品带回各个生态博物馆社区巡展，吸引更多村民的关注，引发他们的讨论，为今后的创作提供更多的参考。而且，不仅要播放本社区居民拍摄的影片，还要播放其他生态博物馆社区居民拍摄的优秀影片，实行"走出去"与"引进来"，加强与外界的沟通交流，借鉴其他生态博物馆"文化记忆工程"创作视角，从而将自己民族文化记录与阐释做得更加深入全面。

同时，鼓励各生态博物馆自行举办"社区影展"。近两年，南丹里湖白裤瑶生态博物馆在广西民族博物馆的大力支持下，在白裤瑶每年传统的"年街节"举办"白裤瑶乡村影像展"，使越来越多的白裤瑶青年参与本土文化的记录和保护。

六　结语

"生态博物馆"理论和实践起源于20世纪70年代的法国，是西方后工业社会生态运动和民主化浪潮的产物，因此生态博物馆在80年代引入中国时就面临着"中国化"问题。广西民族生态博物馆是个全新的建设模式，也面临着"本土化"的问题，其"文化记忆工程"属于其"本土化"探索的重要内容。历经十余年的探索和实践，逐步形成了以广西民族博物馆作为业务指导，参与式影像为手段，广西民族志影展为展示和传播平台的特色化道路。在其发展中也存在一些问题，还需要在今后的探索过程中不断完善，使其真正成为推动文化遗产保护和传承的重要手段。

（作者麦西系广西民族博物馆馆员，谢睿系广西民族博物馆馆员）

花山岩画保护与利用的生态博物馆模式

陈洪波

【摘　要】随着花山岩画入选世界遗产，其作为文化遗产的历史与经济价值受到越来越多的关注。综合考虑，对花山岩画采取生态博物馆方式进行保护和开发，是实现花山岩画从单一的文化价值向文化与经济双重价值转变的必经之路，最大限度地兼顾了社会效益与经济效益的平衡。

【关键词】花山岩画；世界遗产；生态博物馆；文化遗产保护

一　概述

文化产业和区域经济的发展是互助互惠的关系，文化产业可以通过旅游开发带动区域经济的发展，而区域经济的发展又可以为大规模的文化遗产保护提供物质基础。随着经济的不断发展和现代化进程的加快，广西地区的文化生态环境正在发生着巨大的变化，众多的文化遗产及其生态环境受到威胁，在新的历史条件下，文化遗产的保护和利用需要我们探索新思路，发掘新机制。

作为广西民族文化瑰宝之一的花山岩画，在历史学、考古学、民族学、美术学等多个方面均有极高的价值，被誉为中国稻作文化的最大标志、壮文化的瑰宝、世界岩画极品等，现已被正式列入世界遗产名录。但是随着我国生态环境的变化，其存在状况也受到了很大的威胁。在新的历史条件下，我们应为花山岩画的保护与利用探寻一条新的出路。先进的学术理论发展出了生态博物馆的保护模式。所谓生态博物馆，是指对自然文化和文化遗产进行保护的一种新型博物馆模式。虽然花山岩画属于有物质载体的文化遗产，我们仍然可以借鉴生态博物馆这一先进模式对其进行保护与利用。

二　花山岩画现状和保护措施

花山岩画是壮族先民遗留下来的艺术作品，具有重要的历史文化价值。左江流域以花山岩画为代表的民族文化是古骆越民族的根祖文化，其内涵包括了壮族文化中的巫文化、铜鼓文化、航运文化、歌圩文化和山水文化等体现骆越先民生产、生活风貌的文化层面，而花山岩画更是骆越后裔朝觐的圣地。花山岩画的图像重现了古骆越人消失的历史，为已经消逝的文明提供了可靠的研究依据，具有重要的价值。2007 年 1 月，国家文物局正式将花山岩画列入中国申报世界文化遗产的预备名单之中。2016 年 7 月 15 日，在土耳其伊斯坦布尔举行的联合国教科文组织世界遗产委员会第 40 届会议上，中国世界文化遗产提名项目"左江花山岩画文化景观"与湖北神农架一起入选《世界遗产名录》，成为中国第 49 处和第 50 处世界遗产。花山岩画申遗成功填补了中国岩画类世界遗产项目的空白。加入世界文化遗产，是实现花山岩画从单一的文化价值向文化与经济双重价值转变的必由之路。

我们必须看到，两千多年岁月的侵蚀，使花山岩画遭到严重破坏，某些部分甚至已经到了濒危的程度。岩画岩石存在开裂剥落、裂隙渗水、表面风化、褪色以及岩溶覆盖等多种自然损害状况。而地方工业发展进程的加快、旅游业的开发等，又为花山岩画的保护埋下了更多的不利因素。

花山岩画的病害综合来说主要分为以下几种：

1. 开裂岩体病害

这类病害是指岩画立壁岩体因各种裂隙交切、外力扰动、水盐破坏、温度周期变化等原因，导致立壁岩体表层片状、块状开裂但未完全剥落的现象。

2. 小型危岩体危害

花山岩画崖壁受构造裂隙和层面裂隙切割，形成了大小不一的多个危岩体，时刻有脱落的危险。

3. 剥落病害

剥落病害主要是由于立壁岩体长期处于干湿变化之中，发生物理风化、化学风化、温度干湿变化，形成片状或鳞片剥落。

4. 岩溶病害

岩画区地处温暖亚热带，降水充沛，地层为质纯的灰岩，岩层溶蚀性好，这样的自然环境和岩性条件十分有利于岩溶发育，组成立壁的可溶性岩体在渗透水流的作用下产生溶蚀，区内大量发育溶蚀峰丛、溶孔等，崖壁上岩溶堆积物生成了石钟乳、泥膜状覆盖物等。

5. 岩体风化和颜料层脱落

花山岩画崖体属沉积石灰岩，露出地表便会遭受大气环境的作用而开始风化，许多岩画更是绘在风化产物之上。同时，岩画的红色颜料受环境因素的作用也开始发生褪色和脱色。

6. 生物风化病害

生物风化病害按成因又可分为生物物理风化病害和生物化学风化病害等。[1]

除了上述岩体本身的危害外，一些人为的破坏诸如标语覆盖、开山炸石、游客题字等也不容忽视。好在相关部门已经意识到保护花山岩壁画的重要性，自 20 世纪 80 年代以来，先后修建了岩画治沙台地、岩画观察廊、护坡堤、水井、道路、码头和栏栅等保护管理的基础设施。并且自治区文化厅在对岩画病害开展了近 10 年的调查后，于 2005 年正式启动岩画保护工程的前期试验工作。2009 年花山岩壁画本体更是走上了接受实体性保护的"第一步"手术。该工程是真正在岩画本体上动工。首期的工程正是为了抢救最为不稳定的岩画岩体，全部的工程分为3 期，于 2014 年完成。[2]

---

① 张兵峰：《广西宁明花山岩画病害勘察研究》，《中国文物科学研究》2009 年第 3 期。
② 转引自谢永新《花山岩画"申遗"亟待解决的几个问题》，《广西民族师范学院学报》2010 年第 2 期。

通过上述情况可以看出，解决花山岩画本体的受危害现状，是我们目前工作的当务之急；而花山岩画的历史文化价值更是值得我们进一步去挖掘和探索。作为民族文化的瑰宝，它对历史文化的传承和风俗传统的印证，其作用同样不容忽视；这也就要求我们能够探索出一种独特的、更加切实可行的整体性保护方法。

三　建立花山岩画生态博物馆的可行性分析

生态博物馆是博物馆界在博物馆改革中产生的一种新思想、新运动。它是对自然和文化遗产进行整体保护的一种新型博物馆模式，是指在原生态中保持原有的文化习俗、生活方式，使文化的承载者、创造者和传承者与其所处的环境密不可分，从而保持一种原汁原味的原生态文化景观的新型博物馆模式。"生态"的含义既包括自然生态也包括人文生态；与将文物在博物馆建筑内进行展示的传统理念不同，生态博物馆是以某一特定环境下的"活态"文化为展示内容，更注重文化遗产在其原生地的实时及动态展示，让来到博物馆的人能够亲身感受到原生态的文化遗产，从而可以很好地呈现出被保护遗产的文化精髓之所在。

花山岩画作为独特的文化遗产，具有自然环境的不可移动性与文化上的代表性，而生态博物馆的核心内容正是关于对自然资源和文化的保护与利用。因此，花山岩画作为有物质载体的文化遗产仍然可以采用生态博物馆这一先进模式对其进行保护和再开发。

生态博物馆模式在花山岩画地区的运行有以下优势：

（1）生态博物馆模式的运行对花山岩画本体的保护具有积极意义。现行的保护措施多是针对岩画本体的修复与维护，是以补救为主的修复性措施。而生态博物馆模式的运行，则会极大提升当地居民的文物保护意识，使他们认识到花山岩画的经济和社会价值，从而自发地对其进行更有力的保护。

（2）生态博物馆的整体规划对环境保护具有积极意义。城乡工业化浪潮带来的城市垃圾与建筑垃圾对环境的破坏是致命的，但结合花山岩画区域内原有居民点建立生态博物馆可以很好地解决这一难题，是对人文环境和生态环境协调发展的积极探索，有很大的可行性。

（3）生态博物馆的建立将有力地带动旅游业的发展。虽然花山岩画具有重要文化价值，但宣传力度不够、知名度不高的现状仍是我们不容忽视的。2008年第29届北京奥运会开幕式上，花山岩画作为中华文化的代表惊艳亮相，震撼世界。但由于意识的欠缺，这一千载难逢的机会没有被抓住，花山岩画没有引起世人的关注。在全球经济发展中，旅游业是充满生机和活力的新兴产业。花山岩画周边也有以其为依托的相关品牌，但遗憾的是这条旅游线路并没有成为广西旅游经济的扛鼎之作。生态博物馆的建立将会解决这个问题，有力地带动当地旅游业的发展，同时提升当地居民生活水平，从而实现人文价值与经济价值的"双赢"。

（4）生态博物馆模式的运行对花山岩画申报世界遗产具有积极的促进作用。生态博物馆模式能够对花山岩壁画进行整体的保护与开发，保持其质朴的原生状态并最大限度地将其魅力展示给世人。生态博物馆的建立能够为花山岩画申报成为世界文化遗产提供一个很好的依托，加重其入选的砝码。

生态博物馆的基本理念是文化遗产应原状地保存和保护在其所属的社区及环境之中。所以，生态博物馆的定义不仅是一群建筑，它更多的是偏向于一个社区。它所保护和传播的不仅是文化遗产，还包括了自然遗产和生态环境。在这个层面上来说，在花山岩画所属的自然区域内采用生态博物馆模式是可行的。

四 花山岩画引入生态博物馆模式的策略

2003年，广西正式启动"生态博物馆建设项目"，并根据自身特点将其定位为"民族生态博物馆"。① 目前，广西地区已经形成了具有自身特色的生态博物馆模式。以"广西民族生态博物馆建设1+10工程"为转折点，广西生态博物馆的建设正在扩大范围。在这样的有利背景下，我们可以借鉴已有的经验与模式，针对花山岩画的保护与利用，制定出一系列具体的生态博物馆模式策略。

---

① 钟经纬：《中国民族地区生态博物馆研究》，博士学位论文，复旦大学，2008年。

这些具体策略围绕以下主题展开：首先，建立和健全保护管理机构；其次，加强宣传工作，制止人为破坏；再次，确定保护重点和保护范围，尽可能地全面掌握原始资料；最后，对岩画进行全面的研究，包括内容的研究与保护技术的研究。① 其具体策略列举如下：

（1）结合旧建筑再利用建立生态博物馆社区，发挥教育功能和经济功能。生态博物馆创始人雨果·黛瓦兰认为，生态博物馆就是一种教育工具，他说："生态博物馆教育的最重要意义就是当地居民懂得了他们自己所肩负的责任：保护和平衡利用他们的环境和自然资源：当然这些社区能够也必须适应社会、经济和技术的变化，以他们自己的节拍，以社区过去和按照他们活的文化，在允许和可持续的范围发展。"② 这一观点启示我们：在运用生态博物馆模式对花山岩画进行保护与利用的时候应当建立"生态博物馆社区"，与当地居民紧密结合，加大基础设施建设，在当地原有民居的基础上建立生态博物馆类型建筑，培养原有村寨居民的主人翁意识，使其认识到作为民族文化继承者的自豪感与责任感，增强居民主动爱护与宣传花山岩画的意识。这一措施的重点，是在生态博物馆社区建立与发展的过程中，充分顾及原住居民的经济利益，尊重文化遗产所处地区的居民的经济发展要求。例如，在对原有民居进行改建的时候进行一定的补贴；在原住居民的住宅内设置民族产品作坊，开展旅游项目等。

（2）民族资料的活态化在生态博物馆中的应用。该区域虽然不是区内壮族人口聚居密度最高的地区，仍然可以依托花山岩画对民族风俗的传承性进行一些民族元素的开发。例如，壮民族的信仰崇拜、服装、节庆、婚俗表演等。必要的时候可以尝试将其他地区的原始民族民俗进行整体迁移。这样一来能够对该地区的生态博物馆模式的运用进行完善。

（3）观赏性功能与体验性功能。将实地鉴赏与模拟场景体验有机结合，开发一些新类型的旅游项目与产品。例如，在花山岩画景区内建

① 覃圣敏等：《广西左江流域崖壁画考察与研究》，广西民族出版社1987年版。
② 方李莉：《生态博物馆如何避免文化原创性的退化问题》，《"自然环境与民俗地理学"中日国际学术研讨会论文集》，2009年。

造模拟场景。在该场景内参观者可以亲身模拟进行花山岩画的绘制；参与到岩画图像还原场景的舞蹈中。

（4）传统元素与现代手段的融合。通过实地调查确定保护范围与重点区域，制订电子地图，并广泛应用。采取数字化手段对花山岩画的相关资料进行展示，制作数字化文化产业相关产品，使游客能够近距离地接触花山岩画，弥补对岩画本体只能远远观赏的遗憾，例如3D影像的运用。在这一环节中重点是对花山岩画的宣传，应该淡化旅游色彩，增加文化遗产保护与生态博物馆元素。

（5）保护与利用并重。结合现有旅游部门采取政府参与和合作的方式进行花山岩画的旅游开发工作。建立"岩画管理与保护"的专门机构，并采取外来引进和本地培养的方式获得专业的技术人员，该机构负责开展本地区岩画的管理、宣传、保护、研究等工作。采用生态博物馆模式一方面能够使花山岩画得到更专业的保护；另一方面能够增加该地区原有旅游线路的多样性，融入更多的历史元素与民族元素。生态博物馆模式的运用并不是单一地对花山岩画进行开发与利用的过程，同时也是对其进行资料的全面收集与保护的一个过程。采用生态博物馆模式后，当地的专业管理部门应对花山岩画进行更加细致的实地考察，记录形象材料（摄影、录像、临摹）。对已获得的资料进行整理、出版，以求在花山岩画进一步受到自然力破坏之前获得相对全面的资料。

五　小结

在经济全球化的巨大浪潮中，文化遗产的保护与利用应该采取多元化的视角，尝试运用不同的理论与模式。花山岩画作为区内文化遗产的代表和申请世界文化遗产的代表，在文化产业发展中的重要作用是不言而喻的。但是目前在对花山岩画的保护与利用方面，我们还有很多的可提升空间。只要我们能够突破常规和传统观念的束缚，抱着勇于创新的态度不断进行探索与尝试，在花山岩画的保护与利用方面，生态博物馆模式就能够创出一条独特的、切实可行的文物保护之路。

（作者系广西师范大学历史文化与旅游学院教授、硕士生导师）

三江侗族生态博物馆

——一个借"非遗"保护促美丽乡村建设的范例

刘世军　舒子玲

【摘　要】三江侗族生态博物馆是一项由政府主导、专家指导、当地居民参与的民族文化保护系统工程，它具有多重价值：首先，生态博物馆的建成为非物质文化遗产的保护拓展了新的道路，成为新形势下的文化保护的手段。它能强化侗族人民的民族认同感，建立多角度、多层次的保护主体。其次，通过动静结合调动村民的参与性，用可持续发展的生态观促进家园建设，在传承与保护传统文化的同时，促进了美丽农村建设。

【关键词】生态博物馆；非物质文化遗产；民族认同感；美丽乡村

随着城市化的进程，大部分农村翻新得千篇一律，要么全部建成一座座方盒子，耸立在田间地头，显得那么不协调；要么一色地"复制"与"拷贝"徽派建筑，一色的青瓦白墙，一样的飞檐翘角、马头墙，千村一脸，最终只能让人产生审美疲劳，甚至令人生厌。传统文化被无情地遗忘，传统建筑样式被遗弃着，成为废墟。随着众多传统的老建筑逐渐消失，也许有一天人们只能在记忆里才能找到那些曾经熟悉的"家"。因此，保护传统文化，守望那曾经美丽的"家"显得如此迫切。那么如何在保护民族文化的同时为美丽农村建设服务呢？本章将以广西三江侗族生态博物馆为例，探讨其对非物质文化遗产的保护方式和对美丽农村建设的历史意义。

一 源起生态博物馆

生态博物馆是以当地自然环境与民族文化为保护对象，鼓励和指导当地居民以一种积极的态度传承自己的民族文化。居民在追溯历史的同时，将自己的文化进行传承与可持续性发展，以保护其完整性、原生性和真实性。它不是简单地将文化遗产搬到博物馆里，而是将其自然景观和人文景观视为一体，是博物馆在全球化形势下保护与传承民族文化的一种特殊形式。

生态博物馆理念产生于 20 世纪 70 年代的法国，产生的原因有两个：一个是内在原因，即博物馆自身发展的需要。外在原因是由于当时全球环境的恶化，人们开始认识到环境保护的重要性。内因和外因共同推动生态博物馆理念的形成。不论哪个国家，他们的共同理念都是基于"文化保护"，都是保护即将逝去的文化。但不同的是国外生态博物馆是保护历史型的，属于纵向保护。中国是保护少数民族的文化，维护民族多样性，属于横向保护。从形成原因来看，国外生态博物馆的形成基于居民自发要求的对于文化的行为，而中国主要靠政府和专家引导而产生的，所以在动员居民，加强群众基础这点很重要。加之生态博物馆所在区大都偏远贫困，区域内的居民最迫切希望的是改变其贫穷的生活状态，发家致富，所以生态博物馆承担着促进该地区文化保护和经济发展的双重任务。

三江侗族生态博物馆优越的自然资源和独特的地区文化使该地区成为一个宜居宜赏的生态场景。三江生态博物馆就是将原有县城侗族博物馆作为"展示中心"，展示侗族文化。它既作为资料信息中心和侗族文化研究中心，同时又是广西民族博物馆的侗族研究站。博物馆保护范围包括 15 千米内的九个侗族村寨，包括座龙、八协、平流、华练、岜团、独峒、牙寨、高定、林略村。这里村寨古色古香，独具特色。保护区内山清水秀，景色宜人。其中有良田美池，流觞曲水，阡陌小道，古老水车，宛如世外桃源。保护区内有侗族民居、鼓楼、风雨桥、凉亭、戏台等建筑景观。其中，木结构立交桥的岜团桥被国务院公布为全国重点文物保护单位，是侗族民族传统建筑艺术精华，是宝贵的侗族文化遗产。

这里侗家风情淳朴浓厚，保留着"月也"、斗牛、"月堆瓦"、百家宴、过侗年等传统习俗。有勤劳好客的侗族居民。有独具特色的服饰、银饰、侗锦、刺绣。有传承不衰的侗族大歌、拦路歌、芦笙踩堂。"款""甫腊"等制度文化也尚有遗存。

生态保护区的建成，对推动三江当地的经济和文化建设将起着积极的作用，为美丽农村的建设提供了良好的示范性作用，为弘扬和保护民族的传统文化、振兴民族精神指出了一条发展的道路。

二 三江侗族生态博物馆的现实意义与生态保护内涵

三江侗族生态博物馆集文化旅游、生态旅游、遗产旅游于一身，是一项政府主导、专家指导、当地居民参与的民族文化保护系统工程，它具有观赏、教育和研究的价值。博物馆内的自然与文化资源在旅游经济的带动下越发生动；另外，生态博物馆的建成也为非物质文化遗产的保护拓展了新的道路，成为新形势下的文化保护的手段。其作用主要表现在以下几个方面：

1. 强化了民族认同感

针对民族文化遗产保护观念尚未深入人心，现代侗族青年人对自己本身的文化已经"模糊"了，有的竟然不知道"萨岁"，更别说"萨"崇拜了。有些宗教信仰已经淡出了年青一代的生活，有的村民甚至开始信仰别的神，例如上帝。对此，三江侗族生态博物馆采用"馆村结合""馆村互动"的保护方式，做好保护范围内民族文化保护的宣传工作，调动侗族群众对自己文化保护的认同感、使命感和自豪感，使民族文化保护工作变成广大群众的自觉行动；用对外开放的心态吸收外来的优秀文化，使非物质文化遗产具有与时俱进的生命力。

这种馆村互动、村馆结合一方面以文化作为根基，保护农村生态样貌的完整；另一方面可以保护村寨不受现代文明的侵蚀，将优秀的文化遗产加以传承，加强民族文化认同。雨果·黛瓦兰也曾指出：生态博物馆的重要意义是"当地居民懂得了他们所肩负的责任——保护和平衡利用他们的环境和自然资源：保护、传承和持久地丰富他们的独特性和创造性的文化遗产……"① 同时，有些快消亡的文化也可以得到挖掘。村民为了获取经济效益，给到来的游客展示自己的文化，他们会将那些快要被遗忘的传统文化想方设法挖掘出来，再次展现在我们世人面前。有的经过旅游开发者的改造，在古老的文化和传统习俗里进行创新，注入新鲜血液，就相当于本土文化的再生，给予其生机。

被称为生态博物馆之父的乔治·亨利·利维埃在他的"一个进化的定义"中曾指出：生态博物馆是一面"镜子"，社区内的居民了解自己的文化，了解自己的过去，重塑民族文化自信心；与此同时，他们通过这面镜子将自己的民族文化、产业特色展示给外来参观者，让外来参观者了解、尊重并协助传播自己的文化。因为生态博物馆能吸引大量前来或调查的学者，或度假旅游的游客，侗族本地居民就能从中知道自己文化蕴含潜在的价值，从而对本民族的文化感到自豪，增强民族凝聚力。居民处在生态博物馆中就能体会其经济效益和价值，从而参与对整个生态村的保护，变外在政府和开发商的保护为内在居民的动力。同时，政府也应该大力宣传教育，将村民以利益为主转变为以情感和知识为主，让居民了解自身的民族文化，对自己民族的过去有一个清晰的认识。

2. 多角度、多层次保护主体的建立

生态博物馆因为所处的生态环境和文化独特性受到保护，也因为其文化的神秘性和独特性吸引着各方游者的到来。三江侗族生态博物馆满足了人们对侗族文化的好奇心理，为人们提供了民族文化体验的生态场，具有观赏、体验的双重价值。

保护区内的游客、专家学者通过体验侗寨生活，感受侗族民俗风情，对当地文化有了更加深刻直观性的了解。生态博物馆的理念又与党的十八大的"科学发展观""生态文明建设""可持续发展"内容密切联系在一起。人们在体验过程中得到文化重组和信息的更新，让其所蕴含的环境保护等教育价值得以实现。同时，开放式的"展示中心"面向游者和学者提供丰富的信息资源，为社会学、民俗学等学科的研究发挥了积极的作用，专家学者也对保护区建设提出宝贵意见。

那么，怎样才能保证三江生态博物馆的生命和活力，解决文化保护

① 雨果·黛瓦兰：《生态博物馆与可持续发展》，张晋平译，《中国博物馆》2006年第6期。

和现代生活的冲突呢？在笔者看来，应建立多角度、多层次的保护主体。

第一，政府可将非物质文化遗产保护作为地区经济发展计划，借项目吸引投资，用宏观调控的干预手段进行整体规划，加大优势资源的利用。同时，引导当地居民发展旅游经济，改善生活条件，脱贫致富，获得长期经济效益的同时促进文化的可持续性发展。

第二，政府还应健全各级领导责任体制，加大各个部门的联系，解决居民与旅游开发商的矛盾，健全利益分配制度，加强侗族生态博物馆与当地旅游管理机构的合作，实现"双赢"。

第三，为提高当地居民的参与性，管理者应完善文化保护工作机制，成立"生态博物馆委员会"，对建筑进行规范保护和管理，落实必要资金予以扶持，对非物质文化遗产保护采取监督和奖惩的双向治理方式。在居民中选出志愿者，注重居民生态观念的培养，组成"侗族文化保护组"，对生态博物馆的保护和开发提出建议。确定"侗族文化传播户"，对其进行有针对性的全方面培训，以点带面，传播侗族文化。

侗族木结构建筑技艺要想传承下去，需要侗民们对自己文化有一个深刻的了解，明白其形成过程以及未来的发展趋势，并且在原有基础上进行创新，实现文化的重构。非物质文化遗产的保护和传承必须坚守的原则是在原生态的情况下进行，充分调动当地人的参与，建立多角度、多层次的保护主体，这样才能保证非物质文化遗产的生命和活力，解决文化保护和现代生活的冲突，实现和谐可持续发展。从这个意义上来说，三江生态博物馆提供了一个保护的契机及实验的模板，它将为侗族文化的传承与发展提供源源不断的活力。

三　三江侗族生态博物馆对美丽农村建设的启示

现如今，重短期效益的开发思想导致了一个不伦不类、土洋结合的乡村面貌。这样的村寨不仅不美观，而且不顾生态文化的长期效益导致的过度开发无形中对生态环境和文物产生了极大的破坏性。那么如何在开发中建设一个尊重自然、融进自然、宜居宜赏的生态文化村，是关系到科学发展观和生态文明建设的重要大事，下面笔者从这几个方面探讨三江侗族生态博物馆对美丽农村建设的启示意义。

1. 动静结合调动村民的参与性

在美丽农村建设中，不仅要重视当地的原生态的特色，还应该使当地特色适应如今社会的发展，并通过资源的巧妙开发创造出多元化的文化价值。美丽乡村建设要突出自身的特点，就不能和其他农村一样千篇一律，而是应该像侗族生态博物馆一样，在不知不觉中展现出自己的文化，变死气沉沉的博物馆创新成为景物与人物结合，动态与静态结合多方位参与的现代生态文化村。

生态博物馆的创新与成功之处在于融博物馆和生态村落的结合。博物馆是静态的，生态村落是动态的。黄春雨在《中国博物馆》上首次提出了生态博物馆文化保护的中心应该倾斜于"动态文化"。"动态文化"即包括精神文化、节日文化、仪式文化，也就是非物质文化。"静态文化"是物质性文化，例如建筑景观和室内陈设。美丽农村建设也可以借鉴这一点，由一个普通的村寨变成行走的博物馆，让居民参与其中。三江生态博物馆就是一个行走的博物馆，行走的博物馆和普通博物馆最大的区别在于其生命力，它将侗族人民的节日、习俗、仪式活灵活现地展现在人们面前，将展览和生活合二为一，如同老子崇尚的"无为"的境界，就让它自然地发生，自然就是最好的展示。

这也给美丽农村建设一个很好的启发，可以将其变成为可持续发展的生态和谐村寨，在居民的日常居住生活中展示文化内涵。这种展示方式的好处在于不刻意地展现，在不经意间达到一般博物馆的展示效果，因此才有独特的魅力。除了本地居民的参与，生态博物馆应加大游客的参与力度，从而形成一个游客和居民参与呼应的趋势。在不知不觉中，让游者产生身临其境的感觉。如同日本学者黑川雅之说的"创造性参与"所说："我们来试论一下对自然成形的理解，不同的个体在必须相互参与下，共同完成某一个自然形态时候，会形成主体里面有客体，客体的思想中有主体的现象，也就是自己的想法要让他人能够完全理解。对于自然成形，不应该去悲感于'为什么不被理解'，而是'已经自然理解'的共识。"① 其中提到客体与主体的关系，在生态博物馆中，生

---

① ［日］黑川雅之：《日本的八个审美意识》，王超鹰、张迎新译，河北美术出版社2014 年版，第 87 页。

态为客体,主体包括居民和游者,主体与客体是"你中有我,我中有你",相互和谐共生的关系。

2. 因地制宜地促进美丽农村建设

三江侗族生态博物馆的特点就在于优美的山地环境,"无村不寨口,无溪不花桥,无路不凉亭,无寨不鼓楼"。它们相互承托、相互依存,构成了一个完整的整体。所有的自然环境是建筑景观的基础,人文建筑景观也将自然景观装点得更加美丽。从这个意义上来说,生态博物馆的"生态"理念为美丽农村的建设提供了良好的示范性作用。一旦村落周围的生态系统遭到了破坏,人文景观也将不复存在,古老的村落也将毁于一旦。所以"生态""可持续发展""因地制宜"成为新农村建设的根本要素。

小桥流水人家式的生态美就是保护最朴实、纯真的美。木头的美是自然的美,在风化中洗尽铅华,展现出斑驳的木纹,印刻出岁月的痕迹。"没有刻意的人工干涉,才是与自然之美相协调的真正创造,这也是人类对大自然无条件的朴实信赖。"[①] 这就是顺自然而为的真谛所在。

美丽农村本应该有乡村的特色,它的特色就在于原有的自然风貌和人文景观。不抗拒自然,不否定,不与之为敌。顺自然而为不是因循守旧,而是根据原有风貌进行新的打造,在传统风格上融入现代特色提高生活质量。因地制宜强调重视对环境的适应,减少生态的破坏,做到遇树不砍、遇房不拆、见塘不填。

动静结合调动村民的参与性,用"生态"的观念指导美丽农村建设,做到与时俱进,使其生生不息。同时,政府也应该加大力度宣传"生态"理念,让居民有科学的生态观念,以便保护美丽的家园。

四 总结

总之,要想实现地区的生态文化保护和经济的可持续性发展,不是一味地将其封闭式地保护起来,而是通过调动村民的参与性,加强居民

---

① [日]黑川雅之:《日本的八个审美意识》,王超鹰、张迎新译,河北美术出版社2014年版,第98页。

的文化认同感，用可持续发展的生态观指导美丽农村建设，做成开放式的生态村。三江生态博物馆正是这样一个良好范例。

没有交流性的文化是僵死的文化，也是毫无意义的文化。在文化遗产保护过程中只有抓住地区的独特性和优势资源的充分利用，让居民通过解说、宣传、演示等方式与外界的沟通才能形成文化的交流互动与碰撞，才能显示其生命力，三江侗族生态博物馆对于文化保护与美丽乡村的建设意义正在于此。

（作者刘世军系美术学博士，广西师范大学设计学院副教授、硕士生导师；舒子玲系广西师范大学硕士研究生）

民族文化的交流共享与
产业发展

"亚洲东南海洋地带"文化史的重建历程

吴春明

"亚洲东南海洋地带"是林惠祥教授于 20 世纪 30 年代提出的，概括了当时考古学与民族学认知背景下华南沿海与东南亚半岛、群岛间的史前与古代文化的共性。50 年代凌纯声先生的"亚洲地中海"文化圈，考察了与以黄河流域为中心的东亚大陆性农耕文化相对应的、东亚大陆与岛屿带之间更大范围的海洋文化共同体。近期我们提出的"百越—南岛一体化"的文化史蓝图，则是站在民族史的角度，阐述华夏中心地带汉人南迁之前东亚南部陆岛间的土著文化整体。

在以"中国—四方"为特征的东亚古代文化体系中，"亚洲东南海洋地带"文化具有强烈的底层土著性、地域跨界性、文明边缘性、经济海洋性与社会流动性，自史前奠基并深刻地沉积到历史时期，制约、影响着这一环海地带社会经济与人文发展的内涵与格局。

一 "亚洲东南海洋地带"的民族考古内涵

林惠祥是中国近代民族考古学事业的奠基人，也是最早从事东南亚考古学、民族学田野工作的学者。先后在华南闽、粤、台、港及东（南）亚的菲律宾、印度尼西亚、马来西亚、新加坡、印度等地调查与发掘工作的基础上，运用历史主义人类学的文化相对论与文化区系方法，提出"中国东南区"以及"亚洲东南海洋地带"等文化区认识，看到了华南与东南亚之间早期古文化的共性及在东亚古文化体系中相对独立的特性。

　　林惠祥的研究始于 1930 年的台湾考古与民族学调查，他在《台湾石器时代遗物的研究》一文中，列举了闽台两地共存的有段石锛、有肩石斧、印纹陶等文化特质的比较研究，得出"台湾新石器时代人类应是由大陆东南部漂去"，"台湾南端接近菲律宾，也不能说没有互相漂流来往的人"。① 在之后的几年中，他先后在闽、粤、港进行了多次考古调查发掘，并在 1938 年参加新加坡举行的第三届远东史前学家大会上，林惠祥宣读了福建武平小径背的研究报告，提出"武平式新石器文化"为代表的"亚洲东南海洋地带"相对独立的认识，认为"至于北向则杭州、湖州亦皆有石器陶器，而其物据上文比较，与武平者乃颇相类似，可见系同一系统文化。……武平的石器时代文化与中国台湾、香港、南洋群岛颇有关系，其间的广东大陆应有石器时代，而与武平毗连的潮、梅一带似更当有武平式的新石器文化"。"有段石锛在中国台湾、中国香港、南洋、太平洋群岛都有……在华北尚未发现，或即因这物原为亚洲东南海洋地带的产物。"②

　　在随后的闽南、长汀、台湾、香港等多篇史前遗址的考察报告中，他都重申以有段石锛、印纹陶等为特征的古文化在亚洲东南海洋地带的代表性和不同于华北内地的特殊性。③ 最后，在 1958 年定稿的著名遗作《中国东南区新石器文化特征之一：有段石锛》中，阐述了考古学文化区系上"东南区"，以及以有段石锛为代表的亚洲东南海洋地带古文化的源流与传播路线，指出"有段石锛确是大陆东南区即台、闽、粤、赣、浙一带的特征物"，通过有段石锛"原始型""成熟型""高级型"的类型学考察与空间分布规律分析，得出"在中国大陆东南区即闽、粤、浙、赣和苏皖一带地方发生，然后北向传于华北、东北，东南面传于中国台湾、菲律宾以至波利尼西亚诸岛"的结论。④ 林惠祥在

---

　　① 林惠祥：《台湾石器时代遗物的研究》，《厦门大学学报》1955 年第 4 期。
　　② Lin Huixiang, "A Neolithic Site in Wuping, Fukien", The Proceedings of the Third Congress of the Far Eastern Prehistorians, 1938, Singapore；林惠祥：《福建武平县的新石器时代遗址》，《厦门大学学报》1956 年第 4 期。
　　③ 林惠祥：《香港新石器时代遗物发现追记》，《厦门大学学报》1959 年第 2 期；《福建南部的新石器时代遗址》，《考古学报》第八册。
　　④ 林惠祥：《中国东南区新石器文化特征之一：有段石锛》，《考古学报》1958 年第 3 期。

菲律宾大学的硕士生导师拜耶（H. O. Beyer），在 1948 年出版的《菲律宾与东亚考古》一书中，主要依托石锛形态的类型学研究，重建东亚大陆与东南亚、大洋洲群岛土著文化的空间联系，认为最初原始型的有柄石锛发现于华南大陆和中国台湾，传到吕宋岛发展成高级型的菲律宾式的有段石锛，最后才传播、发展为夏威夷和波利尼西亚的形式。① 林先生的研究应与他的导师的学术影响有关。

林惠祥"亚洲东南海洋地带"涵盖了中国东南区到东南亚及邻近地区共同的地域文化传统，他还在同期发表的《马来人与中国东南方人同源说》《南洋马来族与华南古民族的关系》中，阐述了这一跨界海洋文化圈的成因，认为华南越人与东南亚马来人（南岛语系印尼语族）的同源与一体关系，"在远古时，蒙古利亚种之一支最先南下居于中国东南方，其后更逐渐南徙至南洋群岛。……在南迁之前已有石器印纹陶及舟楫等文化，马来人即带此种文化而至南洋，中国东南方与南洋之史前古物所以相类大约以此"。②

20 世纪 60 年代以来，类似的民族考古学研究在国际学术界再次活跃，张光直、贝尔伍德（Peter Bellwood）等尝试南岛语族起源研究上的"科际整合"。张光直先生将考古学与语言学方法结合起来探索原南岛语族迁徙的路线、年代，将南岛语族最早的源头指向台湾西海岸的大垒坑文化和福建沿海的富国墩类型，而且将岭南和北部湾沿海早期古文化和华南龙山期以后的考古学文化排除在南岛语族起源研究对象之外。③ 贝尔伍德更明确地论述南岛语族从华南的台湾到大洋洲的扩张史，即距今 5000 年以前从以闽台为中心的中国东南海岸出发，5000—3000 年扩张到南海海域的东南亚群岛，3000—1000 年传播到太平洋群

① H. Otley. Beyer, *Philippine and East Asian Archaeology*, National Research Council of the Philippines, Bulletin 29, University of the Philippines, 1948.

② 林惠祥：《马来人与中国东南方人同源说》，新加坡《星洲月报（半月刊）》1938 年；林惠祥：《南洋马来族与华南古民族的关系》，《厦门大学学报》1958 年第 1 期。

③ Kwang – Chih Chang, George W. Grace, Wilhelm G. Solheim Ⅱ, *Movement of the Malayo – Polyncsians：1500B. C. to A. D. 500*, Current Anthropology, 1964（5）：359 – 406；张光直：《中国东南海岸考古与南岛语族的起源》，《南方民族考古》第一辑，四川大学出版社 1987 年版。

岛。① 不过，上述研究只是以考古材料解释历史语言学的某种逻辑推理，主张台湾的土著语言是南岛语言体系中分群最多和最歧异的语言分支，因而是最古老的南岛语，因而确认台湾新石器文化序列上最古老的大坌坑文化就是原南岛语族，并不能成为"台湾南岛语族文化就是整个南岛语族最古老文化"的考古学证据。② 同时，以大坌坑文化的一些具体特征去衡量大陆东南的史前文化，将原南岛语族文化体系的一个环节等同于复杂多样的文化体系，将原南岛语族在"华南"的起源地局限在闽台沿海，不符合跨时空的亚洲东南海洋地带考古学文化共同体的实际。

二 "亚洲地中海文化圈"的民族学认知

我国著名民族学家凌纯声于 20 世纪 50 年代以来，先后发表《东南亚古文化研究发凡》《中国古代海洋文化与亚洲地中海》《太平洋上的中国远古文化》《中国史志上的小黑人》《南洋土著与中国古代百越民族》等文，从东亚古文化陆、海二元并列的视角，阐述了东亚大陆与岛屿带之间广阔海洋地带存在的"亚洲地中海文化圈"。

凌纯声的研究从检讨西方民族学界南岛语族的东南亚族群研究入手，他看到了 19 世纪中期以来西方殖民地研究中"印度尼西亚文化圈""东南亚古文化圈"等概念局限于东南亚群岛的缺陷。"南岛语族"（Austronesian）即"马来—波利尼西亚语系"（Malayopolynesian），是指现今居住于北起我国台湾、经东南亚、至西南太平洋三大群岛、东起复活节岛、西到马达加斯加等海岛上的、具有民族语言亲缘关系和文化内涵相似的跨界巨大的海洋民族文化体系，包括马来人（或印度尼西亚人）、密克罗尼西亚人、美拉尼西亚人、波利尼西亚人等几大族群。约 1850 年前后，欧洲航海家最初将东南亚土著语言文化相同的苏门答腊、加里曼丹、爪哇一带称为"东方印度群岛"（Oost Indie），1884 年

① Peter Bellwood, *New Perspectives on Indo‐Malaysian Prehistory*, Bulletin of Indo‐Pacific Prehistory Association, 1983, 4.

② 吴春明、陈文：《南岛语族起源研究中"闽台说"商榷》，《民族研究》2003 年第 4 期；吴春明、曹峻：《南岛语族起源研究中的四个误区》，《厦门大学学报》2005 年第 4 期。

德国民族学家巴斯典（A. Bastian）称这一带文化为"印度群岛民"（印度尼西亚 Indonesian）或"马来群岛民"（Malayanesian），即后来使用的"印度尼西亚人""马来人"。之后美国人类学家克鲁伯（A. L. Kroeber）将这一共同体从群岛扩展到半岛，提出包括中南半岛与东印度群岛的"东南亚古文化（圈）"时，并列举了 26 种文化特质，即刀耕火种梯田、祭献用牺牲、嚼槟榔、高顶草屋、巢居、树皮衣、种棉、织彩线布、无边帽、戴梳、凿齿、文身、火绳、取火管、独柄风箱、贵重铜锣、竹弓、吹箭、少女房、重祭祀、猎头、人祭、竹祭坛、祖先崇拜、多灵魂等，构成"东南亚古文化"。凌纯声比较了华南古今民族志，发现"印度尼西亚文化圈不仅在东南亚的半岛和岛屿，且在大陆方面可至中国南部"。"克鲁伯所列的二十六种文化特质中，十之八九都可在华西南找到。还有超出者，即铜鼓、龙船、弩箭、毒矢、梭镖、长盾、涅齿、穿耳、穿鼻、鼻饮、口琴、鼻笛、贯头衣、衣著尾、父子联名、犬图腾、蛇图腾、长杵、楼居、占腊印花布、岩葬、罐葬、石板棺等，合克氏五十种。""东南亚古文化的分布，北起长江流域，中经中南半岛，南至南洋群岛，在此广大的区域中又可分为三个地区：大陆区（华南）、半岛区、岛屿区。"[①] 他还对这个"大东南亚古文化"的三区进行了逻辑分层研究，即群岛区的澳大利亚、小黑人、波利尼西亚、美拉尼西亚、印度、中国、阿拉伯、西洋，半岛区的澳大利亚、小黑人、美拉尼西亚、印度、汉藏、西洋，大陆华南区的小黑人、美拉尼西亚、汉藏，以阐释古文化传播与融合的途径。

为了阐明"大东南亚古文化"的成因，凌纯声提出了"亚洲地中海文化圈"的理论，将北起阿留申群岛、南到印度尼西亚—安达曼群岛的东亚岛弧与东亚大陆之间的南北向狭长海域称为"亚洲地中海"，视为中国文化或东亚文化、环太平洋古文化的发源地，相对于作为西洋文化发源地的本名地中海。他还站在东亚古代文明的宏观角度上，将东亚上古人文区分为海洋文化与大陆文化两类，即远古以来居住亚洲地中

① 凌纯声：《东南亚古文化研究发凡》，原载台湾《新生报》副刊《民族学研究专刊》第 3 期，1950 年 3 月 20 日。转引自《中国边疆民族与环太平洋文化》（论文集），台湾联经出版社 1979 年版，以下凌纯声著作同此。

海沿岸的土著夷、越先民文化创造的海洋文化,以珠贝(《禹贡》"岛夷卉服,厥篚织贝")、舟楫(《越绝书》"越性脆而愚,水行山处,以船为车,以楫为马")、文身(《礼记》"东方曰夷,披发文身")为特征,居住于青藏高原和黄土高原的华夏民族创造的大陆性文化,以金玉(《越绝书》"黄帝之时,以玉为兵""禹冗之时,以铜为兵")、车马(《释名》"黄帝造车,故号轩辕氏")、衣冠(《易经系辞》"黄帝尧舜垂衣裳而天下治")为特征。经过数千年的海陆相对、夷夏东西之争,至秦并天下,华夏统一东夷,"汉平百越"标志着华夏集团势力统一了土著夷越人群在华南大陆的故地,百越民族或渐纳入华夏,或渐南退入海会入其在南洋群岛的先支,故南洋群岛上的印度尼西亚或马来民族保留有很多的夷越文化因素。[①] 为了进一步论证亚洲地中海文化圈中土著海洋文化由北而南的传播,他还分析了太平洋三大群岛和印尼群岛上土著文化的起源,认为十之七八是起源于中国的,如筏排、方舟、戈船、楼船等航海文化,有段石锛、有肩石斧、巴图、石钺等武器,竹簧、匏笙等乐器,以及树皮布、社庙、犬祭等。太平洋土著的先民应该就是远古时代居住在华北沿东海、华南沿南海一带的九夷与百越之民,秦汉以前自由航行海外,以后因海禁隔绝,中国人很少经东海远洋航行,故太平洋上的土著民族均能保存亚洲地中海远古文化,后世文化似多未曾输入。[②]

凌纯声的"亚洲地中海文化圈"将东亚史前、上古早期古文化区分为华夏大陆性文化与夷越海洋性文化两大类,这种陆、海二元结构的中华文化观与之后考古、历史学者的发现和研究相一致。1979 年在南京举行的长江下游新石器时代文化学术讨论会上,倡导考古学文化区系类型的苏秉琦先生将我国早期古文化的宏观格局划分为"面向海洋的东南部地区和面向亚洲大陆腹地的西北地区"两大部分,认为"从山东到广东,即差不多我国整个东南沿海地区"所在的海洋地带,"区别

---

① 凌纯声:《中国古代海洋文化与亚洲地中海》,原载台湾《海外杂志》1954 年第 3 卷第 10 期。

② 凌纯声:《太平洋上的中国远古文化》,原载台湾《大陆杂志》1961 年第 23 卷第 11 期。

于和它们相对应的西北广大腹地诸原始文化"。① 从陆、海二元结构的角度认识中华文化多元构成的宏观格局，为考察华南大陆土著文化与今东南亚、大洋洲南岛语族文化的内在关系提供了一个更清晰、合理的学术框架。不过，由于当时材料的局限，凌纯声先生的文化圈时空结构分析还只能限于单纯的民族学文化因素的逻辑分析，各分区的文化层研究没能建立在可靠的考古资料基础上，对于亚洲地中海远古夷越先民海洋迁徙的时代也有许多不可靠的推测，但这并不影响这一理论在华南、东南亚早期古文化认知中高屋建瓴的地位。

三 "百越—南岛一体化"的考古学重建

无论是民族考古学文化区系角度的"亚洲东南海洋地带"，还是强调早期古文化陆海二元结构的"亚洲地中海文化圈"，以及同时期西方研究东南亚的人类学者，都不同程度地关注亚洲东南海洋地带区域文化共性与亚洲地中海文化圈背后的族群联系，即史前、上古时期不同于中原北方华夏与汉人的土著族群，主要涉及"南岛语族"和"百越（夷越）土著"。

一个多世纪以来，中外学术曾长期分属于华南、东南亚的民族考古研究，西方学者主要是思考、论证东南亚太平洋"南岛语族"起源，而国内学者主要是构建华南百越（夷越）族群的海洋扩散，各说各话，制约了相关认识的深入。西方学者如早期的巴斯典关注这一土著群体时，仅限于"印度群岛民"（印度尼西亚文化圈），戴恩（I. Dyen）的语言类型学、柯恩（H. A. Kern）的语言古生物学等在主导南岛语族起源研究时，也几乎都局限于东南亚、大洋洲群岛的所谓"今南岛语族"人群分布的中国台湾、菲律宾群岛、印度尼西亚群岛和大洋洲群岛等，而忽视了实际上与原南岛语有直接源流关系的岭南壮侗语族和华南汉语方言的材料。② 前述林惠祥从华南百越民族史立场观察、研究马来（南

---

① 苏秉琦：《略谈我国东南沿海地区的新石器时代考古——在长江下游新石器时代文化学术讨论会上的一次发言提纲》，《文物》1978 年第 3 期。

② 李壬癸：《台湾原住民的族群与迁徙》，台北常民文化事业公司 1997 年版。

岛)民族起源,认为华南百越就是居留在大陆上的古代马来人,即所谓"原马来人",华南大陆为马来人的起源地;凌纯声也将南岛语族四大分支(印度尼西亚人、密克罗尼西亚人、美拉尼西亚人、波利尼西亚人)的文化视为中国远古夷越土著的海洋迁徙,将华南民族志上的台湾高山族、海南岛黎族、西南洞僚群的仡佬、水等作为中国民族体系中的南岛系。从总体上说,国内学者很少聚焦广泛分布的"南岛语族"系统民族志,主要关注相邻的"马来民族"文化,对于东南亚、大洋洲史前考古也较多停留在零星器物与文化因素的捕捉以及民族学文化因素逻辑程序的分析,没有该区域考古地层学文化编年基础上的文化过程研究以及华南大陆土著向海洋扩张的具体过程的证据。在单一的百越视野上,充满华南大陆向海洋单线传播、扩散的观点。

综合一个世纪以来华南、东南亚与太平洋的史前与历史早期的考古发现与研究,我们提出了"百越—南岛一体化"的民族史框架,主张亚洲东南至太平洋间海洋地带的土著文化同一性源远流长,是一个跨时空的、某种程度的文化共同体,从远古旧石器时代奠基,历经新石器、早期铁器时代,并在近现代区域文化中留下浓重的积淀与影响,不是单一时空的文化传播或族群迁徙的结果。[①]

华南迄今发现的更新世人类化石都不同程度地表现出与华北同期人类不同的特征,而这些分域地理特征恰好也表现在东南亚群岛、大洋洲的化石人类上,如和县猿人与爪哇猿人类似而不同于北京猿人的体质,马坝智人与爪哇岛昂栋人类似而不同于华北早期智人的性状,柳江人与加里曼丹岛尼阿人共性也明显大于柳江人与山顶洞人的共性等。在旧石器文化方面,华南、中南半岛及东南亚群岛分别发现了自中更新世晚期以来特色鲜明的砾石石器工业,源远流长,这一特殊的文化形态与匼河—丁村系、北京—峙峪系构成的华北石片工业传统明显有别,可谓亚

---

① 吴春明:《南岛语族起源于华南民族考古》,载《东南考古研究》第三辑,厦门大学出版社2003年版。

洲东南海洋地带土著文化共同体的奠基。①

　　新石器、青铜器至早期铁器时代的考古文化延续这一土著文化传统，在华南大陆，分布于江南湖网平原、沿海丘陵山地和海岛以发展过程中的印纹陶为特征的多区系而一体的土著文化，表现为以圜底、圈足器为根本特征的非常一致的文化共性，而且这一土著文化特征由北往南、由内陆向海洋递次增强。即便在最靠近中原北方华夏地带的江南湖网平原，以三足、袋足器具为代表的来自中原北方系统的文化因素居于少数，即便在北方文化影响递增的龙山、三代以来，土著陶器群始终是该地带的主体特征。在武夷山—南岭以东、以南的沿海山地丘陵地带，这一土著性表现得更为彻底，壳丘头、前石峡等早期阶段文化是清一色的圜底器和圈足器，即便在龙山、三代有所加强的中原北方系统的渗透和影响也从未真正成为文化的主体，更不具有持久的影响力。② 台湾等岛屿地带史前土著文化更为单纯，新石器文化诸区系的陶器群始终不见三足、袋足器，甚至在持续发展到近代的高山族各支系的原始制陶文化还只是东南的圜底、圈足器，与上古闽、粤地带的土著文化器群一脉相承。③ 张光直先生曾将闽台新石器时代早期的富国墩类型、大坌坑文化与龙山时代的昙石山、石峡文化割裂开来，将前者视为南岛语族，把后者看成北方龙山形成期的所谓"汉藏语族"文化传播，④ 与华南新石器、青铜时代文化中土著文化主体地位的持续发展的事实不相吻合。

　　华南土著印纹陶文化体系同样延伸到了东南亚和大洋洲群岛的史前文化中，在中南半岛，红河下游为中心的越南中北部沿海的新石器时代北山（Bac Son）、多笔（Da But）、冯原（Phung Nguyen）各阶段文化虽有多样的地方形态，但古文化整体面貌是发展过程中的石斧、石锛、

---

① 董兴仁：《中国的直立人》；吴新智：《中国的早期智人》；吴茂霖：《中国的晚期智人》，均载《中国远古人类》，科学出版社1989年版；吴新智：《中国晚旧石器时代人类与其南邻（尼阿人和塔邦人）的关系》，《人类学学报》1987年第2期；吴春明：《中国东南土著民族历史与文化的考古学观察》，厦门大学出版社1999年版，第41—60页。

② 吴春明：《分地带、多区系而一体的印纹陶文化总谱系》，载《中国东南土著民族历史与文化的考古学观察》，厦门大学出版社1999年版，第63—81页。

③ 吴春明：《从原始制陶探讨高山族文化的史前基础》，《考古》1994年第11期。

④ 张光直：《中国东南海岸考古与南岛语族的起源》，载《南方民族考古》第一辑，四川大学出版社1987年版；《新石器时代的台湾海峡》，《考古》1989年第6期。

有肩石器和器类比较简单的圜底釜、罐和圈足的圈足壶、盘、豆为主的陶器群，始终不见中原北方南下以三足、袋足为特征的陶器群。青铜与早期铁器时代的铜荳（Dong Dau）、扪丘（Go Mun）、东山（Dong Shan）各阶段文化，石器、青铜斧、钺、铲等延续了冯原时代以来常形与有肩、靴形共出的传统，陶器群的总体特征仍是圜底的釜、罐、钵和圈足罐、钵、豆等，这一原始文化传统与华南先秦时期发展过程中的印纹陶文化大同小异。① 在群岛一侧，菲律宾的卡拉那（Kalanay）、塔邦（Tabon）、诺瓦列加（Novaliches）等代表性的史前文化陶器也是以圜底为主、部分圈足，罐或釜、钵是主要的形态，器表装饰也以几何纹样为主；印度尼西亚群岛的新石器文化中，刻画、戳印几何纹样的圜底罐、钵也是代表性的器具；大洋洲史前代表性的拉皮塔（Lapita）文化中，磨光红衣、戳印"V"形、齿形和几何纹带的釜、壶、盘、碗等一群陶器同样显露出上述华南陶器群浓重的土著韵味。② 古人类学家还发现了华南浙江、福建、广东、广西等地新石器、青铜时代遗址中的人类颅骨"古华南类型"特征，正与古越人的活动空间重叠，其体质特征与现代华南汉民人群有别，而与东南亚的印度尼西亚人、大洋洲的美拉尼西亚人等现代对比组比较接近。③

秦汉以来，华夏、汉人的主导地位取代了华南土著文化，但并不等于华南百越—南岛系统文化因素的终结，在壮侗语族和华南汉民人文中，土著语言与文化积淀是十分丰富的。语言学者对壮侗语族和南方汉语方言做了深入的调查研究，确认黎族、水族、侗族、壮族等族群与今高山族、菲律宾土著、马来民等南岛语言在基本词汇上有很大的共性，闽、粤汉语方言和客家方言的构词和语音也与台湾阿美族、排湾族等高山族分支语言有很多共性，正是南方汉语方言区别于北方汉语的土著层

---

① 吴春明：《红河下游史前史与骆越文化的发展》，载《越文化实勘研究论文集》（二），科学出版社 2008 年版。

② 吴春明：《菲律宾史前文化与华南的关系》，《考古》2008 年第 9 期；Patrick V. Kirch, "Advances in Polynesian Prehistory: Three Decades in Review", *Advances in World Archaeology*, Vol. 1, Academic Press, 1982.

③ 朱泓：《中国南方地区的古代种族》，《吉林大学学报》2002 年第 3 期。

面。① 百越先民复杂的自然崇拜、原始宗教和社会惯习在闽粤汉民社会中也有不少残余，形成了现代华南社会文化中不同于内地北方汉民人群的诸多特异内涵，就是汉晋以来汉越文化融合过程中"以其故俗治"而保留下来的土著文化因素。② 而华南汉民社会的这些土著文化因素的延续、积淀，以及史前上古亚洲东南海洋地带"百越—南岛一体化"的民族史事件，就是迄今这一跨界地带民族文化诸多共性的重要成因。

四 余论

"亚洲东南海洋地带"既是东亚文化视野中古代"中国—四方"社会文化体系的边缘环节，又是全球化视野中东亚、西南亚、欧洲等不同区域文化融合的十字路口。中外学者百余年的民族考古探索表明，在中世纪以来相继成为东亚华夏与汉人古代文明、西南亚的印度和阿拉伯文明、欧洲洋船东进引领的西洋文明等多元文化相继逐鹿之前，亚洲东南海洋地带主要是以百越—南岛为主体的土著文化共同体，这一底层形态制约着这一区域社会文化发展的格局与基本特点，土著性与海洋性是其中两个最重要的方面。

林惠祥、凌纯声将这一区域的土著文化分别概括为马来人及远古时代的澳大利亚人、小黑人、南岛的美拉尼西亚人与波利尼西亚人，这些底层的族群文化仍以显性或隐性的方式存在于亚洲东南海洋地带的民族文化体系中。华南地区的壮侗语族的壮、布依、傣、侗、水、仫佬、毛南、黎等族群，虽被归为汉藏语系的一支，但实为史前上古华南百越支系西瓯的后裔，这些族群的社会文化也多为土著积淀，前述当代语言学调查也证实壮侗语与南岛语系的同源与共性。③ 华南汉人也是如此，从分布、起源、文化、语言甚至分子生物学研究，都可证实操华南汉语各

---

① 邓晓华：《从语言推论壮侗语族与南岛语系的史前文化关系》，《语言研究》1992年第1期；《南方汉语中的古南岛语成分》，《民族语文》1994年第3期。

② 吴春明：《东南汉人的百越文化基础》，载《百越研究》第一辑，广西科学技术出版社2007年版。

③ 范宏贵：《同根生的民族——壮侗各族渊源与文化》，光明日报出版社2000年版；前引邓晓华文。

种方言的世居汉人实为越系文化。① 因此，华南民族文化的主体仍具有鲜明的百越—南岛土著性，是中华民族"多元一体"结构中非常特殊的一环。大部分当代东南亚半岛沿海与群岛各国中，南岛系民族文化也是主体。越南 90% 以上人口是古代骆越后裔的越（京）、芒族以及与华南壮侗语族同系的岱、泰、侬、高栏、贾伊等族群，南部沿海还有南岛语系印度尼西亚语族的占人，少数民族有汉人及苗瑶、藏缅语族与南亚语系的一些族群。泰国的主体民族则是壮侗语族的泰、佬、掸族，也有南岛系的马来族和占族，汉人、藏缅、苗瑶、南亚系的孟高棉语族等为次。柬埔寨的情况比较特殊，中古来自移植的南亚系孟高棉语族为主体民族，华人和骆越后裔的越族、南岛系的马来人、占人为次。群岛各国的南岛系印度尼西亚语族均为主体民族，如印度尼西亚 95% 为南岛系印度尼西亚语族的爪哇、巽他、马都拉等族，还有南岛系的美拉尼西亚人和澳大利亚系的巴布亚人，马来西亚以马来、伊班、塞芒、贾昆等南岛系印尼语族为主，菲律宾的主体民族为印度尼西亚语族的比萨扬、他加禄、伊洛克、比科尔、邦板牙、邦阿西楠、摩洛等族，还有少量阿埃塔（海胆）人即小黑人，群岛各国中南岛系族群主体之外不同程度杂居着中古以后移入的华人、印度人、阿拉伯人等。② 可见，南岛系的印度尼西亚语族及与古百越民族具有密切源流关系的越芒语族、壮侗语族、华南汉人等，构成了亚洲东南海洋地带文化土著性的基本格局。

海洋文化是百越—南岛体系最重要的文化特征，是亚洲东南海洋地带或亚洲地中海文化圈区别于以黄河流域为中心的西北内陆农耕文明的主要文化指标。东南亚、太平洋南岛语族的海洋文化延续发展自不待言，大陆华南百越—南岛的海洋文化也没有止步于秦汉的统一于中原北方华夏、汉人的南迁与同化，而是深刻地融入汉唐以来的华南文化中。正是由于"善于用舟"的夷越、南岛土著海洋文化的史前、上古奠基，汉唐以来伴随着以汉族为核心中华文明"多元一体"的发展、壮大，东南沿海的夷、越海洋土著融入了华南沿海汉人社会，力海为田、谙熟

---

① 吴春明：《东南汉人来源：民族考古学提纲》，载《桃李成蹊集——庆祝安志敏教授八十诞辰论文选》，香港中文大学，2004 年。

② 陈鹏：《东南亚各国民族与文化》，民族出版社 1991 年版。

水道、善于用舟、逐岛漂航等海洋文化精神得以延续、发展，才最终形成了以中国东南沿海为中心的环中国海"海上丝绸之路"的兴盛。即便在明清王朝相继厉行"四海为壑""片板不许下海"的严厉海禁政策下，东南民间海洋社会"市禁则商转而为寇""违禁通蕃""走私下海"，并形成出没于环中国海地带并被中央王朝围追堵截的几十支"非法"的武装海商集团，① 凸显了夷越土著勇于冒险的海洋文化精神的传承。从夷越土著的"亚洲地中海"文化圈，到华南汉人的"海上丝绸之路"的文化传承，表现在航路体系、港市格局、族群社会、人文内涵等诸多方面。尤其是夷越先民的史前跨界航海活动，从逐岛穿梭到远海航渡、远洋漂航，将史前海洋文化相继扩展到朝鲜半岛、日本列岛以及台湾、东南亚与太平洋群岛，奠定了汉唐以来环中国海"四洋"航路为特征的"海上丝绸之路"的传统格局。② 因此，"海上丝绸之路"不是"丝绸之路"在西北内陆衰落、中断后向海上的转移，也不是汉唐以来中原北方汉人移民所带来的海洋文化重新生成，更不是古代中原北方经济重心南移的结果，而是奠基于新石器时代以来百越—南岛先民史前航海实践，是百越—南岛海洋文化的发扬光大。

（作者系厦门大学南海研究院教授）

---

① 林仁川：《明末清初私人海上贸易》，华东师范大学出版社1987年版。

② 吴春明：《"环中国海"海洋文化的土著生成与汉人传承论纲》，《复旦学报》2011年第1期；《对"海上丝绸之路"研究有关问题的重新思考》，《南方文物》2016年第3期。

越南境内的越芒语支语言

黄海暑

越芒语支属南亚语系孟高棉语族，该语支的语言分布在越南、泰国和老挝。在越南，属越芒语支的语言有越语（tiếng Việt）、芒语（tiếng Mường）、桂语（tiếng Cuôi）、阿莫语（tiếng Arem）、哲语（tiếng Chút）、马涟语（tiếng Mã Liềng）、崩语（tiếng Pọng）。

一　越南境内越芒语支语言的分布

越语：越语是越南主体民族京族（越族）的语言，也是越南各民族的共同交际语，分布在越南各省市，主要集中在平原地带和城镇，分为北部方言、中部方言、南部方言（有的学者将其分为四大方言，即北部方言、北中部方言、中部方言和南部方言）。总的来说，各地方言差异不大，可以互相通话，彼此的差异主要体现在语音和词汇方面。

芒语：芒语是芒族所操的语言，主要分布在和平省、清化省西部（玉乐县、石城县、锦水县、柏鹊县、茹春县、茹清县）、福寿省（青山县、新山县、安立县、青水县）、山萝省（扶安县、北安县、木州县）、河内市巴维县，宁平省和安沛省也有分布。此外，由于部分芒族人由越南北部迁入南部的多乐、平阳、嘉莱、同奈、昆嵩和多侬等省，因此现在这些地方也有芒语分布。

桂语：桂语是土族桂支系所操的语言，分布在义安省新圻县新合乡及义坛县义光乡的鲁村、若村和东村，桂支系虽属土族的一部分，但它和土语是两种不同的语言。

崩语：崩语是土族崩支系所操的语言，分布在义安省昆光县门山乡、陆夜乡及襄阳县三泰乡。崩支系虽属土族的一部分，但它和土语是两种不同的语言。

哲语：哲族包括策、梅、煜、阿莨和马涟五个支系，哲族操哲语、阿莨语、马涟语三种不同的语言。其中，哲语为策、梅、煜三个支系所操的语言，分别为梅方言、策方言和煜方言。梅方言主要分布在广平省明化县民化乡，策方言主要分布在明化县尚化乡和化山乡，煜方言主要分布在明化县尚化乡。

阿莨语：阿莨语是哲族中的一支阿莨人所操的语言，主要分布在广平省布泽县新泽乡。

马涟语：马涟语是哲族中的一支阿莨人所操的语言，主要分布在广平省清化县林化乡及河静省香溪县香莲乡和香林乡。

二 越南境内越芒语支语言的分类

根据构词音节的不同，越芒语支的语言可分为两类，一类是一个半音节语言，包括阿莨语、哲语、马涟语和崩语。它们具有比较典型的孟高棉语言特点，音节构成是主要音节加一个前置的次要音节，音节节奏前轻后重，次要音节（前置音节）念得轻而急促，只具有发音作用，没有实际意义，主要音节念得重且时值长。另一类是单音节语言，包括越语、芒语和桂语，它们不再保留孟高棉语言一个半音节的构词方式，其构成音节都已经单音节化。通过以下例词来比较一个半音节语言和单音节语言之间构词音节的不同：[①]

单音节语言：

芒语	ti	mui/mul	tlal	tlỗng	kâl	bloi/bloj	pěl/wềl
越语	đi	mūi	trai	bụng	cây	trời/giời	vế
汉义	走	鼻子	男子	肚子	树木	天	大腿

桂语	blə:j[1]	ple:[3]	kla:m[1]	pʰraj[1]	kʰra:w[1]

---

① 因语料有限，本文未能以越芒语支各语言共有的同源词作为例词来进行比较。相关语料由越南河内国家大学所属社会与人文科学大学陈智睿教授提供。

越语	trời	trái	trăm	say	sao/
汉义	天	左	百	醉	星星

一个半音节语言：

哲语	icim	ăsɔŋ	latá	muʌh	kurh	kumah
越语	chim	choi	đá	mūi	cui lua	khi vàng
汉义	鸟	玩	石头	鼻子	柴薪	猴

阿茛语	atʰaŋ	utʰʊk	cirʒŋ	katɔ:ŋ	lakɑ:ŋ	kalæ:ŋ
越语	răng	tóc	cây/gỗ	móng tay	căng chân	vai
汉义	牙齿	头发	树木/木头	指甲	小腿	肩膀

马涟语	kato:ŋ	cɯŋ	kəɣâm	kāha:j	ku:h
越语	dông	mua	sâm	khói	cùi/lùa
汉义	暴风雨	雨	雷	烟	柴/火

崩语	kama	kùrạ	savẹl
越语	ma	đường sá	xoáy nước
汉义	鬼	道路	漩涡

在一个半音节语言的例词中，如 ［icim］中的 ［i］、［ăsɔŋ］中的 ［ă］、［latá］中的 ［la］、［atʰaŋ］中的 ［a］、［utʰʊk］中的 ［u］、［cirʒŋ］中的 ［ci］为前置音节，［cim］、［sɔŋ］、［tá］、［tʰaŋ］、［tʰʊk］、［rʒŋ］为主要音节。

在越芒语支诸语言中，芒语和越语的关系最近，它们的区别主要体现在语音方面，其次是词汇。与越语相比，芒语比较完整地保留了原始越芒语的清辅音声母，例如（格式为"芒语/越语/汉义"）：ti/đi/走、pa/ba/三、kú/gâu/熊；此外，与越语不同的是，芒语保留了共同越芒语时期的复辅音声母 bl - 和 tl - 及韵尾 - l，例如（格式为"芒语/越语/汉义"）：bloi 或 bloj/troi 或 giòi/天、tlanh tló/trăn trò/辗转反侧、tlal/trai/男子、wêl/về/回、kâl/cây/树木、pêl 或 wêl/về/大腿。作为单音节语言，桂语较多地保留了原始越芒语的特征，保留了 bl - 、pl - 、kl - 、phr - 和 khr 五个复辅音声母，例如（格式为"桂语/越语/汉义"）：blə:j¹/trời/天、ple:³/trái/左、kla:m¹/trăm/百、pʰraj¹/say/

醉、kʰra：wˡ/sao/星星；与越语和芒语相比较，它更明显地保留了原始越芒语的元音系统（M. Ferlus，1991/1994c）。这些都体现了它们之间发展的不平衡。

越芒语支各语言都产生了声调，但各语言之间及各语言内部的方言土语之间的声调发展不平衡。总体而言，越语北部方言有六个声调，但中部方言和南部方言出现了五个（如清化省、承天—顺化省、义安省、胡志明市等地）甚至四个声调（如义安省、广平省的部分土语，分布范围很小）；芒语也被认为是有六个声调，但部分方言土语只有五个声调；桂语有六个声调；哲语、崩语、阿茛语有四个声调；马涟语有两个声调。

本文在现有资料的基础上，对南亚语系孟高棉语族越芒语支的语言作了简要介绍。今后将继续收集更加丰富的语料，力求对该语支各语言及它们之间的关系作更详尽的描写。

参考文献

[1] Trần Trí Dõi, Giáo trình lịch sù tiếng Việt, NXB giáo dục Việt Nam, 2011.

[2] Trần Trí Dõi, Ngôn ngũ các dân tộc thiểu số ở Việt Nam, NXB Đại học Quốc gia Hà Nội, 2015.

[3] Trần Trí Dõi, Một vài vấn đề nghiên cúu so sanh – lịch sù nhóm ngôn ngũ Việt Muòng, NXB Đại học Quốc gia Hà Nội, 2011.

（作者系云南民族大学东南亚学院讲师）

麼（Mo）：壮族与东南亚相关民族
历史关系研究的重要支点

陆晓芹　廖汉波

【摘　要】中国壮族与越南岱族和侬族、泰国泰族和佬族、老挝佬族等东南亚相关民族具有语言文化同源关系已是基本共识，但由于历史久远，地域范围广，文献资料缺乏，其历史关系研究难以引向深入。将中国壮族侬侬支系和越南侬族侬侬人的"末"（$m\mathfrak{d}t^8$）、中国壮族布岱支系和越南岱族的"佛"（$p^h\mathfrak{v}t^8$）、老挝和泰国东北部佬族的"摩"（$m\mathfrak{d}^1$）等宗教传统的并置与比较可以发现，"末""佛"和"摩"虽然称谓不同，但内涵和功能相似，应是壮族与东南亚相关民族共同的宗教传统。以此为支点，可以将壮族与东南亚相关民族历史关系的研究脉络化。

【关键词】麼；壮族；东南亚相关民族；宗族传统

在学术界，中国壮族、布依、傣、侗、仫佬、毛南、水、黎等民族与越南岱族和侬族、泰国泰族和佬族、老挝佬族等民族具有语言文化同源关系已是基本共识。19 世纪末以来已经开始有语言学者对这些民族的语言之间的相同和相似词源进行研究，尤其是进入 20 世纪以来，历史和比较语言学的研究成果给这些语言的同源关系提供了最强有力的证据，这些语言也随之被统称为"侗台语族"（Kam – Tai Language Family）。李方桂根据侗台语族当中的人口最多的一个亚支的代表性方言的自称 taj^{A2}（发展自原始共同语的 $^*daj^A$），将这些族群的语言统称为"台语支"（Tai Language Branch），并根据各自语言特点将台语支划分为西南、中部和北部三组，[①] 在国际语言学研究界已经广为接受。其中，台语西南组包括泰语、佬语、掸语和傣语等语言，中部组包括壮语南部方言和越南的岱—侬语群，而北部组则包括壮语北部方言和布依语。对于台语支这个侗台语亚支的历史，迪勒（Anthony Diller）做了一个言简意赅的总结：大多数研究台语的语言学家都接受这么一个推测，即李方桂所界定的"台语支"形成时间不超过 2000 年；台语支的故乡大概是从广西西江流域至越南红河以北各支流途经地域这么一块广袤的区域；大约最迟在晚唐时期（约公元 800 年）之前，西南支台语组的祖先已经开始离开他们的故乡移民至越南红河三角洲以南。[②] 本文所研究的族群对象当中，德靖台地的壮族和越南的侬族、岱族均属于台语支中部组，而老挝的老族与泰国的泰东北人属于台语支西南组；相对于台语支的北部组，这两组之间有着更加密切的渊源关系，即它们之间的分化要晚于它们共同的祖先群体和台语支北部组的分化。

在我国民族史学界，徐松石在 20 世纪上半叶开始探索这些民族的历史文化关系。其最主要的方法是"地名研究考证法"，即从地理而推测历史，用地名以证实古代的居民。[③] 范宏贵、黄兴球等学者主要着眼于壮族，将其与东南亚相关民族界定为"壮泰族群"[④]，着力探讨它们的起源地、分化时间与语言文化上的共性；[⑤] 何平则主要着眼于傣族，

① 李方桂：《比较台语手册》，夏威夷大学出版社 1977 年版。

② 安东尼·迪勒：《台语支及比较语言学原理》，载《台语民族学国际研讨会》，第 1—32 页。曼谷：玛希隆大学乡村发展语言与文化研究所 1998 年，第 14 页。

③ 徐松石：《粤江流域人民史》，中华书局，民国二十八年八月发行，民国三十年六月再版。

④ 这个概念对应于语言学上的侗台语族。范宏贵在《同根生的民族——壮泰各族渊源与文化》中的"壮泰各族"的指称范围包括：中国的壮、布依、傣、侗、水、仫佬、毛南、黎等民族；越南的岱、侬、高栏、泰（白泰和黑泰）等民族；老挝的老龙族；泰国的泰族；缅甸的掸族；印度的阿洪人。黄兴球在《壮泰族群分化时间考》中直接以"壮泰族群"指称分布于从中国南方和中南半岛上越南北部、老挝、泰国、缅甸东北部，直到印度东北部阿萨姆一大片区域里操壮泰语言的民族集合体，它包括壮族、侗族、水族、布依族、傣族、黎族、仫佬族、毛南族、仡佬族、岱族、侬族、山斋（高栏）族、热依族、布标族、拉基族、佬族、普泰族、白泰族、黑泰族、红泰族、蛮克族、润族、泰泐族、泰那族、泰族、掸族、阿洪族共 27 个。本文在侧重语言分析时采用"台语支"的概念，而在侧重民族史讨论时则采用"壮泰族群"这一概念。

⑤ 范宏贵：《同根生的民族》，光明日报出版社 2000 年版；黄兴球：《壮泰族群分化时间考》，民族出版社 2008 年版。

将傣族与东南亚相关民族界定为"傣泰族群",着力探讨这一族群从中越交界一带向西、向南迁徙的过程。① 以覃圣敏先生为首的中、泰两国联合学术团队对壮族与泰族的社会历史文化进行了全面的比较,强调了壮、泰两个民族在历史文化上的共性。② 但由于这些民族的历史关系比较久远,所涉及的地域范围广,相关文献资料又严重不足,关于它们的起源地、分化时间、迁徙路线等问题还有诸多空白点。所幸的是,分子人类学的研究可为此提供一定的佐证。李辉通过基因研究发现,百越有单起源的遗传学迹象,三四万年前发源于今广东一带,后向东北、西北、西南三个方向迁徙,形成以今浙江为中心的东越和以今版纳为中心的西越。但他也发现,在文化上与中国傣族、泰国东北部佬族、印度阿霍姆人关系更密切的壮族和布依族,在遗传学上与黎族有更直接的关系。③ 这说明,在迁徙过程中,这些民族在生物与文化上的共性并不全然是吻合的,而是形成了错综复杂的历史关系。要将壮族与东南亚相关族群关系的研究引向深入,需要更具体、细致的微观考察。将中国壮族侬依支系和越南侬族侬依人的"末"($m\eta t^8$)、中国壮族布岱支系和越南岱族的"佛"($p^h\upsilon t^8$)、老挝和泰国东北部佬族的"摩"($m\sigma^1$)等宗教传统的并置与比较可以发现,"末""佛"和"摩"虽然称谓不同,但内涵和功能相似,应是壮族与东南亚相关民族共同的宗教传统。以此为原点,或许可以使壮族与东南亚相关民族历史关系的研究脉络化。

一 "末"($m\sigma t^8$):壮族布侬支系和
越南侬族的宗教信仰

侬族是越南北方的一个民族,据 1999 年人口普查,其总人口为856412 人,是越南各民族中人口较多的少数民族之一。④ 他们主要居住

---

① 何平:《从云南到阿萨姆——傣—泰民族历史再考与重构》,云南大学出版社 2001年版。

② 覃圣敏:《壮泰民族传统文化比较研究》,广西人民出版社 2003 年版。

③ 李辉:《百越遗传结构的一元二分迹》,《广西民族研究》2002 年第 4 期。

④ [越] 黄华全:《侬族》,少年出版社 2006 年版,转引自何良俊《何谓侬人?——越南谅山嵩宏村万承侬社会文化调查》,载《中国壮学》(第四辑),民族出版社 2010 年版,第310 页。

在谅山、高平、广宁、河江、宣光、老街等省，与广西左、右江一带的壮族布侬支系关系密切。① 从民间保存的家谱、供册、唱本来看，侬人移居越南只有两三百年的时间，其语言也与我国壮语南部方言一些土语基本相同。② 越南侬族根据不同的祖居地来源，分为几个支系，其中的“顺侬”（$n\text{ɔ}\eta^2 \vartheta\text{ə}n^6$）③ 或“佚侬”（Nung Giang）支系即来自广西靖西县的壮族佚侬人的后裔，语言上其实仍属于“佚壮”的靖西口音。在风俗习惯、文化传统等方面，两个民族的共同性也多于差异性，跨境交往很频繁。他们拥有相同的本土宗教信仰与仪式“末”（$m\text{ɔ}t^8$），在此基础上形成了说唱艺术“末伦”（$m\text{ɔ}t^8 len^2$）。

在德靖台地壮族佚侬人社会，人们普遍信奉“末”，经常举行仪式以驱鬼辟邪、祈福消灾。“末”的执仪者大多是女性，壮语称为“乜末”（$me^6 m\text{ɔ}t^8$），可译为“末婆”；也有一部分是扮身为女性的男性，壮语称“末特”（$m\text{ɔ}t^8 tek^8$），可译为“末公”。他们的主要功能是通神和占卜，帮助人们解决各种身心疾病。在仪式的过程中，他们通常是双腿交叉坐于蒲团或席子上，凭着记忆用壮语唱诵口传唱词。所有的“末”仪式专家均有一个复杂的养成过程，如生病或发疯、师父点化确认其为前任末婆的“转世”、投师、学习、出师与“加冕”这一系列环节是必不可少的；“巴神”（pa^6）是末婆从“前生”转世到“今生”的关键祖师神，每个末婆均有自己的巴神，并凭借巴神附身的力量来主持仪式。④ 按执仪者自己的说法，“末”的道路有36条，每条都不一样，有的比较简单，有的比较复杂，由仪式的目的和内容而决定。当然，师承过程当中“末”的唱词除了主要由口传心授而传承下来，同时也会有反映当时社会背景的时代变化性，甚至在某些场合和唱段也具有不同个体的末婆或末公的个人创作性，体现出不同的“末”的个人

---

① 何良俊：《何谓侬人？——同根兄弟，认同有别》，硕士学位论文，广西民族大学，2009年。

② 周建新：《中越中老跨国翠竹及其族群关系研究》，民族出版社2002年版。

③ 靖西县在历史上曾建有归顺州，因此从靖西迁入越南北部的佚侬支系经常加以“归顺州”的简称“顺”字被当地岱族称为“侬顺”（$n\text{ɔ}\eta^2 \vartheta\text{ə}n^6$），意即“归顺州的侬人”，正文中我们按照汉语词序写为“顺侬”。

④ 高雅宁：《广西靖西县壮人农村社会中 $me^{214} mo: t^{31}$ “魔婆”的养成过程与仪式表演》，唐山出版社2002年版。

创作才华。有些末婆如德保县过去的"大彩"和靖西县当下的"秀莲",因为在仪式唱段的创作性上体现出对答如流的横溢才华,加上年轻貌美而名噪一时,成为当地壮族央侬人社会当中受人追捧的活佛式"明星"。

"末"所信奉的主神之一是花婆,壮语称为"乜花"($me^6 va^1$)或"雅花"($ja^6 va^1$)。在广西德靖台地壮族的家屋中,花婆通常位于家屋神龛的左侧,与定福灶君并列,是主管生育的女神,又被称为"花王圣母"。在其神位前还有数量不等的花坛,象征着该家户中尚未婚育的子辈或孙辈。在一些社区中,也有专门的花婆庙,如靖西县城就有一个。人们认为,每个生命都是花婆管理下的三十六个花园里的一朵花。其中,男的是金花,女的是银花。为了让花儿顺利成长,就要不断浇水培土、精心护理。因此,壮族人会不定期地举行各种仪式,祈求花婆的赐福与护佑。例如:如果无法怀孕,就要举行"求花"仪式请求花婆赐与孩子;女性如果是第一次怀孕,在怀孕五个月或七个月时,要举行"架桥"的仪式,意思是架起桥梁使孩子顺利到达人间;在孩子出生以后的一岁或三岁,则要举行"还花"(还愿)仪式,否则孩子会在成长过程中出现健康或其他问题;孩子十三岁或十五岁时,要举行"开花"仪式,表示他/她已经长大成人,可以结婚了。此外,如果家中发生灾难或流年不利,还要不定期地举行杀猪祭祖仪式;如果个人运气不好,就要举行"抬星"仪式;如果仪式专家认为一个人可能短寿,还要为他举行添命粮仪式。因此,在每个人的一生中,都要经历若干仪式。由此,也凸显了花婆在个体生命中的重要地位。围绕花婆而举行的仪式,大多是"末",其执仪者末婆或末公就是沟通人间和花婆的媒介。

根据我们于 2009 年 8 月 5 日在德保县城和当地一个知名的末公"爸秀"($ke^5 \vartheta jou^4$)的访谈,传统社会中的"末"至少有以下 24 种仪式类型:①求花($kjew^2 va^1$),为解决婚后不育;②"喽潭江"($ləw^6 tem^6 ty^2$ 或 $ləw^6 t^h em^1 kja:ŋ^1$),字面意为"赎深潭",为怀孕 5 个月或 7 个月的时候举行的祈求顺产仪式;③伉潭($k^h a:ŋ^{5-6} t^h em^1$)可译为"泄湖",为临产时祈求顺产;④满月($mon^{4?} du:n^{1-2}$)或"欧花肯"($?ew^{1-2} va^1 k^h ʊn^3$),即将花魂扶上牌位,一般为婴儿出生百日时举办；⑤"礼醪娅瓦"（$lej^4\ lew^3\ ja^6\ va^1$），即向花婆敬酒献茶；⑥"盘花"（$pu：n^2\ va^1$），即"培花"，在小孩从三岁到十五岁，即每逢三、五、七、九、十一、十三和十五等奇数岁时可举行，旨在给小孩祈福，期望小孩健康平安成长；⑦开棕书棕纱（$k^hej^{1-2}\ t\mathfrak{c}o：ŋ^2\ \vartheta\text{ø}y^1\ t\mathfrak{c}o：ŋ^2\ \vartheta a^1$），直译为"开书桌纸桌"，是在孩子长到六七岁适龄上学时举行，祈求小孩学业顺利；⑧"讫冉"（$het^7\ \text{ɪ}a：n^4$），即"婚恋"，在男女青年恋爱时节邀请末婆举办的公共祈福仪式，一般为集体进行，有抛绣球、种笋、点雀和结交等猜谜环节，旨在祈求本社区中年轻男女得以顺利婚嫁，追求人畜兴旺；⑨求财（$kjew^2\ t\mathfrak{c}a：j^2$）；⑩救病（$kjew^5\ pəŋ^6$）；⑪"闹昆考"（$naw^6\ k^hwen^{1-2}\ k^hew^3$）即"唤稻魂"，祈求农业顺利丰收；⑫求雨（$kjew^2\ p^hɔn^{1-2}$）；⑬"闹囊嗨"（$na：w^6\ na：ŋ^2\ ha：j^{1-2}$），即请月娘；⑭安祖（$\text{ʔ}a：n^{1-2}\ t\mathfrak{c}o^3$），即在进新房的时候举行的安神仪式，请众神和祖先入新神龛和新牌位；⑮"沃曼"（$\text{ʋo}：m^{4\text{ʔ}}ban^3$），即村寨每年举办的公共祈福仪式；⑯"抬星"（$ta：j^2\ \vartheta\text{e}ŋ^1$），即在中老年人四十九（福）、六十一（寿）、七十三（康）和八十五（宁）等当岁祈福；⑰"末围篱"（$mɔt^8\ \text{ʋo}：m^4\ \text{ɪ}ar^4$），即"祈求长治久安"，是一种在较大的庙宇祈佑护村寨保平安的大型仪式；⑱"末溜弄"（$mot^8\ liw^6\ lʊŋ^6$），直译为"游龍场"，为迎接回失魂落魄的小孩的魂魄而举办；⑲送仙仪式，壮语叫 $\vartheta\text{ʊ}ŋ^5\ k^h\text{ʊ}n^3\ p\text{ɐ}t^8\ k^h\text{ʊ}n^3\ \vartheta in^1$，$\vartheta\text{ʊ}ŋ^5\ k^h\text{ʊ}n^3 t^hi：n^{1-2}\ k^h\text{ʊ}n^3\ tej^6$，直译为"送上佛上仙，送上天下地"，即祈求将亡魂送至天堂的仪式；⑳"末清明"（$mɔt^8\ \mathfrak{c}əŋ^{1-2}məŋ^2$），即在清明时节给新亡的亲人举办的祈求阴福仪式；㉑"送濑"（$\vartheta\text{ʊ}ŋ^5\ \text{ɪ}a：j^4$），年头年尾在家中举办的清除不吉不净之物的仪式；㉒交醪祖师（$ka：w^1\ləw^3\ t\mathfrak{c}o^3\ \vartheta ej^1$），即给末的祖师巴神供奉酒水；㉓"盖帽"（$ka：j^5ma：w^6$），即给新出师的末婆或末公举办的"加冕"仪式；㉔还恩（$\text{ʋa}：n^2\ \text{ʔ}en^{1-2}$），即还愿仪式。从中可以窥视，传统的壮族社会里，"末"的信仰是无处不在的，它在社会生活的方方面面都担负着重要的社会延续职能。

至于"末"信仰与仪式在越南侬族社会的情况，我们尚未有机会进行现场观察。但通过对部分越南侬族民族的口述访谈得知，侬族社会也普遍信仰"末",一些仪式专家经常跨越国境进行仪式活动。由此可见,"末"的信仰与仪式在侬族社会有着深厚的根基。至于越南侬族末伦的艺术形式,本文第一作者曾现场观赏越南艺人的展演,其曲调与歌词韵律壮族"末"仪式唱诵的曲调、歌词韵律均基本一致。

二 "佛"（$p^h\upsilon t^8$）：壮族布傣支系与 岱族的宗教信仰

壮族布傣支系主要生活于广西龙州县北部中越边境山区的金龙镇,自称为"傣"（$t^h ej^2$）,总人口有一万七千多人,占全镇总人口近三万之二。越南岱族主要分布在越南谅山、高平、河江、莱州、老街等省,其自称也是"傣"（$t^h ej^2$ 或 tej^2,因方言而异）,总人口有一百多万,是越南最大的少数民族。

在历史上,壮族布傣支系与越南岱族也有特殊的关系。其居住地金龙古为骆越之地,秦代属于象郡的一部分。唐代仪凤元年（公元676年）,这里始置羁縻金龙州,属于岭南道安南都护府,金龙之名由此见于史书。宋代皇祐五年,龙州开始实行土司统治,属于太平土司府,金龙为历代土司世袭统治之地,也称金龙峒。但清代嘉庆末年（1820年）,由于荒乱民散,金龙峒被越南侵占,归越南下琅州。中法战争后,经两国于光绪十三年（1887年）谈判,金龙峒重新划归中国,仍属于太平府安平州。[1]地域相连、共同的语言文化传统和特殊的历史关系使居住在这一带的两国边民有很强的认同感,平时交往十分密切。在民间歌唱活动中,两国的歌者也经常往来,同台对唱。

"佛"（$p^h\upsilon t^8$）是广西龙州县金龙镇壮族布傣人与越南岱族社会共有的宗教传统。"佛"在壮语布傣话当中属于阳入短音调,声母为送气双唇塞音 p^h-,按照该方言当中塞音声母遇到阳调变送气的规则,可以推算出与其他壮语方言如壮语德靖土语（俫壮）的"佛"（$p\upsilon t^8$）

---

① 秦红增、毛淑章、宋秀波等：《"侬峒"天琴——金龙布傣壮族群的信仰与生活》,知识产权出版社2014年版,第5—6页。

同源①，上溯构拟为原始台语层次的 $^*bat^{DS}$，它们的共同词源当为中古汉语的"佛"字。在两位笔者过去对壮族传统宗教信仰的调查当中，我们已经熟悉这样一种现象，即壮族近古社会对汉文化尤其是宗教文化的吸收过程中，大多呈现一种囫囵吞枣而消化不精的引入模式。所以，壮族宗教仪式当中所谓的"道"（$ta:w^6$）也不是直接承袭自正统道教，而多为借"道"之名而行本土传统宗教之实；而且壮族社会当中的"道公"，举行仪式时经常戴着自制的僧帽，披上佛教的袈裟大行冠于"道"之名的法事，呈现出外在形式上的佛道不分；而他们的经文就算是用汉语西南官话诵读，也和真正的道家经典无涉，却与壮族传统宗教的"架桥""求花"和"补粮"等内容息息相关。壮族地区的庙宇，供奉的神灵除了一些本土特有的神祇外，还多供奉佛教的如来佛祖、观音菩萨以及道教的各种神灵，也大有佛道混淆之嫌；本土宗教仪式专家"末婆""摩公"和"道公"均可以在这些佛教和道教神灵面前各自举办承袭自固有的宗教仪式，这又是一种宗教躯壳与信仰实质的脱离现象。从上述现象可以看出，龙州金龙布傣的"佛"，虽然词源上是来自古汉语的"佛"字，但和真正的佛教也没有关系，却大行壮族固有宗教之实。

"佛"这个传统宗教所信仰的神灵，均称为"天"（$t^he:n^1$），意即天神。根据本文第二作者在泰国东北部的调查，来自越南奠边府途经老挝流落到泰国东北部定居的黑泰人（Tai Dam），以及源于老挝的普泰人（Phu Thai），也均有"天"（แถน $t^h\varepsilon:n^1$）这个神灵的崇拜，且多尊称为"召天"（เจ้าแถน $t\varsigma ew^3 t^h\varepsilon:n^3$）。"召"（เจ้า $t\varsigma ew^3$）意即

① 根据本文第二作者的调查，广西龙州县金龙村壮语布傣话的音韵特征有如下一个特征：其他大部分壮语方言在古阳调字（双数调字）上的不送气塞音声母（$p-$、$t-$、$k-$）和塞擦音声母（$t\varsigma-$），在该方言中均变成送气的 p^h-、t^h-、k^h- 和 $t\varsigma^h-$，如 p^hen^2"成"、t^ha^6"河流"、k^ha^2"卡住"和 $t\varsigma^ha:j$"男人"等，这个特征与西南台语支的泰语曼谷话一致。而属于中部台语支的壮语德靖土语（侬壮），则有与大部分壮语方言相同而与布傣话相反的特征，即阳调（双数调）只有与不送气塞音声母（$p-$、$t-$、$k-$）和塞擦音声母（$t\varsigma-$）的组合，因此在德靖土语当中上述例词发音分别为 pen^2"成"、ta^6"河流"、ka^2"卡住"和 $t\varsigma a:j$"男人"等。因此，布傣话的"佛"（$p^h\upsilon t^8$）字也有送气声母和阳入调的搭配关系，与德靖土语"佛"（$p\upsilon t^8$）字不送气声母和阳入调搭配在音律上存在整齐的对应关系。加之"佛"字专指宗教形式和仪式人员，当为传统宗教在借入汉语的"佛"字给予冠名之后"移花栽木"的结果。

"主人"或"王",神、佛也多加上这个词头表示尊敬。而无论是黑傣人还是普泰人的"天"(**ᥓᥤᥢ** t^heːn^1),词源上与广西壮族布傣人、越南岱族的"天"(t^heːn^1)同源。而根据"天"在这些语言里的发音结合语言比较法,它还可以构拟为原始台语的层次 $^*t^he$ːn^A;而这个构拟结果符合原始台语中上古汉语借词的韵律规则,因此词源上应为古汉语的"天"(有别于中古汉语借词"天"的发音形式 t^hiːn^1)。由此可见,"天"字从上古汉语借入原始台语之后,逐渐发生语义变化,在保留此词的现代台语方言中专指"天神"这个神灵,而不再指天空。在壮族布傣人社会,与"天"相关的仪式包括求务、求花保花、婚礼、祭祀、婴儿满月、过桥、生日、上梁、找新娘、入新房、安龙、度戒、供玉皇、戴花入房,以及驱邪赶魔、送火鬼、送昏神、赶鸡鬼、封村封寨等十多种。[1] 这些仪式活动都由仪式专家"佛"主持。在举行仪式过程中,他们通常是一边唱诵一边弹奏天琴,并根据需要,不时以脚抖串铃。其中,女性仪式专家又只主持"佛"的仪式,仪式唱词全凭记忆。男性仪式专家有壮语土俗字唱本;他们除了做"佛"的仪式以外,也会根据汉字唱本,以西南官话唱诵主持"道"的仪式。

这种"佛"的仪式唱诵,因其所敬奏的神为"天",在以往的汉文资料中也经常称为"唱天"。龙州壮族布傣人通过"唱天"这种源自宗教的艺术形式,沟通人神,达成过关、祈福消灾、酬神等目的。[2] 其中,天琴作为沟通人神的法器,被赋予神圣性,只有仪式专家才有使用的权利。具有娱乐性的天琴弹唱艺术是在"佛"仪式唱诵的基础上发展起来的,其曲调还保留有"佛"的风格,但已创作发展出多种曲目。在舞台表演中,艺人通常身穿传统长装,或坐或站,齐声弹唱天琴,人数几人至几十人不等,但一般为十人左右。但本文第一作者在越南高平也看到,表演者有意展示"佛"的仪式场景,由一人装扮成"佛"的仪式专家,采取席地盘腿的坐姿,一边弹唱天琴,一边脚抖串铃,另有若干人手持扇子,晃动上身。

---

[1] 秦红增、毛淑章、宋秀波等:《"侬峒"天琴——金龙布傣布傣壮族群的信仰与生活》,知识产权出版社2014年版,第17页。

[2] 同上书,第18页。

三 "摩"（mo^1）：佬族"摩蓝披法"（$mo^1 lem^2 p^h i^1 fa^4$）仪式的执仪者

摩蓝（$mo^1 lem^2$）是流传于泰国东北部和老挝佬族民间而享有国际声誉的传统艺术，在英文记音时，有的也写作 Mawlum、Morlum 或 Morlam。其中，"摩"（mo^1）有四重意义，分别是泰佬人最古老的宗教传统、这种宗教的仪式专家、拥有某种特别技能的人（专家或师傅）和医生；[①] "蓝"（lem^2）是一种又说又唱的口头演述形式。从字面意思来看，摩蓝指说唱的师傅或说唱技艺纯熟的人，但现在也用于指称这一艺术传统本身。

关于摩蓝艺术的历史，有学者将其源头追溯到从中国和越南北部迁去的台语支（Tai）先人部落的音乐传统。作为一种娱乐活动，摩蓝最传统的表演形式是以"勘"（Khaen）伴奏而进行的个体演唱，主要内容是讲述民间故事，表现爱情不可得的痛苦忧伤和农村生活的艰辛劳累。"勘"即老挝笙，是一种簧片类的气鸣乐器，与中国的芦笙非常相似，是传统摩蓝的主要伴奏乐器。僧人慕尼（Moo - Nee）将摩蓝的传统伴奏乐器"勘"作为主要证据，认为"勘"就是今天在中国南部广西、云南、贵州等省区仍被广泛使用的笙。但就目前的情况来看，这些都还只是一种推测，并没有足够的证据。可以确定的是，摩蓝艺术最初流传于老挝，两三百年前随着佬族人迁移的脚步进入泰国东北部。由于社会文化的差异，它在泰国和老挝的发展也有所不同。在泰国，它的发展更快，形式也很多样。根据美国学者 Terry E. Miller 20 世纪 70 年代在泰国东北部的调查，摩蓝有近二十种。[②]

佬族"摩蓝"作为民间艺术，具有多种形式。其中，被认为其最

---

① "摩"（mo^1）在四重意义当中，前两种意义在同为台语支的壮语、布依语里的同源词 mo^1 中均可以找到，而壮语和布依族并没有后两种语义。根据语义发展的规则，"宗教仪式专家"容易引申为拥有一技之长的"专家"或"师傅"，而古时"巫医一身"也是后来"医生"一词诞生的前提，因此泰佬语当中的后两种语义当为前两种语义的引申义和次生发展，为后来泰佬语在与中部台语和北部台语分离后单独发展的结果。

② Terry E. Miller, "Traditional Music of the Lao: Kaen Playing and Mawlum Singing in Northeast Thailand", *Contributions in Intercultural and Comparative Studies*, Number 13, Westport, 1985, pp. 35 - 36.

古老形式的"摩蓝披法"是一种宗教仪式，以解决当事人的心理或生理疾患为目的，具有治疗的作用。"摩蓝"一词的含义正如前面已指出的："摩"（$mɔ^1$）有四重意义，分别是泰佬人的传统宗教仪式、宗教仪式专家、拥有某种特别技能的人（专家或师傅）和医生。至于"披法"，则与神圣世界有关："披"（p^hi^1）指"鬼"，但不限于恶的；"法"（fa^4）是"天"；两个单词合起来，意为"天上的鬼神"。尽管"摩"的当代义项有四个，但结合其语境，"摩蓝披法"的"摩"应该指这类宗教仪式以及仪式中的执仪者。她们多为女性，在仪式中凭记忆唱诵，以"勘"、鼓、铙等乐器伴奏，还不时伴随舞蹈。

除此之外，在泰国东北部佬族民间社会中还有许多被称为"摩潘"（$mɔ^1p^hla：m^2$）或"摩素"（$mɔ^1su^5$）的男性仪式专家。其最主要的工作，是主持各类"素坤"（$su^5k^hwen^1$）仪式。"素坤"的"素"（su^5）含义原为"朝向、接近、迎接"；"坤"（k^hwen^1）意义为"灵魂"；"素坤"字面意思即为"迎接灵魂"。它嵌入为个体生命举行的出生、剃度、结婚、丧葬等各类人生仪礼中，在个体出行之前、远行归来或面临各种病痛时也会举行，以此保证当事人远离不祥，平安顺利。在这类仪式中，仪式专家的唱诵是根据经书文本进行的。

四 "末""佛"和"摩/麽"的关联与差异

那么，"末"（$mɔt^8$）、"佛"（$p^hʊt^8$）和"摩/麽"（$mɔ^1/mo^1$）是什么关系？又有什么不同呢？

本文认为，"末"（$mɔt^8$）、"佛"（$p^hʊt^8$）和"摩/麽"（$mɔ^1/mo^1$）的共同起源是百越族群的巫传统。从中国历史上的汉语文献来看，壮族先民、百越族群中的瓯骆人就极为信奉巫，有"粤巫"之说。《汉书·效祀志》记载："粤人俗鬼，而其祠皆见鬼，数有效。粤巫立祠，祠天神帝百鬼，而以鸡卜。"据清代光绪年间的《镇安府志》记载："镇俗，凡百疾病，不事医药，专请鬼婆祈禳，谓之跳鬼。鬼婆皆年轻妇女，彻夜吁呕，妖冶淫荡，年少子弟，群相环睹，藉作勾引。"镇安府在今德靖土语区的德保县、靖西县、那坡县一带，府治在德保县。历史上汉文记录对壮族社会"异己文化"的偏见与蔑视从"妖冶淫荡"这样的描述中可以体现出来，但另一方面我们也可以从文献中得知，当地民众信奉巫婆，有病痛不找医生，而是请巫婆来举行仪式，祈福消灾，那些巫婆都很年轻，她们通宵唱诵，风情万种，让年轻男子争相围观，想与之交好。根据清代《归顺直隶州志》的记载，在今靖西县民间也有浓厚的巫信仰："然多信巫婆，遇有疾病，辄令祈禳，酬歌于室，此风牢不可破。"

尽管以上记载可能由于记录者缺乏深入调查且不谙壮语等原因，没有注明这种巫信仰的本土称谓，但镇安府和归顺州的相关描述与当代德靖台地的"末"信仰现状比较来看，它无疑就是指"末"（$m\mathfrak{o}t^8$）了。"佛"与"末"尽管在词源上不一致，但流传区域相邻，仪式语言大体相近，仪式功能基本相同，应该属于同一个信仰体系，只不过"佛"后来采用了汉语"佛"字来作为它的名称或"躯壳"而已。不同的是，信仰"末"（$m\mathfrak{o}t^8$）的壮族布侬支系和侬族在历史上受汉文化的影响相对深刻，而信仰"佛"（$p^h\mathfrak{u}t^8$）的越南岱族和壮族布傣人则由于历史原因长期接受了从中国中央王朝独立之后的越南各朝代直接或间接统治，其汉文化的影响更多的是通过同样受汉文化影响的越南主体民族京族为中介而间接借入的，往往体现出更多的京族文化表征。然而，两者作为同一信仰体系的特征仍显而易见。

至于泰佬族的"摩"（$m\mathfrak{o}^1$），其词源与壮族的"麽"（mo^1）一致，可以将两者联系起来进行考察。对于壮族宗教传统"麽"的来源，有学者强调：它是壮族先民宗教信仰与汉文化的融合，与壮汉文化交流的历史有密切关系。[①] 通过对于"末"与"麽"的比较发现，两种仪式的功能基本相似，其唱词内容也大同小异。两者最大的不同在于："末"凭记忆口头唱诵，仪式专家以女性为主，就算也有少数男性担任，他们往往都是以女性身份来完成仪式的表演；而"麽"则根据方块壮字文本，基本上都是男性担任仪式专家。因此，后者实质上是将前者带有传承性、时代变化性和创作性的口头吟唱转为文字形式固定呈现而已。而壮族布傣和越南岱族"佛"在仪式专家性别分布上兼有男女，女性专家靠口承而无文本，男性专家则多靠经书文本，这也揭示了"佛"在借用了汉语借词"佛"字作为躯壳之后，覆盖了台语民族固有

---

① 黄桂秋：《壮族麽教文化研究》，民族出版社 2006 年版，第 21—22 页。

的"末"和"摩"两个性别角色和两种传承模式，因为"末"和"摩"在本质上是相通而不是相对立的。

可以想见，在早期壮族先民社会，由于没有文字，仪式专家只能凭记忆口头唱诵文本。但随着汉文化的传入，一些懂得汉语的男性仪式专家用方块壮字记录下了其口传的仪式文本，同时融合了许多民间神话传说和汉族的观点。在汉字记音中，"麽"（mo^1）曾被写作"麼""魔""末"和"麽"等，相关经书也被称为"司麽"（$<{}^*s\mathbf{u}^{Ah}mo^A$）[1]，字面意思为"摩书"，即近年来壮族相关出版物当中的"麽经"。如今，这种"麽"的传统在右江以北和云南文山州壮族聚居区仍普遍兴盛，但在某些地区如德靖台地已逐渐衰落，不过这些地区还可以发现由"布麽"传承保存下来的大量方块壮字麽经手抄本，还可以作为其曾经在德靖台地也广泛存在的历史证据。

佬族的"摩"秉承百越族群的巫信仰，随着族群迁徙的脚步进入今天的老挝和泰国东北部。其进入老挝的时间，大体在公元十三四世纪，随后三四百年，陆续进入泰国东北部。因为"摩"（$mɔ^1$）与"麽"字实为同一个词源的不同汉字记录，那么可以推断的是，"麽"（$mɔ^1$）在佬族与壮族分化之前就已成为台语支的共同信仰。

对此论点，还有其他民族志资料可资证明。在泰东北部的普泰族社会，有被称为"摩尤"（$mɔ^1jew^1$）的仪式专家，为病人进行驱邪，以及为人们进行占卜和主持各类仪式，帮助人们解决困难。当地人认为，它与佬族的"摩蓝披法"是一样的。事实上，普泰除了生活在泰国东北部以外，在老挝北部、越南北部也有分布，其自称"普泰"与壮族布傣支系的自称"普傣"实质上是声、韵和调类均一致的同源词。[2] 在

---

① 由于"司麽"在不同的壮语方言有不同的发音形式，如田阳壮语（北部台语）为 $\theta ew'm$，武鸣壮语（北部台语）为 $\theta øy^1 mo^1$，而德保侬壮（中部台语）为 $\theta øy^1 mo^1$，在此用构拟出来的原始台语形式 $^*sw^{Ah}mo^A$ 来统一拼写。以下也有类似的处理。

② "普"在布傣语、普泰语以及很多西南、中部台语支的方言当中均发音为 p^hu^3，和侬壮的 $p^hǝw^3$、标准壮语的 pow^4 以及布依语的 pu^4 均源自原始台语的 $^*bhu^C$（此构拟的声母形式参考梁敏、张俊如《侗台语族概论》，中国社会科学出版社 1996 年版）。这个词在台语支民族中普遍作为人的量词用，因此在很多台语方言中也经常转化为人群、氏族或民族的量词和前缀，如"布壮"（$pow^4 ɕuəŋ^6/p^hu^3 ɕuəŋ^6$）、"布依"（$pu^4 ʔjɐ^{3-4}/pu^4 ʔjo: j^{3-4}/pu^4 ʔju: j^{3-4}/pu^4 ʔi^4$）、"布傣"（$p^hu^3 t^h ɐj^2/p^hu^3 tɐj^2$）、"普泰"（$p^hu^3 t^h ɐj^2$）、"布依"（$p^hǝw^3 nɔŋ^2/p^hu^3 nɔŋ^2$）和"布央"（$p^hǝw^{33}ja: ŋ^{1-2}$）等。

老挝的黑泰社会，也有被称为"麽"、为人们消灾除难的宗教传统。卢建家在田野考察的基础上，还将黑泰的"麽"与黑衣壮的"麽"加以比较分析。[①] 尽管他没有提供该称谓的国际音标而直接写作"麽"，但仍说明，这种宗教传统的名称与 Mo 应该是相近的。普泰族、黑泰族和壮族、岱族、侬族、佬族一样，也属于侗台语族中的台语支。由此可见，以"摩"（mo^1）称谓的宗教传统在中国南部和东南亚的台语支中具有相当的普遍性。

在结束台语支民族固有宗教传统"末""佛"和"摩"的讨论之前，我们还不得不提及泰国社会当中除了"摩"之外，"末"的信仰也还在"移花接木"式地存在。本文第二作者曾以在泰东北地区做过的田野调查为据，撰写过题为"小议壮族与泰国在**แม่มด**（$mo^6 mot^8$）这个称呼上的异同"的短文。[②] 文中指出，泰语字典里的**แม่มด**（$mo^6 mot^8$）这个词条就是"巫婆"（witch）的意思，这个词与广西德靖台地和云南东南部壮语南部方言区对巫婆的称呼"乜末"一致。壮泰语均习惯将 me 作为成年女性词头前缀，mot 无论是壮语还是泰语原本都是"蚂蚁"之意。实际上，在已知的调查材料中，我们得知除了上述壮语方言和泰语外，在云南省的傣语以及东南亚各国与壮语有密切亲属关系的其他台语支语言当中，如越南的侬语、老挝的老语里，都有把传统宗教仪式的女性专家（所谓女巫）称呼为 mot^8 并与"蚂蚁"这个词素同音的，这足以说明在壮泰族群没有分化之前，和"摩"信仰一样，来源于壮泰语"蚂蚁"这个词素的"末"这个民间信仰体系已经形成，并且成为壮泰族群的先民集团最常见的女性口承仪式及其专家的代称。"末"来自"蚂蚁"这个词素而不是相反的衍化顺序，一是从语言形态的逻辑来判断，因为在原始台语当中，蚂蚁这种最常见的昆虫称谓应该是在宗教仪式专家称谓出现之前早就应该形成了；二是从广西德靖台地民间对巫教信俗"末"的解释来看，除了举行仪式的时候，仪式专家在请神请鬼附身过程的各种仪式，以及参与仪式

---

① 卢建家：《中国黑衣壮与老挝黑泰原始信仰比较研究》，硕士学位论文，广西民族大学，2008 年。

② 相关内容已经收录进了范洪贵的《同根异枝的壮泰族群》（广西民族出版社 2013 年版）。

的人们的各种分工，都如同蚁窝里的蚂蚁群一样持续不断地繁忙；此外，一个更重要的线索是，在举行"末"仪式之时，众多"周妈"（$t\varphi\partial w^1 me^6$，即参与仪式的女性成员）围着其核心人物末婆进行人神、人鬼交谈与问答的互动模式，使末婆颇有"蚁后"的风采，这很可能是"乜末"这个称呼的缘由。

然而，与德靖台地的侬依社群和越南侬族社会里仍然将巫婆普遍称呼为"乜末"的现状相比，现代泰语里的"乜末"这个词已经产生意义上的嬗变。首先，泰国社会由于全民信佛，自古素来习惯于把佛经用语——巴利语、梵语词汇看作雅语，而把相同意思的本族词看作俗语、不雅用语或不礼貌用语，加上泰国几乎全民信仰上座部佛教，民间鬼神信仰虽然还很普遍，但被排斥在正统地位的信仰之外，因此"乜末"这个台语固有词已经被赋予了俗语化的贬义色彩。尤其是在接受新时代教育成长起来的新一代泰国人当中，也已经普遍把"乜末"（$m\mathfrak{I}^6 mot^8$）这个词和西方神话那种住在黑暗的城堡当中、骑着扫把乜可以飞起来的巫婆（witch）形象联系在一起了。可能是由于西方基督教社会一直以来对巫婆的负面评价，当代泰国人已经将"乜末"看作一种喜欢凭借着超自然力量去做坏事的女巫形象。现代泰国社会中将当着任何人的面将其称呼为"乜末"都是唐突的，因此泰人已习惯转用其他词汇如 $ra：\eta^6 so\eta^2$（$ra：\eta^6$ 为身体，$so\eta^2$ 为躯壳）来称呼具有请鬼神附身力量的灵媒。"末"在泰国社会的语义嬗变也可以揭示出宗教信仰体系（实质）和名称（躯壳）之间是可以"偷梁换柱"或"移花接木"的，这也许就是壮族布傣和越南岱族社会中"佛"可以取代旧称（很可能就是"末"）但原有的宗教信仰实质内容仍然不变的原因所在。

我们在泰国考察期间还曾听说，在靠近柬埔寨边境的素林府、武里南府、四色菊府等孟高棉人社会有"妈末"（$ma^? muat^8$）一词，专指女性灵媒。由于它发音与壮泰族群的"乜末"接近，而在泰国社会当中对"乜末"一词有着上述的贬义色彩，因此在泰国主流社会看来孟高棉人的"妈末"也是用以指谓传说中一类邪恶的女性，类似于西方社会中骑着扫帚的女巫。但是在这几个府的孟高棉人社会当中，"妈末"一词和壮族的侬依社会当中的"乜末"一样并无贬义色彩。泰国国家电视频道 TV Thai 曾经有一期节目记录了苏林府和四色菊府的"妈末"（ma² muat⁸）及其驱鬼祛病的仪式。[1] 我们通过仪式介绍，也可以看出当地人生活习俗和民族文化相当泰化，在举行仪式的时候也说泰语的东北方言（佬语），而且通过音乐与舞蹈祈求鬼神附身、群体性求鬼神活动可能会使在场的多人被附身、用鸡蛋竖放在平地上看能否直立起来的方式来占卜、命中注定为巫者不事巫就会有灾难等许多细节，与壮族的"末"及其相关仪式如出一辙，因此，这种"妈末"仪式也可以看作与泰族历史渊源有关系的民间宗教仪式。但据了解，某些泰国学者根据泰语"乜末"和孟高棉语的"妈末"接近，便持泰语的"乜末"是借自柬埔寨语或高棉语的观点，这明显是不了解壮泰族群"末"信仰在历史上普遍存在的草率结论。从今天桂西南、滇东南和越南北部一带与泰语同源的中国壮语及越南侬语的侬侬方言里还保留着对女性灵媒的民族词称谓"乜末"的现状来看，泰语的"乜末"是借自孟高棉语的"妈末"这个推论是不能成立的。因为众多学科研究趋向认为壮族是岭南地区和越北地区的土著民族，而孟高棉语或者柬埔寨语没有曾进入和影响过该地区的语言学证据，这些地区的壮语里外来成分主要还是汉语借词，因此壮语的"乜末"不太可能由孟高棉语的"妈末"借入，因而作为从迁徙者后代的泰佬族群，也不太可能丢掉台语支固有的"乜末"一词而再次从迁入地原住民族的孟高棉语里借入"妈末"一词。由于泰族和孟高棉人历史上交往与战争频繁，孟高棉语与泰语之间的相互影响都很深刻，我们认为高棉语的"妈末"一词，反而很可能是来自泰语的"乜末"。当然，由于还未深入考察，我们不敢妄言"妈末"与"乜末"之间的渊源关系。但上述争议无疑提醒我们，应该把"末"（mɔt⁸）、"佛"（pʰʊt⁸）和"摩/麽"（mɔ¹/mo¹）等称谓的宗教传统放到更深广的社会历史文化语境以及更广泛的地域对比中进行考察。

---

[1] 泰国国家电视频道 TV Thai（ทีวีไทย）每个星期天晚上有一个专门介绍泰国各民族风俗习惯的纪录系列片《千虹光》（พันแสงรุ้ง）。记录了素林府和四色菊府"妈末"的节目名为《通神的舞蹈：冷妈嬷与驱除病魔仪式》（การร่ายรำอันศักดิ์สิทธิ์ พิธีเลงมะม๊วดและแกลจะเอง），可在 YouTube 网站上观看。

结　语

源于百越群族的壮族与东南亚相关民族，如今分别属于多个国家。由于历史久远，分布区域广阔，相关历史文献又多有缺失，其迁徙历史和分化过程已经很难复原了。但是，族群文化随着历史流传到今天，仍然在时间和空间上留下印记。

本文将中国壮族侬依支系和越南侬族侬依人的"末"（mot^8）、中国壮族布岱支系和越南岱族的"佛"（$p^h\upsilon t^8$）、老挝和泰国东北部佬族的"摩"（$m\mathfrak{o}^1$）等宗教传统的并置与比较可以发现，尽管信仰"末"与"佛"的人群分别受汉族文化和京族文化影响，信仰"摩"的佬族人则受印度佛教文化影响，但三者内涵和功能也有颇多共通之处。再将壮族"麽"信仰纳入比较视野，可以更清楚地看到其可能存在的历史脉络，即"末"与"麽"外在表现形式不同而实质相通，"佛"又兼有"末"与"麽"的外在表现形式。因此本文认为，"末""佛"和"摩"（麽）等词语所代表的宗教传统是壮族与侬、岱、佬等东南亚相关民族共有的，源于百越民族的巫信仰，在族群分化之前就已存在了，其共通的称谓是"末"与"摩"，而"佛"则是"改名不换心"，其内在实质仍是台语支固有信仰体系。当然，在各自的历史进程中，受不同社会环境、文化传统的影响而呈现不同的走向。就壮族社会而言，"末"是更古老的宗教传统，"麽"则是本土原生宗教与汉文化结合的产物。

壮族与东南亚相关民族的共同起源与分化过程不但为历史学、民俗学、人类学和语言学等众多学科留下了各种值得关注的课题，也同时为人们留下了巨大的国际和族际文化交流财富。深入了解这些民族之间的关系，可以深化我们对于这一区域历史的理解，强化不同民族之间的理解与认同，为发展中国与东盟国家和谐的现实关系奠定深厚的文化基础。就这个意义上来说，以壮族与东南亚相关民族的宗教信仰为原点，考察他们之间的关联与差异，可以帮助脉络化地理解不同族群之间的历史关系。

（作者陆晓芹系广西民族大学文学院副教授，廖汉波系香港大学人文学院语言学专业博士生）

文化距离视域下中国—东盟跨境民族文化产业发展与合作探究

覃玉荣

【摘　要】民族文化产业是将民族文化具有价值和使用价值双重属性的部分作为产品进行开发，使之形成规模效益的商品占领市场，以满足文化消费者的需求。文化距离是各国不同文化特征的差异程度，它对跨境文化产业或公司人员适应、跨境文化产业或贸易交易、跨境文化企业或公司进入模式的选择以及深层文化理论、价值观产生影响。地理空间的比邻、共同文化认同理念、丰富的民族文化资源是中国与东盟跨境民族文化产业发展和合作的基础。特别是中国西南少数民族地区应充分利用以上基础优势发展与东盟跨境民族文化产业合作。

【关键词】文化距离；中国与东盟；跨境民族文化产业；发展与合作

一　文化、民族文化与民族文化产业的界定

文化指的是一个民族在历史上所创造的并渗透在其一切行为系统里的观念体系和价值体系。① 按照陈永龄先生主编的《民族词典》解释，民族文化是各民族在长期的生产斗争和阶级斗争中创造出来的带有民族

---

① 曹锡仁：《中西文化比较导论——关于中国文化选择的再检讨》，中国青年出版社1992年版，第9页。

特色的文化。① 一个民族的文化包括它的语言、服饰、文学、戏剧、诗歌、音乐、舞蹈、绘画、民居、建筑、器具、传统节日、庆典活动、民间游艺、民俗活动等，它积淀厚重、内容丰富、形式独特，是一个民族的宝贵遗产。中国与东盟是中华文化圈、东南亚文化圈、印度文化圈的交会点，形成了中原文化与南洋文化、南传佛教文化与北传佛教文化、汉文化与边境少数民族文化、现代文明与原始文明相互交融和谐共生的民族团结、边境和平的多元民族文化。"文化产业"（Cultural Industry），西方世界多称为"创意产业"（Creative Industry），也有人称为"意识工业"（Consciousness Industry）、"思想产业"（Mind Industry）。联合国教科文组织对文化产业的界定为：文化产业就是按照工业标准，生产、再生产、储存以及分配文化产品和服务的一系列活动。② 它强调工业标准、创新和服务三大要素。目前的文化产业按分类标准包括新闻服务业、娱乐服务业、出版产业、休闲产业、网络产业、会展产业、博物馆与其他产业（体育、健康等）。"文化产业"与"民族文化产业"并不存在巨大的差异。差异主要表现在两方面：一是内在表现，即存在于文化元素核心的新奇、与众不同，比如印度的纱丽、欧洲的宫廷建筑、美国的牛仔等；二是外在表现，就是表现这种文化差异的技术手段，包括科技手段、形象、故事结构等，比如《功夫熊猫》精良的制作等。外在的技术手段和创意水平的差异是非一日之功可以造就的，而文化核心差异的最大化依靠"民族元素"较容易实现，因为这种差异是自然赋予或天然产生的，原本就存在，只需要找到或发现它。可以说，这是产业发展初级阶段最容易利用和边际效益最大的部分。无论是文化产业，还是民族文化产业，进入"产业"领域和流程，做到并保持良性发展应该有理性分析思考的支持。当然，由于文化具有高比例的感性成分，激情、灵感、创意成为文化产业领域特殊的要素。所以，在对民族文化产业发展的探索进程中，不可忽视和放弃利用这些独特要素

---

① 陈永龄主编：《民族词典》，上海辞书出版社1987年版，第347页。
② 许利平：《文化产业：中国与东盟关系中的新引擎》，http://iaps.cass.cn/news/110376.htm，2008年10月12日。

的正能量。① 民族文化产业是将民族文化具有价值和使用价值双重属性的部分作为产品进行开发，使之形成规模效益的商品占领市场，以满足文化消费者的文化消费需求。②

二 文化距离及其对跨境文化产业的影响

（一）文化距离概念的界定

对文化距离的定义，学术界至今没有一个统一定义。雷金·罗斯特琳那（Reijo Luostarinen）③ 首次提出文化距离（Cultural Distance）的概念，认为母国与东道国之间那些一方面能够创造知识需求，另一方面又阻碍知识流动导致其他流动也受阻碍的要素总和，称为"文化距离"。李东金（Dong‑Jin Lee）④ 认为"文化距离"和"心理距离"实质上一致，即"由于母国与东道国之间由于语言、商业惯例、法律和政治系统以营销设施的不同导致的国际市场投资者的社会文化认知的差异距离"。⑤ 詹·约翰森和詹—埃里克·凡那（Jan Johanson and Jan‑Eric‑Vahlne）⑥⑦ 认为，文化距离是指母企业与海外子公司在文化特征上的

---

① 参见明江《民族文化产业化的思考与疑问》，http://www. chinacity. org. cn/csfz/cswh/90290. html，2012 年 8 月 8 日。

② 王明贵：《民族文化产业化探讨》，《乌蒙论坛》2006 年第 1 期。

③ Reijo Luostarinen, "Internationalization of the Firm: An Empirical Study of the Internationalization of Firms with Small and Open Domestic Markets with Special Emphasis on Lateral Rigidity as a Behavioral Characteristic in Strategic Decision‑making", *Acta Academiae Oeconomicae Helsingiensis*, Series, 1979, 30: 250 –267.

④ Lee, D. J., "The Effect of Cultural Distance on the Relation Exchange between Exporters and Importers: The Case of Australian Exporters", *Journal of Global Marketing*, 1998 (11): 7 –22.

⑤ Ibid. .

⑥ Johanson, J. and Vahlne, J. E., "The International Process of the Firm: A Mode of Knowledge Development and Increasing Foreign Market Commitments", *Journal of Business Studies*, 1977, 8: 3 –32.

⑦ Johnason, J. and Vahlne, J. E., "The Mechanism of Internationalization", *International Maketing Review*, 1990 (7): 211 –227.

差异程度。贝比克、考克斯和米勒（Babiker, Cox & Miller）[①] 认为，文化距离是指由于地理与空间的遥远，文化共同点较少所产生的距离感和陌生感。可以说"文化距离"是各国不同文化特征的差异程度。

（二）文化距离对跨境文化产业的影响

目前，对于文化距离与跨境民族文化产业的研究较少，但从一些相关研究中可以得到启示，文化距离对跨境文化产业的影响主要表现在以下几个方面：

1. 文化距离对跨境文化产业或公司人员适应产生影响

从理论上分析，不同人的文化和社会背景、生活方式、受教育情况、信仰、经济条件等都存在不同程度的差异，在交际时双方容易产生误解，甚至冲突。文化距离差异越大，跨境交往的人建立和保持和谐关系的难度越大。这种难度可以在大多数的异国居者，如海外游客、留学生、派驻海外的人员中表现出来，他们处在与自己民族文化不同的异国文化中，人际交往和职业发展往往由于跨境文化的不适应而遭遇困境。以上情况同样会发生在一些跨境文化产业或跨境公司的产品贸易中，由于民族文化产业涵盖了一个国家或民族的风俗传统、价值取向、信仰文化等信息，跨境民族文化产业实际相当于一个民族或国际间文化交流与信息交换，也是民族或国家间有关消费者偏好、风俗传统、交易惯例、商业机会等信息的相互了解的渠道，而跨境国家或民族之间往往由于风俗传统、文化信仰等的差异或者不适应导致交易的不顺畅或者失败。

2. 文化距离对跨境文化产业或贸易交易的影响

目前，学者对文化距离影响贸易流量的方向存在较大争议。约玛·莱里茉和鲁姆邦那（Jorma Larimo & Rumpumnen, S.）[②] 认为，文

① Babiker, I. E., Cox, J. L. & Miller, P., "The Measurement of Cultural Distance and its Relationship to Medical Consultations, Symptomatology, and Examination Performance of Overseas Students at Edinburgh University", *Social Psychiatry*, 1980 (15): 109 – 116；参见付竹《文化距离、进行模式与绩效——基于中国跨国企业 FDI 的实证研究》，博士学位论文，西南财经大学，2010 年。

② Jorma Larimo, Rumpumnen, S., "Partner Selected in International Joint Ventures", *Journal of Euromarketing*, 2006, 16 (1/2): 119 – 137.

化之间存在显著的差异，而文化差异会增加交易成本，因此文化距离对文化产品或贸易交易产生阻碍作用；相似文化的国家之间更偏好进行贸易交易。路易吉·圭索（Luigi Guiso）等①通过调查数据建立测量方法并与毕达哥拉斯理论合成方法及引力模式，提出文化距离与贸易之间存在正向关系，指出文化距离越大，贸易量越多，因为企业更倾向于通过出口服务存在文化距离的市场；对于消费者而言，文化距离的存在使消费者更有机会选择多样化的产品。相反，波斯·戴尔和费兰蒂诺·迈克尔（Boisso Dale and Ferrantino Michael）②等运用语言距离和引力模式的实证研究证明文化距离对贸易流量呈负向相关关系。艾肯格林·巴里和道格拉斯·A. 艾文（Eichengreen Barry and Douglas A. Irwin）等通过历史演绎和制度经济学分析方法从理论和实证角度得出类似的结论，即文化距离或语言距离越大，越阻碍文化产品或贸易发展，文化产品或出口贸易流量越小。③ 综上所述，文化距离通过影响居民的消费心理与习惯、市场供求、行为方式等从而间接影响国家层面的文化产品交易或文化产业合作程度。

3. 文化距离对跨境文化企业或公司进入模式选择的影响

金和旺（Kim, W. C. & P. Hwang）④ 针对企业海外市场进入模式选择问题，提出影响跨国公司进入模式选择的三类主要因素：一是战略变量；二是环境变量；三是交易变量。而对跨国经营的企业，文化整合问题是最难的问题，因为进入模式的环境变量和交易变量都与跨国公司文化差异程度有关。首先，如果跨国企业与进入的地区间风俗、生活习惯比较接近，那么跨国企业就容易适应当地消费者的习惯，容易研发出更

---

① Luigi Guiso, Paola Sapienza, Luigi Zingales, "Cultural Biases in Economic Exchange", *NBER Working Paper*, No. w11005, 2004, p. 55, Available at SSRN: http://ssrn.com/abstract =637502.

② Boisso Dale and Ferrantino Michael, "Economic Distance, Cultural Distance and Openness in International Trade: Empirical Puzzles", *Journal of Economic Integration*, 1997, 12 (4): 456 – 484.

③ Eichengreen Barry and Douglas A. Irwin, "The Role of History in Bilateral Trade Flows", in Jeffrey A. Franel (ed.), *The Regionalization of World Organization of World Economy*, University of Chicago Press, 1998: 33 – 57.

④ Kim, W. C. and P. Hwang, "Global Strategy and Multinationals' Entry Mode Choice", *Journal of International Business Studies*, 1992, 23 (1): 29 – 53.

满足当地需求的新产品，减少在东道国销售方的不确定性，他们会选择更高控制程度的进入模式，偏好独资模式。① 同时，两者文化距离较小或相近，使跨国公司更容易了解消费者的信息，降低搜寻成本。其次，母国和东道国文化距离会阻碍相关水平的提高，文化距离同控制程度负相关。科格特和塞恩（Kogut，B. & H. Singh）② 等从母国的文化特征角度出发考察企业海外进入模式选择，认为如果国家与地区之间文化差异太大，在语言、风俗习惯上的差异会给跨国公司和东道国市场之间信息交流造成障碍，进而影响东道国子公司向母公司学习获取技术和管理经验。最后，跨国公司会选择谨慎的投资策略，通过降低在东道国的投资强度和控制程度，来规避由于文化的差异所带来的市场风险和不确定性，进而降低海外投资的风险。因此，文化距离较大，海外进入企业或公司会偏好选择合资或协作模式。

4. 文化距离对深层文化理论、价值观产生影响

在国际交往中，除了表层的语言、服饰、食物等不同外，还将面临深层文化中的理念、价值观、处世态度、处世方式的差异。斯蒂芬·博克纳（Stephen Bochner）③ 提出旅居者适应的核心价值观假说（Core - value Hypothesis），认为产生文化距离的主要原因在于价值观差异，它也是造成文化冲突和不适应的主要原因所在，核心价值完全相反的两个民族或国家交往很快就会造成敌意和仇恨。如宗教信仰和习惯方面的冲突，这种冲突古往今来多有发生。在跨境民族文化产业合作中，合作双方的民放文化核心要素即价值观上的差异程度，会影响双边合作的行为与规范，使双方的战略导向、组织构架、制度建立等存在差异。交往观念和模式的差异也会使双边合作受到影响，如西方文化特点是个人价值至上，西方人张扬个性，体现个性化的自我：自信、自我肯定、自由表达内心情感而不受外界约束、公开发表独立见解等。在提倡集体主义的

① Kim, W. C. and P. Hwang, "Global Strategy and Multinationals' Entry Mode Choice", *Journal of International Business Studies*, 1992, 23 (1): 29 – 53.

② Kogut, B. and H. Singh, "The Effect of National Culture on the Choice of Entry Mode", *Journal of International Business Studies*, 1988, 19 (3): 411 – 432.

③ Bochner, S., "The Social Psychology of Cross - cultural Relations", in S. Bochner (ed.), *Cultures in Contact Studies in Cross - cultural Interaction*, Oxford Pergamon, 1982: 161 – 198.

国家，"个人主义""利己主义"等带有贬义色彩。东西方的文化冲突实质是价值观的冲突，这在文化产业合作中会直接影响消费者心理、偏好、观念及消费选择，因为"消费者对产品或服务认知受到顾客自身生理、心理等个人因素所处的社会、政治及社会文化等环境因素影响"（Albert Bandura，1989）。①

三　中国—东盟跨境民族文化产业发展与合作的基础

产业或企业跨境合作问题的产生是由于母文化与当地文化的差异或不适应而产生的，文化差别越大，彼此沟通就越困难，就越难以相互理解；反之亦然。亨廷顿认为，由于现代化的激励，全球政治正沿着文化的界限重构。文化相似的民族和国家走在一起，文化不同的民族和国家分道扬镳。以意识形态和超级大国关系确定的联盟让位于以文化和文明确定的结盟，重新划分的政治界限越来越与种族、宗教、文明等文化的界限趋于一致，文化共同体正取代冷战阵营，文明间的断层线正在成为全球政治冲突中心界限，具有文化亲缘关系的国家在经济和政治上相互作用。② 建立具有文化共同性的国家基础之上的国际组织，如欧洲联盟，远比那些超越文化的国际组织成功。以上表明，国际组织的持久发展与生命力所在不是物质与权力距离的力量，而是观念、价值观、习俗、利益等意识形态与文化的力量，这与文化距离理论观念是一致的。中国与东盟各国地缘归属、同源文化、认同理念、风俗等的相似性，这是中国—东盟跨境民族文化产业合作的基础。

（一）从地缘和文化距离而言，中国与东盟地理空间距离是最近的

经过采用海尔特·霍夫斯泰德（Geert Hofstede）③ 的文化四维度

---

① Bandura，A.，"Regulation of Cognitive Processes through Perceived Self – efficacy"，*Developmental Psychology*，1989，25：729 – 735.

② ［美］塞缪尔·亨廷顿：《文明的冲突与世界秩序的重建》，周琪、刘绯等译，新华出版社 1999 年版，第 171—173 页。

③ Geert Hofstede，"The Cultural Relativity of Organizational Practices and Theories"，*Journal of International Business*，Fall，1983：75 – 89.

（个人主义/集体主义；权力距离；不确定性规避；男性气质/女性气质）测量工具和公式对总的文化距离进行计算，以中国为基础，计算各地区之间总的文化距离，其中，中国与北美地区（美国、加拿大）的文化距离最远，为2.232；与亚洲尤其是东亚（主要是韩国）和东南亚地区（如泰国、马来西亚）的文化距离最近，为0.774。① 历史上，早在秦汉时期，中国南方丝绸之路上就有商贾频繁往来，西南地区如云南、广西等在经济形态、社会形态、文化形态等与沿边东南亚国家基本相同。云南有近16个少数跨境民族而居，大部分的民族成分相似、民族语言相通，宗教信仰相同，风俗习惯一致，互通婚姻，自由往来。广西合浦是海上丝绸之路的始发港，该区域与东盟国家各民族之间的交流与融合源远流长。同时，东盟各国是海外华人聚居最多的地区，汉语教育普及，儒家文化广泛传播。

（二）共同文化认同理念是中国与东盟民族文化产业发展与合作的基石

农耕文化与民俗文化（也称那文化）、佛教文化、华人文化三大文化蕴含了中国与东盟的文化认同理念，是中国与东盟跨境民族文化产业发展与合作的基石。东南亚各国文化主要以三大文化圈为主，即由中国传入的儒教文化、由印度传入的佛教文化以及西方传入的基督教、伊斯兰教文化，它们与当地的土著文化汇集成相应国家的主流文化，使传统的东方文明与西方文明交融相撞。不可否认，中国与东盟文化有古代和近代之分，但都有各自的民族文化传统和特色，这些文化差异有局部的冲突和摩擦，但总体是和谐的，形成了多元文化并存的格局。民族起源、人口迁徙、习俗影响、文化交流等因素使中国与东盟各国形成了一些跨境多民族共有的文化形态和文化认同理念，保持并促进更深层次的共同文化认同理念，兼收并蓄、和而不同，维系和推动中国—东盟跨境民族文化产业长期共同发展。

---

① 余美仙：《基于文化认知与文化距离的饭店感知价值研究》，硕士学位论文，浙江大学，2010年。

（三）丰富的民族文化资源是中国与东盟民族文化产业发展与合作的天然屏障

自然资源和民族文化资源是中国西南地区与东盟邻近国家得天独厚的品牌建设基础。中国与东盟各国拥有相似的气候环境、丰富多彩的自然资源，加上各族人民在长期生产生活中创造的独具特色的民族风俗习惯，形成了多元共生、和谐融洽的地域民族文化。这促成了丰富的跨境旅游文化资源和民族文化资源。如居住在东南亚的许多华人和跨境民族如苗族、瑶族、哈尼族、景颇族、佤族、傈僳族等就是天然的文化纽带。

四 中国—东盟跨境民族文化产业发展与合作前景广阔

随着 2010 年中国—东盟自贸区的建成，各国之间交流合作日渐深入，中国和东盟各国文化产业发展合作的条件已趋于成熟，在探索中国—东盟跨境民族文化产业发展与合作中，西部少数民族文化形成产业优势凸显，面对巨大的文化市场需求和为提升国家文化软实力的需要，地处中国与东盟合作前沿地带的西南地区，即广西、云南、贵州等省区，应充分利用与东盟地缘、语缘、亲缘的"三缘"关系，发挥各自特色与优势，整合文化资源、加强项目合作，将优势作为撬动中国—东盟跨境民族文化产业合作的有力杠杆。

广西壮族自治区应充分利用北部湾经济开发、西部大开发、泛北合作等机遇推动与东盟文化产业的合作。广西民族歌舞、杂技、木偶、实景演出广受东盟各国人民欢迎，广西与越南、柬埔寨等东盟国家共同开发的山水实景演出、面向东盟的广西出版业、以中越边境生活为特色的影视作品、与东盟国家合作的文化旅游节等都展示了文化产业广阔的发展前景。《北部湾经济区"十二五"发展规划》提出把北部湾经济区建设成为广西"千亿元文化产业"的重点区域，成为面向东盟开放合作的区域文化中心。"千亿元文化产业"将实施一批重大文化产业项目和对外文化产业工程，推出一批文化品牌、产品，构建有广西气派的文化产业基地、文化产业园区、文化产业项目集群，使广西成为中国—东盟文化交流的枢纽,中国文化走向东盟的主力军、生力军。①

云南省重点发展与东盟国家文化旅游方面的合作。云南有世界级文化遗产——澄江动物化石群、世界自然遗产三江并流以及古猿的化石基地、元谋人遗址等文化遗产优势;有苍山洱海、玉龙雪山等秀美自然风光;云南是少数民族聚居的地方,各个民族独具特色的文化个性和文化特征,尤其是其民俗文化,如服饰、歌舞、宗教、节庆、民间艺术等,这些都是发展民族文化产业的资源优势。同时,云南可以利用文化共源性及地理毗邻性,共同申报跨境世界文化遗产。在中老缅泰四国边境地区,可考虑共同申报以生物多样性、民族文化多样性为特征的世界自然文化遗产,共建"金四角"国际公园;在中越边境地区,可考虑申报以红河和滇越铁路为主轴的集自然、人文景观于一体的世界文化遗产,并共同进行合理保护与开发。

贵州省依托本省的民族民间文化,以建设自然风光与民族文化相结合的旅游大省为发展目标,建设以民族博物馆和民族村镇为载体的民族文化生态保护区,作为发展民族文化旅游的基础工程。同时,建成若干既有时代气息,又有民族传统的文化旅游基地。积极理顺文化旅游集团,加强市场的培育,发展艺术演出、艺术教育、美术品交易、民族民间工艺产品的生产、文化信息等文化产业,形成一批规模不同的文化产业集团,寻找与东盟合作的契机。

总之,中国特别是西南少数民族地区应充分运用把握文化距离相近、民族同宗、文化同源等优势,积极开发或者拓展一个围绕民族文化特色产业品牌建设的系统工程,从资源、生产、服务和营销四个环节出发,构筑民族和地域品牌形象,形成中国与东盟跨境民族文化产业品牌价值合力。同时,加大中国与东盟跨境文化交流与合作,促进各国文化与民族创意文化产业的开发和发展,加强双边民族文化遗产开发与保护,形成跨境民族文化产业集群,推动中国—东盟跨境民族文化产业合作向纵深发展。

(作者系博士,广西大学外国语学院教授、硕士生导师)

---

① 中国与东盟自贸区:《广西打造千亿元文化产业北部湾成面向"东盟"核心区》,http://www.cafta.org.cn/show.php?contentid=65297,2012年9月6日。

"一带一路"背景下骆越文化的
传承发展研究

刘芙蓉

【摘　要】以广西为中心的南方古骆越文化对中华文明、东南亚文明乃至世界文明都产生了重大而深远的影响，骆越文化的研究属于跨地区、跨民族、跨国别的研究。骆越文化内涵丰富，但研究资金机构少、交流合作机会少、传播范围窄途径少等问题制约着它的传承和发展，在"一带一路"新的时代背景下，作为骆越文化的源头和核心区的广西、广东、云南乃至海南，可通过加大研究资金的投入、文化遗产的申报、新自媒体的传播、跨境文化的交流、旅游项目的合作、相关产品的创新设计等途径，实现跨国、跨境骆越文化的传承保护与创新发展。

【关键词】"一带一路"；骆越文化；传承发展

引　言

由于骆越族的研究与越南民族的起源、形成和发展等一系列问题有紧密的联系，近年来，古骆越文化的研究越来越受到国内外专家学者的重视。2016年7月15日，广西左江花山岩画文化景观的成功申遗，古骆越文化的相关研究功不可没。作为古代及新时代陆海丝绸之路的重要节点和枢纽，广西、广东、云南乃至海南更要充分发挥骆越文化源头和核心区的作用，进一步系统深入地研究、挖掘古骆越文化，以便能够更好地进行传承保护与创新发展，从而维护国家文化主权、文化安全，提升边疆民族文化自信。

一 骆越的含义、出现、分布及文化概述

（一）骆越的含义及出现时间

在梁庭望教授的《古骆越方国考证》一文中解释，"骆"，在壮语中是鸟的音译，"越"是挖掘的意思，即挖掘田土，因此，"骆越"就是"挖田的鸟人"或"挖田的鸟部"的意思。而关于"骆越"，学术界普遍认为，骆越是百越民族的一个支系，壮侗语族先民族称的一种。其之所以叫作骆越，是因为他们主要分布在珠江、红河三角洲和东南沿海，能够利用海水和江水的涨落所提供的水源及养分从事稻作生产，这个特点被概括为"骆"；又由于他们是百越民族的一支，所以被华夏族的历史学家称为"骆越"。[①]

查阅史料古籍可以得知，骆越之名最早出现于公元前48年，《前汉书》卷64《贾捐之传》载："元帝初年元年（即公元前48年），珠崖又反，发兵击之，诸县更叛，连年不定，……捐之对曰：骆越之人。父子同川而浴。相习以鼻饮，与禽兽无异。本不足郡县置也。"[②]

（二）骆越的地理分布区域

关于骆越的地理分布区域，我国学术界的各个专家学者都通过考古材料、史料等的查阅分析等方式对其进行过相对严格的考证，并得出骆越分布的大致地理区域（见表1）。

表1   **国内部分学者对骆越地理分布区域的研究**

作者	对骆越地理分布区域的研究
梁庭望	骆越国的疆域，北到广西西江、红水河；东南到广东的东南部和海南岛；西到今百色西部，与勾町国为邻；南到整个南海，包括南沙群岛、中沙群岛、西沙群岛和东沙群岛；西南到今越南中部，这是一个疆域宽广的侯国，有宽阔的海域[③]

---

① 王文光、李艳峰：《骆越的源流与分布考释》，《云南社会科学》2015年第6期。
② 范宏贵：《西瓯、骆越的出现、分布、存在时间及其它》，《广西民族研究》2016年第3期。
③ 梁庭望：《古骆越方国考证》，《百色学院学报》2014年第3期。

续表

作者	对骆越地理分布区域的研究
范勇	骆越的分布情况大致是，广西境内右江、邕江以南至海处，广东省的雷州半岛、海南岛、越南北部，皆为骆越的分布区域。其聚居地主要在交趾、九真二郡，即越南的北部地区①
范宏贵	骆越人大致分布在广东茂名—广西玉林—贵港市—南宁以南，南面达越南中部清华一带②
王文光、李艳峰	历史上骆越的分布区相当于今中国的广东省、广西壮族自治区、贵州省东南部、云南省东南部、海南省，以及中南半岛东北部的相关国家和地区③

　　经过分析，笔者认为历史上骆越的地理分布区域涉及我国的广西、广东、云南、海南等省区和南海的大片区域以及越南等国家的部分区域，地理分布极为广阔，可见当时骆越古国的兴盛。虽然骆越的分布涉及越南等国家地区，但是，经梁庭望教授考证分析，骆越古国的主体及核心部分却在中国。而且，骆越是秦王朝南海郡、桂林郡、象郡辖境内的民族，是汉王朝儋耳郡、珠崖郡、南海郡、苍梧郡、郁林郡、合浦郡、交趾郡、九真郡、日南郡辖境内的民族，是统一多民族中国辖境内的居民，这样的情况一直延续到宋代越南立国之后，才开始有一部分骆越后裔成为越南的居民。通过对骆越分布区的研究，证明所有的骆越在宋代以前一直都是分布在统一多民族中国辖内的，宋代以后才开始有一部分骆越后裔分布在越南境内。④ 由此可见，骆越文化的发源地在中国。

（三）丰富多样的骆越文化

　　根据上述骆越地理分布区域细分，广西南部至沿海地区、广东东南部、云南东南部、海南岛、南海以北、越南中部以北的大片骆越分布区

---

① 范勇：《骆越族源试探》，《四川文物》1985 年第 5 期。
② 范宏贵：《西瓯、骆越的出现、分布、存在时间及其它》，《广西民族研究》2016 年第 3 期。
③ 王文光、李艳峰：《骆越的源流与分布考释》，《云南社会科学》2015 年第 6 期。
④ 同上。

内所形成的骆越先民创造并遗留的各种类型的文化，称为骆越文化，这一区域就称为骆越文化区。骆越文化区内的骆越文化丰富多样，经过两千多年的历史积淀，由当今的壮族子孙继承其优良传统，并发展形成了主要包括自成体系的壮语的民族语言文化、以稻作文化为中心的民族文化体系（包括大石铲文化、干栏文化、饮食文化、服饰文化、节日文化等）、以铜鼓为代表的青铜文化、以花山崖壁画为代表的艺术文化、以"布洛陀"为代表的神话文化、以鸡骨卜和麽教为代表的原始宗教文化、以宇宙三界说和万物公母观为基础的朴素哲学思想文化、以岩洞歌和蛙婆歌为代表的歌谣文化以及以土医药为特征的医药文化等。①

二 "一带一路"背景下传承发展骆越文化的可行性

"一带一路"是"丝绸之路经济带"和"21世纪海上丝绸之路"的简称，是对古代陆海丝绸之路的传承与发展，旨在借用古代丝绸之路的历史符号，高举和平发展的旗帜，积极发展与沿线国家的经济合作伙伴关系，共同打造政治互信、经济融合、文化包容的利益共同体、命运共同体和责任共同体，是造福人类的"中国方案""东方智慧"。

骆越文化对中华文明、东南亚文明乃至世界文明都产生了重大而深远的影响，是连接"一带一路"沿线国家尤其是东南亚国家的重要文化纽带，在"一带一路"这一新的时代背景下，传承和发展骆越文化具有各方面的优势。

（一）"一带一路"构想注重文化交流与合作

"一带一路"构想有"五通"，即政策沟通、设施联通、贸易畅通、资金融通、民心相通，从各个方面全方位地促进"一带一路"沿线国家的交流与合作，从而为沿线国家人民造福。在2015年国家发展改革委、外交部、商务部联合发布的《推动共建丝绸之路经济带和21世纪海上丝绸之路的愿景与行动》这一"一带一路"构想的行动纲领中，

---

① 周作秋、黄绍清、欧阳若修、覃德清：《壮族文学发展史》（上），广西人民出版社2007年版。

就多次提及文化交流与合作。如在"合作重点"中提到的要"传承和弘扬丝绸之路友好合作精神,广泛开展文化交流、学术往来、人才交流合作、媒体合作、青年和妇女交往、志愿者服务等,为深化双多边合作奠定坚实的民意基础",通过"扩大相互间留学生规模,开展合作办学""加强旅游合作,扩大旅游规模"及"加强文化传媒的国际交流合作,积极利用网络平台,运用新媒体工具,塑造和谐友好的文化生态和舆论环境",促进"民心相通"。此外,在"合作机制"中强调要"支持沿线国家地方、民间挖掘'一带一路'历史文化遗产,联合举办专项投资、贸易、文化交流活动"等,注重历史文化遗产的保护与传承。

骆越文化积淀了几千年,是我国乃至世界的历史文化瑰宝,是交流与合作的重要文化纽带,更是"一带一路"构想中文化保护、传承、发展的重点。

(二)骆越文化区位于"一带一路"的枢纽节点

区位优势是"一带一路"背景下骆越文化得以传承和发展的最大优势。骆越文化区所在的广西、广东、云南、海南等地,是"丝绸之路经济带"中重点畅通"中国—东南亚—南亚—印度洋"这条线路的关键区域,也是"21世纪海上丝绸之路"中由"中国沿海港口—南海—印度洋—欧洲"及"中国沿海港口—南海—南太平洋"这两个重点方向的重要港口所在地。其中,广西地处面向东盟数国最前沿的区域,紧靠南海,是"一带一路"有机衔接的重要门户;广东作为古代海上丝绸之路重要发祥地和改革开放先行地,是"一带一路"尤其是在"21世纪海上丝绸之路"建设中的重要枢纽与节点;云南是"一带一路"的战略支点,是沟通南亚、东南亚国家的通道枢纽;海南作为南海资源开发服务保障基地和海上救援基地,是"海上丝绸之路"的门户战略支点。骆越文化是中国与东南亚国家间的文化纽带,而良好的区位,使广西、广东、云南、海南这一骆越文化区成为"一带一路"中中国与东南亚国家间骆越文化成果的交流共享及融合发展的最佳平台。

（三）骆越文化资源丰富且越来越受到重视

骆越先祖们创造并遗留下来生产生活的工具、习惯及精神寄托等一系列元素，经过几千年的流传、挖掘及发展，形成了当今丰富多样的文化资源，概括起来，大致可分为遗址遗迹资源、文物古籍资源、传说故事资源、宗教信仰资源、图书网站资源、旅游节事资源、现代演艺资源七大类（见表2）。

表2　　　　　　　　　骆越文化资源分类及主要资源代表

资源类型	主要资源代表
遗址遗迹资源	中国国内的顶蛳山贝丘遗址、大明山骆越文化遗址、大石铲文化遗址、左江花山岩画遗址、北部湾—云贵高原骆越古道、上金古城遗址、娅怀洞遗址等；越南国内的东山文化遗址等
文物古籍资源	出土文物主要有大石铲、铜鼓等，以及青铜短剑、青铜钺等青铜器，玉璋、玉玦等玉器，古陶埙、陶鸭等陶器，石斧、石锛等石器等；古籍有《布洛陀经诗》《娅王经》等
传说故事资源	《妈勒访天边》《女巫王》《达备传奇》《百鸟衣》《掘尾龙的故事》《布伯战雷王》《九尾狗找稻种》《特康射太阳》等
宗教信仰资源	以"鸡卜术"为代表的巫信仰、以"土地神祭祀"为代表的自然崇拜、以"鸟崇拜"为代表的图腾崇拜，如武宣县的翡翠鸟舞、以"布洛陀祭祀大典"为代表的祖先崇拜等
图书网站资源	中国国内有"大明山骆越文化研究系列"图书、《骆越方国研究》《古丝路上的骆越水都》等出版书籍及广西骆越文化研究会下的"骆越文化网"；越南国内有《骆越文明》《东山文化与骆越文化》《骆越铜器与铜鼓文化》等书籍或论文
旅游节事资源	武鸣"壮族三月三"歌圩暨骆越文化旅游节、崇左（宁明）国际花山文化节、百色市布洛陀民俗文化旅游节等、海南军坡节、隆安六月六稻神祭等
现代演艺资源	民族音乐舞蹈诗《唱娅王》、骆越古典祭祀舞《骆越点兵舞》、音乐舞蹈诗剧《花山》、音乐剧《骆越稻作行》、动画片《达稼与达伦》、纪录片《神秘的大明山天书》等

近年来，骆越文化的相关研究越来越多，论文数量逐年攀升，研究

内容也在不断深入，通过知网搜索"骆越"，共有记录 6794 条；搜索"骆越文化"，共有记录 1054 条；此外，中国国内的广西骆越文化研究会、广西骆越文化艺术研究基地的成立，广西骆越文化高端论坛的举办等，越南国内的雄王历史时期研讨会等，表明骆越文化越发受到国内外专家学者的重视，使骆越文化的传承保护与创新发展具备了一定的人才基础。

三 "一带一路"背景下传承发展骆越文化的必要性

（一）骆越文化的传承发展利于"民心相通"

骆越族是百越民族支系中的重要一支，骆越文化是中华传统文化的重要组成部分。此外，从中越两国的历史地理、民族构成和语言文化等方面考察，中国壮族先民与越南岱族先民的分布区域相互连接，均为古骆越聚集区，甚至在古代百越民族中的瓯越、骆越是今天京族的祖先，因而中越两国骆越文化存在同源异流的关系。[①] 但是，由于历史上中越两国发生过不愉快以及越南历史观中存在的"中国侵略论"等偏见，使中越两国存在一定的文化隔阂，因此，在"一带一路"这一时代背景下研究骆越文化，有助于增加国际间尤其是中越两国之间的交流与合作，增强两国之间的政治互信、文化互信等，为消除两国之间的隔阂、缓解因"南海问题"引发的矛盾、推进两国人民的友好往来打下基础，从而实现"民心相通"。同时，传承和发展骆越文化，也有助于丰富和完善"一带一路"的内涵，让"一带一路"充满生机和活力。

（二）骆越文化的传承发展存在不少问题

虽然骆越文化的研究趋热，研究成果颇多，但是骆越文化的传承与发展仍然存在一些问题，有加大传承发展力度的必要性和迫切性。

研究资金及机构少。除了 2007 年成立的属于民间性质的以挖掘、

[①] 梁福兴、罗丹:《"一带一路"背景下中越两国骆越文化旅游产业合作发展研究》，《广西社会科学》2016 年第 6 期。

保护、研究、开发古骆越文化为主要定位的广西骆越文化研究会之外，骆越文化区内的高校、政府文化部门中，还没有一个官方认可的研究骆越文化的学术研究团体或科研机构，骆越文化的研究不仅缺少政府、资金等方面的支持，也缺少一个权威、核心的研究体系，保护传承的力度远远不够。

交流合作机会较少。骆越文化的研究本来就是属于跨地区、跨民族、跨国别的研究，需要骆越文化区内的各个团体进行文化间的交流、合作与共享。但是，由于各种原因，广西、广东、云南、海南各省区对于骆越文化的研究交流较少，很多学者都是以本地区资源为中心，研究本地区的骆越文化，研究成果比较零散、片面、不能达成共识。

此外，由于国家间的各种敏感问题以及语言不通等原因，使国内的学者与国外的尤其是越南的学者的交流合作很少，使考古等重要成果难以充分共享，导致双方学者的学术研究都存在一定程度的片面。

传播范围窄、途径少。骆越文化作为壮族文化的源头之一，内涵丰富。但是，除了专门从事这方面考古、学术研究的专家学者及部分壮族子孙外，很少有人知道骆越文化的来源，更不能真正了解其中的内涵。除了"刘三姐""三月三"等已成功跟旅游、假期结合的文化元素能被人熟知外，多数并不知道骆越文化是什么。究其原因，是骆越文化传播的主要区域仅在广西，就连广东、云南以及海南等骆越文化区的传播面都很窄。此外，除了一些民俗节庆表演、祭祀活动能吸引一些关注者外，骆越文化的其他传播交流途径也不多，曝光率低，很难让更多的国内外民众接触并了解，让骆越文化的发展举步维艰。

四 "一带一路"背景下骆越文化传承发展的对策

从古代丝绸之路时我国印刷术、火药、指南针等的西传及西方佛教等的传入，到当今新时代丝绸之路上国家孔子学院、边境小学的成立及中外留学生的出入，几千年的东西往来，都体现了文化的交流融合、文明的互联互通。在"一带一路"建设中，文化作为国家间交流合作的纽带，文化先行，将促进文化领域的发展与进步。因此，在"一带一路"这一时代背景下，骆越文化的传承和发展有了新的方向。

（一） 加大研究资金的投入

研究资金不足，是制约深入开展骆越文化研究的主要原因之一。因此，加大研究资金的投入，能够更深入系统地研究骆越文化并将其成果转化为文化产业、旅游产业等从而使骆越文化得到创新和发展。可通过国家文化项目相关基金的申请，设置骆越文化研究专项储备基金，在地方政府文化研究部门或高校设立骆越文化研究所、研习馆，将考古学者、人类学者、民族学者等联系在一起，扩大智囊团、成立文化智库，并与藏有骆越文化相关文物的博物馆合作，环环对接与合作；另外，还可通过招商引资的方式，吸引企业家为研究储备基金注资，将研究成果转化为文旅产业，不仅减轻了政府、高校的资金压力，也能为企业带来投资回报，达到"双赢"。

（二） 着手文化遗产的申报

左江花山岩画文化景观的成功申遗，实现了广西没有世界文化遗产的"零"突破，填补了中国没有岩画类世界遗产的空白。不仅凸显了壮族先民骆越人的伟大创造，同时为维护国家领土及文化安全、增强民族文化自信、建立壮族文化品牌作出了很大的贡献，而且也有利于加强深化中国与东盟各国的文化关系。因此，深入挖掘骆越文化资源，开发其更大的价值，同时加紧着手世界文化遗产的申报，借助"一带一路"的契机，推动骆越文化走向世界，从而得到创新发展。

（三） 巧借新自媒体的传播

相对于报刊、户外、广播、电视四大传统意义上的媒体，新媒体是利用数字、网络技术，通过互联网等渠道，以及电脑、手机等终端，向用户提供信息和娱乐服务的数字化媒体，主要为企业所用，如网易、新浪等。而自媒体一般为"个人媒体"平台，主要代表为微信公众号等。据统计，截至 2016 年第三季度末，微信每月活跃用户已达到 8.46 亿，用户覆盖 200 多个国家、超过 20 种语言，而公众号的关注人数也在不断攀升，新自媒体的传播广度、速度惊人，因此，利用新自媒体进行骆越文化的传播，是一种极其明智的选择。可为成立的研究所、研习馆开通微博或微信公众号，或鼓励专家、学者开通个人微博、微信号，将考察过程或研究成果等以图文并茂的形式编辑成微信推送传播出去，吸引更多人的关注。此外，在"一带一路"信息互联互通的背景下，还可以与国外学者利用微信等平台共同探讨骆越文化的传承与发展问题。

（四）创新相关产品的设计

文化要转化成有形的产品或融入产品中才容易被大众接受并喜爱。可将骆越文化中的神话传说元素、铜鼓元素、崖画元素、壮锦元素等运用在图书出版物、会议纪念品、旅游产品等的外包装设计中，创立自己的文化品牌，形成辨识度高的骆越文化代表产品，就像提起绣球就想起壮族一样，让骆越文化产品在大众的脑海中根深蒂固。

（五）促进跨境文化的交流

近年来，在"引进来"与"走出去"的号召下，在"一带一路"的"扩大相互间留学生规模，开展合作办学"的倡议下，中国与世界各国的学习交流越发紧密，留学项目不断增多，留学生规模不断扩大。因此，进一步推进中国与世界各国尤其是东南亚国家的留学项目合作，共同交流传承发展同根同源的骆越文化，是未来要继续努力的方向。此外，多开展中国与东南亚国家之间诸如"中国—东盟民族文化论坛"等相互交流的学术论坛，共同为骆越文化的发展献计献策。

（六）推进旅游项目的合作

在"一带一路"的背景下，中国致力于与沿线国家的交通、信息网络等基础设施的互联互通，并发起成立了亚洲基础设施投资银行。这一举措，不仅有利于沿线各国尤其是亚洲各国交通、信息网络方面的畅通，还有利于人民币在各国间的直接兑换，为中国与东南亚各国的旅游等产业的快速发展奠定了坚实的基础。另外，骆越文化区内各省份尤其是广西已经推出了以"骆越文化"为主题的旅游景区，如隆安的稻神山旅游景区、宁明花山景区骆越文化宫等，但大部分都是主打当地骆越文化资源，大众反响不够激烈。因此，依托"一带一路"基础设施建设的优势，推进中国与东南亚国家尤其是越南的骆越文化主题旅游项目的合作，充分挖掘两国共有的特色骆越文化资源，打造互利共赢的边境旅游景区及产品。

结　语

骆越文化是壮族儿女世代相传的精神财富，是中国传统文化的重要组成部分，也是中国与东南亚之间的文化纽带，应该上升到国家重要项目的高度去研究，放到"一带一路"的大格局中去发展，并借着"一带一路"的东风，吹响传承与发展的号角，扬帆前行，向更深的骆越文化的藏宝地点迈进。

（作者系桂林理工大学旅游学院硕士研究生）

"那"文化促进中国—东盟"一带一路"建设研究

潘春见

【摘　要】本文通过分析"那"文化的民族性、区域性、国际性特点，阐明中国—东盟具有共同的稻作文明根基与文化认同建构新思维，指出"那"文化具有合作推进中国—东盟命运共同体，中国—东盟"一带一路"建设的地缘文化优势，并提供相应的方法建议。

【关键词】"那"文化；"一带一路"；文化认同

稻文化承载着水稻民族的精神与追求，能促进中国与东南亚国家和人民的心意相通，是建构中国—东盟命运共同体，推进中国—东盟"一带一路"文化建设的宝贵资源。

一　"那"（稻田）具有民族性、区域性、国际性历史文化价值

"那"为壮语"田""稻田"之义。"那"在中国—东南亚的壮侗语、泰语、老挝语、掸语中通用。"那"文化即稻文化，含稻米生产、加工、饮食及在此基础上孕育生成的精神文化。研究表明，"那"为中国—东南亚密切往来的见证和纽带，"中国—东盟命运共同体"的共享文化资源，可在中国—东盟"一带一路"建设中发挥民族性、区域性、国际性的社会文化资源优势。

（一）"那"身处水稻与人类、中国与东南亚互动进化的史学文化学的中心地位

据研究，从先秦到后魏的中国古农书以黄河流域的禾麦为研究对象，至南宋才出现以稻为研究对象的《陈旉农书》（石声汉，1963）。20世纪40—50年代，以万国鼎、石声汉、王毓瑚等为先驱的"稻"起源与初期发展的文献学研究，与考古学界开展的对旧石器时代晚期至新石器时代早期人类古稻遗址的研究，开启了文献学与考古学相结合的中国稻史研究的先河。

中国稻史研究关注：稻作起源于何处？如何传播？前者形成了以游修龄、童恩正、严文明、陈文华、刘志一、卫斯、向安强、安志敏等为代表的长江中下游说，李昆声、柳子明等的云贵高原说，丁颖等的华南说，龚子同等的华中说等。后者形成学界的两派：一是由我国华中地区经朝鲜半岛传入日本的"华中说"；二是由我国福建、台湾，经琉球群岛到达日本九州的"华南说"。目前较一致的看法是，包括中国浙江、福建、广东、海南、台湾、江西、广西、云南及越南、老挝、泰国、缅甸北部和印度阿萨姆在内，即从中国杭州湾到印度阿萨姆的这一大弧形地带，为人类稻作起源与传播的"稻米之路"。

稻史研究同时关注是哪个民族发明了水稻栽培？目前学界普遍认为，是百越遗裔的南方少数民族发明了水稻栽培。如游汝杰的《农史研究》，游修龄的《中国稻作史》《中国农业通史·原始农业卷》等都论证了亚洲栽培稻的起源和传播与广泛分布中国—东南亚的南方少数民族的关系。覃乃昌、梁庭望等明确指出以壮族为主体的壮侗语民族发明了水稻栽培。

水稻DNA研究进一步支持壮侗语民族说。如2012年10月4日韩斌等在英国《自然》杂志上发表的《水稻全基因组遗传变异图谱的构建及驯化起源》报告认为，人类祖先首先在中国的珠江流域，经过漫长岁月的人工选择而从野生稻种中培育出粳稻。后向北向南传播，其中，传入东南亚、南亚的一支，再与当地野生稻种杂交，再经过漫长的人工选择，形成籼稻。而壮侗语民族为珠江流域的原住民族，因此，该报告间接支持壮侗语民族说。

而"那"文化研究，发轫于"那"地名学研究。20 世纪 30 年代，徐松石首先发现"那"地名在两广分布的广泛性，并注意到"那"地名与中南半岛民族的关系。后游修龄、曾雄生、覃乃昌、潘其旭、顾有识、王明富等进行了广泛的"那"地名文化考察，并提出"那文化圈"概念。研究表明，中国的壮侗语民族，越南的岱、侬、拉基、布标、山斋，老挝的老龙族、普族、泰族、泐族、润族、央族，泰国的泰族、佬族，缅甸的掸族以及印度阿萨姆邦的阿洪人等，为中国—东南亚"那"地名圈的主要原住民族。

可知，水稻与人类互动进化的史学文化学价值至今是稻文化研究的中心主题，而"那"文化为其中的原初文化，身处水稻与人类、中国与东南亚互动进化的史学文化学的中心地位。

（二）"那"为亚洲栽培稻起源地

国外文献关于亚洲栽培稻起源地最初有三种主要说法：一是印度起源说，代表 H. И. 瓦维洛夫、K. 雷米（Ramiah）及 R. L. M. 戈斯（Ghose）等。可庞乾林等认为，印度说的根源是因为稻起源于中国后是经印度传播到亚洲西南部及以外地区和欧洲、美洲的缘故；而玄松南则对这一过程进行了描述：约公元前 2000 年，雅利安人从欧洲长途跋涉来到印度次大陆的恒河流域，成为最早看到水稻这一亚洲特有粮食作物的欧洲人。而后，公元前 327—前 325 年，马其顿亚历山大远征军又来到印度河流域。这两次的雅利安人到访，加快了起源于西亚的小麦等作物的向东传播和起源于亚洲的水稻向北非以及欧洲的传播。而 1928 年日本学者加藤茂苞把栽培稻的两个亚种分别命名为"印度型"和"日本型"，使稻的印度起源说暂居上风。

二是东南亚起源说。1951 年，苏联植物学家 H. И. 瓦维洛夫将东南亚与中国、印度并列纳入亚洲作物起源的中心；1952 年，美国地理生物学家索尔的《农业的起源与传播》一书认为，全世界的农业都起源于含中国华南在内的东南亚；1963 年，英国植物学家达林顿将东南亚正式定为全世界九个栽培作物的中心之一；1966 年香港中文大学生物学家李惠林认为，稻等谷物以及芋、海芋、薯、地瓜、荸荠等块茎作物均起源于东南亚。与此同时，美国考古学家切斯特·戈尔曼、美国学者墨菲等从考古学角度支持稻作起源于东南亚的说法。不过，在东南亚之说盛行的美国，也夹杂有彼得·贝尔伍德在《剑桥东南亚史》，植物学家延（D. E. Yen）的质疑之声。

三是中国起源说，代表德堪多（A. R. de Candelle）、R. J. 罗舍维兹（Roschevjez）、T. K. 沃尔夫（Wllf）等。1884 年欧洲农史专家康德尔（De Camdolle）在《作物起源》一书中认为稻在中国起源，然后向东南亚、南亚传播；1935 年欧洲农史专家伯兰根布（Blankenburg）认为，起源于中国的稻是经桂南与越南、老挝，滇南与泰国、缅甸之间的通道向西传到印度阿萨姆邦，传到印度后再经过伊朗传入巴比伦，后传入欧洲和非洲，新大陆发现后传入南美；1944 年日本宇野先生提出南洋各地稻种是公元前 1000 年由澳尼民族从大陆南下带到东南亚岛屿；20 世纪七八十年代，纽约大学生物学家 Michael Puruggganan、华盛顿大学圣路易斯分校生物学教授 Barbara A. Schaal 等水稻基因再测序提供的遗传新证据证明，亚洲栽培稻起源于中国。

根据龚文同等《中国古水稻的时空分布及其启示意义》（《科学通讯》2007 年第 3 期）的透露，目前中国共有 280 多处古稻遗存遗址，其中，8000—12000 年的古稻遗存遗址数 16 个，其中 10 处分布在长江中下游及其以南的岭南地区，其地理范畴基本上是在百越故地。而壮侗语民族是由百越族群的西瓯骆越发展而来，因此，10 处分布在长江中下游及其以南的岭南百越地区的古稻遗存遗址，多数也是在瓯骆开辟的"那"地名范畴之内，即现代学者游汝杰先生的"那"地名"分布地连成一片，北界是云南宣威的那乐冲，北纬 26 度，南界是老挝的沙湾省的那鲁，北纬 16 度，东界是广东珠海的那洲，东经 113.5 度，西界是缅甸掸邦的那龙，东经 97.5″度的时空范畴之内。由此说明，亚洲栽培稻的中国起源说是有进一步的考古学、民族学依据的，而"那"为这些依据的活形态表现。

另据法新社巴黎 2012 年 10 月 4 日在英国《自然》杂志公布的一份水稻高密度基因型图谱显示，世界上所有栽培稻均起源于中国珠江。这是中国科学家韩斌带领的课题组从全球不同生态区域中，选取 400 多份普通野生水稻进行基因组重测序和序列变异鉴定，与先前的栽培稻基因组数据一起，构建出的一张水稻全基因组遗传变异的精细图谱。图谱显示，人类祖先首先在广西的珠江流域，利用当地的野生稻种，经过漫长的人工选择，驯化出了粳稻，随后往北逐渐扩散。而往南扩散中的一支，进入东南亚，在当地与野生稻种杂交，经历了第二次驯化，产生了籼稻。因此，宋代由越南传入中国的占城稻属于"归国华侨"。由此证明，中国是世界稻作文明的重要发源地，是这个发源地的核心。

由上可知，发现南亚最早的印度北方邦比兰流域的科勒迪瓦遗址的炭化稻也只有约8000年的历史，东南亚印度尼西亚南苏拉维西的乌鲁利恩山洞的稻遗址也只有约6000年，其他都只有3000—5000年。由此可知，中国及东南亚、南亚的古稻遗存，最早可知，中国—东南亚"那"地名圈的主要原住民族壮族是华南珠江流域一个有着悠久历史的土著民族。在华南及东南亚地区广泛分布的冠以"那"（壮侗语：水田）字的地名，被学界称为"那"文化现象，或"那"文化圈的古老稻作文明，把壮族与珠江流域的稻作文明结合在一起，把瓯骆故地广西与水稻DNA现代科技文明结合在一起，同时也把人类稻作文明起源的源头指向壮族先民瓯骆人。

综上可知，虽然国外文献关于亚洲栽培稻起源地有三种主要说法，但中国起源说的考古依据最为清晰，瓯骆故地为亚洲栽培稻的重要起源地最为令人信服。

（三）中国—东盟"稻米—丝绸之路"内含的学术价值和应用价值

在华南—东南亚的稻作农耕民族中，稻/米/饭是亲属的文化承载者，在生命仪礼中，由特定亲属赠送的稻/米/饭，是成功塑造人体/家、解构人体/家、重构人体/家的亲缘合力，稻/米/饭的共食或分食，是结缘认亲，建构理想社会的重要途径。且这种建构至今在华南—东南亚的壮侗语民族的礼仪文化与东南亚托钵化缘的寺庙文化中继续得到传承与创新。据初步了解，中国与东盟国家的越南、泰国等，目前都努力从现当代世界粮食安全或国家文化安全的角度，对世界性的稻作文明的传承与创新加大研究与投资的力度，并把这种研究与投资上升为国家战略。因此，从这个角度讲，中国—东盟"稻米—丝绸之路"对区域性稻作文化传承与文化创新所提供的习俗层面上的宏观思考，及在自然科学与人文科学、文化传承与文化创新相结合的稻作文明研究中，将占据中国—东盟历史文化关系研究的学科前沿和时代前列。

1. 将对"地缘—文化"建构具有重要意义

从美国学者约瑟夫·奈 1990 年提出"软实力"概念起，20 多年来，国际政治研究出现了社会学、文化学转向。在这一过程中，以卡赞斯坦、芬尼莫尔、江忆恩等为代表的主流学派主张以国际政治体系中的文化为主要研究内容，以经验方式为主要研究方法，出现俞新天的"国际文化"、蔡拓的"全球文化"、秦亚青的"世界文化""单位文化""文化力"、郭树勇的"国际政治文化"等概念，出现江忆恩的战略文化理论（Johnston，1995）、勒格罗的组织文化理论（Legro，1997）、秦亚青的地缘—文化建构主义，等等。"地缘—文化"建构既在国家层面上探讨地缘文化对区域合作的影响，又在地区层面上探讨同质文化与异质文化对区域合作的影响，并提出地区跨文化认同是地区合作发展和深化的基础和潜在动力的结论。中国—东盟的民众饮食生活、国家社会政治生活等存在一个以"稻"为符号或标志的文化特质。罗香林、凌纯声、李子贤、玄松南等指出，中国与周边国家尤其是东南亚国家具有相同相似的稻人文品格、人文风情、人文景观；日本学者渡部忠世、星川清新等认为"稻米之路"为一部亚洲文化史，东西方文明重要连接通道，比"丝绸之路"更古老、更平民化。这意味着中国—东盟的"一带一路"建设，可沿着一条地缘—文化路径参与国家"软实力"概念下的中国—东盟区域一体化实践，可为"一带一路"框架下建设更紧密的"中国—东盟命运共同体"提供一种本土化的、全新的工具或策略。同时意味着，在中国与东南亚之间，自古存在一条福祉相关的"稻米之路"，这既是中国—东盟区域合作的历史根基，同时也是"一带一路"倡议推进的重要战略资源。

2. 将对中国—东盟合作推进"一带一路"建设具有重要的学术价值意义

"稻"为中国国家之命脉，中国传统文化的根基性符号，这其中有"那"文化的卓越贡献。中国—东南亚的稻米之路，虽然没有如丝绸之路、瓷路那样引起学术界关注，但由这条路所传播的稻作技术、农耕礼仪、生活方式、价值观念等及这条路的平民特质，使生长其中的精神与价值日益成为中国—东盟最具共性的原初文化单元，中国—东盟开展公共外交和民间交流的文化、地缘、历史和哲学根基。如东盟主题曲

《升起》的英文名 RISE 取"稻米"（RICE）谐音，第十届中国—东盟博览会启幕嘉宾播撒象征十年合作成果的金色稻谷，显示了在中国—东盟社会共有观念建设中，"稻米"具有文化符号上的哲学意义。

3. 将在中国—东盟合作推进"一带一路"建设中发挥"那"文化的"主流文化"地位作用

中国—东南亚的"稻米之路"至今生生不息：一是中国稻种与技术的南传；二是东盟国家稻米的北进；三是中国与东南亚国家的"稻米换高铁"协议。而"那"是中国—东南亚稻作民族历史文化的印记，中国—东南亚"稻米之路"的原初文化要素，这就意味着本课题的研究成果将可直接应用于每年在广西如期举行的中国—东盟博览会，可在中国面向东盟的外交实践、经济文化往来、民间交往中，提供以"那"文化为平台或机制的合作新思维，在中国—东盟的"一带一路"建设中，发挥"稻米之路"的神奇魅力。

4. 为 GIAHS 的中国经验走向东盟提供理论前瞻

2002 年联合国粮农组织在全球发起重要农业文化遗产（GIAHS）行动，把"稻米就是生命"确定为 2004 年"国际稻米年"主题，都意味着稻文化已被历史地推到了时代的前沿。目前，中国已与文莱以外的 9 个东盟国家签署 21 个双边农业或渔业合作协议或谅解备忘录，建立 13 个双农业或渔业合作联委会，2012 年中国对东盟国家农业投资 43 亿元，占中国农业对外直接投资的 23.9%。这些说明，农业合作是中国—东盟"一带一路"倡议布局的支点，而"全球重要农业文化遗产"的中国经验走向东盟也将因此指日可待。

5. 可建构中国—东盟合作推进"一带一路"倡议的"那"战略支点

目前，以"那"为表征的中国—东盟的社会文化实践方兴未艾。在政府的推动下，2015 年中国农业部先后公布三批 62 项中国重要农业文化遗产名录，广西隆安壮族"那"文化稻作文化系统、广西龙脊梯田农业系统成功入选，说明承载着中国—东南亚壮侗语民族从事稻作农耕活动智慧和记忆的"那"文化，已事实成为中国重要农业文化遗产保护概念下的农业生物多样性、乡村经济社会可持续发展的重要建设内容之一。2015 年 3—4 月，广西壮族自治区人民政府先后召开两次"那"文化专题工作会议，提出挖掘、保护和传承"那"文化的价值和意义：一是"那"文化是中华文明的重要组成部分，发扬"那"文化有利于增强少数民族的文化自信、促进民族团结；二是有利于经略周边，加强广西与东盟各国深度的文化交流与合作；三是有利于发挥农业文化传承功能，提升广西现代特色农业的文化底蕴。会议还出台两份工作纪要：一是《研究充分挖掘利用"那"文化（稻作文化）价值问题的纪要》（桂政阅〔2015〕31 号）；二是《研究挖掘保护传承"那"文化（稻作文化）工作方案有关问题纪要》（桂政阅〔2015〕53 号），会议与纪要凸显中国面向东盟的"那"文化资源潜力和优势正在显现，中国—东盟的"一带一路"建设需要"那"文化的互动与支撑。而第十届中国—东盟文化论坛首设"那"文化论坛；2015 年 12 月中宣部开机拍摄文化纪录片《稻米之路》；2007 年云南推出电视纪录片《那》；2016 年广西推出《稻之道》等，都彰显了"那"文化在中国—东盟"一带一路"建设中的战略支点地位和作用。

二 中国—东盟共同的稻作文明根基与文化认同建构新思维

当今时代，文明冲突与文化认同正在解构或建构世界新秩序。基因学、考古学、文化人类学等的研究表明，瓯骆与东南亚具有共同的区域性稻作文明根基、人文品格、人文风情与人文景观等，这些共有的文明特质，既是中国—东盟文化认同建构的一个重要内容，同时也是打造中国—东盟国际新秩序的现实路径和可能选择。

（一）中国—东盟共同的稻作文明根基是培育区域性共享价值观的基础

共享价值观为国际关系学中的跨文化交流学概念，"指当今两种/多种文化或两国/多国民众间都接受的价值观""使大家在精神上都得到满足的原则和信念"。[①] 而稻文化既是中国基层文化的重要组成部分，

---

① 关世杰：《对外传播中的共享性中华核心价值观》，《人民论坛·学术前沿》2012 年第 11 期下。

又是瓯骆与东南亚区域特征明显的精神与物质，因此，在中国—东盟可以共享的诸文化要素中，有望成为中国—东盟跨界新思维赖以萌生的哲学前提。

1. 稻文化与东盟的人文主义事业

有欧洲统一运动"总设计师"及"欧洲之父"美誉的区域一体化理论创始人让·莫内（Jean Monnet）曾经说过："统一并不仅仅是扫除贸易、资本、人员流动的障碍，而且更是一项人文主义的事业，它关系到具有不同民族文化背景的人们的融合。"而对东盟的考察发现，东盟特有的组织和决策方式东盟方式，其本质是"①非正式性；②非对抗性；③协商一致；④思想上的多边主义与行动上的双边主义"的共同价值观"①，不过，由于这种价值观仅仅是东盟"国家间的政治原则而非个人生活的哲学"②，因此，它肯定不是让·莫内所说的那种人文主义事业。

这就意味着在东盟迈向一体化过程中，仅仅东盟方式远远不够，还应该有一个既与东南亚居民的个人生活哲学密切相关，同时又能够把东南亚不同民族、不同文化背景的人们融合到一起，进而推动东盟成为东盟第12届首脑会议所描绘的"共享与关爱的大家庭"的社会文化实践。这种社会文化实践应该就是让·莫内所说的人文主义事业。这项人文主义事业，当然包括由《东盟宪章》及其推动的东盟区域性集团法律认同的社会文化实践，同时包括诸如东盟盟歌《东盟之路》、各届东盟首脑会议的主题、文化创意等所传达的区域内人民的共同心声和愿望，等等，但一个更值得关注和期待的社会文化实践目前已在东盟初露端倪，那就是独具东盟原初文化特色和创新活力的稻文化及其提供的与个人生活哲学密切相关的价值与规范。

这一社会文化实践的清晰图景首次展现在 2007 年 11 月 20 日在新加波举行的第 13 届东盟领导人会议，此次峰会最值得关注的地方不仅是签署了具有里程碑意义的《东盟宪章》，如果仅从庆祝东盟成立 40

---

① 王子昌：《文化认同与东盟合作》，《东南亚研究》2004 年第 4 期。
② 简军波：《民族国家的社会化——区域一体化对东南亚和中东欧国家的影响之比较》，中国社会科学网，http://www.cssn.cn/news/157420.htm。

周年来看，它的确是东盟凡事都协商寻求共识和达成共识的东盟方式的一部分，但此次峰会的文化创意却非同寻常，其中的会徽被设计成金色的，丰硕成熟的，姿态昂扬向上的，用红色丝带系在一起的 10 穗稻子，纪念东盟成立 40 周年的英文主题曲《升起》则因取自英文名 RISE "稻米"（RICE）的谐音，及第一句歌词"我们来自 10 块不同的土地"很容易让人联想到东南亚那超过 450 万平方千米的处处稻花飘香的金色田野而充满着《稻米颂》的韵味，因此，如果说第 13 届东盟峰会关于东盟 40 周年，东盟同为一体的大家庭，东盟宪章等的文化创意或讲述为东盟方式的话，还不如说这是东盟寻求与个人生活哲学密切相关的价值与规范的讲述。

2. 稻文化与东盟的自我认同

东盟是一个最具差异性的国家集团，各成员国不仅存在地理面积大小、种族构成、社会文化传统与认同、殖民经历和殖民后政策等方面的差异性，同时存在因当前的南中国海领土主权争端而"在东盟内部出现分别依附中国和美国的两个阵营"。[①] 但由于东盟十国大多为稻作农业国，因此，相同相似的稻文化正日益成为其独具号召力的，对内可能成为强化政治认同与共识，对外成为展示"自我"文化、传统与价值观的一面旗帜，并有望成为东盟一项开发前景广阔的人文主义事业。

首先，这与东盟的生存方式有关，历史上的东南亚国家都属于传统的稻作农业国，当前的东盟居民有 82% 以稻米为主食，位居世界主食大米人口比重之首；其次，在当前的全球稻米贸易中，东盟区域的大米指数和商品交换可左右或影响全球大米的价格指数，为此，阿德里亚诺指出，"东盟可以发挥关键作用，率先发展区域大米价格指数，标准化大米等级"。这些表明，东盟人扎根稻文化土壤而向世界传递的一种深奥独到的政治智慧，就是实现稻文化背景下的不同民族文化背景的人们的融合，并在这一过程中，努力使稻成为东盟认同与共识的一个重要来源，使稻成为东盟的政治精英努力寻找并着力提炼的既与个人的生活哲学密切相关，又与东盟凡事都协商寻求共识和达成共识的传统分不开的，并独具东盟原初文化特色和创新活力的文化创新。

---

① 《东南亚：两个阵营实现之年》，《参考消息》2012 年 12 月 10 日第 6 版。

（二）建立以"稻"为哲学根基的"中国—东盟命运共同体"

历史上，瓯骆与东南亚都共同演绎相同相似的"饭稻羹鱼""田中有稻，水中有鱼""有稻才有道"的生产生活图景，因此，建立以"稻"为哲学根基的"中国—东盟命运共同体"为当前中国—东盟"一带一路"人文实践，实现人心相通的重要内容。

1. "一带一路"增进"那"人文共享

中国壮学界的研究发现，东起中国的广东珠江三角洲，连接广西壮族自治区、云南省南部，西沿东南亚的越南北部、老挝、泰国、缅甸掸邦延至印度阿萨姆邦的一个绵延数千公里的弧形地带，分布大量冠以"那"字的地名和冠以"峒""弄""陇"及"板""版""班""曼"的地名，这些地名分布的地区为操壮侗语地区，其中的"那"表达的意思为"水田"，"峒"指的是周围有山岭环抱的大片田地，"弄""陇"指的都是四周有山环抱的旱地，"板""版""班""曼"指的都是以稻作为生计来源的生活聚居区，在壮侗语民族的语言中指的是"村落"。壮学者认为，"那"字及与之相关的自成体系的相关稻作词汇，是地域性和历史性的文化共同体的鲜明印记，是中国及东南亚民族及先民创造亚洲稻作文明的历史印记，并把这一文明类型归纳为"那"文化圈。[①]

如果说东盟共同体的建构与他们相似性的"和睦"的乡村精神有关，与他们在语言文化、生产方式、生活模式上的许多共同性和相似性有关，那么，"那"文化圈便是这种共同性和相似性的杰出代表。因为，在"那"文化圈的系统文化内部，由耕犁文化所带动的村落文化的发展，及在此基础上形成的土地制度、水利管理制度、森林保护制度、邻里关系、家族制度、社会组织及风俗、道德、宗教等，至今在以传统农业为主的东南亚国家仍具有普遍的意义，这种意义当然会使东盟成员国在国土资源面积、人口、文化和语言及政治体制等方面都存在很大差异的前提下，在这些差异与地区主义的现代指标都格格不入的前提下，仍然能够通过文化社会化的途径来进行东盟的社会化、规范性发展

---

① 覃乃昌：《"那"文化圈论》，《广西民族研究》1999 年第 4 期。

以及自觉地进行认同建构，而在东盟各种因素互动过程中，由共同的"那"文化而产生的与中国的互动，与中国壮侗语民族的认同，则无疑成为拉近彼此间文化距离的深层动力。

这种深层动力的突出表现在，与东盟对接的广西南宁国际民歌艺术节主要文化活动之一"东南亚风情夜"，其人文精神的四大主题"生命、家园、庆典、风情"，就是广西本土原创文化与东南亚本土原创文化的神奇组合，是广西壮侗语民族与东南亚民族在语言文化、生产方式、生活模式上的许多共同性和相似性的神奇组合，其中所体现的人文精神与价值便集中在"那"与乡村的神奇组合之上，并通过这种乡村精神的张扬，把中国与东盟之间的文化心理距离通过舞台的时空超越而得到交融，这既是艺术舞台的成功，也是中国与东盟在文化上对接的成功，而其中壮侗语民族的乡村精神意境占据主导的地位，"生命、家园、庆典、风情"，不仅把舞台艺术托载到以"那"为核心的精神世界之中，同时也把中国与东盟的精神心理托载到以"那"为核心的古老传统精神与现代商业价值的共同演绎之中。

也就是说，作为东南亚的杰出文化代表之一的"那"文化，不仅可以共同缔造以"东盟方式"为基本原则的中国—东盟的"社会世界"，同时可以在传统文化的内在精神价值中肩负起中国—东盟自由贸易区兴盛崛起的文化"驱动者"角色，并最终促进地区的认同与交融。

2. 借助壮侗语民族，可以增进中国与东盟之间的地区和谐、稳定与繁荣

由于语同源、族同根，地理上又连成一片，历史上的中国壮侗语民族与东南亚的泰、老、掸、岱、侬等民族不仅文化血脉息息相通，而且曾在历史上成为中国与东南亚经贸往来的重要使者或桥梁。

如据史书记载，广西壮侗语民族的先民百越人自古"陆事寡而水事众"，人民以善舟辑而著称，其经济活动很早便与东南亚发生联系，也很早便成为中国产品走向东南亚或东南亚物品走向中国的桥梁或通道。如早在公元前11世纪的西周时期，岭南越人便已经从合浦或北部湾沿岸利用海流航海到今越南一带，到汉代，岭南越人不仅以合浦珍珠及其他奇珍异宝闻名中原，同时以合浦港为始发港成为中国连接东南亚海上朝贡的重要通道。依托这一通道，东南亚各国的白雉、白菟、生

犀、大象等才可以源源不断地在中国南海岸登陆，再通过内陆的水路、陆路运送到中原，进贡给历朝历代的皇帝。① 同时，大量的考古证明，古代越人政治经济文化的腹心地带合浦、徐闻是两汉海上丝路的始发港，合浦、梧州、贵港等为当时中国海上丝路的重要商品集散地。

以上说明，事实上开始于中华帝国与东南亚"朝贡体系"的建构，是中华帝国与东南亚朝贡贸易的纽带，而连接这条纽带的中间环节就是壮侗语民族的先民，他们既是这条通道的开拓者，同时也是中华帝国与东南亚友好往来的重要使者。

而历史进入 21 世纪后，地处祖国南疆边陲的中国壮侗语民族传统的经济社会发展模式——边陲与中心、国家主体民族与少数民族之间的互动发展关系模式正在悄然发生着变化，并日益朝着边陲与中心、边陲与东南亚的三向互动发展方向拓展。如边贸的发展，边民社会文化的进步，具有亲缘关系的跨国民族之间的合作、交流等，都标志着这种转型的发生和发展，并为壮侗语民族走上中国与东盟交流合作的前沿提供了前提和条件。其中，东盟博览会永久落户南宁以及广西举全区之力对东盟博会的承办，广西政界、商界、企业界频繁组团赴东南亚各国进行的友好访问及进行的各种商品推界会，广西渐渐融入珠三角经济区，广西正在积极推进的"两廊一圈"建设等，都事实上在传递着中国对东盟的善意与诚意，是中国与邻为善、以邻为友的外交政治的体现，不仅拉近了广西与中央的政治距离，而且拉近了广西与东盟、东盟与中国的政治距离。

以上说明，中国政府有必要立足于壮侗语民族与东南亚民族的地缘、亲缘优势而加强与东南亚各国的政治、经济和文化往来，有必要继续打造具有鲜明地域民族特色的中国—东盟经贸文化交流平台，并依托这一平台，继续促进中国与东南亚各国的物流、人流，继续促进中国与东盟在教育、旅游、科技、文化产品等领域的交流与合作。

3. 借助壮侗语连接中国与东盟

按照潘克·基默威特的说法，如果其他情况完全相同，有着共同语

① 参考刘明贤、潘琦主编《"古代海上丝绸之路"的探索开通和发展》，载《广西环北部湾文化研究》，广西人民出版社 2002 年版。

言的两国之间的贸易量，将是语言不同国家之间的 3 倍。而中国与东南亚有将近 1 亿的人口操壮侗语，东南亚的泰国、老挝主体民族所操的泰语、老挝语，约有 70% 的基本生活词汇与中国的壮语相通。另外，东南亚有大量的华人、华侨，他们一般操汉语普通话和中国的南部方言如广东话、桂柳话等，而这些语言也是中国壮侗语民族重要的交际语或官方语。因此，壮侗语民族无论使用本民族语言与东南亚交流，还是用官方汉语或交际语与东南亚的相关国家和民族交流，都不存在语言沟通上的大的障碍，从理论上有助于拉近中国与东南亚的文化距离，进而促进中国与东南亚，特别是广西与东南亚民族的经贸往来，增加中国或广西在东盟市场上的商品吸引力。

而事实正是如此，如东南亚的越南与中国之间的陆地边境线长达 2449 千米，居住越南一侧的操壮侗语民族傣族、侬族、岱依族约占越南少数民族人口的一半，与居住中国一侧的壮族、傣族、布依族等为跨境民族，这些民族不仅语言相通，同时文化特性相近，因此，近年来成为推动中越边贸发展的一支不可忽视的力量。而中越边贸的开展为维护边境地区稳定，促进中越双边贸易，推动中国—东盟自由贸易区的建设与繁荣具有重要意义，因此，由壮侗语民族直接打开的这一贸易通道无疑也是通往中国—东盟自由贸易区这一巨大市场的最直接门户。

但由于中国的壮侗语只是一种乡间语，因此，在东盟国际贸易市场上的语言连接功能还相当有限，在某种程度上它只能成为英语及其他一些强势语言的补助工具，但即使是这样，壮侗语在东南亚贸易市场上的优势地位已日益显现，这就要求中国政府在努力培育和拓展东盟市场的同时，把与东盟各国语言相近，文化相通，习俗相似，历史上就存在源远流长的深厚情谊的壮侗语民族，作为中国走向东盟的人才基地，打造一支既精通英语，又懂得汉语及东南亚小语种的外交内联的人才非常重要。而挖掘壮侗语民族与东南亚民族在文化上的相近或相类的文化基因，使具有不同的宗教、种族、社会规范和语言文化背景的中国与东盟能够在文化上进一步接近，并在潜移默化中使彼此的文化距离进一步缩短，则成为商家在产品生产、营销上的重要策略。

三 2017"壮族三月三，八桂嘉年华"的启示

2017"壮族三月三，八桂嘉年华"节庆期间（3月30日—4月1日），广西各地共举办480多项民族文化、体育、商贸与旅游休闲产业相结合的特色活动，带来了节庆期间广西重点旅游目的地旅游人数和总收入的大幅增加。其中，南宁市99个旅游景区（点）共接待人数73.25万人次，旅游收入1725万元；柳州市接待游客91.98万人次，旅游收入4.37亿元；梧州市接待游客32.5万人次，旅游收入2.18亿元；北海市接待游客17.9万人次，同比增长29.7%，旅游收入1.66亿元，同比增长23.5%；防城港市接待游客28.3万人次，同比增长15.1%，旅游收入1.91亿元，同比增长18.6%；钦州市接待游客55.8万人次，同比增长36.0%，旅游消费43791万元，同比增长41.5%；玉林市各主要景区接待游客54.91万人次，旅游收入12217.92万元，同比增长37%；来宾市接待游客35.82万人次，同比增长26.8%，旅游收入1.8亿元，同比增长33.1%。河池市各重点旅游景区、乡村旅游区（点）共接待游客人数58.93万人次，同比增长111.29%，旅游收入3196.17万元，同比增长24.63%。[①] 这就启示我们，以民族特色文化为主要表现形式的壮族三月三节庆盛会，蕴含着不可估量的经济和文化双重价值。

对其中的文化价值研究发现，虽然三月三嘉年华加入了很多现代的时尚内容，但其中最让人产生绵绵"乡愁"的，最动人心弦的并不是那些现代时尚，而是那些与稻米同生共长的原生态民歌、仪式、服饰或活动项目。如以"那"为创意创新源泉的壮族稻作文化组歌《稻之韵》，为2018年广西三月三嘉年华的压轴大戏。该大戏由广西艺术学院民族艺术系演绎，广西综艺频道直播，组歌由26首壮族民歌构成，分为犁田、插田、耘田、收谷、尾声五个部分，用山歌舞台剧形式原汁原味地再现壮家田耕劳作的情景，给人产生稻作人生无限好的美丽乡愁。

---

① 广西旅游发展委员会：《"壮族三月三"带来广西旅游双增长》，中国政府网，ht-tp：//www.cnta.gov.cn/xxfb/xxfb_dfxw/201704/t20170402_821239.shtml。

与此同时，广西各地、市、县、乡节庆期间也都纷纷推出稻文化特色浓郁的民歌舞台展演，如合山市岭南镇主办的反映当地婚俗的歌舞表演，别具稻的文化风韵，该民歌舞台剧分哭嫁、撒米祝福、迈火盆、装米呈剪、坐凳子、过米筛等情节，把壮族人家原生态的婚姻文化、稻文化、山歌文化巧妙地融合在一起，给人一种稻作人生无限好的艺术感染力。另外，与各地三月三文化嘉年华一起推出的五色糯米饭、竹筒饭、蕉叶糍、艾叶糍、黑米棕等民族风情美食，推出的祭蚂拐、耍春牛、斗牛、打铜鼓等民俗艺术表演等，都在展示古老的壮族稻作文化和现代文化方面具有里程碑式的意义，使2017"壮族三月三，八桂嘉年华"从某种意义上来讲，也是广西各民族的"那"文化盛会。

以上启示我们，广西的三月三节庆盛会，若要实现经济和文化的可持续发展，最根本的办法就是立足"那"的文化血脉，集聚"那"的灵魂瑰宝，并结合广西作为"一带一路"有机衔接重要门户的战略地位特点，面向东南亚，进行以三月三节庆盛会为依托，以"那"文化为灵魂核心的广西民族特色文化的打造。只是在壮族的三月三各项活动中，很少见到有来自世界尤其是东南亚国家的元素，尤其是稻文化元素，对此，笔者大胆提出以下建议：

（1）建议把中国—东盟博览会、南宁国际民歌艺术节举办时间往前挪到三月三的节庆会期间举行。理由是中国—东盟博览会为国家级商贸平台，南宁国际民歌艺术节也在着力打造一场场具有东盟情怀的民歌节晚会，目的都是"一带一路"同奏交响乐，可这两项活动平台的官方色彩、商业色彩太浓，文化表现力不足，因此，如果把民间色彩浓烈的三月三歌节纳入其中，正好可以弥补这方面的不足，同时也更好地体现广西和南宁作为南方丝绸之路与海上丝绸之路交汇点和"一带一路"有机衔接重要门户的地位和作用。或者，不改变壮族传统的春季三月三歌圩盛会，但把秋季歌圩会期安排在中国—东盟博览会的会期期间举行。

（2）广西的"那"文化与东南亚国家的稻文化具有共通性，建议把"那"文化放置在中国—东盟"一带一路"建设的区域合作背景下进行，通过"那"地缘—文化策略的建构，把壮侗语民族婚、生、寿、丧礼仪文化中稻/米/饭流动及象征意义和东南亚僧侣们托钵化缘带动的稻/米/饭沆动及其象征意义，进行如《稻之韵》般的文化创意创新，使边疆民族特色文化可通过地缘—文化的国际化途径成长为国家文化软实力。

（3）把"那"文化和中国—东盟的"一带一路"建设作为宏观构架，把中国—东盟的"那文化圈""稻米之路"作为中观构架，把壮侗语民族物质层面上的"那"、干栏、铜鼓文化等，精神层面上的伦理、观念、文学、艺术、民俗、节日等作为微观元素，积极推进 GIAHS 中国经验走向东盟，推动"那"参与中国—东盟的区域合作，发挥"那"文化在中国—东盟"一带一路"建设中的地位和作用。

（4）号召高校师生积极参与中国政府、公司、企业面向东盟的旅游开发、稻农业合作与文化遗产保护、文化产业合作等的创意规划或实践，以谋求师生在具体的作品、方案、建议中实现理论联系实际的创新和突破。

（作者系广西大学中国—东盟研究院民族研究所研究员）

"一带一路"建设下广西文化走进东盟的途径探究[*]

林昆勇

【摘　要】实施"一带一路"倡议，开辟了我国全方位对外开放新格局，为广西区域发展带来前所未有的新机遇。广西应抓住机遇加快发展和开放步伐，充分挖掘壮乡特色文化优势，重点打造更多文化精品力作。积极开拓广西文化走进东盟的有效途径，首先必须深化广西文化产业走进东盟战略的内涵，把握其核心目标、认识其社会价值和明确其基本路径；其次应拓展广西文化产业走进东盟战略的外延，推动其业态拓展、促进其区域拓展和加强其国际拓展；最后应创新广西文化产业走进东盟战略的形式，加强其管理体制创新、探索其渠道模式创新和实现其支撑体系创新。

【关键词】"一带一路"；广西文化产业；东盟战略；有效途径

"一带一路"倡议是我国主动应对全球发展新变化和国内发展新需要，进行统筹国内国际两个大局的重大战略抉择，是构建我国开放型经济新体制的顶层设计，是参与全球治理体系的主动作为。推进"一带一路"建设，有利于促进中国与沿线各国的经贸合作，加强不同文化交流互鉴，密切人文交流合作，促进稳定繁荣发展。[①]经济搭台，文化

---

　　* "长江学者和创新团队发展计划"资助项目"文化产业在中国—东盟命运共同体建设中的作用机制研究"（AZ201402）。

　　① 徐绍史：《统筹国内国际两个大局的战略选择——深入学习习近平总书记关于"一带一路"战略构想的重要论述》，《求是》2015年第19期。

唱戏。中国—东盟关系从"黄金十年"迈向"钻石十年",中国已连续
3 年成为东盟第一大贸易伙伴,东盟则成为中国第三大贸易伙伴。① 在
2014 年中国—东盟文化交流年开幕式上,李克强总理在贺电中指出,
中国和东盟山水相连、文化交融、血脉相亲,文化搭建了双方沟通的桥
梁,增进了双方人民之间的相互了解和友谊,也为中国与东盟关系发展
发挥了积极而独特的作用。自 1999 年南宁国际民歌艺术节和自 2004 年
十二届中国—东盟博览会、中国—东盟商务与投资峰会的成功举办以及
自 2010 年中国—东盟自由贸易区如期建成,广西与东盟的经济贸易和
文化交流都取得了显著的成效。广西文化产业走向东盟具有得天独厚的
有利条件,发展基础很好。广西要走出一条符合中国面向东盟重要门户
和前沿地带实际的文化产业发展路子,必须把文化产业作为千亿元战略
产业来培育,积极改造传统文化产业,努力发展新兴文化产业,重点打
造一批文化产业龙头企业,为中国与东盟文化交流与合作创造有利条
件,密切中国人民同东盟各国人民的友好感情,夯实我国同东盟国家合
作的民意基础和社会基础。"一带一路"倡议具有古丝绸之路的历史文
化符号,内涵丰富、寓意深远,既有政治和经济发展方面考量,也有社
会、文化发展方面考虑。"一带一路"建设下广西文化走进东盟,既是
广西文化产业发展的长远战略,也是未来广西文化国际化发展的现实
需要。

一 "一带一路"建设下深化广西文化产业走进 东盟战略的内涵

"一带一路"是一条共促发展、合作共赢之路,"一带一路"建设
的根本目的是共同打造政治互信、经济融合、文化包容的利益共同体、
命运共同体和责任共同体。促进对外开放和文化包容是广西文化产业发
展的核心内容,在 2014 年中国—东盟文化交流年新的历史条件下,广
西文化产业走进战略也被赋予了新的时代内涵。"一带一路"建设背景

---

① 齐建国:《从黄金十年到钻石十年——中国—东盟关系回顾与展望》,《外交》2014
年第 4 期。

下深入实施广西文化产业走进东盟战略，既是我国深化文化体制改革在新形势下对广西文化工作的更高期待，也是广西文化产业落实科学发展观、从战略高度进行布局和谋划广西文化改革发展重点领域和重要机遇。

（一）把握广西文化产业走进东盟战略的核心目标

文化是国家核心竞争力的重要组成因素。当今时代，文化作为国家软实力，在综合国力竞争中的地位和作用日趋重要[①]，越来越成为国家核心竞争力的重要方面，不仅是大国和强国的重要标准，也是国家竞争力的衡量尺度。文化产业作为国家核心竞争力的重要载体，党的十八大把文化产业当作国民经济支柱性产业列入我国全面建成小康社会的战略目标。广西作为中国唯一与东盟既有陆地接壤又有海上通道的省份，区位优势明显，并且与东盟国家交往历史悠久，实施广西文化产业发展东盟战略，对于深化中国与东盟的关系，推进中国与东盟文化交流与合作、提升我国软实力具有重要的意义。自 2009 年我国出台《文化产业振兴规划》后，2010 年我国中国人民银行、中宣部、财政部、文化部、广电总局、新闻出版总署、银监会、证监会和保监会联合发布《关于金融支持文化产业振兴和发展繁荣的指导意见》。2010 年广西政府工作报告中明确提出，要"大力发展文化产业"，强调以文化的软实力来提升经济的硬实力，重点实施打造"千亿元文化产业"，着力把广西建设成为在全国有较大影响力的区域文化中心、中国—东盟文化交流的枢纽和中国文化走向东盟的主力军。目前广西正着力打造面向东盟，辐射带动中南、西南开放发展的新的战略支点，全面规划和建设与东盟合作的全方位服务平台体系，争取、整合和汇聚开放服务政策，进一步推动中国—东盟博览会平台拓展和升级，搭建贸易、投资、产业、金融、税收、教育、人才、培训、信息等系列服务在内的全方位共享开放服务平台，先试先行，开展面向东盟的全方位开放服务。[②] 中国—东盟自由贸

---

① 纪宝成：《关于国际文化战略的几点认识》，《学术界》2009 年第 3 期。
② 梁颖：《打造中国—东盟自由贸易区升级版的路径与策略》，《亚太经济》2014 年第 1 期。

易区的建设不仅包含经济内容，也包含文化内容。文化产业是经济与文化的结合体，它最易为中国与东盟双边所接纳并进入实质性合作领域，推动中国与东盟国家的交流合作从经贸活动延伸到文化领域，增进沟通和理解，增进中国与东盟的文化认同，产生经济与人文的双重效益。[①]广西壮族自治区人民政府发布的《关于加快文化产业发展的实施意见》（桂政发〔2010〕63 号）已经明确了广西文化产业的发展目标要使文化产业总体实力达到全国中上水平。但由于起步晚、规模小等方面原因，与周边的广东、湖南和云南等省份相比，广西文化产业专业化、集约化和规模化水平依然较低，文化企业的自我发展、持续发展和市场竞争等方面能力仍旧不足，广西区域文化开放的市场体系尚未健全和广西区域文化市场机制作用尚未充分发挥。从宏观发展战略来看，要将文化产业发展规划置于面向东盟国家的国际文化合作战略平台上去谋划，构建好南宁—新加坡文化产业走廊，在更大范围、更深层次上去优化广西区域文化资源配置，优化广西区域文化产业的市场、产品、技术和产权等方面结构，打通我国泛珠三角地区和中南半岛国家文化产业的互动渠道，实现广西与东盟经济和文化的互相交融、技术和内容的互相促进，进而实现提升和增强广西区域文化的软实力和核心竞争力的核心目标。

（二）认识广西文化产业走进东盟战略的社会价值

"一带一路"建设下扩大文化开放，进一步提升广西对外文化交流和文化贸易的水平。扩大广西文化领域对外开放，是实现广西文化产业走进东盟战略的重要载体，是促进广西文化繁荣发展、提升广西文化软实力的有效途径。在实施广西文化产业发展东盟战略中，要按照"政府统筹、社会参与、官民并举、市场运作"的发展思路，实现"三个结合"（政府交流与民间交流、双边交流与多边交流、调动国内力量与借助国外力量）[②]，着力拓展文化发展广度，积极增进文化发展深度，努力形成广西对外文化交流的强大合力与整体效应。以文艺演出、电视

---

① 张瑞枝、李建平等：《关于加快广西文化产业发展的对策建议》，《沿海企业与科技》2010 年第 3 期。

② 蔡武：《吹响深化文化体制改革新号角》，《求是》2014 年第 2 期。

晚会、广播电台等为主要推手，在丰富广西与东盟国家文化交流内容和联结友谊的同时，为东盟国家各国人民群众提供多层次、多样化和宽领域的文化产品和服务，从东盟国家各国人民群众的实际需求出发，把中国文化及其产品转化为东盟国家各国人民群众的实际精神文化需求，使东盟国家各国人民群众在享受文化产品和服务中进一步地了解中国和广西。因此，丰富广西对外文化交流活动是增强同东盟国家各国人民群众的情感认知、提升广西与东盟文化合作水平的良好契机，也是密切东盟国家各国人民群众了解交流的有效途径、增进我国与东盟国家的合作共识，共同打造互相了解、经济融合、文化相融的命运共同体和利益共同体的重要着力点。

（三）明确广西文化产业走进东盟战略的基本路径

"一带一路"建设下实施广西文化产业走进东盟战略要把握关键点、找准切入点、探索突破口。要借助于中国—东盟博览会、中国—东盟商务与投资峰会这个重要平台，大力培育广西区域市场主体，不断优化广西区域市场环境，重点发展广西区域文化产业集群，积极引导广西区域金融资本、社会资本和文化资源进行有效对接东盟，这就迫切需要寻找与东盟文化的共同点和差异点，着力挖掘和显现广西民族文化与东盟文化的共同点与差异点，集中展现广西壮乡民族文化的绚丽多姿，在此基础上通过精心策划和重点推出一大批品位高、民族个性鲜明的文化产品、文艺演出、文化活动，不断推动与东盟各国的文化艺术交流，不断拓展东盟文化市场，着重强调进行友好对话，以文化的交流来促进经济的往来。[①] 一方面，要积极搭建广西文化产业向东盟发展的载体。积极探索广西特色文化产品和服务进入东盟市场的切入点和突破口：建好广西文化产品走向东盟国家的出口基地、文化产品和服务贸易与中介服务中心、中国—东盟自然文化生态博览园、中国—东盟视听艺术中心、中国—东盟民间文化艺术品研发展示交流交易中心、中国—东盟文化产品物流园等。办好中国—东盟文化产业论坛和中国—东盟文化产业展览，建好中国—东盟文化产业园区和中国—东盟文化交流与产业合作的

---

① 何颖：《"南博会"广西文化产业的大舞台》，《中国文化报》2004 年 6 月 17 日。

项目库等。① 另一方面，要积极开拓广西文化产业向东盟发展的渠道。通过南宁—新加坡陆路通道、泛北部湾海上通道、南宁与东盟各国的航空通道、中国—东盟经贸信息港等渠道，为广西文化企业对接东盟市场进行铺路搭桥。着力打造广西对东盟文化合作的品牌，帮助广西文化企业对东盟推广优秀的文化产业项目，建设广西与东盟合作交流的文化产业园区。②

二 "一带一路"建设下拓展广西文化产业走进东盟战略的外延

"一带一路"建设下广西文化产业走进东盟战略不能停留在传统文化产业上，而应进一步拓展广西文化产业发展的国际视野，积极发展广西文化产业的新兴业态和领域，向纵深推进，形成推动广西文化产业向东盟国家发展的宽领域、多层次和全方位支撑体系。

（一）推动广西文化产业走进东盟战略的业态拓展

"一带一路"建设下实施广西文化产业走进东盟战略，建立健全现代文化市场体系的重点是要依托文化科技创新，不断推陈出新，在稳步推进图书报刊、电子音像制品、演出娱乐、电影电视剧和动漫游戏等传统文化产品发展的同时，着力建设以网络为载体的新兴文化产品市场，通过培育大众性文化消费市场、打造综合性和专项性的文化产品与服务交易平台来丰富文化产品市场，进行拓展文化产品和服务消费领域以及文化产业发展空间，增强文化产业发展后劲。一是构建起以文化企业为主体、文化市场为导向、产学研相结合的"三位一体"的广西区域文化科技创新体系。更加注重研发对新兴文化业态具有基础性和先导性影响的关键文化科技创新技术及其应用推广，降低文化产品进入门槛，推进广西区域文化产业投资主体多元化，加强对金融资本和社会资本的引

---

① 洪波：《努力把广西文化产业打造成支柱性产业》，载《2011 年广西蓝皮书——广西文化发展报告》，广西人民出版社 2011 年版。

② 陈学璞、李建平等：《面向东盟的广西文化产业发展新格局研究》（下），《沿海企业与科技》2013 年第 1 期。

导，大力鼓励广西区域重点文化企业以资本为纽带，进行兼并重组，积极推动广西区域文化科技创新。二是完善广西区域文化产业发展战略，推动传统文化行业转型升级。坚持效益优先原则，加快广西区域文化企业结构调整，在创新驱动文化产业发展上下功夫，形成传媒出版、广播影视、文化旅游、会展节庆、演艺娱乐等文化产业协同发展的新格局，推动文化产业基础建设、文化精品生产、骨干文化企业培育、文化产业园区与基地、文化品牌打造、文化产业人才队伍建设和文化产业示范点建设等工程取得新的突破，全面提升广西文化产业开拓东盟市场的竞争力。三是加强广西文化产业走进东盟的人才培育，着力培养一批掌握现代传媒技术、具有文艺创造力的文化科技人才和熟悉文化发展规律、具备国际性经营管理能力与创新精神的文化企业家，着力打造广西区域文化产业发展东盟战略的人才高地。

（二）促进广西文化产业走进东盟战略的区域拓展

广西文化产业发展具有鲜明的区域特征，由于广西地处我国华南经济圈、西南经济圈和东盟经济圈的结合部，是连接中国与东盟的纽带，对于文化产业发展东盟战略区位优势十分显著。广西文化资源具有深厚的文化沉淀，民族文化、历史文化、山水文化、生态文化、海洋文化等独具魅力、异彩纷呈，但广西文化产业与东盟对接方面却相对滞后。一是缺乏明确的文化产业向东盟发展的战略规划，在广西文化产业发展"十二五"规划中，只提及"积极开拓国内外文化市场""努力扩大对外贸易"，没有具体广西与东盟对接的文化产业重点领域、支持政策和工作机制等。[1] 事实上，广西在全国各省区对外文化贸易发展中，也是属于中下水平，处于全国 31 个地区中排名在第 14 名至第 23 名。[2] 二是侧重于经济合作领域的战略布局，主要突出在"货物贸易""服务贸易""农业"和"投资"等产业合作领域，对于文化产业重视不够。随着中国—东盟文化产业论坛的深入研讨，期待有关广西对接东盟的文化

---

① 陈学璞、李建平等：《面向东盟的广西文化产业发展新格局研究》（上），《沿海企业与科技》2012 年第 12 期。

② 胡惠林、王婧：《2013：中国文化产业发展指数报告（CCIDI）》，上海人民出版社2013 年版。

产业发展的举措要更加务实,不仅流于形式而且忽略了具体内容。三是牢牢抓住中国—东盟自由贸易区建设所带来的历史机遇,加强广西与东盟各国搭建文化合作平台,积极构建广西北部湾经济区文化产业圈、桂西民族特色文化产业圈、桂北文化产业圈和西江流域文化产业带"三圈一带",加大对广西文化产业向东盟发展的扶持力度,设立广西文化产业向东盟发展专项资金,着力培养广西文化产业向东盟发展的优秀人才,健全广西文化产业"走出去"的配套设施,促进具有典型性和代表性的广西文化产业向东盟发展项目开发,建立文化合作机制,加深文化交流与合作,为广西文化产业对接东盟创造有利条件奠定坚实基础。

(三) 加强广西文化产业走进东盟战略的国际拓展

"一带一路"建设下推动广西文化走进东盟不仅是我国建设社会主义强国在省区落实的题中之义,也是广西文化产业国际化发展的客观要求。长期以来,从总体上看,世界对中国的了解还远远不够。要让世界了解中国,文化交流是最重要的渠道之一。我们只有通过文化交流更多地向世界介绍中国,才能让世界更多地了解一个真实的中国。① 由于广西经济相对落后,文化市场发育迟滞,文化产业基础薄弱,文化国际化发展步伐缓慢。自 2004 年起,中国—东盟博览会每年在南宁举行,至 2014 年 9 月已举办 11 届。以中国—东盟博览会为平台,广西文化国际化发展在中国—东盟博览会这个文化交流大舞台上尽显魅力,广西文化产业的国际知名度和市场占有率逐步提升。当前,应充分抓住中国—东盟文化交流年这个历史机遇,从坚持文化先行,从中国—东盟博览会和中国—东盟文化论坛两个维度,全面提升广西文化"走进东盟"水平。一方面,要借助中国—东盟博览会平台,立足现有的基础条件,打造文化交流新模式,探索文化合作新机制,深入开展与东盟国家的文化艺术、体育旅游、科学教育和地方合作等友好交往,进行"全面规划和建设与东盟合作的全方位服务平台体系,争取、整合和汇聚开放服务政

---

① 刘文俭:《推进我国文化产业国际化发展的战略构想》,《国家行政学院学报》2007年第 4 期。

策，进一步推动中国—东盟博览会平台拓展和升级，搭建贸易、投资、产业、金融、税收、教育、人才、培训、信息等系列服务在内的全方位共享开放服务平台，先试先行，开展面向东盟的全方位开放服务"①，密切广西人民与东盟各国人民的友好感情，夯实广西同东盟国家合作的民意基础和社会基础。另一方面，要充分发挥中国—东盟文化论坛的积极作用，积极培育广西壮乡民族文化品牌，让更多具有广西风格、广西气派和国际表达的广西文化产品走向东盟。同时，积极推动广西文化制造向产业链高端发展和广西文化资本走向东盟，建立起广西壮乡民族文化的东盟国际文化影响力，彰显广西区域文化软实力的东盟价值。

三 "一带一路"建设下创新广西文化产业走进东盟战略的形式

从合作领域来看，"一带一路"建设下广西文化发展要找准与东盟国家的文化契合点，拓宽合作范围，丰富合作内容和创新合作模式。创新是广西文化产业发展的重要源泉，是广西文化提高"走向东盟"的针对性、增强"走进东盟"的有效性。要结合广西文化发展规律和广西区域文化工作规律，创新一系列与广西文化产业发展东盟战略相适应的工作方式方法，进行"建立可协调各部门和各方面的事权高度统一的协调机制"②，依托理念创新推动文化产业发展的体制创新，促进广西文化产业的主体创新，引导广西文化产业的技术创新，充分发掘中国与东盟国家深厚的文化底蕴，继承和弘扬"中国—东盟博览会"这一具有广泛亲和力和深刻感知力的文化载体，积极发挥文化交流与合作的作用，讲好中国广西故事，传播好中国广西声音，把"中国—东盟命运共同体"同东盟各国人民过上美好生活的愿望和前景对接起来，促进中国广西区域民族文化走进东盟，提升中国广西区域民族文化的东盟话语权和东盟影响力。

---

① 梁颖：《打造中国—东盟自由贸易区升级版的路径与策略》，《亚太经济》2014年第1期。

② 朱立群：《外交环境变化与中国外交能力建设》，《国际问题研究》2013年第2期。

（一）加强广西文化产业"走进东盟"管理体制创新

"一带一路"建设下深入推进文化体制改革，是新形势下促进广西文化产业发展的客观要求，对于广西转变文化发展方式、解决文化发展"瓶颈"、推动文化产业成为广西国民经济支柱性产业具有重要意义。一是要以更开放的气魄，不断扩大文化交流，切实增强广西文化与东盟文化的共融性。中国—东盟自由贸易区建成、中国—东盟关系由"黄金十年"迈向"钻石十年"，必将把广西推向中国与东盟更加开放与合作的前沿。广西精神是广西文化的核心，"团结和谐、爱国奉献、开放包容、创新争先"是贯穿其中的精神支柱。这一点突出地体现在广西文化和东盟文化的发展过程中。需要重点进行"发扬文化传统、顺应历史潮流及占据道德高地"①，进一步发扬光大"团结和谐、爱国奉献、开放包容、创新争先"的广西精神是加强广西文化产业"走进东盟"的基本前提。当前，广西文化产业发展要以先进的国际性文化为发展参照系，在更加广泛的领域中开拓创新，在更高的层次上形成广西文化产业发展的新优势。二是要加强管理创新，促进广西文化产业化发展。实现广西文化产业的产业化发展，就是要提高文化产业的技术含量，以科技化和信息化促进文化产业的现代化，使文化产业的开发、消费和服务等相应领域中充分运用先进技术，提高广西文化产业的集中度，加速广西文化产业的产业化发展。三是要强化现代文化企业制度建设，提高广西文化企业资质。文化企业的素质是提高文化企业的社会效益和产品质量，保持文化产业持续健康发展的基础。它包括提升文化企业的管理水平、激活文化企业的活力，引进先进的文化管理理念和先进文化技术，推动文化企业适应不断发展的市场化、国际化要求。突出文化企业经营要以市场为导向，重视文化企业及其产品的品牌效应，重视文化企业人才、文化资本经营和文化产品创新，积极应对国家政策变化，实现广西文化企业的专业化与产业化发展。

---

① 杨洁勉：《改革开放30年的中国外交和理论创新》，《国际问题研究》2008年第6期。

（二）探索广西文化产业"走进东盟"渠道模式创新

近年来，我国依托中国—东盟博览会和中国—东盟商务与投资峰会平台一直高度重视与东盟国家的文化交流与合作，积极有为地开展了丰富多彩的文化交流活动，有力地促进了中国与东盟各国的务实合作、相互信任和互利共赢。自1993年广西举办国际民歌节以来，就采取多种载体和渠道，面向全国、走向东盟，宣传推广广西文化。"一带一路"建设下广西要充分利用"南宁渠道"搭建起中国—东盟交流合作的最有效平台，充分发挥显著区位优势，制订广西与东盟交流合作规划，进行有效整合双边和多边资源，进一步推动广西与东盟国家的全方位、宽领域和多层次的交流合作。一是加强双方交流合作的顶层设计与战略部署，推动广西与东盟国家政府、民间和企业间文化交流与合作深入开展。依托中国—东盟博览会，广西与东盟国家有稳定和牢固的官方文化交流平台和相关合作机制，这是今后广西文化产业"走进东盟"可以进一步深化的重要基础。未来，我们要创新模式，加强广西文化产业"走进东盟"的顶层设计与战略部署，进一步制订政府、民间和企业文化交流的中长期战略规划，落实好与东盟国家的政府、民间和企业交流合作形式，与时俱进发展和丰富相关内容，为广西文化产业"走进东盟"开路架桥。同时，要注意发挥中国—东盟博览会、中国—东盟商务与投资峰会和中国—东盟自由贸易区、中国—东盟文化交流年、中国—东盟文化论坛等现有渠道机制的作用，丰富和发展广西与东盟各国现有机制框架下的文化交流合作内容。二是发挥现有中国—东盟博览会与中国—东盟商务与投资峰会成果优势，精心打造新的文化交流品牌。10年来，我国在广西南宁举办了11届中国—东盟博览会和中国—东盟商务与投资峰会为主题的文化交流合作项目，取得了丰硕成果。我们要依托中国—东盟博览会现有的成果和品牌，深化"中国—东盟文化论坛"活动，与东盟国家和地区联手共建21世纪"海上丝绸之路"，通过举办形式多样、内容丰富的文化论坛、展览和演出活动，进行深入挖掘中国与东盟交流合作的文化内涵与人文精神，并赋予其新的历史地位和时代意义，围绕建设"中国—东盟命运共同体"的主题，进行构建身份，主要通过自我与他者的互动来实现和通过表现出不同程度的差异来建构出一种"自我—他者关系"①，联合开展译介、出版相关书籍，充分利用新媒体手段，通过演出、音乐、动漫、网游等文化产品来传承中国与东盟睦邻友好精神，提升中国文化国际影响力。三是着力整合各方资源，形成推进广西文化产业"走进东盟"的合力。要积极发挥广西区位的独特作用，依托特殊的地缘地位，特殊的历史、文化优势，我们要在中国与东盟总体交流合作政策的指引下，出台广西文化产业"走进东盟"有关规划，加大广西对东盟国家会展节庆、文化旅游、现代传媒、文化演艺、影视动漫、文化创意与制造、教育培训和文物博物以及现代休闲娱乐等方面的交流合作，向东盟国家传播和推介中国文化。广西应当以积极有为的姿态，发挥广西作为中国对东盟开放的最前沿、重要节点和关键枢纽的作用，主动参与共建21世纪"海上丝绸之路"倡议。要发挥好文化企业作为市场主体的积极作用，充分调动广西各类文化企业的主动性和积极性，在国家外交政策的指引下制定区域对外文化交流贸易政策，推动与东盟国家或地区的文化产业合作。要充分挖掘"海上丝绸之路"的历史文化遗产，积极引导与动员社会民间力量开展丰富多彩的双边或多边文化交流合作活动。此外，还要充分发挥专家学者和智库的作用，推动政府决策科学化，通过定期召开研讨会、专题论坛和课题调研等形式，为21世纪"海上丝绸之路"建设中的文化交流与合作提供智力支持。

（三）实现广西文化产业"走进东盟"支撑体系创新

"一带一路"建设下在落实服务好中国—东盟博览会和中国—东盟商务与投资峰会相应工作延续、做好"中国—东盟文化论坛"统筹谋划的同时，针对广西文化产业"走进东盟"中文化企业"走出去"发展面临的主要障碍和关键环节，进行勇于创新扶持政策，着力加大扶持发展力度，积极探索促进广西文化产业"走进东盟"的有效途径和扶持政策，不断提升广西文化企业的东盟拓展能力。首先，构建促进广西文化企业健康发展新机制。文化企业是广西文化产业"走进东盟"的

---

① Lene Hansen, *Security as Practice: Discourse Analysis and the Bosnian War*, New York: Routledge, 2006.

重要载体，是广西文化产业"走出去"国际化发展的生力军。通过完善促进文化企业发展机制，支持文化企业兼并重组，鼓励有条件的文化企业建立现代企业制度。同时，改善广西区域文化融资条件，完善广西区域文化风险投资机制，积极引导社会创新要素更多地投向文化企业特别是科技型文化企业，建设一批科技型文化企业创新平台，激发文化企业创新活力。尤其是完善广西区域文化企业服务体系，加强广西区域信用担保体系、公共服务示范平台等建设以及国际交流合作，鼓励和引导社会服务机构为广西文化企业提供优质服务。其次，构建广西文化产业开放发展新机制。在经济全球化的大趋势下，广西文化产业必须以更加积极主动的开放姿态，融入全球产业分工，以开放促改革，推动文化制造向产业链高端发展，加快培育参与和引领广西文化产业国际竞争的新优势。牢牢把握全球产业重新布局的历史机遇，引导有实力的文化企业有序"走出去""走进东盟"，开展文化投资、并购投资和联合投资，增强文化企业国际化经营的新能力，探索文化产业开放发展的新思路，拓展广西文化产业发展的新空间。最后，构建广西文化产业创新发展新机制。创新能力不强是广西文化产业大而不强的关键问题，必须把文化产业发展转移到更多依靠创新驱动上来。健全以市场为导向的广西文化产业创新体系，强化文化企业的创新主体地位，建立产学研"三位一体"的协同创新机制，促进文化产业技术水平和产业层次的不断提升，推进文化产业管理体系和管理能力的现代化，提高广西文化产业专业化、规模化、集约化和国际化发展。

（作者系博士、博士后，广西大学海洋学院副研究员、广西侨乡文化研究中心副主任、广西市场经济研究会常务理事、广西青年智库研究会理事）

打造花山岩画文化艺术品牌对策研究

蒙建维

【摘　要】花山岩画是壮族先民遗留的文化瑰宝，是人类祖先生活情景和思想智慧的反映，是研究一个民族文化发展的重要依据。打造花山品牌文化以世界文化遗产为文化背景，拓展研究花山文化历史为源头，挖掘壮族文化内涵，通过发展文化产业形式，开发旅游资源，丰富和满足人民群众日益增长的精神文化需求为目的，形成独具特色标识的文化品牌。

【关键词】花山岩画；文化；艺术品牌

一　目前花山文化品牌影响力的缺憾

花山岩画是壮族文化的重要反映，记录壮族先民跋涉求索的人生历程，彰显其雄强的生命伟力，花山岩画所描绘古瓯骆人以大为美的审美观念、以人为本的理念、以红为美的审美意识、与自然和谐共处的强烈愿望。在左右江流域，提起花山岩画，或多或少都能答出一知半解，但是要拓展往外，或许情况就不那么乐观，这是一个不争的事实，也是社会认同感不足的表现。一个文化品牌的形成不能仅仅依靠某一个实在的景点来做判断，只有文化观念深入人心才能缔造真正的文化品牌。一个品牌的形成，除了客观的必备元素，比如名称、形象、符号等外，文化自身的内涵是其最利于传播的媒介元素。花山文化不是定位为单一的岩画景区，而是一个文化概念，展示包含民情风俗、宗教信仰、文学艺术、生态旅游、教育科技等几大文化范畴。

品牌是一个无形资产，是一个无形的价值。商业发展与文化发展相辅相成，两者成功的结合可以产生巨大的社会效益和经济效益。花山岩画依托申请世界文化遗产才开始进入世界大众的视野，利用现有文化资源和已经产生的影响，可以迅速为花山岩画树立品牌意识推动地方的经济发展。广西对花山岩画的宣传力度还是有限的，政府和民众的责任感协调性不够，一方面，政府大力推行和申报世界文化遗产，逐级申报并给予很多的政策文件支持，但民众对于政策的解读不够全面。大部分人去过花山岩画景区就会有这样的疑问："花山岩画这个地域偏僻，景点配套欠缺又不能近观，去深意会不会没有优势？"有这样的疑惑不在少数，也可以理解。毕竟申请世界文化遗产成果，比如：长城、故宫、布达拉宫等，哪一个不是恢宏庞伟。这里就存在一个品牌影响力的局限性，花山文化要更深入人心就要防止以单纯经济观点和以纯商业的方式看待和构建花山文化品牌。

二 打造花山文化品牌对策

（一）品牌定位

"定位"一词已被广泛使用，它最初是由美国人艾·莱斯和杰克·特劳在 1972 年提出并加以推广和应用的。在他们合著的一本关于定位的书——《心战》中，特劳和莱斯提出：定位是针对现有的产品的创造性的思维活动，它不是对产品采取什么行动，而是主要针对潜在顾客的心理采取行动，是要将产品定位在顾客的心中。品牌定位的核心价值是指一个品牌能对消费者持续提供一种独特差异性利益点的能力，并且渗透到品牌的各个环节中，使受众真实地感受和体验到这个品牌对自己的重视和关怀，从而感受到品牌所给予自己的一种价值感。

花山岩画在申报世界文化遗产时也要精确精准定位，因为在世界文化遗产申报中也是有不同的类别申请的，如文化景观遗产、自然遗产、文化与自然双重遗产。花山岩画的申报必须依据自身的特色和资源来明确申报的方向才可以塑造相应的品牌文化。文化的品牌塑造是一场持久战，不是一朝一夕就能完成的，但是精确的定位可以减少品牌建设道路的曲折。

（二）扩大宣传媒介

尽管每年来花山景区旅游的人员不断增加，但是相对其他风景名胜旅游区如漓江风景名胜旅游区的游客接待人数还是相去甚远。这说明宣传力度不够，知名度低，虽然拥有巨大的市场潜力，但需要全力打造旅游品牌，加大宣传力度，也说明宣传的形式单一，仅仅依靠景点作为诉求点。一个品牌的构建并不是通过景点来说明，而是依靠一个概念来定位，比如现在大街小巷都在演唱的电影《心花路放》中的歌曲《去大理》，歌词是这么写的："是不是对生活不太满意，很久没有笑过又不知为何，既然不快乐又不喜欢这里，不如一路向西去大理。"这个就是一个文化概念定位，并不是通过宣传大理的优美风光来宣传大理，而是依托现行文化来区分其他的宣传形式，以花山的神奇为题材的歌舞剧《妈勒访天边》《歌王》曾获得全国"五个一工程"奖，歌舞剧《蛇郎》早已在北京展演，蛇郎的故事传遍祖国大江南北。《左江潮》《花山梦》《蝴蝶吻花山》《花山船歌》等花山歌曲流传全国。这些精品都获过大奖或得到好评，但比赛一完，演出也就结束了，从未进行过一次商业演出。这里就涉及宣传平台的范围和媒介形式并不符合当下民众需求，也与品牌形成脱节，花山文化品牌的打造和发展，不能靠政府行为，而要靠市场，要适应大众文化审美需求来制作，主动接受市场的检验和群众的批判，才能实现经济效益和社会效益的双丰收。大众传媒拥有数量巨大的受众，仅就广播、电视而言，"我国广播、电视覆盖率达到84.2%和86.2%，意味着有9亿左右的受众和潜在受众"[1]，花山文化的推广应该扩大宣传媒介，文化品牌的构建也需要做好规划，强调文化意识渗透的作用才能更好地打造文化品牌。

（三）生态旅游开发

花山岩画是文化遗产，在历史的发展长河中备受自然环境的侵蚀，

---

[1] 胡正荣：《传播学总论》，北京广播学院出版社1997年版，第257—258页。

开发花山岩画旅游资源可以促进当地经济发展。但是没有可持续发展观念去开发会带来"杀鸡取卵"的恶性效果。保护好相应的生态环境和原生文化体系，尤其是注重对花山岩画的保护，使生态、社会、经济三大效益共同协调发展。环境是旅游业的基础，在旅游业开发过程中，为防止旅游资源遭到破坏和旅游环境受到污染，要正确处理好开发利用与治理保护的关系，采取有效措施保护旅游资源和旅游环境，① 在开发布局规划当中要根据花山岩画的特性划分不同的区域来进行进阶性开发。可持续发展的规划还包括人文情怀的灌输和人文艺术品牌的构建。民俗文化的开发是一个新的发展方向，民族文化旅游资源是指对旅游者具有吸引力的民族文化因素，这部分文化因素能够为旅游业所利用产生经济效益、社会效益和生态效益。②

近年来各个旅游景区根据自身文化因素来打造文化品牌，比如旅游大省云南腾冲市的《梦幻腾冲》、西双版纳的《勐巴拉娜西》等这些都是反映本地文化的一个宣传窗口，宁明花山岩画有丰富的骆越文化蕴意，可以利用现有资源打造特色壮族文化品牌，这些特色的文化旅游资源潜力，有效构建特色旅游元素，进而开发民族特色的旅游产品扩大花山文化范畴。通过现有的花山文化节和花山论坛这两个品牌搭建交流平台和载体，加上与周边景区共同开发打造一体化区域性旅游品牌。

三　文化艺术品牌构建注意要点

花山旅游区目前开发主要以观光旅游为主，形式单一，缺乏旅游竞争力，游客到达景区首先是交通不便，其次是观光时间短暂，对于品牌的构建确实缺少共鸣和认同。花山文化要成为品牌的关键在于打造，而"'打造品牌'是指通过一整套科学的方法，从品牌的基础入手，对品牌的成长、飞跃、管理、扩张、保护等进行流程化、系统化科学运作"。③ 品牌的构建和宣传要以实在状况作为出发点，不宜为了提高其

① 张启慧、郭艳秋：《石人山旅游资源特点及开发利用》，《地域研究与开发》1996 年第 2 期。
② 石惠春、程国栋：《宁夏民族文化旅游资源开发战略研究》，《经济地理》2003 年第 3 期。
③ 陈放：《品牌学——中国品牌实战原理》，时事出版社 2002 年版，第 57 页。

知名度和美誉度过大夸张宣传，这是一个阶梯型的逐步开发方式，要以质量保障为前提，提高知名度为目的，树立文化艺术品牌为结果。强调宣传的媒介和方式，让大众根据自己的需求，自由而主动地选择来花山旅游。只有抓住花山文化与大众求知心理来作为要素，才可以在今后宣传花山文化的过程中，树立适应现代信息社会的打造文化品牌的新理念，整合文化资源，将花山文化的宣传推向世界。开发花山文化资源和打造花山文化品牌，应重视发掘、重构其深层次的文化内涵，突出民族特色，确立大文化圈意识，彰显国际性特色，走创新发展的路子。

文化品牌构建也要有差异性，彰显民族特色是一个优势，既要坚持创新的可持续发展理念，又要尊重当地文化寓意，继承壮族优秀文化民族传统，充分挖掘和展示花山原生态文化的丰富蕴涵和独特韵味，努力将花山文化的资源优势转化为旅游经济优势，进而推动当地的经济发展、民族进步和文化繁荣。另外，也要确立跨越地域、跨越国界的大文化圈意识，彰显国际性特色。拓展花山文化资源的发展空间，形成具有影响力、辐射力的文化产品和品牌；同时，保持优秀的原生态的民族文化元素，吸纳和融会现代文化元素，营造开放型文化环境，加强对花山文化的包装推介，使潜在的文化资源成为可供大众消费的文化艺术品牌。

结　语

花山岩画与其他各地岩画一样，是一种特有的文化现象和文化表现形式，它的品牌构建要以当地特有的自然环境、历史背景作为支撑点。花山岩画的文化品牌效应还相对薄弱，这与其固有的丰富文化内涵是十分不相称的。为构建艺术文化品牌让花山岩画这个艺术实体得以发扬光大，更好地向世人展示其多元价值，在创新开发的过程当中要保存和继承好现有文物资源，利用文化资源的可持续绿色开发形式融汇文化产业，通过市场经济调解，加强文化的宣传力度，达到文化品牌构建和深入人心的美好结果。

（作者系百色学院美术与设计学院实验室主任）

左江花山岩画文化品牌构建及
推广对策研究

蒙建维　　文超武

【摘　要】2016 年 7 月 10 日，第 40 届联合国教科文组织世界遗产委员会会议审议中国广西左江花山岩画艺术文化景观，获准列入世界遗产名录，成为中国第 49 处世界遗产。本文从花山崖壁画自身的资源保护和可持续利用这一战略取向的实际情况出发，对左江花山岩画资源的品牌构建及推广做出策略分析，塑造花山岩画文化品牌形象，形成教育、文化经济、旅游的产教研的多层深入开发格局。

【关键词】花山岩画；文化；艺术品牌

一　文化传承　品牌打造

2008 年 8 月 8 日，北京第 29 届奥运会开幕式上，花山岩画作为文化的符号特征元素，代表中国文化根源在世界最高水平的体育赛事上向全世界人民展现中华 5000 年灿烂文明，其地位影响和价值都是世界性的。得益的正是因为网络共享的文化大背景下，创新的传播媒介改变人们对固有形象观念的全新改变，也让我们可以深入思考如何在新时期的市场经济下快速推广花山岩画文化。

（一）更改传统传播方式转换现代传播媒介

在中央人民政府和广西壮族自治区人民政府的关怀下，花山岩画，作为一项重大的人类文明遗迹，其地位日渐提升。早些年，中央和当地政府共同为花山岩画申遗创造环境和条件，诸多关于岩画的学术讨论会的召开和艺术创作作品不断产生，花山岩画在全球性网络资源共享的文化背景下，得到越来越多国内外民众的认知和了解。但大部分的受众对花山岩画认知由于网络的紊乱，认知存在片面性。即便一些研究人员把相关研究论文著作和艺术作品在网络上发布，在人们的视野中逐渐亮相，也只提升了花山岩画创作相关的关注度，一系列相关作品的产生，虽均赋予花山岩画的魅力，但未能快速促进花山岩画文化的品牌塑造。基于网络资源的整合和优化分配显得极为重要。我们有必要探讨左江花山岩画在网上传播的现状、存在的价值和意义以及与传统传播方式相比，其利弊何在。

1. 聚拢网络资源

社会认同感不足的表现在于对某个事物存在一知半解。打开网页搜索关键词花山岩画，百度找到相关结果约 1310000 个资源，各类关于花山岩画的描述五花八门，也有一些比较集中的论坛和网站。大致有三种类型：一是本地资源比如僚人家园、花山在线、花山子民论坛、左右江网论坛等，对于花山的历史背景和文化溯源会有比较简单的描述；二是个人博客比如搜狐社区及新浪网上开通的博客，这些相对于正式的官方的传播形式，花山岩画的相关描述，在其传播的方式上，相对而言，审美娱乐功能要突出一些，而其他功能相对被弱化；三是专门的旅游公司网站，比如上海旅游网、同程网、广西自助游攻略、美嘉旅游网、悠游天下、广西商旅网等。出于宣传角度考虑，一些网站将花山岩画仅仅定位为一个景区，花山岩画文化空间塑造并没有人们想象中那么广阔。一个文化品牌的形成不能仅仅依靠某一个实在的景点来做判断，只有文化观念深入人心才能缔造真正的文化品牌。

2. 优化资源分配

虽然花山岩画在网络传播中正处于共生互进的良好状态之中。但是随着传媒技术的发展，网络传播日益成为举足轻重的传播途径。"花山岩画传说在网上的传播也是其传播方式的重大改革和发展……"① 造成

---

① 吕文杰：《花山岩画传说的文化内蕴》，硕士学位论文，广西民族大学，2009 年。

网络凌乱，论其原因，在于传播者是谁，以什么样的方式进行传播。主体如果是旅游公司、政府宣传部门，基于市场利益最大化，它们往往具有鲜明的传播对象和传播目的。"宣传活动是现代组织的信息输出活动中的一个主要内容。"①

显而易见，优化资源分配才能够吸引网民产生关注动机，并可能被利用来开展各种文化价值活动。花山岩画的文化艺术魅力才能迎合网民的要求，也才能创造更好的经济效益。优化资源要有主次和轻重区别，因此，旅游公司组织网上传播的主要目的是吸引游客。政府宣传部门不仅要拉动旅游业，而且着意树立自己良好的地区形象。而花山岩画神话传说赋予了一个城市另一种历史文化的厚重感，让人们感到其历史的悠远和智慧的卓绝，这种就适合微博博主亲身体会后去推广。由此观之，无形之中，网络资源的优化分配可以转为一种潜在的传播可能，而审美娱乐功能相对凸显出来。基于这一点，从传播主体所选择的内容就可提出花山岩画的文化价值和内涵。由此可以看出，正确的网络资源分配传播对于花山岩画而言，才能最大化地改变人们对花山岩画现在固有的认知。

（二）聘请专业设计公司重新设计花山岩画品牌形象

1. 花山岩画 CIS 系统设计

CIS 是 Corporate Identity System 的简称，译为企业形象战略或企业形象识别系统，它包含 MI、BI 和 VI，即理念系统、行为系统和视觉系统，通过全方位、多媒体的统一传达，塑造出高人一等的一贯形象，以谋取社会大众的企业形象战略系统。

南宁青秀山景区在为创建 5A 景区时引入 CIS，成功地创造出全新的形象，从而为景区本身文化的发展注入了新的内涵，并给景区带来了活力。与青秀山景区的这种"视觉转向"相似，左江花山岩画，为了宣传和推广自己，在以后的发展竞争中抢得先机，占得优势，可以开始导入 CIS 系统。目前，许多景区也全面或部分实施了 CIS 系统设计，但同时也存在不足之处。花山岩画的 CIS 设计必须避免同质化、标语化等

---

① 彭兰：《网络传播学》，中国人民大学出版社 2009 年版，第 90 页。

现象寻求差异性。不能让 CIS 的导入几乎成了一种摆设，大家既不懂执行也不懂管理，如果理念个性缺乏，使左江花山岩画的文化精神和品牌塑造成千篇一律的词语堆砌，也直接导致其外在视觉形象的个性缺失。因此，根据花山岩画的文化内涵正确导入 CIS 系统设计，可以聘请专门的设计公司重新设计花山岩画品牌形象。

左江花山岩画刚成功申请世界遗产，而崇左处在省会城市之外的地级偏远城市，和那些具有交通便利条件的城市相比有很大的不同。目前花山岩画景区的视觉形象基本处于只有标志和路牌指示的现状，而没有一套完整的视觉形象识别系统用于景区建设和对内对外宣传工作。这种情况对于花山岩画的文化推广、品牌塑造和长远发展是极其不利的。面对激烈的市场利益化竞争，在地域远和认识度低的双重困境下，正确导入和建立一套完整的 CIS 系统来宣传自己，扩大影响力，建立品牌效应，是应该关注和解决的一个重大问题。通过导入 CIS 系统设计，有利于花山岩画在公众心里建立良好的形象和一定的品牌知名度，有利于在竞争中赢得市场，成为促进花山岩画景区更快、更好发展的助推器。

2. 崇左城市标识系统设计

花山崖壁画是广西左江流域崖壁画的总称。花山崖壁画遍布方圆几百平方千米的左江流域，主要集中在广西崇左市的宁明、龙州、扶绥、大新、江州、天等、凭祥等县（市）以及越南北部的左江及其支流明江、平而河、黑水河两岸附近的悬崖峭壁上，形成一条长达 300 多千米的画廊。① 但大多数人提及花山岩画，仅仅认为是一个旅游景区，最多也只知道是在宁明县。对于一个城市来说，城市形象对内可使市民产生强烈的自豪感和归属感，提升城市文化的内涵，彰显城市个性和魅力；城市标识代表着城市的历史、现在和未来，是一座城市灵魂的体现，重新设计城市标识系统对外能够迅速提高城市的知名度和美誉度，同时促进崇左市改善投资环境，增强城市吸引力，促进人才、资金、技术等优势资源的聚集和流动。

合理构建崇左城市标识系统，将崇左的城市旅游发展理念和精神文

① 王建平：《论花山文化品牌的打造》，《广西社会科学》2005 年第 8 期（总第 122 期）。

化及各种旅游信息，运用行为活动、视觉设计等整体识别系统，传达给与崇左市有关的每个人以塑造一种与众不同的良好的旅游形象，使人们对崇左产生认同感和归属感。有助于完善崇左的城市旅游功能，提高崇左旅游空间的可识别性，促进旅游的可持续发展，有助于崇左城市形象的提升。

首先，从整体到细节的思路，结合花山岩画形象标识和环境标识，解析城市标识系统的设置。其次，分析花山岩画的各种元素，以及环境标识作为城市公共设施与环境协调性，并体现花山岩画特色等问题。对相关理论进行分析研究的基础上，通过对花山岩画历史文化特征的归纳、分类、提取，以系统理论为构成框架，结合标识的对应关系，对崇左城市标识系统将导向标识与旅游建设相结合，从一种新的角度诠释视觉识别系统。最后，将 CI 理论、空间环境的界定表达与视觉形象审美意识作为旅游标识系统建设的依据，提出可执行的保护旅游文化资源方式，也为崇左旅游形象设计的研究提供一个新的实践方法。

二　持之以恒打造花山文化品牌建设

（一）花山岩画吉祥物设计

品牌学认为，品牌是有表象性的，它表现在"品牌必须有物质载体，需要通过一系列的物质载体来表现自己，使品牌有形化。品牌的直接载体主要是文字、图案和符号；间接载体主要有产品的质量、产品服务、知名度、美誉度、市场占有率。没有物质载体，品牌就无法表现出来，更不可能达到品牌的整体传播效果"。[①]

吉祥物设计是一门艺术，要突出文化内涵，遵循文化背景。在设计花山吉祥物上，其艺术性主要表现在：第一，设计主体可以以花山岩画人物客观实体为主。按花山岩画现有的人物族属、年代、主题内容和风格等问题进行设计和创新，借助花山岩画及花山文化对壮民族、中华文化乃至世界文化的影响，进行人物风格的界定，达到中西共融，雅俗共

---

① 陈放：《品牌学——中国品牌实战原理》，时事出版社 2002 年版，第 14 页。

享。充分利用花山崖壁画的民族性、文化性和神秘性的独特魅力进行设计。第二，我们在设计花山岩画吉祥物时更应该侧重于将它融入娱乐性和知识性，而不是强调它的外观。第三，设计形式以简单平易、情理交融为主。传播学指出，"大众传播媒介通常都要尽量吸收最大量的受众，因而它们的内容在形式上是简单的"。①

（二）花山岩画宣传标语征集

文化推广的进一步推进离不开标语口号的落实。崇左市可以用政策引路，用政策激励，用政策保障，不折不扣地制订文化标语宣传口号征集方案，加快花山岩画的文化产业发展。

宣传口号能够恰当客观地反映当地风景文化的特征，具有一呼百应的号召性、鼓舞性，也是品牌的一个表现。宣传标语应该独树一帜，言简意赅。朗朗上口的宣传口号有利于形成和维持花山文化形象，因此，品牌需要标语的支持，才能深入人心。宣传口号必须能深刻刺激人们大脑皮层，才会进入并留在人们的脑海里，要想人们了解花山岩画，要求我们在打响花山文化宣传口号时既要集中在一个时期打攻坚战，也要分阶段打持久战，长期宣传花山岩画，以加强人们对花山的认识。深入人心的口号是提高花山文化知名度和美誉度，吸引人们目光的有力手段。世界各国、中国各地的旅游胜地均有其响亮的口号。如流传千古的"桂林山水甲天下"，让桂林市名扬四海，"养生天堂，曼妙普洱""柔情傣乡，雨林景洪""多彩贵州，爽爽贵阳"等宣传口号，能够唤起无数人对不同城市的向往，这就是口号的力量。崇左市应该大量收集反映花山岩画的文学作品和文艺作品，并把作品归档分类，从中寻找差异，精练宣传标语，从而达到宣传效果，而实现花山文化品牌的文化效益、社会效益和经济效益。

三　保护第一　开发第二

千百年来，无数文物古迹已在风尘中湮灭。历史经验证明，文物古

---

① 胡正荣：《传播学总论》，北京广播学院出版社 1997 年版，第 215 页。

迹得不到有效的保护和修复最终也将劫数难逃。花山岩画已被公认为壮族先民留下的伟大艺术作品，具有突出的普遍价值和特殊价值，需要很好地得到保护和传承。在保护与开发两者之间需要做到生态开发才能长久形成一个稳定的文化产业，从而也才能建立品牌文化。在实现文化品牌战略的过程中实施有效的保护措施显得尤为重要。

（一）产研结合

花山岩画资源的开发与保护并重，要做到合理开发必须有效保护在先。实行产研结合的市场路线是能够把握市场前沿先进文化前进方向与多样化相统一，继承与开拓相辅相成，保护文物才会与开发利用相结合，发展产业教研相结合坚持发展市场机制作用与加强宏观调控相结合。

产学研合作已经不是一个新概念，作为推进高等院校和科研院所科技创新成果转化的有效途径，它在诞生之初就天然地将政府、企业和高校及科研院所紧密地联系在一起。文化产业可以依托教育资源的有效整合达到研究、开发、生产一体化的先进系统并在运行过程中体现出综合优势。

花山岩画是我国西南部重要的文物资源，具有独特的自然景观和丰富的人文景观，具有非常明显的生态旅游资源特征，旅游开发价值高。但是旅游发展将面临人们的活动与自然环境相互协调发展的问题，对这个矛盾冲突提出保护在先、开发在后的安全策略，将生态开发理论和可持续发展作为花山岩画资源开发的理论，对花山文化品牌建立实际操作层面具有实践意义。

（二）政企合作

随着花山文化艺术节的举办和申报世界文化遗产项目的成功，花山文化走进了人们的视野。开发花山文化资源和打造花山文化品牌需要高技能人才从事花山文化各项包括历史、人文、旅游、设计等相关工作。

崇左市政府可以通过社会招聘和专项人才引进向社会公开招聘技术人员，也可以从当地民间企业招聘民间企业家、科技人员到文化单位等进行人才的培养和交流。一方面，政府继续投入以多种类型的产学研计划合作项目,把花山岩画基础研究与应用研究和花山文化品牌建设的发展紧密联系起来。同时也资助有一定应用前景的工业科研项目,鼓励企业与文化界联合申请基金项目,并对由企业介入投资开发产品的项目实行重点资助。另一方面,一些实力雄厚的大公司,通过非专项科研基金向大学提供资金援助,或者提供科研研究设备,让大学科研人员组队进行专项研究。基于此立场,企业可以通过科研设备租用收费获得收益,高校科研人员也可以拥有足够先进的科研条件进行专项研究,同时,企业赠与或设立相应研究岗位给予高校人员竞聘保证企业与大学建立长久合作为进一步开展研究打下基础。打造花山文化品牌的研究类型科研采用以下三种形式:一是高校大学科研工作者与企业就政府提供课题开展合作,将高校的研究能力和企业的技术力量相结合。二是企业、高校和政府共同就花山岩画进行跨学科跨领域进行研究。三是政府提供花山课题,高校人员申报进行科研,企业参与资助,共同打造文化品牌。

(三)人才巩固

花山文化要成为品牌的关键在于打造,而"'打造品牌'是指通过一整套科学的方法,从品牌的基础入手,对品牌的成长、飞跃、管理、扩张、保护等进行流程化、系统化科学运作"。品牌的建立要以人才保障为前提,提高技术人员的知识技能是打造文化艺术品牌的基础。根据花山岩画文化资源的发展,让高技能知识分子自由而主动地选择来花山从事相关技术项目工作,才可以在今后花山文化建设过程中,树立适应现代信息社会的新理念,整合文化资源,将花山文化推向世界。

崇左政府在推进花山岩画文化品牌建设时首先要做好明确人才规划。首先,人才不是靠简单培训而来的。人才的到来会给花山岩画研究带来新生力量,但有时候会有人才培养不到位的落差。原因在于单纯简单的培训只能告知有限的理念、知识、技能,而这些知识技能不能被培训者充分理解、消化,并应用到工作中去。政府需要根据发展确定各级、各类人才的需求,完成人才规划,然后明确人才标准并进行人才盘点;接着制订分层分类的重点群体培养计划;在此基础上实施人才培养。其次,避免人才培养与实际工作脱节。由于大多数人才缺乏必备的花山资源深层理解,专业学习资源还略显匮乏,靠个人吸收转化,并应用到工作中去的效果往往很有限。当中有两种倾向：一是政府针对人才所在行业特点、企业自身情况设计培养方法和内容；二是技术人员，全面了解花山岩画相关工作内容，结合其实际工作，量身定制自身技能提高的培养方案。最终，人才培养应"接地气"，直接与工作相结合，才能避免与实际工作脱节。

结　语

　　花山岩画是民族瑰宝，对深入研究壮族文化提供直接的活化资料。在开发的过程当中不能离开保护这个前提，花山文化不是简单岩画表现，打造花山文化品牌既要植根于两千多年的花山文化历史传统，又要体现时代精神，赋予新的形式、新的内容。文化品牌的建立不是一朝一夕建造完毕的，它需要深厚的根基，深入研究花山文化，挖掘壮民族文化的内在情感特征，深刻理解其发生发展的脉络及丰富内涵，从而把握壮民族文化或左江流域文化发展的规律，进一步充实和完善壮族文化。品牌打造要建立在民族的特有性上才有特色，才能作为符号元素代表壮族文化，具有民族性，才有世界性，也才能铸造其成为品牌。

　　（作者蒙建维系百色学院美术与设计学院实验室主任，文超武系百色学院美术与设计学院副院长、副教授）

做花山文化的讲述者

——论花山文化与崇左城市文化品牌的建设

李莉思

【摘　要】2016 年 7 月，随着"左江花山岩画文化景观"正式列入《世界遗产名录》，这一结果意义重大，从大的方面来说，填补了中国岩画类世界遗产名录的空白；从小的方面来说，广西终于有了自己的世界级的文化"名片"。拿到这张名片后，如何把古老的骆越文化与现代文化进行恰当的链接，走出一条发展与历史文化资源相融合的新路子是花山文化与崇左城市文化品牌建设的关键。

【关键词】花山文化；城市文化

2016 年，广西左江花山岩画文化景观以其规模宏大、表现形式独特、与自然景观巧妙融合以及悠久的古骆越文化征服了世界，成为世界文化申遗的一部分。作为广西一张新的世界名片，该如何用好这张名片，将离我们千年之久的骆越文化与现代文化进行对接，为现代人所接受，形成崇左独特的城市文化品牌是本文将要探讨的主要内容。

一　崇左城市文化的定位

随着党的十八大提出了"文化软实力显著增强"的文化建设目标，要求文化产业发展应遵循文化发展规律和产业发展规律，理性对待文化产业，增强文化产品积极内涵、传播能力和表现形态，中国不少城市开始摸索、反思、调整文化产业的新路子。我国幅员辽阔，东西南北地理环境、文化差异巨大，既有"千里冰封，万里雪飘"的北国风光，也有"小桥流水人家"的江南风韵，每一个城市都在自身的建设发展中形成了独特的性格和特点。城市是人类群居生活的高级形式，城市的建设目的是人类可以更好地生存发展，城市文化品牌的建设可以优化城市的发展，而城市文化品牌的建立需要在认清自我的前提下有一个清晰的文化形象定位，这是一个城市不断自我认识，也是一个城市增强文化自觉、文化自信、文化自强的过程，如历史资源丰厚的西安将其城市文化定位为"大唐文化"，但也曾遇到过由于历史资源过于丰富而无从下手的窘境；滨海城市青岛的文化定位是"音乐之岛""啤酒之城"，也经历了多年的政府扶持和发展模式的艰难探索；杭州的城市文化定位为"生活品质之城"，在此之前也由于定位不准而收效甚微。近年来，崇左也开始大力发展文化旅游，以其提升崇左的知名度、增强城市软实力。在《2015 年崇左市政府工作报告》中崇左市提出"发现山水崇左·圆梦别样桂林"旅游发展战略①，在 2016 年又继续推进文化旅游的建设，包括"加快崇左市旅游集散中心、'大德天景区'升级改造、大新安平旅游度假区、鼎龙国际旅游度假区、花山景区大型山水实景演出等项目建设。推动扶绥龙谷湾旅游休闲度假区项目在 2016 年底实现开园运营，力争龙州天琴谷文化旅游度假区、宁明蝴蝶谷景区、天等渠解农业观光生态旅游度假区在 2020 年前实现开园运营"。"加快推进中越德天·板约国际旅游合作区、中越友谊关—友谊国际旅游合作区、龙州红色旅游国际合作区、宁明公母山跨境旅游合作区建设，培育中越边关探秘游、左江花山文化游、中越跨国风情游、中越边关红色游等旅游精品线路，打造边关旅游风情带"。"强化旅游宣传营销……创新推广旅游电商营销……加快开发具有本地文化特色的旅游商品，提升旅游产业附加值。"② 崇左市根据自身所拥有的文化资料及其特殊性，以点带面将旅游与文化相结合，充分利用城市的地理优势和文化优势，通过跨境旅游和民族文化展示使城市文化的内容多样化，再进行城市基础设施的完善和景区的配套设施的建设，下一步崇左市所要考虑的是如何让这

---

① 孙大光：《2015 年崇左市政府工作报告》，崇左市政府，2015 年。
② 孙大光：《2016 年崇左市政府工作报告》，崇左市政府，2016 年。

些文化形象"走出去"。

二 崇左城市文化的保护与开发

2016 年 7 月,"花山岩画文化景观"被列入世界文化遗产名录,这是广西第一个世界文化遗产,崇左作为这一资源的拥有者,应当扮演好一个文化保护者的角色。首先,崇左壮民族文化资源丰富。崇左是广西壮族人口比例最高的地级市,拥有丰富的稻作文化、青铜文化、花山文化、土司文化、山歌文化、节庆文化和歌圩文化;拥有左江花山岩画研究院和左江流域文化研究基地的壮文化研究平台,并建成全国最大的以壮族文化为主题的博物馆——崇左壮族博物馆;崇左市有计划地培育壮民族文化和东盟文化产业园区,以推进花山岩画文化景观、壮族民族民间文化艺术之乡等文化资源产业开发,推动文化资源的形式转化。其次,崇左重视对本地文化遗产的保护。[1] 崇左对花山岩画的保护首先从水害治理和岩体抢救开始。崇左位于广西南部,为左江流域范围,主要地貌为喀斯特地貌,由于河床深窄,河道曲折,流速减慢,每当下大雨极易造成水灾,自然界的侵蚀对花山山体影响很大。国家先后安排了3120 万元对花山岩画开展保护抢救工作,广西壮族自治区、崇左市也出台了《关于宁明花山岩画区域环境保护意见的通知》《广西壮族自治区左江岩画保护办法》《崇左市左江花山岩画保护管理办法》等法律法规对花山岩画进行保护。另外,宁明县委、县政府对于花山"保护第一,利用第二"原则也有利于减少人为的损害,在此原则下,植树造林、提高景区内居民的保护意识的措施也得以有效施行。[2]

崇左的城市文化发展的独特优势在:经济方面,2015 年全年生产总值 649.72 亿元,财政收入 73.16 亿元,2016 年全市地区生产总值738 亿元,财政收入 58.2 亿元,崇左的经济稳定增长,为崇左的城市文化发展奠定经济基础;在资源方面,崇左有独特的古骆越文化资源和

---

① 中共崇左市委宣传部课题组:《实施民族特色文化传承创新工程 建设特色民族文化先进市》,《左江日报》2015 年 12 月 14 日。

② 陈露露、庞冠华:《宁明县花山申遗历程》,http://gx.people.com.cn/n2/2016/0712/c377225-28654059.html,2016 年 7 月 12 日。

历史资源，可以为崇左的城市文化开发利用，辅助壮民族的其他文化和崇左的山水风光，形成具有鲜明地域特色的城市文化品牌；在区位方面，崇左与越南接壤，在国家"一带一路"倡议下可以发挥积极的作用，也容易得到国家层面的关注和支持，崇左在对外贸易和国际旅游合作中可以形成文化产业对接，加速城市文化品牌的建设。

三　崇左城市文化的生命力

中国不少城市在规划、建设本城市文化的过程中遇到的问题基本包括"我们有什么？""我们怎么做？""我们怎么走出去？"费孝通先生在《关于"文化自觉"的一些自白》中这样回答："切实做到把中国文化里边好的东西提炼出来，应用到现实中去。在和西方世界保持接触，进行交流的过程中，把我们文化中好的东西讲清楚使其变成世界性的东西。首先是本土化，然后是全球化。"一个城市的文化要有真正的生命力和吸引力，首先必须有其深厚的本土历史文化和不可替代性。

目前，国内的城市推广自己的城市文化采用的主要传播方式是节庆传播和赛事传播，即通过举办节庆活动或较高规格的赛事进行推广，以提高在媒体的曝光率和知名度。崇左同样也采取了这一传播方式，例如"三月三祭壮祖赶歌坡赏木棉"活动、大新县的侬峒节、霜降节、龙眼嘉年华、中国·东盟自行车越野公开赛等活动，但似乎效果并不理想。花山岩画历经千年而不褪色，绘画图像反映了战国至东汉时期岭南左江流域当地壮族先民骆越人群体祭祀的场景，这一遗迹具有丰富的文化内涵和重要的考古科研价值。花山岩画的未解之谜更是引起了中外专家、学者探究的兴趣。崇左花山岩画文化从广西走向中国，从中国走向世界，是古骆越文明生命力的又一次迸发，而崇左市在这里扮演的角色应该是一个花山文化的讲述者。如果单纯地把花山岩画文化作为一个景区，对于游客而言不过是一次一次性的旅游和消费，并不会产生多深刻的印象，或者有再次回访的想法。但如果这些历史是动态的，是与现实生活相联系的，那么这对于游客而言就不再只是一次简单的观光，而是一次对古骆越文化的探索发现之旅，它是动态的，与现实生活相连的，而这个探索发现之旅的讲述方式可以借助现代文化的多媒体来进行展现，比如崇左市的花山景区大型山水实景演出项目的建设。通过实景演出的方式，来讲述古骆越人的生产生活，感受蛙形舞姿在祭祀仪式中的神秘，探知铜鼓对于壮族人民的神圣意义，了解狗和水稻之间的关系，使游客在实景演出的环境下有穿越历史空间的现实感。但实景演出对于山水环境有特定的要求，固定的客流量也是实景演出得以持续进行的前提。如果想要进一步拓展城市文化的辐射力和影响力，可以通过电影的方式进行传播，例如以桂林山水为背景的电影《刘三姐》、陕西新生代电影人王全安导演的电影《图雅的婚事》等都是在城市文化品牌营销中的成功案例。

另外，让来访者愿意为崇左停留下来的不单只有花山文化，也应当包括城市文化的细节。城市文化的细节应当包括当地人的生活方式、对待外来者的态度、外来者对城市文化的接受度、外来者对饮食文化的兴趣度、城市绿化美化的细节、公共设施服务细节等，城市文化的细节部分是城市文化延展的空间，正是由于有了这些文化细节，城市人们的生活细节得以体现，生活品质得以提升，同时也会吸引更多的来访者。通过外来者的体验和口碑，树立城市文化形象。

结　语

崇左有较为丰富的文化资源和自然资源，但由于还处在探索阶段，存在不少的"短板"和问题。城市文化品牌的挖掘和建设是一个长期发展的过程，崇左政府也在大力发展文化旅游产业，提升城市的软实力。从崇左2013年政府报告中提出的"保持好山青水绿天蓝的生态宜居品牌，让生态'红利'惠泽子孙后代"口号到2016年实施"发现山水崇左·圆梦别样桂林"文化旅游发展战略，崇左一直都在城市文化品牌的道路上坚持着。相信古老的花山文化会在新时期继续延续壮民族文化的精彩。

参考文献

[1] 孙大光：《2015年崇左市政府工作报告》，崇左市政府，2015年。
[2] 孙大光：《2016年崇左市政府工作报告》，崇左市政府，2016年。

［3］中共崇左市委宣传部课题组：《实施民族特色文化传承创新工程　建设特色民族文化先进市》，《左江日报》2015 年 12 月 14 日。

［4］陈露露、庞冠华：《宁明县花山申遗历程》，http：//gx. people. com. cn/n2/2016/0712/c377225 – 28654059. html，2016 年 7 月 12 日。

［5］文春英：《城市品牌与城市文化：对话中国九大名城》，中国传媒大学出版社 2014 年版。

［6］张健康：《城市品牌研究》，浙江大学出版社 2013 年版。

［7］黄桂秋：《壮族传统文化与现代传承》，光明日报出版社 2016 年版。

（作者系百色学院讲师）

论陶雏器文化产业化开发研究

——以桂林万年人类智慧圣地为例

苏 腾

【摘 要】 甑皮岩首期陶作为中国乃至世界罕见的"陶雏器",是桂林作为"万年智慧圣地"的重要见证。在加强陶雏器文化保护的基础上,如何利用桂林陶雏器文化产业发展的优势和潜力,有效地进行产业化开发,实现文化传承和文化产业发展的有效结合,打造桂林陶雏器文化品牌,是值得深入探讨的问题。

【关键词】 桂林万年人类智慧圣地;陶雏器;产业化开发

陶雏器①,全称双料混炼陶雏器,是指采用双料混炼工艺制作,通过一定方式成型,未经烧制就具备承受火炼不开裂的功能,具有一定用途,在使用中经受火烧形成一定致密度,尚未完全陶化的夹砂泥塑器。据考古研究显示,桂林甑皮岩首期陶距今12000年,烧成温度极低,胎质疏松,遇水易解离,它在捏制成型后未经烧制就直接用来烧煮田螺等食物,它是甑皮岩先民运用双料混炼工艺制作的陶器雏形遗存,双料混炼是甑皮岩先民有意识的行为,是人类智慧的体现和结晶,是万年前甑皮岩先民的一项发明创造。

推进文化资源产业化开发,是加快文化产业发展和文化传承的重要举措。本文以桂林陶雏器文化为研究对象,研究探讨陶雏器文化产业化

---

① 陈向进、周海:《陶雏器——桂林甑皮岩首期陶》,《陶瓷科学与艺术》2016年第5期。

开发的潜力、开发原则及开发思路，这对实现陶雏器文化传承和可持续
发展具有重要意义。

一　桂林陶雏器文化的背景

根据目前的发现，甑皮岩遗址的史前文化遗存被区分为五个时期：
第一期距今为 11000—12000 年，第二期距今为 10000—11000 年，第三
期距今为 9000—10000 年，第四期距今为 8000—9000 年，第五期距今
为 7000—8000 年，代表了当地从距今为 7000 年到 12000 年史前文化的
发展及演化过程。

位于广西桂林市南郊独山西南麓的甑皮岩遗址，发现于 1965 年 6
月，是华南乃至东南亚地区新石器时代洞穴遗址的典型代表。2001 年，
由众多考古学家组成的考古队经过细致的发掘，一块夹有石英颗粒、胎
质疏松、在常人眼里和泥块差不多的粗陶片重现人间。这块历经万年岁
月的侵蚀却奇迹般留存下来的陶片，属于甑皮岩遗址第一期陶器，简称
甑皮岩首期陶。

2016 年 9 月，中国社会科学院考古研究所、广西文物保护与考古
研究所、桂林甑皮岩遗址博物馆、桂林市文物保护与考古研究院、中国
民主同盟广西壮族自治区委员会经济委员会五方单位联合出具《综合
意见书》，一致认为：甑皮岩先民是具有高智商的智慧人，双料混炼技
术是万年前人类的发明，桂林是万年人类智慧圣地。桂林双料混炼陶雏
器是万年桂陶的祖先，堪称"陶祖"，是"智慧之源、文明之祖"的罕
见例证。同时，甑皮岩陶雏器的认定，填补了世界陶器起源空白，也使
桂林市成为目前世界上唯一具有三处万年古陶遗址的城市和中国发现洞
穴遗址最丰富、最集中的城市之一。陶雏器具有万年灿烂的历史文明、
厚重的文化底蕴，它将万年前的广西先人带入了煮食文明的阶段。因
此，研究开发陶雏器文化产业具有重要价值。

二 桂林陶雏器文化产业化开发的潜力分析

（一）桂林甑皮岩是中国乃至世界罕见的"陶雏器"，研究开发价值大

1965 年考古工作者在桂林地区进行文物普查时首次发现甑皮岩遗址。甑皮岩遗址位于广西桂林市南郊的独山西南麓，是华南地区新石器时代早期有代表性的遗址，目前已经成为华南地区唯一的国家考古遗址公园。甑皮岩遗址第一期发现的甑皮岩首期陶（也被称为陶釜）距今有 12000 年，是典型的"陶雏器"，被认为是陶器的祖先，英国 BBC 电视台把甑皮岩首期陶称为世界最古老的陶器之一，对于研究人类陶器发展的历史具有重要意义。另据考古研究显示，甑皮岩首期陶烧成温度极低，胎质疏松，遇水易解离，并具有能够承受火炼而不开裂的特性，其奥妙在于使用了特定配比的双料混炼工艺，这个发现对研究陶器工艺的发展脉络同样具有十分重要意义。因此，桂林陶雏器具有很大的研究开发价值。

（二）双料混炼技术具有独特性，是万年桂陶的精髓

桂林甑皮岩陶雏器之所以具有烧成温度低、能够承受火炼而不开裂的特性，是因为采用了双料混炼工艺，即两种材料按一定比例混炼成骨肉相融且具有一定黏结力及抗烧炼能力的坯料、器物。而在广西其他地区，如柳州大龙潭鲤鱼嘴、南宁豹子头、顶蛳山、钦州独料村、合浦汉墓群、钦州宁道务墓等古陶遗址，均发现不同年代疑似采用双料混炼工艺制作的陶器或陶碑，为研究广西陶器制作工艺发展留下珍贵的实物。万年以来，广西双料混炼制陶工艺从未间断，不断传承，赢得万年桂陶的美誉，形成了"双料混炼、骨肉相连、自然素面、窑变出彩、陶刻创作、陶艺造型"等制陶工艺为特点的区域特征。当今，采用北部湾钦江两岸东泥西泥双料混炼制作的广西坭兴陶已经成为中国四大名陶之一，是万年桂陶文化遗产历代传承、发扬光大的结晶典范。双料混炼工艺成为广西区域制陶特征的核心，是万年桂陶的精髓。

（三）桂林被誉为"万年智慧圣地"，有利于促进文化与旅游融合发展

自 1965 年以来，桂林市先后在甑皮岩、大岩、庙岩三处遗址发现了距今万年以上的陶器，桂林市因此成为目前世界上唯一具有三处万年古陶遗址的城市，甑皮岩发现的罕见"陶雏器"更是填补了世界陶器起源的空白，桂林并因此成为世界上最重要的陶器起源地之一，也因此跻身"万年人类智慧圣地"。在新的文化遗产保护理念与形式下，为了有效促进历史文化、旅游与城镇建设融合发展，2010 年甑皮岩遗址被列为第一批国家考古遗址公园立项项目并于 2013 年获批国家首批 23 个国家考古遗址公园之一。遗址公园将建成"一址、两馆、三中心、四大主题景观、五大旅游项目"的发展格局，打造成为集遗址保护、考古体验、教育展示、旅游休闲等功能于一体的国家级考古遗址公园，为桂林国际旅游胜地建设增添了重量级文化名片。另外，位于桂林阳朔的图腾古道景点是著名的"十里画廊"，展出的石器、陶器、自然图腾柱等再现了甑皮岩文化的历史风貌，深受游客喜爱。

近年来，桂林市旅游业实现平稳快速发展，2012—2016 年旅游总收入每年均以 20% 以上的速度增长，2016 年旅游总收入达到 637. 31 亿元，占 GDP 的 30. 7%（见图 1）。甑皮岩国家考古遗址公园的建设以及陶雏器文化将为桂林旅游业与历史文化产业的融合发展带来更大机遇。

（四）广西是面向东盟的前沿窗口，具有与东盟国家的文化交流与合作的优势

广西作为中国—东南亚合作的前沿阵地，处于"21 世纪海上丝绸之路"的核心地带，同时肩负着现实"两个建成"目标的任务。近年来，广西与东盟在经贸等领域加强合作与交流的同时，也将与东盟各国的文化交流、合作作为重要的内容，并竭力将广西打造为在中国有较大影响力的区域文化中心、对东盟文化交流的枢纽、中国文化走向东盟的主力省区和生力军。广西对东盟的文化交流也从原来以文艺表演为主的单一形式，延伸到文物博览、工艺美术等多个领域。广西桂林市出土的文物——陶雏器被认为是世界上最古老的陶器之一，其运用的双料混炼

工艺在广西陶瓷制作中得到了万年的传承发展,当前广西北流、钦州、宜州等地的陶瓷在国内的知名度逐渐提升,陶雏器文化产业将成为广西与东盟国家进行文化交流与合作的又一新领域。

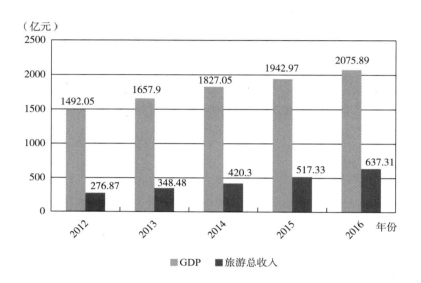

图1 2012—2016 年桂林市生产总值与旅游总收入情况

据统计,2014 年第一季度广西文化产品共进出口 8037.1 万元。其中,广西对东盟文化产品进出口达 3002.7 万元,与 2013 年同期相比增长 28.6%,占广西文化产品进出口值的 37.4%,东盟成为广西文化产品最大进出口伙伴。随着广西陶瓷器文化产业的不断发展以及广西与东盟国家间文化交流的不断深入,未来桂陶文化在世界上的知名度将进一步提升。

(五)陶瓷文化产业发展潜力巨大,市场空间广阔

陶瓷是我国传统的、历史悠久的优势产业。按照用途,陶瓷可以分为日用陶瓷、艺术(陈列)陶瓷、卫生陶瓷、建筑陶瓷四大类。近几年,国内陶瓷行业规模不断扩大,中国陶瓷制品制造行业销售收入连续 3 年同比涨幅在提高,发展势头良好,如图 2 所示。与其他类别陶瓷相比,艺术(陈列)陶瓷具有高技术性、高价值性、高艺术性和高市场空间，使艺术（陈列）陶瓷在装饰、收藏、送礼等领域的需求十分强劲，具有广阔的全球市场空间，2012—2014 年艺术陈列陶瓷行业收入同比涨幅高于陶瓷制品制造行业销售收入，继续保持高增长态势，发展尤为迅速，如图 3 所示。

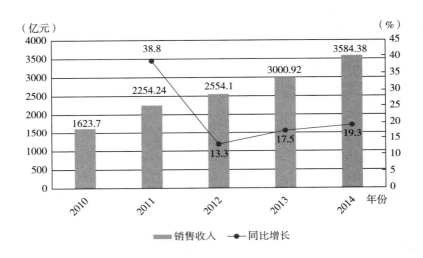

图 2　2010—2014 年中国陶瓷制品制造行业销售收入

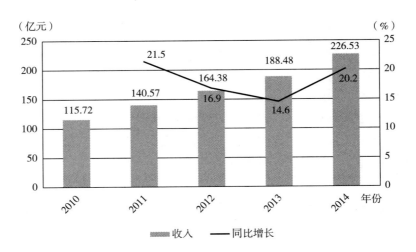

图 3　2010—2014 年中国艺术（陈列）陶瓷行业收入

其中，桂林陶雏器属于艺术（陈列）陶瓷范畴，尤其是其具有更高的艺术价值和历史价值，发展优势十分明显。在艺术（陈列）陶瓷良好发展势头的背景下，桂林陶雏器产业面临着极大的发展机遇和有利的发展环境，发展潜力巨大。

三　桂林陶雏器文化产业化开发应遵循的原则

陶雏器是广西先人智慧的结晶，是桂陶文化的载体，具有丰富的文化内涵。因此，开发利用陶雏器文化资源要在保护与传承的基础上进行，充分挖掘其文化潜力，这就要求开发陶雏器文化资源过程中必须坚持和遵循一定原则。

——保护优先原则。对于陶雏器文化产业的开发，要坚持保护第一，开发第二，做好甑皮岩遗址保护工作，杜绝不规范和破坏行为，促进文化遗产的有效传承和可持续发展。

——适度开发原则。在开发陶雏器文化资源时，要坚持有限开发的原则，处理好保护与开发的关系，杜绝盲目开发。同时，要将公益性和社会效益放在首位，兼顾经济效益，注重优势转化，逐步扩大陶雏器的文化影响力。

——突出特色原则。目前各地区陶瓷文化之间的差异正在缩小，陶雏器文化的独特性受到挑战，这就要求开发陶雏器文化资源，要立足陶雏器特色，充分挖掘陶雏器万年文化的独特资源及其万年人类智慧结晶的潜力优势，凸显其差异化特征，走特色产业化之路。

——创新创意原则。以创新发展理念，加大陶雏器文化产业及配套产业的研发投入，推进陶雏器文化产品多元化，塑造文化精品，形成产业核心竞争力，拓展产业发展空间，提升市场份额。

四　桂林陶雏器文化产业化开发的思路与对策

（一）主动融入"一带一路"倡议，扩大陶雏器文化影响力

桂林是万年桂陶文化的发祥地之一，也是古老的西南丝路、海上丝

路与茶马古道的重要枢纽。因此，在陶雏器文化产业化开发过程中，以
"推动文化交流、共谋合作发展"为宗旨，秉承开放、合作、交流、共
享理念，充分利用广西是面向东盟开放的前沿窗口和"一带一路"倡
议实施的有利机遇，借助东盟博览会平台，积极主动地融入"一带一
路"中，通过项目合作、展览、演艺、研讨会等形式，加强与海上丝
绸之路沿线国家在陶雏器文化上的交流与合作，不断加大陶雏器文化宣
传力度，促进桂林陶雏器文化"走出去"，进一步增强陶雏器文化的影
响力、吸引力，为山水桂林增添新名片——桂林万年智慧圣地，使陶雏
器文化成为促进桂林文化旅游业发展的重要力量。

（二）积极争取政策支持，建立文化产业开发机制

当前，政府对陶瓷器文化传承和开发的资金投入、政策支持力度不
够，这与陶雏器文化的重要研究价值和影响力是不匹配的。因此，要积
极争取广西或国家政策支持，将陶雏器文化保护与传承上升到一定高
度，积极开展主题展示、宣传、申遗等工作，并设立专项资金，为陶雏
器文化传承与保护工作提供保障。同时，文化产业化是需要借助市场主
体来推动的，这意味着陶瓷器文化产业化开发，需要在政府引导和扶持
政策的基础上，积极引进外资、民间资金，探索以市场化运作的方式来
推动陶雏器文化产业化开发，形成多渠道、多形式的文化产业投入
机制。

（三）积极发展陶雏器文化旅游，提升游客认同度

在桂林甑皮岩发现的首期陶是中国乃至世界罕见的"陶雏器"，尤
其是其双料混炼技术更是彰显了万年前人类非凡的智慧。因此，以桂林
陶雏器的独特性、历史性特征为切入点，集中力量，设计一条合理的桂
林陶雏器文化精品旅游路线，促进陶雏器文化旅游发展。[①] 首先，引导
游客参观桂林甑皮岩、庙岩、大岩遗址及有关景点，通过导游解说、科
普讲堂让游客对陶瓷器文化有基本的认知。其次，突破游客以往单一参

---

① 吴丹妤、吴煜：《促进陶瓷文化旅游新模式——将旅游业引入陶瓷产业链》，《景德镇学院学报》2016 年第 1 期。

观观赏的游览方式，让游客亲自参与其中，深入体验陶雏器的生产过程、制作工艺，了解"陶雏器"独特的双料混炼技术以及历史背景，增强游客的好奇心和认同度。最后，在陶雏器遗址或博物馆设置购物点，开发相关纪念品，为游客提供陶雏器有关工艺品、纪念品购买服务。

（四）延伸产业链，培育陶雏器文化新业态新模式

桂林《印象刘三姐》《云南映像》等大型实景演出，成功地将民族文化遗产转换为经济效益，使文化传承与文化产业化发展实现完美结合。因此，学习借鉴刘三姐品牌打造方式，深入挖掘陶雏器文化的内涵，创新文化开发方式，延伸产业链，借助市场化手段，通过影视挖掘、会展展览、演艺等，以及建设一批反映陶雏器文化的主题街区、景观，设计体现陶雏器的主题展览、主题活动和特色旅游纪念品，不断丰富陶雏器文化发展的业态和发展模式，将陶雏器文化直观地展示出来。① 同时，学习借鉴景德镇、湖南醴陵等地区艺术陶瓷产业发展比较好的地区，探索桂林陶雏器文化产业发展模式，将桂林陶雏器打造成为广西重要艺术陶瓷品牌。

（五）融合发展，注意与其他产业进行整合开发

陶雏器文化产业开发不是单一、孤立的，我们要创新发展观念，树立大文化理念，将陶雏器文化产业发展融入其他产业发展中。

一是积极与桂林经济社会建设总体战略布局衔接融合，以"万年陶瓷、智慧圣地"作为重点宣传口号，对陶雏器文化产业化开发的功能定位做出明确的要求。

二是按照"以平台促融合，以融合带产业"的思路，积极培育以"陶瓷文化＋旅游""陶瓷文化＋影视""陶瓷文化＋会展""陶瓷文化＋演艺"等"陶瓷文化＋"的产业融合发展模式，通过多领域发力，加快陶瓷文化产业发展上升到更高层次。

---

① 俞支援：《关于越窑青瓷文化产业产品实现产业化开发的探索与研究》，《商业经济》2014 年第 4 期。

　　三是桂林市是旅游大市，要懂得借势、顺势、造势、乘势，将陶雏器文化产业开发融入桂林市旅游业整体布局和发展中，例如在桂林知名相关景点做好陶雏器文化宣传、展示、演艺等，在城镇化建设中融入陶雏器元素。

（作者系广西发改委经济研究所副所长，高级经济师）

左江流域少数民族传统文化发展：
机遇、问题和策略[*]

黄尚茂

【摘　要】左江流域少数民族传统文化发展因国务院批准实施左右江革命老区振兴计划、"一带一路"倡议实施、花山申遗成功等因素而获得难得的历史机遇，同时也面临着边缘化、开发程度较低和地方民俗文化精英较少等现实问题。在机遇与问题面前唯有变迁与重构，并坚持在创新中坚守，在坚守中创新才能健康发展。

【关键词】左江流域；少数民族传统文化；传承与发展

进入 21 世纪以来，随着民族文化自觉意识的提升，少数民族传统文化发展问题越来越受到学术界的重视，很多学者迈开了脚步走向民间、走向田野，对少数民族传统文化发展问题进行了调查与研究，也产生了许多重要的成果。但是学术界对左江流域少数民族传统文化发展研究的成果还较少，因此笔者在田野调查的基础上对这一问题展开研究，提出一些策略，以期有利于这一区域少数民族传统文化的发展。

左江，郁江右岸 1 级支流，也是郁江最大的支流，古称斤南水、斤员水，发源于越南广宁省平辽县与广西宁明县桐棉乡交界的枯隆山西北方 10 千米处，向西北流，经越南广宁省亭立县、高谅省禄平县、谅山

---

　* 基金项目：广西高校科研资助项目（YB2014425）；广西边疆少数民族文化研究中心科研资助项目（SKZDS2014003）课题阶段性成果。

市，至七溪县北江河从左岸汇入，以上称奇穹河，以下称黎溪，向东北流，于广西凭祥市边境平而关进入广西境内后又称平而河（古称松柏河、黎溪河），至龙州县城西，水口河从左岸汇入后称左江。流至上金，明江从右岸汇入（龙州县城至上金河段又称丽江），至响水（龙州、崇左县交界处），黑水河从左岸汇入，再流经江州区（崇左市区河段又俗称府前江，因左江绕原崇善县城西、南、东三面故名）和扶绥县城，至南宁市区江西镇宋村汇入郁江。干流长591千米，其中246千米在越南境内，3千米为越、中（凭祥市）界河，342千米在广西境内。① 本文所指的"左江流域"是指左江在我国广西境内流经的宁明、凭祥、龙州、江州、扶绥等区域而不涉及越南。

一 左江流域少数民族传统文化发展机遇

（一）国务院批准实施左右江革命老区振兴计划

2015年2月，国务院正式批复《左右江革命老区振兴规划（2015—2025）》（以下简称《规划》）。《规划》明确了左右江革命老区的历史贡献"是中国共产党在土地革命战争时期最早创建的革命根据地之一，邓小平同志在此亲自领导了著名的百色起义。长久以来，老区人民为中国革命、民族解放、边疆稳定作出了巨大牺牲和重要贡献"。但是受到历史及自然、地理等多方面因素的影响，左右江革命老区在现实发展中面临诸多困难和问题。为了帮助左右江革命老区克服困难，加快发展步伐，《规划》从"发展基础""总体要求""空间布局"等十个方面阐述了左右江革命老区创新发展的道路。

左江流域少数民族文化发展问题被纳入了《规划》第三章"特色优势产业"中的第五节"文化旅游业"。其中提到要发展崇左跨境旅游、左江花山岩画民族文化旅游等有助于少数民族传统文化发展的文化旅游项目和民族文化旅游区建设。国家发展改革委在《规划》中要求省级政府和国务院有关部门按照《规划》要求分解、落实各项任务，

---

① 关于左江的文字说明和数据均为崇左市水文局提供，于此谨表谢意。

并加强协同意识和监督检查。《规划》是站在国家层面的高度来规划左右江革命老区的振兴与发展，其实施必然有助于这一区域少数民族传统文化的发展。

（二）"一带一路"建设背景下左江流域文化发展呈现新格局

"一带一路"建设对边疆少数民族地区对外开放具有重大意义。2015 年 3 月，国家发展改革委、外交部、商务部联合发布了《推动共建丝绸之路经济带和 21 世纪海上丝绸之路的愿景与行动》（以下简称《愿景与行动》），国家给广西的目标定位是"加快北部湾经济区和珠江—西江经济带开放发展，构建面向东盟区域的国际通道，打造西南、中南地区开放发展新的战略支点，形成'21 世纪海上丝绸之路'与'丝绸之路经济带'有机衔接的重要门户"。[①] 左江流域沿线主要城市是地级崇左市（下辖江州区、龙州县、大新县、宁明县、扶绥县、天等县，代管凭祥市）。这一区域有一类口岸 3 个，分别是凭祥的友谊关、铁路，龙州的水口；二类口岸 4 个，分别是凭祥的平而、宁明的爱店、龙州的科甲、大新的硕龙和边民互市点 13 个。崇左市陆地边境线长533 千米，占广西全区陆地边境线总长度的 53%。这样的区位特点使崇左市成为《愿景与行动》中广西"构建面向东盟区域的国际通道"的重要基础。"一带一路"建设使处于边疆地区的崇左市由"边沿"变为"前沿"。

在"一带一路"建设过程中民间交往、交流的力量不可忽视，而这种交往、交流的重要内容是充满活力的文化交流。因此"一带一路"建设过程中提升沿线尤其是边境地区的文化软实力势在必行。"文化软实力集中体现了一个国家基于文化而具有的凝聚力和生命力，以及由此产生的吸引力和影响力。"[②] 可见，要提升中国文化在世界的影响力，就要增强我们的文化软实力。"一带一路"建设是包括左江流域在内的边境地区立足区域文化特色，提升自身文化软实力的重要机遇。

---

① 唐红祥：《广西参与"一带一路"建设的战略思考》，《广西社会科学》2016 年第1 期。
② 中共中央宣传部：《习近平总书记系列重要讲话读本》，学习出版社、人民出版社2016 年版，第 206—207 页。

（三）左江花山岩画成功列入世界文化遗产名录

2016 年 7 月 15 日，在土耳其伊斯坦布尔举行的第 40 届世界遗产大会上，左江花山岩画成功列入世界文化遗产名录。左江花山岩画绵延分布在左江及其支流明江两岸 200 多千米的崖壁上。申报世界文化遗产的区域内共包含 38 个岩画点 109 处岩画 4050 个图像，是我国南方乃至亚洲东南部区域内已经发现的规模最大、图像数量最多、分布最集中的岩画群。左江花山岩画申遗成功，实现了中国岩画类世界遗产零的突破，具有重要的意义。

世界文化遗产因其本身具有极高的历史、文化、艺术价值而在世界范围内发挥出巨大的旅游功能，吸引着世界各地的游客。左江花山岩画是壮族先民骆越人杰出的艺术创造，具有浓厚的壮族文化意蕴。左江流域在发展世界文化遗产旅游过程中必然要将民族文化的历史与现实相结合，固态文化遗产与活态非物质文化遗产相结合，将两种文化资源整合、整体展示，打造有精神内涵、民族风格、世界意义的文化旅游产品。这也将给左江流域少数民族传统文化发展带来新的活力。

二 左江流域少数民族传统文化发展面临的主要问题

（一）生计方式变迁使少数民族传统文化边缘化

在传统社会中，左江流域乡村少数民族的生计方式是稻作农耕。这一结论有民族语言资料、民族民俗资料和考古发现作为凭证。考古工作者曾在左江流域扶绥县中东、昌平、渠黎挖掘到大石铲。"大石铲与铜鼓、岩画同为具有浓厚广西地方特色的三类文物，又是广西文物考古十大精品之一。"① 大石铲是新石器时代稻作农耕生产工具。迄今为止，崇左市已经发现大石铲遗址 17 处，说明左江流域有较丰富的新石器时代稻作农耕文化遗存。稻作农耕是左江流域少数民族传统文化生存的土

---

① 谭先进：《崇左文化述要》，广西人民出版社 2010 年版，第 94 页。

壤和文化生态基础。

岁时节日、饮食文化与稻作农耕。左江流域少数民族传统岁时节日多围绕稻作农耕生产展开。龙州县金龙镇壮族的布傣族群于每年农历正月初八到十五在各个布傣族群村落依次举行的侬峒节上有一个核心的仪式——"求务",即求"苗务"、农作物的种子等。在龙州、大新一带的壮族群众每年农历六月过的"昆那节"(稻田的壮语汉译音为"那","昆那节"是稻田的生日之意)的民俗也反映了当地壮族对稻田的崇拜。在这些传统的岁时节日饮食中人们还把产自稻田的糯米制成五色糯米饭、糍粑、粽子等节日美食用于祭祀和为活人享用。之所以用糯米制作食物制品是因为与糯米口感好、香味独特的品性有关。"人们认为这样的品性与神的赐予有关系,而好的东西应与神同享,于是糯米也就具有了某种'神性'。"① 在左江流域少数民族传统节日中的这些民俗仪式和民俗食品都是围绕着稻作农耕生产生活这个中心展开的。

民间艺术与稻作农耕。民间艺术来源于社会生活。正如艺术史家阿诺德·豪泽尔说:"世界上只有无艺术的社会,而没有无社会的艺术。"② 左江流域的民间艺术与稻作农耕的社会生活紧密相关,可以说是因"那"而艺。如龙州壮族的自治区级非物质文化遗产——天琴艺术产生的传说与当地壮族祈求风调雨顺、免除旱灾、五谷丰登的朴素愿望有关。包括天琴弹唱音乐和天琴舞蹈在内的天琴艺术是稻作农耕祭祀性艺术。扶绥县壮族的春牛舞是一种拟兽舞,表演时由民众披上道具模拟牛耕田、犁地、嬉戏的场景。春牛舞是表现稻作农耕劳动过程,传授劳动生产知识性质的舞蹈。天等壮族的自治区级非物质文化遗产——打榔舞的产生也与稻作农耕生产相关。其舞蹈的动作韵律、造型特点和表演道具均由春稻谷的收获劳动场景发展而来。打榔舞往往在丰收时节表演,是庆贺稻作农耕丰收性质的艺术。

根植于传统生计方式土壤之上的少数民族传统文化是民俗生活的一部分,深受传统生计方式的制约,而且少数民族传统文化表现形态某种

---

① 杨筑慧:《糯:一个研究中国南方民族历史与文化的视角》,《广西民族研究》2013年第1期。

② [匈] 阿诺德·豪泽尔:《艺术社会学》,居延安译编,学林出版社1987年版,第37页。

程度上是传统生计方式的直接或间接表述。

随着社会的发展，特别是进入 21 世纪以来，左江流域少数民族传统生计方式也在悄然变迁。主要表现在由过去的稻作农耕变为少数人留守乡土种植甘蔗为主，辅之以花生、瓜果等经济作物，大部分人离开乡土外出务工。在此背景下，少数民族传统文化成了人们已经忘却的童年记忆。当下左江流域少数民族进行甘蔗种植这一商品性农业经济生产的条件已经有了很大的改善，由过去以人力、畜力为主的简单生产转向以农机化为主的现代技术性生产，生产劳动的技术含量有了明显进步。当"铁牛"（一种农机）代替了水牛、黄牛时，春牛舞自然也不再成为民族文化的主要形态而逐渐淡化出民众生活的文化时空。从这个意义上来讲，生计方式的变迁是少数民族传统文化边缘化的缘由，但是我们不能因此而拒绝变迁，也无法拒绝变迁。我们要做的是在变迁的语境下寻找少数民族传统文化发展的新路子。

（二）少数民族文化资源丰富但开发程度还不够

左江流域少数民族文化资源丰富，大致可以分为文化遗产资源、生态文化资源、红色文化资源、边关文化资源等。

1. 文化遗产资源

本文所指的文化遗产资源是指由官方认定，并向社会公布的文化遗产名录。包括世界文化遗产，国家级、省级（自治区级）、市级、县级非物质文化遗产等。截至 2016 年，左江流域自治区级以上少数民族文化遗产资源如下：

世界文化遗产：左江花山岩画。

国家级非物质文化遗产：天等壮族霜降节（扩展项目名录）。

自治区级非物质文化遗产：宁明瑶族服饰、宁明壮族民间染织工艺、宁明瑶族婚俗、扶绥壮族酸粥、扶绥壮族舞雀、扶绥壮族采茶剧、大新壮族高腔山歌、龙州桄榔粉制作、龙州/凭祥壮族天琴艺术、龙州金龙壮族侬峒节、天等指天椒加工工艺、天等进远石雕技艺、天等壮族拜囊海、左江山歌、江州草席制作工艺、左州金山花炮节、凭祥大连城武圣庙会。

2. 生态文化资源

"大力推进生态文明建设"是党的十八大报告的亮点之一。在此背景下，良好的生态文化资源显得弥足珍贵。左江流域生态文化资源获得自治区领导高度评价，自治区党委彭清华书记在左江流域考察时为崇左提出了"发现山水崇左，圆梦别样桂林"生态旅游发展战略。左江流域生态文化资源主要有龙州和宁明境内的弄岗国家级自然保护区，大新境内的明仕、安平、恩城的乡村田园风光，以及德天跨国瀑布，还有扶绥的白头叶猴自然保护区等。

3. 红色文化资源

作为革命老区，左江流域拥有丰富的红色文化资源。1930 年 2 月 1 日，邓小平同志领导的龙州起义爆发。"龙州起义是中国共产党领导的早期武装革命中的一次重要起义，所建立的左江革命根据地是党在少数民族地区建立的一个重要根据地，是当时中国的九大革命根据地之一。"[①] 这一重大的革命历史事件给左江流域留下了丰富的红色文化资源。左江流域现存的红色文化资源主要有红八军军部旧址、左江革命委员会驻地旧址、龙州起义纪念馆、红八军纪念广场等。如今，这些革命遗址与纪念场馆已经成为左江流域内政府部门、企事业单位和社会各界人士进行爱国主义教育和革命传统教育的重要基地。

4. 边关文化资源

左江流域就地理概念而言是跨国流域，就文化概念而言是边关文化区域。这一区域与越南山水相连，人文相通，两国边民同砍一山柴，共饮一江水，边关文化资源丰富。如中国九大名关之一，是唯一还在起着通关作用的友谊关。友谊关西侧的金鸡山上有清末抗法名将苏元春主持修建的炮台和当年德国克虏伯兵工厂制造的 120 毫米口径大炮。金鸡山上还有中国近代史上抵御外敌侵略唯一一次取得胜利的战争——镇南关大捷浮雕等。

民族传统文化、区域特色文化的传承与保护、开发与利用问题是近年来我国民族文化发展的核心命题。这一文化思潮甚至深刻影响了近年

---

① 廖国一、杜树海：《中越边境跨国红色旅游"金三角"的构想》，《东南亚纵横》2006 年第 1 期。

来我国各级政府对文化发展政策的制定与变革。在此背景下，左江流域少数民族传统文化也纷纷走上了申遗之路，获得了一定的成绩，最突出的要数左江花山岩画成功申报了世界文化遗产，实现我国岩画类世界文化遗产零的突破。然而后申遗时代，以成功申报的文化遗产项目为代表的少数民族传统文化何去何从是我们迫切需要关注、思考的问题。对于少数民族传统文化遗产来说，申遗成功、获得认定不是结束，而是在新的起点上以新的身份继续前行，而且还要在前行的道路上处理好保护、传承、开发、利用的关系，让文化遗产、特色文化得到可持续保护和不断彰显的同时带动整个区域文化产业发展，使文化遗产、特色文化和区域文化产业相得益彰，互动发展。

据笔者对左江流域少数民族传统文化发展考察获得的资料来看，文化遗产资源方面，龙州壮族天琴文化从原生态的娱神法器转变为民族文化的标识物，并在政府和地方民俗文化精英的推动下已经逐步形成了自己在区域文化产业框架内的产业链；左江花山岩画在后申遗时代与旅游业相结合也将成为引爆左江流域旅游业发展的核心。生态文化资源方面，德天跨国瀑布、明仕田园旅游发展业绩逐年提升。红色文化资源方面，其主要价值体现在思想教育和革命传统教育上。边关文化资源方面，友谊关以其特殊的历史地位和现实作用在左江流域边关文化旅游方面发挥着重要作用。

笔者之所以认为左江流域少数民族传统文化资源开发程度还不够，是因为通过考察发现当地在对生态文化资源、红色文化资源、边关文化资源的开发上主要还停留在对自然资源、静态景观的开发上，而对具有民族风格、体现民族特色的活态的人文资源、文化遗产资源还没有充分开发与运用起来，如广西最具魅力的民族文化资源——民歌演唱等。对于发展文化产业、旅游业来说，自然资源、人文资源都是不可或缺的。自然资源让人感到赏心悦目，人文资源让人感到底蕴深厚。

（三）地方民俗文化精英还比较少

左江流域少数民族传统文化要获得发展，除了难得的历史机遇、丰富的资源外，还要有热情的地方民俗文化精英。地方民俗文化精英是指

"某一区域民俗活动中，在本区域有名声、有影响的组织参与者以及与地方权力机构可以联系、沟通的民俗活动参与者。"① 机遇、资源、精英三大要素组合成了民族文化发展的"木桶"。木桶的容量是由短板决定的，而不是由长板决定的。在这三大要素中，左江流域少数民族传统文化发展的"短板"是"精英"要素。地方民俗文化精英在地方少数民族传统文化发展过程中的作用主要体现在几个方面：一是充当政府、学界、文艺界与民族文化持有者、当地民众之间沟通与合作的媒介与桥梁；二是收集、整理地方少数民族语言、文化第一手资料并向政府、学界、文艺界推介；三是参与少数民族传统文化活动的组织、策划、宣传活动。龙州县的农瑞群先生就是这样一位地方民俗文化精英。他在龙州县少数民族传统文化传承与发展，向政府、学界、媒体、文艺界推介龙州少数民族传统文化，推进少数民族传统文化、艺术申遗工作等方面都做出了重要的贡献。然而，左江流域其他县份像农瑞群先生这样的地方民俗文化精英还比较少，这在注重少数民族传统文化展演与重构的当今社会是不利于少数民族传统文化传承与发展的。

三　左江流域少数民族传统文化发展策略

（一）"政府主导，企业主建，民众参与"开发少数民族传统文化

在左江流域少数民族传统文化开发过程中，政府主导主要体现在对项目立项、政策配套、土地管理、利益分配等方面的导向和监督；企业主建主要体现在对少数民族传统文化开发的具体设计与操作上；民众参与是少数民族传统文化开发的基础和保障。没有政府主导，少数民族传统文化开发将有可能在商业化的大潮中迷失方向，丧失其应有的社会效益；没有企业主建，少数民族传统文化开发可能会左右碰壁，无法做大做强；没有当地民众参与，少数民族传统文化开发将成为无源之水，无本之木。只有三者协同奋进，少数民族传统文化开发才能形成外源与内

---

① 毛巧晖：《地方民俗文化精英与民族文化传统的保护——以湖北鹤峰山民歌的传承为例》，《广西民族师范学院学报》2012 年第 5 期。

发双驱动的发展态势。

在左江流域少数民族传统文化开发过程中需要注意两点：一是引入的开发企业要选择行业的优质企业。优质企业往往能够把少数民族传统文化进行很好的重构，将之艺术化、舞台化、产业化，而且其社会责任感强，注重把少数民族传统文化开发项目当成事业来做；注重基础设施和自身品牌建设；注重与当地人搞好关系，给当地人参与发展的机会；注重从长期开发与经营中获得多方面效益。二是考虑地方民俗文化精英以合理的方式加入优质企业在本地区的项目开发团队。这样有利于地方民俗文化精英解读少数民族传统文化的深层次内蕴，给项目研发人员提供创造灵感，同时还可以就少数民族传统文化开发过程中的真实性问题进行把关，避免伪民俗出现。近年来，有些地方在少数民族传统文化开发过程中对其真实性问题把关不足，制作一些伪民俗出来充当特色文化，其结果往往是在短暂的喧嚣之后犹如昙花一现。

（二）大力支持少数民族文化书写和研究

少数民族传统文化的重构和开发离不开对其书写和研究。众所周知，如果没有沈从文的《边城》，就不可能有今天闻名遐迩的湘西。据笔者考察，左江流域的作家们也在用自己手中的笔书写着边疆的小城故事。如左江流域壮族作家严风华、赵先平、周未，壮族女作家梁志玲等都在自己的小说、散文、诗歌等文艺创作中融入了左江流域的风景、风情、风韵。虽然这些作家目前还称不上是著名作家，但是以合理形式支持左江流域少数民族作家进行民族文学创作对于弘扬民族文化精神、推进民族文化旅游是很有好处的。

少数民族文化研究方面。以区域内高校为依托，搭建起区域内外学者联动的科研平台，把区域内外研究左江流域少数民族传统文化的学者凝聚在一起，打造一系列既有学科专业理论指导又有丰富田野调查材料支撑的基础研究、应用研究、比较研究等研究成果。科研平台则将研究成果的主要观点摘编并提交给党委、政府、行业的有关部门，使研究成果能及时被上述部门参考、采纳，产生实际价值。

（三）与旅游扶贫工作相结合

在少数民族地区，旅游扶贫是"精准扶贫"的一种实践方式。开展旅游扶贫，就要把旅游业和少数民族自身的传统文化结合起来，形成旅游业因少数民族传统文化的存在而颇具特色，少数民族传统文化因旅游业而得到发展与传播的良性互动发展态势，这既有利于少数民族传统文化的传承与发展，又有利于当地民众生活水平的提高，当然这需要一个不间断的打造过程，但确实是一种有生命力的扶贫方式。任何一种有生命力的扶贫方式从来都是以当地的自然资源和文化资源为基础进行扶贫开发而非不切实际地从外面移植某一种经济发展模式过来。

少数民族传统文化与旅游扶贫工作相结合，其自身需要进行变迁与重构，因为旅游行为本身就是旅游者与当地民众的文化交流过程。变迁与重构的少数民族传统文化才能在文化交流中显示出强大的生命力。这种生命力表现在现阶段与旅游扶贫相结合，助推脱贫摘帽工作，将来则是在新的起点上继续发展，建构自己的文化系统，从而成为彰显人类文化丰富多样性特点的文化形态。这种发展方式属于借旅游扶贫之"鸡"下民族传统文化变迁与重构、更新与提升之"蛋"。

（四）设立少数民族传统文化传承贡献奖

少数民族传统文化要获得传承与发展，认同感是前提，而设立少数民族传统文化传承贡献奖可以增强民众的民族文化认同意识。有了认同意识才会有文化自觉，才会自觉去传承民族文化。因此，通过设立少数民族传统文化传承贡献奖，奖励在少数民族传统文化传承过程中有突出贡献的个人，可以带动越来越多的人关注少数民族传统文化，自觉弘扬、保护它。需要注意的是，该奖项的奖励范围不应只限定在少数民族传统文化代表性传承人群体，对少数民族传统文化传承有突出贡献的公务员、事业单位人员、专家学者、普通民众等都应该在奖励的范围内。这对肯定付出、鼓励先进，进一步做好少数民族传统文化传承与开发工作、唱响民族文化品牌，在社会上营造出传承、保护少数民族传统文化的良好氛围是有好处的。

总之，左江流域少数民族传统文化发展迎来了难得的历史机遇，也面临着新的问题，可以说是机遇与挑战并存。在这种情况下，左江流域少数民族传统文化只有坚持外源与内发双驱动，在创新中坚守，在坚守中创新才能健康发展。

（作者系文学硕士，广西民族师范学院文学与传媒学院讲师）

"两节一会"民族吉祥物的
文化定位及产业化推广

——以南宁国际民歌艺术节吉祥物"歌娃娃"为例

李 茵

【摘 要】吉祥物原是我国长期运用于生活中的图案，而时代在变化、在前进，吉祥物的意义延伸也在不断变化、不断前进中。当吉祥物设计阶段结束后，为了更广泛地用于各种媒体宣传，作为企业形象，吉祥物通常通过媒体广告、视觉传达、商品实物等形式推广，在社会和市场上以达到应有的承认。如今吉祥物已成为现代视觉识别系统中重要的一环。本文通过笔者在设计"两节一会"中南宁国际民歌艺术节吉祥物"歌娃娃"的设计体验，和对东盟十一国卡通形象设计的过程，探讨对民族吉祥物应用，旨在对现代视觉设计研究中，探讨吉祥物的延伸发展。

【关键词】民族吉祥物；现代视觉设计；延伸；产业化推广

作为视觉设计家族中的一个成员——吉祥物设计与应用从古至今因其特有的作用和感染力，逐渐成为设计师和客户重视与研究的重要对象。从西方设计史的发展看，西班牙的洞穴壁画，到埃及的古墓穴；从古罗马到古希腊，从文艺复兴一直到大工业革命，人们能表述的图形、纹章、徽章和标记，吉祥美好的形象处处可见并一直延续至今。

从东方设计史来看，最具代表的中国标识，从最原始的部落图腾，到岩画、石刻、青铜纹样、徽记、陶器、漆器、织物及各类装饰品、装饰物等，吉祥、和平、团圆、美满的形象便成为各个时期表现内容的主线，可以说，人们追求吉祥、美好的各类活动，促进了中华文明的发生和发展，中国标记的变化与演变的过程，实际上就是人们对不同时期吉祥、美满标准的变更史。

吉祥物有其历史意义，当然也有其现实意义：现代设计的出现和发展，使人们对吉祥物的认识有了质的飞跃，加之新时代的生活，对社会的观念，追求与理想，有了根本的变化，因而，使现代视觉设计有了长足的发展，吉祥物已经从过去单一的表现内容，延伸到多重领域和各类文化、文明活动；从全球的奥运会，到一个企业形象 CI 系统中的一部分，吉祥物的作用和影响是过去远不可比拟的，它是个性、特征、思想鲜明的代表，它表达的已经不仅是一种追求和愿望，更重要的是反映时代、社会的理念与特征。个性化、思想性、先进性和未来性是现代吉祥物表现的具体内涵。现在，吉祥物的延伸应用在现代社会生产生活的各个领域中变得越来越广泛，吉祥物的设计也成为现代视觉设计中的重要门类之一。在未来，吉祥物将形成吉祥物产业，借助互联网、大批 IT 新技术等新手段来推广，并延伸到更多领域新兴产业中，与其形成产业链，这是一个必将发展的趋势。就此本文将分为以下五个部分进行论述。

一 吉祥物的文化概念及作用

（一）吉祥物的概念

吉祥物，可分为传统文化吉祥物和现代文化吉祥物。

传统文化吉祥物的概念是指人们在事物固有属性特征的基础上经过着意加工，用来表达人们向往和追求吉祥幸福、如意顺遂、欢乐喜庆、和谐美好等情感、愿望的事物。例如："福寿双全纹"，古人用蝙蝠、寿桃和双钱有机组合，构成"福寿双全"图案。其中取"蝠"与"福"谐音，"桃"寓寿意，"双钱"成"双全"之意，意在祝愿幸福与长寿。

现代吉祥物的概念是指企业造型，英文为"Corporate Character"。企业吉祥物是指为了强化企业性格，诉求产品特质而选择适宜的人物、动物、植物，设计成具象化的图形，形象夸张，富有幽默及拟人化的手法，形式感强，能够引起人们注意，产生强烈印象，塑造企业形象的造型符号。本文研究的是现代吉祥物（以下简称吉祥物）。

（二）吉祥物的作用

"借物言志，托物兴辞"，吉祥物寄寓着人类追求幸福生活的思想感情。毫无疑问，吉祥物是人们观念意识的产物，每种吉祥物都深深地打上了民族文化给予它的印迹，表达着人们的情感愿望。

吉祥物应用范畴非常广泛，有企业和国家公共机构的吉祥物，如公司、工厂、学校、出版社、商店、餐饮业、医院、公园、社会组织、电视台等；有娱乐活动的吉祥物，如晚会、游园会、文化节、公益活动等；有大型体育运动会的吉祥物，如城市运动会、亚运会、奥运会等；还有具体到单独某一种产品的吉祥物象征造型。不管吉祥物应用于哪个领域，其目的和作用一方面是为了达到商业推广、扩大企业或活动的影响，获得经济效益和社会价值目的；另一方面也是对于小到一个企业，大到一个国家或民族，乃至一种历史文化的浓缩和展示的作用。

二 吉祥物设计应用的现状

如今吉祥物已应用在现代社会生产生活的各个领域中，并发展成为现代视觉识别系统中重要的一环。同时，许多企业成功地利用吉祥物形象延伸出各类产品，主要包括工艺礼品类；玩具类：绒毛玩具、徽章、钥匙牌、水壶、招贴画、充气雕塑和影视媒体宣传等传统产品；游戏类：智能吉祥物、电子游戏、网络游戏、手机游戏、掌上游戏、手机彩信、数码动画；生活用具类；服装服饰及配饰类；文化用品类：音像制品、出版物；体育用品类和食品类等。下面我们来解析几个成功案例。

（1）在美国，米老鼠、唐老鸭形象的创造者沃尔特为迪士尼开辟了动漫经济的新路，在迪士尼公司的收入中，主题公园本身的收入只占约20%，而品牌产品销售所占比例高达一半左右。据美国《福布斯》杂志公布，迪士尼拥有的"小熊维尼"2003 年曾创造财富 59 亿美元，"米老鼠和唐老鸭"创造财富 47 亿美元。1933 年米老鼠手表开发问世，仅两个月就售出了 200 万只。由此，我们可以看出吉祥物所蕴含的巨大创造力，所带来的市场影响力，是迪士尼公司将这种创造力发挥到了极致。

（2）在我国，广州东利行企业发展有限公司为腾讯公司设计了 QQ 形象——胖企鹅形象，一登场就赢得了广大 QQ 用户的喜爱，迅速拉近了用户和网络产品之间的距离。接着对 QQ 形象进行立体化、规范化设计，从平面造型延伸到不同状况、不同衣着、不同场合等系列形象，后来又设计了伙伴：Q 妹、汉良、多多、小桔子等，形成了 QQ 卡通人物大家族。通过这些卡通人物进行产品延伸，制作了 50 集的 QQ FLASH 动画。随后建立 QQ 社区、举办 QQ FLASH 大奖赛……这一系列的推广活动。

（3）北京 2008 年奥运会吉祥物"五福娃"——奥林匹克圣火形象的福娃欢欢、大熊猫形象的福娃晶晶、鱼形象的福娃贝贝、藏羚羊形象的福娃迎迎和燕子造型的福娃妮妮五个拟人化福娃。吉祥物设计组组长韩美林说："吉祥物头饰的灵感来源于中国民间虎头娃的形象，吉祥物头饰既是其中一个部分，又可以单独存在，还具有游戏的功能。"这也是最值得关注的一点，此次吉祥物设计应用上有个突破，突出了延展使用上的个性化。

吉祥物由两部分组成，头饰和身体，是一个完整的形象，但是头饰部分完全可以拿下来，单独开发生产。每一个大人、每一个小孩都可以把自己喜欢的"帽子"戴在头上，把自己装扮成吉祥物，这种产品应用是过去没有的，人与吉祥物的互动性增强了，并开辟了中国吉祥物设计史上的新纪元。

三 "两节一会"南宁国际民歌艺术节吉祥物"歌娃娃"设计过程

所谓"成功的企业首先是产品的成功"，笔者深谙此道，在了解了吉祥物本身的重要性后，笔者认为倘若吉祥物本身是失败的，那么接下来的所有的推广策略都只是在扩大这种失败！因此，笔者通过分析中国的民族分布、地域人文、对吉祥物设计（特征、造型、色彩、延伸）

的定位和品牌作了多角度的精心研究和设计。

（一）精神的反映

这是具有浓烈的各民族特色的吉祥物系列设计，而不同于单个的企业吉祥物设计。民族的吉祥物的特点是：反映各民族的精神，需要有顽强的毅力、耐力和充沛的体力。因此，具有浓郁民族地域特色的吉祥物应选择健康，具有动感，生命力强的动物或人物造型作为设计素材。广西是 11 个少数民族世居的地方，而壮族是广西占据约 80% 的少数民族。广西各族人民一向有爱唱民歌的习俗。众所周知的刘三姐是壮族人心目中美与爱、智慧与才能的化身。每逢节日及重大节庆活动壮族人民都以唱山歌的方式互相交流，传情达意。因此，我们特别选用壮乡小娃娃"歌娃"这一形象作为吉祥物的原型，是具有大众的选择的。

（二）文化的传承

南宁是广西壮族自治区的首府，是全区政治、经济、文化的中心。舒适宜人的自然环境和人文环境给南宁国际民歌艺术节创造了接待国际友人的先决条件。这虽是在广西首府城市南宁举行的民歌艺术节，但不同于以往的歌会，如同一首歌、全国青年歌唱大赛等，为把民歌发扬光大，从 1993 年广西首府南宁开始举办民歌节，至今已经举办 24 届。人们在民歌节上以歌传情，以歌会友，共同抒发对美好生活的向往和热爱。南宁国际民歌艺术节的宗旨是打造新民歌、弘扬民族文化、扩大中外文化交流。考虑种种，我们给吉祥物定位便有了一个现代的道具：麦克风，"歌娃"的姿态几经改动，从直立的造型变为手持麦克风，边走边唱的造型。

（三）历史的深层寓意

传统的壮族人从出生到生命的终结，都要与歌打交道。包括现今，每年广西"三月三"吸引全世界的游客到广西，一睹民歌的魅力。刘三姐正是壮族歌圩文化的一种产物，全世界只有壮族人把对"歌仙"的崇拜放在自己的信仰中，这种信仰加风俗，使壮族人聚居的广西成为远近闻名的"诗乡歌海"。"歌娃"的产生正顺应了广西人民乃至全国人民、世界人民对"刘三姐"这一"歌仙"载体的接受及肯定，将美丽与可爱、活泼与大气融为一体的形象更增添了大众对"歌娃"的喜爱。

（四）设计的原则

在设计原则上，往往受欢迎的吉祥物形象一般都有几个显著特征：简练、独特、可爱。其造型一定要符合不同文化背景、不同性别和年龄段的人群的普遍喜爱。

笔者选择广西的壮族小歌手形象——歌娃娃作为民歌节吉祥物，还有从其与其他吉祥物，如动物和植物、精灵等的共性和个性进行了深入、细致的研究分析：从吉祥物造型及色彩本身吉祥物设计壮族小娃娃。卡通形象的两头身为造型特点，壮族特有的毛巾包头，毛巾的图案是可视为一个点，点、线、面的合理配置，是将壮族的特点，用概括的手法表现出来。在这里，夸张其特征，这就要对人物的比例做适当调整，夸大人物的头身比例，对歌娃娃的头和身体做文章，塑造成一个向人们微笑示意、健康快乐的胖娃娃。

这样的拟人化，达到一种亲和、可爱、易于接近的卡通形象。歌娃娃作为民歌艺术节的吉祥物，设计时首要考虑其民族性和特征性，让歌海广西的名声能响誉世界，于是在做了许多形象设计后还是定为人物作为代表广西的歌手刘三姐设计原型，歌娃娃的微微抬头和动情地迈开脚步款款走来的动态不正是"歌仙"刘三姐的漫画版吗？

（五）品牌的定位

设计其形象要与广西南宁的传统历史和国际化的城市特点相一致，要考虑到中国社会的文化特征和民众的道德价值观，整体的形象必须是正面的、向上的，不能有偏激、怪异、颓废、反叛等负面感觉。歌娃娃的服装采用了壮族的服饰，戴有花纹图案的印花毛巾，上衣衣领、袖口、襟边都绣有彩色花边，裤子黑色宽肥，可爱的小围兜无一不体现壮族姑娘的勤劳和美丽，能歌善舞。

（六）设计的色彩

在整个吉祥物色彩设计中，根据民歌节的性质，采用传统民族的色彩，经过色相冷暖的兼顾和色度距离的拉开处理，形成了四个代表壮族特色的颜色：红、蓝、黄、黑。红色体现南宁的热情，象征南宁人民的热情好客；黄色体现南宁艺术色彩，象征愉快、活泼、光明、发展等；蓝色寓意青春，体现各国歌手们的体力充沛，精神饱满；黑色象征着壮族中独有的黑壮文化——天籁之音。

另外，在设计吉祥物名称方面，以活泼可爱的"娃娃"重音考虑，让人们感觉亲切，朗朗上口，既传达了"民歌节，世界民歌相会"的"歌"的民族特色，又准确地把握了时代精神。

四 "两节一会"南宁国际民歌艺术节吉祥物 "歌娃娃"的市场延伸性

广西素以"歌海"著称，繁衍生息在南国这片充满生机的壮、瑶、苗、毛南等 12 个少数民族，以自己独特的文化形态，孕育了一片歌的海洋，而壮族歌仙"刘三姐"就好似广西无数民歌歌手美丽和智慧的化身。正如中共南宁市委书记李纪恒所说：民歌节举办五年来，不仅提升了南宁市在国际上的知名度，也使广西的民歌艺术得到了一次难得的向世界展示的机会。

（一）招商引资

改革开放以来，广西结合商贸活动在此地举行民歌节、山歌会、歌王大赛等文化活动，从某种意义上来说，正是民歌节这一文化品牌的价值在商品经济条件下，由精神裂变为物质，再由物质推动精神向有形方向发展和转化的过程。1999 年、2000 年、2001 年南宁举办大型的"南宁国际民歌艺术节"中，广西邀请了各国的民歌艺术家代表，请来了国内、港澳台地区的明星，明星用全新的唱法传唱各族的民歌，使民歌得以传承。与此同时，政府也通过民歌节进行招商引资活动。广西借着民歌艺术节进行经贸洽谈、商品展示会，经贸洽谈、商品展销成果喜人，成果丰硕，签订投资项目多，总投资数额大，举办"国际民歌艺术节"真正达到了"文化搭台，经济唱戏"的目的。

（二）发展"购"市场

在旅游六大要素中"购"的弹性最大，旅游者每到一个地方旅游，总是希望能带回当地的名优特产回去当留念，以示自己曾到某地游过。曾有经济学家指出，旅客到某一座城市，某一个风景区去旅游时，其用于购买纪念品的平均支出为 30 元上下，按此计算，其潜在的购买力还是一笔可观的数目，旅游纪念品的市场前景十分广阔。2000 年广西投资洽谈会上桂林展出的绣球、工艺扇、装饰扇、桂林山水木刻木雕等，一位台湾的女士一口气选购了十多个绣球。绣球是广西壮族特色的工艺品，是壮族青年表达爱情的信物，也是与民歌节文化有关的礼品。在"南宁国际民歌艺术节"期间还有绣有"歌娃娃"的小布袋等饰物，在市场上也十分走俏。这些物品一旦与文化挂上钩，就能登堂入室，越洋过海，迎宾送客了。可见，文化的内涵和外延是随着时代与经济的关系更加密切。

如何将吉祥物由二维转换成三维，通过制成产品，宣传推广出去，将是考虑的问题。其一，吉祥物"歌娃娃"将运用 IT 技术，制作成智能吉祥物，安放在会场周围，其具有民歌节查询服务的功能（比赛时间、场地表，赛况新闻，各地区介绍，南宁介绍等），头为按钮，肚兜为屏幕，人们可以随时随地了解情况和得到帮助，并同时促进南宁知名度等。其实这是一种与数字艺术产业连接的方式。其二，它可以延伸到文化用品中，形成文化商品产业链。发展中小学客户群体。其三，像 QQ 卡通形象一样带动国内玩具市场的发展，"歌娃娃"可创立线下歌娃娃连锁店，以"歌娃娃"吉祥物形象开发智能型吉祥物，帮助不同人群的需要，形成一种学习与娱乐并存的产品，建立线上业务推广、线下产品推广，带动相关领域……

五 "两节一会"东盟博览会民族吉祥物开发的思考

广西旅游产品调查结果和东盟 10 国（文莱、柬埔寨、印度尼西亚、老挝、马来西亚、缅甸、菲律宾、新加坡、泰国、越南）各国特色文化旅游品进行类型、数量汇总，在此基础上运用地理学空间分析方法，以图示的形式直观展现现有旅游产品的区域分布和类型分布等对比研究，紧扣东盟博览会会展东盟商品集散中心及包括东盟饮食和购物一条街、东盟南宁领事馆、五象购物广场等南宁特色主要旅游胜地建立互通机制，并从旅游空间布局的角度分析旅游产品的空间分布特征。

笔者的"东盟娃娃"设计于 2004 年，为中国东盟博览会设计，并由中国电信集团发行销售，本卡共有 12 张，作品形象生动活泼，各具特色，所选取的服饰均为东盟各国的常用或庆典服饰，色彩艳丽。是集收藏、欣赏、实用于一体，一经上市后，极受各消费群欢迎。2005 年"中国—东盟风情水晶画"作为南宁市旅游局在东盟博览会送给各国的礼品并在全礼品评比中中标，并制作成产品在自治区领导出访欧洲五国中获得好评。

六　总结

未来，日新月异的创作表现手段将更广泛地运用于吉祥物设计领域。优秀的民族吉祥物将不再局限于平面二维，或是立体三维；不再只局限于开发传统产品，而适用于任何媒体介质，同时更人性化的发展。

任何地方、任何行业都可以看到带有浓郁特色的民族吉祥物以不同形式存在。吉祥物将借助"互联网＋"、大批 IT 新技术等手段来推广，并不断开发延伸新兴产品，将吉祥物形象开发成智能吉祥物、电子游戏、网络游戏、手机游戏、掌上游戏、手机彩信、数码动画等新科技产品，形成吉祥物数字娱乐产业。

我们有理由相信，在今后的民族吉祥物产业将是一门新型工种，也将带动人们生活的质量向更为宽松的环境发展。在今后的设计生涯中，我们将挖掘本民族与广西的地域性元素，打造东盟品牌，为广西壮族文化做出更大的贡献。

参考文献

［1］覃桂清:《刘三姐纵横》,《广西民间文学丛刊》,南宁晚报印刷厂 1981 年版。

［2］张雪:《吉祥物设计新风采》,重庆出版社 2001 年版。

［3］王瑛:《中国吉祥图案实用大全》,天津教育出版社 1999 年版。

［4］尹定邦:《设计学概论》,湖南科学技术出版社 2000 年版。

［5］潜铁宇、熊兴福:《视觉传达设计》,武汉理工大学出版社 2005 年版。

［6］杭间、何洁、靳埭强、岁寒三友:《中国传统图形与现代视觉设计》,山东画报出版社 2005 年版。

［7］吕江:《卡通产品设计》,东南大学出版社 2005 年版。

［8］刘秋霖、刘建、关琪、王秋和:《中国吉祥画与传说》,中国文联出版社 2003 年版。

［9］阎评:《吉祥物设计》,陕西人民美术出版社 2003 年版。

（作者系广西师范大学设计学院讲师）

壮族麼乜技艺的生产性保护研究

周小琴

【摘　要】广西壮族非物质文化遗产麼乜是壮族民众优秀历史文化的结晶，是时代与社会的见证。随着现代工业和生活方式的转变，麼乜传统手工艺的传承面临着极大的挑战。面临传承人逐渐减少，传统手工艺与现代批量生产之间的矛盾问题。随着国家大力推进文化事业的发展，麼乜传统工艺也迎来了新的发展契机。以传统工艺传承与发展为理论依据，分析麼乜工艺在传承过程中受到阻碍的原因，提出新时代下传统工艺保护与传承的思路。

【关键词】壮族麼乜；非物质文化遗产；传承；民间工艺

广西百色特有的民间手工艺品"麼乜"是当地壮族人民优秀传统文化的产物，颜色多样、造型奇特，是一个人物拥抱球体的形象，是生产劳动过程中创造出来的表意形式，书写着民族文化的传承与变迁，在当前新的文化背景下，传统文化资源被不断挖掘，麼乜在时代的进程中，更有着承接民族传统文化，凝聚民族认同感的作用。

一　相关理论综述

（一）少数民族非物质文化遗产

非物质文化遗产的概念是 20 世纪 80 年代左右在世界范围内发展起来的。少数民族非物质文化遗产这一词汇是非物质文化遗产的一个延伸性概念，是少数民族民众在历史长河的发展过程中，所遗留的各种社会实践、观念、技能等传统文化表现形式的集合。包括民俗表演艺术、传统工艺、知识技能等体系。

精神资源以价值为核心，其主要的表现形式之一就是文化资源，文化资源是人类在历史长河中所留下的印记，是人类成长创造的智慧结晶。随着当今社会的不断推进发展，文化资源在生活各方面得到越来越多的重视，对传统文化资源的传承与开发，显得尤为重要。自21世纪伊始，国家陆续出台相关政策，加大了对文化事业发展的扶持力度，近年来各省市更是把文化产业发展推向了一个更高度，制订产业发展规划，建设文化基地等举措，为推动文化事业发展做更进一步的努力。

（二）传统工艺

"工"作为名词泛指工匠艺人，是专指掌握某种手工技巧或者工艺技术的工匠，能生产制作精巧、精致的用品之意。"工艺"是以具备物质性的实用功能为第一要素，在一定条件允许的前提下实现某种精神需求的功能性物品。

传统工艺指采用天然材料制作，具有鲜明的民族风格和地方特色的工艺品种和技艺。一般具有悠久的历史文化价值和完整的制作工艺流程。传统工艺是非物质文化遗产的重要组成部分，是历史和文化的载体。传统工艺是文化遗产的一部分，是人类文明发展到一定阶段的产物。

二 麽乜的艺术特征

（一）图案题材

麽乜造型有种文质彬彬的形式美，"质"表示造物所用材质，"文"表示应用于材质之上的装饰和图案题材。壮族人民聚居区域依山傍水，草木繁盛，他们对自然的万物充满情怀，壮族女性通过对自然界细致入微的观察探索，以浪漫的艺术表现手法，将生动的形象表达在麽乜上。传统的麽乜主要是简化的植物纹，古朴典雅的吉祥云纹、太阳纹、几何纹，抽象的铜鼓纹、龙凤纹等，大多比较程式化。近几年来，麼乜的图案题材除保持原样之外，新增加了动物纹、文字纹等。当今麼乜的图案可以说是在把握市场需求信息的形势下，手工艺人审时度势的绘制。也有订单式的方式，根据订购者的需求，绘制指定的图案。

麼乜的图案形式，大多采用单独纹样和二方连续的形式。传统麼乜基本用一种颜色的布料绘制多色的图案。在"人抱球"的造型里，"人"的图案大多在背部和头部，头部一般绘制单独纹样，背部以二方连续为主。"球"的图案一般在正面绣有单独纹样。也有以整个外观绣有几何或者植物纹构成的形式。运用对称与均衡、对比与统一等多种形式美法则，将色彩、图案等多元素有机组合，整体给人以秩序感，反复中体现一定的节奏美。

（二）色彩特征

麼乜的色彩美有两层含义：一是对主观感情意味的表达，二是色彩象征意义的联想思维。在大众文化领域内，无论是生产者还是购买者，都对色彩是最感兴趣的，民间工艺更是如此。因为生产者的艺术表达更多的是取决于民间传统的主导性。色彩鲜艳、单纯明亮的色彩是典型传统工艺的用色规律，代表着一种强烈的视觉冲击力和传统的象征意味。麼乜多采用红、黄、绿、黑、白五种颜色的布料制作外观。用这五色制作的缘由来自由五色代表的五个方位：红色主南方属火；黄色主中央属土；绿色主东方属木；黑色主北方属水；白色主西方属金。根据五行相生相克的原理，能驱疾避邪，符合人们求吉避凶、祈福消灾的心理。现今市场上的麼乜，图案纹样频频出新，色彩也随着发生变化。图案部分的颜色更是无拘无束，这意味着传统麼乜的色彩已经发生嬗变，正在随市场的需求而发生变化。

（三）造型之美

麼乜工艺是民族民间传统工艺中的典型代表，蕴含了民间手工艺人多元化的造物思想。麼乜的造物思想最初是壮族民间端午节用于祈福的香囊，此实用性最初是满足人民日常生活的需要。这种实用功能主义指导思想下的麼乜造型是以呈现出一定的形式、结构和外观为主，遵循一定的功能性美学原理为根本。麼乜工艺最能够体现形式美的当属其造型和图案色彩。麼乜的造型是一个勇士伸开四肢拥抱龙珠的形象,用各种颜色的布缝制成人抱球状,并以艾草、香草、菖蒲等十几种中草药材料填充内部而完成。人抱球造型特征是根据古时民间的一个感人传说演变而来的,传说中是女主人公制作出来纪念心爱的情郎的,因此年轻的男女以此互赠来传达着相互间的爱慕之情。造型中勇士伸展四肢的形象来由是传说中的男主人公,球的造型来自龙珠,表达着幸福安康,寓意是守护太阳、拥抱希望。随着时代的进步,麼乜造型也发生了一些改变,人物的形象由原先的一个变成多个,比如"母子抱珠""二人戏珠"等,人物的设计也增加了一些民族头饰,还有儿童人物的形象,更加符合市场各类人群的需求。球的形象也由以前的龙珠延伸为南瓜、葫芦等更贴近生活的题材。壮族民间手工艺人通过制造麼乜,用自己的方式传递一种真正的象征意味,一种无法用其他方式表达的直觉观念艺术。所以民间传统工艺在象征意义上比起繁缛的文人艺术,更富于抽象与联想的意味。

三 壮族麼乜工艺的发展现状

(一) 传承人日趋减少

目前,麼乜工艺因是百色壮族特有的吉祥物而得到一定的社会关注,加之国家大力倡导弘扬民族文化,使麼乜能再次呈现在人们面前。但就当前的传承人来看,仍然面临一些问题。包括传承方式主要是以作坊制为主的师傅带徒弟的口传心授方式。传承人多是年龄在四五十岁的中年女性,年青一代掌握麼乜制作技艺的比例较少,男性则基本没有。当前市场经济竞争日渐激烈,产品创新性不强、没有品牌意识、经营模式不善等导致产品利润较低,因此产业人才队伍逐渐萎缩。

(二) 传统文化的缺失

关于端午节,人们最大的印象就是赛龙舟、吃粽子等活动。演变成了"粽子节"或者"龙舟节",失去了它本身所蕴含的丰富的传统文化内涵。当韩国"江陵端午祭"申报"非遗"成功后，我国人民才开始苏醒，才意识到保卫自己的传统节日。端午节有着丰富的文化内涵，留存着华夏民族几千年的精神文明，人们在理解端午节由来的时候，总是过分强调对爱国人士屈原的纪念意义，其实，这个节日更多的是一个国家全民驱疾避凶、祈福消灾的一个节日。赛龙舟或是悬艾叶，饮雄黄酒或是吃粽子，这些都是人们消灾祈福的形式，佩戴麽乜也是百色壮族表达端午节的形式之一。加之汉文化，以及周边其他民族文化的影响，壮族本土文化慢慢被同化，一些传统民俗民风被忽视，传统图案元素被现代文化所取代。因此，在新时代麽乜的发展过程中，注重其本身包含的中国传统文化，赋予新的内涵，增强民族认同感尤为重要。

（三）产业发展不理想

随着思想观念的不断更新，很多壮族青年放弃自己本民族的服饰和用品，追求所谓的时尚、新颖。这种趋势的形成，无疑对麽乜民俗文化来说是一个很大的挑战，麽乜无论是实用价值或是审美价值都受到削弱。市场上到处充斥着各式各样的用品，它们在设计和功能上完全取代当地本土的麽乜及类似品，这些商品大多经过机器批量生产，成本较低，价格低廉。因此，麽乜产业的发展受到很大的挑战。

近年来从政府扶持文化产业发展的角度来说，麽乜越来越受到人们的关注，尤其是在每年一度的端午节上，麽乜作为端午祈福保平安的吉祥物呈现在公众的面前，红黄绿黑白的麽乜吸引不少市民驻足。但购买者大多都是政府层面对外推出的旅游纪念品，消费范围较窄，普通大众消费者较少。本市之外的其他地区，对麽乜的认识寥寥无几。由此可见，麽乜在宣传力度上还欠缺。制作经营者大多为初、高中文化程度，由于受传统思想的影响，怕担风险、单打独斗，没有把产业做大做强的意识。

四　对壮族麽乜传承与发展的思考

（一）提升民众的民族文化保护意识

在经济全球化的今天，非物质文化遗产的保护成为社会广泛关注的话题，国家对民俗的保护与发展与日俱增。党的十八大明确了文化产业在未来中发展的重要性，国务院颁发的少数民族事业"十二五"规划中，着力把发展少数民族文化事业作为今后的规划方向。此外，随着人民生活水平的提高，对精神文明的需求也越来越高，未来对文化产品的需求量也会加大，相信在政府和民众的努力下，非物质文化遗产的传承将会上升到一个新的层面。

麽乜，其造型、色彩及其图案的设计上，保留着当地壮族民众对历史文化的深厚情感和对美好生活的向往。麽乜工艺，这种壮族文化历史中不断发展而来的创作技艺，不仅保留了壮族特有的审美感受和审美理想，更是汲取和凝聚了壮族民众数千年文化智慧的结晶。

（二）具体措施建议

人才是壮族麽乜工艺品文化传承及企业长远发展的基础，为此，从人才培养入手，建立人才资源库以保证壮族麽乜产业的长期发展尤为重要。具体来说，首先要加强对现有手艺人及传统技艺的挖掘与保护，防止人和技艺再流失。特别是一些老匠人相继退休与去世，使一些技艺随之流失。因此为他们提供优惠政策和资金支持，使他们能够积极地为麽乜工艺品的传承和保护贡献自己的力量。其次是聘请民间手工艺人与高校结合培养人才。麽乜主要是百色壮族的传统手工艺品，而百色学院美术与设计学院开设有民族与手工艺产品开发课程，就为麽乜工艺的人才培养提供了场所。因此高校应建立相应的手工艺人聘请制度，完善人才培养机制。与高校的联合，还能充分发挥教育的优势，培养制作技艺、品牌开发、经营管理等多方面人才。

在产品开发过程中，应该坚持产品开发与文化保护并重的原则，建立健全传统文化保护机制，在保护民族文化内核的前提下融入时尚元素，使传统的工艺品既与时俱进又不失民族文化内涵。壮族麽乜工艺品的设计应避免古板，应依据独特的民族文化，尽量使每件工艺品的设计都体现着独一无二的内涵。

充分利用各种媒体渠道，宣传壮族民俗风情，以及端午节祈福驱疾的历史渊源。围绕时下大热的旅游业，创新产品营销方式，打造既富于民族传统文化，又深受游客喜爱的壮族麽乜工艺品。组织专家深入民众中进行一些保护方面的讲座，让当地民众理解保护与传承的重要性，懂得如何科学地进行传承与开发。要使麼乜工艺得到更好的传承，应该鼓励更多感兴趣的人群也加入其中来。

五 结语

麼乜作为壮族民众精神创造和审美活动的载体，不仅蕴含着深厚的文化意蕴，而且是壮族传统文化的杰出代表和象征。对我们认识和研究壮族民众的精神和心理，考察壮民族文化的发展，有着很大的研究价值。随着时代的变迁，麼乜的社会功能已由过去作为壮族民众佩戴的香囊饰物变为带动地方经济发展，凝聚壮族民众认同感的物品。在艺术形式上也呈现出造型规格的多样化、图案纹饰与时俱进、色彩丰富化、制作材质现代化的变化趋势。我们的传统民间艺术要在这样的新背景下才能生存与发展。因而对其进行研究，不仅是考察和发掘壮族历史文化的重要依据，而且是为现代设计提供可资借鉴的元素。

参考文献

[1] 丹尼尔·米勒：《物质文化与大众消费》，江苏美术出版社 2010 年版。

[2] 黄桂秋：《壮族麼文化研究》，民族出版社 2006 年版。

[3] 郑超雄、覃芳：《壮族历史文化的考古学研究》，民族出版社 2006 年版。

[4] 覃乃昌：《广西的民族乡》，广西民族出版社 2003 年版。

[5] 百色市党史办公室市志办公室：《百色史志》，1988 年。

（作者系百色学院讲师）

老少边地区红色文化产业
集群发展路径研究

——以广西百色市为例

方世川

【摘　要】如何把文化资源优势转化为文化产业强势，是当前亟待研究的重要课题。本文从文化产业评价指数的视角，以百色市的近年来红色文化产业发展实践与经验为研究对象，从制度、资本、文化、环境和人才等影响因素出发分析其存在的深层困境，提出老少边地区应形成以保护和开发利用红色文化资源为切入点的发展路径，为提高老少边地区红色文化产业与经济增长的耦合效率提供有益启示。

【关键词】老少边地区；红色文化；产业集群

一　研究背景

自治区第十一次党代会提出要"加快文化创新，促进文化繁荣，维护文化安全，深入推进民族文化强区建设，让文化软实力成为发展硬支撑"，为广西民族文化的发展指明了方向。文化产业作为一种高附加值、高渗透性、强外部性以及低能耗性的新兴行业，它的兴起已成为发达国家的第四增长极，成为促进经济增长、商业革新、科技进步、提高就业率及加强城市和国家竞争力的战略选择，其发展模式有利于区域经济实现由外延式的、单纯依靠投资驱动的经济发展模式，转变为依靠文化创意和消费增长为主的内涵式经济发展模式，从而在促进产业升级和转变经济发展方式方面发挥巨大作用。

2009 年，国家《文化产业振兴规划》的颁布实施，标志着文化产业发展已正式上升至国家战略层面。党的十八大以来，习近平总书记曾多次强调要推动文化事业全面繁荣、文化产业快速发展。在建党 95 周年庆祝大会的重要讲话中，习近平总书记指出："全党要坚定道路自信、理论自信、制度自信、文化自信。"并强调"文化自信，是更基础、更广泛、更深厚的自信"。① 国家"十三五"规划纲要提出"公共文化服务体系基本建成，文化产业成为国民经济支柱性产业"的发展目标。② 为我国文化产业发展提供了基本遵循。

文化产业（Culture Industry）这一术语最初源自德国法兰克福大学"社会研究中心"学者阿多诺（Theodor Adono）和霍克海默（Max Horkheimer）1944 年《文化产业：欺骗公众的启蒙精神》一文，该文通过对"大众文化"和"文化工业"的批判，推动了学术界及各国政府对文化产业的理论与实践的高度关注和深入研究。20 世纪 80 年代，法兰克福学派理论随西方马克思主义思想传入我国。2010 年，党的十五届五中全会通过的《中共中央关于制定国民经济和社会发展第十个五年计划的建议》中，首次正式使用"文化产业"这一概念。我们在借鉴联合国教科文组织《文化统计框架（2009）》和我国《文化及相关产业分类（2012）》的基础上，提出文化产业的定义："指为社会公众提供文化产品和文化相关产品的生产活动的集合。"③ 并将文化及相关产业分为五层，涵盖了从上游到下游的产业链全过程，涵盖设计研究、生产制造、传播销售及管理需要等各个环节的相关行业，其更多地强调文化产业与第一产业、第二产业、第三产业的融合及渗透。

在坚持西方实证研究方法的基础上，国内外众多学者为创意这一很难进行量化研究的特殊产业制定了可监测、可统计、可评估的指标体系，这是文化产业走向科学化的探索（如表 1 所示）。综合分析国内外研究成果，本文认为，有关文化创意产业发展的评价指数是多方面的，

① 习近平：《在庆祝中国共产党成立 95 周年大会上的讲话》，《人民日报》2016 年 7 月 1 日。

② 李慧、刘坤：《解读"十三五"规划纲要文化产业发展亮点》，《光明日报》2016 年 3 月 24 日。

③ 国家统计局：《文化及相关产业分类（2012）》，2012 年 7 月 31 日。

主要涉及政策、资本、文化、环境和人才这五大因素：政策决定了产业发展的战略目标和规划；资本与文化产业的发展息息相关，高效发达的金融市场有助于文化产业的快速发展；深厚的文化底蕴，蕴含着无限的文化生长空间和产业市场拓展空间，并依产品中文化含量的不同而影响供需状况；环境有助于促成创意氛围提高文化产业与经济增长的耦合效率，形成良性的协调共生关系；人才决定了文化产品之间的差异度，以知识产权和创意创造了财富与就业机会的新兴文化产业，带动了经济体从以服务业为主向专门的知识经济体系飞跃，这对老少边地区红色文化产业发展具有重要启示。

表1　　　　　　　　　文化产业发展评价指数

研究代表人物/机构	理论名称	评价指数
Landry（2000）	7要素理论	人员品质、意志与领导力、人力的多样性与各种人才的发展机会、组织文化、地方认同、都市空间与设施、网络动力关系
Richard Florida（2002）	3T理论	技术（technology）、人才（talent）、包容度（tolerance）
Glaeser（2004）	3S理论	技能（skill）、阳光（sun）、城市蔓延（sprawl）
鲍勇剑（2004）	创新风水	天分指数、波波指数、多元指数、高科指数
联合国教科文组织（2004）	亚太地区文化产业推动力指标	人力资本、科技发展、市场需求、行政机构
香港大学文化政策研究中心（2004）	5C模型	创意的成果、结构/制度资本、人力资本、社会资本、文化资本
硅谷文化启动（2005）	创意社区指数	文化杠杆、文化资产、文化参与、文化效果
上海创意产业中心（2006）	SHCI指数	产业规模、科技研发、文化环境、人力资源、社会环境

二　老少边地区红色文化产业集群的发展要素评价

在文化产业集群发展中，老少边地区由于其区位优势独特，红色文化资源丰富而广受到学界的关注。广西百色市作为具有典型示范意义的老少边地区城市，该市拥有由百色起义纪念馆、百色起义纪念碑等革命历史文化资源整合形成的百色起义纪念公园；靖西县抗美援越遗址、侬智高南天国遗址、黑旗军遗址、瓦氏夫人等历史名人展示馆；田阳县革命烈士纪念碑、花茶大榕树革命旧址、狮子山红七军战场遗址、奉义县农民运动讲习所旧址等；乐业县中国工农红军第七、第八军胜利会师旧址；田东县右江工农民主政府旧址；凌云县中山纪念堂、民族历史博物馆；那坡县革命烈士陵园等，其以"百色风雷，两江红旗"为主题的"左右江红色旅游区"是全国 12 个重点红色旅游景区之一，"邓小平足迹之旅"也成为全国 30 条红色旅游精品线路之一。这些极具革命历史纪念意义的红色文化资源，为老少边地区发展红色文化产业提供了土壤。同时，在各种文化思潮的影响下，红色文化产业面临严峻挑战，如何在现代化、全球化、市场化三股浪潮中保持老少边地区红色文化资源的多样性和独特性，是当前红色文化产业传承与发展的一个重要课题。

（一）产业政策须优化

奥斯本、盖布勒（2006）认为，现代政府诸多失灵之处"不在目的而在于手段"，突出表现在对既有政策工具运用能力的不足以及开发新政策工具步伐的迟缓。文化产业属于一个内涵和外延都比较宽泛的产业，现有制度化网络发展平台的运作力度及协调合力还显单薄，尽管国家从宏观层面确立了文化产业的战略地位，但是还必须根据地域特点，结合产业自身发展态势和发展阶段出台更多、更细化的引导措施和优惠政策来全面推进区域文化产业的快速健康发展。当前，有些地方政府由于规划政策缺乏整体观念，没有形成以特色资源中心点为依托，辐射带动老少边地区红色文化旅游网络化发展体系，甚至区际冲突严重，资源抢占内耗频发，未能充分发挥红色旅游开发的主导作用，红色文化产业集群发展的整体优势难以充分发挥。

（二）投融资渠道和模式须拓宽

文化产业投融资困境与生俱来，首先，由于个人智力资本等无形资产的价值标准难以衡量，产业市场需求也具有不确定性，未来营运收益很难预估，导致了文化产业是一个典型的高风险投资行业。其次，文化企业规模一般较小、信用等级比较低，使金融机构对于文化产业的资金投入持观望态度，积极性不高。再者，出于政治性和战略性考虑，新兴文化产业主要依靠政府财政支持单一机制，民间投资渠道不畅、对外资控制过严。缺乏资金支持的产业发展难以整合要素资源，优化市场配置，无法建立区域性产业联盟，更无法实现老少边地区红色文化产业开发创新、品牌塑造、推广营销、服务管理的一体化格局，缺乏产业集群发展的特色优势和综合竞争力。

（三）地域性文化资源开发须提升

地域性文化资源包括不可移动的自然、人文景观，也包括生活在该地域的人群长期形成的语言、节庆、服饰、饮食等民俗文化资源，所有文化产业活动都是依托各类文化资源进行的再加工与再创造。目前老少边地区的绝大部分旅游景区规模较小，很多旅游企业对红色文化产业发展内涵的把握还不够深刻，产品以静态陈列和传统观光为主，缺乏具有真正贴近市场需求的互动产品，加之产品特色不足，大量文化产业集聚区规模参差不齐，内部产业能级还不高，企业未能享受到区域品牌的溢出效应。一些文化产业项目在未展开全面市场调研的情况下就盲目开发，同质化竞争非常严重，不但不能放大红色文化资源禀赋的经济价值，更严重地导致地区优势资源的浪费。

（四）环境资源设施须完备

良好的环境建设是文化产业健康发展的支撑和基础。Elinor Ostrom（2000）提出了"以多样化的提供方式取代单一政府提供方式"，不仅要提供公共服务、运输、通信等公共基础设施环境，更通过多元主体的竞争提升资源配置效率，创设更完备的发展环境。由于面临经济社会发展滞后、财政资金短缺、扶贫任务艰巨等问题，老少边地方政府难以承担文化产业环境建设的巨额费用，由于目标区域大多地理位置较偏远，交通不便，区域接待能力有限，资源设施匮乏，导致文化产业发展规模与旅游区的环境承载能力不相适应，造成老少边地区红色旅游发展的

"囚徒困境"。

（五）专业人才须培养发掘

Florida（2002）强调了"创意阶层"的极端重要性，文化产业的传承与保护是要以"人"为中心来实现的。与其他文化产业发达地区相比，老少边地区的领军型文化产业人才尤其是非物质文化遗产传承人严重缺乏，濒临消失边缘的红色文化资源苦苦寻觅新一代传承人，却因缺乏人力支持导致多项独特红色文化传承主体受益机制缺陷无法维继。传统教育模式已无法提供创意土壤，不但普遍缺乏能将文化商业化并成功进行市场营销的经营管理人才，更缺乏具有高端创新意识及掌握先进技术的国际性专业人才。在现代化、全球化、市场化三股大潮不断冲击下，树立"人才第一"理念，构建新型人才培养和吸纳使用机制，是未来红色文化产业能否实现大发展的关键。

三 老少边地区红色文化产业集群发展的路径分析

（一）战略发展目标

2013 年党中央颁布的《中共中央关于全面深化改革若干重大问题的决定》关于"建设社会主义文化强国，增强国家文化软实力"的要求和 2016 年习近平总书记"四个自信"的提出，对文化产业作出了重要部署，并制定了更高的战略发展目标，为实现文化产业跨越式发展提供了重要契机。百色撤地设市后，新成立的市委、市政府提出了要"把百色建成具有深刻文化内涵和广泛知名度的开放的特色鲜明的现代化文化名市"① 的战略发展目标，全面实施十大文化工程。2015 年 2 月国务院批复，同意实施《左右江革命老区振兴规划》，确立百色市"左右江革命老区核心，全国红色旅游重点城市"的中心城市地位，提出要"传承革命传统精神，综合开发利用红色旅游资源，推进爱国主义教育示范基地建设，提升烈士纪念设施教育功能"，努力"建成世界知

---

① 《百色：实施十大文化工程 创建文化名市》，中国广播网，2004 年 2 月 16 日。

名、国内一流的红色旅游创新区"。① 百色由于其独特的区位优势，红色文化资源丰富而广受各界的关注。随着交通条件的改善、城市环境的不断优化，老少边地区迎来了红色文化产业集群的重大发展机遇。

（二）发展路径启示

（1）确立红色文化产业发展的重要战略性地位。政策支持对产业格局的整体发展具有决定性的影响。老少边地区区位条件较差、经济发展水平不高，且远离客源市场，百色适时推出"文化名市""活力老区、美丽老区、幸福老区、文化老区"战略，并将文化建设推到百色市经济社会发展主战略的高度，出台了《百色民族文化生态保护区规划纲要（2010—2020 年）》等多部政策性指导文件，通过战略规划、政策倾斜、资金引导、税费减免、跨域协同等多种方式，充分发挥政府的各项管理和服务职能，力图在全市打造"政府主导、市场运作、企业经营、社会参与"的红色文化产业集群发展格局。同时，加强与贵州、云南等周边省份的优秀旅游线路共享合作，建立红色产业联盟和旅游联合体，完善左右江革命老区联席会议制度，实施对红色文化产业集群各类有效资源的空间整合与发展要素的优化配置，走出一条红色文化产业集群化发展之路，共同推进左右江革命老区振兴发展。

（2）打造红色文化产业品牌。区域文化产业品牌是一个地区文化产业的"文化名片"，也是产业经济发展的制胜法宝，人们往往是通过这些区域地方精神的高度浓缩来赢得大众的广泛认同。老少边革命老区地域上包括广西左右江和红水河流域，区域内一些红色文化遗产在国内均具有广泛的认知度。百色应发挥"中国优秀旅游城市""国家园林城市""国家卫生城市""广西森林城市"等城市品牌作用，加强红色文化旅游资源的保护和宣传推介力度，加大红色旅游产品开发，以重点项目、重要产业、重大设施和大型国际节庆会展活动来打造具有国内外影响力和竞争力的红色文化产业知名品牌，通过展览展示、论坛交流、产品交易等活动提升区域文化内涵和文化品位，在红色文化的基础上融入

---

① 国家发展改革委：《国家发展改革委关于印发左右江革命老区振兴规划的通知》（发改西部〔2015〕388 号），2015 年 3 月 2 日。

独具魅力的民族传统文化、历史文化、生态文化、长寿养生等新元素，整合红色文化、绿色生态、民族民俗、自然遗产、乡村旅游、边关风情等优势资源，提炼出最具有市场开发价值的文化品牌，培育百色红色体验旅游新业态，提高"千姿百色，红城福地"旅游文化品牌知名度，充分展示和放大老少边地区红色文化形象，把百色打造成为全国知名红色旅游目的地、国际山水生态旅游目的地、国际长寿养生旅游目的地、民族风情体验旅游目的地。

（3）扩大红色文化产业投融资渠道和规模。在老少边地区的红色文化产业集群发展中，政府是第一推动力。如何在政府第一推动力之后，以市场方式完善红色文化产业，是发展的一个重大课题。一是确立政府投入的引导性作用，由政府配套的种子基金拉动民间资本、天使投资等多种资本要素进入市场，政府从直接创业投资转变成为文化企业搭建综合化的融资服务平台，引导鼓励不同形式的金融机构和风险资本进入红色文化产业领域；二是通过政府的介入，与商业银行展开战略合作提供专项贷款和补贴，创设风险投资基金，成立文化产权交易所，实现风险分担，鼓励担保机构为文化产业质押担保提供融资服务；三是建设高效的政府管理机制，为外来投资者提供"优质、高效、低成本"服务，坚持"引进项目"和"引进资金"全力出击；四是加强企业自身建设，以产业聚集区形式发挥优势互补效应促进彼此间的技术创新和市场拓展，不断提高企业自身竞争力使资产增值，才能增强企业的融资能力，吸引风险投资机构去投资。

（4）加快红色文化产业链的集聚效应建设。老少边地区在地域上具有一体性，在红色文化资源属性上具有统一性，为了突出与其他产业集群相区别的特色，避免一拥而上、粗放式经营，加快红色文化产业链的集聚效应建设势在必行。2007 年，中越两国以中越革命友谊为题材，以建设中国—东盟自由贸易区为契机，合作开发中越边境胡志明小道，开启了"中越跨国胡志明足迹之旅"。2010 年，在广西壮族自治区人民政府的高度重视下，百色市、崇左市和河池市共同组建了集景区分盟、酒店分盟、餐饮分盟、旅行社联盟、旅游商品销售分盟和旅游车队分盟六大分联盟于一体的广西西部旅游联盟，力图把桂西打造成为全国红色旅游和山水生态旅游胜地。近年来，百色又着力打造"邓小平足迹之旅""中越跨境之旅""生态休闲养生之旅""天坑探密之旅"等旅游精品线路。多元化的文化产品和服务供给模式是红色文化产业链的集聚效应建设的出路，要充分利用地域文化优势和产业结构调整的有利时机，逐步向"原产品→衍生产品制造商互动开发→品牌包装→市场营销→消费者"的产业模式转型，打造产业门类集聚、功能定位明晰、省市合作共建的新型红色文化产业链。同时，发挥面向越南等东盟国家的独特地理优势，主动融入"一带一路"建设，借助中国百色国际瑶族文化旅游节、与越南签署广西那坡县与越南高平河广县北坡跨国旅游合作框架协议等，促进文化旅游方面的跨国开发合作，打造跨国民族民俗文化旅游名片，切实破解老少边地区红色文化资源整合发展的瓶颈和难题。

（5）重视产业发展人才队伍建设。文化产业的核心资本是人的创造力，美国学者 Richard Florida（2002）的"创意阶层"理念特别强调了文化产业人才的偏好选择能够极大地带动该地区的经济增长。老少边地区要促进红色文化产业的快速发展，必须高度重视产业人才队伍建设：一方面，健全文化产业教育培训体系。政府委托院校及企业合作培养具有区域特色的高层次红色文化产业的设计、制作、管理和营销人才。同时，及时展开区外人才推进计划，缩短人才与市场接轨的适应周期。另一方面，建立完善红色文化产业领军人物的保护和挖掘机制。保护传承人，培养传承人，给予传承人必要的经济资助和相应的荣誉；对文化区内以传统生产技艺为生活手段的艺人，给予生活补贴；组织开展民间山歌比赛、传统工艺比赛等丰富多彩的群众文化活动，挖掘民间艺术大师，不断壮大本地区红色文化产业人才队伍，营造一个尊重民族文化、推崇传承人的良好社会环境。

为加快人才的开发和集聚，近年来，百色先后建立多个自治区级、市级人才小高地，引进了大批高层次人才，在百色国家农业科技园区建立了博士后工作站，[①] 先后印发了《关于进一步加强人才工作的决定》

---

① 百色党建网：《中共百色市委 百色市人民政府关于印发〈百色市中长期人才发展规划纲要 2010—2020 年〉的通知》，http：//www.bsdjw.gov.cn/html/rczc/20150316/1960.html，2015 年 3 月 16 日。

《关于实施百色人才小高地建设的意见》《百色市农村乡土人才选拔管理办法（试行）》等文件，出台实施了一系列人才引进、培养、使用和激励等方面的政策，努力探索一套科学有效的人才工作体制和运行机制，为红色文化产业的发展提供强大的核心竞争力和可持续发展潜力。

（6）重视文化中介组织的发展作用。文化产业界著名学者花建提出，文化产业中存在三元动（三螺旋）：政府、企业、NGO 三者在不同层面上的相互让渡，中介组织有效地沟通了政府和企业、社会之间的关系。作为文化产业市场运作的重要推动力，文化中介组织包括行业协会、商会、基金会、促进会等社会团体和一些民办非企业单位及会计师事务所、律师事务所等机构。由于理念的落后和空间的局限等多方面因素，文化中介体系成为老少边地区红色文化产业集聚区发展中的薄弱环节，社会运行效率并不高，常常造成文化产业链断裂或运行不畅。因此，需要健全公正公平有效的中介组织和服务体系，为文化企业提供审核、认定、监督、指导、人才培训甚至行业统计等，政府向其购买服务，并对其进行资格认证和监管。中介服务组织主要发挥技术顾问团的联动作用，以加速提高产业创新成功率及成果转化率，降低投资运营成本，使资金发挥最大作用，促进红色文化产业化和市场价值的增值。

（7）借助高新技术的飞速发展平台。蓬勃发展的文化产业，源于先进科技的支持而将独特的创意理念转化为新颖且具竞争力的文化产品，文化产品从提出、设计、生产到消费，都离不开高新技术的综合应用。技术革新带来的数字化、网络化、智能化主导着文化产业未来的发展趋势，利用现代技术手段推进高新技术成果与传统文化产业的有效融合，开发拥有高科技含量的自主知识产权产品，使老少边地区的红色文化产业在开发、制作、管理、营销和服务等各个环节上都具有区域领先的技术水平，并借助"互联网 + 文化产业"模式，提升在线服务水平，加快老少边地区红色文化产业集群的发展速度，进而提高老少边地区红色文化产业集群的竞争实力。

（作者系法学博士、博士后、高级政工师、助理研究员，广西建工集团团委副书记、组织人事部人事处长）

钦北防发展高端中医药滨海
旅游产业的战略构想

曾枝柳

【摘要】 医疗旅游是当今全球发展较为迅猛的产业之一。钦北防可依靠广西丰富的中医药资源，打造理疗、养生、膳食、主题公园等系列旅游服务产品，以中高端游客为主要客源，拓展和完善中医药滨海旅游产业链。如此，钦北防有望发展成为广西乃至全国的新兴服务业的龙头地区之一。

【关键词】 钦北防；滨海旅游；医疗旅游

任何一个区域经济社会的发展，都不能背离充分利用自身具有的各项长处或优势这个基本原则，广西作为相对落后的西部省区，更应了解自己所处的发展地位，有针对性地集中优势资源，合理布局能发挥各个地市长处的特色产业或新兴产业。广西的优势在于生态环境好，习近平总书记曾说过，"绿水青山就是金山银山"，我们要把广西拥有良好的生态环境这一优势保护好、发挥好、利用好，真正把环境优势转化为发展优势。北部湾经济区的中心城市钦州、北海和防城港（以下简称钦北防），同样要遵循比较优势的发展规律。钦北防最大的优势就是拥有我国大陆沿岸最洁净的海区，又聚集了全国最密集的海洋保护区群落，海洋生态环境总体上维持着近乎天然的自然状况，这里集多彩的景观、宜人的气候、海陆相连的跨国异域风情于一体，为滨海旅游产业的发展提供了良好的环境空间。

因此，笔者建议，钦北防在发展滨海旅游产业的基础上，结合广西是中国药材资源大省（现有中草药 4623 种，居全国第二位），以及广西拥有民族医药的重要瑰宝——壮瑶医药，大力发展高端中医药滨海旅游产业，打造世界一流的医疗旅游目的地、医疗高端人才聚集区和健康领域国际交流平台。

第一，树立全新发展观念，提高对世界产业转型趋势和中医药滨海旅游产业市场前景的认识。

医疗旅游是当今全球发展最为迅猛的产业，尤其是亚太地位，比如泰国、马来西亚、新加坡、韩国、日本、以色列等已成为医疗旅游产业相当成熟的地区。中医药旅游作为具有中国特色的旅游方式，发展空间非常广阔，而钦北防依据自身独特的资源要素，挖掘滨海旅游资源内涵，大力发展中医药滨海旅游产业，优化区域产业升级换代，市场前景十分诱人。与钦北防条件相近的海南省三亚市，2013 年全年游客超过 17 万人次，其中 80% 选择了医疗保健服务，光在三亚市中医院选择"高端私人定制"中医药旅游服务套餐的高端外宾就达 3000 人次，平均消费 2 万美元，为三亚市带来的综合效益超过 8 万美元/人。钦北防依靠广西丰富的中医药资源，打造理疗、养生、膳食、主题公园等一系列旅游服务产品，以中高端游客为主要客源，拓展和完善中医药滨海旅游产业链，可以发展成为广西乃至全国的新兴服务业的龙头地区之一。

第二，作为新兴服务业的中医药滨海旅游产业，初创时期融资结构单一，财务成本相对沉重，要实现规模扩张和跨越式发展困难重重，因此必须加强与全国各层级资本市场的对接。

目前，我们可以借鉴湖南省发展移动互联网产业的经验。湖南省股权交易所（属于第四层次的区域性股权交易市场，简称四板），专门设立了"移动互联网专板"，使之成为湖南移动互联网中小企业专属金融孵化平台。同样，可在广西股权交易所——广西北部湾股权托管交易中心，设立"中医药滨海旅游专板"以充分发挥区域性股权交易市场的作用，专板实行低门槛、低收费、重培育的政策，让更多业务方向明确的中小企业先行对接资本市场。专板内规范企业治理结构，组织预路演和资本前沿培训，适时推出"三四板直通车"帮助企业打通转板通路，更快地登陆"新三板"和全国性资本市场（沪深主板和创业板），以获得更多风投私募机构的注意及广阔的发展机会。同时，紧密结合李克强总理 2015 年 12 月 9 日在国务院常务会议上的讲话精神，密切关注资本市场注册制的改革进程，做好民营资本进入新兴服务产业的准备与推介工作，以实际行动响应党中央、国务院提出的"大众创业、万众创新"的战略构想。另外，在自治区层面，由自治区金融办领头，力争引进凯雷集团、黑石集团、KKR、红杉资本、鼎辉资本、天使投资基金等资本市场风险创业投资巨臂，在广西北部湾股权托管交易中心设立分支机构或办事处，这会大力提升广西本土股权交易市场的形象和发展质量，以及挂牌融资企业将会享受到更便捷、视野更国际化的金融服务。

第三，钦北防发展高端中医药滨海旅游产业，在初创阶段要具备长远的国际眼光，市场定位不局限在北部湾经济区、广西或者全国，而要放眼全球市场，这样就要认同和遵守全世界公认的医疗服务标准，再有机结合本民族的中医药资源，才能建成具有高品质的医疗服务、现代化的高端管理与人性化的中医药旅游服务的健康家园。

JCI（国际医疗卫生机构认证联合委员会）作为一家对美国以外医疗机构进行评审的组织，它始终恪守着改善医疗安全和医疗质量，提高医疗服务机构总体管理水平的全球使命。通过参加 JCI 认证评审，中医药的传统文化既能给 JCI 标准增添新的元素，又可以建立系统的管理和文化框架，以及持续不断地改进流程。结合钦北防目前的实际情况，可以先到国内已获得 JCI 认证的先进医疗机构，如广州祈福医院、天津泰达国际心血管病医院、南京医科大学附属友谊整形外科医院、湖南儿童医院、北京燕化医院，调研和学习他们按照 JCI 标准在流程设计、运行管理、体制改革等方面的经验或模式，并聘请专业化的认证咨询团队做模拟评审，然后制订行动框架，把其纳入中医药滨海旅游产业整体发展战略中去，逐步规划和落实。另外，可以尝试创建北部湾 JCI 医投集团，以广西国际壮医医院（2017 年 10 月竣工）为旗舰，通过并购、合作、托管、加盟、独资新建等方式，实现国内外医疗服务机构、人力资源、服务管理模式与标准的全面接轨，以全面推动、提升钦北防滨海医疗旅游产业的档次和水平。

第四，人才是钦北防发展高端中医药滨海旅游产业的弱项，高层次人才很难引进，而且优质的医疗人力资源绝大多数集中在公立医院，无法下沉到社会资本创办的实体中。这种规模和结构上的人才"短板"，迫切需要我们在国内和国际两条线上同时出招，以达到事半功倍的效果。

首先，和国内著名的医科院校结对子，比如与广州中医药大学、湖南中医药大学、北京中医药大学、湘雅医学院、协和医科大学、第四军医大学、南方医科大学、华西医科大学、中山医学院签署合作培养协议，或制定具体可行的人才引进政策；其次，充分借力中国中医药服务贸易联盟和中国—东盟自由贸易区平台，发展对发达国家和"一带一路"沿线国家的中医药服务贸易输出，并认真研究各个国家或地区的政策与法律法规，确立合作对象和合作项目，以尽快提升自身的产业人力资源的档次和研究水平，例如澳大利亚2012年就对中医药进行注册管理，我们可以和皇家墨尔本理工大学，在北海创建北海墨尔本健康工程学院，又如瑞士在欧盟首次将中医整体纳入医保范围，这样钦州可以凭借钦州学院将升格为北部湾大学的东风，与苏黎世联邦理工学院创办钦州苏黎世生命科学工程学院；最后，钦北防在制订发展战略时，应充分认识当今"互联网＋"的深远的历史推动力，比如针对以"云服务助力生物医疗大数据，掘金新商业之路"为发展宗旨的华为公司，我们应创造条件，在防城港滨海新区与华为合作，打造"互联网医疗与中医药大数据协同创新中心"，力争在中医药（包括壮瑶医药）大数据产业化领域，以中医药滨海旅游产业为载体，塑造广西自己的具有强大国内国际影响力的主导产业品牌。另外，以广西知识产权交易中心（2015年9月9日挂牌）为平台，建立具有自主知识产权的广西中医药专利（包括壮瑶医药）大数据云服务中心，而且专利成果可作为股权投资的筹码，积极参与国际资本市场，比如可以技术入股瑞士雀巢公司、新西兰恒天然集团和新加坡淡马锡集团的健康产业投资领域，这样既可以加速国际化的步伐，又能分享到成熟的全球化产业链的丰厚利润。

第五，发展高端中医药滨海旅游产业，应以中医药旅游文化吸引游客，同时设计开展精彩的体验性项目，打造医疗服务旅游新亮点。

中医药滨海旅游可把中医药历史文化名人、传说故事、现代制药工艺工序、绿色环保药品来源等有机结合起来，集中展现，集艺术性、民族性、观赏性、参与性、知识性于一体，让消费者全面了解感受中医药文化的恒久魅力。可以创设百草园，园中培育多姿多彩的药草树木，建立具有壮瑶特色的药品陈列馆，创作设计中国历史上中医药名家的雕塑和太极阴阳图集等，主题在突出天然中药材自然美的基础上，努力刻画出附着于其上的深厚的历史文化沉淀，做到情景交融、意境无穷。同时，可把百色的田阳县（壮族始祖布洛陀的诞生地）、河池的巴马瑶族自治县（世界长寿之乡）与来宾的金秀瑶族自治县纳入钦北防高端中医药滨海旅游产业整体发展战略规划中，以充分开发广西特有的壮瑶医药养生资源，延长和丰富中医药滨海旅游产业链，尽最大努力展示广西这块土地无限的神奇魅力。

中医药滨海旅游不仅要重视中医药展览、介绍氛围的营造，更应重视游客在参观游览过程中的旅游体验，给游客提供直接参与娱乐的机会，丰富旅游经历。游客体验产品的开发，既可以包括百草园识草药，还可以在休闲活动中模拟采药场景，让游客亲身体验药农的生活，让游客进行一些简单的手工中药加工制作和中药炮制，使中医药滨海旅游产业的发展能真正适应市场和游客的需要。需要注意的是，钦北防三地在选择具体的发展项目时，应适当实行差异化竞争，避免服务产品同质化竞争。

第六，发展高端中医药滨海旅游产业，应适时发展医疗服务机器人产业，丰富产业链的内容，提升产业的整体发展质量。

可在钦北防三地，由自治区科技厅牵头，与哈尔滨工业大学和国防科技大学展开合作，以北海电子信息产业园和北京航空航天大学北海分校为基础性平台，创设医疗服务机器人研发中心，结合中医药滨海旅游产业，重点研发康复机器人和护理机器人。2015年10月21日，习近平主席访问了世界著名的英国帝国理工学院哈罗林医疗机器人研究中心，该中心是精准医疗研究领域的"领头羊"，而且华人科学家和工程师比较集中，我们可从产学研各界选拔人员去那里做访问学者，进行基础性研究或应用性开发合作，并与资本市场相关上市公司，例如楚天科技（300358）、博实股份（002698）、机器人（300024），进行招商或技术项目合作洽谈，以填补广西在机器人产业领域的发展空白，推动产业转型升级。

第七，发展高端中医药滨海旅游产业，要强化旅游营销手段和措施，努力开拓客源市场。

针对中老年市场，可以开发中医药养生之旅。这类群体大多处于健康不稳定状态，有闲暇时间修身养性，对中医药养生旅游有浓厚的兴趣，希望通过旅游养生，获取养生知识达到延年益寿的目的。还有针对女性市场，可以开发中医药美容之旅。这类群体对具有美容、减肥功效的中药材和中医药健康服务备感兴趣，能使她们从中获得集知识性、娱乐性、体验性、享受性等于一体的多重收获与满足。

（作者系百色学院副教授）

中国—东盟视角下的壮剧跨境交流传播策略探究

黄艺平

【摘　要】作为国家非物质文化遗产之一的壮剧是典型的区域文化，具有独特的审美价值，可以作为中国—东盟民族文化交流的桥梁，在中国—东盟关系高度发展的今天，应该充分利用其自身所处的区位优势和艺术特点，通过跨境演出、加强收集整理改编、探索翻译转化策略、利用现代传媒交流互动等方式强化其传播、传承与发展的潜能。

【关键词】壮剧；中国—东盟；互动；传播；传承

引　言

壮剧分为北路壮剧和南路壮剧，主要流行于广西西部和云南部分地区，是用壮语进行艺术表达的广西地方戏曲，其历史悠久，以当地民间歌舞为基础发展而来，是根植于壮族土壤的典型地方文化。壮剧具有独特的文化审美价值，是地方文化的典型代表，然而，受现代传媒发展和受众审美观念变迁等因素的冲击，几有失传的危险，2006 年 5 月 20 日，壮剧经国务院批准列入第一批国家级非物质文化遗产名录，为它的重新焕发青春注入了巨大的活力。近年来，在政府部门和民间组织的努力下，壮剧又展现出蓬勃发展的态势。以具有代表性的剧团发展为例，1965 年 4 月，由原百色壮剧团迁至南宁，正式成立了广西壮族自治区壮剧团，建团 40 年来，该剧团目前已发展成为拥有靖西、田林两个分团、200 余人的大型艺术表演团体。又例如在壮剧的表演活动上，自 2010 年在广西的田林县举办了首届壮剧文化艺术节起，至今已连续举行了 7 届艺术节。

近年来，中国东盟关系的重要性日益突出，随着中国—东盟经贸关系的不断提升，作为与东盟交往的桥头堡的广西的区位优势日益凸显，因而作为广西典型文化代表的壮剧也应当在文化传播互动中发挥作用，助力于中国东盟的文化交流。同时，频繁的中国—东盟文化交往也给壮剧的发展带来了机遇，壮剧也要顺应历史潮流，抓住机遇，在强化区域文化海外传播的功能之余，也推动自身的变革和发展。然而，综观国内学者目前对于壮剧的传播研究，主要还是集中于壮剧的国内发展方面，跨境传播方面的研究十分薄弱。因而，有必要顺应国家发展战略，探讨壮剧的跨境传播。鉴于此，本文通过对壮剧的跨境演出、翻译转化、收集整理改编，充分利用现代传媒互动等方式进行研究，力图探索出新时期壮剧的跨境传播交流策略。

一 充分利用中国—东盟文化交流机会，推动壮剧的跨境演出传播

"壮剧是伴随着壮族人民诸多的民俗活动产生和发展起来的，大多在婚嫁喜庆或节日、歌圩登台演出。"① 因而，壮剧本来就是以演出为主要传播手段的戏剧。目前，在政府相关部门和民间组织的努力下，壮剧在国内的演出传播正不断取得良好的效果，无论是演出密度和受欢迎程度都有了极大的提升。例如，自 2010 年在广西田林县举办首届壮剧文化艺术节以来，每年的壮剧文化艺术节上都推陈出新，推出新剧目，丰富演出形式，不但通过表演获得了观众的认可，吸引了社会各届人士热情参与，而且《人民日报》、新华社、《中港澳国际新闻报》、新浪网等 20 多家媒体也到会采访报道，扩大了壮剧的影响力。然而，壮剧作为民族艺术，仅仅在国内的传播是不够的，也应作为中华艺术精粹走出

---

① 田阡：《传承与发展：北路壮剧那劳壮剧团调查研究》，《广西民族研究》2016 年第 3 期。

国门，在成为国内外文化交往的桥梁的同时，也通过文化艺术的内联外引促进自身的发展。

壮剧的跨境演出，可以是充分利用国内面向国际的文艺演出机会，既针对国内观众，也针对国际观众。近年来，随着中国—东盟经贸往来的不断加深，双方之间的文化交流活动也不断增多。例如，每年在广西南宁举行的东盟博览会开幕前后及其过程中都会有文艺会演，这些会演针对的不仅是中国观众，而且也针对国外政要和商务人士。又例如从1993 年起在南宁举办的南宁民歌艺术节，也是一场面向国内国外观众的盛会。充分利用这些盛会，可以在不走出国门的情况下传播壮剧，扩大其影响力。

当然，壮剧的跨境演出，也可以是真正地走出国门，通过在东南亚各国实地演出进行壮剧的传播，中国东盟的密切交往使这种交流传播的演出机会越来越多，例如 2017 年举办了中越跨境联欢晚会，200 余名中越演员演出了 16 个颇具中越特色的节目。东盟各国也都有举办艺术节的习惯，例如 2016 年越南顺化艺术节，共邀请来自 17 个国家和地区的 23 个艺术团参加，中国也是受邀的国家之一。新加坡、泰国、马来西亚等国也多有举办艺术节的传统，壮剧完全可以利用这样的演出机会。同时，东盟各国与广西山水相连，在文化和风俗习惯上有互通互融之处，非常有利于彼此之间的文化交流，双方的跨境演出良性互动的既是传播友谊的需要，也是交流艺术的需要。文化艺术境外传播的好处在于观众的普遍性，在于艺术的巨大冲击力，具有在国内演出所没有的影响力，缺点就是出国的申办程序较为复杂，前期需要花费较多的时间做准备。

二 充分利用现代传媒，加强壮剧的互动传播

与其他传统戏剧一样，壮剧最初只是采用现场演出的方式进行传播，由于这种传播方式具有专门的场地和具备专门的演出设备，因而能最大限度地展现壮剧艺术内涵，给观众带来直接的艺术感受，相比其他传播方式能更好地展现艺术作品本身的特色，因而，这种传播方式经久不衰，仍然作为重要的传播方式存在。然而，此类演出传播的缺点是受

地域、时空的限制，受众接触范围小，受众从层次到数量都不足，此外，这种传播方式还由于受时空的限制，传播的速度慢，影响范围小，不利于艺术的广泛传播。20 世纪后半叶以来，现代传媒的飞速发展推动了大众传播，引起了传播革命，近年来新媒体不断涌现，互联网、微信、微博等深刻地影响着人们的生活。艺术传播工具的不断增多，方式的不断丰富为文化艺术包括壮剧的传播提供了更好的物质基础。在壮剧的跨境传播中，要充分地利用现代传媒，时至今日，可以说，脱离了现代传媒的艺术传播是不可想象的。

一方面，可以充分利用现代传媒，直接将壮剧呈现于异国观众之前。现代传媒具有多样性特点，一是信息覆盖的广泛性，随着现代传媒科技的发展，信息的传媒逐渐突破了地域性、时空性的限制，影响范围迅速扩大，并且即时传达。二是信息容量大，在信息传播过程中可以包含海量的声、光、影信息。三是信息的可存储性，可以方便在需要的时候使信息得以反复重现。因此，壮剧在跨境传播方面必须要充分利用现代传媒的这些特点，强化壮剧艺术的跨境传播。现代传媒在技术上的跨境传播是没有问题的，但有时需要的是沟通协作，以突破国与国之间人为设置的边界。以电视传播为例，通过政府之间的沟通，越南等国家跟中国广电进行合作后，其国内观众可以直接观看中国部分电视节目。壮剧可以充分利用这一优势，强化其在东盟国家的传播。而互联网更是没有国界的传媒工具，完全可以充分利用，可以通过将壮剧制作成视频、建立壮剧网站等方式让其在互联网上自由流传。

另一方面，可以充分利用现代传媒，强化艺术的交流互动。与传统传媒的单向性、传授性传播相比，现代传媒具有开放性、交互性的特点，传播者与受众之间的关系是网状结构，信息管理机构对信息方面的传播限制极少，扩展了个体信息与他人信息交流的深度和广度，而由于现代传媒的这些特点，它的影响效果是交互性的，传媒与受众可以互相发表意见、互相影响，增进了双方的沟通与了解。显然，互联网不但提供了一个艺术呈现的机会，也提供了艺术交流互动的机会，通过观看评论等方式，可以充分地了解到观众对于艺术的喜好，也为艺术的迎合受众提供了了解的渠道。因此，壮剧完全可以利用这一现代传媒优势，从与观众的交流互动中掌握他们的审美趋向，不断根据受众的要求改进和推出新的作品。

三 强化壮剧的整理和改编工作，适应现代受众需要

壮剧作为民间艺术，在漫长的历史过程中，主要是通过口头传播的方式进行传承和发展的，由于"文化大革命"的冲击以及其他一些原因，例如一些艺人的逝世和移居，很多珍贵的艺术和艺术资料在传播过程中逐渐流失，或者部分流失。学者李昕指出："文革期间壮剧发展的停滞，壮剧在剧本、演员、编剧人才的培养上出现了明显的断层。老一辈的艺人多半已经去世，而新一代的艺人还没有培养出来，遗留的一些老艺师年纪较大而过于保守，只传戏不传剧本，缺乏专业的舞台指导经验。"[1] 可见，当前壮剧艺术的传承和发展还面临着巨大的挑战，是不利于壮剧传承和发展的方面。壮剧要对外传播发展，首要的就是要保留其艺术精华，并针对现代受众需求，作出适当的改编。

一是要求加强壮剧的收集整理，有计划、有目标、有策略地保护壮剧的传承。一方面要争取政府和民间的资金支持，为各项工作的开展提供资金保障，在此基础上加强壮剧的收集和文本整理工作，将遗失民间的壮剧剧本呈现原貌。"要实现对'非遗'项目的保护，需要保护'非遗'的保有者，通过人的接力来实现对'非遗'的传承。"[2] 另一方面，也要通过演出等方式重现壮剧的艺术风采，这将能留住壮剧人才，也能为壮剧的传承与发展培养专业艺术人才，从而为壮剧的发展提供充足的后劲。

二是要做好壮剧的改编工作。壮剧作为一种历史艺术，曾经在广西风靡一时，很好地迎合了当时受众的审美需求。然而，随着时间的流逝，壮剧在具有其独特美感的同时，也有一些艺术形式和思想内涵已不适应现代社会审美的需要，"观众群体的文化认同和审美观念受到现代西方文化和汉文化这些强势文化的影响，发生了根本改变"[3]。因而，

---

① 李昕：《田林壮剧艺术节与壮剧的传承发展》，硕士学位论文，广西民族大学，2014 年。
② 陈文颖：《非物质文化遗产视野下壮剧的保护与传承》，硕士学位论文，广西师范大学，2012 年。
③ 李昕：《田林壮剧艺术节与壮剧的传承发展》，硕士学位论文，广西民族大学，2014 年。

也要对其进行适当改编，增加现代审美元素，以迎合现代受众的需要。而壮剧的跨境传播，所要面对的不仅是国内受众，也要考虑东盟各国的文化心理需求和审美需求，因而，充分考虑境内、境外受众的接受心理，在保留其艺术精髓的基础上对壮剧进行适当的改编，让壮剧给境外的观众带来异国风情的同时，也感受到文化的尊重，是十分有必要的，也是实现文化交流目标的必然要求。

四　做好翻译转化研究，为其海外传播打下坚实基础

壮剧主要是以区域生活为蓝本，使用壮语进行演出的戏剧。壮语属汉藏语系壮侗语族壮傣语支，分南北两大方言。南路壮剧采用的是靖西、德保方言，属壮语南部方言系统；北路壮剧采用的是田林一带的方言，属壮语北部方言系统。壮语不仅是壮剧的主要特征之一，而且在表达民族感情、表现民族性格及塑造壮族人民所喜爱的舞台形象等方面，具有特殊的表现力。[①] 虽然，由于山水相连，生活在毗邻的区域中，东盟部分国家的民众可以直接听懂壮语，但跨境的情况复杂，语言也多种多样，对大多数受众而言，在欣赏壮剧的时候壮语仍然对他们形成了语言障碍，因而强化壮剧的翻译转化，是为其海外传播打下坚实的基础，也是壮剧走出国门传播中必不可少的重要一环。

一方面，壮语是独特的语言，壮剧又是独特的艺术，这就要求探寻壮剧的翻译转化策略，最完美地传达壮剧的艺术内涵和文化内涵。结合国内外翻译学者的理论，例如尤金·奈达的功能对等理论，追求形式相似、意义相符、功能对等的翻译原则对于壮剧的翻译具有较强的指导性。同时，壮族也是一种民族文化的载体，"壮族的神话传说、民间故事、歌谣小调、民间歌舞都为壮剧的形成、发展起到重要作用，壮剧也因此成为壮族文化的重要传承载体。同时，壮剧剧目从各个方面反映了壮族的历史生活风貌，折射着壮族发展的进程，体现了壮族人民的文化

[①] 陈文颖：《非物质文化遗产视野下壮剧的保护与传承》，硕士学位论文，广西师范大学，2012 年。

心理和进取的精神"。① 因而最近盛行的文化翻译理论，从文化层面进行翻译研究，将翻译文学作为译语文学系统的一部分，并采用描述性的研究范式，注重把翻译放到社会文化语境中进行考量，② 对于壮剧这一文艺产品的翻译转化也极具指导价值。

另一方面，由于壮剧使用壮语演出，因而培养精通壮语的翻译人才十分重要。由于壮剧的翻译涉及了三种语言，即壮语、汉语和外语，其实是一种三语之间的翻译转化，而壮语不但有独立于汉语的发音规则，也有独立于汉语的文字，因而对于不懂壮语的普通翻译学者而言，语言成为翻译的重大障碍，甚至是难以逾越的阻碍。因而培养既懂壮语，又懂汉语和外语的三语复合型翻译人才显得至关重要。这就要求在翻译人才的培养上要形成特定的培养方向，制定特定的培养目标，以达到壮剧这一民族艺术翻译转化的效果，服务于壮剧的跨境传播。

结　语

壮剧作为广西地区独具特色的艺术，是典型的区域文化，理应作为文化交流的桥梁以增进中国东盟的交流和情谊。在这一过程中，要充分利用中国—东盟政经蓬勃发展的机会，做好国内、国外演出工作，以直观的手段推动壮剧的传播。而现代传媒的发展既对壮剧的发展形成了冲击，也给壮剧的传播发展带来了前所未有的机会，因而要充分利用现代传媒的特点，既增加其与受众传播的机会，也利用其交互性了解舆情，通过改进不断推动壮剧完善。此外，壮剧作为民间艺术，其剧本多有流失，因而要加强壮剧的收集整理工作，再现壮剧的历史面貌，同时，还要充分考虑境内、境外受众的文化心理和民俗习惯，对壮剧进行适当改编。另外，壮剧作为独特的艺术形式，其翻译转化有其独特规律，因为要充分探究其翻译策略，培养相关领域的翻译人才。

（作者系广西艺术学院教授、硕士生导师）

---

① 陈丽琴：《壮剧与民俗文化》，《广西民族大学学报》2011 年第 2 期。
② 谢天振：《当代国外翻译理论导读》，南开大学出版社 2008 年版，第 198 页。

非物质文化遗产中饮食遗产物质实体成分的生物分类学分类

白　利

【摘　要】长期以来，饮食遗产和饮食文化以烹饪学和地方特产用来分类，主观性较强，缺乏科学理论，本文尝试用生物学的分类学的方法对饮食遗产和饮食物种进行分类尝试，因此对实体成分的生物分类学分类研究具有一定意义。同样也是把烹饪学、食品科学和生物科学交叉研究的一种尝试。本文还建立起了分类模型，并对部分国家级非物质文化遗产进行尝试。

【关键词】饮食遗产；生物分类学；物种；实体成分

一　饮食遗产

饮食遗产是文化遗产的一部分，我们在现有的非物质文化遗产概念中鉴定。

非物质文化遗产在国内外公约和法律的概念为，被各群体、团体、有时为个人所视为其文化遗产的各种实践、表演、表现形式、知识体系和技能及其有关的工具、实物、工艺品和文化场所。公约所定义的非物质文化遗产包括以下几方面：①口头传统和表现形式，包括作为非物质文化遗产媒介的语言；②表演艺术；③社会实践、仪式、节庆活动；④有关自然界和宇宙的知识和实践；⑤传统手工艺。① 各族人民世代相传并视为其文化遗产组成部分的各种传统文化表现形式，以及与传统文化表现形式相关的实物和场所。包括：①传统口头文学以及作为其载体的语言；②传统美术、书法、音乐、舞蹈、戏剧、曲艺和杂技；③传统技艺、医药和历法；④传统礼仪、节庆等民俗；⑤传统体育和游艺；⑥其他非物质文化遗产。②

结合非物质文化遗产的概念，饮食遗产的定义应该为：各族人民世代相传并视为其文化遗产组成部分的与饮食主题相关的传统技艺和其他传统文化表现形式，以及与传统饮食主题文化表现形式相关的实物和场所。

二　饮食遗产的物质实体成分

（一）饮食遗产的物质实体

国内学术界多把饮食遗产称作饮食文化遗产，强调饮食的文化性。中国饮食文化遗产包括以饮食为主题的物质文化遗产和非物质文化遗产两个部分。③ 本文的物质实体指的就是物质文化遗产的部分。

（二）饮食遗产的物质实体成分

本文中的饮食遗产的物质实体成分，仅仅指按照烹饪学的理论、过程和技术，饮食遗产成品物质实体的原料可以按照生物分类学分类的部分，同样适用于任何饮食实体。

三　饮食遗产物质实体成分的生物分类学分类意义

长期以来，饮食遗产和饮食文化以烹饪学和地方特产用来分类，主观性较强，缺乏科学理论，本文尝试用生物分类学的方法对饮食遗产和饮食

---

① 联合国教科文组织：《保护非物质文化遗产公约》，http：//www. moe. edu. cn/publicfiles/business/htmlfiles/moe/s3161/201001/81309. html。

② 《中华人民共和国非物质文化遗产法》，http：//www. gov. cn/flfg/2011 - 02/25/content_1857449. htm。

③ 周鸿承：《论中国饮食文化遗产的保护和申遗问题》，《扬州大学烹饪学报》2012 年第 3 期。

实物种进行分类尝试,因此对实体成分的生物分类学分类研究具有一定意义。同样也是把烹饪学、食品科学和生物科学交叉研究的一种尝试。

四 饮食遗产物质实体成分的生物分类学分类

全世界饮食遗产数量庞大、种类众多,需要对研究范围进行界定。人类非物质文化遗产名录①中没有中国饮食遗产,本文仅用国家级非物质文化遗产名录②中饮食遗产作为研究范围。

饮食遗产只存在于传统手工技艺目录中,四批共 46 项。

(一) 分类原理

尝试建立饮食遗产物质实体成分的生物分类学分类模型:

$$YS:F1(F11,F12,\cdots,F1i),F2,F3,F4,F5 \qquad (1)$$

其中,YS 为饮食遗产名录名称,F1 为生物分类学种原料成分(F11 为第 1 种原料或者配料,F12 为第 2 种原料或者配料,F1i 为第 i 种原料或者配料),F2 为生物分类学界一级,F3 为生物分类学科一级,F4 为生物分类学属一级,F5 为生物分类学种一级拉丁文名。

(二) 分类应用

用 (1) 模型对部分国家级非物质文化遗产名录中的饮食遗产进行分类③ (见表 1)。

表1　　　　部分国家级非物质文化遗产名录中的饮食遗产
物质实体成分的生物分类学分类

饮食遗产名录	原料成分	界	科	属	拉丁文名
茅台酒酿制技艺 (Ⅷ－57)第一批	高粱 (原料)	植物界	禾本科	高粱属	Sorghum bicolor (L.) Moench
	小麦 (大曲)	植物界	禾本科	小麦属	Triticum aestivum L.

---

① 联合国教科文组织亚太地区非物质文化国际培训中心,http://www.crihap.cn/。

② 国家级非物质文化遗产名录,http://www.china.com.cn/culture/zhuanti/whycml/node_7021179.htm。

③ 吕晓钰:《生物学分类方法的哲学思考》,硕士学位论文,山东大学,2011 年。

续表

饮食遗产名录	原料成分	界	科	属	拉丁文名
泸州老窖酒酿制技艺（Ⅷ-58）第一批	高粱（原料）	植物界	禾本科	高粱属	Sorghum bicolor (L.) Moench
	小麦（制曲）	植物界	禾本科	小麦属	Triticum aestivum L.
杏花村汾酒酿制技艺（Ⅷ-59）第一批	高粱（原料）	植物界	禾本科	高粱属	Sorghum bicolor (L.) Moench
	大麦（制曲）	植物界	禾本科	大麦属	Hordeum vulgare L.
	豌豆（制曲）	植物界	豆科	豌豆属	Pisum sativum Linn
绍兴黄酒酿制技艺（Ⅷ-60）第一批	水稻（原料）	植物界	禾本科	稻属	Oryza sativa L.
	小麦（制曲）	植物界	禾本科	小麦属	Triticum aestivum L.
清徐老陈醋酿制技艺（Ⅷ-61）第一批	高粱（原料）	植物界	禾本科	高粱属	Sorghum bicolor (L.) Moench
	大麦（制曲）	植物界	禾本科	大麦属	Hordeum vulgare L.
	豌豆（制曲）	植物界	豆科	豌豆属	Pisum sativum Linn
镇江恒顺香醋酿制技艺（Ⅷ-62）第一批	水稻（原料）	植物界	禾本科	稻属	Oryza sativa L.
	小麦（制曲）	植物界	禾本科	小麦属	Triticum aestivum L.
武夷岩茶（大红袍）制作技艺（Ⅷ-63）第一批	茶（原料）	植物界	山茶科	山茶属	Camellia sinensis (L.) O. Kuntze
蒸馏酒传统酿造技艺（Ⅷ-144）第二批	高粱（原料）	植物界	禾本科	高粱属	Sorghum bicolor (L.) Moench
	水稻（原料）	植物界	禾本科	稻属	Oryza sativa L.
	玉米（原料）	植物界	禾本科	玉蜀黍属	Zea mays L.
	番薯（原料）	植物界	旋花科	番薯属	Ipomoea batatas
	葡萄（原料）	植物界	葡萄科	葡萄属	Vitis vinifera L.
	小麦（制曲）	植物界	禾本科	小麦属	Triticum aestivum L.
	大麦（制曲）	植物界	禾本科	大麦属	Hordeum vulgare L.
	豌豆（制曲）	植物界	豆科	豌豆属	Pisum sativum Linn
酿造酒传统酿造技艺（Ⅷ-145）第二批	粟（原料）	植物界	禾本科	狗尾草属	millet
	黍（原料）	植物界	禾本科	黍属	Panicum miliaceum
	水稻（原料）	植物界	禾本科	稻属	Oryza sativa L.
	葡萄（原料）	植物界	葡萄科	葡萄属	Vitis vinifera L.

饮食遗产名录	原料成分	界	科	属	拉丁文名
绿茶制作技艺（Ⅷ-148）第二批	茶（原料）	植物界	山茶科	山茶属	Camellia sinensis（L.）O. Kuntze
红茶制作技艺（Ⅷ-149）第二批	茶（原料）	植物界	山茶科	山茶属	Camellia sinensis（L.）O. Kuntze
乌龙茶制作技艺（Ⅷ-150）第二批	茶（原料）	植物界	山茶科	山茶属	Camellia sinensis（L.）O. Kuntze
普洱茶制作技艺（Ⅷ-151）第二批	茶（原料）	植物界	山茶科	山茶属	Camellia sinensis（L.）O. Kuntze
黑茶制作技艺（Ⅷ-152）第二批	茶（原料）	植物界	山茶科	山茶属	Camellia sinensis（L.）O. Kuntze
酱油酿造技艺（Ⅷ-154）第二批	大豆（原料）	植物界	豆科	大豆属	Glycine max（Linn.）Merr.
	小麦（原料）	植物界	禾本科	小麦属	Triticum aestivum L.
豆瓣传统制作技艺（Ⅷ-155）第二批	辣椒（原料）	植物界	茄科	辣椒属	Capsicum annuum
	蚕豆（原料）	植物界	豆科	野豌豆属	Vicia faba L.
豆豉酿制技艺（Ⅷ-156）第二批	大豆（原料）	植物界	豆科	大豆属	Glycine max（Linn.）merr.
腐乳酿造技艺（Ⅷ-157）第二批	大豆（豆腐原料）	植物界	豆科	大豆属	Glycine max（Linn.）merr.
	水稻（米酒原料、黄酒原料）	植物界	禾本科	稻属	Oryza sativa L.
	辣椒（原料）	植物界	茄科	辣椒属	Capsicum annuum
	油茶（茶油原料）	植物界	山茶科	山茶属	Camellia oleifera Abel
	小麦（黄酒原料）	植物界	禾本科	小麦属	Triticum aestivum L.
	鸡枞菌（原料）	真菌界	白蘑科	白蚁菌属	Termitornyces albuminosus（Berk）Heim
	芝麻（原料、芝麻油原料）	植物界	胡麻科	胡麻属	Sesamum indicum L.
	玫瑰（原料）	植物界	蔷薇科	蔷薇属	Rosa rugosa Thunb.
	日本沼虾（虾籽原料）	动物界	长臂虾科	沼虾属	Macrobranchium nipponense

续表

饮食遗产名录	原料成分	界	科	属	拉丁文名
周村烧饼制作技艺 （Ⅷ－162）第二批	小麦（原料）	植物界	禾本科	小麦属	Triticum aestivum L.
	芝麻（配料）	植物界	胡麻科	胡麻属	Sesamum indicum L.
同盛祥牛羊肉泡馍 制作技艺（Ⅷ－165） 第二批	小麦（主料原料）	植物界	禾本科	小麦属	Triticum aestivum L.
	黄牛（汤料原料）	动物界	牛科	牛属	Bos javanicus
	绵羊（汤料原料）	动物界	牛科	羊属	Ovis aries
	黄花菜 （汤料原料）	植物界	百合科	萱草属	Hemerocallis citrina Baroni
	木耳（汤料原料）	真菌界	木耳科	木耳属	Auricularia auricula （L. ex Hook.） Underwood
	绿豆（汤料粉 丝原料）	植物界	豆科	豇豆属	Vigna radiata （Linn.）Wilczek
	姜（汤料原料）	植物界	姜科	姜属	Zingiber officinale Rosc.
	蒜（汤料原料、 配料）	植物界	石蒜科	葱属	Allium sativum L.
	芫荽（汤料配料）	植物界	伞形科	芫荽属	Coriandrum sativum L.
	胡椒（汤料配料）	植物界	胡椒科	胡椒属	Piper Nigrum L.
	辣椒（汤料配料）	植物界	茄科	辣椒属	Capsicum annuum
	葱（汤料配料）	植物界	石蒜科	葱属	Allium fistulosum L.
	高粱 （配料醋原料）	植物界	禾本科	高粱属	Sorghum bicolor （L.）Moench
	大麦 （配料醋制曲）	植物界	禾本科	大麦属	Hordeum vulgare L.
	豌豆 （配料醋制曲）	植物界	豆科	豌豆属	Pisum sativum Linn
	大豆 （配料酱油原料）	植物界	豆科	大豆属	Glycine max （Linn.）Merr.
	小麦 （配料酱油原料）	植物界	禾本科	小麦属	Triticum aestivum L.

五　结论

　　利用生物分类学方法对饮食遗产物质实体成分进行分类，实际上是对饮食遗产和饮食物种一种新的分类方式的尝试。但是由于大部分饮食遗产综合性较强，包含大量的饮食物种，分类标准需要进一步探讨。不过对于单一饮食物种的生物分类学方法分类尝试是具有一定创新意义的。

（作者系百色学院讲师，硕士）

考古学视野下马来西亚铜鼓的发现

阿迪南朱索

【摘　要】本文主要介绍了发现于马来西亚的 9 面铜鼓及其历史。铜鼓广泛发现于中国、越南、柬埔寨、老挝、泰国、印度尼西亚和马来西亚，马来西亚发现的铜鼓数量较少，但是这些铜鼓对于考古学研究及东南亚与中国的区域联系研究具有重要意义。

【关键词】考古学；马来西亚；铜鼓

当前关于马来西亚铜鼓的相关研究较少，主要有以下两个方面的原因：一是马来西亚的铜鼓多为偶然出土，缺乏明晰的背景信息；二是相对于越南、缅甸、印度尼西亚、泰国和中国，马来西亚出土铜鼓的数量很少。此外，几乎所有出土于马来西亚的铜鼓，均器身残破，类型不全。这种状况间接导致了本地学者对铜鼓研究的兴趣较低，并逐渐将研究方向转向其他领域。

虽然如此，此前依然有部分学者对马来西亚发现的铜鼓进行了讨论。成果较为突出的有 W. Linehan，J. Loewenstein，B. A. V. Peacock，Peter Bellwood，Bernet Kempers，Norio Kuwahara 等西方学者，以及 Leong Sau Heng，Nik Hassan Shuhaimi Nik Abdul Rahman，Adnan Jusoh 等本地学者，其余一些本地学者对铜鼓的论述多较为简略浅显。

本研究全面收集了来自图书馆、博物馆及档案室的一手及二手资料，系统分析马来西亚发现的每一面铜鼓的出土地点、背景信息、完残情况、尺寸、造型、纹饰等信息，结合前人研究成果列出其年代序列，并将所有铜鼓分为两种类型：第一种类型共 8 面，主要集中于马来半岛的 Pahang（1 面）、Terengganu（3 面）和 Selangor（4 面），其器型及纹饰接近黑格尔 I 型即东山铜鼓；第二种类型仅 1 面，发现于马来西亚东部的沙巴州，此类铜鼓与黑格尔分类各型铜鼓差异较大，而与印度尼西亚的 Moko 鼓相似。

　　研究结果显示，马来西亚仅有的 9 面铜鼓对于研究区域社会的文化、贸易具有重要意义，其上的纹饰表明它们来自其他地区，证明了当地居民与外界的联系，反映了当地居民与亚洲大陆的贸易活动。此外，在考古学研究领域，这些铜鼓反映出在金属时代，马来西亚与东南亚其他国家处在较为一致的发展序列中。

　　（作者系马来西亚苏丹伊德里斯教育大学人文科学学院历史系副教授）

在第二届中国—东盟民族
文化论坛上的致辞

崇左市委常委、宣传部部长、副市长　李振唐

（2017 年 4 月 15 日，根据现场速记整理）

尊敬的赛新女士，尊敬的各位专家学者，尊敬的女士们、先生们、朋友们：

大家上午好！

在木棉花开、春光明媚、生机盎然的美好时节，我们在世界文化遗产花山岩画的故里欢聚一堂，参加第二届中国—东盟民族文化论坛，围绕民族文化遗产与"一带一路"建设主题，就骆越文化研究、民族文化遗产保护与利用、民族文化的交流共享与产业发展，开展研讨交流，一起聆听远古的呼唤，品读当下的灿烂，憧憬明天的辉煌，展现各位专家的聪明才智和真知灼见，百花齐放、百家争鸣，共同为人类文明的传承发展贡献自己的智慧和力量。

崇左是中国的南大门，历史悠久，文化荟萃、山清水秀、人杰地灵，在推动"一带一路"建设，践行"创新、协调、绿色、开放、共享"的新发展理念中，肩负着推动中华文化与世界文化交流交融、互学互鉴的重要使命。今天我们有缘相聚，通过中国—东盟民族文化论坛的平台相互学习，共同分享各国文明成果，共同交流各国民族文化，共同播下友谊种子，让《崇左宣言》开花结果，为"一带一路"建设添砖加瓦，贡献力量。

本次论坛能成功在崇左举办，是各位专家学者积极参与的结果，是主办、协办、承办单位共同努力的结果，是社会各界大力支持的结果。本次论坛参加的人数达到 140 人，80 岁高龄的中国民族文化研究的泰斗梁庭望先生从北京前来出席本次论坛，并做了主旨发言，缅甸联邦共

和国驻南宁总领事杜丁埃凯女士，泰国、越南、老挝驻南宁领事馆的官员，11 个国家和地区 90 多位专家学者出席论坛，给论坛的成功举办增光添彩。在此，我谨代表崇左市委、崇左市人民政府、中国民族文化论坛主办单位和组委会，对参加本次论坛的各位专家学者，东盟国家驻南宁领事馆官员，各位领导、全体工作人员及各界人士表示衷心的感谢。

本次论坛学术氛围浓厚，各国专家学者发表了潜心研究的学术成果，达到了相互学习和借鉴的目的。由于篇幅有限，本次论坛遴选了具有代表性的论文，编印成《第二届中国—东盟民族文化论坛论文集》。这是一份宝贵的财富，专家学者的学术观点，对促进崇左市的开放、合作发展，对推动崇左市民族文化遗产的挖掘、保护和传承，对提升崇左市文化软实力具有重大而深远的意义。为此，我向专家学者，对崇左改革发展贡献了智慧表示衷心的感谢！

"有朋自远方来，不亦乐乎。"美好的时光再长也觉得短暂，一天半的研讨交流再深入也觉得不够。花山岩画见证了论坛的盛举，《崇左宣言》留下这次论坛的记忆，左江两岸回响大家的笑语，八桂大地唤起大家的思绪，作为这次论坛的主办方之一，在这次论坛当中可能有诸多服务不周的地方，我们敬请大家多多包涵，也希望各位专家学者，对今后论坛的拓展、深化提出更多、更好的意见，共同把下一届和今后的论坛办好。左江花山岩画文化景观成功入选世界遗产名录，这是中国的骄傲，更是崇左的荣幸。我们下午将要亲眼目睹花山岩画的宏伟和神奇，在古文明和大自然的交融中将论坛的交流研讨继续。我们不想说再见，崇左永远欢迎您。因为：崇左的发展离不开大家的支持，崇左的建设需要大家的帮助，崇左的文化希望得到大家的传扬，崇左很多瑰宝等待大家挖掘，崇左的风情美景恭迎大家欣赏。承蒙论坛组委会的厚爱，第三届中国—东盟民族文化论坛将在崇左举行。让我们共同约定，明年崇左再相聚，让我们共同地期待明年相聚更开怀！

受本次论坛组委会委托，我宣布第二届中国—东盟民族文化论坛胜利闭幕。

祝各位专家、各位学者，同志们、朋友们，身体健康，万事如意！

谢谢！

在第二届中国—东盟民族
文化论坛上的致辞

中共崇左市委书记　刘有明

（2017 年 4 月 14 日，根据现场速记整理）

尊敬的缅甸驻南宁总领事，越南、泰国、老挝驻南宁领事，尊敬的广西社会科学界联合会主席沈德海同志，广西民族大学谢尚果校长，各位嘉宾，各位专家学者，女士们、先生们、朋友们：

大家上午好！

今天由广西壮族自治区社会科学界联合会、崇左市人民政府、广西民族大学、广西国际文化交流中心联合主办，崇左市社会科学界联合会、广西民族大学民族研究中心承办的第二届中国—东盟民族文化论坛在崇左隆重举行。来自国内外的专家学者、领导嘉宾在这里欢聚一堂，围绕关于民族文化遗产与"一带一路"建设的主题，对骆越文化、民族文化遗产保护利用与旅游开发、民族文化的交流共享与产业发展等相关议题进行交流研讨。这对于崇左进一步挖掘民族文化遗产价值，促进中国与东盟各国民族文化交流合作，做好崇左文化旅游发展大文章具有重要的意义。在这里，我代表崇左市委、市政府及全市 250 万各族人民，向论坛的举办表示热烈的祝贺！向出席这次论坛的各位领导、各位专家学者和各位朋友表示诚挚的欢迎和衷心的感谢！

崇左是壮族先民骆越民族的聚居之地，公元前 214 年，秦始皇统一岭南地区后，设立了桂林、南海、象郡三个郡，其中象郡就是现在的崇左市区。悠久的历史造就了丰厚的民族文化遗产，崇左成为广西壮族文化、骆越文化、花山文化的代表，尤以花山文化最具代表性。早在两千多年前，我们壮族的祖先骆越民族就在左江流域繁衍生息，在这片古老的土地上创造了灿烂的花山文化。公元前 5 世纪到公元 2 世纪 700 多年时间，壮族的祖先骆越人在左江及其支流明江两岸 200 多千米的悬崖峭壁上，绘制了一幅幅岩画，成为骆越文化的根源所在，是骆越古民族文化的百科全书，是中华文化的宝贵遗产，是世界岩画的瑰宝。2016 年 7

月 15 日，左江花山岩画文化景观成功列入《世界遗产名录》，实现了广西世界文化遗产"零"的突破，填补了中国岩画类世界文化遗产的空白，为中华文化走向世界做出了重要的贡献。

崇左是边境城市，与越南山水相连，与东盟各国有着深厚的历史文化渊源，我们语言相通、贸易相通、文化相通。一直以来，崇左与东盟各国有着十分频繁的文化交流。特别是近年来，每年都举办崇左市陆路东盟国际商务文化节、崇左（德天）边关国际文化旅游节、中越（凭祥）商品交易会、中越边关（凭祥）国际文化旅游节等重大活动，进一步密切了崇左与东盟各国的文化交流合作和人员往来。可以说，与东盟各国人文交流、开放合作，崇左具有得天独厚的优势。

崇左市委、市政府将依托自身的优势，积极推动民族文化的研究、传承和弘扬，打造特色民族文化品牌，做好文化旅游发展大文章，加强与东盟各国和世界各国的文化交流活动，推动"一带一路"建设，实现与东盟各国共赢发展。

这次论坛，我们有幸邀请到了 90 多位国内外的著名学者参加，我们真诚地希望各位专家学者通过论坛，为促进中国与东盟民族文化交流贡献真知灼见，发挥智慧的力量。对各位专家学者的研究成果，我们将认真研究，充分吸收，进一步加强对崇左民族文化的挖掘、保护、开发和利用。我们将全力做好服务保障工作，为论坛顺利的举办提供良好环境。我们相信，在各方的共同努力下，这次论坛必将成为思想交流的盛会，必将推动中国与东盟各国文化交流实现新的发展。

最后，预祝第二届中国—东盟民族文化论坛圆满成功！祝各位朋友在崇左生活愉快！

在第二届中国—东盟民族文化论坛上的致辞

广西壮族自治区社会科学界联合会主席　沈德海

（2017 年 4 月 14 日）

尊敬的缅甸驻南宁总领事，泰国、越南、老挝驻南宁领事，尊敬的刘有明书记，谢尚果校长，女士们、先生们：

最美人间四月天，在这春暖花开的美好时节，今天我们在美丽的崇左市召开第二届中国东盟民族文化论坛，来自中国、缅甸、越南、老挝、文莱、澳大利亚、印度、葡萄牙等 11 个国家，140 多名民族文化学者及代表会聚一堂，交流民族文化，研究民族文化，发展民族文化十分有意义。我谨代表广西壮族自治区社会科学界联合会对论坛的召开表示热烈的祝贺，对参加本次论坛的各国嘉宾、专家学者表示热烈的欢迎，向论坛举办地的崇左市委、市政府，向刘有明书记、李振唐常委副市长和关心支持论坛召开的各界朋友及为本次论坛辛勤工作的所有人员表示衷心的感谢。

中国与东盟各国有着深厚的历史渊源和人文基础，是中国与东盟各国人民心灵相通，建设中国—东盟命运共同体，促进亚太地区和平与发展的重要基础。中国与东盟各国毗邻而居，文化相通，山水相连，民族相亲。文化交流自古频繁，友好交往的历史源远流长，据记载，中国与东南亚地区的交往始于公元前 3 世纪，距今已经有 2300 多年的历史，西南丝绸之路和海上丝绸之路也早在公元前 1 世纪就构筑了中国与东南亚地区人民之间的联系。中国明朝时期的著名航海家郑和率领船队七次下西洋，便是一个友好往来的著名典范。在中国与东盟漫长的国际线两侧有 10 多个民族跨境而居，同饮一江水，可谓同根生的民族。文化渊源上有些至今还保持着基本一致的宗教信仰、婚姻习俗等。广西的壮语与东南亚、泰国、老挝等民族的同源，至今仍有许多相似之处。地理上的相连，民族上的相亲相近，促进了中国与东南亚各国文化在历史上的相互交流，相互影响，相互补充，相互融合，形成了一个地区有特色的文化传统和跨国界多民族所共有的文化认同，为我们各国文化交流提供了重要基础。2013 年 9 月 10 日中国国家主席习近平发出了共同建设"丝绸之路经济带"和"21 世纪海上丝绸之路""一带一路"的倡议。今天中国构筑的"一带一路"美好愿望就是依赖丝绸之路经济、人文、商贸的千年传承，并赋予其新的合作意义，那就是加强与沿线国家政策沟通、道路连通、贸易畅通、货币流通，拉近各国的距离，为实现区域联动发展和共同繁荣注入新的动力。就是高举和平发展的旗帜，积极主动发展与沿海国家的经济合作伙伴关系，共同打造政治互信、经济融合、文化包容的命运共同体和责任共同体。广西作为海上丝绸之路的始发港之一，与"一带一路"建设有着深远的渊源，2015 年 3 月中国国家主席习近平在参加广西代表团审议时，为广西确定了三个定位，就是构建面向东盟的国际大通道，打造东南西南地区开放发展新的战略支点，形成"21 世纪海上丝绸之路"和"丝绸之路经济带"有机衔接的重要门户，实现这三个定位，广西将为东盟各国提供连接中国的一个广阔平台，为共同参与"一带一路"建设提供更多更有效的支持和服务。民族文化是民族精神的载体，是民族的血脉和灵魂，也是民族生存和发展的重要力量，中国和东南亚民族文化辉煌灿烂、多姿多彩，中国与东盟各国民族、文化、历史发展的不同，造就了民族文化的多样性、丰富性。在历史的长河中，中国和东盟各国有各自独特灿烂的民族文化艺术，各具特色、丰富多彩、技术精湛的历史文化遗产，中国崇左市的花山岩画与柬埔寨的吴哥窟、老挝的古城、马来西亚的马六甲海峡、泰国的古城镇等世界文化遗产一样充分展现了人类高超的聪明才智。民族文化遗产是人类共同的宝贵财富，保护传承、研究民族文化，就是维护和发展人类文化多样性，促进人类社会的文明和进步，让我们一起参与民族文化遗产的研究，一起参与"一带一路"的建设，一起收获交流合作的成果，造福我们各自的国家和人民。崇左市是广西最年轻的地区城市，但是也是有着深厚文化底蕴的城市，是源自骆越古国创造的灿烂的文化，其中花山是重要的文化发祥地，体现出崇左人民的勤劳勇敢与智慧，这些既是民族文化的重要内容，也是我们要深入研究持久弘扬的精神财富。我们期盼在崇左这块宝地上通过论坛共同为发展人类文化，促进人类文明创造出新的辉煌。

女士们、先生们，我们相信在各界的支持下，中国—东盟民族文化论坛能常态化地持续举办下去，越办越好。我们希望通过这个交流平台进一步深化对中国—东盟民族文化的认识和理解，共同开展中国—东盟民族文化研究，不断加强学术交流合作，为提升中国—东盟民族文化研究水平和学术话语权，推动中国—东盟民族文化发展，增进中国—东盟乃至全人类福祉贡献力量。欣闻此时正值柬埔寨、老挝、缅甸、泰国新年，祝愿上述国家的朋友们新年快乐、吉祥幸福，祝愿出席论坛的各位嘉宾、各位专家学者和全体代表在中国广西期间生活愉快、身体健康、万事如意，预祝本届论坛取得圆满成功，谢谢大家。

在第二届中国—东盟民族
文化论坛上的致辞

广西民族大学校长　谢尚果

2017 年 4 月 14 日

尊敬的刘有明书记、孙大光市长、沈德海主席，各位领导、各位专家
学者：

大家上午好！

首先，我谨代表广西民族大学对第二届中国—东盟民族文化论坛的
召开表示热烈的祝贺！对前来参加论坛的 11 个国家和地区的民族文化
研究专家学者表示热烈的欢迎和衷心的感谢！

广西和东南亚山水相连，许多民族跨境而居，血缘相亲，文化相
近，社会各界的交流、合作一直非常密切。在国家实施"一带一路"
倡议的新形势下，为加强中国与东盟各国民族研究，整合中国与东盟各
国学术资源，广西社会科学界联合会、广西国际文化交流中心、广西民
族大学携手合作，从 2015 年开始筹备举办中国—东盟民族文化论坛。
去年 6 月，首届中国—东盟民族文化论坛在我校召开，在上级的大力支
持下，在各主办单位的共同努力下，在众多民族文化研究专家学者的积
极参与下，取得了圆满成功。今年，我们移师崇左市，我们相信，有崇
左市委、市人民政府的大力支持，第二届中国—东盟民族文化论坛一定
会取得更大成功。

广西民族大学创办于 1952 年，是广西壮族自治区政府和国家民委
共建的高校、国家中西部高校基础能力建设工程高校、广西重点建设大
学。现有全日制在校生 22236 人，少数民族学生占 50%，涵盖壮、汉、
苗、瑶等 53 个民族。经过 65 年办学发展，拥有了专科—本科—硕士—
博士完整的人才培养体系，是广西高校人文学科类中拥有一级学科博士
点最多的高校。学校大力实施国际性大学发展战略，是广西高校国际化

办学最突出的大学。先后与 19 个国家和地区的 145 所高校和机构建立了实质性的交流与合作关系；累计培养外国留学生 1.6 万人，累计派往国外学习或实习学生约 2 万人；在国外设立了 3 所孔子学院，是广西在国外设立孔子学院最多的高校之一；学校授予柬埔寨首相洪森名誉博士学位，为广西首家授予外国首相名誉博士学位的高校。在软科权威发布中国大学学生国际化排名中，我校名列广西首位。我校是国内最早开展东南亚语言教学和研究的机构之一，并利用毗邻东南亚这一得天独厚的区位优势，已发展成为国内在东南亚办学与研究方面的重要阵地之一。我校现拥有越南语、老挝语、泰国语等 7 个东南亚语言本科专业，是全国开设非通用语种本科专业最多的高校之一。已与东南亚 8 个国家的 100 多所高校和科研院所签订了合作协议，并开展科学研究、资料互换、教师进修、合作办学等方面的实质性合作。近年来，学校获东盟研究相关的国家社会科学基金重大项目 2 项，国家社会科学基金项目 15 项，省部级科研项目 50 余项，重要横向项目 30 项；出版学术专著 50 余部，发表论文 600 余篇，获国家级和省部级奖励 20 余项，向中央和地方政府部门提交了 30 余份咨询和研究报告。学校利用中国—东盟法律人才培训基地、中国—东盟旅游人才培训基地、东南亚非通用语翻译人才培训基地等平台，与东南亚国家合作举办高级别培训班，已为中国—东盟合作培训专门人才 5000 多人，赢得了较高的社会声誉。柬埔寨国家元首西哈努克亲王、首相洪森，越南国家主席陈德良、副总理范加谦，泰王国诗琳通公主，老挝总理波松，缅甸副总统赛茂康等东盟国家政要都曾来校参观访问。

长期以来，我校致力于中国和东南亚民族文化研究，并取得了丰硕的成果，不仅在中国同行中有较高地位，在国际学术界也有一定影响。《同根生的民族——壮泰各族渊源与文化》《壮泰传统文化比较研究》等重大成果，都引起了国内外学术界的广泛关注和高度的评价。近年来，我校依托壮学研究中心、瑶学研究中心、中国南方和东南亚民族研究基地、广西与东南亚民族研究人才小高地、中国—东盟研究中心、中国—东盟文化交流与发展协同创新中心等科研机构和平台，从华南—东南亚民族法学、华南—东南亚民族史志、华南—东南亚民族历史人类学、华南—东南亚民族医药文化、华南—东南亚民族艺术等方向大力推进中国和东南亚民族文化研究,《中国—东南亚铜鼓》《中国—东南亚稻作文化》等一系列重大课题,正在稳步推进。在这一系列的研究中,我校与国内外众多学术机构和学者开展了卓有成效的合作,为中国—东盟民族文化研究做出了重要贡献,学校已成为中国—东南亚民族文化研究的高地和民族文化展示的窗口。我校将继续强化"民族性、区域性、国际性"的办学特色,努力发挥自身办学优势,不断加强中国—东盟民族文化研究,探索推进更多学科领域民族方向发展,努力为我区实现"两个建成"和中国—东盟自贸区建设,为中国、东盟及"一带一路"沿线国家文化交流合作、人民心灵沟通发挥更积极的作用。借此机会,我也诚挚地向各位领导和专家发出邀请,请各位方便的时候到我校去考察、访问和讲学,期望加强交流与合作。

最后,衷心祝愿这次论坛取得圆满成功,祝各位领导、专家学者身体健康、生活愉快!

谢谢!

第二届中国—东盟民族文化论坛崇左宣言

来自中国、越南、泰国、柬埔寨、老挝、缅甸及澳大利亚、印度、葡萄牙等 11 国民族文化学者及代表 140 多人出席 2017 年 4 月 14—15 日在中国广西壮族自治区崇左市举办的第二届中国—东盟民族文化论坛。

2016 年,中国—东盟民族文化论坛创建,这是中国和东盟顺应和平发展的时代潮流、寻求扩大民族文化国际交流与合作的重要创举,她已成为与会国交流民族文化理念、寻求民族文化共识、增进相互理解与信任的重要论坛。

"中国—东盟民族文化遗产与'一带一路'建设"是本届中国—东盟民族文化论坛的主题。与会各国学者就骆越文化研究、民族文化遗产保护利用与旅游开发,以及民族文化的交流共享与产业发展三大议题进行深入探讨与交流。

各国学者认识到，中国和东南亚民族文化资源丰富，民族文化遗产厚重，民族文化多样性突出，这对于进一步推动中国大力倡导东盟和世界多国积极参与的"一带一路"建设，促进人类命运共同体建设，具有重大意义。为此，我们达成共识，形成《崇左宣言》如下：

（1）我们认为：中国和东盟各国山水相连，许多民族毗邻而居，血缘相亲，自古文化交流频繁，这是中国与东盟各国人民心灵相通、建设中国—东盟命运共同体、促进亚太地区和平与发展的历史文化基础。中国倡导、有关各国自愿平等参与的"一带一路"建设，为我们提供一个包容性巨大的发展平台。学术界应不断深化中国—东盟民族文化研究，加强交流合作，促进中国—东盟命运共同体及人类命运共同体建设与发展。

（2）我们呼吁：加强交流合作，共同弘扬、传承、保护中国—东盟民族文化遗产。中国—东盟民族文化遗产丰富多彩，博大精深。花山岩画与吴哥窟、婆罗浮屠寺庙群、琅勃拉邦古城、马六甲和乔治城、素可泰古城镇及其相关古镇、骠国古城群、顺化历史建筑群等世界文化遗产，充分展现了人类的高度智慧，至今摄人心魄，昭示着人类走向未来。民族文化遗产是人类共同的宝贵财富，保护、传承和弘扬民族文化，有利于维护和发展人类文化多样性，促进人类社会的文明和进步。在共同开展"一带一路"建设的今天，更应加强交流合作，共同保护、传承和弘扬中国和东盟民族文化遗产，为人类发展进步，提供动力源泉。

（3）我们提议：以中国—东盟民族文化论坛为平台，建立健全交流合作机制，共谋中国—东盟民族文化发展。我们一致赞同在广西设立中国—东盟民族文化论坛秘书处，以持续召开中国—东盟民族文化论坛，凝聚所有有志于中国—东盟民族文化研究的学者，共同开展中国—东盟民族文化研究，不断加强学术交流合作，互学互鉴，共同努力，为提升中国—东盟民族文化研究水平和学术话语权，推动中国—东盟民族文化发展及人类和平发展贡献力量。

（4）我们相信：在各界的支持下，中国—东盟民族文化论坛能常态化地持续举办，越办越好。我们期待并坚信中国—东盟民族文化论坛将成为具有影响力的学术品牌，为增进相互之间的友谊和中国—东盟乃至全人类福祉贡献自身的力量。

2017 年 4 月 15 日于中国崇左市

各国学者代表（签署）

第二届中国—东盟民族
文化论坛会议总结

李富强

2017 年 4 月 14 日

尊敬的各位专家学者、女士们、先生们：

受第二届中国—东盟民族文化论坛组委会委托，现在由我做会议总结。

由广西社会科学界联合会、崇左市人民政府、广西民族大学和广西国际文化交流中心主办，崇左市社会科学界联合会和广西民族大学民族研究中心承办，中央民族大学壮侗学研究所、广西边疆少数民族文化研究中心协办的第二届中国—东盟民族文化论坛，自 2016 年 12 月开始筹备以来，一直在国际学术界受到高度关注和热烈响应，很多学者积极准备、踊跃报名参会。2017 年 4 月 13—16 日论坛在崇左举行，来自中国、文莱、柬埔寨、老挝、马来西亚、缅甸、泰国、越南、印度、澳大利亚、葡萄牙 11 国学者及代表共 140 余人参加了会议。

会议开幕式由中共崇左市委常委、宣传部长、副市长李振唐先生主持，简约而隆重。中共崇左市委书记、市人大常委会主任刘有明先生，广西社会科学界联合会主席沈德海先生，广西民族大学校长谢尚果先生到会致辞，缅甸总领事杜丁埃凯女士、老挝副领事孔法占·展达翁女士、领事杉伦先生、泰国领事查麦蓬·赛新女士、越南领事阮泰山先生 4 国驻南宁总领事馆官员出席论坛开幕式。缅甸联邦共和国驻南宁总领事杜丁埃凯女士代表东盟 4 国驻南宁总领事馆致辞。

会议共收到论文 63 篇，共有 32 位学者在 4 月 14 日的大会上作了演讲。在 4 月 15 日的分组研讨中，几乎所有的参会学者都作了发言。各国与会学者围绕民族文化遗产与"一带一路"建设的会议主题，就骆越文化、民族文化遗产保护利用与旅游开发、民族文化的交流共享与产业发展三大议题进行深入的研讨。

会议组织各国与会学者到广西民族师范学院参加了"三月三"民族文化交流晚会，与广西民族师范学院师生和东盟各国留学生一起联欢，亲身体验了广西和东盟民族风情。

会议还安排各国与会学者前往龙州、宁明考察了左江花山岩画文化景观、参观了崇左壮族博物馆，让各国与会学者加深了对广西民族文化的了解。

这次会议虽然会期很短，但在大家的共同努力下，收获很大，成果很多。我们达成了诸多共识，形成和通过了《崇左宣言》。会议一致认为，要不断深化中国—东盟民族文化研究，加强交流合作，发挥民族文化沟通心灵的作用，促进中国—东盟命运共同体及人类命运共同体建设与发展。会议大力呼吁加强交流合作，共同保护、传承和弘扬中国和东盟民族文化遗产，为人类发展传承更多的智慧，提供人类赖以发展进步的动力源泉。会议一致赞同在广西设立中国—东盟民族文化论坛秘书处，以持续召开的中国—东盟民族文化论坛为平台，凝聚所有有志于中国—东盟民族文化研究的学者，共同开展中国—东盟民族文化研究，不断加强学术交流合作，互学互鉴，共同努力，为提升中国—东盟民族文化研究水平和学术话语权，推动中国—东盟民族文化发展及人类和平发展贡献力量。

这次会议取得的一系列成果，已经通过媒体的报道，在社会上引起了广泛的关注和热烈的反响，但我们更希望论坛持续不断地发生影响，为"一带一路"建设，为中国和东盟各民族经济社会文化的发展发挥持久的、更大的作用。

当然，我们也清醒地认识到，中国—东盟民族文化论坛还很年轻，今年才是第二届，由于缺乏经验，我们在筹办和举行会议的过程中，很显然存在这样或那样的不足，但作为会议主办者、承办者和协办者，我们是怀揣理想，以赤诚之心来举办这个论坛的，尽管不完美，就像是一个两岁的婴儿，还很幼稚，但我们真诚、热情、执着，所以，我真诚地希望不论是中国学者，还是外国学者，凡有志于中国和东盟民族文化研究者，大家同心协力，同舟共济，一起来共同呵护这个幼稚的婴儿，不断反思，积极进取，精益求精，使之茁壮成长。

尊敬的各位专家学者、各位新老朋友，每一次结束，都是新的开始，每一次分别，都期待再次重逢。明年，我们将一如既往地举办第三届中国—东盟民族文化论坛，希望各国学者与我们保持联系，对会议主题、议题等问题提出建议。我们期待着明年的相逢！

以文会友，自古以来就是中国文人的一大幸事。会议期间，各国学者百花齐放，百家争鸣，我们共同徜徉在各位学者对中国—东盟民族文化的真知灼见中，是如此的祥和、幸福和快乐！我代表会议主办者对各位学者不辞劳苦前来参加论坛表示衷心的感谢，祝大家返程平安，身体健康，工作顺利。

谢谢大家！